Ellen Winner

Hochbegabt

Mythen und Realitäten von außergewöhnlichen Kindern

Aus dem Amerikanischen übersetzt von
Maren Klostermann

Klett-Cotta

Klett-Cotta
Die Originalausgabe erschien unter dem Titel
»Gifted Children. Myths and Realities«
im Verlag HarperCollins-Publishers, Basic Books, New York

Printed in Germany
Schutzumschlag: heffedesign, Rodgau
Gesetzt aus der Sabon von Jung Satzcentrum, Lahnau
Auf säure- und holzfreiem Werkdruckpapier gedruckt und gebunden
von Freiburger Graphische Betriebe, Freiburg im Breisgau

Die Deutsche Bibliothek – CIP-Einheitsaufnahme
Winner, Ellen:
Hochbegabt : Mythen und Realitäten von außergewöhnlichen Kindern /
Ellen Winner. Aus dem Amerikan. übers. von Maren Klostermann. –
Stuttgart : Klett-Cotta, 1998
Einheitssacht.: Gifted children <dt.>
ISBN 3-608-91907-4

Für Howard

Inhalt

Vorwort

Keine Gesellschaft kann es sich leisten, ihre begabtesten Mitglieder zu ignorieren, und alle Gesellschaften müssen sich ernsthaft damit auseinandersetzen, wie sie besondere Talente am besten fördern und ausbilden können. Psychologen interessieren sich zwar seit geraumer Zeit für das Thema Hochbegabung, aber im Vergleich zur Untersuchung des Typischen und Pathologischen hat die wissenschaftliche Begabungsforschung ein Schattendasein geführt. Außerdem gehen Forscher, Pädagogen und Kliniker in diesem Bereich häufig von mehreren unangezweifelten Annahmen aus.

Ausgangspunkt dieses Buches sind neun falsche Vorstellungen vom Wesen der Hochbegabung. Die Zahl Neun hat nichts Magisches. Es hätte genausogut eine glatte Zehn werden können, aber die neun Mißverständnisse, die ich ermittelt habe, erschienen mir als besonders häufig und als besonders problematisch. Ich habe versucht, die besten wissenschaftlichen Arbeiten über Hochbegabung in den Bereichen bildende Kunst, Musik, Mathematik und Sprachbeherrschung zusammenzufassen und auszuwerten. Am Anfang dieses Buches stehen neun Mythen über Hochbegabung, am Ende hoffentlich neun aufgeklärtere Ansichten, die ich wagemutig als Realitäten bezeichne.

Die in diesem Buch beschriebenen Kinder sind real, auch wenn einige Namen geändert wurden. Alle Kinder, die ich untersucht habe, sind mir durch mündliche Hinweise bekannt geworden. Ich habe festgestellt, daß ich nur das Thema meiner Studie erwähnen mußte, und schon fielen Freunden und Kollegen spontan einige Kinder ein, die gute Fallbeispiele abgeben würden. Ihr Urteil erwies sich fast immer als richtig. Die Kinder, die diese Seiten bevölkern, sollen veranschaulichen und lebendig machen, was Forscher über Hochbegabung herausgefunden haben.

Viele Menschen haben mir bei diesem Projekt geholfen. Zunächst muß ich mich bei den Kindern bedanken, die ich untersucht habe. Wenn nicht anders angegeben, sind die Namen echt: David (ein Pseudonym), Michael Kearney, KyLee, Rahela, Peter B., Jacob, Stephen (ein Pseudonym), Hillary, Peter S. und Alex. Zu großem Dank bin ich auch den Eltern und (im Fall von Hillary) den Großeltern verpflichtet, die mir alle äußerst detaillierte und sorgfältige Berichte über die Entwicklung der Kinder gegeben haben. Der siebenjährige Peter S., den ich in Kapitel 9 beschreibe, half mir bei der Lektorierung der ihm gewidmeten Seiten! Bill

Eldridge, Jacobs Gitarrenlehrer, sowie Nina Grimaldi und Judy Ross, die Musiklehrerinnen von Stephen, boten mir wertvolle Einblicke in die musikalische Ausbildung dieser Kinder. Robin Schader vom Konservatorium in San Francisco machte mich mit Schülern bekannt, die ich interviewt habe. Anabel Jenson, die Leiterin der Nueva School, und andere Mitglieder des Lehrkörpers wie Ann Bennet, Alison Barth und Jo-An Vargo haben mich in langen Gesprächen über die Nueva School informiert und Interviews mit Schülern ermöglicht. Ich danke auch Cynthia Kosut, die mir über die Erfahrungen ihrer Söhne in der Nueva School berichtete. Al Hastorf und Eleanor Walker gewährten mir Zugang zu den Terman-Unterlagen an der Stanford University und beantworteten geduldig meine zahllosen Fragen zum Terman-Projekt. Sie halfen mir, den Kontakt zu zwei Teilnehmern der Terman-Studie, Russell Robinson und Beulah Fabris, herzustellen, die sich großzügig zu einem Interview bereit erklärten.

Den größten Teil des Buches habe ich 1994 und 1995 während meines Urlaubs an der Stanford University verfaßt. Zu großem Dank bin ich John Flavell verpflichtet, der mich in seine Forschungsgruppe an der Stanford University aufnahm und mir ein Büro zur Verfügung stellte. Wenn ich nicht am psychologischen Fachbereich der Stanford University war, arbeitete ich am Center for Advanced Study in the Behavioral Sciences, wo mein Ehemann Fellow ist. Ich danke Neil Smelser und Robert Scott für die Möglichkeit, am Center zu arbeiten, den Laser-Drucker zu belagern und viele interessante Gespräche beim Essen zu führen.

Ich danke auch meiner Lektorin, Jo Ann Miller, die mir ungemein wertvolle Ratschläge zu Inhalt und Stil gab, die mich drängte, Fallgeschichten von begabten Kindern in die Kapitel einzuweben, und mich dazu anhielt, eine psychologische Fachsprache zu vermeiden. Dank auch Juliana Nocker und Karen Klein von Basic Books, die sachverständig über die Lektorierung und Herstellung des Buches wachten. Zu großem Dank bin ich zahlreichen Kollegen verpflichtet, die das gesamte Manuskript oder Auszüge daraus gelesen haben und mir ein wichtiges und wertvolles Feedback gaben: Philip Adey, Jere Brophy, Mihaly Csikszentmihalyi, Bill Damon, Elliot Eisner, Lynn Goldsmith, Claire Golomb, Francesca Happé, Helen Haste, Mardi Horowitz, Kay Jamison, Tanya Luhrmann, Constance Milbrath, Robert Ornstein, Dean Keith Simonton und Robert J. Sternberg. Ich danke auch jenen Kollegen, mit denen ich fruchtbare Gespräche über das Thema Hochbegabung geführt habe: Joe Campos, Neil Charness, Anders Ericsson, John Flavell, Howard Gruber, Robert Hogan, Jeanne Lepper, Hank Levin, Ellen Markman, Ruth Richards, Linda Silverman, Annemarie Roeper, John Sloboda und Joe Tecce. Maria Ortiz und Lorrie Kirchner, meine Forschungsassistenten am Boston College, haben unzählige Stunden damit verbracht, Artikel in der Bibliothek für mich auszugraben und bibliographische Verweise zusammenzustellen. Ich danke Stephen Vedder, Assistant Director der Audiovisuellen Abteilung am Boston College, der einen Großteil der Abbildungen fotografiert hat. Schließlich danke ich meinem Ehemann Howard Gardner, der nicht nur das gesamte Manuskript in mehreren Versionen gelesen und kommentiert hat, sondern auch nie müde wurde, alle auftauchenden Fragen mit mir zu diskutieren.

I.

Neun Mythen über Hochbegabung

Vor kurzem besuchte ich gemeinsam mit meinem Sohn ein Konzert. Ein kleines Orchester spielte Mozart. Mir fiel ein Junge auf, der die Musik aufmerksam in einer dicken Partitur verfolgte. Während er las und den Musikern zuhörte, summte er gleichzeitig die Melodie fehlerlos mit. Der Junge befand sich in Begleitung seines Vaters. In der Pause wandte ich mich an den Vater und fragte ihn, ob sein Sohn tatsächlich die Notenschrift lesen könne oder sie einfach nur anschaue. Der Vater erzählte mir, daß es eine von Stephens Lieblingsbeschäftigungen sei, Musikstücke anzuhören und dabei in den vielstimmigen Orchesterpartituren mitzulesen. Später sah ich Stephen in dem außerschulischen Freizeitprogramm wieder, an dem auch mein Sohn teilnahm. Während die anderen Kinder Basketball oder Karten spielten und über ihre Mitschüler tratschten, saß Stephen allein in einer Ecke und schmökerte in einem Buch über Musiktheorie. Manchmal kletterte er die Stufen zur leeren Aula hinauf und spielte einige Improvisationen am Klavier.

Talentiert, hochbegabt, kreativ, frühreif – Kinder, die mit diesen Etiketten versehen werden, haben uns seit jeher fasziniert; sie haben Ehrfurcht und Bewunderung, aber auch Angst und Neid ausgelöst. Weil hochbegabte Kinder zu vieles zu früh wissen und begreifen, waren sie den Menschen unheimlich und wurden für wahnsinnig gehalten. Wie geistig zurückgebliebene Kinder hat man auch hochbegabte Kinder als Exoten, als Spinner oder Freaks abgestempelt. Sie sind als Streber gehänselt und ausgestoßen worden. Ihre Eltern wurden als überehrgeizige Fanatiker beschimpft, die sich selbst durch die Leistungen ihrer Sprößlinge verwirklichen wollen und sie einer normalen Kindheit berauben. Unsere Schulen weigern sich häufig, den Lehrplan für solche »Extremfälle« zu ändern und beharren darauf, daß sich alle an die bestehenden Programme anpassen müssen. Wenn die Eltern protestieren, werden sie als Personen hingestellt, die jedes Maß verloren haben und nicht erkennen, wie glücklich sie sich schätzen können, daß ihr Kind mit hohen und nicht mit niedrigen Begabungen ausgestattet ist.[1]

Menschen, die von der Norm abweichen – ob atypisch in Persönlichkeit, Intellekt oder beidem –, haben seit jeher das Interesse der Psychologen geweckt, vor allem, wenn die Abweichung negative Persönlichkeitsmerkmale oder mehrere eingeschränkte Fähigkeiten umfaßt. Wir wissen weit mehr über die psychopathologischen Aspekte der Persönlichkeit als über Idealzüge wie Leidenschaft, Charakterstärke oder Führungsfähigkeiten. Eine ähnliche Konzentration auf die Defizite findet sich auch in kognitionswissenschaftlichen Studien. Die allgemein anerkannten entwicklungspsychologischen Fachzeitschriften veröffentlichen zahlreiche Beiträge über geistig zurückgebliebene Kinder, aber kaum je einen Artikel über Hochbegabte. Solche Artikel verbannt man in die weniger renommierten Zeitschriften, die sich auf die Hochbegabung spezialisiert haben. Dieser Zustand spiegelt die irrige Annahme wider, daß besondere Begabungen keine Aufschlüsse über das Typische geben könnten. Ein weiterer Grund ist wohl, daß man die Retardierung ebenso wie die Psychopathologie für Probleme hält, die nach Lösungen verlangen, während außergewöhnliche Stärken eher als Privileg und nicht als Problem betrachtet werden.[2]

Trotz dieser Abspaltung von der Mainstream-Psychologie hat die Begabungsforschung große Fortschritte gemacht, seit sie in den zwanziger Jahren an der Stanford University begründet wurde. Dort begann der Psychologe Lewis Terman, der Pionier der psychologischen Begabungsforschung, eine umfassende Langzeitstudie mit über fünfzehnhundert Kindern, die einen überdurchschnittlich hohen IQ hatten. Diese Studie läuft noch heute (siehe Kapitel 2 und 10). Doch Mythen und falsche Vorstellungen über das Wesen der Hochbegabung halten sich hartnäckig, vielleicht weil die Begabungsforschung ein heikles, politisch brisantes Thema ist und häufig als elitäre Verirrung gebrandmarkt wird. Ich will in diesem Buch einen kritischen Blick auf einige Mythen werfen, die sich um die Hochbegabung ranken und ihr wahres Wesen verschleiern.[3]

Zunächst möchte ich erklären, daß ich den Begriff *hochbegabt* auf Kinder anwende, die sich durch drei atypische Merkmale auszeichnen:

1. »*Frühreife*«: Hochbegabte Kinder haben frühentwickelte Fähigkeiten und sind ihrem Alter voraus. Sie machen früher als durchschnittliche Kinder erste Schritte in der Meisterung einer Domäne. Sie machen auch schnellere Fortschritte in einer Domäne als normale Kinder, weil ihnen das Lernen leichtfällt. Mit *Domäne* meine ich einen strukturierten Wissensbereich wie Sprache, Mathematik, Musik, bildende Kunst, Schach, Bridge, Ballett, Sport, Tennis oder Eislaufen.

2. *Sie halten sich konsequent an ihr eigenes Drehbuch.* Hochbegabte Kinder lernen nicht nur schneller als durchschnittliche oder auch kluge Kinder, sondern sie lernen darüber hinaus auf ganz eigene Art. Sie folgen hartnäckig ihren eigenen Vorstellungen und lernen in eigener Regie; sie brauchen nur ein Minimum an Hilfe oder Anleitung von Erwachsenen, um ihre Domäne zu meistern, und sie bringen sich das meiste selbst bei. Sie erforschen ihre jeweilige Domäne auf eigene Faust, sie machen aufregende und motivierende Entdeckungen, und jede

Entdeckung bringt sie einen Schritt weiter. Häufig erfinden diese Kinder ihre eigenen Regeln für eine Domäne und entwickeln neue, ganz eigene Methoden der Problemlösung.

Das heißt, daß hochbegabte Kinder per definitionem kreativ sind. Aber ich unterscheide genau zwischen einer »kleinen« und einer »großen« Kreativität. Hochbegabte Kinder sind normalerweise kreativ im erstgenannten Sinne. Sie machen auf eigene Faust Entdeckungen und lösen Probleme auf neue Art. Aber sie sind nicht zur »großen Kreativität« fähig, denn damit meine ich die tiefgreifende Transformation einer Domäne, wie sie zum Beispiel Jackson Pollack mit seiner Ablehnung des Pinsels in der Malerei oder die Zwölftonmusik in der Musik bewirkte. Nur Erwachsene, die sich mindestens zehn Jahre um die Beherrschung einer Domäne bemüht haben, können darauf hoffen, sie dauerhaft zu verändern.[4]

3. *Eine wütende Wißbegierde*. Hochbegabte Kinder sind intrinsisch motiviert, die Domäne ihrer Frühbegabung immer besser zu begreifen. Sie zeichnen sich durch ein starkes und obsessives Interesse aus, durch eine hohe Konzentrationsfähigkeit und durch etwas, das ich als wütende Wißbegierde bezeichne – den leidenschaftlichen Wunsch, eine Sache zu beherrschen. Sie erleben *flow*, wenn sie sich mit dem Erlernen ihrer Domäne beschäftigen – optimale Erlebniszustände, in denen sie sich intensiv konzentrieren und alles um sich herum vergessen. Die glückliche Mischung von obsessivem Interesse an einer Domäne verbunden mit der Fähigkeit, leicht zu lernen, führt zu herausragenden Leistungen.[5]

In dieser dreifachen Hinsicht besteht ein qualitativer Unterschied zwischen hochbegabten Kindern und normal begabten Kindern, die zu Fleiß und Anstrengung motiviert werden. Ein kluges, aufgewecktes und neugieriges Kind verbringt möglicherweise viel Zeit mit dem Versuch, eine Domäne zu meistern. Die Eltern melden es vielleicht zu einem Schachkurs an und spielen täglich eine Partie mit ihm, bringen es mit vier Jahren zu einem Geigenlehrer oder lassen es am Wochenende an akademischen Förderkursen teilnehmen. Wenn Eltern sich so engagiert um die Förderung ihres Nachwuchses bemühen, nehmen wir fast immer erstaunt zur Kenntnis, wieviel solche Kinder erreichen können. Ihr Beispiel macht außerdem deutlich, daß wir im allgemeinen erstaunlich geringe Erwartungen in das Leistungsvermögen unserer Kinder setzen, ganz im Gegensatz zu anderen Gesellschaften wie zum Beispiel der japanischen.

Aber diese Kinder sind nicht das Thema dieses Buches. Sie zeichnen sich nicht durch besonders frühentwickelte Fähigkeiten aus. Sie lernen nicht übermäßig schnell. Sie brauchen umfassende Anleitung durch Erwachsene – Instruktion, Unterstützung und Ermutigung –, damit sie Fortschritte machen. Sie entdecken nichts auf eigene Faust. Und sie zeigen nicht die leidenschaftliche, intrinsische Wißbegierde, die so typisch für hochbegabte Kinder ist. Außerdem vollbringen sie normalerweise nicht jene verblüffenden Spitzenleistungen, zu denen hochbegabte Kinder scheinbar mühelos fähig sind. Wir würden ein Kind, das nach der Suzuki-Methode unterrichtet wird, nicht mit einem Geigenwunder vom Schlage eines Midori verwechseln, ebensowenig wie wir ein Kind, das gelernt hat, seine Mathehausaufgaben fleißig und erfolgreich zu erledigen, mit einem Mathematikgenie wie Norbert Wiener verwechseln würden.

Womit wir beim Thema Wunderkind wären. Ein Wunderkind ist einfach eine extremere Variante eines hochbegabten Kindes – ein Kind, das so außergewöhnlich begabt ist, daß es in irgendeiner Domäne das Niveau eines Erwachsenen erreicht. Mit dem Begriff *hochbegabt* meine ich alle hochbegabten Kinder, einschließlich derer, die wir als Wunderkinder bezeichnen. Wenn ich den Begriff *Wunderkind* benutze, beziehe ich mich nur auf Kinder mit extremen Hochbegabungen.[6]

Ich konzentriere mich auf die Hochbegabung in zwei intellektuellen Bereichen, Sprache und Mathematik, und in zwei künstlerischen Bereichen, bildende Kunst und Musik. Auf diesen vier Gebieten sind kindliche Hochbegabungen am häufigsten bemerkt und untersucht worden. Man findet in diesen Domänen hochbegabte Kinder, zum einen deshalb, weil sie eine große Anziehungskraft auf Kinder ausüben. Außerdem werden diese Bereiche von Regeln beherrscht und sind äußerst streng strukturiert, was es möglich macht, die grundlegenden Gesetzmäßigkeiten aufzuspüren. Im Gegensatz zu Bereichen wie Recht oder Medizin muß man zu ihrer Meisterung keine umfangreichen Detailkenntnisse ansammeln und nur wenige formale Prinzipien beherrschen.

Je strukturierter und regelbestimmter eine Domäne ist, desto wahrscheinlicher ist es, daß sie hochbegabte Kinder hervorbringt. Die Mathematik und die klassische Musik sind prototypische Beispiele, weil in diesen Bereichen klar ist, was man lernen muß und an welchen Kriterien herausragende Leistungen gemessen werden. Auch die Sprache ist streng strukturiert, wenn wir damit die Beherrschung der gesprochenen Sprache und das Lesen meinen. Man findet relativ häufig Kinder mit dieser Form von sprachlicher Hochbegabung. Das kreative Schreiben ist dagegen weniger strukturiert, und es gibt mehr Kinder, die auf einem hohen Niveau lesen, als solche, die schreiben. Noch weniger strukturiert sind die bildenden Künste. Eine Ausnahme ist die Zeichenkunst, die strengen Regeln unterliegt, und in diesem Bereich findet man tatsächlich hochbegabte Kinder, die sich meisterhaft darauf verstehen, realistische Bilder (im Westen) oder symbolische, schematische Bilder (in Asien) zu zeichnen.

Manchmal stößt man auf hochbegabte Kinder im Bereich der Biologie, einer Domäne, die Kindern zweifellos zugänglich ist. Charles Darwin, Jean Piaget und Edward O. Wilson zeigten als Kinder eine außergewöhnliche Beobachtungsgabe für Naturphänomene. In diffusen Bereichen wie Führungsfähigkeit, Einfühlungsvermögen oder Selbsterkenntnis wird man selten auf hochbegabte Kinder aufmerksam. Aber das heißt nicht, daß es sie nicht gibt. Wir wissen nur nicht, wie wir sie erkennen können. Außerdem bezeichnen wir ein Kind, das ein außergewöhnliches Maß an Empathie, Moral oder Mut zeigt, nicht als hochbegabt, sondern eher als lauteren Charakter.[7]

Das ist jedoch eine kulturelle Entscheidung. Die Pueblo-Indianer in New Mexico haben kein Wort für »Hochbegabung«, aber sie verfügen durchaus über Begriffe für bestimmte hochgeschätzte Spezialfähigkeiten (die ein Psychologe vielleicht als Beispiele für eine Hochbegabung anführen würde), wie zum Beispiel für die Sprachbeherrschung, für ein reiches kulturelles Wissen oder für die Fähigkeit, etwas mit den Händen zu erschaffen. Die Indianer legen auch großen Wert auf einen vierten Bereich, in dem unsere westliche Kultur normalerweise keine besonderen Befähigungen anerkennt, und zwar auf den sozialen Bereich des Mitgefühls, der Selbstaufopferung und der Empathie. Im Gegensatz zu dem im Westen vorherrschenden individualistischen Verständnis von Begabung sind die Pueblo-Indianer zudem überzeugt, daß Spezialfähigkeiten nicht dazu dienen sollten, den einzelnen besonders hervorzuheben. Für sie hat eine besondere Begabung nur dann Bedeutung, wenn sie zum Wohle der Allgemeinheit genutzt wird. Sogar noch anti-individualistischer ist die konfuzianische Auffassung, daß jeder Mensch hohe Fertigkeiten erwerben kann und daß Unterschiede im Können nur ein unterschiedliches Maß an Bemühung und moralischem Engagement widerspiegeln und keineswegs besondere Talente.[8]

Weitere streng reglementierte Bereiche, in denen westliche Gesellschaften hochbegabte Kinder ermittelt haben, sind Schach, Bridge, Ballett, Sport, Eiskunstlauf, Tennis und Schwimmen, um nur einige zu nennen. Und natürlich gibt es Kinderstars in der Schauspielerei wie Shirley Temple, Mickey Rooney, Judy Garland oder heutzutage MacCualay Culkin, Kinder, die außergewöhnlich gut im Nachahmen und im Rollenspiel sind. Anstatt zu versuchen, alle Bereiche abzudecken, habe ich beschlossen, einige repräsentative wissenschaftliche und künstlerische Domänen auszuwählen. Ich streife die anderen Domänen, wenn sich Vergleiche mit ihnen als aufschlußreich erweisen.

Mythen und Mißverständnisse kann man in allen Forschungsbereichen finden, und das Thema Hochbegabung bildet da keine Ausnahme. Im folgenden beschreibe ich neun weitverbreitete und, wie ich denke, falsche Annahmen über Hochbegabung.

Erster Mythos: Universelle Begabung

Als »hochbegabt« bezeichnet man meistens nur Kinder mit intellektuellen Begabungen – also Kinder mit besonderen Befähigungen in Sprache (Wort und Schrift) und Mathematik, den beiden wichtigsten schulischen Bereichen. Die intellektuelle Begabung wird von Psychologen und Pädogogen üblicherweise mit einem IQ-Test gemessen, bei dem ein allgemeiner Punktwert ermittelt wird. Der IQ bildet die Grundlage für die Zulassung zu speziellen Förderprogrammen ebenso wie für die Aufnahme in psychologische Studien.

Dem liegt die Annahme zugrunde, daß hochbegabte Kinder über eine allgemeine Verstandeskraft verfügen, die es ihnen ermöglicht, »durch die Bank« begabt zu sein. Ich nenne das den Mythos von der universellen Hochbegabung. Aber eine intellektuelle Begabung ist nur selten eine allumfassende Befähigung, die sich auf beide Hauptbereiche der schulischen Leistung erstreckt. Das Kind mit einer Mischung aus intellektuellen Stärken und Schwächen ist die Regel, nicht die Ausnahme. Es gibt sogar Kinder, die in einem einzelnen intellektuellen Bereich hochbegabt und lernbehindert in einem anderen sind. Hochbegabte Kinder im Alter zwischen zwei und drei Jahren zeigen ausgeprägte domänenspezifische Fähigkeiten. Der spezifische Charakter ihrer Befähigungen ist ein deutliches Zeichen dafür, daß diese Kinder für bestimmte Domänen prädisponiert sind. Sie sind keine universell begabten Wesen, die sich zufällig dafür entscheiden, der Mathematik oder der Sprache ihre besondere Aufmerksamkeit zu widmen.

Zweiter Mythos: Talentiert, aber nicht hochbegabt

Während man Kinder mit frühentwickelten Fähigkeiten in jenen intellektuellen Bereichen, die durch IQ-Tests gemessen werden, als hochbegabt etikettiert, bezeichnet man Kinder, die außergewöhnliche Fähigkeiten auf künstlerischen Gebieten wie Malerei, Musik oder Tanz und auf sportlichen Gebieten wie Eislaufen, Tennis oder Tauchen zeigen, als talentiert. Zwei unterschiedliche Etiketten deuten auf zwei unterschiedliche Gruppen von Kindern hin. Aber eine solche Unterscheidung ist durch nichts gerechtfertigt. Es gibt keine nennenswerten Unterschiede zwischen sportlich und künstlerisch begabten Kindern. Beide Gruppen zeigen die drei beschriebenen Merkmale der Hochbegabung.[9]

Dritter Mythos: Außergewöhnlicher IQ

Obwohl Kinder mit hoher Befähigung in Malerei oder Musik als talentiert und nicht als hochbegabt bezeichnet werden, nehmen wir dennoch an, daß diese Kinder nicht tun könnten, was sie tun, wenn sie nicht einen herausragenden IQ hätten. »Eine Hochbegabung, wie immer man sie interpretiert, schließt nahezu ausnahmslos einen hohen IQ mit ein, auch wenn dies nicht als einziger Bestandteil gelten sollte«, bemerkt einer der führenden Experten zum Thema Intelligenz und Begabung.[10]

Aber IQ-Tests messen ein eng begrenztes Spektrum menschlicher Fähigkeiten, in erster Linie das mathematische und sprachliche Vermögen. Kaum etwas spricht dafür, daß hohe Begabungen in nichtintellektuellen Bereichen wie bildender Kunst oder Musik einen außergewöhnlichen IQ verlangen. Man findet mitunter sogar ganz extreme Begabungsgrade bei sogenannten *Idiots savants:* Das sind Personen, die häufig autistisch sind und deren IQ im retardierten Bereich liegt, die aber über außergewöhnliche domänenspezifische Fähigkeiten verfügen.

Vierter und fünfter Mythos: Vererbung oder Umwelt

Wodurch entsteht Begabung? Nach landläufiger Meinung ist sie etwas durch und durch Angeborenes. Dieser Volksmythos ignoriert den starken Einfluß der Umwelt auf die Entwicklung von Begabungen.

Dieser Auffassung diametral entgegengesetzt ist der von einigen Psychologen vertretene Mythos, daß Begabung einfach eine Frage intensiven und frühzeitig einsetzenden Trainings durch Eltern und Lehrer sei. Wie ein Psychologe es kürzlich ausdrückte: »Wenn die Eltern nur genügend Energie und Engagement aufbringen, ist es womöglich nicht allzu schwer, ein Wunderkind zu produzieren.« Solche Äußerungen implizieren, daß ein hochbegabtes Kind mit einem ganz normalen Gehirn an den Start geht, das dann zu etwas Außergewöhnlichem geformt wird. Diese Auffassung ignoriert, daß die Biologie einen wesentlichen Anteil daran hat, ob die Umwelt etwas Formbares vorfindet.[11]

Sechster Mythos: Eltern als treibende Kraft

Mitunter wird behauptet, daß hochbegabte Kinder durch überehrgeizige Eltern »gemacht« werden, die sich im Starruhm ihrer Sprößlinge sonnen wollen. Den Eltern wird ans Herz gelegt, ihre Kinder nicht unter Druck zu setzen und sie eine

»normale« Kindheit erleben zu lassen. Andernfalls, so die Warnung, werden ihre Kinder Ressentiments gegen sie entwickeln und jedes Leistungsinteresse verlieren.

Es stimmt, daß Eltern von hochbegabten Kindern sich aktiv um die Förderung ihrer Kinder bemühen. Aber dieses ungewöhnliches Maß an Anteilnahme und Engagement wirkt nicht destruktiv. Es ist notwendig, damit sich eine Begabung entfalten kann.

Siebter Mythos: Strotzend vor seelischer Gesundheit

Hochbegabte Kinder erleiden häufig Spott und Hohn und werden als Streber oder Spinner gehänselt. Die meisten Kinder entwickeln schnell eine Abneigung gegen die ungeschickten, unsportlichen Einzelgänger oder die »Angeber« mit den merkwürdigen Interessen. Psychologen haben dieser Version ein idealisiertes Bild entgegengestellt: Kinder mit hohem IQ sind angeblich äußerst beliebt, gut angepaßt, moralisch vorbildlich und strotzen nur so vor psychischer und physischer Gesundheit. Terman beschrieb in seiner Antrittsrede als Präsident der American Psychological Association im Jahr 1922 begabte Kinder nicht nur als intellektuell überlegen, sondern auch als »überlegen in Körperbau, Gesundheit und sozialer Anpassungsfähigkeit gegenüber normalen Kindern; [und] gekennzeichnet durch überlegene moralische Einstellungen, wie Merkmalsmessungen bei Persönlichkeitstests beweisen.«[12]

Aber die Vorurteile der anderen Kinder kommen der Wahrheit möglicherweise ziemlich nahe. Wir haben offenbar die Neigung, hochbegabte Kinder entweder zu idealisieren oder rundweg abzulehnen. Sie sind häufig sozial isoliert und unglücklich, wenn sie nicht das Glück haben, andere hochbegabte Kinder kennenzulernen. Die Vision vom gut angepaßten, hochbegabten Kind gilt nur für leichte Hochbegabung, aber nicht für extrem hochbegabte Kinder.

Achter Mythos: Alle Kinder sind begabt

Viele Schulleiter und Lehrer behaupten, daß alle Kinder begabt seien. Manchmal ist damit gemeint, daß alle Kinder gewisse Stärken in bestimmten Bereichen aufweisen; manchmal ist gemeint, daß alle Kinder gleich lernfähig sind. Diese Hypothese gilt nicht nur für intellektuelle Fähigkeiten. Als ich zeichnerisch begabte Kinder für meine Studie suchte, weigerten sich die Kunstlehrer anfangs, mir einzelne Kinder zu nennen. Sie erklärten, daß ihre Schüler alle künstlerisch begabt seien. Die soziologische Betrachtung des Begabungskonzepts hat mitunter zu dem Schluß geführt, daß es nur ein soziales Konstrukt zur Stützung eines elitären Denkens sei.[13]

Niemanden scheint es zu stören, daß musikalisch begabte Kinder fast automatisch außerschulischen Spezialunterricht bekommen. Aber die Auffassung, daß alle Kinder in schulischen Fächern gleich begabt seien, hat zu einer vehementen Ablehnung jeder Form von schulischer Begabtenförderung geführt. Eltern von hochbegabten Kindern gründen Selbsthilfegruppen und klagen, daß ihre Kinder durch einen falschen Egalitarismus diskriminiert werden und unter Streß und Langeweile leiden. Wo spezielle Unterrichtsangebote für Hochbegabte bestehen, sind sie minimal und auf die Bedürfnisse der Kinder mit leichter Hochbegabung ausgerichtet.[14]

Wir müssen die Hochbegabtenerziehung neu überdenken. Erstens sollten wir die schulischen Anforderungen für alle Kinder deutlich erhöhen. Dadurch würden die leicht hochbegabten die Schule wieder als Herausforderung erleben, und wir könnten alle Ressourcen, die wir heute für die Förderung der leicht überdurchschnittlichen Schüler verwenden, für die Förderung der extrem Hochbegabten einsetzen. Diese Kinder haben besondere Ausbildungsbedürfnisse, genauso wie retardierte oder lernbehinderte Kinder. Außerdem sind sie unser »Humankapital«, unsere Hoffnung für die Zukunft.

Neunter Mythos: Hochbegabte Kinder werden zu berühmten Erwachsenen

Als ich die Leiterin einer Hochbegabtenschule fragte, welche Eigenschaften die Bewerber mitbringen müßten, nannte sie zwei Kriterien, nämlich einen hohen IQ und Kreativität. Normalerweise wird Hochbegabung nicht nur mit einem hohen IQ, sondern auch mit hoher Kreativität gleichgesetzt.[15]

Hochbegabte Kinder werden in der Regel nicht nur für besonders kreativ gehalten, meist wird auch unterstellt, daß sie zu außergewöhnlich kreativen und bedeutenden Erwachsenen heranreifen. Aber viele hochbegabte Kinder, vor allem Wunderkinder, brennen aus, während andere sich neuen Interessengebieten zuwenden. Manche werden zu überaus erfolgreichen Erwachsenen, was jedoch nicht notwendig bedeutet, daß sie etwas wahrhaft Kreatives leisten. Nur sehr wenige hochbegabte Kinder entwickeln sich zu wirklich schöpferischen Persönlichkeiten. Man kann nicht davon ausgehen, daß eine frühe Begabung, ganz gleich wie extrem, zwangsläufig zu herausragenden Leistungen im Erwachsenenleben führt. Welchen Verlauf ein Leben nimmt, hängt von vielfältigen, interagierenden

Faktoren ab. Außer dem Grad der Begabung spielen zum Beispiel Persönlichkeit, Motivation, familiäre Umwelt, Gelegenheit und Glück eine große Rolle.

Die Bedeutung der Begabungsforschung

Diese neun Mythen beherrschen das intellektuell, emotional und politisch befrachtete Konzept der Hochbegabung. Ich hoffe, daß die Auseinandersetzung mit diesen falschen Vorstellungen dazu beitragen wird, sie aus der Welt zu schaffen.

Aber warum soll man das Thema Hochbegabung überhaupt erforschen? Ist es nicht, wie einige behaupten, ein elitärer Zeitvertreib, völlig irrelevant angesichts der drängenden Probleme unserer Zeit – vom wachsenden wirtschaftlichen Ungleichgewicht über die zunehmende Gewalt bis hin zur Bildungskrise? Ich bin da völlig anderer Meinung. Ein besseres Verständnis der außergewöhnlichsten Formen des menschlichen Geistes ist sowohl für unsere Gesellschaft als auch für das wissenschaftliche Verständnis des menschlichen Potentials ungeheuer wichtig.

Obgleich man in den USA viele Lippenbekenntnisse zur Begabtenförderung ablegt, wird der Frage, wie man Kinder mit außergewöhnlichen Fähigkeiten identifizieren und fördern kann, in Wahrheit sehr wenig Beachtung geschenkt. Die wenigen öffentlichen Mittel, die tatsächlich für die Hochbegabtenerziehung bereitgestellt werden, kommen in erster Linie Kindern mit leicht überdurchschnittlichen intellektuellen Begabungen zugute und nicht Kindern, die extreme Hochbegabungen in intellektuellen oder anderen Bereichen zeigen. Andere Gesellschaften haben wesentlich mehr dafür getan, ihren hochbegabten Nachwuchs zu erkennen und zu fördern. Ungarn hat mehr als seinen Anteil an Mathematikern und Naturwissenschaftlern hervorgebracht, und ein Großteil der kreativen Arbeit, die im 20. Jahrhundert in den USA geleistet wurde, ist Flüchtlingen aus Europa zu verdanken. Heute wollen wir vor allem die bestehende wirtschaftliche und soziale Ungleichheit beseitigen und kümmern uns deshalb wenig um das Thema Hochbegabung oder um die Frage, wie man den mühsamen Weg von kindlicher Hochbegabung zu Spitzenleistung und Kreativität im Erwachsenenalter erleichtern könnte. Das ist eine äußerst kurzsichtige Einstellung.

Darüber hinaus sollte die Hochbegabung auch in der wissenschaftlichen Grundlagenforschung einen höheren Stellenwert erhalten. Psychologische Lern- und Entwicklungstheorien müssen das Typische ebenso wie das Atypische umfassen und Erklärungen für alle bieten – für das retardierte Kind, das autistische Kind, das lernbehinderte Kind *und* das hochbegabte Kind. Freud hat gezeigt, daß die Erforschung des Pathologischen Licht auf das »Normale« werfen kann und daß der Übergang zwischen beiden fließend ist. Die Erforschung der Hochbegabung gibt viele wichtige Aufschlüsse über die allgemeine Funktionsweise des menschlichen Geistes.

Nehmen wir nur die folgenden unerwarteten Erkenntnisse, die sich ergeben, wenn man hinter die Mythen schaut, die sich um die Hochbegabung ranken:

- Kinder können in einem einzelnen Bereich hochbegabt sein, aber durchschnittlich oder sogar lernbehindert in einem anderen. Folglich gibt es unabhängig voneinander bestehende Fähigkeiten.
- Ein hoher IQ ist irrelevant für außergewöhnliche Begabungen in Musik oder bildender Kunst.
- Hochbegabte haben ein atypisches Gehirn.
- Die Familie hat weit größeren Einfluß auf die Entwicklung von Begabungen als die Schule.
- Wie eine Behinderung kann auch eine Begabung dazu führen, daß der einzelne unglücklich ist und in soziale Isolation gerät.
- Anhand von Persönlichkeitsmerkmalen läßt sich weit zuverlässiger vorhersagen, wie sich ein hochbegabtes Kind im Erwachsenenalter entwickeln wird, als anhand der Begabung.

Diese an sich schon interessanten Ergebnisse helfen uns dabei, das Bild vom menschlichen Geist zu vervollständigen. Und ein besseres Verständnis der Hochbegabung hat sogar noch weiterreichende Implikationen. Falls überhaupt jemand in der Lage sein sollte, die zahllosen Probleme zu lösen, die das menschliche Überleben bedrohen, wird er zweifellos in dieser Gruppe zu finden sein.

II.

Universelle Hochbegabung: Die Kinder hinter dem Mythos

Der Mythos der allumfassenden Hochbegabung kommt nicht von ungefähr: Einige Kinder entsprechen haargenau dieser Vorstellung wie zum Beispiel David und Michael, die ich in diesem Kapitel vorstelle. In ihrem Fall ist der Mythos eine Realität. Diese Kinder sind »durch die Bank« begabt in allen schulrelevanten intellektuellen Fächern – Lesen, Rechnen, logisches Denken –, und sie schneiden auf allen Gebieten eines Intelligenztests hervorragend ab. Sie haben eine besondere Begabung für »Bezeichnungssysteme« – das heißt, sie finden offenbar mühelos Zugang zu Sprache und Mathematik, den beiden wichtigsten Zeichen- oder Symbolsystemen im schulischen Bereich. Diese Kinder haben eine extrem hohe intellektuelle Befähigung (wie sie von einem IQ-Test oder bei schulischen Leistungsbewertungen gemessen wird). Sie entwickeln vielfältige und neue Lösungsansätze für Probleme und haben den leidenschaftlichen Wunsch zu lernen. Sie weisen also alle drei Merkmale der Hochbegabung auf.

Solche Kinder wirken auf Beobachter nicht nur klug und aufgeweckt. Sie setzen ihre Umwelt vielmehr in größtes Erstaunen. Ihre außergewöhnlichen Fähigkeiten machen sich sehr früh bemerkbar, noch bevor Eltern irgendeine Form von »Training« in Gang setzen konnten, um ein Wunderkind zu produzieren.

Zwei Kinder mit universeller Hochbegabung

Davids »Frühreife« machte sich zuerst im sprachlichen Bereich bemerkbar. Mit acht Monaten, etwa ein Jahr vor dem normalen Zeitplan, zeigte er ein exzellentes Sprachverständnis. Er verstand einfache Fragen wie »Wo ist Papa?« (er antwortete, indem er auf die Person deutete), indirekte Fragen wie »Kannst du es holen?« und direkte Aufforderungen wie »Komm her« oder »Beug' dich nach vorn«. Mit acht Monaten sprach er auch seine ersten Wörter (die meisten Kinder tun das mit zwölf Monaten) und fing fast gleichzeitig an, Sätze zu bilden, die aus zwei Wörtern bestanden (ein Entwicklungsschritt, der normalerweise mit etwa achtzehn Monaten gemeistert wird). Mit fünfzehn Monaten, wenn normale Kinder gerade mit dem Sprechen beginnen, verfügte David über einen Sprachschatz von etwa 200 Wörtern.

Ab dem Alter von achtzehn Monaten entwickelte sich Davids Sprachfähigkeit so schnell weiter, daß seine Mutter aufhörte, die Sätze aufzuschreiben. Sie notierte sich allerdings, was ihr Sohn in der Woche sagte, als er zwei Jahre alt wurde. Damals berichtete er völlig korrekt: »Ich habe einen richtigen Schaufelbagger gesehen, der richtigen Matsch in den Matschlaster tat, und ich hab einen Spielbagger gesehen und bin damit gefahren.« In diesem Alter beherrscht ein normales Kind gerade Sätze wie »Hi, Daddy« oder »Will nicht«. Viele Eltern mit einem Kind wie David berichten, daß ihre Sprößlinge fast sofort dazu übergegangen sind, vollständige Sätze zu bilden, nachdem sie einmal sprechen gelernt hatten.

Mit fünf Jahren begann David ein Interesse für Sprache als System zu entwikkeln. Kinder zeigen normalerweise schon mit zwei Jahren eine gewisse Fähigkeit, über Sprache als Objekt nachzudenken und sie nicht einfach nur *zu benutzen*. Dieses Sprachbewußtsein ist allerdings in der Regel rudimentär. Sie korrigieren zum Beispiel eigene Fehler beim Sprechen, beginnen mitten im Satz noch einmal von vorn, was ein gewisses Mindestverständnis von grammatischen Regeln anzeigt. Aber David, der ganz wild darauf war, Fremdsprachen zu erlernen, glich in seiner Sprachbewußtheit eher einem Erwachsenen. Mit fünf Jahren bat er seine Mutter, ihm Bücher über Französisch, Spanisch und Zeichensprache aus der Bibliothek mitzubringen. Er beschäftigte sich intensiv mit dieser Lektüre und erlernte einige Wörter und Zeichen. Er fing auch an, sich eigene Sprachen auszudenken (in Wort und Schrift) und entwarf Code-Buchstaben, die seine Mutter dann entschlüsseln mußte (er stellte ihr einen Lösungsschlüssel zur Verfügung).

Von klein auf war David von Buchstaben fasziniert. Mit 21 Monaten baute er den Buchstaben X aus zwei rechtwinkligen Bauklötzen zusammen und bezeichnete ihn als *X*. Mit gut zweieinhalb erklärte er, daß das Wort *cheers* (Beifall) mit einem *G* beginne. Als man ihm sagte, daß das falsch sei, schlug er ein *J* vor. Er verkündete auch, daß *D* der erste Buchstabe von *daddy* und *dive* sei. Mit drei Jahren spielte er leidenschaftlich gern ein Alphabetspiel, bei dem man in alphabetischer Reihenfolge Wörter nennen muß, die mit einem Konsonanten beginnen. Dazu mußte David in der Lage sein, über Ähnlichkeiten in der Aussprache und Schreibweise von Worten nachzudenken.

Als David alle Buchstaben kannte, begann er zu lesen. Normalerweise lernen Kinder lesen, indem sie das visuelle Schema des ganzen gedruckten Wortes wiedererkennen und es mit der Aussprache, die sie von einem Erwachsenen hören, verbinden. Später, meist als Folge ausführlicher Unterweisungen, meistern sie dann die Regeln der Phonetik, ordnen einzelne Buchstaben oder Buchstabengruppen bestimmten Lauten zu und können Wörter aussprechen, die sie nie zuvor gehört haben. David hingegen las von Anfang an phonetisch. Das erste Wort, das er als Dreijähriger las, war *Argo*. Er hatte es auf einem Waschmittelkarton entdeckt. Niemand hatte ihm dieses Wort je vorgelesen, deshalb konnte er es nur aussprechen, indem er sich an phonetische Regeln hielt. Nachdem er es gelesen hatte, fragte er nach der Bedeutung.

Von da an war David ganz versessen aufs Lesenlernen. Er entwickelte ein eigenes Lernprogramm und bat seine Mutter, ihm bei der Durchführung zu helfen. Aber im Grunde brauchte er kaum Hilfe. Eines Tages brachte er sein Lieblingsbuch zu seiner Mutter und bat sie, ihm daraus vorzulesen und dabei mit dem Finger auf die Wörter zu deuten. Er schaute aufmerksam zu, wie ihr Finger über die Zeilen glitt, während sie laut vorlas. Dann ließ er sich das Buch geben und deutete selbst auf die Wörter. Etwa eine Woche lang forderte er seine Mutter ungefähr zehnmal pro Tag auf, das Buch auf diese Weise mit ihm durchzugehen. In der zweiten Woche wiederholte er die Prozedur mit einem anderen Buch.

Nach diesen zwei Wochen legte David die beiden Bücher, die er inzwischen auswendig kannte, beiseite und schleppte ständig neue Bücher heran, die er seiner Mutter laut vorlas. Er sprach Wörter aus, die ihm unbekannt waren, und in den seltenen Fällen, wenn er ein Wort nicht aussprechen konnte, buchstabierte er es. Das dauerte weitere zwei Wochen. Danach las David still für sich selbst und verschlang in Windeseile ein Buch nach dem anderen.

Ein frühes und begieriges Lesen, das vor dem Kindergarten beginnt, ist eines der am häufigsten beobachteten Merkmale von Kindern mit universeller Hochbegabung. In biographischen Berichten über Wunderkinder wird häufig darauf hingewiesen, daß sich diese Kinder offenbar selbst das Lesen beibringen. Einige Wissenschaftler bestreiten diese Behauptung und beharren darauf, daß kein Kind in der Lage sei, ohne umfangreiche Hilfe lesen zu lernen. Aber die Unterweisung, die David erhielt, dauerte nur zwei Wochen. Außerdem erhielt er keinen Unterricht in Phonetik. Seine Mutter verband einfach ein bestimmtes Wort mit einer bestimmten Aussprache, und von diesen Verbindungen *induzierte* David die Regeln der Phonetik. Die meisten Kinder müssen mehrere Jahre lang täglich üben, bis sie fließend lesen können.[1]

Ein weiterer aufschlußreicher Unterschied war, daß Davids zweiwöchige Unterweisung nicht von der Mutter forciert wurde. Das Lernen wurde in diesem Fall eindeutig nicht vom Lehrer, sondern vom Kind initiiert und energisch weiterverfolgt. Kinder wie David drängen darauf, daß man ihnen das Lesen beibringt, weil sie spüren, daß es eine Sache ist, die ihnen leichtfällt. Kinder, die erst in der Schule zum Lesen angehalten werden, ahnen vielleicht, daß es eine harte Nuß sein wird, diese auf Papier gedruckten Schnörkel zu entziffern. Glenn Doman, Gründer der Institutes of Achievement of Human Potential, hat nachgewiesen, daß Kinder früher lesen lernen, wenn man sie schon im Säuglings- und Kleinkindalter mit Illustrationstafeln spielen läßt. Aber diese Kinder erhalten intensive Unterstützung und Anleitung. Ein Kind wie David kommt fast gänzlich ohne solche Hilfe aus.

Sobald David selbst lesen konnte, war er nicht mehr damit zufrieden, jeweils nur ein Buch zu lesen. Wie ein kreativer Erwachsener, der mit vielen unterschiedlichen Projekten gleichzeitig beschäftigt ist, hatte David bis zu zwölf Bücher auf einmal in Arbeit. Als er dreieinhalb war, erhöhte die Bücherei die Zahl der Bücher, die er ausleihen durfte, so daß seine Mutter ihn nicht mehr täglich in die Bibliothek fahren mußte.[2]

Schon vor seinem Eintritt in den Kindergarten, mit fünf Jahren, las David Bücher für Zwölfjährige. Die Erzählungen, die seinem Lesevermögen entsprachen, handelten meist von Kindern, die erheblich älter waren als er selbst. Weil er es schwierig fand, sich mit den Abenteuern von so viel älteren Helden zu identifizieren, entwickelte er sich zum leidenschaftlichen Sachbuchleser. Ab vier Jahren beschäftigte er sich regelmäßig für einige Wochen oder Monate mit einem bestimmten Thema. Besonders gern las er Biographien und naturwissenschaftliche Werke. Sein Lieblingsbuch war eine Biographie von Wilbur und Orville Wright, die er las, als er knapp fünf war. Aber diese einzelne Biographie genügte ihm nicht, deshalb las er drei verschiedene Biographien der Gebrüder Wright, bis er den Eindruck hatte, daß er genug über sie wußte. Diese Art von Ausdauer ist typisch für solche Kinder. David begeisterte sich für Bücher, in denen erklärt wurde, wie Vulkane funktionieren, wie sich Hurrikans und Tornados unterscheiden oder weshalb der menschliche Körper Speichel produziert. Mindestens einmal täglich brütete er über seinem Atlas, las nicht nur die Bezeichnungen, sondern erforschte den Verlauf von Landesgrenzen, Straßen und Flüssen. Er fing auch an, die Diagramme in seinem Atlas zu studieren. Mit vier Jahren, nachdem er in der Bibliothek mehrere Bände der *Childcraft Encyclopedia* von vorn bis hinten durchgelesen hatte, war sein sehnlichster Geburtstagswunsch eine Enzyklopädie.

Wie nicht anders zu erwarten, hatte er mit sieben ein enormes Wissen angesammelt, was typisch für Kinder mit frühentwickelten sprachlichen Fähigkeiten ist. Mit fünf spielte David mit Begeisterung ein Erdkundespiel, bei dem man geographische Begriffe nennen muß, die mit dem letzten Buchstaben des Wortes beginnen, das der Mitspieler gesagt hat. Für dieses Spiel muß man die Namen von vielen Städten, Ländern, Flüssen und Bergen kennen, und man muß wissen, wie sie geschrieben werden (oder zumindest, mit welchen Buchstaben sie anfangen und enden). Wenn Kinder viel lesen, nehmen sie eine Menge Wissen über die Welt in sich auf.

David fing auch sehr früh zu schreiben an. Kurz vor seinem dritten Geburtstag bat er um Hilfe, als er seinen ersten Buchstaben – *A* – schreiben wollte. Nach einem halben Jahr verfaßte er einen Brief an den Weihnachtsmann, indem er sich die Wörter laut vorsprach. Nur bei den Worten *bring* und *thank* mußte er um Hilfe bitten, weil er noch nicht wußte, wie man Nasallaute schreibt. Mit vier fing er an, regelmäßig Briefe an Freunde und Familienmitglieder zu schreiben. Er begann auch mit dem Lösen von Kreuzworträtseln. Mit fünf schrieb er Geschichten und kleine Sachberichte. Weil er schneller denken als schreiben konnte und weil er sich mühelos beigebracht hatte, auf dem Computer zu tippen (unter Verwendung eines Handbuchs für Erwachsene), erledigte David den größten Teil seiner Schreibarbeiten auf dem Computer. Seine Handschrift blieb während der gesamten Grundschulzeit ein Problem.

David zeigte von Anfang an ein genauso großes Interesse an Zahlen wie an Wörtern. Mit fünfzehn Monaten konnte er bis zehn zählen. Mit drei Jahren hatte er das Prinzip verstanden, daß Null die Bedeutung von nichts hat. Mit vier faszinierte ihn der mathematische Unendlichkeitsbegriff. Ebenfalls mit vier konnte er mühelos mit Zahlen jonglieren – addieren und subtrahieren und in gerade und ungerade Zahlen dividieren. Er suchte häufig Anregung bei seinen Eltern und bat sie, ihm Aufgaben im Kopfrechnen zu stellen. Er konnte zweistellige Zahlen im Kopf addieren, vorausgesetzt, man mußte keine Überträge vornehmen. Weil er Rechenaufgaben normalerweise im Kopf löste, hatte er später Schwierigkeiten in der Schule, als sein Lehrer darauf bestand, daß er seine Lösungswege niederschrieb und die üblichen Symbole wie Plus- und Minuszeichen verwendete.

Als er in den Kindergarten kam, konnte er in Zweier-, Vierer-, Fünfer-, Zehner- und Zwanzigerschritten bis 100 zählen. Er hatte offenkundig die Bedeutung des Stellenwerts verstanden, denn er erklärte, daß 97 aus neun Zehnern und sieben Einern bestünden. Er verkündete, daß vier Viertel von einem Dollar das gleiche seien wie vier 15-Minuten-Abschnitte von einer Stunde und daß vier Teile, die ein Ganzes ergeben, Viertel hießen. Und er erkannte, daß zehn Teile, die ein Ganzes ergeben, Zehntel genannt werden, und daß 100 Prozent folglich bedeuten müßten, daß 100 Teile ein Ganzes ergeben.

David schien Dinge über Zahlen zu wissen, die man ihm niemals beigebracht hatte, wie die Bedeutung von Null oder von Prozenten. Er schaute einfach auf die Zahlen und wußte die Antworten. Kein Wunder, daß die Eltern solcher Kinder manchmal zu glauben beginnen, ihre Sprößlinge hätten übernatürliche Kräfte.[3]

Alle Kinder sind neugierig, und alle stellen Fragen, die uns Erwachsene amüsieren und verblüffen. Aber Davids intellektuelle Neugier zeichnete sich durch ein zusätzliches Element aus: Beharrlichkeit. Wenn er etwas wissen wollte, ließ er nicht locker, bis er eine befriedigende Antwort gefunden hatte. Als er vierzehn

Monate alt war und seine Mutter ihm erklärte, daß ein lautes Geräusch, das von draußen zu hören war, von einer Motorsäge stammte, bestand David darauf, die Säge in Augenschein zu nehmen. Zwei Stunden lang wiederholte er immer wieder: »Säge sehen, Säge sehen«, bis seine Mutter schließlich aufgab, ihn in den Kinderwagen setzte und losschob, damit er die Säge anschauen konnte. Mit zweieinhalb fragte er seine Mutter, wie ein bestimmtes Spielzeug funktionierte. Ihre mündlichen Erklärungen stellten ihn nicht zufrieden, und er gab erst Ruhe, als sie ihre Ausführungen durch eine Skizze verdeutlichte. Ein anderers Mal fragte er, woher der Wind komme. Wieder fand er die Antwort seiner Mutter zu dürftig und war erst zufrieden, nachdem sie in die Bibliothek gegangen waren, ein Buch über das Thema ausgeliehen und es mehrmals gemeinsam gelesen hatten. Davids leidenschaftliche Wißbegierde ist typisch für alle hochbegabten Kinder, auch wenn das, was sie wissen und tun wollen, je nach Begabungsbereich variiert.

David stellte sehr früh Theorien darüber auf, wie bestimmte Dinge funktionieren. Mit vier Jahren postulierte er die Existenz von Schließmuskeln, bezeichnete sie als »ein Tor« und erklärte, wie sie funktionieren und vom Gehirn gesteuert werden. Mit vier hatte er beschlossen, daß er Wissenschaftler werden wollte.

Wenn ich David mit einem Satz beschreiben müßte, würde ich sagen, daß seinem gesamten Verhalten das Bedürfnis zugrunde lag, eine stimulierende Umwelt zu schaffen. Das erklärt seine beharrlichen Fragen, seine Beschäftigung mit mathematischen Problemen, sein wissenschaftliches Theoretisieren und seinen unersättlichen Lesehunger. Seine Eltern haben ihn nicht zum frühen Lernen gedrängt. Er selbst war es, der drängte, weil er unbedingt Antworten auf seine Fragen finden mußte.[4]

David ähnelt Michael Kearney, einem Jungen, der kürzlich beträchtliche Aufmerksamkeit in den Medien erregte, weil er mit zehn Jahren seinen College-Abschluß machte und damit jüngster Collegeabsolvent in der Geschichte der Vereinigten Staaten war. Michaels Entwicklung schritt so rasch voran, daß sie fast übermenschlich erscheint. Davids Leistungen sind zwar auch verblüffend, liegen aber irgendwie noch eher im Bereich des menschlichen Vorstellungsvermögens.

Nach Angaben seiner Eltern hatte Michael einen IQ von über 200, ein Wert, den nicht einmal einer von einer Million Menschen erreicht. Michael begann im Alter von vier Monaten zu sprechen – acht Monate früher als normal. Seine Mutter berichtet, daß er in diesem Alter nicht nur einzelne Wörter äußerte, sondern ganze Sätze wie »Mom, Dad, was gibt's zum Essen?« Mit acht Monaten fing er an, Worte vom Fernseher abzulesen, wenn Produktnamen in Werbespots gezeigt wurden. Er las auch laut aus der Fernsehzeitung vor, zum Beispiel: »Der Preis stimmt« oder »Zehn Uhr«. Mit zehn Monaten, äußerlich ein völlig normales Kleinkind, schockierte er die Leute im Supermarkt, indem er laut vorlas, was auf den Plakaten stand. Wie Michaels Eltern berichten, dachten die Leute im ersten Moment immer, sie hätten die Stimme der Mutter gehört – ein so kleines Kind, das nicht nur sprechen, sondern auch lesen konnte, schien einfach zu phantastisch. Mit fünfzehn Monaten hatte Michael die Regeln der Phonetik verstanden, was ihn schlagartig in die Lage versetzte, Wörter zu lesen, die er noch nie zuvor gehört hatte.

Im mathematischen Bereich war Michael genauso frühreif wie im sprachlichen. Mit drei, so sein Vater, entdeckte und bewies er die Kommutativ- und Assoziativgesetze sowie das Wesen identischer Gleichungen und verkündete voll Begeisterung: »Dad, Rechnen ist 'ne Wucht!« Jeden Tag, wenn der Vater von der Arbeit kam, begrüßte Michael ihn mit den Worten: »Komm Dad, laß uns arbeiten«, und schleifte seinen Vater zu irgendwelchen Rechenbüchern.

Michael zeigte dieselbe Ausdauer, Energie und leidenschaftliche Wißbegierde wie David. Sein Vater beschrieb ihn als »lernwütig«. Wie seine Eltern berichten, haben sie sogar versucht, seinen Eifer zu dämpfen, aber Michael war durch nichts zu bremsen. Er hatte so viel Energie, sowohl geistig als auch körperlich, daß er seine Eltern völlig überanstrengte. Er brauchte wenig Schlaf und wirkte tatsächlich hyperaktiv, sobald er sich langweilte. Aber er war absolut konzentriert, wenn er sich für irgend etwas interessierte. Bei solchen Kindern wird leicht die Fehldiagnose einer Hyperaktivität oder Aufmerksamkeitsstörung gestellt. Sie sind ständig auf der Suche nach Anreizen. Wenn sie zu wenig Anregungen bekommen, stimulieren sie sich durch ihre eigene Aktivität.[5]

Mit fünf kam Michael auf die High-School, die er nach einem Jahr erfolgreich abschloß. Im folgenden Jahr zogen seine Eltern nach Mobile, Alabama, damit er die Universität von South Alabama besuchen konnte. Weil er so jung war, begleitete seine Mutter ihn täglich zum Unterricht. Aber bei den Aufgaben mußte ihm niemand helfen oder gar darauf dringen, daß er sie erledigte. Ein Professor, der Michael kennt, beschreibt ihn als »einen der intelligentesten Menschen der Welt«.

Als ich Michael kennenlernte, war er zehn Jahre alt, hatte gerade das College absolviert und überlegte, was er als nächstes tun sollte. Er verbrachte seine Zeit mit Videospielen und Fernsehen. Aber er versuchte auch zu entscheiden, ob er Anthropologie studieren und Primatologe werden sollte (wie Jane Goodall, deren Bücher ihn als Sechsjährigen inspiriert hatten) oder ob er nach Los Angeles gehen sollte, um Game-Show-Moderator zu werden. Als ich ihn fragte, warum er Game-Shows moderieren wolle, antwortete er: »Man muß schlau sein, um die Fragen wirklich zu begreifen und das Publikum zu überzeugen.« Er erzählte mir, er habe schon mit zwei Jahren beschlossen, Game-Show-Moderator zu werden. Bis heute hat Hollywood Michael noch nicht für eine Show unter Vertrag genommen, deshalb hat er jetzt beschlossen, weiterzustudieren. Wie wir noch sehen werden, bedeutet ein hoher IQ in der Kindheit nicht zwangsläufig, daß der Betreffende als Erwachsener zu einem berühmten Wissenschaftler oder kreativen Entdecker wird.[6]

Die Terman-Studie über universell begabte Kinder mit hohem IQ

Wenn David und Michael zu Beginn dieses Jahrhunderts in Kalifornien zur Welt gekommen wären, hätten sie sich für die erste systematische Studie über intellektuell begabte Kinder mit hohem IQ qualifiziert, die 1921 von dem Psychologen Lewis Terman an der Stanford University begonnen wurde. Ziel dieser Studie war es, die Persönlichkeitsmerkmale von Kindern mit hohem IQ zu bestimmen und ihre Entwicklung im Erwachsenenalter zu erforschen.[7]

An der Terman-Studie nahmen rund 1500 Schüler teil, die zwischen 1903 und 1917 geboren wurden. Ihre weitere Entwicklung wurde über ihr gesamtes Leben beobachtet. Die noch lebenden Teilnehmer der Studie sind heute in den Achtzigern, und der sechste Band der Terman-Studie erschien 1995. Terman wollte beweisen, daß Kinder mit hohem IQ nicht nur in intellektuellen Bereichen überlegen waren, sondern auch in ihrer sozialen und körperlichen Entwicklung. Er wollte widerlegen, was er für einen Mythos hielt – die Ansicht, daß Kinder mit hohem IQ körperliche Schwächlinge und soziale Außenseiter seien. Außerdem hoffte er, einen Nachweis dafür zu finden, daß ein hoher IQ in der Kindheit zu großen Leistungen im Erwachsenenalter führt.

Terman versuchte, eine repräsentative Auswahl von herausragenden Schülern zusammenzustellen, die zu dem besten 1 Prozent der kalifornischen Schülerpopulation gehörten. Zunächst bat er Klassenlehrer, ihm ihre klügsten und ihre jüngsten Schüler zu nennen. Er nahm zu Recht an, daß die jüngsten Schüler in einer Klasse wahrscheinlich zu den klügsten gehörten. Die auf diese Weise ermittelten Kinder nahmen an einem Gruppen-Intelligenztest teil, und die besten erhielten eine individuelle, aber abgekürzte Version des Stanford-Binet-Intelligenztests. Schließlich bearbeiteten diejenigen Teilnehmer, die bei diesem abgekürzten Test die besten Ergebnisse erzielt hatten, den kompletten Test. Kinder, die einen Wert von 135 oder mehr erreichten, wurden zur Teilnahme an der Studie aufgefordert. Tatsächlich hatten fast alle Studienteilnehmer einen IQ von über 140. Diese umfassend untersuchten Kinder wurden unter dem liebevollen Spitznamen »Termiten« bekannt.

Der Stanford-Binet-IQ-Test, Termans überarbeitete Version von Binets Original, besteht aus einer Vielzahl von einfachen, schultypischen Aufgabenstellungen, die theorieorientiert sind und wenig Bezug zu Alltagsaktivitäten haben. Der Test für Kinder umfaßt zum Beispiel folgende Aufgaben: Sie müssen einzelne Wörter definieren, die Unterschiede zwischen zwei Begriffen (zum Beispiel *Faulheit* und *Muße*) aufzeigen, die Gemeinsamkeiten und Unterschiede zweier Objekte erklären, einen vorgelesenen Zeitungsartikel zusammenfassen, Rätselfragen lösen, kleine Geschichten lesen und die Moral dieser Geschichten erläutern, sieben Zahlen rückwärts wiederholen, die richtige oder falsche Lösung bei Rechenaufgaben ankreuzen und Bilder vervollständigen. Wie fast alle Intelligenztests mißt auch dieser Test die Sprachbeherrschung und das logische Denken und bis zu einem gewissen Grad mathematische Fähigkeiten und das räumliche Vorstellungsvermögen.[8]

Als durchschnittliche Intelligenz gilt bei diesem Test ein Quotient zwischen 90 und 109. Fünfzig Prozent aller Menschen fallen in diesen Normbereich. Ein IQ von 132 liegt zwei Standardabweichungen über dem Durchschnitt (eine Standardabweichung ist der durchschnittliche Abstand von Punktwerten zum Mittelwert) und berechtigt zur Aufnahme bei MENSA, einer nationalen Organisation für Menschen mit hohem IQ. Für die Aufnahme von Kindern in schulische Förderprogramme wird im allgemeinen ein Grenzwert von 130 angesetzt. Etwa zwei oder drei von hundert Kindern haben einen IQ von 130 oder darüber. Nur etwa eins von hundert Kindern hat einen IQ von über 140. Nur eins von zehn- bis dreißigtausend Kindern erreicht 160 oder mehr, und nur eins von einer Million einen IQ von 180. Termans Kinder hatten IQs, die im Bereich von 135 bis 196 lagen, und der mittlere IQ der Kinder lag bei etwa 150. Ein durchschnittlicher promovierter Akademiker hat einen IQ von etwa 130, nur beim Physiker liegt der Durchschnitt bei 140.[9]

Nach den Erinnerungsberichten der Eltern zeigten die Terman-Probanden, ebenso wie David und Michael, schon in frühester Kindheit Anzeichen einer frühreifen Entwicklung. Sie begannen etwa dreieinhalb Monate vor der normalen Zeit mit dem Sprechen, und etwa die Hälfte konnte vor der Einschulung lesen. Von den Kindern, die früh mit dem Lesen anfingen, taten es die meisten im Alter von vier Jahren, aber einige konnten schon mit drei und sogar mit zwei Jahren lesen. Eines der Kinder konnte bereits mit 25 Monaten genausogut lesen wie ein durchschnittliches Kind am Ende des ersten Schuljahres!

Frühes Lesen ist ein verläßliches Zeichen für einen hohen IQ; die Kinder in dieser Gruppe konnten nicht nur insgesamt früher lesen als andere Kinder, auch die IQ-Unterschiede innerhalb der Gruppe ließen sich durch das Lesealter vorhersagen. Bei Kindern mit einem IQ von über 170 war die Wahrscheinlichkeit, daß sie vor dem vierten Lebensjahr mit dem Lesen begonnen hatten, doppelt so hoch wie bei Kindern mit einem IQ unter 170.[10]

Wie David und Michael waren alle Kinder, unabhängig davon, wann sie mit dem Lesen begonnen hatten, schnell zu richtigen Leseratten geworden. Mit sieben Jahren lasen sie durchschnittlich fast eine Stunde am Tag, mit dreizehn durchschnittlich zwei Stunden täglich; und in jeder Altersstufe gab es Kinder, die drei Stunden oder mehr pro Tag mit Büchern verbrachten. Der Lesestoff dieser Kinder umfaßte auch ein wesentlich breiteres Spektrum als bei durchschnittlichen Kindern. Sie verschlangen nicht nur fiktive Geschichten, sondern auch Sachbücher (Wissenschaft, Geschichte, Biographien), Atlanten und Lexika.

Die Kinder der Terman-Gruppe zeigten auch andere frühe Anzeichen für eine universelle Hochbegabung. Die meisten Eltern berichteten, daß ihre Kinder sich durch eine schnelle Auffassungsgabe, eine unstillbare Neugier und ein exzellentes Gedächtnis auszeichneten. Durch ihre frühe Lesefähigkeit und Leselust erwarben diese Kinder sehr schnell ein umfangreiches Wissen und ein immenses Vokabular. Die Wahrscheinlichkeit, daß sie Sammlungen anlegten, insbesondere Sammlungen wissenschaftlicher Art, war ebenfalls wesentlich höher als bei anderen Kindern. Im allgemeinen gingen die Kinder in Termans Studie Hobbys und Interessen nach, wie sie normalerweise für wesentlich ältere Kinder typisch sind.

Die Probanden dieser Studie waren sozusagen die Traumschüler eines jeden Lehrers – Kinder, die manchmal als »Schulgenies« bezeichnet werden. Sie glänzten in allen schulischen Fächern und eigneten sich häufig eigenständig den Stoff an, der zwei oder sogar vier Klassen höher unterrichtet wurde. Einige Kinder hatten Klassen übersprungen und daher weniger Schuljahre hinter sich als andere. Aber es bestand keine Verbindung zwischen absolvierten Schuljahren und dem Leistungsniveau in den verschiedenen Testbereichen. Terman zog den Schluß, daß sich diese Kinder (wie David und Michael) häufig selbst unterrichteten. Die Lehrer attestierten fast allen eine starke Willenskraft und ein ausgeprägtes Leistungsbedürfnis.

Termans Probanden waren auch in ihren sonstigen Fähigkeiten erstaunlich ausgewogen. Die verbreitete Auffassung, daß hochbegabte Kinder keine Freunde finden, wurde durch Termans Studie nicht bestätigt. Seine Probanden schnitten bei Messungen der sozialen Anpassungsfähigkeit sogar etwas besser ab als eine Kontrollgruppe.

Auch in ihrer körperlichen Entwicklung waren diese Kinder ihren Alterskameraden in gewisser Weise überlegen. Sie entwickelten frühzeitig motorische Fähigkeiten und lernten etwa einen Monat früher laufen als andere Kinder. Sie schnitten in gesundheitlicher Hinsicht ebenso besser ab als eine Kontrollgruppe. Man muß jedoch bei allen Schlußfolgerungen aus Termans Studie berücksichtigen, daß fast 33 Prozent der Teilnehmer aus akademisch gebildeten Mittelschichtfamilien stammten und damit aus einer sozioökonomischen Gruppe, die damals nur etwa 3 Prozent der Gesamtbevölkerung ausmachte. Aber Terman hat zweifellos viel zum Abbau des Vorurteils beigetragen, alle hochbegabten Kinder seien grundsätzlich sonderbar, kränklich und unglücklich.[11]

Terman hatte einen überproportionalen Anteil von Jungen in seiner Auswahlgruppe. Das hing vermutlich mit seiner Entscheidung zusammen, die Vorauswahl für die IQ-Tests von Lehrern durchführen zu lassen. Es ist sehr gut möglich, daß Lehrer in den zwanziger Jahren in dem Sinne voreingenommen waren, daß sie Jungen von vornherein ein höheres intellektuelles Potential unterstellten als Mädchen. In einer neueren, wenn auch kleineren Studie über Kinder mit hohem IQ, bei der man sich ausschließlich auf IQ-Werte und nicht auf Lehrereinschätzungen stützte, wurde eine gleich große Zahl von Jungen und Mädchen mit hohem IQ ermittelt.[12]

Die Lehrernominierungen haben zweifellos zu weiteren Verzerrungen in den Studienergebnissen geführt. Als die Lehrer nach ihren klügsten Schülern befragt wurden, wählten sie wahrscheinlich die leistungsstärksten und die auf allen Gebieten gleichermaßen begabten Schüler aus. Kinder mit einseitigen Stärken im sprachlichen oder mathematischen Bereich sind möglicherweise übergangen worden. Störenfriede, besonders kreative Kinder oder Schüler mit Lernschwächen auf bestimmten Gebieten sind unter Umständen ebenfalls nicht berücksichtigt worden. Wenn ein Lehrer die intellektuellen Fähigkeiten bestimmter Kinder hoch bewertete, neigte er vielleicht auch unbewußt dazu, ihre Persönlichkeit und ihre soziale Anpassungsfähigkeit ebenfalls positiv zu bewerten (eine Art Halo-Effekt). Außerdem hatten die Lehrer vermutlich ein schichtenspezifisches Vorurteil, das sie dazu veranlaßte, Kinder aus wirtschaftlich schwachen Verhältnissen zu übergehen, was dann zu dem überproportionalen Anteil von Mittelschichtkindern in der Auswahlgruppe führte.[13]

Ein Profil des universell begabten Kindes mit hohem IQ

Umfassend begabte Kinder mit hohem IQ zeichnen sich im allgemeinen durch folgende Eigenschaften aus. Die meisten Eltern bemerken mindestens einige dieser Merkmale, bevor das Kind fünf Jahre alt ist.[14, 15]

Früheste Anzeichen

Aufmerksamkeit und Wiedererkennungsvermögen

Diese Kinder zeigen schon im Säuglingsalter eine auffällige Lebhaftigkeit und lange Aufmerksamkeitsspannen, und sie erkennen ihre Fürsorgepersonen sehr früh wieder. Diese Beobachtung geht über potentiell voreingenommene Elternberichte hinaus. Studien haben gezeigt, daß ein Zusammenhang zwischen dem Wiedererkennungsvermögen im Alter von vier bis sieben Monaten und der verbalen Intelligenz im Alter von sieben Jahren besteht.[16]

Der Wunsch nach Abwechslung
Man hat festgestellt, daß Kleinkinder, die schnell von visuellen Angeboten gelangweilt sind und etwas Neues sehen wollen, als Zweijährige besonders hohe Werte bei IQ-Tests erzielen.[17]

Schnelle körperliche Entwicklung
Kinder mit hohem IQ, die eine intellektuelle Begabung zeigen, sind häufig frühreif in ihrer körperlichen Entwicklung; sie sitzen, krabbeln und laufen mehrere Monate früher als andere Kinder.[18]

Gesprochene Sprache
Diese Kinder fangen früh zu sprechen an und gehen häufig direkt von Ein-Wort-Sätzen zu komplexen Sätzen über. Sie verfügen über einen reichen Wortschatz und einen großen Vorrat an verbalem Wissen.

Starke Reaktionen
Man hat festgestellt, daß diese Kinder ungewöhnlich starke Reaktionen auf Lärm, Schmerz und Frustrationen zeigen.

Lernstil

Lernen mit minimaler Anleitung
Im allgemeinen scheinen solche Kinder mit sehr wenig Hilfe oder Unterstützung durch Erwachsene zu lernen. Sie brauchen lediglich Zugang zu einem Wissensgebiet (den sie durch Bücher oder durch Erwachsene erhalten können) und eine Person, die ihre beharrlichen Fragen beantwortet.

Kennzeichnend für diese Kinder ist jedoch nicht nur, daß sie *schnell* lernen. Sie lernen und denken auch *anders* als durchschnittliche Kinder. Als man Kindern mit hohem IQ zum Beispiel eine Aufgabe in räumlicher Logik stellte, ein Spiel namens »Turm von Hanoi«, baten sie kaum um Hilfe. Bei dieser Aufgabe muß man einen Turm aus aufeinandergestapelten Scheiben, die nach oben hin immer kleiner werden, von einem Platz auf einen anderen versetzen, wobei zwei Schwierigkeiten zu bewältigen sind: Man kann immer nur jeweils eine Scheibe bewegen, und man darf keine größere auf eine kleinere Scheibe legen. Die Kinder machten sich begeistert an die Arbeit und steigerten den Schwierigkeitsgrad, indem sie die

Aufgabe schneller und in weniger Schritten zu meistern versuchten. Sie waren eifrig darum bemüht, die Herausforderung so zu gestalten, daß sie ihren eigenen Fähigkeiten optimal entsprach, was zeigt, daß sie *»flow«* erlebten, einen Zustand intensiver und lustvoller Konzentration.[19]

Neugier
Wißbegierig wie wissenschaftliche Forscher stellen Kinder mit universeller IQ-Begabung tiefschürfende Fragen. Wenn sie auf ein Problem stoßen, das ihr Interesse weckt, forschen sie so lange nach, bis sie eine zufriedenstellende Antwort gefunden haben.

Ausdauer und Konzentration
Diese Kinder zeigen ein hohes Maß an Ausdauer und Konzentration, wenn sie sich für eine Sache interessieren.

Energie
Sie haben einen hohen Energielevel, der ihnen nicht nur erlaubt, sich intensiv auf eine Aufgabe zu konzentrieren, sondern auch zu Hyperaktivität führen kann, wenn sie zu wenig Anregungen bekommen. Einige Eltern haben festgestellt, daß diese Kinder als Säuglinge weniger Schlaf brauchten als die meisten anderen Kinder.

»Metakognitives« Bewußtsein
Diese Kinder sind sich ihrer eigenen Problemlösestrategien ungewöhnlich bewußt, deshalb können sie diese Strategien einsetzen, um neue Probleme zu lösen, für die es oberflächlich betrachtet gar keine Anknüpfungspunkte gibt.[20]

Obsessive Interessen
Sie entwickeln ein fast obsessiv anmutendes Interesse an bestimmten Bereichen, seien es Computer, Vulkane oder die griechische Mythologie, und werden zu Experten in diesen Domänen.

Schulbezogene Aktivitäten

Lesen
Diese Kinder können fast immer mit etwa vier Jahren lesen, einige sogar noch früher, und sie lernen es mit minimaler Anleitung. Das war eine der wenigen Eigenschaften, durch die sich die Terman-Probanden mit einem IQ von über 170 von den übrigen Probanden unterschieden. Es ist nicht ungewöhnlich, daß solche

Kinder schon im Kindergarten genauso gut lesen können wie durchschnittliche Sechstkläßler. Außerdem lesen sie sehr schnell und sehr viel; sie verschlingen die Bücher – so eine der Mütter – »wie Kartoffelchips«.

Zahlen
Sie sind fasziniert von Zahlen und den Beziehungen zwischen Zahlen.

Gedächtnis
Sie haben ein phänomenales Gedächtnis für verbale und mathematische Informationen.

Abstraktes und logisches Denken
Sie sind Meister im logischen und abstrakten Denken.

Handschrift
Obwohl sie gern schreiben, haben sie häufig Probleme mit der Handschrift und ziehen das Tippen vor. Manchmal klafft eine große Lücke zwischen ihren frühentwickelten verbalen Fähigkeiten und ihrer Schreibfähigkeit, wahrscheinlich weil sie schneller denken als schreiben können und es langweilig finden, sich um etwas so Banales wie eine ordentliche Handschrift zu bemühen.[21]

Soziale Aspekte

Allein spielen
Intellektuell hochbegabte Kinder spielen gern und häufig allein, nicht nur weil sie die Einsamkeit prinzipiell vorziehen, sondern auch weil sie nur wenige Spielkameraden finden, die ihre Interessen teilen. Die Mutter eines Sechsjährigen, der sich für Getriebe und Zahnräder begeisterte, erzählte mir, daß ihr Sohn über andere Kinder seines Alters sagte: »Sie mögen die Sachen nicht, mit denen ich spiele.« Solche Kinder haben das Gefühl, anders zu sein als die anderen, und sind sich bewußt, daß sie nicht zu den anderen passen.

Eine Vorliebe für die Gesellschaft älterer Kinder
Wenn sie doch Freunde finden, sind es normalerweise ältere Kinder, die ihrem geistigen Alter eher entsprechen.

Affektive Aspekte

Philosophische und moralische Überlegungen

Intellektuell hochbegabte Kinder interessieren sich für philosophische Themen und machen sich Gedanken über ethische Fragen und politische Probleme wie die Existenz des Bösen in der Welt, die nukleare Bedrohung oder die Umweltzerstörung. Das kann dazu führen, daß diese Kinder sich extrem belastet fühlen oder daß sie ungewöhnliche moralische Standpunkte beziehen, zum Beispiel zu Vegetariern werden, obwohl die Eltern leidenschaftliche Fleischesser sind.[22]

Humor

Diesen Kindern wird häufig ein ungewöhnlicher Sinn für Humor nachgesagt, vielleicht eine Folge ihrer hohen verbalen Fähigkeiten.

Ehrfurchtgebietende Erfahrungen

Alle bislang beschriebenen Merkmale sind besonders typisch für Kinder mit sehr hohem IQ. Ein vermutlich selteneres Merkmal von hochbegabten Kindern wurde von der Psychoanalytikerin Phyllis Greenacre beschrieben. Sie stellte fest, daß extrem hochbegabte Personen in der Kindheit häufig von besonders intensiven Gefühlen, Vorstellungen oder Erinnerungen überwältigt wurden. Diese Eindrücke waren so lebendig und die sie begleitenden Gefühle so stark, daß die Kinder von Staunen, Entsetzen, Ehrfurcht, sogar Ekstase ergriffen wurden, also eine Art spirituelle oder religiöse Erfahrung machten. Greenacre entdeckte diese Erfahrungsberichte in den Autobiographien von berühmten Persönlichkeiten, die sie als hochbegabt bezeichnete, auch wenn sie die Begriffe *Intelligenz* oder *IQ* nicht benutzte. So berichtete zum Beispiel Albert Schweitzer, daß er jeden Sonntag, wenn er in der Kirche saß und die Orgelmusik hörte, eine lebendige Vision vom Teufel vor sich sah, die ihn mit Furcht und Entsetzen erfüllte. Greenacre war beeindruckt von den Ähnlichkeiten zwischen den spirituellen Erfahrungen von berühmten Persönlichkeiten und den Erfahrungen, von denen ihre Patienten berichteten. Diese Fähigkeit zu mystischen, hypermanischen, intensiven Erlebniszuständen ist ein sehr verbreitetes Merkmal bei kreativen Personen.[23]

Die Fähigkeiten von Kindern mit extremer universeller Hochbegabung müssen hirnorganischen Ursprungs sein ebenso wie die Fähigkeiten von Kindern, deren außergewöhnliche Begabungen eher einseitig sind. Solche Fähigkeiten lassen sich nicht allein durch ein intensives Training erklären, weil das Training von den Kindern selbst erzwungen wird und einem inneren Lernbedürfnis entspringt. Diese Kinder erhalten keine umfassende Schulung durch ihre Eltern. Häufig sind die Eltern nicht so begabt wie die Kinder und können kaum mit ihnen Schritt halten. Die Kinder manipulieren ihre Umwelt, um sich selbst Herausforderungen zu schaffen: Sie betteln um Bücher und drängen auf zusätzliche Instruktionen.[24]

Diese Kinder induzieren die Regeln des Lesens und Rechnens, so wie ein durchschnittliches Kind die Regeln der Syntax induziert. Jedes durchschnittlich begabte Kind erlernt ohne besondere Anleitung die komplexen Regeln der Sprache, bevor es fünf Jahre alt ist. Wir halten das für selbstverständlich. Aber wenn nur ganz wenige Kinder dazu in der Lage wären, würden wir sie für ebensolche Wunderkinder halten wie David oder Michael oder wie die von Terman untersuchten Kinder.

Termans Vermächtnis

Terman hat die formale wissenschaftliche Erforschung der Hochbegabung begründet. Er hat das Feld der Experten über den Ansatz der Fallgeschichten hinausgebracht und alle nachfolgenden Studien tiefgreifend beeinflußt. Zu seinem Vermächtnis gehört, daß die *Hochbegabung* von der allgemeinen Öffentlichkeit ebenso wie von der Mehrheit der Psychologen und Pädagogen weiterhin als einheitliche, umfassende Fähigkeit betrachtet wird, die sich am besten durch IQ-Tests oder ansonsten über die schulische Leistung, die bekanntlich mit dem IQ korreliert, messen läßt. Außerdem ist es größtenteils auf Termans Arbeit zurückzuführen, daß überall im Land Programme für Hochbegabte (das heißt für intellektuell begabte Kinder mit hohem IQ) an staatlichen Schulen eingeführt wurden.

Wie eine Gesellschaft die Hochbegabung überprüft und ermittelt, hängt davon ab, was sie unter dem Begriff Hochbegabung versteht. Es gibt viele denkbare Definitionsmöglichkeiten: Als hochbegabt könnten Menschen gelten, die außergewöhnlich charakterfest sind, über charismatische Führungsfähigkeiten verfügen, andere zum Lachen bringen oder Gegenstände auseinandernehmen und reparieren können. Obwohl zahlreiche Pädagogen, einschließlich derer in der American Association for Gifted Children, darin übereinstimmen, daß außergewöhnliche Leistungen in solchen Bereichen als Begabungen gelten müßten, stützt sich die Definition und Messung von Hochbegabung immer noch primär auf den IQ. Hochbegabung wird normalerweise definiert als ein Punktwert von 130 oder mehr bei einem schriftlichen IQ-Test oder als Schulleistung, die auf dem 95. Prozent-Rangplatz oder darüber rangiert. Anhand dieser Kriterien werden die besten 2 bis 5 Prozent der Schülerpopulation ermittelt.[25]

In den USA sind IQ-Tests heftig kritisiert worden, weil Mitglieder von benachteiligten Minderheitengruppen, so insbesondere Afro-Amerikaner und Latinos, in der Regel niedrigere Punktwerte erzielen als Angehörige von privilegierteren Gruppen. Dieses Ergebnismuster zeigt, daß einige Gruppen in unserer Gesellschaft nicht die Chance erhalten, ihr Potential zu entfalten. Meiner Ansicht nach sagt das eine Menge über unsere Gesellschaft, aber wenig über IQ-Tests aus. Ich teile allerdings die Ansicht, daß Pädagogen hochbegabte Kinder aus sozial benachteiligten Schichten besser aufspüren könnten, wenn sie verstärkt zu qualitativen Beobachtungsmaßnahmen greifen würden und mehr auf solche Verhaltensweisen wie ausgeprägte Energie oder Neugier achten würden. Zum Teil wird auch argumentiert, daß nonverbale Tests fairer seien als verbale Tests. Man muß jedoch bedenken, daß bei diesen Verfahren häufig nur Kinder mit räumlichen, nicht aber mit sprachlichen Fähigkeiten identifiziert werden. Beim Ravens Progressive Matrices-Test wird zum Beispiel das nonverbale Denken getestet, indem man den Probanden eine Matrix mit einem fehlenden Teil zeigt. Aus einer vorgegebenen Auswahl müssen die Testteilnehmer dann das fehlende Teil heraussuchen und das Muster vervollständigen.[26]

In den letzten Jahren hat eine kleine, aber eloquente Gruppe von Forschern in Zweifel gezogen, daß man Hochbegabung und allgemeine Intelligenz gleichsetzen kann. Gegen eine solche Gleichsetzung spricht zum Beispiel eine Studie über Wunderkinder, die von den Entwicklungspsychologen David Feldman und Lynn Goldsmith durchgeführt wurde. Die von ihnen untersuchten Wunderkinder hatten das Leistungsniveau von Erwachsenen in Bereichen wie Schach, Musik, Mathematik oder Sprache, zeigten aber bei Aufgaben, die außerhalb ihres Talentbereichs lagen, keinerlei überdurchschnittliche Befähigung. Es melden sich immer mehr Skeptiker zu Wort, die bezweifeln, daß Tests der allgemeinen Intelligenz und standardisierte Leistungstests angemessene Methoden zur Ermittlung der Hochbegabung sind. Einige Wissenschaftler halten es inzwischen auch für fraglich, ob der IQ-Test als allgemeiner Indikator für geistige Prozesse geeignet ist. Man erkennt allmählich, daß Begabung und IQ nicht identisch sind und daß eine Person auf einem bestimmten Gebiet hochbegabt sein kann, ohne einen außergewöhnlich hohen Gesamt-IQ zu haben. Wir entwickeln also langsam eine breitere, facettenreichere Vorstellung vom Wesen der Hochbegabung.[27]

In den letzten Jahren sind viele neue Testverfahren und Definitionen der intellektuellen Hochbegabung hervorgebracht worden. Einige davon sollen dem IQ-Test überlegen sein, weil sie zuverlässigere Vorhersagen über die künftigen Leistungen im Erwachsenenalter erlauben. Dazu gehört zum Beispiel ein Verständnistest, der von dem Psychologen Robert Sternberg konzipiert wurde, und ein Modell, das von Joseph Renzulli, dem Leiter des National Center on the Gifted and Talented an der Universität von Connecticut, entwickelt wurde. Renzulli hebt in seinem Modell neben außergewöhnlichen Fähigkeiten auch die Komponenten der Aufgabenorientierung und Kreativität hervor. In einer jüngeren Studie hat man Kinder mit durchschnittlichem IQ aus wirtschaftlich benachteiligten Minderheitengruppen anhand von Kriterien wie Neugier, Motivation und Phantasie als hochbegabt erkannt. Diese Kinder erbrachten in Begabtenprogrammen genauso gute Leistungen wie Kinder, deren Hochbegabung durch traditionelle IQ-Tests ermittelt wurde. Ob diese Messungen tatsächlich einen höhere Vorhersagekraft für künftige Leistungen haben, bleibt abzuwarten. Die Wahrscheinlichkeit ist allerdings hoch, da sie Faktoren wie Engagement und Kreativität umfassen, von denen bekannt ist, daß sie von großer Bedeutung für herausragende Leistungen im Erwachsenenleben sind.[28]

III.

Ungleich begabt, sogar lernbehindert

Kein Zweifel, viele intellektuell begabte Kinder sind universell begabt und genauso ausgewogen in ihren sprachlichen und mathematischen Fähigkeiten wie David und Michael Kearney, die beiden in Kapitel 2 beschriebenen Jungen. Aber diese Ausgewogenheit findet sich durchaus nicht bei allen intellektuell begabten Kindern. Tatsächlich ist ein Ungleichgewicht zwischen mathematischer und sprachlicher Fähigkeit vielleicht eher die Regel als die Ausnahme. Bei vielen Kindern, die wir ohne zu zögern als hochbegabt bezeichnen würden, ist das sprachliche Können wesentlich ausgeprägter als das mathematische und umgekehrt. Mathematische Wunderkinder neigen nicht gleichzeitig zu literarischen Höchstleistungen, und literarische Wunderkinder sind selten glänzende Rechenkünstler.[1]

Ein Vergleich zwischen mathematischen und sprachlichen Fähigkeitsprofilen

Anders als David und Michael entsprechen KyLee und Rahela nicht dem Bild der universellen intellektuellen Hochbegabung. KyLee glänzte in der Domäne der Mathematik, Rahela in der sprachlichen Domäne. Obwohl beide Kinder einen hohen IQ hatten und intellektuell begabt waren, zeigten sich bereits sehr früh gravierende Unterschiede.

Ein »Zahlenjunge«

Mit eineinhalb Jahren war KyLee von Buchstaben und Zahlen gleichermaßen fasziniert. Er griff nach Eiswürfelbehältern in Buchstabenform und wiederholte unablässig die Namen der Buchstaben. Er wies darauf hin, daß das Brillengestell einer Person die Form eines *W* hatte. Alle potentiellen Spielgegenstände, ob Eßstäbchen oder Bauklötze, waren einfach Materialien, mit denen man Zahlen und Buchstaben hervorbringen konnte.

Aber die anfängliche Faszination durch die Buchstaben trat im Alter von zwei Jahren hinter die noch größere Faszination durch die Zahlen zurück. Zu KyLees

Lieblingsspielzeugen wurden Plastikzahlen und Bauklötze mit aufgemalten Ziffern. Er liebte die konkrete Gestalt der Zahlen und wurde nicht müde, ihre Namen immer wieder laut vor sich hinzusagen, wenn er mit den Gegenständen spielte.

Die Begeisterung für die Zahlen erwies sich als dauerhaft. Mit zwei erhielt KyLee einen Kalender, aus dem er immer wieder mit großer Ausdauer die Zahlen vorlas. Als er im Alter von zwei Jahren einmal in einem Hotel übernachtete, interessierte ihn die Nummer 304 an der Zimmertür weit mehr als alles andere, und er las sie sofort laut vor. Mit zweieinhalb, als seine Mutter ihn zum erstenmal zur Arbeitsstelle mitnahm, war er fasziniert von all den Zahlen an den Bürotüren, und er hatte schnell herausgefunden, daß Liz in 303 residierte, Paulina in 323 und Howard in 324. Sobald KyLee irgendwo ein Zahl gesehen hatte, behielt er sie im Gedächtnis. Als er drei Jahre alt war, nahmen ihn seine Eltern zum Zelten mit. Der Ranger an der Parkeinfahrt fragte nach der Nummer des Führerscheins. Weder der Vater noch die Mutter hatten die Registriernummer im Kopf. Der Vater wandte sich hilfesuchend an seinen Sohn und fragte: »Wie ist die Nummer des Führerscheins?« »502-VF«, kam es wie aus der Pistole geschossen.

Schon vorher hatte KyLee begonnen, Rechenaufgaben im Kopf zu lösen. »Acht und acht sind sechzehn«, verkündete er, nachdem er ein Nummernschild mit zwei Achten gesehen hatte. Als seine erstaunten Eltern ihn fragten, woher er das wisse, konnte er es nicht sagen. Als er zweieinhalb war, hatte seine Großmutter drei Bauklötze so aufgereiht, daß sie die Gleichung 1+1=2 ergaben. KyLee erkannte sofort, daß man mit Zahlen spielen konnte, und wollte von Stund an kaum noch etwas anderes tun. Seine Lieblingslektüre in diesem Alter war ein Buch über Addition, in dem gemalte Objekte und darunter stehende Zahlen zu Gleichungen angeordnet waren (zum Beispiel 2 Äpfel plus 2 Äpfel macht 4 Äpfel).

Als KyLee fünf Monate alt war, hatte sein Vater angefangen, ihn bei Computerspielen auf den Schoß zu nehmen. KyLee durfte mit der Tastatur herumspielen und war bald Feuer und Flamme für den Computer. Mit drei konnte er virtuos mit dem Macintosh umgehen und spielte jeden Tag Rechenspiele am Computer.

KyLee sträubte sich dagegen, daß irgend jemand ihm erklärte, wie die Computerspiele funktionierten. Er wollte es selbst herausfinden: »Geh weg«, sagte er immer wieder. »Ich mach das selbst.« Sein mathematisches Verständnis entwikkelte sich in Riesenschritten weiter, und schon bald konnte er addieren und subtrahieren.

Durch ein Computerspiel entdeckte KyLee die Primzahlen. Bei diesem Spiel sieht der User ein Gitter, das teilweise mit Zahlen gefüllt ist, und muß die dazu passenden Zahlen einsetzen. Einmal erschien ein Gitter, das teilweise mit Primzahlen gefüllt war. Die Spielregel verlangte also, daß die freien Felder ebenfalls mit Primzahlen gefüllt wurden. Zufällig wählte KyLee eine richtige Zahl für eines der leeren Kästchen. Als der Computer ihm mitteilte, daß er eine richtige Entscheidung getroffen hatte, fand KyLee alle übrigen Primzahlen durch Ausprobieren heraus. Dann lernte er diese Primzahlen auswendig und erklärte, daß er wisse, was sie gemeinsam hätten. Er konnte die Primzahlen für alle Zehnerblöcke nennen. Niemand hatte ihm irgendeine Regel dafür beigebracht, und seine verblüfften Eltern hatten keine Ahnung, nach welchem Prinzip er vorging.

Mit drei Jahren beherrschte er alle Anfängerebenen seiner Computerrechenspiele. In diesem Alter konnte er, im Kopf, mit allen Zahlen bis fünfzehn addieren. Mit fünf konnte er subtrahieren, multiplizieren, dividieren, schätzen und Textaufgaben lösen. Beim Addieren und Multiplizieren wußte er, wie man einen Übertrag vornimmt. Er löste Kopfrechenaufgaben unter Verwendung dieser Rechenoperationen. Wenn man ihn zum Beispiel fragte, wie viele Zehner in 1030 gehen, antwortete er sofort: 103. Noch erstaunlicher war seine Antwort auf eine äußerst schwierige Frage seiner Mutter, nämlich: »Wie viele Tausendstel sind fünf Hundertstel?« (also 5/100 = ?/1000). »Fünfzig«, entgegnete er lässig. Ich fragte ihn, ob ihm das Rechnen nicht manchmal langweilig würde. »Nein«, sagte er. »Nie.«

Seine Fähigkeit zum Kopfrechnen war verblüffend. Als KyLee vier Jahre alt war, spielte er am liebsten ein schwieriges Computerspiel, bei dem man im Kopf rechnen und schätzen muß. Die Spieler erhalten eine Zahl, zu der sie Zahlen hinzurechnen müssen. Der Spieler, dessen Endsumme der Zielsumme am nächsten kommt, hat gewonnen. So erhält man als Vorgabe vielleicht 57 und hat die Wahl zwischen 5, 8 und 1, die man zu 57 hinzuzählen kann, wenn die Zielsumme 63 beträgt. Die Spieler addieren jeweils eine Zahl pro Schritt dazu. KyLee spielte gegen den Computer und gewann immer. Er dachte gründlich über die drei Zahlen nach, die ihm zur Verfügung standen, und wählte diejenige aus, die dem Computer nur zwei schlechte Entscheidungen übrigließ. In diesem Fall hätte er die 5 gewählt und dadurch eine Summe von 62 erhalten, während der Computer nur noch die Wahl zwischen 65 und 58 gehabt hätte. KyLee war also in der Lage, alle drei Zahlen zu der vorgegebenen Zahl hinzuzurechnen, die Summen zu vergleichen und zu erkennen, welche der Zielsumme von 63 am nächsten kam.

Wie David, der Schwierigkeiten hatte, arithmetische Probleme in linearer Form zu Papier zu bringen, konnte auch KyLee nicht erklären, wie er rechnete. »Ich hab's einfach rausgekriegt«, sagte er oder »Ich denke in meinem Kopf«. Das ist typisch für Kinder mit frühentwickelter mathematischer Begabung. Möglicherweise haben sie eine visuelle Vorstellung von numerischen Beziehungen, die sie in der Schule nicht in eine lineare Form übersetzen können.[2]

Die Eltern von KyLee haben ihren Sohn nie zum Rechnen gedrängt. Sie stellten ihm nur die Materialien zur Verfügung, weil sie sein leidenschaftliches Interesse für Zahlen bemerkten. Alles, was KyLee brauchte, waren die Materialien. Den Rest bewältigte er allein. Als sein Vater ihm die Einmaleins-Tafeln zeigte, eignete sich der Fünfjährige das Wissen ohne fremde Hilfe mühelos an. Ebenfalls mit fünf beherrschte KyLee alle rechnerischen und mathematischen Fertigkeiten, die von einem Kind am Ende der Grundschule erwartet werden: Er konnte addieren, subtrahieren, multiplizieren, dividieren, schätzen und komplizierte Textaufgaben lösen.

Hier ein Beispiel, wie ein anderes mathematisch begabtes Kind eine Rechenaufgabe löste. Gefragt wurde nach der Lösung für x in der folgenden Gleichung: $9+x+x=29+29+29$. Der Junge warf einen kurzen Blick auf die Aufgabe und schrieb als Lösung sofort 39 hin. Neunundzwanzig seien 20 mehr als 9, erklärte er, also habe er die 20 durch 2 geteilt und 10 zu den anderen beiden 29 addiert. Wie KyLee schien er die Beziehungen zwischen den Zahlen und die Lösung des Problems eher intuitiv zu begreifen als durch einen Algorithmus. Dieser Junge und KyLee lernen Mathematik offensichtlich auf andere Weise als die meisten anderen Kinder.[3]

Als ich den fünfjährigen KyLee beobachtete, konnte er sich mühelos bis zu drei Stunden in einsame mathematische Aktivitäten vertiefen – er arrangierte Karten oder Stöcke, beschäftigte sich mit Zählen oder spielte Rechenspiele am Computer. Er war gern allein und spielte häufig für sich, schrieb zum Beispiel Zahlen auf eine Tafel, anstatt mit anderen Kindern im selben Raum zu sprechen.

Der fünfjährige KyLee nannte sich selbst einen »Zahlenjungen«. Zahlen faszinierten ihn, seit er zwei Jahre alt war. Sie beherrschten seine Welt. Wo andere Kinder Menschen, Geschichten oder Ereignisse wahrnahmen, sah KyLee Zahlen und ihre Gesetzmäßigkeiten. Er erinnerte mich lebhaft an ein anderes mathematisch begabtes Kind, das ich kennengelernt hatte und das jede neue Bekanntschaft dazu nutzte, ein mathematisches Problem zu kreieren: Er fragte die Person sofort nach ihrem Geburtsdatum und berechnete dann im Kopf den Altersunterschied zwischen sich und seiner neuen Bekanntschaft in Jahren und Monaten. In Fallstudien über mathematisch begabte Kindern wird immer wieder auf diese Art von selbstauferlegter, obsessiver Beschäftigung mit Zahlen verwiesen. Diese Kinder lesen zum Vergnügen die Nummern in Telefonbüchern. Sie widmen den Seitenzahlen in einem Buch mehr Aufmerksamkeit als den Worten. Wenn der Physiker Edward Teller, der sich zweifellos als mathematisch hochbegabtes Kind qualifiziert hätte, nicht einschlafen konnte, rezitierte er Zahlentabellen oder berechnete, wie viele Sekunden eine Minute, eine Stunde, ein Tag, eine Woche oder ein Jahr hatten. Obwohl KyLee ein exzellenter Kopfrechner war, sagt diese Fähigkeit weit weniger über spätere Leistungen im mathematischen Bereich aus als dieses Zahlenspiel mit alltäglichen Erfahrungen.[4]

Wenn man die Gespräche hochbegabter Mathematikschüler belauscht, merkt man, daß solche Kinder nicht in erster Linie am Rechnen, sondern am mathematischen Denken interessiert sind. Ein Teenager, der an einem internationalen Mathematikwettbewerb teilnahm, beschrieb einmal das Thema einer Konversation: »Am nächsten Abend fingen wir an, über ein System zu sprechen, in dem alle universellen Konstanten 1 sind, und stellten fest, daß es (a) nicht möglich ist und daß es (b), sogar wenn es möglich wäre, so verrückt wäre, daß niemand den ernsthaften Wunsch hätte, es anzuwenden.«[5]

KyLees intensives Interesse an Zahlen und, in geringerem Ausmaß, an Buchstaben erstreckte sich nicht auf andere Bereiche. Seine Eltern versuchten, ihn für Musik und Malerei zu interessieren, aber er schenkte den Bemühungen wenig Beachtung. KyLee konnte früh lesen. Im Alter von zweieinhalb Jahren buchstabierte er einfache Wörter und brachte sich selbst auf ganz ähnliche Weise wie David (Kapitel 2) das Lesen bei. Aber es sind eindeutig die Zahlen, die ihm am meisten faszinieren und am meisten erfreuen. Nachdem ich eine Zeitlang mit ihm gerechnet hatte, fragte ich ihn, ob wir ein bißchen lesen wollten. »Stell mir noch eine Rechenaufgabe«, antwortete er.

Eine Fünfjährige, die *Chrysantheme* lesen konnte

Als ich Rahela kennenlernte, war sie fünfeinhalb – genauso alt wie KyLee – und besuchte die Vorschule. Auch Rahela war ihrem Alter extrem weit voraus, aber ihre frühentwickelten Fähigkeiten und Interessen lagen eher im sprachlichen als im mathematischen Bereich.

Rahela lernte genauso früh sprechen wie David. Mit neun Monaten sagte sie ihr erstes Wort in Bengali, und mit zwei Jahren sprach sie in langen, komplexen Bengali-Sätzen. Ihre Eltern übersetzten eine der Äußerungen, die sie als Zweijährige getan hatte, mit: »Daddy schmiert sich Rasierschaum ins Gesicht.« (In diesem Alter würden die meisten Kinder ein solches Ereignis mit den Worten »Daddy rasieren« beschreiben).

Mit drei Monaten schaute sie sich zusammen mit ihrer Mutter ausdauernd Bücher an. Von Anfang an entwickelte sie besondere Vorlieben. Die Eltern erkannten es daran, daß die Augen und das Gesicht ihrer Tochter zu leuchten begannen, wenn sie ihre Lieblingsbücher sah.

Mit zwei konnte sie alle Buchstaben des Alphabets erkennen und benennen. Mit zweieinhalb überraschte sie ihre Mutter, indem sie einfache englische Wörter wie *milk* wiedererkannte und aussprach. Von diesem Zeitpunkt an, aber nicht früher, tippte die Mutter auf die Wörter, wenn sie ihrer Tochter aus einem Buch vorlas. Rahela schaute jedesmal fasziniert zu. Mit drei konnte sie viele Wörter lesen und verblüffte ihren Vorschullehrer damit, daß sie die Namen sämtlicher Mitschüler lesen konnte. Mit vier las sie zum Vergnügen. Mit fünf verschlang sie stapelweise Bücher. Ihre Eltern hatten es längst aufgegeben, ihr etwas vorzulesen.

Anfangs hat Rahela wahrscheinlich gelesen, indem sie ganze Wörter wiedererkannte. Aber sie begann sehr schnell und ohne formale Anleitung durch ihre Eltern, phonetisch zu lesen. Mit fünf konnte sie schwierige Wörter entziffern, die sie nie zuvor gesehen hatte und nicht verstehen konnte, wie zum Beispiel *chrysanthemum, asymptotic* oder *business.*

Ich beobachtete Rahela, wie sie mit fünfeinhalb laut vorlas. Sie las wie eine Erwachsene – absolut flüssig, mit Ausdruck und sogar mit Extrabetonung bei kursiv gedruckten Worten. Wenn sie still für sich las, las sie sehr schnell. Sie brauchte zum Beispiel zwanzig Minuten für *One Morning in Maine*, ein Bilderbuch mit 64 Seiten und etwa 280 Schriftzeilen. Das entspricht ungefähr vierzehn Zeilen (oder einer halben Druckseite) pro Minute. Obwohl Rahela alles lesen konnte, weigerte sie sich, Bücher mit traurigem Inhalt zu lesen. Die Auswahl ihrer Lektüre war also begrenzt, nicht aber ihre Fähigkeit.

Rahela konnte auch sehr früh schreiben. Mit fünf schrieb sie sauber und ordentlich in Kleinbuchstaben und konnte sogar Schreibschrift lesen. Anders als die meisten Kinder dieses Alters, die ihre eigene Rechtschreibung erfinden, waren Rahelas Wörter fast immer orthographisch richtig geschrieben, einschließlich englischer Begriffe, die bekanntlich Probleme bereiten wie *walk, almost, first, prayed* und *you.* Sie muß diese Wörter durch ihr exzessives Lesen aufgenommen und sich dann genau an das Schriftbild erinnert haben.

Rahela war auch mathematisch begabt, aber nicht im selben Maße wie KyLee. Während KyLee zum Beispiel mit fünf Jahren multiplizieren, übertragen, dividieren, schätzen und Textaufgaben lösen konnte, konnte Rahela im selben Alter in Zweier-, Dreier-, Fünfer- und Zehnerschritten zählen und bis zu drei Ziffern addieren, aber sie beherrschte keine der übrigen Rechenoperationen, die KyLee so mühelos zugänglich waren. Anders als KyLee sah sie die Welt auch nicht in Zahlen. Rahela war besessen von Worten und von gedruckten Seiten und tat sich vor allem durch ihre außergewöhnlichen sprachlichen Fähigkeiten hervor.

In anderen Domänen zeigte sie gute, aber keine herausragenden Leistungen. Ihre Zeichnungen waren sorgfältig, aber altersgemäß. Was ihre körperliche Entwicklung betraf, so hatte sie einige Monate später als normal zu krabbeln und zu laufen begonnen.

Ist Unausgewogenheit die Regel?

Sogar Terman hätte klar sein müssen, daß ein Ungleichgewicht zwischen mathematischen und sprachlichen Fähigkeiten besteht. Viele seiner Probanden zeigten größere Begabungen und Interessen fürs Lesen als für die Mathematik oder umgekehrt. Da Termans Interesse jedoch der umfassenden, allgemeinen Intelligenz galt, tat er diese Tatsache als unbedeutend ab und behauptete, daß hochbegabte Kinder in ihren Fähigkeiten nicht unausgewogener seien als Kinder mit durchschnittlichem IQ. Als er einen Teil seiner Probanden mit einer Gruppe normal begabter Kinder verglich, stellte er fest, daß die Hochbegabten etwas unausgewogener in ihren mathematischen und sprachlichen Fähigkeitsprofilen waren. Aber er stellte lieber die Tatsache in den Vordergrund, daß die diesbezüglichen Unterschiede zwischen der hochbegabten und normal begabten Gruppe geringfügig waren. »Hochbegabte Kinder sind vielleicht die erfolgreicheren Spezialisten und erregen daher mehr Aufmerksamkeit, aber entscheidend ist, daß sie in allen Bereichen überlegene Fähigkeiten aufweisen«, schrieb James DeVoss, ein Ko-Autor von Termans erstem Band, über die Fähigkeitsspezialisierung in der Terman-Gruppe. »Die ›Ein-Seitigkeit‹ von frühreifen Kindern ist ein Mythos«, resümierte Terman im Schlußkapitel seines ersten Bandes. Er stellte außerdem fest, daß seine Probanden nicht mehr als ein durchschnittliches Interesse am Zeichnen, am Malen und an der Musik zum Ausdruck brachten.[6]

Neuere Forschungsarbeiten haben allerdings gezeigt, daß ein Ungleichgewicht die Regel bei intellektuell hochbegabten Kindern ist, während eine universelle Hochbegabung wie die von David oder Michael die Ausnahme bildet. Erwachsene mit hohem IQ weisen eine *geringere* Korrelation zwischen den beim IQ-Test gemessenen Subfähigkeiten auf als Personen mit durchschnittlichem IQ, ein Effekt, den sogar der britische Erziehungswissenschaftler Charles Spearman bemerkte, ein Hauptvertreter der allgemeinen oder sogenannten »g«- Intelligenz. Es ist also wahrscheinlicher, daß man bei einer Person mit hohem IQ ein extremes Ungleichgewicht zwischen mathematischen und sprachlichen Fähigkeiten antrifft als bei einer Person mit durchschnittlichem IQ. Eine neuere Studie ergab große Diskrepanzen zwischen dem verbalen IQ und dem Handlungs-IQ bei Kindern mit einem IQ von 120 oder mehr. Die größere Ausgewogenheit bei einem niedrigeren IQ könnte darauf zurückzuführen sein, daß ein Defizit bei einem entscheidenden kognitiven Prozeß allen Subfähigkeiten eine bestimmte Grenze setzt.[7]

Trotz der größeren Variabilität der Profile von intellektuell hochbegabten im Gegensatz zu durchschnittlich begabten Kindern besteht eine gewisse Korrelation zwischen frühen mathematischen und sprachlichen Befähigungen bei hochbegabten Kindern. Die Nachweise für diesen Zusammenhang sind größtenteils von den Psychologen Julian Stanley und Camilla Benbow vorgelegt worden, die mathematisch hochbegabte Kinder für die Study of Mathematically Precocious Youth (SMPY) suchten. Dieses von der Johns Hopkins University initiierte Programm bietet mathematische Sommer-Intensivkurse auf College-Niveau. Als mathematisch frühbegabt gelten bei diesem Programm Kinder, die im Alter von zwölf oder dreizehn Jahren mindestens 500 Punkte im mathematischen Teil des Scholastic Aptitude Test (SAT) erzielen. Die durchschnittliche Punktzahl von normalen Collegeanwärtern beträgt bei Jungen 500 und bei Mädchen 453. Wenn sehr junge Adoleszenten einen hohen Punktwert im mathematischen Teil des SAT erreichen, so ist das nach Ansicht von Benbow und Stanley ein zuverlässiger Indikator für ein hochentwickeltes mathematisches Denken. Die Kinder können sich nicht auf erlernte mathematischen Strategien stützen, weil der Test Fertigkeiten mißt, die sie in der Schule noch nicht durchgenommen haben. Obwohl die Kinder in Mathematik wesentlich frühreifer sind als im sprachlichen Bereich (gemessen an den Ergebnissen des SAT-Tests), erbringen sie auch hier häufig Leistungen, die weit über dem Durchschnitt von normalen High-School-Absolventen liegen.

Trotzdem ergab eine Studie mit tausend intellektuell hochbegabten Adoleszenten, daß bei über 95 Prozent ein starkes Ungleichgewicht zwischen mathematischen und sprachlichen Fähigkeiten bestand. Und bei vielen mathematisch hochbegabten Kindern, die für das SMPY-Programm ermittelt wurden, zeigte sich eine enorme Diskrepanz zwischen diesen beiden Bereichen. So erzielte ein Zwölfjähriger, der zu den besten Mathematikschülern des Programms gehörte, zum Beispiel 760 Punkte im mathematischen Teil des SAT, aber nur 310 im sprachlichen Teil. Und ein achtjähriger Australier erreichte 760 Punkte im mathematischen und 290 im sprachlichen Subtest. Ein Jahr später war seine Punktzahl beim Sprachtest allerdings auf 380 gestiegen. Wenn er seine Leistungen auf diesem Gebiet im selben Tempo weiterverbesserte, hat er als Vierzehnjähriger vielleicht in beiden Bereichen nahezu gleich gut abgeschnitten. Die SAT-Werte von älteren Kindern könnten also ein Ungleichgewicht zwischen verbalen und mathematischen Fähigkeiten verschleiern, das beim Test von jüngeren Kindern deutlich hervortritt. In diesem Zusammenhang ist vielleicht ein Ergebnis der retrospektiven Studie interessant, die von dem Erziehungswissenschaftler Benjamin Bloom durchführt wurde: Alle von ihm befragten berühmten Mathematiker berichteten, daß sie erst in der Schule lesen gelernt hätten, und sechs erklärten, daß es ihnen schwergefallen sei.[8]

Es gibt also mathematisch hochbegabte Kinder, die Schwächen im sprachlichen Bereich aufweisen; umgekehrt findet man nur selten sprachlich hochbegabte Kinder, die schlecht in Mathematik sind, wahrscheinlich weil sie verbale

Strategien anwenden, um mathematische Probleme zu lösen. So erreichten beispielsweise zweiundzwanzig Kinder, die im mathematischen Teil des SAT 700 oder mehr Punkte erzielt hatten, im sprachlichen Teil weniger als 430 Punkte. Im Gegensatz dazu hatte nur ein einziges sprachlich hochbegabtes Kind in einer anderen Studie eine Punktzahl von unter 500 im mathematischen Teil des SAT.

Zumindest gemessen an den Ergebnissen schriftlicher Tests sind also mathematisch frühbegabte Kinder weniger ausgewogen in ihren Fähigkeiten und erreichen häufiger einen niedrigeren Gesamt-IQ als die sprachlich frühbegabten. Wenn man den Gesamt-IQ zum Aufnahmekriterium für Begabtenprogramme macht, besteht die Gefahr, daß man Kinder übersieht, die frühentwickelte mathematische Fähigkeiten, aber durchschnittliche sprachliche Fähigkeiten haben. Außerdem geben Messungen des Gesamt-IQ den Schulen keinerlei Aufschluß über den speziellen Begabungsbereich und damit über das Gebiet, in dem das Kind größere Herausforderungen braucht.[9]

Lernbehindert und trotzdem hochbegabt

Die Nueva School am Stadtrand von San Francisco ist eine Schule für intellektuell hochbegabte Kinder. Bei einem Besuch erfuhr ich, daß Bewerber den weitverbreiteten Wechsler-Intelligenz-Test für Kinder (WISC) erhalten. Kinder mit durchschnittlicher Intelligenz erzielen bei diesem Test einen Punktwert zwischen 90 und 109, aber der Durchschnittswert in Nueva liegt bei 140. Wer in Nueva aufgenommen werden will, muß mindestens einen Wert von 125 erreichen.

Beim WISC wird ein Verbal-IQ und ein Handlungs-IQ ermittelt. Der verbale Punktwert basiert auf Aufgaben, bei denen die Kinder verbale Probleme lösen und Begriffe definieren müssen. Der Handlungs-Punktwert ergibt sich aus Aufgaben, bei denen das visuell-räumliche Vorstellungsvermögen getestet wird; so müssen die Kinder zum Beispiel Puzzles oder Bauklotzbilder zusammensetzen. Ich erfuhr, daß etwa ein Drittel der aufgenommenen Kinder in einem der Testteile nur durchschnittliche Punktwerte erreicht, während sie im anderen Teil ein oder zwei Standardabweichungen über dem Durchschnitt liegen. Das sind die intellektuell hochbegabten Kinder mit extrem ungleichmäßigen Profilen. Bei einigen hochbegabten Kindern ist dieses Ungleichgewicht so stark ausgeprägt, daß sie in irgendeiner Domäne lernbehindert sind. Die Nueva School hat zahlreiche solcher Kinder, und sie erhalten sehr viel individuelle Betreuung. Sie sind normalerweise herausragend im abstrakten sprachgebundenen Denken und wirken außerhalb der Schule äußerst klug und motiviert, haben aber schwerwiegende Probleme mit schulischen Aufgaben. Einige leiden unter Dyslexie und lernen nur mühsam lesen, andere haben große Schwierigkeiten mit der Mathematik oder sind in ihrer Wahrnehmung und Motorik eingeschränkt, was dazu führt, daß sie Zahlen verdrehen (zum Beispiel 12 statt 21 schreiben) oder auch Probleme mit der Handschrift haben. Lernbehinderungen im Bereich des Lesens oder der Mathematik haben meist gravierendere Auswirkungen als Probleme mit der Wahrnehmung oder Motorik. Einige der Kinder leiden auch unter schweren Konzentrationsstörungen. Solche Kinder entwickeln in der Schule häufig ein negatives Selbstbild, verlieren die Motivation und werden zu Schulversagern. Sie brauchen genauso wie durchschnittlich begabte Kinder mit Lernbehinderungen spezielle Fördermaßnahmen. Da der Mythos von der universellen Begabung so fest verwurzelt ist, hat sich bei Pädagogen und Psychologen erst in jüngster Zeit die Erkenntnis durchgesetzt, daß es hochbegabte Kinder mit Lernbehinderungen gibt.

Sicherlich werden Kinder – hochbegabte genauso wie durchschnittlich begabte – häufig zu Unrecht als lernbehindert klassifiziert, weil es so schwierig ist, zwischen einem gelangweilten, einem verstörten und einem lernbehinderten Kind zu unterscheiden. Möglicherweise ist das Risiko von Fehldiagnosen bei hochbegabten Kindern größer, weil sie so häufig mit Unruhe und Langeweile auf eine Unterforderung in der Schule reagieren und dann schließlich als krankhaft unkonzentriert oder hyperaktiv abgestempelt werden. Aber auch wenn einige hochbegabte Kinder, bei denen man eine Aufmerksamkeitsstörung diagnostiziert, lediglich gelangweilt sind, haben andere tatsächlich gravierende Probleme. Die Sonderpädagogin für die lernbehinderten Kinder an der Nueva School erzählte mir, daß diese Kinder sich verzweifelt bemühen, aufmerksam zu sein, aber nicht in der Lage sind, irrelevante Hintergrundinformationen auszublenden. Sie berichtete auch, wie sehr die Kinder unter diesem Problem leiden, wenn es nicht erkannt wird, und wie erleichtert Kinder und Eltern reagieren, wenn es diagnostiziert und medizinisch behandelt wird.

Wir wissen nicht, wie häufig Lernbehinderungen bei Kindern mit hohem IQ auftreten. Nach einer Schätzung gibt es zur Zeit zwischen 120000 und 180000 hochbegabte und lernbehinderte Schüler an amerikanischen Schulen. Viele dieser Kinder haben sprachlich bedingte Lernbehinderungen. Etwa 10 Prozent der Kinder mit hohem IQ lesen schlechter als der Klassendurchschnitt, und bei 30 Prozent besteht eine Diskrepanz zwischen ihrem geistigen Entwicklungsstand und ihrer Lesefähigkeit. Dieses Ergebnis stimmt mit einer jüngeren Studie überein, die drei Erziehungswissenschaftler am National Research Center on the Gifted and Talented durchgeführt haben: Sally Reis, Terry Neu und Joan McGuire. Diese Wissenschaftler stellten fest, daß alle intellektuell hochbegabten Schüler, die an einem Programm für Schüler mit Lernbehinderungen der Cornell University teilnahmen, an einer sprachlich bedingten Behinderung litten, von Orthographieproblemen bis hin zu schwerer Dyslexie. Außerdem wiesen alle Schüler mit Sprachproblemen besondere Stärken auf dem Gebiet des räumlichen Vorstellungsvermögens auf. Ich werde in Kapitel 6 ausführlicher auf den Zusammenhang zwischen Sprachproblemen und visuell-räumlichem Fähigkeiten eingehen.

Ein Grund, weshalb wir so wenig darüber wissen, wie häufig Lernbehinderungen bei Begabtenpopulationen auftreten, ist die unklare Definition unterschiedlicher Lernbehinderungen. Aber daß intellektuelle Hochbegabungen und Lernbehinderungen gemeinsam auftreten können, ist mittlerweile unbestritten.

Schüler mit einer Mischung aus Hochbegabungen und Lernbehinderungen leiden in der Schule, weil sie von den Begabtenprogrammen ausgeschlossen werden, aber als zu klug für einen Förderunterricht gelten. Da sie außerdem mit einigen Fähigkeiten glänzen, halten die Lehrer sie mitunter für unmotiviert. Solche Schüler sind außerdem so klug, daß sie ihre Lernbehinderung geschickt verbergen können.[10]

Die tieferen Ursachen

Mathematisch hochbegabte Kinder unterscheiden sich in vielerlei Hinsicht von sprachlich hochbegabten Kindern. Die beiden Gruppen zeigen Unterschiede im räumlichen Vorstellungsvermögen, darin, welche Informationen sie am leichtesten verarbeiten und erinnern können, und in dem Verhältnis des Mädchen- und Jungenanteils in der Gruppe.

Mathematische Begabungen und räumliches Vorstellungsvermögen

Man ist seit langem der Ansicht, daß die Fähigkeit zum visuellen und räumlichen Denken eine wesentliche Komponente der mathematischen Begabung darstellt. Die von Bloom untersuchten Mathematiker interessierten sich als Kinder für räumliche Zusammenhänge: Sie wollten unbedingt herausfinden, wie solche Dinge wie Getriebe funktionierten, und hatten Spaß daran, Spielsachen auseinanderzunehmen. Mathematisch hochbegabte Kinder schneiden außerdem bei Tests zum räumlichen Vorstellungsvermögen besonders gut ab, zum Beispiel, wenn man Bilder mental rotieren lassen muß, oder bei Tests zum nonverbalen Denken wie dem Ravens Progressive Matrices-Test. Sprachlich hochbegabte Kinder erzielen dagegen höhere Punktwerte, wenn das Allgemeinwissen und die Sprachbeherrschung getestet werden. Für eine Verbindung zwischen Mathematik und räumlichem Vorstellungsvermögen spricht, daß Kinder, die im mathematischen Teil des SAT hohe Punktwerte erreichen, auch bei Tests zum räumlichen

Vorstellungsvermögen gut abschneiden. Auch Collegestudenten, die im Hauptfach Mathematik oder ein stark mathematisch orientiertes naturwissenschaftliches Fach studieren, schneiden bei Tests, in denen man Bilder mental rotieren lassen oder bewegen muß, weit besser ab als andere Studenten mit sprachbezogenen Hauptfächern wie Geschichte oder Literatur.[11]

Wie an früherer Stelle angedeutet, läßt sich die große Bandbreite der sprachlichen Fähigkeiten bei mathematisch Begabten unter anderem damit erklären, daß man bei einem Test wie dem mathematischen Teil des SAT sowohl durch verbales als auch durch nonverbales Denken hohe Punktwerte erreichen kann. Mathematisch begabte Kinder, die im sprachlichen Teil des SAT schlecht abschneiden, erreichen häufig hohe Punktwerte beim Ravens Progressive Matrices-Test. (Der oben erwähnte australische Junge, der beim mathematischen Teil des SAT viel besser abschnitt als beim sprachlichen, erzielte als Neunjähriger auch extrem hohe Punktwerte beim Ravens-Test.) Man findet selten ein mathematisch besonders befähigtes Kind, das sowohl im verbalen Testteil des SAT als auch beim Ravens-Test schlecht abschneidet. Sehr gute Ergebnisse im mathematischen Teil des SAT sind entweder ein Ausdruck verbaler Intelligenz (Anwendung von verbalen Strategien) oder ein Ausdruck nonverbalen Denkens.[12]

Man hat drei Gruppen von Kindern mit mathematischem Talent unterschieden: Kinder, die mathematische Probleme über das visuell-räumliche Vorstellungsvermögen lösen, solche, die verbale Strategien benutzen, und andere, die beides einsetzen. Das würde erklären, weshalb sprachlich hochbegabte Kinder häufig gute Ergebnisse bei mathematischen Tests erzielen: Sie können verbale Strategien anwenden. Aber diese Gruppe von Kindern zeichnet sich möglicherweise nur bei schriftlichen Tests, wo es um den Umgang mit Symbolen geht, durch besondere Leistungen aus. Vielleicht würden sie Schwächen im mathematischen Bereich offenbaren, wenn die Tests nicht nach dem Multiple-Choice-Prinzip konzipiert wären und die Kinder Gesetzmäßigkeiten entdecken müßten, die man ihnen nie gezeigt hat.[13]

Gedächtnisformen

Die Art der Begabung sagt eine Menge über die Art der Informationen aus, die man am besten im Gedächtnis behalten kann. Unter der Oberfläche der mathematischen Begabung liegt die Fähigkeit, numerische und räumliche Informationen zu speichern, und unter der Oberfläche der sprachlichen Begabung die Fähigkeit, verbale Informationen zu speichern. Eine besondere sprachliche oder mathematische Begabung bedeutet nicht, daß das Gedächtnis durch die Bank, in allen Bereichen, leistungsfähiger ist.

Einige Psychologen erforschen die Informationsarten, die von Hochbegabten am besten gespeichert werden, und nähern sich der Hochbegabtenforschung vom Ansatz der Informationsverarbeitung her. Sie wollen herausfinden, wie Informationseinheiten vom Gehirn verarbeitet oder angewendet werden; das Gehirn wird also in gewisser Weise wie ein Computer betrachtet, der »Bits« oder Daten verarbeitet. Wissenschaftler, die bei der Begabungsforschung vom Modell der Informationsverarbeitung ausgehen, suchen nach den elementaren, grundlegenden Komponenten – oder Bits – einer komplexen Fähigkeit und messen sie durch ganz simple Aufgaben. So suchen sie vielleicht nach den Bestandteilen der mathematischen Begabung, indem sie messen, wie viele Ziffern im Arbeitsgedächtnis gespeichert und bearbeitet werden können oder wie schnell jemand ein Bild mental drehen kann. Nach dem gleichen Prinzip suchen sie vielleicht nach den Bestandteilen des sprachlichen Talents, indem sie die Geschwindigkeit messen, in der eine Buchstabenreihe als sinnvolles Wort oder als bedeutungsloser Buchstabensalat erkannt wird. Man unterscheidet zwischen dem Kurzzeit- oder *Arbeitsgedächtnis*, das heißt, dem System, in dem Informationen vorübergehend gespeichert werden, solange man damit arbeitet, und dem *Langzeitgedächtnis*, also dem System, in dem Informationen als dauerhafte Wissensgrundlage gespeichert werden.[14]

Camilla Benbow hat nachgewiesen, daß die grundlegenden informationsverarbeitenden Fähigkeiten des Kurzzeitgedächtnisses bei Hochbegabten davon abhängen, ob die Begabung primär mathematisch oder sprachlich ist. Sie verglich zwei Gruppen von unzweifelhaft besonders befähigten Adoleszenten: Dreizehn- und Vierzehnjährige, die sowohl beim mathematischen als auch beim sprachlichen Teil des SAT genauso hohe oder höhere Punktwerte erzielten als ein durchschnittlicher männlicher Collegeanwärter im üblichen Alter. Das bedeutet, daß die Probanden Punktzahlen von mindestens 500 bzw. 430 in den beiden Testbereichen erreichten. Die Adoleszenten wurden im Rahmen einer Talentsuche des Center for Talented Youth (CTY) der Johns Hopkins University rekrutiert, eine ähnlichen Organisation wie SMPY. Wie SMPY führt CTY intensive Sommerkurse für Jugendliche durch, deren Leistungen auf College-Niveau liegen.

Die Schüler wurden in drei Untergruppen aufgeteilt: Kinder mit universeller Hochbegabung, die in beiden Testbereichen hohe Punktzahlen erreichten (durchschnittlich 664 im mathematischen Teil und 546 im sprachlichen), solche mit mathematischer Hochbegabung (durchschnittlich 649 im mathematischen Teil und 408 im sprachlichen) und Kinder mit sprachlicher Hochbegabung (durchschnittlich 453 im mathematischen und 526 im sprachlichen Teil). Die Probanden erhielten mehrere Informationsverarbeitungsaufgaben, die nach wissenschaftlichen Hypothesen mit dem einen oder anderen Talent zusammenhängen.

Die Aufgaben waren so konzipiert, daß sehr simple Fähigkeiten gemessen wurden, von denen man annimmt, daß sie den Kern der mathematischen oder sprachlichen Begabung bilden. Bei der ersten Aufgabe wurde geprüft, wie präzise die Probanden Informationen im kurzfristigen Arbeitsgedächtnis speichern konnten. Man zeigte den Teilnehmern kurz hintereinander verschiedene Arten von Listen. Dann wurden sie aufgefordert, diese Listen in der korrekten zeitlichen Reihenfolge aus dem Gedächtnis wiederzugeben. Die Listen bestanden entweder aus Buchstaben, Wörtern, Zahlen oder aus räumlichen Positionen. Beim Test zum räumlichen Gedächtnis sahen die Probanden ein Gitter und ein Sternchen, das sich zu verschiedenen Feldern des Gitters bewegte. Die Aufgabe bestand darin, jedes Feld zu markieren, das ein Sternchen enthalten hatte, und zwar in der Reihenfolge, in der es dort aufgetaucht war. Die Buchstaben- und Wortlisten wurden als sprachliche Stimuli, die Zahlen- und Positionslisten als mathematische Stimuli betrachtet. Die Aufgabe mit den räumlichen Positionen wurde mit der mathematischen Fähigkeit assoziiert, weil das räumliche Vorstellungsvermögen eine wichtige Komponente des mathematischen Denkens bildet.

Die Vorhersage war, daß die verbal Hochbegabten sich besser an die sprachlichen Stimuli erinnern würden, während die mathematisch Hochbegabten die numerischen und räumlichen Stimuli besser im Gedächtnis behalten würden. Mit einer Ausnahme wurde diese Hypothese bestätigt. Die Mathematiker (die Gruppen mit der mathematischen und der universellen Hochbegabung) schnitten bei den Zahlen und räumlichen Positionen weit besser ab als die sprachlich Hochbegabten. Ihre Fähigkeit im Hinblick auf diese Stimuli hatte nichts mit ihrer allseitigen Begabung zu tun, da die Mathematiker genausogut abschnitten wie die »Alleskönner«. Ähnlich überflügelten auch die Sprachler (die Gruppen mit der sprachlichen und universellen Hochbegabung) die Mathematiker bei den Wort-, nicht aber bei den Buchstabenlisten. Auch hier gilt wieder, daß dies nicht auf die universellen Fähigkeiten zurückzuführen ist, da die Gruppe der Sprachbegabten genauso gut abschnitt wie die Gruppe der universell Begabten.[15]

Mathematisch hochbegabte Kinder zeichnen sich nicht nur durch hervorragende Gedächtnisleistungen in bezug auf Zahlen und räumliche Positionen aus. Sie können sich auch besser als die sprachlich Hochbegabten an visuelle Informationen erinnern, die nicht verbal kodierbar sind. Spätere Wissenschaftler zeigen in der Kindheit im allgemeinen eine hohe mathematische Begabung und berichten häufig, daß sie in Bildern denken. Angenommen, Sie möchten sich die Form eines chinesischen Schriftzeichens merken. Sie können es nicht spontan mit einem verbalen Zeichen belegen, weil es keine Ähnlichkeit mit irgend etwas hat, das Sie benennen könnten. Sie müssen es als Bild in ihrem visuellen Gedächtnis speichern. Kinder mit mathematischer Begabung, die aufgefordert wurden, sich solche nicht verbalisierbaren Muster (in diesem Fall persische Schriftzeichen) zu merken, waren dazu weit besser in der Lage als eine sprachlich begabte Kontrollgruppe mit gleich hohem verbalen IQ. Die Fähigkeit dieser Kinder hing also nicht mit ihrem sprachlichen Talent zusammen, sondern mit ihrem mathematischen Talent, einer Subkomponente des IQ. Nehmen Sie jetzt an, man würde Ihnen ein bedeutungsloses visuelles Muster zeigen, Sie aber nicht auffordern, es sich zu merken. In diesem Fall würde ein überlegenes Gedächtnis für das Muster beweisen, daß Sie solche Bilder auch ohne bewußte Anstrengung mühelos »abfotografieren« und in Ihrem visuellen Gedächtnis speichern könnten. Personen mit hoher mathematischer Begabung zeigen auch bei solchen »nicht instruierten« Aufgaben fur das visuelle Gedächtnis herausragende Leistungen. Bei einem Test unter Collegestudenten, die aufgefordert wurden, ein komplexes, abstraktes Bild abzumalen und es später noch einmal aus dem Gedächtnis zu zeichnen, erzielten diejenigen Studenten, deren Hauptfach sehr viel Mathematik umfaßte, die besten Ergebnisse.[16]

Benbow wies auch nach, daß Kinder mit verbalem Talent einen schnelleren Zugriff auf Worte im Langzeitgedächtnis haben und daß dies nicht mit der universellen Hochbegabung zusammenhängt. Sie zeigte ihren Probanden eine Liste mit Wörtern und mit aussprechbaren, aber bedeutungslosen Buchstabenreihen, wie *floor* (Fußboden) und *flome*. Die Testteilnehmer mußten so schnell wie möglich entscheiden, ob es sich um sinnvolle Wörter handelte oder nicht. Diese Aufgabe zeigt, wie lange es dauert, bis ein Wort eine Vorstellung aktiviert, und wie lange es dauert, bis diese Repräsentation vom Langzeitgedächtnis ins Kurzzeitgedächtnis transferiert wird. Bei dieser Aufgabe erzielten die sprachlich Begabten die besten Resultate.[17]

Wenn ein relevanter Kontext den Zugang zu einer Information in unserem Gedächtnis erleichtert, sagen wir, daß der Kontext unserem Gedächtnis »auf die Sprünge hilft«. Wissenschaftler bezeichnen diesen Vorgang als *Priming*. Wenn ich zum Beispiel kurz bevor ich das Wort *Säugling* höre, das Wort *Baby* gehört habe, finde ich schneller Zugang zu meinem Langzeitspeicher an Wörtern und zu der Entscheidung, daß es sich tatsächlich um ein Wort handelt, als wenn ich *Säugling* im Anschluß an einen Begriff höre, der keinerlei Bezug dazu hat, wie zum Beispiel *Buch*. Das semantische Priming hilft uns, Wörter wiederzuerkennen. Solche Priming-Effekte sind bei guten Lesern allerdings wesentlich geringer als bei schlechten, wahrscheinlich weil bei ersteren wesentlich mehr automatische Prozesse ablaufen als bei letzteren. Dazu paßt, daß sprachlich begabte Kinder weniger derartige Hilfen brauchen als mathematisch begabte.[18]

Diese Ergebnisse zeigen, daß sich Gruppen von hochbegabten Kindern darin unterscheiden, welche Informationsarten sie am leichtesten im Gedächtnis behalten können. Die mathematisch Hochbegabten können sich am besten an numerische, räumliche und visuelle Informationen erinnern. Sie haben also im Gegensatz zu einer weit verbreiteten Auffassung kein *generell* überlegenes Gedächtnis. Die Gedächtnisleistung ist vielmehr davon abhängig, wie gut die Informationen, die abgerufen werden sollen, zur jeweiligen Begabungsform passen. Nur die universell Begabten, die sowohl im mathematischen als auch im sprachlichen Bereich besonders befähigt sind, haben ein exzellentes Gedächtnis für beide Informationsarten. Experten haben kein überlegenes Gedächtnis für alle Arten von Informationen, sondern speziell und ausschließlich für Informationen aus ihrem Spezialgebiet. Zehnjährige Schachexperten haben ein herausragendes Gedächtnis für Schachpositionen, aber nicht für Zahlen. Eine hohe Befähigung in einem bestimmten Bereich ist nicht gleichbedeutend mit einer hohen Befähigung in allen Bereichen.[19] [20]

Geschlechtsspezifische Unterschiede

Ein weiterer auffälliger Unterschied zwischen mathematischem und sprachlichem Talent ist der unterschiedliche Anteil der Geschlechter im Spitzenbereich der mathematischen, nicht aber der sprachlichen Begabung. Bei den Dreizehn- und Vierzehnjährigen, die im Rahmen der SMPY-Talentsuche am mathematischen und sprachlichen Teil des SAT teilnehmen, finden sich erhebliche geschlechtsspezifische Unterschiede beim mathematischen, nicht aber beim sprachlichen Teil. (Nur wer bei standardisierten sprachlichen und mathematischen Schultests auf den obersten Prozentrangplätzen rangiert, darf am SAT als Teil der Talentsuche teilnehmen. Auf dieser Stufe ist der Anteil der Jungen und Mädchen ungefähr gleich.) Die Jungen liegen etwa eine halbe Standardabweichung über den Mädchen beim Mathematik-SAT, und ihr Vorsprung ist vor allem im Spitzenbereich besonders groß. Bei einem Punktwert von 500 und mehr beträgt das Verhältnis von Jungen zu Mädchen etwa 2 zu 1; bei 600 und mehr beträgt es 4 zu 1, und bei 700 und mehr liegt es bei 13 zu 1. Diese geschlechtsspezifischen Unterschiede bestehen über die frühe Adoleszenz hinaus und stehen im Zusammenhang mit den späteren mathematischen und naturwissenschaftlichen Leistungen an der High-School und am College. Die Unterschiede bei den Zwölf- bis Dreizehnjährigen können nicht darauf beruhen, daß die Jungen mehr Mathematikkurse belegt haben, weil alle Schüler in dieser Altersstufe die gleichen Kurse absolviert haben. Die Unterschiede könnten allerdings zumindest teilweise mit geschlechtsspezifischen Unterschieden im räumlichen Vorstellungsvermögen zusammenhängen.[21]

Trotz der Tatsache, daß in den zahlreichen Ländern, in denen diese Frage untersucht wurde, ausnahmslos ein geschlechtsspezifischer Unterschied zugunsten der Jungen festgestellt wurde, ist er bei einer bestimmten Gruppe erheblich geringer, nämlich bei Asiaten. Ob es sich bei den Probanden um chinesische Schüler aus Shanghai oder um amerikanische Schüler asiatischer Abstammung handelte, das Verhältnis der Jungen zu den Mädchen im Punktbereich zwischen 700 und 800 betrug immer nur 4 zu 1. Die Kultur spielt also möglicherweise eine Rolle bei der mathematischen Begabung. Es könnte sein, daß die asiatischen Gesellschaften positiver gegenüber mathematisch begabten Mädchen eingestellt sind und daß sie von Schülern beiderlei Geschlechts erwarten, gute Leistungen auf diesem Gebiet zu zeigen. Asiaten legen vielleicht auch mehr Wert auf das visuellräumliche Denken bei beiden Geschlechtern. Aber wir können zu diesem Zeitpunkt auch nicht ausschließen, daß die Überlegenheit der Asiatinnen gegenüber anderen Probandinnen eine biologische, hirnorganische Ursache hat.[22]

Offenkundig ist eine unausgewogene Hochbegabung eher die Regel als die Ausnahme. Es gibt zwar universell begabte Kinder, aber ein unausgewogenes Profil ist weitaus häufiger. Und grundlegende Begabungsunterschiede hängen damit zusammen, wie Informationen verarbeitet und im Gedächtnis behalten werden. In Extremfällen sind Kinder in einigen intellektuellen Bereichen hochbegabt und tatsächlich lernbehindert in anderen. Das Bild der universellen kindlichen Hochbegabung mit glatten, ausgewogenen Fähigkeiten ist also nicht länger haltbar. An seine Stelle tritt das komplexere, unregelmäßigere Bild vom Individuum mit spezifischer Hochbegabung.

Mit welchen Methoden sollten Schulen und Förderprogramme versuchen, hochbegabte Kinder zu finden? In Anbetracht der unausgewogenen Fähigkeitsprofile von intellektuell hochbegabten Kindern scheint es wesentlich sinnvoller, Leistungstests auf Spezialgebieten durchzuführen und so bestimmte Gruppen von begabten Kindern zu ermitteln, als weiterhin einen Gesamt-IQ zum Kriterium zu machen, bei dem die Ergebnisse verschiedener Untertests in einen Topf geworfen werden. Domänenspezifische Tests sind auch weitaus nützlicher als die Punktwerte von IQ-Tests, weil die Ergebnisse der Untertests zum einen nicht besonders zuverlässig sind und weil zum anderen der Zusammenhang zwischen einem Handlungs-IQ (der sich auf Aufgaben wie Puzzles oder Bauklotzbilder stützt) und Schulleistung nicht besonders evident ist. Unser neues Verständnis vom Wesen der intellektuellen Hochbegabung sollte stärkeren Einfluß darauf haben, wie Schulen und Programme solche Kinder ermitteln.[23]

IV.

Kinder mit künstlerischer Hochbegabung

Bei Kindern mit außergewöhnlichen Fähigkeiten in bildender Kunst oder Musik spricht man eher von »Talent« als von »Hochbegabung«. Der Begriff *hochbegabt* ist normalerweise intellektuell besonders befähigten Kindern vorbehalten. Aber es gibt wichtige Gemeinsamkeiten zwischen den beiden Gruppen. Sie alle zeichnen sich durch die drei Komponenten der Hochbegabung aus: Sie zeigen frühentwickelte Fähigkeiten, sie folgen konsequent ihren eigenen Vorstellungen, und sie sind von einer wütenden Wißbegierde erfüllt. Und wie die intellektuell hochbegabten Kinder weisen auch die künstlerisch begabten häufig ein einzelnes, domänenspezifisches Talent auf, das unabhängig von anderen, eher durchschnittlichen Fähigkeiten bestehen kann.[1]

Ein Kind mit Zeichenwut

Der Fall von Peter B. zeigt die Gemeinsamkeiten zwischen intellektuell und visuell-künstlerisch hochbegabten Kindern. Als ich Peter kennenlernte, war er sechs Jahre alt und vom Zeichnen besessen. Die Intensität seiner Obsession ähnelte der von David und Michael im Hinblick auf Sprache, Bücher und mathematische Begriffe. Die Singularität seiner Obsession glich der von KyLee für Zahlen und der von Rahela für Wörter. Wie bei den vier anderen Kindern machte sich auch Peters außergewöhnliche Fähigkeit bereits in frühester Kindheit bemerkbar.

Peter machte seinen ersten Zeichenversuch mit zehneinhalb Monaten. Seine Mutter saß am Küchentisch und schrieb Schecks aus. Peter versuchte dauernd, ihr den Kugelschreiber wegzunehmen. Um ihn abzulenken, gab sie ihm schließlich ein Stück Papier und zwei Stifte und setzte ihn in seinen Hochstuhl auf die andere Seite des Tisches. Es war Liebe auf den ersten Blick. Peter war hingerissen. Normalerweise fangen Kinder erst im Alter von etwa zwei Jahren an, ihre ersten Krakel auf Papier zu verewigen, aber für Peter gab es von Stund an nichts Schöneres mehr als das Zeichnen. Seine ersten Bilder waren natürlich größtenteils Kritzeleien, aber die Handhabung von Kugelschreibern, Buntstiften und Zeichenkreide bereitete ihm keinerlei Mühe.

Mit fünfeinhalb machte er den Goodenough Draw-a-Person-Test, der manchmal als IQ-Test eingesetzt wird. Bei diesem Test muß man eine Person zeichnen, und je mehr Einzelheiten das Bild enthält, desto höher die Punktzahl. Obwohl der Test nur schwach mit dem IQ korreliert, gibt er Aufschluß über den Grad der zeichnerischen Begabung. Peter nahm auf Anregung seiner Vorschullehrerin an diesem Test teil, weil sie meinte, daß man im Kindergarten besser auf sein Talent eingehen werde, wenn es durch einen klaren »Score« belegt sei.

Das Niveau von Peters Zeichnungen lag nach dem Testergebnis höher als das eines normalen Vierzehnjährigen. Der Testleiter sagte über seine Bilder, daß sie sich durch »ein außergewöhnliches Maß an Perspektive, Dimension und Details« auszeichneten. Im schriftlichen Bericht hieß es: »Peter zeichnet mit unglaublicher Flüssigkeit ... Noch bemerkenswerterer ist die Tatsache, daß er sich alles selbst beigebracht hat und völlig mühelos zu zeichnen scheint.« Abbildung 4. 1 zeigt eines der Bilder, die Peter für den Test anfertigte. Auffällig sind die Details (Wimpern, Pupillen, Hals, Ärmel mit Bündchen) und die präzise, flüssige Gestaltung der Formen (Lippen, Augen, der eher ovale als kugelförmige Kopf, die Nase). Vergleichen Sie Peters Darstellung des menschliches Körpers mit der in Abbildung 4. 2. Sie stammt von einem Fünfjährigen mit durchschnittlicher zeichnerischer Begabung. Die Figur besteht aus grob-schematischen Formen (Kreise für Kopf und Augen, ein *U* als Mund) und bietet nur wenige Details (kein Hals, keine Taille, keine Wimpern oder Pupillen).

Bis zum Alter von sechs Jahren zeichnete Peter entweder mit der rechten oder mit der linken Hand – es machte keinen Unterschied. Manchmal zeichnete er mit der einen Hand und malte gleichzeitig mit der anderen Hand einen anderen Teil des Bildes aus. Es war, als ob er seine Vorstellungen nicht schnell genug zu Papier bringen könnte und erkannt hätte, daß er schneller vorankam, wenn er beide Hände gleichzeitig benutzte. Mit sechs fing er an, überwiegend mit rechts zu zeichnen.

Fast eine Obsession

Für Peter gab es nichts Schöneres als zeichnen. Schon bald rief er jeden Morgen, kaum daß er die Augen aufgetan hatte, vom Bett aus nach Papier und Stiften. Er zeichnete, während er am Frühstückstisch auf sein Essen wartete. Er zeichnete weiter, während er sein Frühstück verzehrte. Wenn es etwas zum Frühstück gab, das kleckerte, wie zum Beispiel Haferschleim, aß und zeichnete er abwechselnd (wobei das Zeichnen überwog). Wenn man ihm etwas servierte, das er in der Hand halten konnte, zum Beispiel eine Waffel, zeichnete er mit der einen Hand, während er die andere zum Essen benutzte. Wenn er aufgegessen hatte, schob er seinen Teller beiseite und zeichnete weiter, obwohl seine Mutter ihn anflehte, da-

4.1 Zeichnung, die Peter B. mit fünfeinhalb für den Goodenough Draw-a-Person-Test anfertigte.
Die Darstellung weist ungewöhnliche Details und präzise, flüssige Konturen auf.

Nachdruck mit freundlicher Genehmigung von Lois Borelli.

4.2 Typische Zeichnung eines fünfeinhalbjährigen Kindes.
Das Bild zeigt schematische Formen und kaum Details.

Aus der Sammlung der Autorin.

mit aufzuhören und sich für die Schule anzuziehen. Normalerweise hatte er mehrere Zeichnungen vollendet, wenn er mit dem Frühstück fertig war. Sobald er aus der Schule kam, wo er nicht viel Gelegenheit zum Zeichnen gehabt hatte, lautete seine erste Frage: »Mama, kann ich malen?« Er war genauso wie Michael, der seinen Vater täglich an der Tür empfing, um ihn zu einem Rechenbuch zu zerren.

Peter hätte den ganzen Tag lang gezeichnet, wenn man ihn gelassen hätte. Er war bereit, an anderen Aktivitäten teilzunehmen, aber er versuchte fast immer, das Zeichnen irgendwie miteinzubauen. Wenn Freunde zum Spielen kamen, trennte er sich widerstrebend für eine Weile von seinen Bildern. Meistens hatte er seine Freunde aber schnell dazu überredet, mit ihm zusammen zu zeichnen oder ihm Modell zu sitzen.

Auch beim Fernsehen holte er sich Anregungen für seine Bilder. Wenn er Videofilme schaute oder Nintendo spielte, entdeckte er häufig etwas, das er zeichnen wollte. Dann bestand er darauf, den Film anzuhalten (gegen die wütenden Proteste seines jüngeren Bruders), und stürmte los, um Papier und Stifte zu holen. Wenn das Motiv, das er zeichnen wollte, im Fernsehen erschien und er den Film nicht anhalten konnte, war ihm die Laune gründlich verdorben.

Peters Zeichnungen

Mit zwei Jahren fertigte Peter eine meisterhafte Zeichnung von Luftballons in Bewegung an, alle mit einem Dreieck als Knoten und einem langen Band (siehe Abbildung 4.3). In einem Alter, in dem die meisten Kinder menschliche Kopffüßler oder »Kaulquappen« malen (Abbildung 4.4a), zeichnete Peter erstaunlich realistische Figuren mit allen dazugehörigen Teilen, wie in Abbildung 4.4b ersichtlich.

Mit vier hatte er ein recht ungewöhnliches Lieblingsmotiv entwickelt: Er zeichnete fliegende, fallende, gehende und tanzende weibliche Figuren in prächtigen, fließenden Roben (Abbildungen 4.5 und 4.6). Die Umrisse dieser Figuren waren weit realistischer und weniger schematisch als bei gleichaltrigen Kindern mit durchschnittlicher zeichnerischer Begabung. Mit sieben, nachdem man ihn in der Schule mit seinen »Damen«-Bildern aufgezogen hatte, erweiterte er sein Repertoire um muskelbepackte oder schwammige Ringkämpfer und um Naturbilder und Porträts (Abbildungen 4.7a und b, 4.8 und 4.9). Er arbeitete aber auch weiterhin an der Vervollkommnung seiner weiblichen Figuren (Abbildungen 4.10a und b).

Kleine Kinder zeichnen nur selten nach direkter Beobachtung, auch dann nicht, wenn man sie dazu auffordert. Als ich im Kindergarten meines Sohnes

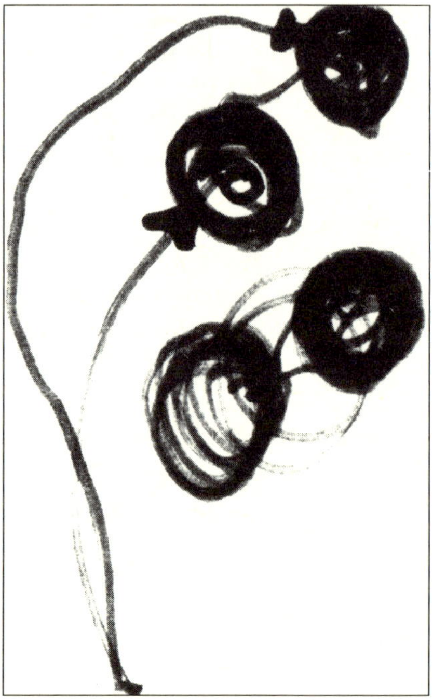

4.3 Ballons in Bewegung, mit einem Dreieck als Knoten, gezeichnet von Peter B. im Alter von zwei Jahren.

Nachdruck mit freundlicher Genehmigung von Lois Borelli.

einen Malkurs leitete, versuchte ich meine fünf- und sechsjährigen Schüler dazu zu bewegen, Figuren und Stilleben nach Modell zu zeichnen. Einige erkannten, daß man dazu ganz genau hinschauen muß, und versuchten tatsächlich, das zu zeichnen, was sie sahen. Aber andere fühlten sich nach einem kurzen Blick auf das Modell entmutigt, hefteten die Augen wieder auf ihren Block und malten weiterhin schematisch nach ihren visuellen Vorstellungen. Peter zeichnete nicht nur nach Beobachtung, er kam auch von ganz allein auf diese Idee. Niemand hatte ihm je erklärt, daß man auf diese Art zeichnen kann. Hinzu kam, daß er die Realität nicht einfach nur sklavisch kopierte, sondern vielmehr eine phantasievolle Interpretation seiner Beobachtungen lieferte.

Als er sechs Jahre alt war, entdeckte er eines Morgens in etwa drei Meter Entfernung ein Foto von Bill und Hillary Clinton. Ohne näher heranzugehen, machte er eine schnelle Skizze (Abbildung 4.11). Mich erinnert dieses Bild der Clintons an eine Zeichnung, die Paul Klee irgendwann zwischen seinem vierten und sechsten Lebensjahr anfertigte (siehe Abbildung 4.12). Einige Monate

(a)

4.4 *(a) Typische Kopffüßler-Zeichnung eines Dreijährigen. (b) Menschliche Figur mit allen Körperteilen, gezeichnet von Peter B. im Alter von drei Jahren und sieben Monaten. Beachten Sie den auffälligen Unterschied zwischen der alterstypischen Zeichnung und der Zeichnung des hochbegabten Kindes.*

Bild a) aus der Sammlung der Autorin.

Bild b) nachgedruckt mit freundlicher Genehmigung von Lois Borelli.

(b)

4.5 Das Lieblingsmotiv, das Peter B. im Alter von vier Jahren entwickelte: sich bewegende Frauenfiguren in fließenden Roben. Diese Zeichnung fertigte Peter kurz nach seinem vierten Geburtstag an.

Nachdruck mit freundlicher Genehmigung von Lois Borelli.

4.6 Bild eines Mädchens von Peter B. mit viereinhalb. Es zeigt eine fließende Umrißlinie, die die Körperform und die Gesichtszüge recht genau wiedergibt.

Nachdruck mit freundlicher Genehmigung von Lois Borelli.

(a)

4.7 (a) Rückenansicht eines schwammigen Ringers, gezeichnet von Peter B. im Alter von sechs Jahren und elf Monaten. (b) Bild eines muskulösen Ringers, das Peter mit sieben Jahren, vier Monaten anfertigte. Peter nahm männliche Figuren in sein Repertoire mit auf, nachdem man ihn in der Schule wegen seiner »Damen«-Bilder gehänselt hatte.

(b)

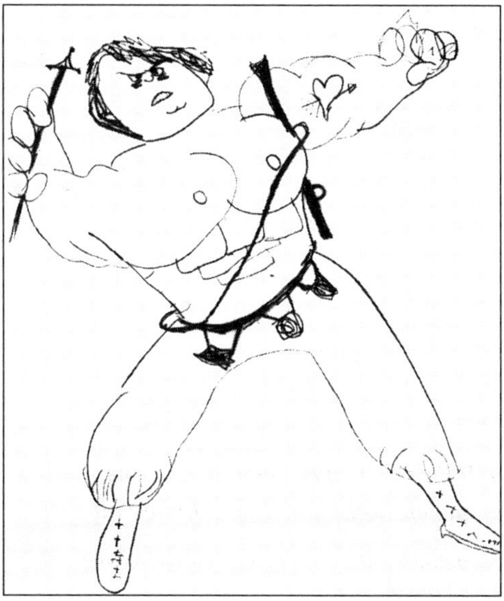

4.8 Eine Eule, die Peter B. im Alter von sieben Jahren und zwei Monaten im Rahmen seiner Repertoire-Erweiterung zeichnete.

Nachdruck mit freundlicher Genehmigung von Lois Borelli.

4.9 Portrait, das Peter B. zeichnete, als er sieben Jahre und zwei Monate alt war.

Nachdruck mit freundlicher Genehmigung von Lois Borelli.

(a)

4. 10 Peter B. zeichnete trotz der Hänseleien weiterhin weibliche Figuren. a) Bild eines sitzenden Mädchens; diese Skizze fertigte Peter mit sechs Jahren und sieben Monaten nach Modell an. (b) Bild einer nach vorn gebeugten Cheerleaderin, das Peter kurz nach seinem siebten Geburtstag zeichnete; das Bild zeigt Ansätze perspektivischer Verkürzung.

(b)

(rechts) 4.11 Bild von Bill und Hillary Clinton, das Peter B. anfertigte, nachdem er einen kurzen Blick auf ein Foto geworfen hatte.

Nachdruck mit freundlicher Genehmigung von Lois Borelli.

(unten) 4.12 Skizze von Paul Klee (angefertigt im Alter zwischen vier und sechs Jahren) (Kindheit 15; Dame mit Schirm).

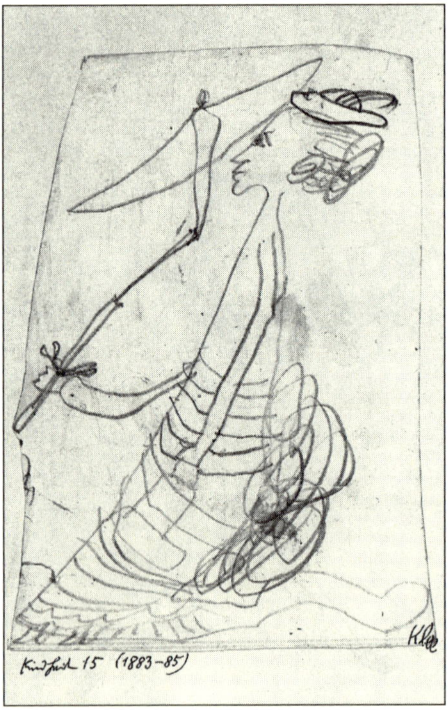

Sowohl Abbildung 4.11 als auch 4.12 weisen feine Konturen, Details und subtile Bewegungen auf. Beachten Sie die schwingende Handtasche im Bild von Klee und die Art, wie Hillary sich in Peters Zeichnung nach rechts lehnt.

Kunstmuseum Bern, Paul-Klee-Stiftung, Bern. Copyright by Artists Rights Society, New York.

4.13 Sängerin mit ausgestreckten Armen, gezeichnet von Peter B. im Alter von sechs Jahren und fünf Monaten.

Nachdruck mit freundlicher Genehmigung von Lois Borelli.

später erhaschte Peter beim Waffelessen einen flüchtigen Blick auf eine Countrysängerin, die im Fernsehen auftrat. Während er in aller Ruhe weiteraß, zeichnete er im Handumdrehen eine Sängerin mit ausgestreckten Armen und einem Mikrophonständer neben ihr (Abbildung 4.13).

Herausforderungen schaffen

Ebenso wie die intellektuell hochbegabten Kinder, die ich in den vorangehenden Kapiteln beschrieben habe, veränderte auch Peter seine Umwelt, um sie anregender zu gestalten. Intellektuell hochbegabte Kinder tun dies, indem sie immer schwierigere Bücher lesen oder immer kompliziertere Rechenaufgaben lösen. Ein Beispiel dafür lieferte die Art und Weise, wie die Kinder mit der sogenannten »Turm-von-Hanoi-Aufgabe« umgingen. Sie versuchten, das Problem immer schneller und in immer weniger Schritten zu lösen.

Peter schuf sich selbst schwierige visuell-räumliche Aufgaben. Er wählte komplexe Motive – menschliche Figuren in Bewegung (Figuren 4.14a, b und c) oder in ungewöhnlichen Stellungen; so stellte er seine Figuren zum Beispiel von hinten

(Abbildung 4.15) oder im Halbprofil dar (Abbildung 4.16). Mit sechs Jahren zeichnete er ein perspektivisches Bild einer liegenden Person, ein ungewöhnliches Motiv, mit dem selbst ein Erwachsener seine Schwierigkeiten hätte (Abbildung 4.17). Außerdem wählte Peter ungewöhnliche Ausgangspunkte für seine Zeichnungen – einen Kleidersaum, eine Schulter oder einen Schuh.

Kurz vor seinem sechsten Geburtstag entdeckte Peter, daß er Filme machen konnte. Er nahm ein langes Blatt Computerpapier und zeichnete unterschiedliche Szenen aus *Die kleine Meerjungfrau* darauf. Dann bat er sein Mutter, die Videokamera zu holen und jedes Bild von links nach rechts aufzunehmen. Er hatte einen Zeichentrickfilm kreiert. Peter erforschte die Grenzbereiche des Zeichnens und stieß dabei von ganz allein auf die Möglichkeit des Filmemachens. Seine Entdeckung entspricht der Entdeckung der Algebragesetze im Fall von Michael Kearney. Es ist diese Fähigkeit, neue Entdeckungen in einer Domäne zu machen, und zwar ohne oder mit minimaler Hilfe durch Erwachsene, die hochbegabte Kinder von anderen unterscheidet und die sie dazu bringt, konsequent ihren eigenen Vorstellungen zu folgen.

Weitere visuell-räumliche Fähigkeiten

Peters Begeisterung fürs Zeichnen dehnte sich auch auf andere Formen visuell-räumlicher Aktivitäten wie Puzzles und Legosteine aus. Als seine Puzzles zu leicht für ihn wurden, versucht er die Anforderungen zu steigern, indem er die Teile von vier verschiedenen Puzzles zusammenschüttete und dann die einzelnen Bilder zusammensetzte.

Peter hatte auch ein außergewöhnliches visuelles Gedächtnis. Mit achtzehn Monaten besuchte er seine Großeltern in Florida und bemerkte einige Muscheln, die aufgereiht vor der Heckscheibe des Autos lagen. Als er vierzehn Monate später wieder in Florida war und ins Auto seines Großvaters stieg, fiel ihm sofort auf, daß die Muscheln fehlten. Sein Großvater, der die ganze Sache längst vergessen hatte, war höchst verblüfft, daß sein zweieinhalbjähriger Enkel sich an die Muscheln erinnerte und sie unbedingt haben wollte. Peter nahm die Welt sehr intensiv wahr. Er beschrieb Bilder, die er in Holzmaserungen entdeckte, er sah Engel und Harfen in den Formen von Wolken – weitere Beispiele für das Bedürfnis, sich selbst visuelle Anregungen zu schaffen.

Mit etwa achtzehn Monaten blätterte Peter in einem reich illustrierten Liederbuch der Beatles, während seine Mutter gerade Haushaltsgegenstände zusammenpackte, weil die Familie nach Florida umziehen wollte. Kurz darauf wanderte das Buch in einen Umzugskarton und blieb dort für einige Jahre. Über

(a)

(b)

(c)

4.14 Zeichnungen von Figuren in Bewegung von Peter B. (a) Ballerina, gezeichnet mit viereinhalb Jahren. (b) Frau mit Hand auf der Hüfte, ein Buch werfend, gezeichnet im Alter von sechseinhalb. (c) Tanzendes Mädchen auf Steinen über einem Wasserfall (ein Phantasiemotiv), gezeichnet im Alter von sieben Jahren und vier Monaten.

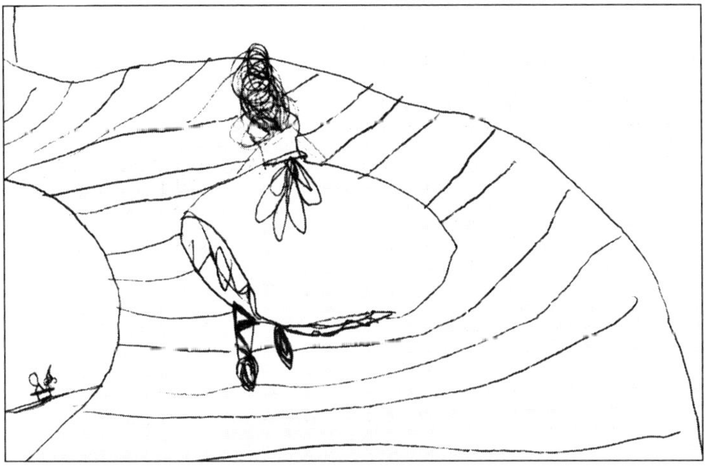

4.15 Rückansicht einer menschlichen Gestalt, gezeichnet von Peter B. im Alter von fünf Jahren.

Nachdruck mit freundlicher Genehmigung von Lois Borelli.

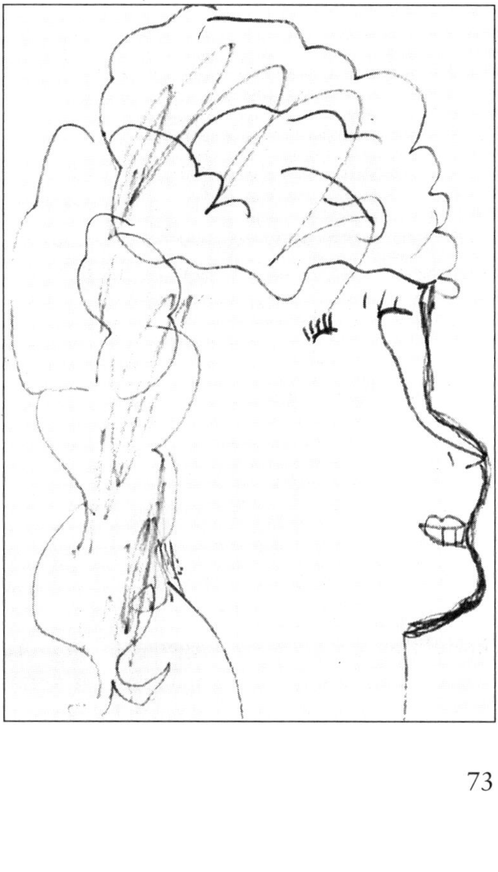

4.16 Selbstporträt im Halbprofil, gezeichnet von Peter B. im Alter von sechs Jahren und einem Monat.

Nachdruck mit freundlicher Genehmigung von Lois Borelli.

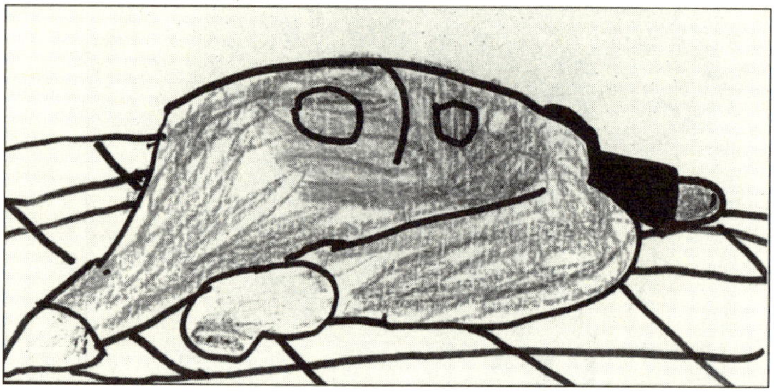

4.17 Perspektivische Darstellung einer liegenden Person, gezeichnet von Peter B. im Alter von sechs Jahren und neun Monaten.

Nachdruck mit freundlicher Genehmigung von Lois Borelli.

zweieinhalb Jahre später, als Peter vier war, wurde der Karton schließlich ausgepackt. Als seine Mutter das Beatles-Buch herausnahm, fiel Peters Blick darauf, und er drängte seine Mutter, mit dem Auspacken innezuhalten und ihm bei der Suche nach einer bestimmten Illustration im Buch zu helfen. Er hatte vorher schon mehrmals von diesem Bild gesprochen, aber seine Eltern wußten nicht, was er meinte, und achteten deshalb nicht weiter darauf. Sie fanden die Seite, nach der er suchte: Ein Bild von einer sehr extravaganten Frau mit langen Wimpern, großem Mund, Wespentaille und hohen, fast karikiert wirkenden Wangenknochen – ganz ähnlich den fließenden, kurvenreichen Figuren, die Peter mit Vorliebe zeichnete. Er war hingerissen.

Intellektuelle Fähigkeiten

Peter zeigte wenig Interesse an schulbezogenen Themen. Aber manchmal gelang es ihm, verbale und mathematische Aktivitäten so zu manipulieren, daß sie zu seinen zeichnerischen Neigungen paßten. Dann war er stets begeistert bei der Sache.

Die Faszination, die alles Visuelle auf ihn ausübte, kam beispielsweise in seiner frühen Sprachentwicklung zum Ausdruck. Schon mit zwölf Monaten konnte er korrekt angeben, ob ein Gegenstand blau, rot, grün oder gelb war. Mit eineinhalb Jahren konnte er sogar Farbschattierungen beschreiben. So untersuchte er in diesem Alter zum Beispiel einen kastanienbraunen Buntstift, dachte eine Weile

4.18 Peter B's verzierte Buchstaben. Er weigerte sich, eine Standardschreibweise zu übernehmen.

Nachdruck mit freundlicher Genehmigung von Lois Borelli.

nach und erklärte dann, der Stift sei dunkelrot. Mit zwei Jahren konnte er praktisch jede Farbe beschreiben (und tat es mit Leidenschaft): Lavendel war »blauviolett«, der Himmel »hellblau«, sein Hemd »dunkelblau«, eine Krickente »ein bißchen blau und ein bißchen grün«. Normalerweise lernen Kinder Farbbezeichnungen wesentlich später und haben in der Regel einige Mühe damit. In Peters Sprache spiegelte sich deutlich die Faszination wider, die alles Visuelle auf ihn ausübte.[2]

Peters zeichnerische Neigung beeinflußte auch seine Art zu schreiben. Mit zwei Jahren konnte er alle Großbuchstaben »zeichnen«. Die Eltern hatten ihn in keiner Weise dazu gedrängt. Peter hatte einfach beschlossen, daß er Buchstaben malen wollte. Mit drei Jahren und drei Monaten fing er an, ganze Wörter zu schreiben. Aber er tat es nur aus einem einzigen Grund – damit sich die Figuren in seinen Bildern unterhalten konnten. Seine Worte standen im Dienst seiner Zeichnungen.

Er hatte keine Lust, seine Buchstaben und Zahlen so zu schreiben, wie alle es taten, sondern bestand darauf, sie mit kunstvollen Schnörkeln, Bögen und Mustern zu verzieren (Abbildung 4.18). Die Erzieherin im Kindergarten tadelte ihn wiederholt dafür, daß er seine Buchstaben und Zahlen nicht, wie sie es verlangte, in der Standardweise schreiben wollte. Aber er widersetzte sich hartnäckig und war nicht bereit, sich anzupassen. In Berichten über hochbegabte Kinder wird immer wieder darauf hingewiesen, daß sie das Bedürfnis haben, Dinge auf ihre ganz eigene Weise zu tun, unabhängig vom spezifischen Talent. Sie sind notorische Nonkonformisten.

Peter lernte nur langsam lesen. Obwohl er schon mit zwei Jahren die Buchstaben des Alphabets wiedererkannte, konnte er mit sechseinhalb, als er die erste Klasse besuchte, immer noch nicht lesen. Peters Leistungen in Mathematik waren durchschnittlich; er fand das Fach todlangweilig und verabscheute insbesondere das Addieren. Er konnte zwar eine einfache, altersangemessene Rechenaufgabe lösen, aber es fiel ihm nicht so leicht wie das Zeichnen, und er hatte keine Lust, es zu lernen. Und obwohl er mit sechs Jahren fast alle Zahlen schreiben konnte, fiel es ihm schwer, geschriebene Zahlen wiederzuerkennen. Als seine Mutter zum Beispiel einmal die Zahl 20 aufschrieb und ihn fragte, welche Zahl es sei, antwortete er »zwölf«. Er hatte nur Spaß am Rechnen, wenn es bedeutete, daß er Zahlen zeichnen und verzieren konnte. Wie Picasso, der lauter Tauben in seine Schulbücher malte, dekorierte auch Peter seine Arbeitsunterlagen mit unzähligen Zeichnungen. In der ersten Klasse, wenn alle anderen Kinder an irgendeiner Aufgabe arbeiteten, lebte Peter in seiner eigenen Welt. Er stand häufig von seinem Platz auf, ging zu den Papiervorräten und fing an zu zeichnen. Glücklicherweise hatte seine Lehrerin Verständnis für sein Zeichenbedürfnis und hielt ihn nicht davon ab.

Einige allgemeine Feststellungen über Zeichnungen hochbegabter Kinder

Die Kernfähigkeit von zeichnerisch begabten Kindern ist ein früh entwickeltes visuell-räumliches Vorstellungsvermögen, wodurch sie Konturen von dreidimensionalen Objekten auf zweidimensionalen Oberflächen wiedergeben können. Diese Fähigkeit versetzt die Kinder in die Lage, Zeichnungen anzufertigen, die dem Werk erwachsener Künstler in mehrfacher Hinsicht ähneln.

Erkennbare Formen

Während Kinder normalerweise bis etwa zum dritten Lebensjahr undefinierbare Krakel produzieren, zeichnen hochbegabte Kinder bereits mit zwei Jahren deutlich erkennbare Formen. Denken Sie an die Luftballons, die Peter als Zweijähriger zeichnete. Abbildung 14.9a zeigt, wie ein typischer Zweijähriger Äpfel

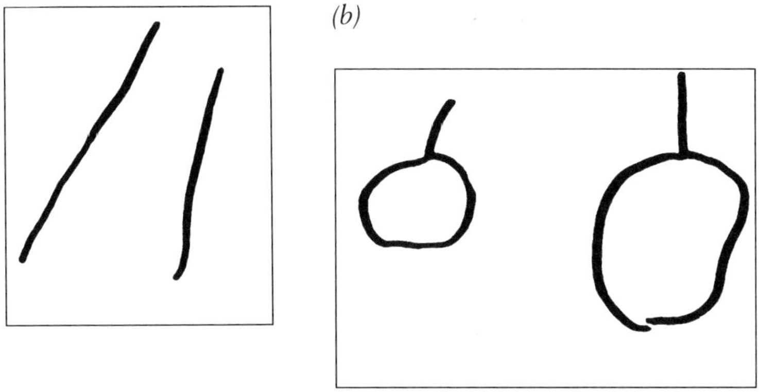

4.19 (a) Äpfel, gezeichnet als Striche von einem typischen Zweijährigen, und (b) Äpfel, gezeichnet von Ryan Sullivan, einem hochbegabten zweijährigen Künstler.

Abbildung a) aus der Sammlung der Autorin.
Abbildung b) nachgedruckt mit freundlicher Genehmigung von Ryan Sullivan.

darstellt. Daneben das gleiche Motiv, gezeichnet von einem gleichaltrigen zeichnerisch begabten Kind. Das alterstypische Kind machte einen Strich für jeden Apfel. Ein Strich kann für alles stehen. Der talentierte Junge zeichnete die unterschiedliche Form der Äpfel und versah beide mit einem Stengel. Für ihn bedeutete die Darstellung eines Apfels, daß er dessen Umrisse wiedergeben mußte. Die gleiche Fähigkeit zeigt sich in dem Fischbild des zweijährigen Eitan, dessen Werk von der Kinderpsychologin Claire Golomb umfassend untersucht wurde (Abbildung 4.20). Auch bei dieser Zeichnung wird deutlich, daß das Kind die Konturen des gezeichneten Objekts wiedergeben kann. Durchschnittliche Kinder zeichnen nach Schemata (zum Beispiel einen Kreis für einen Kopf, einen Strich für einen Arm), zeichnerisch begabte Kinder nehmen offenbar die tatsächlichen Formen der Gegenstände wahr.[3]

Flüssige, sichere Umrißlinien

Kinder im Vorschulalter zeichnen normalerweise additiv, indem sie geometrische Formen nebeneinanderstellen. Ein Pferd besteht aus einem Oval für den Kopf, einem weiteren Oval für den Körper, einigen Rechtecken für die Beine und Dreiecken für die Ohren. Diese Zeichnungen werden schematisch genannt, weil sie nicht die Umrisse des Objekts erfassen, sondern es durch vereinfachte geometrische Formen oder »Schemata« darstellen. Im Gegensatz dazu zeichnen frühbe-

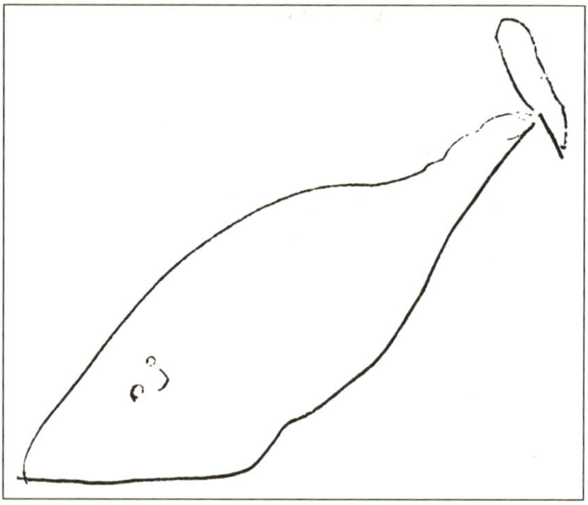

4.20 Fisch, gezeichnet von Eitan im Alter von zwei Jahren und zwei Monaten. Das Bild zeigt eine flüssige Umrißlinie.

Aus Golomb (1992a), nachgedruckt mit freundlicher Genehmigung von Claire Golomb.

4.21 Pferd, gezeichnet von einem normalen Zweijährigen.

Nachdruck mit freundlicher Genehmigung von Betsy Goldman.

gabte Kinder das gesamte Objekt mit einer einzigen flüssigen Umrißlinie (Denken Sie zum Beispiel an Abbildung 4. 4, Peters Zeichnung von einem Mädchen im Badeanzug).

Zeichnerisch begabte Kinder stellen keine allgemeinen Objekte dar, sondern schließen eine Fülle von spezifischen Details mit ein. Peter zog seinen Figuren elegante Abendkleider an. Eitan stattete seine Fahrzeuge mit Benzintanks, Achsen, Kühlern, Scheinwerfern und Bremslagern aus (siehe Abbildungen 4. 23–4. 25). Ein weiteres Kind machte sich mit wissenschaftlicher Präzision ans Werk, als es einen Dinosaurier zeichnen wollte: Es zog paläontologische Bücher zu Rate und sammelte die notwendigen Informationen. Die Einbeziehung von Details ist eines der Mittel, durch die zeichnerisch begabte Kinder ihre Bilder realistisch gestalten.[4]

Kinder mit hoher zeichnerischer Begabung skizzieren schnell und mühelos komplexe, erkennbare Motive. Wie Peter sitzen sie nicht lange über ihren Bildern, um sie zu überarbeiten oder darin herumzuradieren. Und wie Peter können sie ihre Zeichnungen mit jedem beliebigen Teil des Objekts beginnen. Das galt auch für Picasso. Er konnte einen Hund zeichnen, indem er bei einem Ohr anfing (nicht der übliche Ausgangspunkt), ohne daß es seine zeichnerische Sicherheit oder Schnelligkeit im geringsten beeinträchtigt hätte.[5]

Volumen und Tiefe

Kinder mit zeichnerischer Begabung erzielen die Illusion von Realität nicht nur, weil sie differenzierte Formen und Details zeichnen, sondern auch, weil sie die dritte Dimension darstellen. Sie benutzen alle in der westlichen Welt bekannten Techniken zur Erzeugung einer Tiefenwirkung: Verkürzung, Überschneidung, Größenverminderung, Modellierung zur Wiedergabe von Volumen und sogar die schwierigste Technik von allen – eine lineare Perspektive. Und sie tun es Jahre früher als andere Kinder.[6] Manche benutzen die lineare Perspektive praktisch von dem Moment an, in dem sie mit dem Zeichnen beginnen (Abbildungen 4. 22, 4. 23, 4. 24 und 4. 25). Es ist durchaus möglich, daß sie dabei eher eine figurale Wahrnehmungsstrategie als eine begriffliche Strategie anwenden. Mit anderen Worten – diese Kinder *sehen* einfach, welche Form ein Gegenstand hat, einschließlich der entstehenden Verzerrungen, wenn das Objekt in die Tiefe des Raums zurückweicht und dadurch teilweise kleiner oder kürzer aussieht. Sie sind nicht auf ein gelehrtes System des perspektivischen Zeichnens angewiesen. Normalerweise beginnen Kinder erst am Ende der Kindheit oder in der frühen Adoleszenz, perspektivisch zu zeichnen, und wenn sie damit anfangen, arbeiten sie vermutlich mit einer begrifflichen Strategie, indem sie erlernte Regeln anwenden. Auch hier zeigt sich wieder, daß hochbegabte Kinder nicht nur schneller, sondern

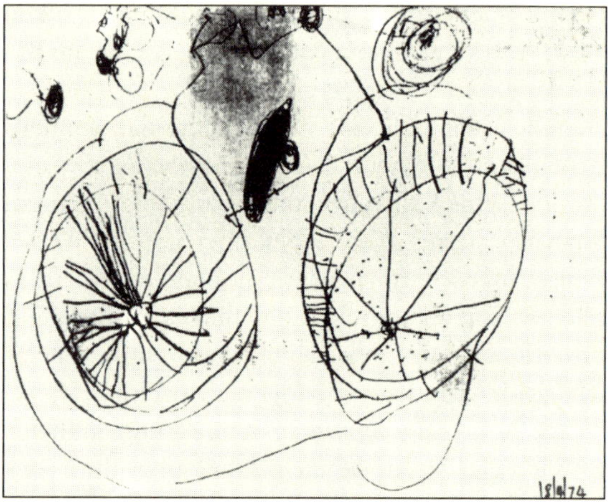

4.22 Traktor oder Fahrrad, gezeichnet von Eitan im Alter von zwei Jahren und zwei Monaten. Die Räder sind einmal von der Seite und einmal von oben gezeichnet und wirken dadurch dreidimensional.

Aus Golomb (1992a); Nachdruck mit freundlicher Genehmigung von Claire Golomb.

4.23 Zementlaster, gezeichnet von Eitan im Alter von zwei Jahren und sieben Monaten. Das Bild zeigt den Laster von der Seite, die Motorhaube von oben und eine Frontansicht des Kühlers und der Stoßstange

Aus Golomb (1992a); Nachdruck mit freundlicher Genehmigung von Claire Golomb.

4.24 Laster, gezeichnet von Eitan im Alter von drei Jahren, sieben Monaten, mit isometrischer Perspektive; die dritte Dimension ist durch parallele Schräglinien dargestellt.

Aus Golomb (1992a); Nachdruck mit freundlicher Genehmigung von Claire Golomb.

4.25 Beinahe-Unfall, gezeichnet von Eitan im Alter von sechs Jahren, sechs Monaten; das Bild zeigt den systematischen Einsatz einer isometrischen Perspektive.

Aus Golomb (1992a); Nachdruck mit freundlicher Genehmigung von Claire Golomb.

auch anders lernen als durchschnittliche Kinder. Wenn man die Form der Dinge mühelos wahrnimmt – verzerrte Formen, Formen von Objekten, die sich teilweise überschneiden, negative Räume zwischen Objekten –, dann zeichnet man nicht formelhaft nach, wie die Dinge in der eigenen Vorstellung aussehen (zum Beispiel einen Kreis für einen Kopf); man ist nicht auf die verschiedenen Techniken angewiesen, die in Lehrbüchern beschrieben werden (und die das Sehen erleichtern sollen). Betty Edwards empfiehlt in ihrem bekannten Buch *Garantiert zeichnen lernen*, daß man Bilder auf den Kopf stellt, wenn man sie abzeichnen will, damit das Wissen um das, was man malt, die Wahrnehmung nicht behindert. Visuell begabte Kinder brauchen solche Techniken nicht, so wie sprachlich begabte Kinder keine Priming-Effekte brauchen, um ihrem Gedächtnis auf die Sprünge zu helfen.

Die Perspektive-Techniken, die visuell hochbegabte Kinder einsetzen, sind anfangs sehr simpel und werden zunächst in begrenztem Ausmaß auf einzelne Objekte der Darstellung, nicht auf das Gesamtbild angewendet. Trotzdem ist es verblüffend, daß so junge Kinder eigenständig perspektivische Zeichentechniken entdecken.[7]

Das Zeichnen von Objekten in schwierigen Positionen

Im Gegensatz zur Mehrheit der Kinder, die Figuren ausschließlich von vorn darstellen, variieren zeichnerisch begabte Kinder die Ausrichtung der Figuren. Eine Studie kam zu dem Ergebnis, daß Elf- bis Vierzehnjährige normalerweise nur in 15 Prozent der Fälle menschliche Figuren aus einer Dreiviertelansicht bzw. im Halbprofil zeichnen. Im Gegensatz dazu wählen hochbegabte Kinder zum Teil schon als Sechsjährige bei der Hälfte ihrer Figurendarstellungen diesen Blickwinkel. Diese Dreiviertelansicht taucht schlagartig zwischen dem sechsten und dem siebten Lebensjahr auf. Das Bemerkenswerte bei dieser Ansicht ist, daß wie die Verkürzung, Größenverminderung oder Überschneidung eine perspektivische Verzerrung inbegriffen ist. Diese Kinder sind in der Lage, die Größe und Form von Objekten zu verzerren, um sie so darzustellen, wie das Auge sie wahrnimmt.[8]

Komposition

Wie Kinder ihre Bilder aufbauen, ist noch nicht gründlich erforscht, aber man weiß, daß zeichnerisch talentierte Kinder sich auch in dieser Hinsicht von anderen unterscheiden. Am Anfang bauen normal begabte Kinder ihre Bilder meist willkürlich auf. Nach einigen Jahren ordnen sie ihre Zeichnungen relativ symmetrisch an und reihen ihre Objekte entlang einer Grundlinie auf. Zeichnerisch besonders begabte Kinder neigen eher zu etwas, was Rudolf Arnheim als »dynamische Balance« bezeichnet. Wenn diese Kinder zum Beispiel ein großes Objekt in der rechten Bildhälfte zeichnen, stellen sie ihm ein kleineres auf der linken entgegen, dem sie durch intensive Farben zusätzliches Gewicht verleihen. Die Zeichnung ist nicht symmetrisch, aber dennoch ausgewogen. Das ist eine weit kompliziertere und subtilere Technik als die einer streng spiegelbildlichen Symmetrie.[9]

Realismus

Wegen aller gerade beschriebenen Merkmale wirken die Bilder außergewöhnlich realistisch. Auch viele berühmte Maler zeichneten in ihrer Kindheit ebenso realistisch.[10]

Picasso behauptete, er habe die Phase der bizarren, unrealistischen Kinderbilder übersprungen. »Ich habe nie Kinderzeichnungen gemacht. Niemals!« Anläßlich einer Ausstellung von Kinderbildern erklärte er: »An einer Ausstellung dieser Art hätte ich mich als Kind nie beteiligen können, da ich mit zwölf wie Raffael zeichnete.« Über eines seiner allerersten Bilder (Abbildung 4.26) sagte er: »Ich

4.26 Herkules, eine realistische Zeichnung des neunjährigen Picasso. Museu Picasso, Barcelona, Spanien.

war damals vielleicht sechs Jahre oder noch jünger. In meinem Vaterhaus stand auf dem Gang eine Figur, Herkules mit seiner Keule, und ich zeichnete den Herkules. Aber nicht so, wie Kinder zeichnen. Es war eine richtige Zeichnung, die Herkules mit seiner Keule darstellte.« In Wirklichkeit hat er dieses Bild als Neunjähriger geschaffen; wir wissen also nicht genau, ob Picasso je kindliche Zeichnungen angefertigt hat oder nicht. John Richardson, einer von Picassos Biographen, weist darauf hin, daß es für Picasso sehr wichtig war, sich selbst als Wunderkind zu sehen.[11]

Obwohl fast alle zeichnerisch begabten Kinder, die man in der westlichen Welt entdeckt hat, realistische Bilder zeichneten, gibt es doch einige Ausnahmen. Golomb beschreibt zwei visuell hochbegabte Kinder, deren Zeichnungen sich durch eine hochentwickelte Komposition und Farbgestaltung auszeichneten. Die Bilder waren reich an dekorativen Elementen; die Farben wurden auf höchst ausdrucksvolle Weise eingesetzt; und Farben und Formen wurden unendlich phantasievoll variiert. Obwohl also die Fähigkeit zu einem realistischen Stil das häufigste und auffälligste Merkmal von zeichnerisch begabten Kindern der westlichen Welt sein mag, findet man mitunter auch Kinder, die sich meisterhaft darauf verstehen, Komposition, Form und Farbe für abstrakte Darstellungen einzusetzen.[12]

Es ist durchaus möglich, daß der Realismus als frühes Zeichen einer außergewöhnlichen zeichnerischen Begabung kulturell beeinflußt ist. Spätestens seit der Renaissance bis zum 20. Jahrhundert haben abendländische Künstler danach gestrebt, die Illusion von Raum, Volumen und Tiefe zu erzeugen. Auch wenn hochbegabte Kinder wahrscheinlich realistisch zu zeichnen beginnen, lange bevor sie sich intensiv mit der realistischen Bildkunst der abendländischen Malerei beschäftigen, sind sie zweifellos illusionistischen Darstellungen auf Plakaten, in Zeitschriften, Bilderbüchern, im Fernsehen u. ä. ausgesetzt gewesen. Was ist mit Kindern, die mit solchen Vorbildern nicht in Berührung kommen?[13]

Es gibt den gut dokumentierten Fall der kleinen Chinesin Wang Yani, die in China aufwuchs und daher vermutlich weniger illusionistische Bilder gesehen hat als gleichaltrige Kinder aus der westlichen Welt. Außerdem war sie dem symbolisch-poesievollen Stil der chinesischen Malerei ausgesetzt und damit einer Tradition, die nicht die Abbildung der Wirklichkeit, sondern die »impressionistische« Wiedergabe von Stimmungen und momenthaften Seheindrücken anstrebt. Der herkömmliche chinesische Zeichenunterricht, der das Kopieren von schematischen Formen umfaßt, blieb Yani erspart, weil ihr Vater, selbst Maler, der Ansicht war, daß derartige Instruktionen die künstlerische Phantasie ersticken. Aber Yani verbrachte täglich viele Stunden im Atelier ihres Vaters und malte Seite an Seite mit ihm. Der Vater beteuert zwar nachdrücklich, daß er seine Tochter nicht unterrichtete, aber wir wissen nicht, ob Yani nicht doch irgendeine Form der Anleitung von ihm erhielt. Was wir jedoch mit Bestimmtheit wissen, ist, daß Yani sehr emsig malte (sie produzierte 4.000 Bilder in drei Jahren) und daß sie ihrem Alter weit voraus war.[14]

Yanis Bilder unterscheiden sich erheblich von denen begabter Kinder aus der westlichen Welt. Sie malte im typischen Stil der traditionellen chinesischen Tuschmalerei, die sich durch eine eher flächenhafte Behandlung der Formen und eine mehr charakterisierende als imitierende Art der Darstellung auszeichnet (Abbildungen 4.27, 4.28 und 4.29). Was sie meiner Ansicht nach mit zeichnerisch begabten Kindern im Westen gemeinsam hat, ist die Fähigkeit, die Bildkonventionen ihrer Kultur zu meistern. Im Westen bedeutet dies, daß man die Tradition der Perspektive und des Realismus meistert. In China bezieht es sich auf die Tradition, daß man das Wesen der Objekte zu erfassen sucht und nicht ihre exakte Abbildung anstrebt. Yani war also wie Peter und Eitan in der Lage, Bilder zu schaffen, die bemerkenswerte Ähnlichkeiten mit der Kunst von Erwachsenen in ihrer jeweiligen Kultur aufwiesen. Visuell begabte Kinder zeichnen auch häufig in einem Cartoon-Stil, was ebenfalls dafür spricht, daß die Fähigkeit, eine kultu-

4.27 Kitty, gemalt von der dreijährigen Yani.

Nachdruck mit freundlicher Genehmigung von Wang Shiqiang.

4.28 Tauziehen, gemalt von Yani im Alter von fünf Jahren.

Nachdruck mit freundlicher Genehmigung von Wang Shiqiang.

4.29 Eine glückliche Truppe, gemalt von Yani im Alter von sechs Jahren.

Nachdruck mit freundlicher Genehmigung von Wang Shiqiang.

relle Konvention zu meistern, den Kern ihrer Begabung bildet. Cartoons sind zwar nicht realistisch, aber sie unterliegen strengen Konventionen. Auch wenn einige Kinder den Cartoon-Stil wählen, weil das leichter ist, als realistisch zu zeichnen, beherrschen doch manche beide Stilarten gleich gut.[15]

Das hohe, fast erwachsene Niveau von Yanis Bildern steht in verblüffendem Gegensatz zu ihrer kindlich anmutenden Kalligraphie. Auch bei Kindern aus der westlichen Welt besteht kein Zusammenhang zwischen zeichnerischer Begabung und Handschrift. Denken Sie daran, wie Peter B. sich weigerte, eine standardisierte Schreibweise zu übernehmen und es statt dessen vorzog, seine Buchstaben in phantasievolle Zeichnungen zu verwandeln.[16]

Bildergeschichten

Besonders in der mittleren Kindheit und Adoleszenz schaffen hochbegabte Zeichner Phantasiewelten und -figuren in ihren Bildern und stellen Episoden aus dem Leben dieser erfundenen Gestalten dar. In diesem Alter fangen die Kinder an, sich Superhelden und Science fiction-Figuren nach dem Vorbild der Comics auszudenken. Ein Kind, das von den Psychologen Brent und Marjorie Wilson untersucht wurde, erklärte: »Die meisten Leute ... werfen einen kurzen Blick darauf und sagen ›Was für ein schönes Bild!‹. Dabei verstehen sie gar nicht, wie die Figuren wirklich sind und welche Geschichte dahintersteckt.« Die Wilsons stellten fest, daß einige hochbegabte Kinder mehr am Erfinden von Phantasiewelten als am Experimentieren mit Form und Design interessiert waren. Aber weil sie auch zu diesem Zweck unzählige Bilder anfertigten, lernten sie im Laufe der Zeit immer flüssiger und virtuoser zu zeichnen, so wie Peter, der im Alter von etwa sechs Jahren Trickfilmgeschichten aus seinen Zeichnungen machen konnte. Seine Mutter berichtete mir, daß er lange und verwickelte Geschichten erzählte und sie mit seinen Zeichnungen veranschaulichte: Die Zeichnungen dienten als Kurzschrift für wichtige Geschehnisse in einer komplexen Handlung.[17]

Die Reinkarnation von Jimi Hendrix?

Zwischen zeichnerisch und musikalisch begabten Kindern lassen sich zahlreiche Parallelen ziehen. Der Fall eines Jungen namens Jacob, der einmal als Reinkarnation von Jimi Hendrix bezeichnet wurde, weist viele Ähnlichkeiten mit der Geschichte von Peter B. auf.

Eine elektrische Gitarre ist nicht gerade das typische Instrument für ein musikalisch begabtes Kind. Die meisten musikalisch begabten Kinder erhalten klassischen Musikunterricht, normalerweise auf dem Klavier oder der Geige. Aber Jacob wählte sich sein Instrument selbst. Schon als Dreijähriger wollte er auf der Gitarre seiner Mutter spielen. Mit sechseinhalb hörte er zufällig eine Heavy Metal Band; es war ein »Aha-Erlebnis«. Von Stund an wollte er nur noch Heavy Metal spielen. Eineinhalb Jahre lang bettelte er um eine elektrische Gitarre. Als er acht war, gaben seine Eltern schließlich nach.[18]

Der Lehrer, den seine Eltern für ihn fanden, setzte wie üblich eine halbe Stunde für den Unterricht an. Aber Jacob weigerte sich von Anfang an, nach dieser halben Stunde aufzuhören. Obwohl die Unterrichtszeit offiziell auf eine Stunde verlängert wurde, dehnte sie sich häufig auf neunzig Minuten aus. Trotzdem mußte der Lehrer ihn praktisch mit Gewalt vor die Tür setzen, wenn der Unterricht zu Ende war.

»Jacob spielte eine sehr gefühlsbetonte, avantgardistische Pseudo-Musik, die wirklich interessant war«, berichtet sein Lehrer. Als er ihm zu zeigen begann, wie man »richtig« spielt, »hob Jacob ab wie eine Rakete«. In der zweiten Stunde wurde dem Lehrer klar, daß Jacob nicht nur talentiert, sondern sehr wahrscheinlich ein Wunderkind war. In seiner achtzehnjährigen Lehrtätigkeit war ihm ein solcher Schüler noch nie begegnet.[19]

Wie Peters Zeichenwut

In seiner Besessenheit hatte Jacob Ähnlichkeiten mit Peter, der am liebsten Tag und Nacht gezeichnet hätte. Wenn Jacob zu Hause war, trug er die Gitarre um den Hals und spielte, wo er ging und stand. An den Wochenenden oder in den Ferien spielte er normalerweise drei bis vier Stunden täglich. Wenn Freunde zu Besuch kamen, machte er sie zum freiwilligen oder unfreiwilligen Publikum seiner musikalischen Darbietungen. Auch darin ähnelte er Peter, der seine Freunde beschwatzte, mit ihm gemeinsam zu zeichnen. Wenn Jacob sich entspannen wollte, las er Gitarrenzeitschriften und Interviews mit Rockstars. Zu seinen Lieblingsbeschäftigungen gehörte es, in Musikgeschäfte zu gehen und alle Gitarren auszuprobieren.

Jacob mußte seine Eltern dazu überreden, ihn Gitarre spielen zu lassen. Meistens ist es umgekehrt – die Eltern müssen ihre Kinder überreden, ein Instrument zu lernen. Viele Eltern müssen ihre Sprößlinge auch zum Üben drängen, sogar wenn die Kinder musikalisch begabt sind. Die meisten weltberühmten Pianisten, die von Benjamin Bloom untersucht wurden, hatten sich anfangs nicht freiwillig ans Klavier gesetzt. Aber wenn Kinder Rockimprovisationen spielen wie Jacob oder eine Band gründen, müssen die Jungmusiker nicht zur Arbeit angehalten werden. Jacobs Eltern haben das Wort *üben* nie in den Mund genommen. Sie haben Jacob nie gebeten zu spielen. Sie haben ihn vielmehr gebeten, damit aufzuhören. In dieser Hinsicht waren sie wie Michaels Eltern, die (ohne Erfolg) versuchten, den Eifer ihres Sohnes zu bremsen, weil sie kaum Schritt halten konnten, oder wie die Mutter von Peter, die ihren Sohn anflehte, mit dem Zeichnen aufzuhören und sich für die Schule fertigzumachen. Die Fähigkeit, sich auf Aktivitäten in ihrem Begabungsbereich zu konzentrieren, und der leidenschaftliche Wunsch, ihn zu beherrschen, sind typisch für alle hochbegabten Kinder, unabhängig von ihrer spezifischen Domäne.

Ein phänomenales musikalisches Gedächtnis

Jacob spielte ausschließlich nach Gehör, ganz in der Tradition der Rockimprovisation. Sein Lehrer versuchte, ihm das Notenlesen beizubringen, aber Jacob fand es schwierig und weigerte sich. Wenn er ein neues Stück lernen wollte, hörte er sich einfach eine Plattenaufnahme von einer Backup- oder Lead-Gitarre an und spielte das Stück aus dem Gedächtnis nach. Sein Gedächtnis für lange Gitarrensoli war genauso phänomenal wie Peters Gedächtnis für visuelle Informationen. Wenn Jacob eine Weile konzentriert zugehört hatte, konnte er jedes Stück von Eric Clapton oder Jimi Hendrix perfekt wiedergeben.

Jacob begann praktisch im selben Moment, in dem er mit dem Gitarrenspiel anfing, eigene Stücke zu komponieren. Da er die Notenschrift nicht beherrschte, konnte er seine Kompositionen nicht schriftlich festhalten. Er behielt sie einfach im Gedächtnis. Eines Tages ging sein Lehrer mit ihm in ein Tonstudio, um ein Stück aufzunehmen, das Jacob für einen Talentwettbewerb in der Schule komponiert hatte. Jacob erinnerte sich an jede einzelne Note des Musikstücks, das er im Kopf komponiert hatte – ein langes, fünfteiliges Stück mit komplizierten Griffen. Sie verbrachten drei Stunden im Studio und nahmen verschiedene Soundtracks auf. Am Ende war Jacobs Lehrer völlig erschöpft. Aber als Jacob die fertigen Aufnahmen hörte, war er nicht zufrieden. An einer bestimmten Stelle bemerkte er zwei Takte, die dort nicht hingehörten. Also bestand er darauf, daß sein Lehrer nochmals mit ihm ins Studio ging und daß sie alles noch mal von vorn aufnahmen. Diese Art von Hartnäckigkeit und Perfektionismus ist typisch für alle hochbegabten Kinder.

Improvisieren

Als der Gitarrenlehrer Jacob zum erstenmal zeigte, wie man die Bluestonleiter in E spielt, fing Jacob sofort an, mit der Skala zu improvisieren. Tatsächlich improvisierte und variierte er alles, was man ihm beibrachte. Seine Mutter kaufte ihm eine Kassette mit Hintergrundmusik, so daß er »on line« improvisieren konnte. Weil Jacob ein Ohr für musikalische Strukturen hatte, stimmte seine Improvisation perfekt mit der Hintergrundmusik überein.

Nach weniger als sechs Monaten Unterricht stieß Jacob zufällig auf eine Rockband, die in einer Fußgängerzone spielte. Jacob fragte, ob er mitmachen könne. Der Lead-Gitarrist reichte Jacob schmunzelnd seine Gitarre und erwartete eine kindliche Darbietung. Er staunte nicht schlecht, als plötzlich ein Siebenjähriger mit der Virtuosität eines Erwachsenen zu improvisieren begann. »Das ist bestimmt die Reinkarnation von Jimi Hendrix«, flüsterten die Umstehenden.

Herausforderungen schaffen

Wie Peter hatte auch Jacob großen Spaß daran, sich selbst schwere Aufgaben zu stellen. Er arbeitete mit Begeisterung an den Tonleitern und Übungen, die sein Lehrer ihm gab, und erhöhte die Anforderungen, indem er sein Tempo und seine Präzision ständig zu steigern suchte. Er beschäftigte sich intensiv mit schwierigen Passagen, und wiederholte sie so lange, bis er die Stücke fehlerfrei beherrschte. Er hatte eine innere Vorstellung davon, wie ein Stück klingen mußte, und er übte so lange, bis es haargenau mit dieser Vorstellung übereinstimmte.

Jacob war sich seines Könnens sehr bewußt. Als ich ihn bat, mir alle ungewöhnlichen Dinge zu zeigen, die er beherrschte, gab er mir eine Kostprobe seines Könnens und kommentierte dabei ständig über Schleifer, Oktavwechsel und Akkorde.

Wie Peter, der sich weigerte, auf eine Art zu schreiben, die er langweilig fand, wollte auch Jacob alles auf seine ganz eigene Weise tun. Er stritt sich regelmäßig mit seinem Gitarrenlehrer über die Unterrichtsgestaltung. Diese Unabhängigkeit und Dickköpfigkeit erstreckte sich auch auf die Schule, wo er ständig in irgendwelche Machtkämpfe mit den Lehrern verwickelt war. Er wollte alles so tun, wie er es wollte, und weigerte sich standhaft, irgendwelche Aufgaben zu erledigen, deren Sinn ihm nicht einleuchtete. Aber er hatte keinerlei Lernschwierigkeiten. Wenn sein Interesse geweckt war, war er ein hervorragender Schüler.

Ein Kind, das Orchesterpartituren liest

Stephen, der in Kapitel 1 beschriebene Junge, der Orchesterpartituren las, zeigt uns eine andere Seite der musikalischen Begabung. Sein Interesse galt weniger der Darbietung als vielmehr der Musiktheorie und dem Komponieren. Für ihn gab es nichts Schöneres, als Aufnahmen von klassischer Musik zu hören oder ein klassisches Konzert zu besuchen und dabei die Orchesterpartituren zu lesen. Beim Lesen, so sagte er, höre er die Musik in seinem Kopf.

Mit fünf bekam er seine ersten Klavierstunden von einem Laienlehrer, der nachmittags im Kindergarten Musikunterricht erteilte. Stephen hatte sofort heraus, wie man Noten liest. Schon nach wenigen Monaten setzte sich der Lehrer mit Stephens Eltern in Verbindung und teilte ihnen mit, daß ihr Sohn eine außergewöhnliche musikalische Begabung hätte, daß er alles, was mit Musik zu tun hat, förmlich »aufsauge« und daß sie ihm einen »richtigen« Musiklehrer suchen sollten.

Also erhielt Stephen mit fünf Jahren einmal pro Woche eine Unterrichtsstunde bei einem professionellen Lehrer. Aber er weigerte sich, systematisch zu üben. Er wollte statt dessen lieber Klavier- oder Orchesterpartituren vom Blatt spielen (er konnte die Partien aller Instrumente spielen). Es machte ihm auch großen Spaß, zu improvisieren und zu harmonisieren (von seinem sechsten Lebensjahr an) und zu komponieren (vom siebten Lebensjahr an). Häufig waren seine Kompositionen zu anspruchsvoll für seine Fähigkeiten am Klavier.[20]

Ein Notenschreiber und Theoretiker

Mit neun las Stephen musiktheoretische Bücher für Erwachsene und fing an, Stunden an der Longy School of Music in Cambridge, Massachusetts, zu nehmen. Zu diesem Unterricht gehörten Musikdiktate – das heißt, der Lehrer spielte ein Stück, und Stephen zeichnete es in Notenschrift auf. Er machte nie einen Fehler. Die Tatsache, daß er das absolute Gehör hatte, half bei dieser Aufgabe, aber er bewältigte sie auch dann fehlerlos, wenn es nur darum ging, den Rhythmus zu notieren. Mit neun erhielt er den Musiktheoriepreis der Longy School, eine Auszeichnung, die zuvor ausschließlich an erwachsene Schüler verliehen worden war.

Seine Klavierlehrerin glaubte zu verstehen, weshalb Stephens darbieterischere Fähigkeiten weniger ausgeprägt waren. Wenn er das Bedürfnis hätte, etwas zu spielen, erklärte sie mir, könnte er mühelos Herausragendes leisten, aber der Akt des Spielens bereite ihm wenig sinnliches Vergnügen. Wenn er bei der Musik bleibt, wird Stephen vermutlich Komponist oder Dirigent werden, während Jacob wohl eher als improvisierender Musiker auftreten wird.

Die faszinierende Welt der Bezeichnungssysteme

Stephen zeichnete sich durch mehrere herausragende Fähigkeiten aus, die alle den Umgang mit abstrakten Bezeichnungssystemen umfaßten. Im Alter von drei Jahren begann er ohne Anleitung zu lesen, als er die Titelverzeichnisse auf

Musikkassetten studierte. Im selben Alter lernte er auch schreiben, und mit vier Jahren konnte er Schreibschrift lesen. Er zeichnete komplexe Karten, Tabellen und Diagramme, hatte aber kein Interesse daran, nach direkter Beobachtung oder in Farbe zu malen. Mit acht Jahren meisterte er höchst komplizierte Bücher über Computerprogrammierung und fing an, Programme in unterschiedlichsten Computersprachen zu schreiben. Er war fasziniert von Fremdsprachen und unterschiedlichen Alphabeten. Einige Jahre lang gehörte es zu seinen liebsten Freizeitvergnügungen, sich neue Alphabete auszudenken. Wenn er Schach spielte, schien er mehr daran interessiert, seine Züge schriftlich festzuhalten, als die Figuren tatsächlich zu bewegen, ganz so wie in der Musik, wo ihm das Notenschreiben auch lieber war als das Spielen.

Stephen gab sich nicht mit anderen Kindern ab, es sei denn, sie waren bereit, sich über Musik oder Computerprogramme zu unterhalten oder gemeinsam mit ihm ein Musikstück anzuhören und dabei die Notentexte zu studieren. Es versteht sich von selbst, daß dies die Zahl seiner Interaktionspartner auf einige ausgewählte Erwachsene, normalerweise seine Eltern, beschränkte. Hier ähnelt er wieder Jacob, der seine gelangweilten Freunde zwang, seinem Gitarrenspiel zu lauschen, oder Peter, der seine Freunde als Modelle für seine Zeichnungen posieren ließ.

Allgemeine Feststellungen über musikalisch begabte Kinder

Wie bei Jacob und Stephen kann eine musikalische Begabung unterschiedliche Ausprägungen haben. Das liegt daran, daß es so vielfältige Rollen in der Musik gibt: Man kann spielen (wie Jacob) oder komponieren und Noten lesen (wie Stephen) oder dirigieren (wie vielleicht ein erwachsener Stephen). Die meisten musikalisch hochbegabten Kinder finden sich im Bereich der Darbietung. Es gibt weit mehr Kinder wie Jacob als Kinder wie Stephen.

Man stößt wesentlich häufiger auf ein musikalisch begabtes Kind, das klassischen Musikunterricht erhält und nach Noten spielt, als ein Kind wie Jacob, das Rockmusik nach Gehör spielt. Aber das ist ohne Zweifel ein kulturelles und ein schichtenspezifisches Phänomen. Eltern aus der Mittelschicht betrachten Rockbands, Heavy Metal und elektrische Gitarren als Ausdruck einer Gegenkultur, die weniger seriös oder weniger förderlich für die geistige Entwicklung ist als klassisches Klavier- oder Geigenspiel. Wir wissen wenig über Kinder wie Jacob, deren Begabungen auf alternativen musikalischen Gebieten liegen. Wir wissen auch wenig über den Ausdruck musikalischer Begabungen in Kulturen, in denen andere Formen der Musik vorherrschen als in Europa und Amerika.

Zur Kernfähigkeit des musikalisch hochbegabten Kindes gehört eine Sensibilität für die Musikstruktur – für Tonart, Harmonie und Rhythmus. Dank dieser Sensibilität kann das Kind Melodien im Gedächtnis behalten und sie mit Leichtigkeit wiedergeben. Sie gibt dem Kind zudem die Möglichkeit, ein Thema in eine andere Tonart zu transponieren, über ein gegebenes Thema zu improvisieren oder Melodien zu erfinden, lauter Dinge, die talentierte Kinder mühelos zustande bringen. Diese große Sensibilität für musikalische Strukturen versetzt uns in Erstaunen, weil sie so selten ist. Im Gegensatz dazu zeichnen sich zum Beispiel alle Kinder durch große Sensibilität für die Sprachstruktur aus, was uns selbstverständlich erscheint, weil es die Regel ist.

Eine musikalische Hochbegabung offenbart sich sehr früh: Tatsächlich zeigt sich ein musikalisches Talent häufig früher als jede andere Begabung. Bei vielen großen Musikern und Komponisten machte sich die besondere Befähigung bereits im Alter von ein oder zwei Jahren bemerkbar und fast immer vor dem sechsten Lebensjahr. Mozart suchte sich als Dreijähriger erste Melodien auf dem Klavier zusammen und komponierte als Sechsjähriger eigene Stücke. Der Pianist Lorin Hollander berichtete, daß er mit dreieinhalb Jahren die Probe eines Haydn-Quartetts hörte, anschließend die Partitur gezeigt bekam und daraufhin »der Musik verfiel; anders läßt es sich nicht beschreiben. Nach vier Minuten kannte ich die Noten, die Schlüssel, einfach alles.« Der Geiger Yehudi Menuhin spielte im Alter von sieben Jahren in Symphonieorchestern mit. Eine Erhebung bei siebenundvierzig Musikern ergab, daß ihre Fähigkeit im Durchschnitt mit vier Jahren und neun Monaten entdeckt worden war. Die meisten weltberühmten Geiger waren Wunderkinder. Möglicherweise hängt diese frühe Manifestation des Talents damit zusammen, daß die Musik eine äußerst regelbeherrschte, formal strukturierte Domäne ist.[21]

Früheste Anzeichen

Eine musikalische Hochbegabung offenbart sich nicht in einem bloßen auditiven Unterscheidungsvermögen. Der früheste Hinweis auf eine außergewöhnliche musikalische Begabung ist vielmehr ein starkes und freudiges Interesse an Musik-Klängen.[22]

Ein weiterer früher Hinweis ist die Fähigkeit, gehörte Lieder korrekt nachzusingen. Sie beruht auf einem außergewöhnlichen musikalischen Gedächtnis, das von vielen als die eigentliche Kernfähigkeit eines musikalischen Talents betrachtet wird. Jacob und Stephen zeichneten sich beide durch ein phänomenales musikalisches Gedächtnis aus. Jacob konnte nach ein- oder zweimaligem Anhören jede Melodie nachspielen, und Stephen lernte im Alter von zwei Jahren viele ungarische Volkslieder, die er fehlerfrei nachsingen konnte.[23]

Normalerweise fangen Kinder mit etwa achtzehn Monaten zu singen an; musikalisch begabte Kinder entwickeln diese Fähigkeit früher und häufig schon, bevor sie sprechen können. Erwin Nyiregyhazi, ein ungarisches Wunderkind, lernte erst mit drei Jahren sprechen, hatte aber schon vor seinem ersten Geburtstag angefangen, erste Lieder nachzusingen. Auch Händel sang, bevor er sprechen konnte.[24]

Die meisten Kinder versuchen frühestens im Alter von zwei- bis zweieinhalb Jahren, ein gehörtes Lied nachzusingen. Mit zirka drei Jahren können sie Teile von Liedern korrekt wiedergeben und mit etwa drei oder vier Jahren vollständige Lieder. Aber sie treffen die Töne nur annäherungsweise, und sie sind noch nicht in der Lage, ein ganzes Lied in der gleichen Tonart durchzusingen. In der Regel beherrschen Kinder erst mit etwa fünf Jahren die gängigen Melodien ihrer Kultur. Ganz anders bei musikalisch begabten Kindern: Sie geben Lieder mit großer Genauigkeit wieder und zeigen schon mit zwei Jahren die Fähigkeit, absolut tonrein zu singen.[25]

Sie können ein Lied korrekt wiedergeben, nachdem sie es nur ein einziges Mal gehört haben, und eignen sich schnell und mühelos bekannte Melodien aus dem Radio oder Fernsehen an. Ein Wunderkind namens Pepito Areola konnte im Alter von dreieinhalb Jahren auf dem Klavier zwanzig Stücke aus dem Gedächtnis spielen. Der Pianist Arthur Rubinstein hörte als Dreijähriger dem Klavierspiel seiner älteren Schwester zu und verblüffte seine Familie damit, daß er die Stücke, die seine Schwester geübt hatte, fehlerfrei nachspielte. Erwin Nyiregyhazi konnte als knapp Vierjähriger jede Melodie, die er hörte, korrekt auf dem Klavier wiedergeben. Mit sieben konnte er schwierige Beethoven-Sonaten aus dem Gedächtnis spielen. Und Mozart konnte als Vierzehnjähriger Allegris *Miserere*, ein kompliziertes, neunstimmiges Werk, fehlerfrei niederschreiben, nachdem er es nur wenige Male gehört hatte. Die Musikpsychologin Jeanne Bamberger beobachtete junge Adoleszenten, die sich die Zeit in den Unterrichtspausen an der Longy School of Music damit vertrieben, daß sie Stücke im Stil berühmter Musiker spielten.[26]

Bei einem Vergleich mit einem erwachsenen Musiker zeigte sich, daß der siebenjährige Nyiregyhazi ein genauso gutes und in mancher Hinsicht überlegenes musikalisches Gedächtnis hatte. Als er aufgefordert wurde, bestimmte Musikstücke anzuhören, sie sich einzuprägen und nachzuspielen, schnitt er genauso gut ab wie der Erwachsene. Und nur Nyiregyhazi, nicht aber der erwachsene Musiker, konnte Stücke fehlerfrei nachspielen, die er 24 Stunden zuvor gehört hatte.[27]

Nyiregyhazis Gedächtnis war »strukturabhängig«, das heißt, er konnte sich vertraute Strukturen, Harmonien und Rhythmen besser merken als willkürliche Harmonien, und er hatte ein besseres Gedächtnis für diatonische Musik als für dissonante Stücke, die auf dem chromatischen Zwölftonsystem basierten. Die

Tatsache, daß sein musikalisches Gedächtnis in gewisser Hinsicht von vertrauten Strukturen abhängig war, beweist, daß es nicht eidetisch, blind oder buchstabengetreu arbeitete, sondern auf einem musikalischen Verständnis beruhte.

Ein überlegenes Gedächtnis für vertraute Formen läßt vermuten, daß eine gewisse Vorstellung oder Repräsentation der vertrauten Form, zumindest auf einer unbewußten Ebene, vorhanden ist. Jacob wäre nicht in der Lage gewesen, nach Belieben zu improvisieren, wenn er die Struktur der Rockmusik nicht verinnerlicht hätte. Aber die außergewöhnliche Fähigkeit von musikalisch begabten Kindern zur Wiedergabe von gehörten Melodien ist unreflektiert und stumm. Solche Kinder sagen häufig, daß sie ein Stück nicht nachspielen können, wenn sie darüber nachdenken.[28]

Das absolute Gehör

Das absolute Gehör ist eine sehr seltene Gabe, die schätzungsweise bei einem von 10 000 Menschen in der allgemeinen Bevölkerung vorkommt. Bei Musikern ist das absolute Gehör jedoch weitaus verbreiteter und zeigt sich normalerweise vor dem fünften Lebensjahr. Stephen hatte das absolute Gehör ebenso wie Nyiregyhazi, der mit drei Jahren jede vorgesungene Note auf dem Klavier lokalisieren konnte. Nyiregyhazi zeichnete sich durch weitere, damit verbundene akustische Fähigkeiten aus: Er konnte die Intervalle und Noten in einem Akkord erkennen und Akkorde analysieren wie wohl kaum ein anderer Mensch vor oder nach ihm. Lorin Hollander identifizierte mit dreieinhalb Jahren eine Autohupe als Fis und ein Gläserklirren als B. Und der vierjährige Mozart konnte hören, wenn Geigen um einen Viertelton verstimmt waren.[29]

Aber eine außergewöhnliche musikalische Begabung ist nicht immer mit dem absoluten Gehör verbunden. Wagner und Tschaikowski verfügten zum Beispiel nicht über diese Gabe, während viele unbedeutendere Komponisten damit ausgestattet waren. Das absolute Gehör ist also keine notwendige Komponente eines musikalischen Talents.[30]

Man hat die These aufgestellt, daß das absolute Gehör eine Frage des Trainings sei. Eine Studie ergab, daß der Besitz des absoluten Gehörs mit dem Alter zusammenhing, in dem der Musikunterricht einsetzte. Kinder, die vor dem vierten Lebensjahr Musikunterricht erhalten hatten, verfügten zu 95 Prozent über das absolute Gehör. Bei denen, die als Zwölfjährige begonnen hatten, waren es nur 55 Prozent. Aber das beweist noch nicht, daß das perfekte Gehör vom Training abhängt. Vielleicht haben Kinder, die sehr früh mit dem Musikunterricht beginnen, schon von vornherein das absolute Gehör und größeres Talent als andere, die später beginnen.[31]

Eine adoleszente Pianistin berichtete mir, daß das absolutes Gehör ihr zwar die Möglichkeit gebe, jedes beliebige Musikstück in Notenschrift aufzuzeichnen und nachzuspielen, aber Probleme beim Transponieren bereitet habe. Sie erzählte mir von ihren Schwierigkeiten im Chor, als der Leiter sie aufforderte, einen Viertelton höher zu singen als im Notentext vorgegeben. Sie hatte große Mühe, sich nicht haargenau an die schriftlichen Notierungen zu halten. Sie wünschte sich, anstatt mit einem absoluten mit einem relativem Gehör ausgestattet zu sein, also mit der Fähigkeit, daß man zum Beispiel ein G erst dann als G erkennt, wenn man eine andere Note gehört und richtig eingeordnet hat. Das relative Gehör bindet den einzelnen nicht so eng an die konkrete Notenschrift.[32]

Vom Blatt singen oder spielen

Wie das absolute Gehör ist auch die Fähigkeit, vom Blatt zu singen oder zu spielen, kein notwendiger Bestandteil der musikalischen Begabung. Mozart verfügte über diese Gabe, ebenso wie Stephen. Mozart konnte mit acht Jahren mühelos nach Noten spielen, die er nie zuvor gesehen hatte, wie ein Erwachsener, der einen Text liest. Auch Nyiregyhazi beherrschte diese Fertigkeit, die man bei ihm im Alter von sieben Jahren bemerkte. Der Pianist Glenn Gould sagte, daß er Noten früher lesen konnte als Wörter. Dagegen konnte Jacob wie viele Rockmusiker nicht vom Blatt spielen.[33]

Musikalische Einfallskraft

Es gibt einen deutlichen Unterschied zwischen der Darbietung bestehender und dem Komponieren neuer Musik. Außerdem besteht ein Unterschied zwischen dem Komponieren neuer Stücke und zwei begrenzteren Formen des musikalischen Schaffens, nämlich dem Transponieren eines vorgegebenen Stücks in eine andere Tonart unter Beibehaltung der Melodie und dem Improvisieren, bei dem man auf einem bestehenden musikalischen Thema aufbaut.

Wie bereits erwähnt, beginnen alle Kinder mit etwa achtzehn Monaten, ihre eigenen selbsterdachten Lieder hervorzubringen. In dieser Zeit experimentieren sie mit Intervallen. Zwischen dem zweiten und dritten Lebensjahr werden ihre eigenen Lieder länger und komplexer. Aber ab dem fünften Lebensjahr, wenn das Kind anfängt, auf Fehler zu achten, und ein Interesse daran entwickelt, Lieder richtig wiederzugeben, nimmt die Häufigkeit des spontanen Singens ab. Kinder hören also – zumindest in der westlichen Welt – gegen Ende des Vorschulalters damit auf, eigene Musik hervorzubringen. In diesem Alter nimmt nicht nur das spielerische Experimentieren mit der Musik ab. Das gleiche gilt für den Bereich des Zeichnens, wo die Kinder keine phantasievollen, vorkonventionellen Bilder mehr produzieren, sondern verstärkt auf zeichnerische Präzision zu achten beginnen.[34]

Bei musikalisch hochbegabten Kindern wie Jacob und Stephen sieht die Sache anders aus. Die meisten musikalisch befähigten Kinder lernen ein Instrument und beginnen bald darauf, »musikalische Generativität« zu zeigen. Diese Schöpfungskraft zeigt sich zunächst in Form der Fähigkeit, Melodien in neue Tonarten zu übertragen und über Themen zu improvisieren. Sowohl Jacob als auch Stephen brachten diese Fähigkeit zum Ausdruck. Nyiregyhazi konnte schon als Siebenjähriger Stücke in andere Tonarten transponieren. Mit zehn konnte er dies bei sehr schwierigen Stücke mühelos, nachdem er einen einzigen Blick darauf geworfen hatte.

Jacob und Stephen improvisierten praktisch von dem Moment an, als sie zu spielen begannen. Nyiregyhazi konnte mit knapp vier Jahren improvisieren, und bis zu seinem siebten Lebensjahr zog er das Improvisieren dem Komponieren vor. Er konnte sowohl über seine eigenen Themen als auch über fremde Stücke improvisieren. Kurz nach seinem sechsten Geburtstag bat man ihm zum Beispiel, einen Trauermarsch über einen Choral zu improvisieren, eine Aufgabe, die er meisterhaft bewältigte. Dann forderte man ihn auf, ein Kinderlied über dasselbe Thema zu improvisieren, was ihm ebenfalls mit Leichtigkeit gelang. Diese Improvisationen zeugten von einer bemerkenswerten Spontaneität und musikalischen Erfindungsgabe. Areola konnte, wenn man ihm einige Takte vorgab, eine Melodie im selben Stil weiterführen. Und Mozart begann mit vier Jahren zu improvisieren. Ein erwachsener Musiker berichtete, daß er in der Kindheit mit Leidenschaft improvisiert hatte, und beschrieb sich selbst als »eines jener Kinder, die pausenlos Klavier spielen und pausenlos falsch spielen, weil sie mit den Themen herumalbern.« Er fügte hinzu: »Als kleiner Junge habe ich mir häufig Melodien auf dem Klavier zusammengesucht, die ich im Radio gehört hatte, und sie dann verändert, neu arrangiert.«[35]

Die Fähigkeit, ganz neue Stücke zu komponieren (und sie in Notenschrift aufzuzeichnen), zeigt sich im Gegensatz zum Improvisationstalent meist erst in der späten Kindheit. Johann Sebastian Bach, Händel, Beethoven und Brahms sind Beispiele für berühmte Musiker, die in früher Kindheit virtuos spielen konnten, aber erst in der Adoleszenz oder im frühen Erwachsenenalter mit dem Komponieren begannen.[36]

Nyiregyhazi gehörte wie Stephen zu den Ausnahmefällen, die schon in jungen Jahren komponierten. Haydn, Mozart, Chopin, Mahler, Meyerbeer, Saint-Saens und Richard Strauß haben ihre ersten eigenen Stücke ebenfalls vor dem zehnten Lebensjahr geschaffen. Mozart begann mit vier Jahren zu komponieren; als

Achtjähriger hatte er bereits sechs Klavier- und Violinsonaten und drei Symphonien für kleinere Orchester geschrieben.[37]

Die mentale Repräsentation von Musik: Weitere Unterschiede

Jeanne Bamberger hat die musikalische Befähigung von durchschnittlich begabten und von hochbegabten Kindern untersucht und festgestellt, daß musikalisch hochbegabte Kinder in der Lage sind, sich Beziehungen innerhalb des Kontexts der Musik auf vielfältige Weise vorzustellen. Diese Kinder bewegen sich frei zwischen vier Vorstellungsarten hin und her, verlagern den Schwerpunkt ihrer Aufmerksamkeit vom Instrument und den damit durchgeführten Aktionen auf die Partitur, den Klang oder auf die Struktur der Musik.[38]

Wenn man sich auf das Instrument konzentriert, stellt sich die Musik als tastbarer Pfad oder als Bewegungsablauf dar, als Abfolge von Handlungen, die auf dem Instrument ausgeführt werden. Zum Beispiel könnte man sich einen Ton auf einer Geige als den Mittelfinger auf der E-Saite vorstellen. Die Partitur ist eine ganz andere Art der Repräsentation, und die Schüler müssen die kinästhetische Vorstellung mit derjenigen der Notenschrift verbinden. Der imaginierte Klang, den der Musiker anstrebt, ist wieder eine andere Repräsentation. Wenn man sich die Musik als Klang vorstellt, achtet man auf das eigene Spiel, um den richtigen Ton zu halten, oder orientiert sich daran, wie das Spiel anderer geklungen hat. Und schließlich gibt es die Ebene der musikalischen Struktur, bei der man auf den Aufbau eines Musikstücks und die Beziehung der einzelnen Teile zueinander achtet.

Bamberger wies darauf hin, daß Lehrer ständig zwischen Erklärungen wechseln, die sich auf die Musik als tastbaren Pfad, als Notenschrift, als Klang oder als Struktur beziehen. Die von ihr beobachteten Kinder hatten keine Mühe, jeden Wechsel nachzuvollziehen. Nach Ansicht von Bamberger ist dieses mühelose Wechseln von einem Repräsentationsmodus zu einem anderen ein signifikanter Aspekt der musikalischen Begabung.

Sie entwickelte Aufgaben, um die vielfältigen musikalischen Repräsentationen bei hochbegabten Kindern nachzuweisen. Die Aufgabe umfaßte den Einsatz mehrerer Glocken, die alle gleich aussahen, aber alle unterschiedlich klangen, wenn sie mit einem Schlegel angeschlagen wurden. Die Glocken umfaßten alle Töne der C-Dur-Tonleiter, plus drei zusammengehörige Paare: zwei C's, zwei G's und zwei E's. Nachdem man die Glocken in willkürlicher Anordnung arrangiert hatte, sollten die Kinder drei Dinge ausprobieren: Erstens sollten sie mit den Glocken die Melodie von »Twinkle Twinkle Little Star« konstruieren. Dann sollten sie diese Melodie in einer beliebigen Form schriftlich aufzeichnen. Zum

Schluß erhielten sie eine Notenschrift des Liedes, die sich von ihrer eigenen unterschied, und wurden gebeten, die Glocken so zu arrangieren, daß sie dieselbe Melodie ergaben.

Bamberger stellte die Aufgabe vier verschiedenen Gruppen: musikalisch hochbegabten Kindern, Kindern ohne musikalische Ausbildung, musikalisch ungeschulten Erwachsenen und musikalisch geschulten Erwachsenen, wobei letztere jedoch als Kinder kein besonderes musikalisches Talent besessen hatten. Die hochbegabten Kinder konnten also mit nichtbegabten Kindern und mit nichtbegabten geschulten und ungeschulten Erwachsenen verglichen werden.

Mit der willkürlichen Anordnung der Glocken bei der Konstruktionsaufgabe sollte die vertraute Struktur des Instrumentenbereichs durchbrochen werden. Der willkürliche Aufbau wich vom tastbaren Pfad der Tonrelationen (tief nach hoch) ab. Außerdem gibt es einige identische Töne in »Twinkle«, die allerdings eine unterschiedliche Funktion haben. Wenn man das Lied in C-Dur spielt, fällt ein G auf »Twinkle« und dann noch eins auf »Star«, aber beim zweiten Mal tritt es am Ende einer Phrase auf und hat damit eine andere strukturelle Funktion als das erste G. Für manche Menschen klingen diese beiden G's gleich und für andere unterschiedlich. Wenn man auf den Kontext reagiert, klingen die beiden Noten unterschiedlich. Aber wenn man sich ausschließlich auf die Tondimension konzentrieren kann, klingen sie gleich.

Die musikalisch begabten Kinder wechselten im Lauf der Konstruktionsaufgabe die Strategie, und bei jedem Wechsel wandten sie ihre Aufmerksamkeit einer anderen Dimension der Musik zu. Im Gegensatz dazu behielten die anderen Probanden während der gesamten Aufgabe dieselbe Strategie bei, auch die musikalisch geschulten Erwachsenen, die an einer angesehenen amerikanischen Universität studierten und eine mindestens fünfjährige Musikausbildung absolviert hatten.

Die musikalisch ungeübten Kinder und Erwachsenen fügten dem Glockenpfad für jeden Ton der Melodie eine neue Glocke hinzu und gingen nie zurück, um dieselbe Note ein zweites Mal anzuschlagen. Das Ergebnis war eine Reihe von Glokken, eine für jeden Ton. Diese Probanden brauchten also zwei verschiedene Glocken für die beiden G's. Sie hörten unterschiedliche Töne. Die nichtbegabten und untrainierten Teilnehmer benutzten eine »figurale« Strategie, wie Bamberger es nennt, weil sie auf die Gestalt oder Figur der Melodie achteten und die einzelnen Noten im Kontext der Melodiegestalt hörten. Für diese Probanden klangen die beiden G's also unterschiedlich, weil sie eine unterschiedliche Funktion innerhalb der Melodie erfüllen.

Die musikalisch geschulten Erwachsenen ohne besondere Begabung benutzten eine »formale« Strategie. Sie konstruierten eine C-Dur-Tonleiter aus den Glokken, spielten die Melodie auf der Skala und bewegten sich dabei gegebenenfalls vor und zurück. Anders als die Testteilnehmer ohne musikalische Ausbildung konzentrierten sich diese Personen auf die Melodie in ihrem Verhältnis zur formalen Struktur der C-Dur-Tonleiter.

Die hochbegabten Kinder gingen anders vor. Sie wechselten die Strategie im Laufe der Aufgabe. Zunächst verhielten sie sich scheinbar wie die Probanden ohne musikalische Ausbildung. Sie begannen mit einer figuralen Strategie, suchten nach jedem einzelnen Ton und reihten die Glocken von links nach rechts vor sich auf. Den ersten Teil des Liedes (»Twinkle, twinkle little star«) spielten sie auf Glocken, die als C-G-A aufgereiht waren. Aber als die Kinder zu *star* kamen, wechselten sie zu einer formalen Strategie: Sie gingen zurück, um das G anzuschlagen, das sie bereits für *twinkle* benutzt hatten. Sie erkannten also, daß die beiden G's identisch waren. Dann standen sie vor einem Problem, als sie zum F der ersten Note von »How I wonder where you are« kamen. Wenn sie ihre anfängliche figurale Strategie weiterverfolgt und die Glocken in der Reihenfolge ihres Auftretens in der Melodie angeordnet hätten, hätten sie F rechts neben A aufstellen müssen. Aber diese Methode hätte die fallende Tonhöhe von G zu F nicht zum Ausdruck gebracht; und es wäre auch keine rein figurale Strategie gewesen, weil es erfordert hätte, von G über A nach F zu springen. Wenn sie andererseits ihrer neuen formalen Strategie gefolgt wären, hätte das F links neben das vorherige G kommen müssen, weil es tiefer ist. Aber aufgrund der anfänglichen figuralen Strategie, die Glocken nach der Reihenfolge ihres Auftretens zu ordnen, stand die C-Glocke bereits links von G.

Die begabten Kinder spürten diesen Konflikt zwischen figuraler und formaler Strategie und trafen an diesem Punkt unterschiedliche Entscheidungen. Ein Junge reagierte zum Beispiel auf die Tatsache, daß F tiefer ist als G, und bewegte sich nach links. Aber die Glocken waren nicht von tief nach hoch angeordnet, und er erkannte, daß er nach der F-Glocke suchen mußte. Dann merkte er, daß das F eine doppelte Bedeutung hatte: Es folgte in der Melodie, war aber auch tiefer als G und höher als C. Also schob er das C nach links und fügte F zwischen C und G ein. Die zusätzlichen Noten, beginnend bei *star*, wurden nach der Reihenfolge ihres Auftretens gruppiert (rückwärts), aber auch nach einer tief-hoch-Abfolge (D-E-F) geordnet. Für die hochbegabten Kinder gerieten also multiple Dimensionen in Widerspruch zueinander.

Auf die Bitte, das Lied so aufzuzeichnen, daß eine andere Person es nachspielen könnte, benutzte keines der hochbegabten Kinder eine Standard-Notenschrift, obwohl alle sehr gut damit vertraut waren. Sie erfanden statt dessen ihre eigenen Schreibweisen. Als nächstes wurden die Teilnehmer aufgefordert, eine andere Notenschrift als die eigene zu deuten. Von den Probanden ohne besondere musikalische Begabung, ob geschult oder ungeschult, war keiner in der Lage, diese Aufgabe zu lösen. Es war, als wären die innere Repräsentation und die Notenschrift untrennbar verknüpft. Im Gegensatz dazu verstanden bis auf eine Ausnahme alle hochbegabten Kinder problemlos die neue Notation und konnten ihre Glocken so umordnen, daß die neue Notenschrift dieselbe Melodie ergab. So konnten beispielsweise diejenigen, die Zahlen als Bezeichnungen für Tonleiterpositionen verwendet hatten, mühelos eine Notenschrift deuten, in der sich die Zahlen auf die Reihenfolge des Auftretens in der Melodie bezogen.

Musikalisch begabte Kinder haben also multiple innere Repräsentationen von demselben Musikstück. Sie können nach Belieben von einer Repräsentationsform zu einer anderen wechseln und erkennen mühelos eine in der anderen wieder. Im Gegensatz dazu benutzen Personen ohne besondere Begabung, unabhängig von ihrem Alter und ihrer musikalischen Ausbildung, eine einzige Strategie und konzentrieren sich konsequent auf eine begrenzte Zahl musikalischer Dimensionen.

Bamberger stellte fest, daß musikalisch hochbegabte Kinder in der Adoleszenz eine Krise durchlaufen, wenn sie lernen müssen, eine formale Darstellungsart mit ihrem ursprünglichen, intuitiven Repräsentationsmodus zu verbinden. Sie müssen lernen, sich stärker an den festgelegten Bezugszeichen der Tonleiterstrukturen zu orientieren, ohne deshalb ihr figurales Verständnis zu verlieren, das mit den motorischen Abläufen auf dem Instrument verknüpft ist. Wenn der Vorrang des figuralen Wissens in der Adoleszenz in Frage gestellt wird, erleben musikalisch hochbegabte Kinder häufig eine »Midlife-Crisis«. Einige wenden sich in diesem Alter von der Musik ab.[39]

Hochbegabte Kinder – ob in Mathematik, Sprache, bildender Kunst oder Musik – lernen schneller und erfassen die Informationen ihrer Domäne auf untypische Weise. Mathematisch begabte Kinder lösen Aufgaben auf ganz persönliche (und scheinbar intuitive) Weise und haben daher häufig Schwierigkeiten, wenn sie gezwungen sind, zu formal festgelegten Methoden zu wechseln. David hatte zum Beispiel große Probleme, als er in der Schule aufgefordert wurde, seine Lösungsschritte in linearer Form wiederzugeben. Sprachbegabte Kinder sehen einfach, wie Worte klingen müssen, und müssen sie nicht durch eine bewußte phonetische Methode Stück für Stück erkunden. Kinder mit hoher zeichnerischer Begabung, die realistische Bilder schaffen, verwenden eine figurale Strategie, sie zeichnen, was sie *sehen,* ohne viel darüber nachzudenken. Wenn sie gezwungen sind, über die Gesetze einer einheitlichen Perspektive nachzudenken, sagen wir, im Kunstunterricht an der High-School, fällt es ihnen mitunter schwer, sich auf dieses mehr bewußte, begriffliche und regelbeherrschte System einzulassen.[40]

Kinder mit Begabungen in intellektuellen und künstlerischen Domänen sollten alle entweder als hochbegabt oder als talentiert bezeichnet werden. Die Unter-

schiede zwischen intellektuell und künstlerisch begabten Kindern sind nicht so groß, daß sie zwei verschiedene Bezeichnungen rechtfertigen.
Wenn Kinder mit außergewöhnlichen musikalischen und bildnerischen Fähigkeiten so große Ähnlichkeiten mit intellektuell hochbegabten Kindern haben, heißt das, daß sie ebenfalls einen hohen IQ haben? Ist ein hoher IQ der Schlüssel zu all diesen Spitzenleistungen? Mit dieser Frage befaßt sich das folgende Kapitel.

V.
Mythos IQ

Wie wir gesehen haben, weisen intellektuell hochbegabte Kinder häufig ungleichmäßige Profile auf, mit wesentlich höheren Fähigkeiten im sprachlichen als im mathematischen Bereich oder umgekehrt. Dieses Ungleichgewicht kann den gemessenen Gesamt-IQ senken. Deshalb bleibt eine hohe Begabung auf einem spezifischen Gebiet möglicherweise unentdeckt, wenn man nur auf den Gesamt-IQ achtet.

Große Begabungen in bildender Kunst oder Musik würden ebenfalls unbemerkt bleiben, wenn man sie durch einen IQ-Test ermitteln wollte. Obwohl die weitverbreitete Ansicht besteht, daß eine Begabung in der bildenden Kunst nicht notwendigerweise mit einem hohen IQ verbunden ist (vielleicht weil wir die bildende Kunst für etwas Nonverbales und Gegenkulturelles halten), neigen wir zu der Annahme, daß eine außergewöhnliche musikalische Befähigung mit einem hohen IQ einhergeht (vielleicht weil einige Mathematiker musikalisch sind). Aber Kinder mit künstlerischen Begabungen zeichnen sich durch Fähigkeiten aus, die größtenteils keinen Bezug zu jenen haben, die durch IQ-Tests gemessen werden. Sogar Kinder mit extremen Spitzenbegabungen in bestimmten Bereichen können von durchschnittlicher *Intelligenz* sein, wenn wir mit diesem Begriff die sprachlichen und mathematischen Fähigkeiten meinen, die im IQ-Test ermittelt werden. Es gibt sogar jene ungewöhnlichen Beispiele von stark retardierten Personen, die über verblüffende musikalische oder zeichnerische Fähigkeiten verfügen. Diese sogenannten »*Savants*« machen deutlich, daß eine außergewöhnliche künstlerische Begabung auch bei einem Mangel an »normaler« Intelligenz bestehen kann.

Außergewöhnliche bildnerische Fähigkeiten und IQ

In keiner der zahlreichen Studien über Kinder mit hohem IQ, einschließlich der von Terman, wird von einem Zusammenhang zwischen IQ und zeichnerischer Begabung berichtet. Eine Hochbegabung im Bereich der bildenden Kunst ist meist nicht mit einer herausragenden intellektuellen Begabung verbunden. Peter B. langweilte sich in der Schule, ebenso wie Varda, eines der Kinder, die von Claire Golomb untersucht wurden. Der »Spitzenmaler«, der zusammen mit meinem Sohn die dritte Klasse besuchte, las langsam und mühsam auf dem Niveau eines Erstkläßlers. Eine sehr kleine Gruppe von Termans Probanden wurden als Kinder mit »Spezialbegabung« bezeichnet. Das waren Kinder, die von ihren Lehrern nicht wegen eines hohen IQ, sondern wegen einer speziellen Befähigung, zum Beispiel in bildender Kunst, Musik oder Technik nominiert wurden. Fünfzehn dieser Kinder wurden aufgrund ihrer außergewöhnlichen Zeichenbegabung ausgewählt. Nur eines hätte die Aufnahmebedingung für ein Hochbegabtenprogramm, also einen IQ von 130, erfüllt. Der IQ dieser Probanden lag zwischen 79 und 133, der Durchschnitt bei 107. Diese Kinder wurden nicht in die Hauptgruppe der Studie aufgenommen.[1]

Die bis heute gründlichste Untersuchung über die Schulleistungen von künstlerisch hochbegabten Kindern wurde von Mihalyi Csikszentmihalyi durchgeführt. Teenager mit außergewöhnlichen Fähigkeiten in bildender Kunst, Musik, Mathematik, Naturwissenschaften und Sport wurden über vier Jahre beobachtet. Die bildenden Künstler unter den begabten Jugendlichen waren schlechtere Schüler als die Musiker; tatsächlich zeigten sie von allen Gruppen, einschließlich der Sportler, das geringste Interesse an intellektuellen Leistungen. Die Schulleistungen der Teenager mit bildnerischer Begabung lagen nur auf dem 60. Prozentrangplatz ihrer High-School-Klasse. Weniger als die Hälfte entschied sich dafür, an den erforderlichen Aufnahmetests – am PSAT und SAT – für ein Hochbegabtencollege teilzunehmen. Dennoch waren sie im Kunstunterricht außerordentlich engagiert, wählten die anspruchsvollsten und schwierigsten Kurse und gewannen nach ihrer Graduierung häufig Kunststipendien. Ein geringes Interesse an akademischen Leistungen und eine frühe Hinwendung zur bildenden Kunst als primärem Berufsweg sind typisch für diese Begabungsgruppe. Diese Zielstrebigkeit kommt auch darin zum Ausdruck, daß Kunststudenten, wie Csikszentmihalyi feststellte, ästhetische Werte über alle anderen stellten und sie sogar noch wichtiger fanden als Theologiestudenten die Religion.[2]

Kinder mit hoher zeichnerischer Begabung leiden im Vergleich zur Durchschnittsbevölkerung häufiger unter Leseproblemen wie zum Beispiel Dyslexie. Peter lernte nur mühsam lesen. Joel, ein zeichnerisch hochbegabtes Kind, das von der Psychologin Constance Milbrath untersucht wurde, litt unter Dyslexie und begann erst im Alter von zehn Jahren zu lesen. Sogar im College konnte er nach eigenem Bekunden nur solche Gedankengänge begreifen, von denen er sich eine bildliche Vorstellung machen konnte. Die Leseschwäche, die häufig mit einer visuell-künstlerischen Begabung einhergeht (Näheres dazu im folgenden Kapitel), ist wahrscheinlich einer der Faktoren, die diese hochbegabten Kinder daran hindern, Spaß an der Schule zu entwickeln oder herausragende schulische Leistungen zu erbringen.[3]

Daß visuell-künstlerische und IQ-Begabung unabhängig voneinander bestehen, ist im Grunde nicht überraschend. Eine Zeichenbegabung beruht auf Fähigkeiten im Bereich des visuell-räumlichen Vorstellungsvermögens, während IQ-Tests in erster Linie sprachliche und numerische Fähigkeiten und das abstrakte Denken messen. Begnadete Zeichner tun sich nicht durch herausragende Leistungen im Lesen, im logischen Denken oder in der Mathematik hervor, sondern durch ihre Fähigkeit, Bilder zu sehen, im Gedächtnis zu behalten, zu vergegenwärtigen und zu verändern. In der Mathematik braucht man zwar auch ein gutes räumliches Vorstellungsvermögen, aber möglicherweise eine abstraktere Art als im Zeichnen.[4]

Visuell-künstlerisch begabte Kinder können hervorragend geometrische Formen erkennen, die sich in komplexen Mustern verbergen. Wenn der surrealistische Maler Max Ernst das Fußbrett seines Bettes betrachtete, entdeckte er menschliche Gestalten in der Mahagoni-Maserung. Und Paul Klee sah menschliche Formen in polierten Marmortischplatten. Auch Peter erklärte, daß er Figuren in den verschwommenen Umrissen von Wolken oder anderen visuellen Mustern erkannte.[5]

Diese Fähigkeit zur Wahrnehmung verborgener Formen besteht unabhängig vom verbalen IQ (obwohl sie möglicherweise durch den IQ-Untertest der »Embedded Figures« herangezogen wird). Man weiß, daß die Fähigkeit zur bildlichen Wahrnehmung nicht mit dem verbalen IQ verbunden ist. Das ergab eine Studie, bei der die Bildwahrnehmung von zeichnerisch hochbegabten Kindern mit jenen von Kindern ohne besondere zeichnerische Befähigung, aber mit entsprechend hohem verbalen IQ verglichen wurde. Wenn ein Zusammenhang zwischen IQ und bildlicher Wahrnehmung bestünde, hätten die Kinder beider Gruppen gleich abschneiden müssen. Aber die Gruppe mit den zeichnerisch hochbegabten Kindern war der Kontrollgruppe bei weitem überlegen. Gemessen an der Fähigkeit, unvollständige Bilder zu erkennen, verfügen diese Kinder auch über eine außergewöhnliche visuelle Vorstellungskraft (sie erkennen zum Beispiel den Teil eines Segelboots sofort als Segelboot, während andere Kinder nur bedeutungslose Linien sehen). Möglicherweise schneiden zeichnerisch begabte Kinder bei einer solchen Aufgabe besonders gut ab, weil sie mühelos einen riesigen Speicher, eine Art innere Bibliothek, mit visuellen Vorstellungen anlegen und abrufen können. Auch hier zeigte sich bei Anwendung der eben beschriebenen Vergleichsmethode, daß die Fähigkeit unabhängig vom verbalen IQ besteht.[6]

Kinder mit außergewöhnlichen zeichnerischen Fähigkeiten verfügen wie die mathematisch hochbegabten über ein exzellentes visuelles Gedächtnis. Michelangelo soll ein erstaunliches visuelles Erinnerungsvermögen für Gemälde gehabt haben, die er nur ein einziges Mal gesehen hatte. Wang Yani (siehe Kapitel 4) konnte ein chinesisches Schriftzeichen nachmalen, nachdem sie ein einziges Mal zugeschaut hatte, wie ihr Vater es »in die Luft geschrieben hatte«. Und Picasso hatte als Kind ein phänomenales Gedächtnis für visuelle Details.[7]

Man hat experimentell nachgewiesen, daß das exzellente visuelle Erinnerungsvermögen von bildnerisch begabten Kindern sowohl für das Kurzzeit- als auch für das Langzeitgedächtnis gilt. Eine Studie hat zum Beispiel ergeben, daß sich zeichnerisch begabte Kinder hervorragend an bestimmte Aspekte von Bildern wie Farbe, Komposition, Form, Linienführung und Inhalt erinnern können. In einer anderen Studie wurde nachgewiesen, daß diese Fähigkeit nicht mit dem verbalen IQ korreliert. Wie die an früherer Stelle beschriebenen mathematisch hochbegabten Kinder erhielten auch die zeichnerisch befähigten den Gedächtnistest für nicht verbalisierbare persische Schriftzeichen. Trotz der Tatsache, daß die hochbegabten Zeichner einen signifikant niedrigeren verbalen IQ hatten als die mathematisch hochbegabten, konnten sich die Zeichner die Buchstaben besser merken. Und wie die Mathematiker schnitten auch die Zeichner wesentlich besser ab als eine Kontrollgruppe mit vergleichbarem verbalen IQ, aber ohne besondere zeichnerische Befähigung. Es besteht also offensichtlich keine Beziehung zwischen verbalem IQ und der Fähigkeit, nicht verbalisierbare Formen im Kurzzeitgedächtnis zu speichern oder solche Formen aus dem Gedächtnis abzurufen. Genau diese Fertigkeiten scheinen jedoch einer zeichnerischen Begabung zugrunde zu liegen und bilden möglicherweise auch einen Bestandteil der mathematischen Begabung.[8]

Musikalische Hochbegabung und IQ

Auf den ersten Blick scheint es, als sei eine musikalische Hochbegabung enger mit dem IQ verbunden als eine Hochbegabung im Bereich der bildenden Kunst. Es gibt zahlreiche Berichte über musikalische Kinder mit hohem IQ. Erwin Nyiregyhazi war in seiner intellektuellen Entwicklung sehr weit fortgeschritten. Mendelssohn übersetzte als Zehnjähriger Caesar und Ovid. Und die elf Kinder in Termans Spezialistengruppe, die wegen ihrer außergewöhnlichen musikalischen Befähigung ausgewählt worden waren, hatten einen IQ, der zwischen 95 und 139 lag, im Durchschnitt aber bei 121. Obwohl das nicht besonders hoch ist, hatten vier der Kinder einen IQ von über 130, und der Durchschnitt lag vierzehn Punkte höher als bei den visuell-künstlerisch hochbegabten Kindern. Wenn man jedoch genauer hinschaut, zeigt sich, daß Musikalität nicht vom IQ abhängt. Versuche, eine Verbindung zwischen IQ und Musikalität nachzuweisen, ergaben eine zwar positive, aber sehr niedrige Korrelation. Ab einem IQ von 90 sagt die Intelligenz wenig über die musikalische Begabung aus. Umgekehrt ist auch die Musikalität kein zuverlässiges Indiz für eine hohe Intelligenz.[9]

Csikszentmihalyis Studie über hochbegabte Jugendliche bietet einige interessante Vergleichsdaten. Die musikalischen Teenager waren sehr gut in der Schule. Beim PSAT erreichten sie im landesweiten Vergleich den 87. Prozentrangplatz beim verbalen Testteil und den 83. Prozentrangplatz beim mathematischen Teil. Beim American College Test (ACT) rangierten sie auf dem 90. Prozentrangplatz der nationalen Junior-High-School-Population. Ein Drittel der Musiker zeigte so große Stärken im mathematischen oder naturwissenschaftlichen Bereich, daß sie sich in diesen Domänen ebenso wie in der Musik für eine Teilnahme an der Studie qualifiziert hätten. Sie hoben sich deutlich von den Jugendlichen mit den außergewöhnlichen bildnerischen Fähigkeiten ab.[10]

Für die intellektuellen Stärken von musikalischen Schülern sprechen auch die IQ-Ergebnisse von Schülern der Yehudi Menuhin School of Music. Der IQ dieser hochmusikalischen Schüler schwankte zwischen 93 und 166 und lag im Durchschnitt bei 130, dem üblichen Grenzwert für die Aufnahme in Hochbegabtenprogramme. Daß ein hoher IQ jedoch kein *notwendiges* Element musikalischer Begabung ist, zeigt sich daran, daß der Schüler mit dem niedrigsten IQ und erheblichen Schwächen im Lesen und Rechnen, mit einem Preis für sein musikalisches Können ausgezeichnet wurde.[11]

Wir wissen nicht, ob sich die Schulleistung und der IQ von musikalisch hochbegabten Kindern erst verbessern, sobald sie mit dem Musikunterricht beginnen, oder ob diese Kinder von vornherein gewisse Stärken im intellektuellen Bereich haben. Falls die Schulleistungen steigen, sobald das Kind Musikstunden erhält, könnte man daraus schließen, daß sich das im Musikunterricht erlernte Engagement auf die Schule überträgt. Wenn die Kinder hingegen ein hohes schulisches Leistungsniveau erreichen, unabhängig von der Zeit, die sie mit Musizieren und Üben verbringen, müßten wir folgern, daß musikalische und intellektuelle Fähigkeiten einfach häufig zusammenfallen.

Wir wissen auch wenig über die intellektuelle Leistung von Kindern wie Jacob (dem E-Gitarre-Spieler aus Kapitel 4), die keinen klassischen Musikunterricht erhalten und keine Noten lernen. Jacob war ein exzellenter Schüler, aber wir wissen nicht, wie typisch er für Kinder ist, die sich mit dieser Art von musikalischer Improvisation beschäftigen. Wir wissen auch nichts über die intellektuellen Fähigkeiten von Kindern, die Rockbands oder Rapgruppen gründen oder sich anderen rebellischen, antiautoritären Musikaktivitäten verschreiben.

Warum sind musikalisch hochbegabte Kinder besser in der Schule als Kinder mit außergewöhnlichen bildnerischen Fähigkeiten? Ich kann hier nur Vermutungen anstellen, weil es keine systematischen Untersuchungen zu dieser Frage gibt.

Ein Grund könnte sein, daß sich diese Erkenntnis ausschließlich auf Kinder bezieht, die klassischen Musikunterricht erhalten. Diese Kinder stammen in der Regel aus einer gebildeten Familie, die ihnen eine anregende, intellektuelle Atmosphäre bietet. Möglicherweise sind Kinder, die besondere Stärken im Bereich der bildenden Kunst haben, auch deshalb schlechter in der Schule, weil sie häufig unter Lernproblemen leiden, die mit Leseschwächen zusammenhängen, was auf ein Defizit in der linken Hirnhälfte, dem Sitz der Sprache, hindeutet.

Eine weitere mögliche Erklärung für die überlegenen Schulleistungen von musikalischen Kindern ist, daß sie (wenn sie klassischen Unterricht erhalten) regelmäßig Notentexte lesen, eine zielgerichtete Aktivität, die den Schüler zum Stillsitzen zwingt. Das ist genau das, was Schulen verlangen, und von daher könnte man prognostizieren, daß jedes Kind, ob hochbegabt oder nicht, das regelmäßig Notentexte liest, gut in der Schule sein wird. Vielleicht liegt es auch schlicht an dem Fleiß und an der Ausdauer, die im formalen Musikunterricht nötig sind. Kinder mit außergewöhnlicher Zeichenbegabung nehmen selten systematischen Kunstunterricht, sie zeichnen, wenn sie Lust dazu haben. Musikalische Kinder beginnen typischerweise sehr früh mit dem Training und üben nach einem strengen täglichen Stundenplan, der von den Eltern vorgegeben wird.

Aber Fleiß und Ausdauer allein sind wahrscheinlich keine ausreichenden Voraussetzungen für herausragende schulische Leistungen, wie das Beispiel der Sportler zeigt. Sportler müssen sich zweifellos einer strengen, häufig mörderischen Disziplin unterordnen und hart trainieren. Aber die sportlich hochbegabten Jugendlichen in Csikszentmihalyis Studie waren den musikalischen Teenagern in ihren schulischen Leistungen unterlegen (wenn sie auch nicht so schwach waren wie die Jugendlichen mit den bildnerischen Fähigkeiten). Ihr Durchschnittsergebnis beim PSAT plazierte sie landesweit auf dem 79. Prozentrangplatz im verbalen Testteil und auf dem zweiundachtzigsten im mathematischen Teil. Ihre schulischen Leistungen lagen zwar über dem landesweiten Durchschnitt, aber die Gruppe war buntgemischt und umfaßte einige der schwächsten bis hin zu einigen der besten Schüler. Regelmäßiges und diszipliniertes Üben ist also wahrscheinlich keine ausreichende Erklärung für die guten schulischen Leistungen der musikalischen Kinder. Wahrscheinlich spielen mehrere Faktoren eine Rolle: hochgebildete Eltern, das regelmäßige Lesen von Notentexten und diszipliniertes Üben.[12]

Musikalisch begabte Kinder zeichnen sich nicht durch einen herausragenden IQ aus, sondern durch ein herausragendes visuell-räumliches Vorstellungsvermögen; darin ähneln sie den zeichnerisch begabten. Von Musikern (ebenso wie von Malern und Schriftstellern) ist bekannt, daß sie ein phänomenales visuelles und auditives Gedächtnis haben. Man hat das experimentell mit Hilfe von Aufgaben nachgewiesen, bei denen die Probanden verborgene Muster entdecken oder scheinbar unverbundene visuelle Reize verknüpfen mußten. Manchmal sind die Musiker den Malern bei diesen Tests sogar überlegen. Bei einem Test zum räumlichen Denken schnitten zum Beispiel die Musiker (Komponisten und Instrumentalisten) besser ab als die Maler und als eine Kontrollgruppe ohne besondere Begabung im Bereich der Musik oder bildenden Kunst. Bei einer Aufgabe, bei der es darum ging, verborgene Muster in größeren Mustern zu erkennen, waren die Musiker besser als die Maler, die ihrerseits wiederum besser waren als die Kontrollgruppe.

Eine musikalische Ausbildung begünstigt möglicherweise die Entwicklung des räumlichen Vorstellungsvermögens. Eine jüngere Studie zeigte, daß sich das räumliche Denken bei Vorschulkindern durch einen achtmonatigen Musikunterricht verbesserte. Man hat auch nachgewiesen, daß Kinder, die kurz zuvor Mozart gehört hatten, besser räumlich denken konnten.[13]

Hochbegabung und Retardierung

Gegen eine notwendige Verbindung zwischen allgemeinem IQ und bildnerischer oder musikalischer Befähigung spricht vor allem das Beispiel der Savants. Bei Gateway Crafts, einem ungewöhnlichen Kunstatelier in Brookline, Massachusetts, beobachtete ich eine Gruppe von sonderbaren Erwachsenen, die angespannt und höchst konzentriert arbeiteten. Alle saßen zusammengekauert an ihrem Platz, zeichneten, malten oder modellierten mit Ton. Unverständliche gutturale Laute füllten die unheimliche Stille. Keiner der Anwesenden stellte Blickkontakt mit mir her. Eine junge Frau, deren Name Cathy war, wie ich später erfuhr, zeichnete mit bunten Filzstiften eine großflächige Landschaft mit Gebäuden und Bäumen (Abbildung 5. 1). Es war eine höchst realistische Darstellung von Bostoner Bauten entlang des Charles River in vollendeter linearer Perspektive. Cathy zeichnete, ohne ein einziges Mal aufzuschauen, nach keinerlei Modell außer der erinnerten Vorstellung in ihrem Kopf und mit sehr sicheren Bewegungen. Die Wahl ihres Werkzeuges erlaubte kein Herumradieren, aber das war auch nicht nötig, weil Cathy keine »Fehler« machte. Sie zeichnete sehr schnell. Neben dem Bild, an dem sie gerade arbeitete, lag ein großer Stapel mit anderen Zeichnungen von ihr. Viele zeigten Szenen aus Boston, die Cathy größtenteils von Fotos kannte. Außerdem entdeckte ich einige ausdrucksstarke Porträts (Abbildung 5. 2).

Als ich Cathy auf ihre Arbeit ansprach, blickte sie nicht auf und machte keinen Versuch, mir zu antworten. Sie gab einige abwehrende Laute von sich und zeichnete ungerührt weiter. Cathy hatte autistische Tendenzen, wie die meisten Perso-

5.1. Realistische Stadtlandschaft von Boston, gemalt von Cathy Anderson, einer Künstlerin mit leichter Retardation und autistischen Tendenzen.

Cathy Anderson, Copyright 1994, Brookline, Massachusetts. Nachdruck mit freundlicher Genehmigung der Künstlerin.

5.2. Ausdrucksvolles Porträt von Cathy Anderson.

Cathy Anderson, Copyright 1994, Brookline, Massachusetts. Nachdruck mit freundlicher Genehmigung der Künstlerin.

5.3. Gemälde von Sahar Pick, einem jungen israelischen Erwachsenen mit Down-Syndrom.

Aus der Sammlung von Reuven Feuerstein. Nachdruck mit freundlicher Genehmigung von Sahar Pick.

nen in diesem außergewöhnlichen Atelier für geistig behinderte Künstler. Abbildung 5. 3 zeigt das Bild eines Erwachsenen mit Down-Syndrom. Dieses abstrakte Gemälde zeichnet sich durch eine brillante Farbgebung und abwechslungsreiche Formen aus. Es erinnert mich an Expressionisten des 20. Jahrhunderts wie Kandinsky.

Was sind Savants?

Personen wie die von mir beobachteten sind seit mindestens 100 Jahren Gegenstand von Studien. Sie wurden ursprünglich als »Idiots savants« (Idioten-Gelehrte) bezeichnet, aber weil der Ausdruck »Idiot« ebenso grausam wie unwissenschaftlich ist, spricht man heute von »Savants« oder vom »Savant-Syndrom«. Savants sind in der Regel entweder geistig zurückgeblieben, autistisch oder beides. Der Begriff »Idiot« ist auch deshalb irreführend, weil Savants nie unter den schwersten Graden geistiger Behinderung leiden. Der IQ von bekannten Savants liegt fast immer zwischen etwa 40 und 70.

Gewöhnliche Savants (im Gegensatz zu extrem begabten) verfügen meist nur über eine einzelne Fähigkeit auf normalem Niveau, während sie in allen übrigen

Fähigkeiten retardiert sind. Im Gegensatz dazu haben extrem befähigte Savants eine Inselbegabung auf Wunderkindniveau. Es sind weniger als 100 Fälle echter Savant-Wunderkinder dokumentiert. Eine außerordentliche Savant-Begabung ist also sicher wesentlich seltener als eine »normale« Hochbegabung (obwohl wir abgesehen von den Zahlen, die auf IQ-Test basieren, keine Statistiken über die Häufigkeit der »normalen« Hochbegabung haben).[14]

Das Savant-Syndrom tritt bei Männern sechsmal häufiger auf als bei Frauen. Etwa zwei Drittel aller Savants sind retardiert, während das übrige Drittel auch autistisch ist, obwohl auch die als retardiert klassifizierten Savants fast immer einige autistische Tendenzen aufweisen. Wir wissen nicht, ob innerhalb einer bestimmten Begabungsdomäne Unterschiede zwischen autistischen und retardierten Savants bestehen.[15]

In dem mit einem Oscar ausgezeichnete Kinofilm *Rain Man* werden einige Charakteristika von Autisten anschaulich dargestellt. Dustin Hoffman spielt einen Autisten mit gedämpften und gelegentlich unangemessenen Affekten; er verhält sich sonderbar und sozial auffällig und ist in seinen sprachlichen und kommunikativen Fähigkeiten eingeschränkt. Er hat ein zwanghaftes Bedürfnis nach Gleichförmigkeit: Er will immer dieselbe Anzahl von Fischstäbchen, dieselbe Sorte Wackelpudding, und sein Bett muß immer neben einem Fenster stehen. Er neigt zu obsessiven, rituellen Verhaltensweisen, die sich ständig wiederholen: Sobald er Angst bekommt, sagt er sich Passagen aus einem Film auf, den er als Kind gesehen hat.

Es gibt erhebliche Unterschiede zwischen Autisten und retardierten Personen, weil Autisten nicht in allen Bereichen eingeschränkt sind. Sie haben ein exzellentes visuell-räumliches Vorstellungsvermögen, was sich zum Beispiel an ihrer Fähigkeit zeigt, verborgene Formen in Bildern zu erkennen, und an den hohen Punktwerten, die sie in zwei Bereichen von IQ-Tests – beim Blockdesign und der Objektverknüpfung – erreichen. Sie glänzen auch häufig bei Puzzles, die sie zusammensetzen können, ohne das Gesamtbild zu Rate zu ziehen. Einige Autisten haben einen niedrigen IQ, während andere trotz tiefgreifender sozialer Probleme ein »hohes Funktionsniveau«, einen hohen IQ und gute Sprachfertigkeiten aufweisen. Wie Savants sind auch Autisten meistens männlich; das Verhältnis beträgt 4:1. [16]

Savants zeigen ihre außergewöhnlichen Fähigkeiten häufig in einer von vier Domänen – bildende Kunst (normalerweise realistisches Zeichnen), Musik (in den bislang dokumentierten Fällen handelte es sich fast ausnahmslos um Pianisten), »blitzschnelles« Kopfrechnen und kalendarisches Rechnen. In einigen wenigen Fällen wird auch von Savants mit hohem technischem Können, außergewöhnlicher Sinneswahrnehmung und besonderer Lernfähigkeit für Fremdsprachen berichtet.[17]

Man hat die Savants häufig als sklavische Nachahmer abgetan, die angeblich unfähig zu Innovationen, eigenem Ausdruck oder einem Verständnis von Regeln sind. Aber Savants könnten nicht tun, was sie tun, ohne sich an Regeln zu halten, und sei es unbewußt. Tatsächlich sind die vier Domänen, in denen man Savants normalerweise findet, klar strukturiert und strengen Regeln unterworfen, und möglicherweise ist diese klare Ordnung genau das, was Savants brauchen. (Die bildenden Künste sind zwar nicht so streng strukturiert wie das Rechnen oder das klassische Klavierspiel, aber Savants arbeiten in erster Linie in einem realistischen Stil, und der Realismus ist sicherlich wesentlich stärker von Regeln beherrscht als ein expressionistischer, impressionistischer, kubistischer oder abstrakter Stil). Wie ich weiter unten noch ausführlicher erörtern werde, ahmen Savants nicht einfach seelenlos nach, sondern offenbaren ein Verständnis für die Regeln ihrer Domäne. Und sie können auch durchaus innovativ und ausdrucksstark sein.

Trotz der Unterschiede, die zweifellos zwischen Savants und Wunderkindern in bildender Kunst und Musik bestehen, weisen ihre Begabungen genügend Ähnlichkeiten auf, um den Mythos vom IQ, sogar für die Musik, zu widerlegen. Und die Rechenkünstler unter den Savants zeigen, daß diese Teilfähigkeit der mathematischen Begabung auch angewendet werden kann, wenn andere, begrifflichere Formen der Intelligenz fehlen.

Savant-Maler

Die Frau, die ich bei Gateway beobachtete, verfügte über eindrucksvolle künstlerische Fähigkeiten, nicht nur vor dem Hintergrund ihrer übrigen Defizite, sondern auch im Vergleich mit dem Leistungsvermögen eines typischen Erwachsenen. Ihre Arbeiten hätten ihr ohne Zweifel den Eintritt in eine Kunstakademie ermöglicht.

Alle realistisch zeichnenden Savants, die man kennt, sind autistisch. Die Arbeiten einiger Savants in den bildenden Künsten sind sogar noch eindrucksvoller als die von Cathy und können durchaus mit den Werken erwachsener Meister konkurrieren. Außerdem sind die Bilder von autistischen Savants völlig anders als die Zeichnungen von anderen atypischen Populationen wie psychotischen, gehörlosen oder retardierten Kindern. Die meisten autistischen Kinder sind jedoch keine Savants und zeichnen auf einem Niveau, das ihrem geistigen Entwicklungsstand entspricht.

Der vielleicht erstaunlichste Fall einer Savant-Begabung in den bildenden Künsten ist das Mädchen Nadia. Mit sechs hatte Nadia den geistigen Entwicklungsstand eines Kindes von drei Jahren und drei Monaten (und war demnach ein retardiertes, autistisches Kind mit »niedrigem Funktionsniveau«), und sie hatte

Probleme mit der feinmotorischen Steuerung, außer beim Zeichnen. Wenn man ihr einen feinen Bleistift oder Kugelschreiber gab, konnte sie ihn wie eine Erwachsene handhaben und Bilder von Pferden und Reitern zeichnen, die in ihren vollendeten Proportionen, perspektischen Verkürzungen, Bewegungsdarstellungen und der sicheren Linienführung den Skizzen von Renaissance-Meistern glichen (siehe Abbildung 5. 4). Sie arbeitete mit schneller, sicherer Hand. Es sah aus, als würde sie ein Bild durchpausen: Anstatt zunächst die allgemeinen Umrisse zu skizzieren und dann die Details einzufügen, plazierte sie einzelne Striche an völlig unverbundenen Punkten des Blattes und verknüpfte sie später zu einer vollendeten Gesamtkomposition.[18]

Nadia zeichnete manchmal nach direkter Beobachtung, wie in Abbildung 5. 5. Häufiger jedoch zeichnete sie nach Bildvorlagen. Sie schaute sich die Illustrationen in ihren Kinderbüchern sehr aufmerksam an und zeichnete diese dann mitunter Wochen oder Monate später aus dem Gedächtnis nach. Diese verzögerte Wiedergabefähigkeit ähnelt der von autistischen Kindern, die ein Lied, lange nachdem sie es gehört haben, korrekt nachsingen oder Sätze und ganze Dialoge wiedergeben, die sie im Fernsehen oder im Alltag gehört haben.[19]

Die Tatsache, daß Nadias Originalmodell normalerweise selbst ein Bild war, bedeutete, daß sie nicht gezwungen war, eine dreidimensionale Szene in eine zweidimensionale Form zu übertragen, sondern sich nur an eine Vorlage erinnern mußte, die bereits eine zweidimensionale Übertragung war. Aber man sollte diese Leistung nicht leichtfertig unterbewerten. Jedes normal entwickelte Kind, dem man eine perspektivische Darstellung zeigt, kopiert sie unter Auslassung der Perspektive. Außerdem war Nadia durchaus in der Lage, nach direkter Beobachtung zu zeichnen. Objekte aus der dreidimensionalen Welt sind schwieriger nachzuzeichnen als Bilder, weil man die dreidimensionale Welt auf ein zweidimensionales Blatt bannen muß.

Trotz ihres realistischen Zeichenstils kann man Nadias Fähigkeit nicht einfach als buchstabengetreue, seelenlose Mimikry abtun. Sie veränderte die Ausrichtung der Objekte, die sie zeichnete, fügte häufig bestimmte Details hinzu und ließ andere weg. Nachdem sie eine simple Zeichnung von einem Hahn in einem Malbuch gesehen hatte, zeichnete sie zum Beispiel eine Vielzahl von Hähnen in unterschiedlichen Formen und Größen. Sie versuchte, die Tiere aus verschiedenen Blickwinkeln darzustellen, und stattete einen der Hähne mit einer Zunge aus. Manchmal änderte sie die Proportionen und zeichnete zum Beispiel die Köpfe ihrer Reiter wie Stecknadelköpfe. Manchmal ließ sie die Köpfe auch ganz weg und zeichnete kopflose Reiter. Sie schien zu experimentieren und sich selbst immer schwerere Aufgaben zu stellen, ganz so wie normal hochbegabte Kinder.

Wir haben keine Bilder von anderen Savants, die genauso früh gezeichnet

5.4. Pferdebild der fünfeinhalbjährigen Nadia, das an die Skizzen von Renaissance-Meistern erinnert.

Entnommen aus Selfe (1977); Nachdruck mit freundlicher Genehmigung des Verlages Academic Press London Ltd.

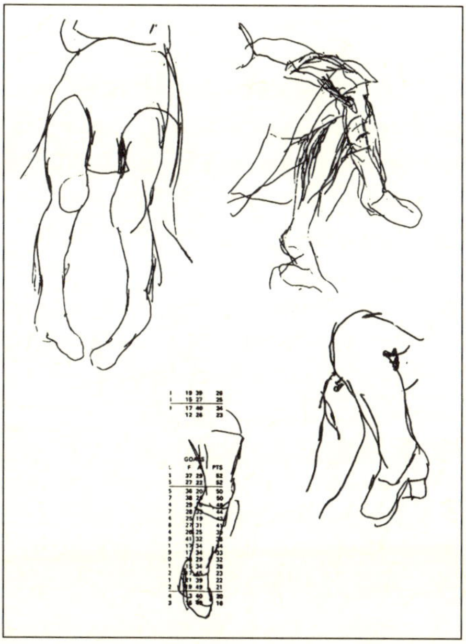

5.5. Beobachtungsskizzen von übereinandergeschlagenen Beinen, die Nadia im Alter von sechs Jahren anfertigte.

Entnommen aus Selfe (1977); Nachdruck mit freundlicher Genehmigung des Verlages Academic Press London Ltd.

haben wie Nadia. Sie gilt allgemein als der außergewöhnlichste Fall aller bekannten Savant-Maler. Aber sie weist viele Gemeinsamkeiten mit anderen autistischen Künstlern auf. Die Psychologin Lorna Selfe, die eng mit Nadia zusammenarbeitete, hat sie mit vier anderen autistischen Künstlern verglichen. Alle zeigten typische Symptome von Autismus: verzögerte Sprachentwicklung, gestörte Sozialbeziehungen, rituelle Verhaltensweisen und beträchtliche Lernschwierigkeiten (die gemessenen Werte lagen im untersten 2 Prozent-Bereich des IQ-Spektrums). Alle hatten zudem Schwierigkeiten mit der Koordination von allgemeinen Bewegungsabläufen: Sie lernten spät laufen und hatten Schwierigkeiten zu begreifen, wie man Schnürsenkel bindet oder Bälle fängt. Und doch konnten alle höchst realistische Zeichnungen anfertigen. Wie Nadia zeigten sie wenig Interesse an Farben oder Ausschmückungen und konzentrierten sich ausschließlich auf eine naturgetreue Wiedergabe. Sie konnten mühelos präzise Konturen und Proportionen einfangen und arbeiteten mit den Mitteln der Überschneidung, Verkürzung und linearen Perspektive, um eine Tiefenwirkung zu erzeugen. Die Zeichnung eines verkürzten, liegenden Körpers, von einer fünfzehnjährigen Autistin weist auffällige Ähnlichkeiten mit einem Bild auf, das Peter B. als Sechsjähriger zeichnete. Vergleichen Sie Abbildung 5.6. mit 4. 17.[20]

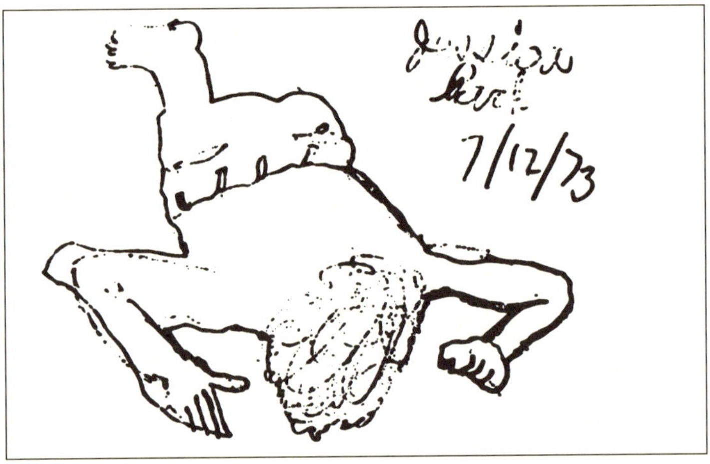

5. 6. Mittel der Verkürzung in der Zeichnung eines fünfzehnjährigen autistischen Mädchens. Achten Sie auf die auffällige Ähnlichkeit mit der in Abbildung 4. 17. dargestellten Skizze.

Nachdruck mit freundlicher Genehmigung von Clara Claiborne Park.

Nadias Autismus wurde erstmals diagnostiziert, als sie sechs Jahre alt war, nachdem ihre Mutter sie zum Child Development Research Unit der Universität von Nottingham gebracht hatte. Nadia besuchte dann eine Spezialschule für autistische Kinder, wo sie, wenn auch in begrenztem Ausmaß, sprechen lernte. Dort versuchte sie manchmal, so zu zeichnen wie die anderen Kinder, und ihr Interesse an realistischen Zeichnungen schwand. Ab dem achten Lebensjahr zeichnete sie auch immer weniger, und aus nicht bekannten Gründen entwickelte sich ihre Zeichenbegabung nicht weiter. Heute lebt sie in einem Heim für junge Erwachsene und fertigt einfache, kindliche Bilder an, die ihrem geringen geistigen Entwicklungsstand von fünf bis sechs Jahren entsprechen.

Es ist nicht ungewöhnlich, daß Savants ihre Begabungen verlieren. Die Ursachen dafür sind unbekannt. Einige Wissenschaftler haben den Verlust von Nadias Begabung darauf zurückgeführt, daß sie sprechen lernte und deshalb nicht mehr auf das Zeichnen angewiesen war, um Kontakt mit ihrer Umwelt aufzunehmen. Das unterstellt allerdings, daß das Zeichnen ihr tatsächlich als Kommunikationsmethode diente. Außerdem haben andere autistische Künstler weitergezeichnet, auch nachdem sie gewisse Sprachfähigkeiten erworben hatten.[21]

Stephen Wiltshire ist ein Beispiel für einen autistischen Künstler, dessen Begabung sich trotz des Spracherwerbs weiter entfaltete. Während Nadia eine Expertin für Pferdebilder war, hat sich Stephen auf detaillierte Zeichnungen von Gebäuden spezialisiert (seine Menschendarstellungen sind weitaus schematischer). Seine Bilder sind in mehreren Büchern veröffentlicht worden. Wie Nadia zeichnet er zum Teil nach direkter Beobachtung, aber größtenteils aus dem Gedächtnis. Ebenfalls wie bei Nadia sind seine Zeichnungen keine fotografisch genauen Kopien. Obwohl er die Gebäude merkwürdigerweise spiegelbildlich wiedergibt, so wie es auch ein Foto täte, weisen seine Bilder auch Abweichungen vom Modell und Variationen des Motivs auf (siehe Abbildungen 5. 7a und b).[22]

Wie normale Kinder mit außergewöhnlicher graphischer Begabung zeichnen auch Savant-Künstler fast jeden Tag und produzieren weit mehr Bilder als durchschnittliche Kinder. Beide Gruppen zeichnen normalerweise ungern mit dicken Stiften oder breiten Pinseln, sondern bevorzugen Werkzeuge, die eine feine Linienführung ermöglichen. Nadias Zeichnungen lösten sich auf, wenn sie gezwungen war, dicke Zeichenkreide zu benutzen. Bleistifte und Kugelschreiber eignen sich weit besser für detaillierte, realistische Bilder, die normal Hochbegabte ebenso wie Savants normalerweise anfertigen.[23]

Das Beispiel des japanischen Savant Yamaruma macht deutlich, daß man das Phänomen des Savant-Realismus sogar in einer Kultur findet, deren künstlerische Tradition nicht vom Realismus geprägt ist. Yamamura malte Insekten und andere Tiere, z. B. Frösche. Anders als die Savants aus der westlichen Welt arbei-

(a)

(b)

5.7. Zeichnungen des Savant-Künstlers Stephen Wiltshire. (a) »Rialtobrücke«, eine realistische Zeichnung von Venedig.

(b) »Ein aufregender Tag«, eine Skizze menschlicher Gestalten. Auffällig ist die sehr einfache und schematische Darstellung der Figuren im Gegensatz zur Fülle der realistischen Details im Rialto-Bild.

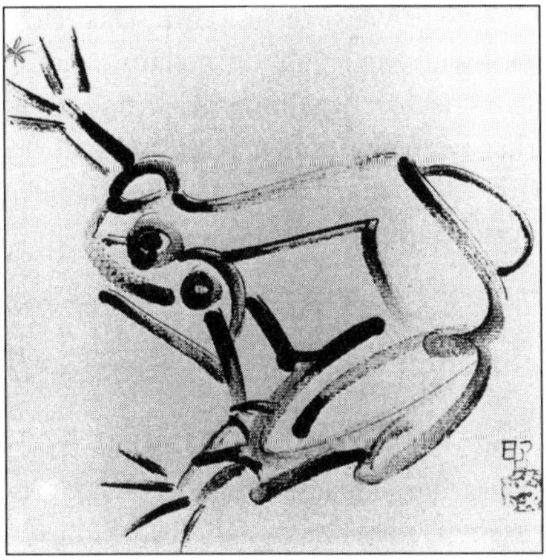

5. 8. Fingerzeichnung eines Froschs von einem japanischen Savant-Maler. Die Darstellung wirkt trotz des nicht illusionistischen asiatischen Stils realistisch.

Aus Morishima und Brown (1977). Nachdruck mit freundlicher Genehmigung der American Association of Mental Retardation. Copyright American Association of Mental Retardation.

tete er nicht mit Bleistift oder Kugelschreiber, sondern mit dem traditionellen japanischen Tuschpinsel. Und seine Bilder folgen dem kontrastarmen Stil der asiatischen Kunst. Dennoch zeigen seine Zeichnungen, wie in Abbildung 5. 8 ersichtlich ist, dieselbe höchst präzise und sichere Konturgebung wie Nadias Bilder.[24]

Über Savants ist gesagt worden, sie seien ausschließlich am *Prozeß* des Zeichnens, nicht am Ergebnis interessiert. Auf Nadia schien dies jedoch nicht immer zuzutreffen, denn sie versuchte manchmal, Korrekturen an ihren Bildern vorzunehmen, entweder während sie zeichnete oder im nachhinein, bei fertigen Bildern. Sie lehnte sich auch häufig zurück, um ihre Arbeit aus unterschiedlichen Blickwinkeln zu begutachten. Wenn sie mit ihrer Arbeit zufrieden war, hatte sie großen Spaß daran, ihre Bilder zu betrachten. Aber während nichtbehinderte hochbegabte Kinder gern mit anderen über ihre Bilder sprechen und sie voll Stolz ihren Eltern präsentieren, reden Savants nicht über ihre Arbeit und zeigen sie auch nicht herum. Sie scheinen nur für sich selbst zu malen und sind offenbar wenig daran interessiert, wie Dritte ihre Leistungen bewerten. Cathy blickte nicht auf und reagierte auch sonst in keiner Weise, als ich Interesse an ihrer Arbeit bekundete. Stephen, ein Autist mit »hohem Funktionsniveau«, ist allerdings eindeutig stolz auf die Anerkennung, die seinen Bildern zuteil wurde.[25]

Unter Wissenschaftlern ist umstritten, ob der Savant-Realismus eine *Folge* des Autismus ist oder ob er nichts mit dem pathologischen Zustand zu tun hat und einfach eine sehr hochentwickelte, Wunderkind-ähnliche Fähigkeit ist, die unabhängig von anderen Intelligenzformen besteht. Die Frage wird weiterhin heftig diskutiert, vermutlich weil beide Seiten in gewisser Weise recht haben. Das zeichnerische Können von Savants ist eine hochentwickelte Fähigkeit, genauso wie bei nichtbehinderten Wunderkindern mit zeichnerischer Begabung. Aber das zeichnerische Können von Savants ist viel stärker begrenzt und eingeschränkt als bei Wunderkindern. Und diese eingeschränkten Möglichkeiten sind wahrscheinlich eine Folge des Autismus oder des pathologischen Zustands.

Eine Beeinträchtigung des hierarchischen Aufbaus?

Nach einem Erklärungsmodell unterscheiden sich Savants von nichtbehinderten Künstlern, weil sie die hierarchische Organisation, nach der Teile zu einem größeren Ganzen geordnet werden, nicht begreifen. Savants, so die These, konzentrieren sich auf die Besonderheiten einer Bildszenerie und nicht auf das einheitliche Ganze, weil das Umfassende keinen besonderen Status für sie hat. Dieser abnormale Aufmerksamkeitsfokus, zusammen mit einem lebendigen visuellen Gedächtnis, könnte erklären, weshalb Nadia und andere Savants in der Lage sind, eine Zeichnung mit völlig unverbundenen Details zu beginnen anstatt zunächst den Gesamtumriß zu skizzieren. Es würde auch die exakte Wiedergabe kleinster Einzelheiten erklären.[26]

Diese Hypothese wurde bei einem erwachsenen Savant namens E. C. überprüft, der ein so herausragendes visuelles Gedächtnis hatte, daß es so aussah, als würde er einfach seine inneren Bilder ablesen und sie in graphische Darstellungen übersetzen (Abbildung 5.9). Wenn man Künstler auffordert, nach Modell zu zeichnen, skizzieren die meisten zunächst die Umrisse der wichtigsten Formen und setzen dann anschließend die Details ein. Während sie die Details einfügen, nehmen sie häufig Korrekturen an den allgemeinen Umrissen vor. E. C. ging völlig anders vor. Anstatt mit den groben Umrissen zu beginnen, fing er mit einem Detail an und fügte dann benachbarte Details hinzu. Aber anstatt jedes Detail als Ganzes zu Ende zu zeichnen, bevor er zum nächsten überging, wechselte er häufig von Teilen eines Details zu Teilen anderer Details, wenn die beiden Teile aneinandergrenzten, als sei es ihm gleichgültig, ob die Linien, zu denen er sich weiterbewegte, dieselbe Form beschrieben, zu der er angesetzt hatte, oder eine angrenzende Form. Außerdem veränderte er im Gegensatz zu nichtbehinderten Künstlern (und auch im Gegensatz zu Nadia) nie irgendein Element, während er zeichnete. Die einzelnen Teile beeinflußten sich nicht gegenseitig. E. C. benutzte keine begriffliche Strategie beim Zeichnen. Das heißt, er schien einen Teil nicht als Teil zu klassifizieren und dann an diesem Teil zu arbeiten. Anstatt sich zum Beispiel ein Element als Tischbein vorzustellen und dann ein Tischbein zu zeich-

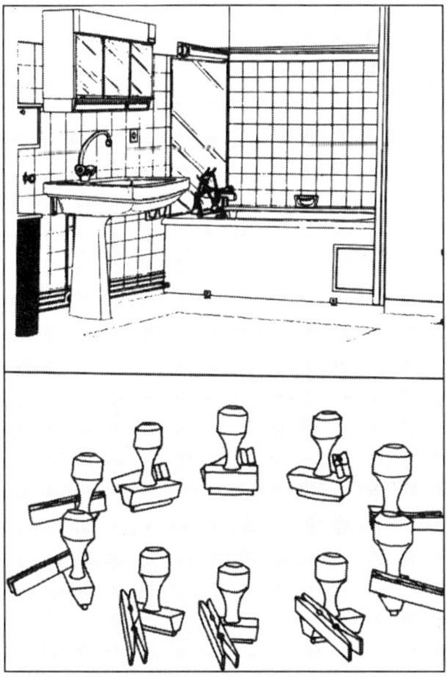

5.9. Zwei äußerst realistische und exakte Zeichnungen von E. C., einem Savant-Zeichner. Das untere Bild entstand, nachdem man E. C. zwei Darstellungen des Objekts gezeigt und ihn aufgefordert hatte, sie im Geist zu drehen und aus unterschiedlichen Blickwinkeln darzustellen.

Aus Mottron und Belleville (1993). Nachdruck mit freundlicher Genehmigung von Laurent Mottron und Academic Press. Copyright Academic Press.

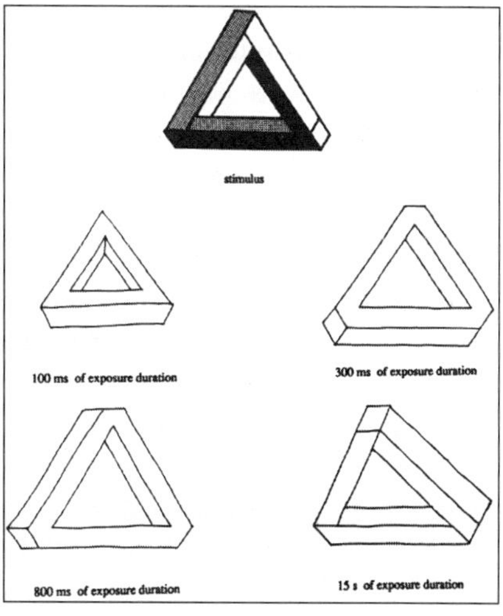

5.10. Eine »unmögliche« Figur, das sogenannte Penrose-Dreieck (oben), und die vier Darstellungen von E. C., die er aus dem Gedächtnis zeichnete, nachdem er die Vorlage von Mal zu Mal länger betrachtet hatte. Beachten Sie, daß keine Darstellung korrekt ist.

Aus Mottron und Belleville (1993). Nachdruck mit freundlicher Genehmigung von Laurent Mottron und Academic Press. Copyright Academic Press.

nen, zeichnete er einfach einzelne Linien, die aneinanderstießen und schließlich irgendwann das Ganze zeigten.[27]

Da E. C. nicht auf das Ganze achtete, fiel es ihm schwer, »unmögliche« Formen zu malen, wie zum Beispiel das Dreieck von Penrose oder die Teufelsgabel, Formen, deren Unmöglichkeit nur klar wird, wenn man alle Teile zueinander in Beziehung setzt. Wenn man sich immer nur jeweils auf ein Element konzentriert und die anderen außer acht läßt, kann man die amüsante Unmöglichkeit der Figur nicht erkennen. Abbildung 5. 10 zeigt das Penrose-Dreieck und die Versuche von E. C., es aus dem Gedächtnis nachzuzeichnen. Der gleiche räumlich begrenzte Fokus wurde deutlich, als man E. C. ein großes *C* vorlegte, das aus lauter kleinen *O* zusammengesetzt war. E. C. hatte Mühe, ein großes *C* und nicht lauter kleine *O* wahrzunehmen, und sagte häufig, er sehe ein *O*. Die Einzelteile – die *O* – gerieten in Konflikt mit der größeren Gesamtform – dem *C*.

E. C. s Konzentration auf einen begrenzten Einzelbereich anstatt auf das Ganze, der Mangel an hierarchischer Organisation, könnte erklären, warum er lieber von Menschen hergestellte, unbelebte Gegenstände wie Stühle und Tische zeichnete (die sich durch ihre Teile unterscheiden) als organische Motive wie Menschen (die sich durch ihre Proportionen unterscheiden). Die Tatsache, daß die Gesamtkonturen von Objekten keinen besonderen Stellenwert für E. C. hatten, steht in Einklang mit den visuell-räumlichen Fähigkeiten, die kennzeichnend für den Autismus sind. Die Leichtigkeit, mit der Autisten verborgene Formen erkennen, hängt vermutlich damit zusammen, daß sie die augenfälligeren Gesamtumrisse, die diese Formen verdecken, ignorieren können. Und die IQ-Subtests, bei denen Autisten sehr gut abschneiden – Blockdesign und das Zusammensetzen von Objekten –, lassen sich durch eine Lösungsstrategie bewältigen, die sich an lokalen Übereinstimmungen ausrichtet. E. C. s zeichnerische Technik steht auch in Einklang mit der Art und Weise, wie einige Autisten Puzzles zusammensetzen. Sie orientieren sich nicht am Gesamtbild, das entstehen soll, sondern konzentrieren sich, wie an früherer Stelle erwähnt, auf zusammenpassende Einzelformen.

Nadia zeichnete allerdings in erster Linie organische Formen ebenso wie Yamamura. Es hat sich auch gezeigt, daß einige Savants beim Draw-a-Person-Test überdurchnittliche Leistungen bei der Darstellung von Proportionen erbrachten, was eindeutig zum Zeichnen organischer Formen gehört. Wir wissen also nicht, inwieweit die Feststellung, daß sich E. C. ausschließlich auf Einzelteile und nicht aufs Ganze konzentrierte, generalisierbar ist.[28]

Ein fotografisches Gedächtnis ohne Verstand?

Nach einem anderen Erklärungsansatz beruht der realistische Stil bei Savants auf visuellen Erinnerungen, die nicht nur reich und präzise, sondern auch völlig unreflektiert sind. Auch diese Hypothese erklärt den realistischen Stil von Savants über ihre krankheitsbedingten Defizite.

Alle bekannten Savants mit zeichnerischer Begabung (ebenso wie alle Savants in anderen Domänen) haben ein außergewöhnlich gutes visuelles Gedächtnis. Wir wissen, daß Savant-Maler über ein herausragendes visuelles Erinnerungsvermögen verfügen, weil sie ihre höchst präzisen Zeichnungen normalerweise aus dem Gedächtnis anfertigen. Im Gegensatz zu nichtbehinderten Kindern, die ein Bild Schritt für Schritt fertigstellen und dabei offensichtlich nicht vorausplanen, können Savants wie E. C. oder Nadia außerdem viele unterschiedliche Details über das ganze Blatt verteilen und sie später zu einer vollendeten Komposition verbinden. Das spricht dafür, daß Savants das imaginierte Endprodukt im Kopf behalten können, während sie zeichnen. Das außergewöhnliche visuelle Gedächtnis von Savants wurde auch durch Tests belegt, bei denen sie unvollständige Bilder erkennen mußten. Die Tatsache, daß Savants anhand winziger Bildfragmente das Gesamtbild erkennen können, zeigt, daß sie ebenso wie normale Kinder mit bildnerischer Begabung einen reichen Vorrat an detaillierten Bildern gespeichert haben.[29]

Man hat das Gedächtnis von Savants als automatisch und unbewußt, als »verbale Adhäsion« oder »Gedächtnis ohne Verstand« charakterisiert. Einigen Berichten zufolge widmen Savants den physikalischen Merkmalen eines Reizes mehr Aufmerksamkeit als seiner Bedeutung. Der britische Psychiater J. Langdon Down beschrieb ein Savant-Kind, das ganze Bücher aus dem Gedächtnis rezitieren konnte. Als der Junge Gibbons *Decline and Fall of the Roman Empire* las, übersprang er versehentlich eine Zeile auf Seite drei. Als er seinen Fehler bemerkte, blätterte er zurück und las die Stelle richtig. Danach konnte er das Buch auswendig aufsagen, aber er wiederholte dabei jedesmal seinen ursprünglichen Fehler und dessen Korrektur. Nadia liefert uns ein ähnliches Beispiel. Nachdem sie ein Bild gesehen hatte, auf dem mehrere Pelikane dargestellt waren, einige davon übereinander, zeichnete sie später einen Pelikan und über seinem Kopf die Füße eines weiteren Pelikans, genauso wie sie es in der Vorlage gesehen hatte.[30]

Diese Beschreibungen deuten auf eine Art von Gedächtnis hin, bei dem begriffliche Ableitung und Verständnis keine Rolle spielen, eine Art Tonband-Gedächtnis, das keinerlei Anstrengung erfordert und keine Überlegungen zuläßt. Man könnte argumentierten, daß diese Art von verständnislosem Gedächtnis zu extrem realistischen Wiedergaben führt. Savants können vielleicht in der Tat komplexe Objekte mit äußerster Präzision zeichnen, weil sie jedes Motiv nur als Ansammlung von Linien und Formen wahrnehmen und nicht als dreidimensionales Objekt.

Es gibt Hinweise darauf, daß ein bewußtes, begriffliches Denken eine realistische Wiedergabe erschwert; Studien haben gezeigt, daß Menschen der Form eines Objekts mehr Aufmerksamkeit widmen können, wenn sie nicht darüber nachdenken, was die Form bedeutet. Kinder können abstrakte Muster wirklichkeitsgetreuer abzeichnen als erkennbare Objekte. Und Erwachsene können Bilder präziser nachmalen, wenn die Motive auf den Kopf gestellt und dadurch verfremdet werden.[31]

Einiges spricht dafür, daß Nadia nicht begriff, was sie zeichnete. Wenn zwei Bilder das gleiche Motiv zeigten, konnte sie die beiden einander nur zuordnen, wenn die Objekte aus demselben Blickwinkel dargestellt waren, und sie war unfähig, Bilder von verschiedenartigen Stühlen in dieselbe Gruppe einzuordnen. Vorausgesetzt, daß sie die Instruktionen verstanden hat und wußte, was von ihr erwartet wurde, zeigt dieses Ergebnis, daß ihre Fähigkeit zu generalisieren und zu klassifizieren offenbar beeinträchtigt war.[32]

Eine solche Beeinträchtigung des Klassifizierungsvermögens könnte kausal mit der Fähigkeit zum naturalistischen Zeichnen verbunden sein. Nichtbehinderte Kinder drücken ihr begriffliches Verständnis von Objekten durch ihre Zeichnungen aus; ihre einfachen Schemata sind Zeichen für Verallgemeinerungen und Abstraktionen. Ein Kreis als Kopf ist zum Beispiel eine Abstraktion, wenn auch eine sehr grobe: Ein Kreis ist irgendwie wie alle Köpfe und ignoriert die individuellen Varianten der Kopfform.[33]

Im Gegensatz dazu sind die realistischen Zeichnungen von Savants keine Generalisierungen, sondern wie die Bilder von Eitan und anderen Kindern mit hoher zeichnerischer Begabung schnappschußähnliche Darstellungen von einzelnen Objekten aus ganz bestimmten, festen Blickwinkeln – zum Beispiel nicht irgendein typisches Haus, sondern eine ganz bestimmte Kirche aus einer ganz bestimmten Perspektive. Die höchst realistischen Zeichnungen von Autisten könnten also aus der Unfähigkeit resultieren, visuelle Konzepte zu entwickeln. Vielleicht haben Savants keine andere Wahl, als jede Form präzise und detailgetreu wiederzugeben. Sie sind vielleicht nicht in der Lage, die allgemeine Form von Objekten zu begreifen. Möglicherweise zeichnen sie realistisch, weil sie nicht wissen, erkennen oder klassifizieren, was sie darstellen. Möglicherweise übersetzen sie einfach formelhafte, abstrakte Schablonen aus ihrem reichen visuellen Gedächtnis.

Nachweise für ein begriffsorientiertes Gedächtnis von Savants

Es gibt allerdings ein Problem, wenn man den realistischen Stil von Savants mit der Beeinträchtigung des Konzeptualisierungsvermögens erklären will. Normal hochbegabte Kinder wie Eitan zeichnen sehr realistisch, aber sie leiden eindeutig nicht unter einer derartigen Beeinträchtigung des begrifflichen Denkens. Außerdem haben die britischen Forscher Beate Hermelin und Neil O'Connor nachgewiesen, daß zeichnerisch begabte Savants die Objekte ihrer Wahrnehmung sehr wohl klassifizieren und benennen. Diese Erkenntnisse stehen im Widerspruch zu dem Ergebnis, daß Nadia die Bilder von Stühlen nicht in eine Gruppe einordnen konnte.

Hermelin und O'Connor wiesen die normalen Klassifikationsfähigkeiten von Savants durch unterschiedliche Versuchsmethoden nach. Erstens verglichen sie, wie gut sich Savants einerseits abstrakte (chaotische) Bilder und andererseits gegenständliche Bilder merken konnten. Als die Savants aufgefordert wurden, die Motive aus dem Gedächtnis nachzuzeichnen, konnten sie die gegenständlichen Bilder besser reproduzieren als die abstrakten. Wenn sie nicht in der Lage gewesen wären, die gegenständlichen Motive zu klassifizieren (zum Beispiel als Haus oder als Baum), hätten sie die gegenständlichen ebenso wie die abstrakten Motive als reine Formen erinnern müssen. In diesem Fall hätten sie beide Arten von Motiven gleich gut im Gedächtnis behalten müssen. Die Tatsache, daß sie sich die gegenständlichen Bilder besser merken konnten, beweist, daß man ihre Gedächtnisleistung nicht als völlig mechanisch abtun kann.[34]

In einer weiteren Studie legte man Savants ebenso wie nichtbehinderten Kindern mit zeichnerischer Begabung verschiedene Bildersets mit jeweils vier Motiven vor, die entweder die gleiche Form hatten oder der gleichen Begriffsklasse angehörten. Bei den Form-Sets gehörte das »Zielbild« einer anderen Kategorie oder Begriffsklasse an als die übrigen drei Bilder. So bestand ein Form-Set vielleicht aus einer Birne, einem Apfel, einer Erdbeere und einer Glühlampe. Alle vier sind rund, aber eine Glühbirne fällt nicht in die Kategorie »Früchte«. Bei den Kategorie-Sets hatte das »Zielbild« eine andere Form als die übrigen Motive, auch wenn alle vier zur selben Kategorie gehörten. So lag vielleicht eine Harfe neben einem Banjo, einer Gitarre und einer Geige. Die Harfe ist zwar auch ein Saiteninstrument, hat aber eine ganz andere Form als die anderen drei. Die Kinder durften die Bilder fünfzehn Sekunden lang anschauen und wurden dann gebeten, möglichst viele Bilder aus dem Gedächtnis nachzuzeichnen. Dann wurde überprüft, wie viele Zielbilder von jedem Typ reproduziert wurden.[35]

Wenn Savants ein rein fotografisches Gedächtnis hätten, müßten sie sich beide Arten von Zielbildern gleich gut merken. Wenn sie jedoch klassifizieren, benennen und deuten, was sie sehen, dann müßten sie die kategorial abweichenden Zielbilder besser in Erinnerung behalten als die Zielbilder mit abweichender Form. Und genauso war es. Sowohl die nichtbehinderten Kinder mit zeichnerischer Begabung als auch die Savants konnten sich am besten an die Zielbilder erinnern, die in eine andere Begriffskategorie fielen.

Sogar als die Savants direkt aufgefordert wurden, Bilder zu klassifizieren, und selbst entscheiden konnten, ob sie die Motive nach Form oder Kategorie ordnen wollten, gruppierten sie die Motive genauso wie die nichtbehinderten Hochbegabten nach Begriffsklassen. Sie legten also das Bild eines Schmetterlings neben das einer Raupe und nicht neben das eines Bogens, obwohl der Bogen die gleiche Form hatte wie der Schmetterling. Man kann also nicht von einem Gedächtnis ohne Verstand sprechen. Auch läßt sich der Realismus von Savants nicht über eine vermeintlich fehlende Konzeptualisierungsfähigkeit erklären.

Kein Interesse am Allgemeinen?

Nun ist das begriffliche Denken sicherlich kein Alles-oder-nichts-Phänomen, und die Frage ist vielleicht nicht, ob Savant-Künstler überhaupt begrifflich denken oder nicht, sondern ob sie es genauso selbstverständlich und automatisch tun wie Durchschnittsmenschen. Auch wenn Savants also durchaus in der Lage sein mögen, Objekte zu klassifizieren, haben sie vielleicht kein *Interesse* daran, den Gegenstand, den sie zeichnen, zu klassifizieren. Vielleicht fühlen sie sich stärker von all seinen kleinen Details und Besonderheiten angezogen. Dieses mangelnde Interesse an der Einordnung des Objekts könnte es ihnen erleichtern, sich ausschließlich auf die Form und nicht auf die Art des Objekts zu konzentrieren. Mit den Worten des Neurologen Oliver Sacks, der ausführlich über das Savant-Syndrom geschrieben hat: »Das Abstrakte, das Kategorielle ist für Autisten nicht von Interesse – ihr Augenmerk gilt ausschließlich dem Konkreten, dem Besonderen, dem Einzigartigen.«[36]

Die Konzentration auf Einzelheiten könnte auch erklären, weshalb Zeichnungen von Savants häufig ohne große emotionale Ausdruckskraft sind. Gewiß, sie zeichnen und malen mitunter durchaus ausdrucksstarke Bilder, wie Cathys Darstellung in Abbildung 5.3 beweist. Aber typischer ist, daß die Savant-Kunst die äußere Welt mit erstaunlicher Genauigkeit widerspiegelt und wenig emotionalen Ausdruck zeigt.

Savant-Zeichner und zeichnerisch begabte Kinder

Savant-Zeichner weisen also viele Gemeinsamkeiten mit hochbegabten Kindern auf. Sie produzieren Unmengen von Bildern, sie sind in ihrer Fähigkeit, realistisch zu zeichnen, ihrem geistigen Entwicklungsstand um Jahre voraus, und sie scheinen zumindest gelegentlich am Endprodukt interessiert zu sein.

Aber es gibt schon gewisse Unterschiede zu nichtbehinderten Kindern mit zeichnerischer Begabung. Die Savant-Begabung unterliegt stärkeren Einschränkungen. Zum einen konzentrieren sich Savants fast immer auf die Besonderheiten der äußeren Welt. Sie stellen selten Menschen in ihren Beziehungen zueinander dar, und sie zeichnen oder malen kaum mit Gefühlsausdruck. Genaugenommen zeichnen sie fast überhaupt keine Menschen. Nadia spezialisierte sich auf Tiere, Stephen Wiltshire auf Gebäude. Autisten sind im allgemeinen in ihren Fähigkeiten und Interessen eingeschränkt. So kennen sie vielleicht alle Zugfahrpläne auswendig, haben aber kein Interesse daran, tatsächlich mit dem Zug zu fahren.

Zeichnungen von Savants sind keine Spiegel ihrer inneren Welt, wahrscheinlich weil ihre innere Welt verarmt ist. Zeichnerisch begabte Kinder erzählen mit ihren Bildern Geschichten, die offenbar von großer emotionaler Bedeutung für sie sind – zum Beispiel Szenen aus *Star Wars* oder *Batman* –, und sie erschaffen Phantasiewelten, in die sie mit jeder Zeichnung zurückkehren. Denken Sie daran, wie Peter den Trickfilm entdeckte, als er Szenen aus *der kleinen Meerjungfrau* zeichnete. Solche Kinder lassen auch häufig humorvolle Elemente in ihre Bilder einfließen. Ein hochbegabtes Kind, das von Milbrath beschrieben wurde, zeichnete eine lesende Frau, die geistesabwesend zur falschen Seite greift und statt ihrer Katze eine Ananas streichelt. Savants machen keine Scherze in ihren Bildern (Autisten können viele Arten von Humor nur schwer verstehen). Und trotz der Tatsache, daß sie Bilder klassifizieren können und folglich *die Bedeutung der Objekte begreifen*, enthalten ihre Darstellungen weniger persönliche und narrative Elemente als die Bilder von zeichnerisch hochbegabten Kindern oder Wunderkindern.[37]

Trotz allem gibt es Verbindungen zwischen der Savant-Kunst und der Kunst von nichtbehinderten Kindern mit hoher zeichnerischer Begabung. Für mich ist das ein Indiz dafür, daß die Kunstfertigkeit der hochbegabten Kinder Ausdruck einer visuell-räumlichen Intelligenz ist und zumindest bis zu einem gewissen Grad unabhängig von jenen verbalen und mathematischen Fähigkeiten besteht, die durch IQ-Tests gemessen werden.

Savants am Klavier

Die Domäne, in der die größte Zahl von Savants ermittelt wurde, ist wie bei kindlichen Talentwundern die Musik. Savant-Musiker sind in der Regel blind und retardiert, aber wie oben erwähnt gibt es keine scharfe Trennung zwischen retardierten und autistischen Savants; alle zeigen autistische Tendenzen. Wir wissen nichts über den Einfluß der Kultur auf den musikalischen Savantismus. So ist zum Beispiel nicht bekannt, ob es musikalische Savants in Kulturen ohne abendländische Tonleiterstrukturen gibt, und wenn ja, ob ihr Fähigkeitsmuster dem von westlich geprägten Savants entspricht. Im Bereich der bildenden Kunst ist immerhin ein Fall von Savantismus in Japan dokumentiert, und dieser Savant wies die gleichen Fähigkeiten auf wie die entsprechenden Savants in der westlichen Welt.[38]

Wie die Savant-Zeichner weisen auch die Savant-Musiker mehrere wichtige Gemeinsamkeiten mit normalen Hochbegabten auf. Ebenso wie bei nichtbehinderten Kindern mit musikalischer Begabung macht sich auch das Talent der Savants in frühester Kindheit bemerkbar. Tatsächlich ist nur ein Fall eines Savant-Musikers bekannt, dessen Begabung sich erst relativ spät entfaltete. Es handelt sich um den bereits erwähnten Stephen Wiltshire, bei dem man eine außergewöhnliche musikalische Begabung feststellte, nachdem er bereits mit seinen Bildern Furore gemacht hatte. Wiltshire ist auch eine der Ausnahmen von der Regel, daß Savants nur in einer einzigen Domäne eine besondere Befähigung zeigen. Soweit Savants in mehr als einer Domäne besondere Begabungen an den Tag legen, ist es wahrscheinlich, daß für alle Savant-Fertigkeiten die gleiche grundlegende Erklärung gilt.[39]

Die frühen Anzeichen des Talents bei musikalischen Savants sind identisch mit denen von musikalischen Wunderkindern. Eltern von solchen Savants haben festgestellt, daß ihre Kinder im Alter von ein oder zwei Jahren im richtigen Ton und Rhythmus singen konnten und zahlreiche lange und komplizierte Lieder beherrschten. Die Kinder zeigten sehr früh ein großes Interesse an Musik und starke emotionale Reaktionen. Ein Dreijähriger saß wie gebannt drei Stunden vor dem Fernseher und hörte sich eine Oper an, obwohl er normalerweise nicht einmal die halbe Stunde der *Sesamstraße* durchhielt. Seine außergewöhnliche Konzentrationsfähigkeit war auf die Domäne der Musik beschränkt. Ein anderes Kind, das seiner Umwelt ansonsten völlig teilnahmslos begegnete, interessierte sich brennend für Musik und reagierte – wie Mozart – sehr empfindlich auf laute Geräusche.[40]

Von diesen Kindern wird berichtet, daß sie im Alter von drei Jahren viele Lieder in allen erdenklichen Tonarten auf dem Klavier spielen konnten und sich im Alter von vier Jahren Sonatenpassagen, die sie gehört hatten, auf dem Klavier zusammensuchen konnten. Wie musikalische Wunderkinder haben auch alle musikalischen Savants ein phänomenales Gedächtnis und können fehlerfrei fast alles nachspielen, was sie hören. Wie die zeichnerisch begabten Savants schaffen auch die Savant-Musiker Werke, die den Gegenstand der Aufmerksamkeit mit äußerster Genauigkeit wiedergeben. Der Savant-Zeichner fertigt Bilder an, die alle Einzelheiten des Objekts einfangen; der Savant-Musiker spielt aus dem Gedächtnis Melodien nach, ohne eine einzige Note auszulassen.[41]

Ähnlich wie bei den zeichnenden Savants, deren Begabung auf die konzentrierte Wahrnehmung der äußeren Welt und auf einen visuellen Realismus beschränkt ist, ist die Begabung musikalischer Savants normalerweise an das Klavier gebunden. Vielleicht liegt es daran, daß das Klavier das bekannteste Instrument ist, das eine Eins-zu-eins-Kartographie von Taste und Ton ermöglicht, weil die Tasten in einer kohärenten, räumlich-linearen Abfolge arrangiert sind, ganz anders als bei der Geige, für die man Bogenstriche und Fingertechniken beherrschen muß, um reine Töne zu erzeugen.[42]

Anders als viele berühmte Musiker und Komponisten (ohne Savant-Syndrom) haben fast alle bekannten Savant-Musiker das absolute Gehör. Sie können jede Note erkennen, ganz gleich an welcher Stelle der Tonleiter sie sich befindet, und ganz gleich, auf welchem Instrument sie gespielt wird. Das fast universelle Vorkommen des absoluten Gehörs bei musikalischen Savants hängt vielleicht damit zusammen, daß es bei Autisten generell sehr häufig auftritt (bei einem von zwanzig). Eine weitere spezifische Population, bei der das absolute Gehör relativ häufig vorkommt, sind Personen mit Williams-Syndrom. Bei dieser Anomalie sind hochentwickelte auditive, musikalische und sprachliche Fähigkeiten mit retardierten Fähigkeiten im Zeichnen und schlußfolgernden Denken verbunden. Das absolute Gehör könnte also, vor allem in bestimmten Gruppen, ein Kennzeichen der musikalischen Begabung sein.[43]

Wie ungarische Geiger oder improvisierende Jazzmusiker spielen Savant-Musiker nach Gehör und lesen nur selten vom Blatt. Auch hier unterscheiden sie sich von nichtbehinderten hochbegabten Musikern. Ein weiterer Unterschied besteht darin, daß es sich bei Savant-Musikern häufig um Frühgeborene handelt und daß sie häufig blind sind. Die Blindheit ist meistens eine Folge der sogenannten retrolentalen Fibroplasie, eine Krankheit, die durch die Verabreichungen großer Sauerstoffmengen an Frühgeborene verursacht wird. Die wiederkehrende Triade von Blindheit, Retardation und Musikalität, auf die ich im nächsten Kapitel noch ausführlich eingehen werde, ist möglicherweise ein Anhaltspunkt für die biologischen Ursachen des Savantismus.[44]

Ein berühmtes Beispiel für einen blinden, retardierten Savant-Pianisten war »Blind Tom«, ein Sklavenjunge, der als Vierjähriger jedes Klavierstück nach einmaligem Anhören mit allen Akzenten und Rhythmen fehlerfrei nachspielen konnte. Seine Begabung wurde von Colonel Bethune entdeckt, dem Sklavenhalter, an den man ihn verkauft hatte. Bethune hörte spät nachts Klavierspiel aus dem Salon und ging neugierig hinunter. Dort saß der vierjährige Tom und spielte fehlerfrei eine Mozart-Sonate, die er während der Klavierstunden der Töchter Bethunes gehört hatte.[45]

Tom erhielt nie eine formale musikalische Ausbildung, aber er konnte schon bald perfekt jedes Stück reproduzieren, das er nur einmal gehört hatte. Mit elf Jahren wurde er getestet, und man stellte fest, daß er sogar zwanzigseitige Kompositionen nach einmaligem Anhören nachspielen konnte. Als Erwachsener beherrschte Tom ein Repertoire von vielen hundert Stücken.[46]

Toms Erinnerungsvermögen erstreckte sich neben der Musik auch noch auf andere auditive Informationen: Er konnte Konversationen von bis zu fünfzehn Minuten Länge fehlerfrei wiederholen; er konnte auch französische und deutsche Lieder (deren Inhalt er natürlich nicht verstand) nach einmaligem Hören nachsingen.[47]

Erklärungsansätze für die Begabung musikalischer Savants

Man ist leicht versucht, Savant-Musikern jede echte Begabung abzusprechen, indem man ihr Gedächtnis mit einem seelenlosen Tonbandgerät vergleicht, so wie man auch dazu neigt, Savant-Malern eine echte Begabung abzusprechen, indem man ihnen ein rein fotografisches Gedächtnis unterstellt. Aber wie bei den zeichnenden Savants, die durchaus in der Lage sind, visuelle Eindrücke zu konzeptualisieren und zu klassifizieren, zeigen auch musikalische Savants ein Verständnis für die grundlegenden Strukturen der Musik. Toms Fähigkeit erschöpfte sich nicht in der reinen Nachahmung, denn er konnte als Sechsjähriger über jede Melodie improvisieren. Und er konnte eine Melodie, die er zum erstenmal hörte, aus dem Stegreif auf dem Klavier begleiten. Toms Fähigkeiten gingen also wie die von Nadia weit über die bloße Reproduktion von gegebenen Informationen hinaus.

Hermelin, O'Connor und ihre Mitarbeiter haben in experimentellen Studien nachgewiesen, daß Savant-Musiker über das gleiche musikalische Verständnis verfügen wie nichtbehinderte Musiker. Die Studien zeigen, daß die Fähigkeiten von musikalischen Savants nicht auf einem mechanischen auditiven Gedächtnis basieren. Vielmehr haben Savant-Musiker die Struktur und die Regeln der Musik verinnerlicht, und diese Struktur beeinflußt die Art ihres Erinnerungsvermögens. Genauso wie das musikalische Wunderkind Nyiregyhazi konnte sich auch der musikalische Savant N. P. besser an Noten erinnern, die durch vertraute Harmonien und Rhythmen verbunden waren, als an willkürlich aneinandergereihte Noten. Man hat das Gedächtnis von N. P. mit dem eines gleichaltrigen professionellen Musikers mit gleich langer Klavier-Erfahrung verglichen. Beide wurden aufgefordert, sich zwei Musikstücke zu merken: Das eine war ein traditionelles klassisches Stück auf diatonischer Basis, das andere eine halb-atonale Komposition von Bartók. N. P. behielt das traditionelle Stück besser als der professionelle Musiker und das atonale Stück genauso gut. Wichtig war vor allem, daß er das tonale Stück besser im Gedächtnis behielt als das atonale.[48]

Wenn das Gedächtnis von N. P. rein nachahmend gewesen wäre, hätte er beide Stücke gleich gut reproduzieren müssen – wie ein Tonbandgerät (so wie man auch bei den Savant-Zeichnern erwartet hätte, daß sie sich abstrakte Bilder genausogut merken können wie gegenständliche). Die Tatsache, daß sich N. P. besser an das Stück erinnern konnte, das auf den vertrauten Regeln der klassischen Musik beruhte, bedeutet, daß sein Gedächtnis genauso wie das von Nyiregyhazi »strukturorientiert« war. Wie die Savant-Maler, deren Gedächtnisleistungen auf Konzeptualisierungen aufbauen (sie können sich besser an Bilder der gleichen Kategorie als an Bilder der gleichen Form erinnern), zeigen auch musikalische Savants ein strukturorientiertes Gedächtnis (sie erinnern sich besser an Musikstücke, die vertrauten Regeln entsprechen). In beiden Fällen kann man also nicht den Schluß ziehen, daß das hier operierende Erinnerungssystem völlig automatisch und unbeeinflußt vom begrifflichen Denken ist.[49]

Tatsächlich beweisen die Improvisations- und sogar Kompositionsfähigkeiten von Savants, daß sie musikalische Regeln verinnerlicht haben. Als man Savants und musikalisch begabte Kinder zum Komponieren aufforderte, schnitten die Savants besser ab als die Kinder. Sie waren besser in der Lage, unvollständige Melodien weiterzuführen und neue Melodien zu erfinden, einschließlich solcher mit Begleitstimmen. Außerdem wurden ihre Kompositionen als komplexer, ausgewogener und taktsicherer beurteilt.[50]

Natürlich haben sie in diesem Fall komponiert, weil sie dazu aufgefordert wurden. Es gibt nur einen dokumentierten Fall, in dem ein Savant – L. L. – aus eigenem Antrieb komponierte. Der typische Savant-Musiker spielt Stücke aus dem Gedächtnis und improvisiert. Es ist kein Fall bekannt, in dem ein Savant sich vorzugsweise mit dem Komponieren beschäftigte. So wie Savant-Zeichner mit ihren Bildern in aller Regel die äußere Welt und keine Phantasiewelten wiedergeben, spielen (und improvisieren) Savant-Musiker eher bekannte Stücke nach, als neue zu komponieren.[51]

Der Stil von Savant-Musikern ist als hölzern und mechanisch, als bar jeden Gefühls beschrieben worden. Diese Beurteilung würde mit der früher vertretenen Ansicht übereinstimmen, daß Savants zum abstrakten Denken nicht fähig und pathologisch auf das Konkrete fixiert sind. Man hat ihre Musik als farblos, stereotyp und mechanisch charakterisiert und darauf verwiesen, daß sie in dieser Hinsicht den Savant-Zeichnern gleichen, die eher Ecken und Linien als Gefühle darstellen. Aber genauso wie es Savant-Zeichner gibt, die durchaus ausdrucksstarke Bilder schaffen, gibt es auch Savant-Musiker, die mit sehr viel Gefühl und Ausdruck spielen. Savants reagieren häufig mit starken Emotionen auf die Musik, die sie spielen, sie haben Freude am Spiel und sie zeigen starke Präferenzen für bestimmte Arten von Musik. Vielleicht erleben Savants durchaus Emotionen, können ihre Gefühle aber wie die meisten Autisten nur schwer ausdrücken und mitteilen.[52]

Wie zeichnerisch begabte Savants ähneln auch die musikalisch begabten Savants ihren nichtbehinderten Kollegen. Ihre musikalischen Fähigkeiten sind im Grunde nicht von denen musikalischer Wunderkinder zu unterscheiden, das trifft insbesondere für Wunderkinder mit absolutem Gehör zu. Aber auch hier gilt wieder, daß sie in ihren musikalischen Optionen eingeschränkter sind als Wunderkinder. Savants spielen fast ausschließlich Klavier, sie können keine Noten lesen, und sie komponieren nur selten. Diese Begrenztheit der Möglichkeiten ist, wie gesagt, charakterisch für alle Autisten, nicht nur für Savants.

Die Rechenkünstler unter den Savants

Die Existenz von rechnenden Savants deutet darauf hin, daß ein bestimmter Aspekt der mathematischen Begabung, nämlich die Fähigkeit zum Rechnen, unabhängig von anderen Formen der Intelligenz zum Ausdruck kommen kann. Dies scheint allerdings der einzige Teil der Mathematik zu sein, der relativ geringe Anforderungen an ein begriffliches Denken stellt.

Auch die Savant-Rechner sind also in ihren mathematischen Fähigkeiten stark eingeschränkt. Die sogenannten »Kalenderrechner«, die sofort sagen können, auf welchen Wochentag irgendein beliebiges Datum fällt, können zwar rechnen, aber nur bezogen auf alles, was mit Kalendern zu tun hat. »Blitzrechner«, die in Null Komma nichts komplizierte Rechenaufgaben im Kopf lösen, beherrschen ausschließlich diesen Bereich der Mathematik. Diese Rechenkünstler verfügen also nur über eine »Teilfähigkeit« der mathematischen Begabung. (Manche Mathematiker können nicht einmal besonders gut rechnen. Das Rechnen gilt nicht als Hauptfähigkeit der mathematischen Begabung.) Aus diesem Grund gleichen rechnende Savants »normalen« Rechenkünstlern, nicht aber Mathematikern.[53]

Savant-Rechenkünstler sind besessen von Zahlen. Wie mathematisch hochbegabte Kinder bringen sie die Welt in eine mathematische Form und verwandeln alles in Zahlen. Aber während mathematische Wunderkinder von den Mustern und Beziehungen zwischen Zahlen fasziniert sind, scheinen rechnende Savants eher fasziniert von der mechanischen, monotonen Aktivität des Zählens. Ein Blitzrechner, den man mit ins Theater genommen hatte, beschäftigte sich damit, die Anzahl der Wörter zu zählen, die jeder Schauspieler äußerte, und rechnete aus, wie oft jeder von der Bühne abging und wieder auftrat.[54]

Blitzrechner, die komplexe Zahlenprobleme »schnell wie der Blitz« lösen können, benutzen nie Papier und Stift und sind manchmal sogar schneller als ein Computer. Fuller, ein Sklavenjunge wie Blind Tom, war besessen vom Zählen. Er zählte die Haare auf dem Schwanz einer Kuh. Ob sein Ergebnis von 2872 korrekt war, ist dabei weniger interessant als die Tatsache, daß er diese langweilige Aufgabe nicht nur auf sich nahm, sondern davon besessen war. Er konnte Multiplikationen mit neunstelligen Zahlen rasch und mühelos im Kopf lösen. Er brauchte zwei Minuten, um auszurechnen, wie viele Sekunden eineinhalb Jahre haben.[55]

Diese Rechenkünstler scheinen ein fotografisches Gedächtnis für Zahlen zu haben. Fuller konnte zum Beispiel eine lange Rechnung anfangen, mittendrin aufhören, und dann Jahre später genau an der Stelle weitermachen, wo er abgebrochen hatte, so als würde er alte Notizen durchgehen. Hier zeigt sich die gleiche herausragende Fähigkeit zu einer zeitlich verzögerten Wiedergabe wie bei den Savant-Malern, die noch nach Jahren einmal gesehene Motive perfekt nachzeichnen können, oder wie bei den Savant-Musikern, die Stücke nachspielen können, die sie vor vielen Jahren gehört haben.

Das fotografische Zahlengedächtnis der rechnenden Savants erlaubt ihnen, zwölfstellige Zahlen für den Bruchteil einer Sekunde anzuschauen und dann die Ziffern rückwärts, vorwärts oder von einer beliebigen Stelle aus auswendig aufzusagen. Hierin ähneln sie den Savant-Malern, die eine Zeichnung an einer beliebigen Stelle anfangen können und zum Schluß ein vollendet proportioniertes Bild vorweisen können. Beide Fähigkeiten basieren offenbar auf einer verinnerlichten Repräsentation von großer Stärke und Lebendigkeit.[56]

Verständnis für Regeln

Die Rechenfähigkeiten von Savants beruhen nicht auf einem rein mechanischen Gedächtnis. Um blitzschnell zwei dreistellige Zahlen miteinander zu multiplizieren und die Lösung aus dem Gedächtnis abzurufen, wären eine Million Informationsbits erforderlich. Studien haben gezeigt, daß Savants die gleiche Art von Rechenfehlern machen wie normale Mathematiker. Das läßt darauf schließen, daß sie beim Rechnen genauso wie nichtbehinderte Mathematiker Algorithmen anwenden und die Lösungen keineswegs aus einem riesigen Gedächtnisfaß schöpfen. Es gibt allerdings keine Hinweise darauf, daß sie sich dieser Regeln bewußt sind. Auch hier unterscheiden sie sich von nichtbehinderten Mathematikern, die zweifellos mit einem expliziten Verständnis mathematischer Gesetze arbeiten.[57]

Savant-Rechenkünstler gehen bei ihrer Tätigkeit also nicht völlig automatisch und mechanisch vor. Sie orientieren sich an numerischen Gesetzmäßigkeiten genauso, wie sich Savant-Musiker an musikalischen Strukturen und Savant-Maler an graphischen Strukturen orientieren.

Die »Kalenderrechner« unter den Savants sind vielleicht noch bizarrer als die Blitzrechner, weil sie sich einer Aktivität widmen, an die gewöhnliche Erwachsene oder Wunderkinder wohl nicht im Traum denken würden. Diese Savants können angeben, auf welchen Wochentag ein beliebiges Datum fällt, ob in der Vergangenheit, Gegenwart oder Zukunft – 10. März 1795, 1. Dezember 1400, 8. Juli 2201 usw. Sie können auch das Gegenteil – im Handumdrehen die Jahre nennen, in denen der 15. März auf einen Montag fällt.

Die berühmtesten Kalenderrechner sind George und Charles, eineiige, retardierte Zwillinge, die drei Monate zu früh geboren wurden. Ihr IQ wurde zweimal gemessen und schwankte zwischen 40 und 70. Beide waren fasziniert von Kalendern und beschäftigten sich als Kinder stundenlang mit immerwährenden Kalendern. George fing im Alter von sechs Jahren an, kalendarische Berechnungen anzustellen. Einige Jahre später entdeckte auch Charles sein Interesse an dieser Beschäftigung und vollbrachte dieselben verblüffenden Leistungen wie sein Zwillingsbruder.[58]

Wie die Blitzrechner stützen sich auch die Kalenderrechner nicht auf ein mechanisches Erinnerungsvermögen, sondern orientieren sich an den Regeln und Gesetzmäßigkeiten des Kalenders. Dafür gibt es eindeutige Beweise. So können sie zum Beispiel auch künftige Daten berechnen, was beweist, daß sie die Lösungen nicht einfach aus dem Gedächtnis ablesen, weil sie noch keine Kalender mit künftigen Daten gesehen haben. Außerdem können sie Kalenderdaten, die achtundzwanzig Jahre auseinanderliegen, besonders schnell berechnen; sie wissen also offensichtlich in irgendeiner Form von der Regel, daß sich Kalenderschemata alle achtundzwanzig Jahre wiederholen.[59]

Kalenderrechner scheinen demnach über ein gewisses (vermutlich unbewußtes) Wissen von kalendarischen Gesetzmäßigkeiten zu verfügen, so wie musikalische Savants über eine gewisse Vertrautheit mit musikalischen Gesetzmäßigkeiten verfügen. Sie können allerdings nicht erklären, was sie tun: »Es ist in meinem Kopf, und ich mache es«, sagte einer der Zwillinge.[60]

Die Grenzen der Savant-Begabungen

Savants übertreffen Wunderkinder häufig in der Genauigkeit ihres Erinnerungsvermögens. Nadia zeichnete mit einem höheren Maß an Realismus als Wunderkinder im gleichen Alter. Das musikalische Gedächtnis von Blind Tom war zweifellos größer als das der meisten musikalischen Wunderkinder. Und mathematische Wunderkinder haben nicht die Fähigkeit (oder die Neigung), riesige Mengen an Zahlen und Daten auswendig zu lernen. Das Gedächtnis von Savants operiert also offenbar detailgetreuer und automatischer als das von allen möglichen Wunderkindern.

Da jedoch erwiesen ist, daß Kalender- und Blitzrechner Regeln anwenden und sich eher auf Rechenoperationen als auf reine Gedächtnisleistungen stützen, daß sich Savant-Musiker an musikalischen Strukuren orientieren und daß Savant-Zeichner Objekte nach ihrer Bedeutung klassifizieren, muß man alle Generalisierungen ablehnen, die solche Fähigkeiten von Savants ausschließlich auf ein »tumbes« mechanisches Gedächtnis zurückführen wollen. Schon die Tatsache, daß das Savant-Syndrom nur in Domänen auftritt, die sich durch klare, genau festgelegte Regeln auszeichnen (visueller Realismus, tonales Klavierspiel, Rechnen, Kalenderberechnungen), ist zweifellos relevant. Wenn die Anwendung von Regeln ohne Bedeutung für Savants wäre, würde man sie auch in Domänen ohne solche klaren Gesetzmäßigkeiten finden – im Bereich der atonalen Musik, abstrakten Malerei oder Fiktion.

Auch in anderer Hinsicht gleichen Savants extrem hochbegabten Kindern. Savants sind besessen von ihrer Begabungsdomäne. Sie haben den unstillbaren Drang, ihre spezielle Fähigkeit auszuüben. Und wie hochbegabte Kinder brauchen sie wenig Ermutigung, Unterstützung oder Anleitung, um die Struktur ihrer Domäne zu entdecken.

Trotz der Tatsache, daß Savants in allen Bereichen außer in ihrer speziellen Domäne so schwer beeinträchtigt sind, gleichen sie in wichtigen Hinsichten dem »normalen« hochbegabten Kind oder Wunderkind. Das deutet darauf hin, daß gewisse Begabungen – zumindest in jenen Domänen, in denen wir Savants finden – nahezu gänzlich unabhängig vom IQ bestehen. Soweit sich die Fähigkeiten von Savant-Künstlern nicht von denen normal hochbegabter Künstler unterscheiden, können wir den Schluß ziehen, daß die Fähigkeiten von normalen Hochbegabten unabhängig vom übrigen intellektuellen, sozialen und emotionalen Potential bestehen.

Aber weil sich Savants nicht auf andere Formen der Intelligenz stützen können (so fehlt es ihnen beispielsweise an interpersonaler Intelligenz und Selbstbewußtheit), sind sie in ihren Handlungsmöglichkeiten wesentlich eingeschränkter und haben offenbar weniger Optionen als hochbegabte Kinder. Die meisten Savant-Zeichner fertigen realistische Bilder an; Savant-Musiker spielen ausschließlich Klavier; und Savant-Mathematiker können nur rechnen. Wenn zeichnerisch begabte Savants einen durchschnittlichen IQ hätten, wären sie möglicherweise in der Lage, in den unterschiedlichsten Stilrichtungen zu zeichnen und ihren Werken mehr Bedeutung und emotionalen Ausdruck zu verleihen. Musikalisch begabte Savants könnten vielleicht Geige spielen, ein Instrument ohne Eins-zu-eins-Entsprechung von Ton und physikalischer Notenposition. Und die rechnerisch begabten Savants könnten vielleicht erklären und beweisen, wie sie zu einer bestimmten Lösung gelangen.

Während einige Wunderkinder zu kreativen Erwachsenen heranreifen, die innovativ in ihren Fachgebieten wirken, haben Savants ihre Domänen noch nie in irgendeiner Weise verändert. Dieser Mangel an domänenverändernder Kreativität könnte ebenfalls eine Folge des niedrigen IQ sein. Soweit die Fähigkeiten von hochbegabten Kindern von denen der Savants abweichen, müssen wir den Schluß ziehen, daß die Fähigkeiten hochbegabter Kinder nicht ausschließlich domänenspezifisch sind, sondern auch andere Intelligenzformen miteinschließen, die den Savants fehlen.

Die Fähigkeiten von hochbegabten Kindern und Savants sind so außergewöhnlich, daß wir häufig keine Erklärung dafür finden. Woher kommen diese Fähigkeiten? Kann man sie auf Motivation und Übung zurückführen, oder handelt es sich um angeborene »Talente«, die ins Gehirn eingebaut sind?

VI.

Vererbung und Hochbegabung

Zu den Ursprüngen der Begabung gibt es im Grunde zwei diametral entgegengesetzte Mythen. Nach landläufiger, »populärpsychologischer« Auffassung ist Talent etwas durch und durch Angeborenes: Man hat es oder man hat es nicht. Die Fähigkeiten eines Mozart, Picasso, Newton oder Einstein sind so unvorstellbar für uns, daß wir diese Leute kurzerhand zu geborenen Genies erklären. Die Umwelt spielt keine besonders entscheidende Rolle, wenn Talente angeboren und größtenteils festgelegt sind.

Der Erklärungswert dieser Theorie hält sich natürlich in Grenzen, solange wir nicht angeben können, wie und warum hochbegabte Menschen von Geburt an anders sind. Psychologen stehen populärpsychologischen Weisheiten generell ablehnend gegenüber, und die landläufige Interpretation der Begabung bildet da keine Ausnahme. Die Psychologen haben jedoch ihren eigenen Mythos: Für sie ist Begabung ausschließlich ein Produkt der Umwelt. Ihrer Ansicht nach kann man auch das höchste Begabungsniveau, wie es zum Beispiel von Wunderkindern, Savants und schöpferischen Erwachsenen erreicht wird, durch ein intensives und frühzeitig einsetzendes Training hinlänglich erklären.

Eine ähnliche Auffassung vertrat Shinichi Suzuki, der die »Suzuki-Methode« für den Musikunterricht erfand: »Jedes Kind wird mit der Fähigkeit geboren, eine reiche Musikalität zu entwickeln, wenn es richtig erzogen wird ... Es gibt kein angeborenes Musiktalent«, schrieb er. Das hohe Leistungsniveau von durchschnittlichen Kindern, die nach der Suzuki-Methode unterrichtet werden, belegt, daß alle Kinder über ein beträchtliches Maß an Musikalität verfügen, und das hohe schulische Leistungsniveau von durchschnittlichen japanischen Kindern beweist, daß alle Kinder über eine größere intellektuelle Begabung verfügen, als wir vielleicht vermuten. Aber die Ergebnisse von Suzuki führen nicht zu der Schlußfolgerung, daß es keine angeborenen Unterschiede in musikalischen Fähigkeiten gibt. Auch lassen sie nicht den Schluß zu, daß alle Kinder mit dem entsprechenden Training das Niveau eines Mozart erreichen könnten. Die Ansicht, daß alle Leistungen ausschließlich vom richtigen Training abhängen, bedeutet eine Rückkehr zum mittlerweile diskreditierten Behaviorismus, der die Psychologie in der ersten Hälfte des 20. Jahrhunderts beherrschte. Trotzdem neigen heute mehr und mehr experimentelle Psychologen, die sich mit dem Thema Lernen befassen, zu einer umweltbezogenen Sichtweise der Begabung.[1]

Lassen Sie uns einige Indizien untersuchen, die für diese Auffassung sprechen könnten. Benjamin Bloom, der berühmte Persönlichkeiten aus Bereichen wie Mathematik, bildende Kunst, Musik und Sport untersuchte, kam zu dem Ergebnis, daß kein einziger seiner Probanden sein herausragendes Können ohne eine unterstützende und ermutigende Umwelt erworben hatte, einschließlich einer langen und intensiven Ausbildungszeit, zunächst durch einfühlsame, warmherzige Lehrer, später dann durch anspruchsvolle und strenge Meister des Fachs. Diese Studie wird oft als starkes Indiz dafür zitiert, daß berühmte Erwachsene als völlig normale Kinder an den Start gingen, aber hingebungsvolle Eltern und Lehrer fanden, die sie zu langer und harter Arbeit motivierten.

Doch wenn man die Kindheitsbeschreibungen dieser berühmten Persönlichkeiten genauer unter die Lupe nimmt und zwischen den Zeilen liest, zeigt sich, daß es schon in sehr jungen Jahren, vor jedem umfassenden Training, klare Anzeichen für eine außergewöhnliche Begabung gab. Die Musiker erinnerten sich, daß sie sehr schnell Klavierspielen lernten und daß Eltern und Lehrer etwas Besonderes in ihnen sahen. Die Bildhauer berichteten, daß sie als Kinder unentwegt zeichneten, normalerweise in einem realistischen Stil, und außerdem Freude daran hatten, mit ihren Händen zu arbeiten, zu bauen und zu basteln. Die Mathematiker erinnerten sich, daß sie fasziniert von Getrieben, Ventilen, Meßgeräten und Anzeigen waren und daß man sie als Kinder für »sehr intelligent« hielt. Die Mehrheit der Befragten erklärte, daß ihnen das Lernen in ihrer speziellen Domäne leicht gefallen sei, während sie auf anderen Gebieten mehr Mühe mit dem Lernen gehabt hätten. Eine ähnliche Geschichte wird in dem Buch und dem darauf basierenden Film *Searching for Bobby Fisher, the True Story of a Chess Prodigy* (Dt.: *Das Königsspiel*) erzählt. Das Wunderkind Josh Waitzkin dachte sich eine komplizierte Strategie bei seiner allerersten Schachpartie aus, nachdem er nur ein paarmal bei dem Spiel zugeschaut hatte. Er startete einen Angriff, bei dem er die Spielzüge mehrerer Figuren kombinierte. Das hatte ihm niemand beigebracht. Gewiß, Josh hat dann später unzählige Stunden geübt und trainiert. Aber er war von Anfang an ungewöhnlich. Solche Beispiele lassen den Schluß zu, daß harte Arbeit notwendig ist, wenn man ein Meister seines Fachs werden will, aber *nicht* den Schluß, daß sie ausreichend ist.[2]

Vertreter des Umweltansatzes berufen sich auch häufig auf die Arbeiten des Psychologen Anders Ericsson. Dieser hat bewiesen, daß das erreichte Leistungsniveau beim Klavier- und Geigenspiel, bei Schach, Bridge und Sport in hohem Grade mit dem reinen Ausmaß an »gezielter Übung« korreliert. Wer mehr Zeit darauf verwendet, immer wieder an schwierigen Problemen zu arbeiten, um seine Leistung zu vervollkommnen (gezielte Übung), erreicht das höchste Niveau. Im Hinblick auf die Bereiche Musik, Ballett und Schach stellte Ericsson zudem fest, daß das Leistungsniveau um so höher war, je früher der erste Kontakt mit der Domäne hergestellt wurde, also je früher die gezielte Übung einsetzte. Je früher man anfängt, desto mehr Stunden gezielter Übung kommen zusammen.[3]

Aber auch diese Ergebnisse belegen nur, daß gezielte Übung eine notwendige, nicht aber, daß sie eine ausreichende Voraussetzung ist. Die Kinder mit der größten Begabung werden vermutlich diejenigen sein, die das stärkste Interesse an einer bestimmten Aktivität zeigen, die früh mit der Arbeit an dieser Aktivität beginnen, die am härtesten daran arbeiten und die am meisten von der Übung profitieren. Wer schnelle Fortschritte mit relativ wenig Anstrengung erzielt, wird wahrscheinlich härter und ausdauernder arbeiten als andere, für die jeder Schritt eine elende Schinderei bedeutet. Man kann ein durchschnittliches Kind nicht dazu bringen, stundenlang am Klavier zu sitzen oder den ganzen Tag zu zeichnen oder Rechenaufgaben zu lösen. Die Kinder, die ich in diesem Buch beschreibe, sind wie Josh Waitzkin: Sie sind nicht zu bremsen. Es ist die glückliche Mischung aus besessener Ausdauer *und* Hochbegabung, die ihre erstaunlichen Leistungen bewirkt.

Natürlich führt die tägliche Arbeit an einer Fähigkeit zu Leistungsverbesserungen und ist erforderlich für die Entwicklung des Talents. Mit den Worten des Psychologen Howard Gruber, der kreative Erwachsene wie Charles Darwin und Jean Piaget studierte: »Übung ist nicht alles, aber ohne Übung ist alles nichts.« Das Bedürfnis, hart an etwas zu arbeiten, stundenlang zu üben und zu forschen, kommt jedoch von innen, nicht von außen. Diese intrinsische Motivation tritt normalerweise auf, wenn eine hohe angeborene Fähigkeit vorhanden ist, die auf genügend elterliche Ermutigung und Unterstützung trifft. Das leidenschaftliche Streben nach Beherrschung ist ein unabdingbarer Bestandteil jeder Begabung.[4]

Obwohl also Forscher wie Bloom und Ericsson eindeutig nachgewiesen haben, daß harte Arbeit wichtig ist, können ihre Ergebnisse die Bedeutung der angeborenen Begabung nicht widerlegen. Gelegentlich findet man Beispiele für harte Arbeit ohne angeborenes Talent. In der Domäne der bildenden Kunst gibt es einen veröffentlichten Zeichenrekord, der von einem Jungen namens Charles aufgestellt wurde. Charles war vom Zeichnen besessen und hat unermüdlich gearbeitet, aber kaum Fortschritte gemacht. Zwischen seinem zweiten und elften Lebensjahr schuf Charles über zweitausend Bilder von Eisenbahnzügen; die meisten zeichnete er im Alter zwischen sieben und neun Jahren. In seinem Können war Charles seinem Alter um etwa zwei bis drei Jahre voraus. Aber wie die Abbildungen 6.1, 6.2 und 6.3 zeigen, erreichten seine Bilder nie auch nur annähernd das Niveau von Eitan oder Peter, obwohl er gewisse Fortschritte machte. Zweifellos,

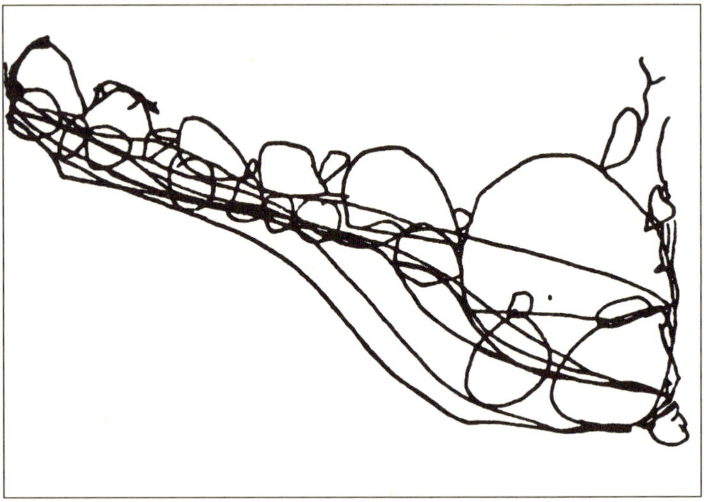

(a)

6.1. Serie von Zug-Bildern, die von Charles gezeichnet wurden. Sie zeigen die Früchte beharrlicher Übung ohne großes angeborenes Talent. (a) Mit zwei Jahren: Die Zeichnung zeigt Schienen und eine Differenzierung zwischen Lok und Waggons. (b) Mit drei Jahren: Zeichnung aus ungewöhnlicher Vorderansicht, mit kleiner werdende Schienen hinter dem Zug, aber ohne zusammenlaufende Linien.

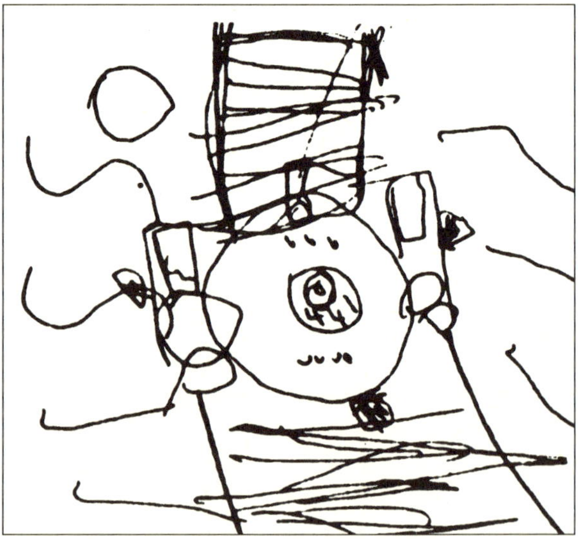

(b)

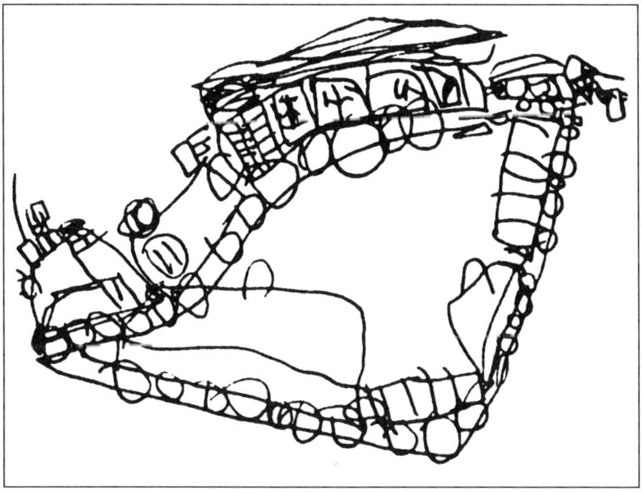

(c)

(c) Mit vier Jahren: Darstellung eines dreidimensionalen Raums durch vertikale Anordnung (die weiter entfernten Züge sind höher im Bild plaziert). (d) Mit fünf Jahren: Zeichnung mit unterschiedlich gestalteten Fracht- und Passagierwaggons.

Alle Zeichnungen von Charles finden sich in Hildreth (1941). Copyright 1941, Kings Crown Press. Nachdruck mit freundlicher Genehmigung der Columbia University Press.

(d)

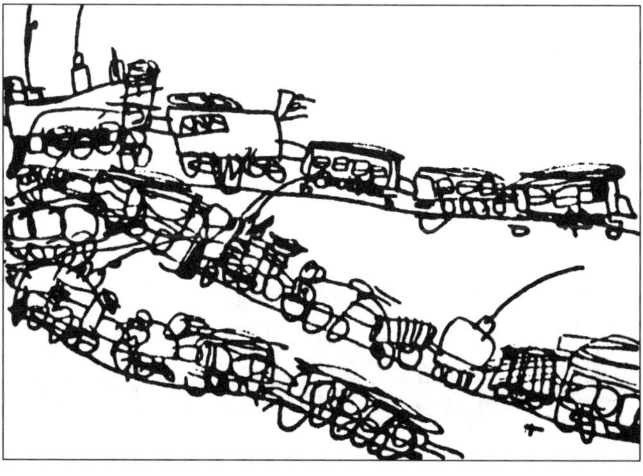

6. 2. Weitere Eisenbahnzüge, die Charles im Alter zwischen sechs und neun Jahren zeichnete. (a) Mit sechs Jahren: Die Zeichnung zeigt Eisenbahnzüge, die mit wachsender Distanz an Größe abnehmen. (b) Mit sieben Jahren: Die Zeichnung wirkt nicht weiter fortgeschritten als die Zeichnung, die er als Sechsjähriger anfertigte. (c) Mit acht Jahren: Zeichnung in üblicher Seitenansicht.

(a)

(b)

(c)

(d) Mit neun Jahren: Charles verwendet die Technik der abnehmenden Größe, um eine Tiefenwirkung zu erzeugen.

(d)

6.3. Eisenbahnzüge, die Charles im Alter von zehn und elf Jahren zeichnete. (a) Mit zehn Jahren: Zug in regelgerechter Seitenansicht. (b) Zeichnung im Alter von elf Jahren, mit zunehmender Detailfülle, aber immer noch in üblicher Seitenansicht.

(a)

(b)

seine Zeichnungen wurden komplexer, realistischer und routinierter. Aber ab dem vierten Lebensjahr gab es kaum noch Anzeichen einer Weiterentwicklung in seinen Bildern. Noch als Elfjähriger zeichnete er relativ schematisch und zeigte weder Eitans meisterhafte Beherrschung der Perspektive noch Peters Fähigkeit zur Darstellung von Bewegungsabläufen.[5]

Weitere Beispiele für die Effekte harter Arbeit ohne Talent kann man in jeder städtischen Vor- oder Grundschule im heutigen China finden. Chinesische Kinder erhalten ab dem dritten Lebensjahr, wenn sie in den Kindergarten kommen, systematischen Zeichenunterricht. Und ab dem sechsten Lebensjahr üben sie sich täglich in der Schönschreibkunst, indem sie Vorlagen kopieren. Durch akribische Unterweisungen lernen die Kinder Schritt für Schritt, wie man die vielfältigen graphischen Schemata der traditionellen chinesischen Malerei erzeugt. Sie zeichnen und malen Affen, Bambus, Goldfische, Krabben, Küken, Hähne usw. Sie werden genauestens darin unterwiesen, was für Linien sie ziehen müssen und in welche Richtung und in welcher Reihenfolge die Striche gemacht werden müssen. Sie lernen durch Nachahmung, aber irgendwann sind sie fähig, sich von den Vorlagen zu lösen und nach eigener Anschauung zu zeichnen. Während durchschnittliche Kinder im Westen praktisch überhaupt keine Instruktionen im Zeichnen erhalten, sondern einfach Materialien bekommen, mit denen sie experimentieren können, werden normale chinesische Kinder umfassend in grundlegenden Zeichentechniken geschult. Deshalb wirken die Bilder von durchschnittlichen chinesischen Kindern kontrolliert, ordentlich, gewandt und erwachsen, während die Bilder von Kindern aus der westlichen Welt frei, chaotisch, ungeübt und kindlich wirken. Vergleichen Sie die Abbildungen 6. 4 und 6. 5 von typischen chinesischen Kindern mit den Abbildungen 4. 2 und 4. 3 von typischen amerikanischen Kindern. Dieser Unterschied ist zweifellos ein Ergebnis der disziplinierten Übung, die chinesischen Kindern auferlegt wird.[6]

Das gleiche Phänomen kann man in der Domäne der Musik beobachten. Japanische Kinder, die nach der Suzuki-Methode im Geigenspiel unterrichtet werden, beginnen sehr früh mit dem Geigespielen und üben jeden Tag. Diese Kinder spielen auf eine disziplinierte, sichere und virtuose Weise und wirken oberflächlich betrachtet wie Wunderkinder.[7]

Doch obwohl die kleinen chinesischen Zeichner und die japanischen Suzuki-Geiger eindrucksvolle Leistungen erbringen, unterscheiden sie sich von den Kindern, die ich bisher beschrieben habe – von solchen, die nicht nur aus eigenem Entschluß malen, musizieren oder Rechenaufgaben lösen, sondern hartnäckig darauf *bestehen* und kaum äußere Anleitung brauchen, um ihre Domäne zu meistern. Durchschnittliche chinesische Kinder mögen virtuos zeichnen, aber man würde sie niemals mit einer Wang Yani verwechseln, so wie man auch einen

6.4. Typische Malerei eines sechsjährigen chinesischen Kindes ohne besondere Begabung.

Aus der Sammlung der Autorin.

6.5. Typische Malerei eines fünfjährigen chinesischen Kindes ohne besondere Begabung.

Aus der Sammlung der Autorin.

Suzuki-Geiger nie für ein Wunderkind vom Schlage eines jungen Yehudi Menuhin oder Midori halten würde. Yani ist gleichaltrigen chinesischen Kindern in ihrem Können und ihrer Erfindungsgabe ebenso weit voraus wie das Geigenwunder Midori den durchschnittlichen Suzuki-geschulten Violinisten.

Kurz, der Mythos der Psychologen vom »gemachten« Wunderkind hält einer Überprüfung nicht stand. Fleiß allein reicht nicht aus, und hochbegabte Kinder sind keine bloßen Arbeitstiere. Sie unterscheiden sich von durchschnittlichen Kindern, die gelernt haben, fleißig und ausdauernd zu üben. Man kann ein gewöhnliches Kind nicht dazu bringen, jeden Tag stundenlang zu zeichnen, Schach zu spielen oder zu rechnen, und sogar wenn man es kann, wie in China oder Japan, werden diese Kinder trotz aller Anleitung nie das gleiche Niveau erreichen, das hochbegabte Kinder von allein erreichen.

Wie steht es mit der populärpsychologischen Überzeugung, daß Begabung etwas Angeborenes ist? In ihrer extremen Form ist auch diese Auffassung sicherlich falsch. Begabung kann nicht etwas rein Angeborenes sein. Wie ich später noch ausführlicher darlegen werde, können familiäre Unterstützung, Ausbildung und harte Arbeit darüber entscheiden, ob eine Begabung sich entfaltet oder im Keim erstickt wird. Trotzdem spricht vieles dafür, daß Begabungen eine starke genetische, hirnorganische Komponente haben.

Die Suche nach den hirnphysiologischen Grundlagen der Hochbegabung

Die Zeitschrift *Science* berichtete 1995 über eine bemerkenswerte Entdeckung. Man hatte nachgewiesen, daß der Temporal- oder Schläfenlappen, ein Hirnbereich, der auditive Informationen verarbeitet, bei Musikern mit absolutem Gehör links wesentlich größer ist als rechts. Die Entdeckung basierte auf einer Kernspintomographie, die man am Gehirn von dreißig professionellen Musikern und dreißig Nichtmusikern gleichen Alters und gleichen Geschlechts durchgeführt hatte. Obwohl der Schläfenlappen bei beiden Gruppen links größer war als rechts, war er bei den Musikern mit absolutem Gehör zweimal so groß wie bei den anderen Probanden, ob Musiker oder Nichtmusiker. Es wäre interessant festzustellen, ob bestimmte Populationen, in denen das absolute Gehör gehäuft auftritt (zum Beispiel Autisten, Savant-Musiker und Personen mit Williams-Syndrom), ebenfalls diese Vergrößerung aufweisen.[8]

Die Studie, von der *Science* berichtete, ist repräsentativ für eine Forschungsrichtung, die Zusammenhänge zwischen bestimmten Begabungen und hirnphysiologischen Strukturen untersucht. In den letzten Jahren hat es auch einige weniger systematische Bemühungen in diese Richtung gegeben. In dem Reportagemagazin *60 Minutes* berichtete ein Journalist, daß sowjetische Wissenschaftler Teile des Hirngewebes von Stalin, Lenin und anderen sowjetischen Politikern entnommen hätten, um festzustellen, ob mikroskopische Untersuchungen irgend etwas Außergewöhnliches enthüllten. Aber da dieses Forschungsvorhaben nie in einer wissenschaftlichen Fachzeitschrift veröffentlicht wurde und westliche Wissenschaftler keinen Zugang zu den Gewebeproben erhielten, ist nicht bekannt, ob und, wenn ja, welche Ergebnisse die Untersuchung erbrachte. Damit derartige Forschungen überhaupt zu irgendwelchen brauchbaren Ergebnissen führen können, muß man außerdem die Hirnzellen auf ganz spezielle Weise konservieren und die richtigen Hypothesen darüber aufgestellt haben, wonach man eigentlich suchen will.[9]

Auch das Hirngewebe von Albert Einstein wurde gründlich untersucht: Die Psychologin Marian Diamond und ihre Mitarbeiter entdeckten dabei ein atypisches Merkmal: Der linke, untere Parietallappen enthielt im Vergleich zum menschlichen Durchschnittsgehirn eine relativ hohe Anzahl von Gliazellen, so daß der prozentuale Anteil der Neuronen gegenüber den Gliazellen niedriger war als im Durchschnitt. Aber wir wissen nicht, ob die erhöhte Anzahl von Gliazellen irgend etwas mit Einsteins außergewöhnlichen Fähigkeiten zu tun hatte, denn der Parietallappen ist an vielen unterschiedlichen Aufgaben beteiligt: Integration von visuellen, auditiven und taktilen Abläufen, Selbstbewußtheit, Phantasie, Erinnerungsvermögen und Aufmerksamkeit. Außerdem ist die Funktion der Gliazellen noch nicht vollständig erforscht.[10]

Ein weiteres Problem ist, daß nachgewiesene Besonderheiten am Gehirn von herausragenden Erwachsenen keinen Aufschluß über den *Ursprung* der Begabungen geben. Wir wissen nicht, ob die größere Anzahl von Gliazellen bei Einstein angeboren war oder ob sich die Zellen im Lauf der Zeit entwickelten, weil die geistige Tätigkeit höhere Anforderungen an den Stoffwechsel stellte. Im Gegensatz zu den Nervenzellen des Gehirns, deren Zahl bei Erwachsenen nicht zunehmen kann, kann die Zahl der Gliazellen auch bei Erwachsenen zunehmen. Ähnliches gilt für die Vergrößerung des Schläfenlappens bei Musikern mit absolutem Gehör, die entweder angeboren oder das Ergebnis ständigen Trainings sein könnte. Man weiß, daß Tiere, die in einer sehr anregenden Umwelt aufwachsen, besser verbundene und größere kortikale Hirnbereiche aufweisen als solche, die in einer monotonen Umwelt aufgezogen werden. Genauso könnten auch Besonderheiten, die man im Gehirn außergewöhnlicher Menschen findet, eine *Folge* von Stimulation, Training oder harter Arbeit sein.

Biologie und Training sind jedoch möglicherweise beide wichtig und stehen zweifellos in Wechselwirkung miteinander. Eine neuere Studie in der Zeitschrift *Science* berichtete über einen auffälligen Unterschied im Gehirn von Geigern, die früh bzw. spät mit dem Musikunterricht begonnen hatten. Diejenigen, die ihre musikalische Ausbildung vor dem zwölften Lebensjahr aufgenommen hatten, hatten größere und komplexere Nervenschaltkreise als jene, die erst nach dem dreizehnten Lebensjahr damit begonnen hatten. Dieser Unterschied wurde nachgewiesen, indem man die Finger der linken Hand stimulierte (Geiger müssen mit der linken Hand außerordentlich gewandt sein) und die Reaktion der Großhirnrinde mit Hilfe der Kernspintomographie aufzeichnete. Vorausgesetzt, daß die Gruppen bis auf das Alter, in dem sie den Geigenunterricht aufnahmen, vergleichbar waren, läßt dieses Ergebnis den Schluß zu, daß Training das Gehirn beeinflußt, jedoch nur dann, wenn das Training frühzeitig aufgenommen wird, solange das Gehirn noch besonders formbar ist. Ein zu spät einsetzendes Training kann den Aufbau des Gehirns nicht verändern.

Unser Wissen über die möglichen neurologischen und genetischen Ursachen der Hochbegabung steckt zwar noch in den Kinderschuhen, aber neue Techniken bringen die Forschung in Riesenschritten voran. Die Positronen-Emissions-Tomographie (PET) mißt den Blutfluß und den Stoffwechsel in bestimmten Hirnregionen, während das Gehirn arbeitet. Die Kernspintomographie zeigt, in welchen Hirnbereichen Glukose verarbeitet wird, ein Prozeß, der für die Nervenaktivierung gebraucht wird. Mit Hilfe dieser Techniken läßt sich genau bestimmen, welche Hirnregionen an bestimmten Aktivitäten wie Musikhören, Komponieren, Malen, Sprechen u. ä. beteiligt sind.[11]

Man hat auch neue Techniken entwickelt, die Informationen über die mikroskopische, zelluläre Ebene des Gehirns liefern sollen. In »Gehirnbänken« werden heute Gehirne gelagert, die der Erforschung psychischer Krankheiten dienen, aber es gibt keinen Grund, warum man diese Gehirne nicht auch für die Begabungsforschung nutzen sollte. Und aus dem Bereich der Genetik kommen neue Methoden, mit denen man die molekulare Basis der Gene analysieren kann, so daß wir vielleicht irgendwann in der Lage sein werden, bestimmte Eigenschaften bestimmten Genen oder Genclustern zuzuordnen. Die Gesamtheit dieser Techniken macht es vielleicht eines Tages möglich, daß wir genau sagen können, in welcher neurologischen Gestalt bestimmte Begabungen auftreten und in welchem Ausmaß das Begabungspotential genetisch weitergegeben wird. Diese Forschung ist allerdings höchst umstritten, und ihre Ergebnisse erlauben die unterschiedlichsten Auslegungen.

Größe des Gehirns

Im Hinblick auf die Frage, wie sich das Gehirn von Hochbegabten vom Durchschnittsgehirn unterscheidet, lautet die wohl gröbste These, daß es einfach größer ist. Es gibt jedoch keine schlüssigen Nachweise dafür. Bei speziesübergreifenden Vergleichen ergibt sich eine fast vollständige Korrelation zwischen der Gehirngröße des Tieres und der Größe der Hirnoberfläche. Wenn wir jedoch nur das menschliche Gehirn betrachten, gibt es keine Beziehung zwischen Hirnmasse und Ausmaß der kortikalen Oberfläche. Die Größe des Gehirns ist wichtig für die Intelligenz, aber nur in bezug auf ein Mindestgewicht, das Schätzungen zufolge bei 800 bis 900 Gramm liegt. Ein durchschnittliches menschliches Gehirn wiegt drei Pfund, also weit mehr. Zwei Studien haben zwar einen Zusammenhang zwischen Hirnmasse und IQ ergeben, aber diese Verbindung wurde nur bei Männern festgestellt, womit die Frage weiterhin ungeklärt bleibt.[12]

Untersuchungen spezifischerer Fähigkeiten und ihrer Beziehung zu ganz bestimmten Hirnregionen haben einige interessante Ergebnisse gebracht. So hat beispielsweise die Untersuchung von Musikern mit absolutem Gehör gezeigt, daß sich eine bestimmte Fähigkeit in einer abweichenden Gehirnstruktur widerspiegeln kann. Wissenschaftler, die das konservierte Gehirn eines Malers mit eidetischem Vorstellungsvermögen untersuchten, stellten fest, daß ein bestimmter visueller Bereich ebenfalls größer war als üblich.[13]

Vielleicht ist die Größe oder das Gewicht des Gehirns ein zu grober Maßstab. Ein feineres Kriterium für die Größen-Hypothese sind vielleicht die Länge und Komplexität von bestimmten Nervenverbindungen, den sogenannten Dendriten. In Hirnregionen, die an komplexeren Aufgaben beteiligt sind, sind diese Dendriten länger und feiner verästelt. So hat eine Studie zum Beispiel gezeigt, daß die Dendriten in der Sprachregion der linken Hirnhälfte länger sind als jene im entsprechenden Bereich der rechten Hemisphäre. Bei Menschen mit Altersdemenz hat man festgestellt, daß die Dendriten erheblich weniger Verästelungen aufweisen.[14]

Aber aus der Tatsache, daß der Durchschnittsmensch längere und komplexere Dendriten in jenen Hirnregionen hat, die für höher entwickelte Fähigkeiten zuständig sind, kann man nicht folgern, daß Hochbegabte längere oder komplexere Dendriten in jenen Hirnregionen haben, die diese Begabungen steuern. Zudem würde auch ein solcher Befund – ähnlich wie bei Einstein oder den Musikern – nicht den Schluß zulassen, daß die Dendritenlänge *ursächlich* für die Begabung war. In der Tat spricht einiges für das Gegenteil – daß die Benutzung eines bestimmten Hirnbereichs zu einem Wachstum der Dendriten führt. In der gerade erwähnten Studie über Dendriten wurde auch festgestellt, daß eine Stenotypistin und ein Maschinist besonders lange Dendriten in jenem Hirnbereich aufwiesen, der die Fingerbewegungen steuert.

Schnelligkeit des Gehirns

Wenn Hochbegabung nicht bedeutet, daß man ein überdurchschnittlich großes Gehirn hat, könnte es dann vielleicht bedeuten, daß man ein Gehirn hat, das schneller arbeitet als das eines Durchschnittsmenschen? Diese sehr alte These wurde schon vor über hundert Jahren von dem Universalgelehrten Sir Francis Galton aufgestellt, der versuchte, die Intelligenz zu ermitteln, indem er die Reaktionsgeschwindigkeit bei einfachen sensorischen Stimuli maß. Galtons Theorie wurde durch Hans Eysenck, Arthur Jensen und andere Psychologen neu belebt, die die Auffassung vertreten, daß bei Menschen mit hohem IQ die Neuronen im Gehirn schneller und effizienter »gezündet« werden als bei Durchschnittsmenschen. Diese Psychologen halten die synaptische Geschwindigkeit und Effizienz für die biologischen Grundlagen der Intelligenz und sind überzeugt, daß sie angeboren und durch die Umwelt nicht zu beeinflussen sind.[15]

Jensen entwickelte eine einfache Reaktionszeit-Aufgabe ohne »Wissensinhalt«, um die mentale Geschwindigkeit zu messen. Die Testperson sitzt vor einem Tisch mit kreisförmig angeordneten Tasten, von denen in unregelmäßigen Abständen jeweils eine aufleuchtet. Die Person legt einen Finger auf die »Ruhetaste« und versucht, so schnell wie möglich auf die jeweils aufleuchtende Taste zu drükken. Menschen mit niedrigem IQ haben variablere Reaktionszeiten, vor allem wenn sehr viele Tasten bei dem Test benutzt werden. Nach Jensen erlaubt dieser Reaktionszeit-Test eine direkte Messung der neuronalen Geschwindigkeit und damit eine Messung der reinen, von der Umwelt unbeeinflußten Intelligenz. Kritiker wie die Psychologen Stephen Ceci oder Michael Anderson weisen jedoch darauf hin, daß man nie angeben kann, ob die Reaktionszeit nicht doch vom Wissen, von der Erfahrung, von der Aufmerksamkeit oder der Motivation des einzelnen beeinflußt wird. Zahlreiche Faktoren könnten zu einer schnelleren Reaktionszeit beitragen – zum Beispiel Erfahrung mit Labortests, Erfahrung mit Aufgaben, die eine hohe Fingerfertigkeit erfordern, oder die Motivation, sein Bestes bei einem Test zu geben.[16]

Effizienz der Hirntätigkeit

Vielleicht ist die Effizienz ein besserer Indikator für eine Hochbegabung als die Größe oder die Schnelligkeit des Gehirns. Man hat untersucht, wie das Gehirn bei unterschiedlichen Aufgaben arbeitet und dabei mit Hilfe des PET-Verfahrens den Glukose-Stoffwechsel im Gehirn gemessen. Diese Studien haben nachgewiesen, daß das Gehirn von hochbegabten Menschen weniger Glukose verbraucht und somit effizienter arbeitet.[17]

Aber auch hier stellt sich wieder die Frage, ob die Effizienz eine *Folge* oder die *Ursache* eines hohen IQ ist. Es besteht Grund zu der Annahme, daß das Gehirn effizienter arbeitet, sobald jemand zum Experten in einer bestimmten Sache wird. So hat man zum Beispiel untersucht, wie hoch der Glukoseverbrauch ist, wenn Leute Tetris spielen, ein Computerspiel, bei dem man Formen, die sich auf dem Bildschirm nach unten bewegen, so schnell wie möglich drehen muß, damit sie in komplizierte Lücken am unteren Bildschirmrand passen. Nachdem die Teilnehmer etwas Übung mit dem Spiel gewonnen hatten, konnten sie ihre Punktzahlen erheblich verbessern, und der Gluskoseverbrauch nahm in den meisten der untersuchten Hirnregionen ab. Aber nur Probanden mit hoher räumlicher Intelligenz (die durch einen Test zum räumlichen Denkvermögen gemessen wurde) zeigten einen statistisch signifikanten Rückgang des Glukoseverbrauchs, nachdem sie das Tetris-Spiel erlernt hatten.[18]

In zwei Hirnregionen war der Glukoseverbrauch nach dem Training sogar größer als vorher. Eine einleuchtende Erklärung wäre, daß Menschen, die zum erstenmal eine schwierige Aufgabe in Angriff nehmen, die unterschiedlichsten Strategien ausprobieren, von denen die meisten nicht funktionieren. Je mehr Erfahrung sie gewinnen, desto selektiver werden sie in der Auswahl ihrer Strategien. Hirnregionen, die nicht an der Aufgabe beteiligt sind, werden nicht mehr aktiviert. Größere Selektivität könnte größere Effizienz bedeuten.[19]

Effizienz ist also eher eine Folge von Lernprozessen als von angeborenen Fähigkeiten des Gehirns, da die Effizienz nach dem Training zunahm. Auch bei Ratten sinkt der Glukoseverbrauch im Gehirn, wenn sie in einer anregenden Umwelt aufgezogen werden. Allerdings lassen die Tetris-Ergebnisse noch nicht den Schluß zu, daß es *überhaupt keine* angeborenen Unterschiede im Gehirn gibt, weil Probanden, bei denen sich nach dem Training die größte Effizienzsteigerung zeigte, von vornherein die höchsten Testwerte beim räumlichen Denken erzielt hatten. Außerdem könnte theoretisch auch die Fähigkeit zur Herausbildung einer größeren Effizienz angeboren sein.[20]

Atypischer Gehirnaufbau

Der bedeutende Neurologe Norman Geschwind stieß auf ein merkwürdiges Muster von Fähigkeiten und Defiziten bei bestimmten Gruppen von Hochbegabten. Er war fasziniert von seiner Beobachtung, daß Menschen mit hochentwickelten rechtshemisphärischen Fähigkeiten (dazu zählen zum Beispiel die Domänen des räumlichen Vorstellungsvermögens wie Mathematik, Musik und bildende Kunst) in der Regel keine Rechtshänder waren. Geschwind verwarf die Vorstellung vom klaren Gegensatz zwischen Links- und Rechtshändern und definierte die Händigkeit statt dessen als eine Art gleitenden Übergang. Nicht-Rechtshänder sind nach Geschwind all jene, die nicht stark rechtshändig sind: Starke Linkshänder, schwache Linkshänder und Personen, die mit beiden Händen gleich gut zurechtkommen. Geschwind bemerkte, daß eben diese Personen außerdem überdurchschnittlich häufig an sprachlichen Defiziten litten – Dyslexie, Stottern, verzögerter Spracherwerb, sogar Autismus, der mit einem beeinträchtigten Sprachvermögen verbunden ist. Überdurchschnittlich häufig waren auch Störungen des Immunsystems wie Asthma und Allergien. Geschwind stellte fest, daß diese Merkmale entweder gebündelt beim Individuum oder gehäuft innerhalb der Familie auftraten.[21]

Er bezeichnete diese sonderbare Häufung von Begabungen und Defiziten als »Superioritätspathologien«. Gemeinsam mit seinem Kollegen Albert Galaburda stellte Geschwind die Theorie auf, daß der Zusammenhang von rechtshemisphärischen (räumlichen) Fähigkeiten, linkshemisphärischen (sprachlichen) Defiziten, Nicht-Rechtshändigkeit und Störungen des Immunsystems auf die Wirkung des Hormons Testosteron zurückzuführen ist, das die Struktur des sich entwickelnden fetalen Gehirns verändert.

Nach Geschwind und Galaburda behindert ein erhöhter Testosteronspiegel *in utero* nach der zwanzigsten Schwangerschaftswoche das Wachstum in bestimmten Bereichen der linken Hemisphäre, weil die linke Hemisphäre sich langsamer und später herausbildet als die rechte und deshalb anfälliger für Entwicklungsstörungen ist. Wenn das Wachstum in einer Gehirnhälfte behindert wird, kommt es zu einem kompensatorischen Wachstum in parallelen Regionen der anderen Hemisphäre ebenso wie in den benachbarten Bereichen derselben Hemisphäre. Folglich könnte eine Verzögerung im Wachstum der linken Hirnhälfte (zuständig für Sprache) zu einem verstärkten Wachstum in angrenzenden Regionen (wichtig für rechnerischen Begabungen) und in parallelen Bereichen der linken Hirnhälfte (wichtig für räumliche und musikalische Fähigkeiten) führen. Das Ergebnis wären hochentwickelte rechts-hemisphärische Fähigkeiten in bildender Kunst, Musik, Mathematik oder Rechnen und sprachbezogene Pathologien wie Dyslexie, verzögerter Spracherwerb oder Stottern.[22]

Diese kompensatorische Stimulierung der rechten Hemisphäre könnte auch eine atypische Hirn-Organisation, die sogenante »anomale Dominanz« hervorrufen. Geschwind schätzte, daß bei etwa 70 Prozent aller Menschen eine »Standard-Dominanz« vorliegt – eine starke linkshemisphärische Dominanz für Sprache und (Rechts-)Händigkeit und eine starke rechtshemisphärische Dominanz für andere Aufgaben (zum Beispiel für visuell-räumliche und musikalische Prozesse). Eine anomale Dominanz, die als jede Abweichung von der Standard-Dominanz definiert wird, ist mit einem eher symmetrischen Hirnaufbau verbunden, sowohl anatomisch als auch funktional, das heißt Sprachfähigkeiten sind weniger linkslateral und visuell-räumliche Funktionen sind weniger rechtslateral organisiert. Außerdem wurde geschätzt, daß etwa ein Drittel der Personen mit anomaler Dominanz nicht-rechtshändig ist.[23]

Testosteron kann auch das Wachstum der Thymusdrüse beeinflussen, die bekanntlich eine wichtige Rolle in der Entwicklung des Immunsystems spielt. Daraus schlossen Geschwind und Galburda, daß eine zu hohe Testosteronzufuhr zu Störungen des Immunsystems wie Allergien, Asthma, Dickdarmentzündung und Myasthenia gravis (schwere Muskelschwäche) führt. [24]

Zu einem Testoronüberschuß kann es aus den unterschiedlichsten Gründen kommen. Männliche Föten sind einer größeren Menge Testosteron ausgesetzt, weil sie nicht nur mit dem von der Mutter produzierten Testosteron in Kontakt kommen, sondern auch mit dem, das sie selbst produzieren (deshalb sind auch Föten beiderlei Geschlechts, die einen männlichen Zwillingsfötus haben, einer höheren Testosteronmenge ausgesetzt). Das Syndrom müßte demnach bei Männern häufiger auftreten. Der geschlechtsspezifische Unterschied zugunsten von Männern bei mathematischen Fähigkeiten würde zu der Hypothese von Geschwind passen, ebenso wie die Tatsache, daß mehr Männer als Frauen nicht-rechtshändig sind und unter Lernstörungen leiden. Rauchen und Streß in der Schwangerschaft können den Testosteronspiegel ebenfalls erhöhen. Außerdem haben einige Föten sensiblere Testosteronrezeptoren, was möglicherweise genetisch bedingt ist.[25]

Im Extremfall hat dieses Syndrom große Ähnlichkeiten mit dem Savant-Syndrom: Herausragende Begabung im Rechnen, in Musik oder bildender Kunst, verbunden mit beeinträchtigten Sprachfähigkeiten. Wenn die Theorie zutrifft, müßten Personen mit Begabungen in räumlichen, »rechtshemisphärischen« Fähigkeiten – Mathematik, bildende Kunst und Musik – die folgenden fünf Tendenzen zeigen, und alle müßten bei Männern stärker ausgeprägt sein als bei Frauen:

1. Überlegenes räumliches Vorstellungsvermögen (ein Maßstab für eine hochentwickelte rechte Hemisphäre).
2. Nicht-Rechtshändigkeit (ein Maßstab für anomale Dominanz)
3. Bilaterale Sprachrepräsentation (ein Maßstab für anomale Dominanz)
4. Sprachbezogene Probleme
5. Störungen des Immunsystems

Jede dieser wissenschaftlichen Vorhersagen wird durch einige faszinierende Studienergebnisse bestätigt, die ich in den folgenden Abschnitten erörtern werde. Viele Punkte des Modells sind allerdings heftig umstritten, und mehrere spezifische Vorhersagen sind entweder widerlegt oder nicht eindeutig nachgewiesen worden. Dennoch werden sich wahrscheinlich einige allgemeine Aspekte der Theorie als zutreffend erweisen, was unser Wissen über Begabung und Gehirn einen großen Schritt nach vorn bringen würde. Hirnforscher können die Zusammenhänge zwischen den scheinbar unverbundenen Phänomenen, die Geschwind und Galaburda durch eine einheitliche Theorie zu erklären suchten, nicht länger ignorieren. Auch wenn sich die Theorie nicht bestätigen sollte, wird sie uns also zumindest zu einem neuen Denkansatz im Hinblick auf Begabung und Hirnstruktur angeregt haben. Und bis jetzt ist keine neue Theorie vorgelegt worden, die diese Zusammenhänge erklären kann.[26]

Überragende räumliche Fähigkeiten?

Wir haben bereits gesehen, daß sich Personen mit mathematischer, musikalischer und bildnerischer Begabung durch herausragende visuell-räumliche Fähigkeiten auszeichnen. Es gibt eine Studie, die einen direkten Nachweis für eine ausgeprägtere Entwicklung der rechten Hemisphäre erbracht hat. Intellektuell begabte Adoleszenten wurden aufgefordert, sich Bilder von Gesichtern anzuschauen, eine visuelle Aufgabe, an der die rechte Hirnhälfte erwiesenermaßten beteiligt ist. Bei den mathematisch begabten Probanden wurde eine erhöhte elektrische Aktivität in der rechten Hemisphäre gemessen, ein Hinweis darauf, daß die rechte Hirnhälfte während dieser Aufgabe stärker aktiviert war als bei einer Kontrollgruppe. Eine einzelne Studie ist natürlich kein hinlänglicher Beweis, aber immerhin bestätigt sie die Voraussage, daß Menschen mit rechtshemisphärischen Begabungen bei Aufgaben, an denen die rechte Hirnhälfte erwiesenermaßen beteiligt ist, eine erhöhte Aktivität in diesem Bereich aufweisen.[27]

Nicht-Rechtshändigkeit?

Personen mit außergewöhnlichen Fähigkeiten in den Domänen der Mathematik, Musik und bildenden Kunst sind verglichen mit der allgemeinen Bevölkerung überproportional häufig nicht-rechtshändig.

Mathematik

Mathematiker neigen zur Nicht-Rechtshändigkeit ebenso wie Personen, die sich nach eigener Einschätzung für mathematisch begabt halten. So wurde zum Beispiel in einer Studie festgestellt, daß 20 Prozent der Probanden, die sich selbst als mathematisch besonders begabt beschrieben, Linkshänder waren, im Gegensatz zu nur 10 Prozent der Probanden, die sich für nicht besonders begabt hielten.

Und bei jungen Adoleszenten, die im mathematischen und/oder im verbalen Teil des SAT extrem hohe Punktwerte erzielten, war der Anteil der Linkshändigkeit mehr als doppelt so hoch wie in der Durchschnittsbevölkerung. Obwohl diese Jugendlichen linkshändige Angehörige hatten (was für einen genetischen Einfluß spricht), trat die Linkshändigkeit bei den begabten Jugendlichen häufiger auf als bei ihren nächsten Verwandten (was für die These spricht, daß intrauterine Hormone eine Rolle spielten). Von den nicht-linkshändigen Probanden waren viele beidhändig oder hatten linkshändige Familienmitglieder.[28]

Daß man bei Mathematikern zu diesen Ergebnissen kommt, ist vielleicht nicht überraschend. Mathematische Berechnungen sowie das Lesen und Schreiben von mathematischen Symbolen sind zwar Aktivitäten, die von der linken Hemisphäre ausgeführt werden, aber die Konzeptualisierung von mathematischen Beziehungen und Begriffen ist eine rechtshemisphärische Aktivität. Doch warum sollte die Sprachbeherrschung (eine Aufgabe der linken Hemisphäre) mit der Nicht-Rechtshändigkeit zusammenhängen? Zum einen wurde die Sprachbeherrschung durch den verbalen Teil des SAT gemessen, der eher das verbale Denken mißt als solche rein sprachlichen Fähigkeiten wie zum Beispiel eine hohe Sensibilität für die Syntax. Zum anderen hatten die Adoleszenten mit hohem Sprachvermögen vielleicht auch relativ hohe mathematische Fähigkeiten. Das häufigere Auftreten der Nicht-Rechtshändigkeit könnte also mit ihrer mathematischen Begabung verknüpft gewesen sein.[29]

Bildende Kunst

Auch bei Malern tritt die Nicht-Rechtshändigkeit überdurchschnittlich häufig auf. Eine bei Kunststudenten durchgeführte Untersuchung ergab, daß 21 Prozent Linkshänder waren (im Gegensatz zu 7 Prozent anderer Studenten derselben Institution) und 48 Prozent Nicht-Rechtshänder (im Gegensatz zu 22 Prozent der übrigen Studenten). In einer weiteren Studie wurde festgestellt, daß 20 Prozent der Kinder, die von ihren Lehreren als kunstbegabt beurteilt wurden, mit links zeichneten. Auch in der Architektur sind Nicht-Rechtshänder überproportional häufig, das gleiche gilt für männliche (nicht aber weibliche) Schachspieler.[30]

Musik

Musiker sind ebenfalls überproportional häufig nicht-rechtshändig. Eine Studie ergab, daß 11 Prozent der Personen, die sich selbst für musikalisch begabt hielten, nicht-rechtshändig waren, im Gegensatz zu 4 Prozent der Probanden, die sich als unmusikalisch einschätzten. Die Nachweise für einen Zusammenhang zwischen Händigkeit und musikalischer Begabung sind allerdings nicht so eindeutig wie in bildender Kunst und Mathematik.[31]

Es gibt also recht viele Belege für einen Zusammenhang zwischen Nicht-Rechtshändigkeit und mathematischen, bildnerischen und musikalischen Fähigkeiten. Man muß jedoch zwei Einschränkungen machen: Erstens findet man zwar überproportional viele Linkshänder in Bereichen, die rechtshemisphärische Fähigkeiten erfordern, dennoch sind die Rechtshänder natürlich in allen Domänen in der Überzahl. Das wirft die Frage auf, ob unter den Personen, die in solche »rechtshemisphärischen Bereiche« gehen, die Linkshänder begabter sind als die Rechtshänder. Das ist vermutlich nicht der Fall. Es gibt keinerlei Hinweise darauf, daß die Nicht-Rechtshänder in Musik, bildender Kunst oder Mathematik den Rechtshändern überlegen wären.[32]

Die zweite Einschränkung hängt mit der ersten zusammen. Wenn man Nicht-Rechtshänder und Rechtshänder in der allgemeinen Bevölkerung vergleicht, findet man keine höherentwickelten räumlichen Fähigkeiten bei den Erstgenannten. In einigen Studien hat man keinerlei Unterschiede festgestellt, in anderen höhere räumliche Fähigkeiten bei den Nicht-Rechtshändern, in wieder anderen das genaue Gegenteil. Solche widersprüchlichen Ergebnisse könnten darauf zurückzuführen sein, daß die Nicht-Rechtshänder eine sehr gemischte Gruppe darstellen. Man muß bedenken, daß nur etwa ein Drittel der Nicht-Rechtshänder eine anomale Dominanz aufweist. Bei einigen Vertretern dieser Gruppe sind vielleicht die verbalen Fähigkeiten auf beide Hirnhälften verteilt, während bei anderen die räumlichen Fähigkeiten bilateral organisiert sind. Um die Sache weiter zu komplizieren, weisen einige Rechtshänder aus Nicht-Rechtshänder-Familien ebenfalls eine anomale Dominanz auf.[33]

Personen mit bilateraler Sprachrepräsentation haben möglicherweise ein schlechtes räumliches Vorstellungsvermögen, weil es durch die Sprachfertigkeiten »verdrängt« wurde, und/oder besonders hochentwickelte verbale Fertigkeiten, weil die Sprache im Gehirn breiter repräsentiert ist. Zu diesem Personenkreis gehören sicher nicht jene Nicht-Rechtshänder, die in die Malerei, Musik oder Mathematik gehen, aber es könnten jene sein, die sich für die Juristerei oder andere sprachorientierte Bereiche entscheiden. Personen mit einer bilateralen Repräsentation des räumlichen Vorstellungsvermögens haben möglicherweise schlecht entwickelte sprachliche Fertigkeiten, weil das räumliche Vorstellungsvermögen zu viel Platz einnimmt, und sie haben vielleicht auch ein besonders hochentwickeltes räumliches Vorstellungsvermögen, weil es in ihrem Gehirn breiter repräsentiert ist. Zu dieser Gruppe könnten jene Nicht-Rechtshänder gehören, die sprachliche Bereiche meiden und eher in die bildenden Künste gehen.

Bilaterale Sprachrepräsentation?

Da die Nicht-Rechtshändigkeit nur für etwa ein Drittel der Personen mit anomaler Dominanz kennzeichnend ist, wäre es nützlich, wenn man die Dominanz direkter messen könnte. Und es gibt heute einige Hinweise darauf, daß verschiedene Begabungsformen mit einer eher bilateralen, symmetrischen Hirnstruktur zusammenhängen, so daß die rechte Hemisphäre an Aufgaben beteiligt ist, die im allgemeinen der linken Hälfte vorbehalten sind.

Die Verarbeitung von Wörtern ist eine Aufgabe, die normalerweise überwiegend von der linken Hirnhälfte übernommen wird. Aber bei intellektuell begabten Jugendlichen sind sprachliche Fähigkeiten weniger einseitig organisiert: Bei ihnen wird die rechte Hemisphäre in gleichem Maß für die Sprachverarbeitung beansprucht wie die linke, im Gegensatz zu gewöhnlichen Menschen, die dazu größtenteils die linke Hälfte benutzen. Das läßt sich mit Hilfe sogenanter Interferenzaufgaben demonstrieren. So wurden zum Beispiel mathematisch hochbegabte und durchschnittlich begabte Schüler aufgefordert, so oft wie möglich eine Taste anzuschlagen, während sie gleichzeitig einen Zeitungsartikel laut vorlesen mußten. Das Anschlagen mit der rechten Hand wird von der linken Hemisphäre gesteuert. Das Vorlesen eines Artikels ist eine verbale Aufgabe, und verbale Aufgaben werden in der linken Hemisphäre bearbeitet, so daß die beiden Aktivitäten in Konflikt geraten. Bei den durchschnittlichen Schülern verminderte die Leseaufgabe die Anschlagrate der rechten, nicht aber der linken Hand, was zeigt, daß nur die linke Hemisphäre an der verbalen Aufgabe beteiligt war. Im Gegensatz dazu verminderte sich bei den mathematisch begabten Schülern die Anschlagrate beider Hände, was zeigt, daß beide Hemisphären für die Leseaufgabe beansprucht wurden. Man konnte also den Schluß ziehen, daß eine mathematische Begabung mit einer geringeren Lateralisierung der Sprachfähigkeiten verbunden war.[34]

Sprachbezogene Probleme?

Die Hypothese, wonach linkshemisphärische Störungen mit rechtshemisphärischen Talenten verbunden sind, läßt sich überprüfen, indem man entweder nach erhöhten rechtshemisphärischen Fähigkeiten bei lernbehinderten Kindern oder nach einem gehäuften Auftreten von Lernstörungen bei Kindern mit rechtshemisphärischen Talenten sucht. Beide Überprüfungsmethoden haben zu eindeutigen Ergebnissen geführt: Es gibt in der Tat einen Zusammenhang zwischen visuell-räumlichen Fähigkeiten und sprachbezogenen Lernstörungen.

Erstens zeigen Kinder mit sprachbezogenen Lernbehinderungen hochentwikkelte rechtshemisphärische Fähigkeiten. Kinder mit Dyslexie schneiden bei Tests, in denen rechtshemisphärische räumliche Fähigkeiten gemessen werden, sehr gut ab (zum Beispiel beim Erkennen von Mustern oder beim Zusammensetzen von Puzzles), aber schlecht bei Tests, die linkshemisphärische sequentielle Fähigkeiten messen (zum Beispiel beim Erinnern von Zahlenreihen). Diese Ergebnisse stehen in Einklang mit Alltagsbeobachtungen über das visuell-räumliche Talent von Personen mit Dyslexien. Sie stimmen auch mit der Tatsache überein, daß Autisten (deren Sprache und Kommunikation gestört ist) über hochentwickelte visuell-räumliche Fähigkeiten verfügen.[35]

Derselbe Zusammenhang zeigt sich, wenn man die Sprachprobleme von Erwachsenen oder Kindern mit visuell-räumlichem Talent untersucht. Technisch begabte Kinder, die als Erwachsene zu Erfindern werden, sind in der Schule häufig schwach in sprachlichen Bereichen, während sie in mathematischen Fächern glänzen. Künstler (mit Ausnahme von Musikern) schneiden bei Tests der Sprachfestigkeit schlecht ab. Kunststudenten berichten häufiger über Leseprobleme als andere Collegestudenten und machen auch mehr Rechtschreibfehler, einschließlich solcher, die mit Leseschwächen zusammenhängen – das heißt Fehler, die nicht phonetisch bedingt sind und die zu einer veränderten Aussprache führen. Die Dyslexie bei Kindern mit hochentwickeltem räumlichen Vorstellungsvermögen ist vielleicht nur eine extreme Variante des Ungleichgewichts zwischen großen mathematischen und geringen sprachlichen Fähigkeiten, das für viele hochbegabte Kinder typisch ist.[36]

Auch eine musikalische Begabung kann mit sprachbezogenen Problemen einhergehen. In einer Studie berichteten 20 Prozent der musikalisch begabten Probanden über eine lange Geschichte von Lernbehinderungen wie Dyslexie, verzögertem Spracherwerb, Stottern, Rechenschwierigkeiten oder Hyperaktivität. Im Gegensatz dazu berichteten nur 10 Prozent der nicht musikalisch Begabten in dieser Studie von derartigen Problemen. Und diejenigen, die nach eigenen Angaben unter Dyslexie gelitten hatten, beschrieben sich selbst häufiger als musikalisch talentiert als jene, die keine Schwierigkeiten mit dem Lesen hatten.[37]

Trotz der Tatsache, daß eine mathematische Hochbegabung gelegentlich mit geringeren verbalen Fähigkeiten verbunden sein kann, haben mathematisch begabte Kinder offenbar keine Probleme mit dem Lesen. Ein Grund könnte sein, daß die Mathematik, wie bereits erwähnt, eine starke Beteiligung beider Hemisphären erfordert.

Vom Standpunkt der Evolution könnte man sich fragen, warum die Dyslexie überlebt hat. Aber natürlich hätten Leseschwächen in einer Gesellschaft ohne Schriftsprache die Überlebenschancen nicht beeinträchtigt. Die Beherrschung von phonologischen Schriftsprachen war kein vorrangiges Ziel unserer Evolution, weil sie eine relativ neue Erfindung der Menschheit sind.[38]

Die Tendenz zu sprachbezogenen Problemen bei bildenden Künstlern und möglicherweise auch bei Musikern könnte Licht auf die Frage werfen, warum einige Kinder mit Begabungen auf diesen Gebieten später den Beruf des Malers oder Musikers ergreifen und andere nicht. Leseprobleme könnten dazu führen, daß diese Kinder Bereiche meiden, in denen man sehr viel lesen muß. So landen sie dann vielleicht in Ermangelung anderer Möglichkeiten in der bildenden Kunst oder Musik. In Anbetracht der Tatsache, daß in modernen Gesellschaften mehr Wert auf Sprache als auf künstlerische Talente gelegt wird, wäre es nicht verwunderlich, wenn sich Personen, die sowohl sprachlich als auch visuell-künstlerisch oder musikalisch begabt sind, eher zu verbalen Bereichen hingezogen fühlen als zur bildenden Kunst oder zur Musik.

Störungen des Immunsystems?

Personen mit hohem IQ leiden überdurchschnittlich häufig unter Immunschwächen, die sich bereits in der Kindheit bemerkbar machen. Das gleiche gilt für viele Nicht-Rechtshänder. Etwa 60 Prozent der intellektuell hochbegabten Adoleszenten, die von Camilla Benbow untersucht wurden, hatten Allergien, eine doppelt so hohe Rate wie in der allgemeinen Bevölkerung. (Das war vielleicht eher ein Effekt der hohen mathematischen als der hohen sprachlichen Begabung dieser Adoleszenten, was in Einklang mit der Theorie stehen würde.) In den sechziger Jahren wurde festgestellt, daß Kinder mit hohem IQ, die eine vom Teachers College geleitete Schule für Hochbegabte in New York City besuchten, überdurchschnittlich häufig unter Allergien und Asthma litten. Da es jedoch keine biologische Theorie gab, mit der man dieses Phänomen erklären konnte, wurde es auf die Belastungen des Stadtlebens zurückgeführt. Der potentielle Zusammenhang von Immunschwächen mit entweder bildnerischen oder musikalischen Fähigkeiten ist noch weitgehend unerforscht, und bislang existiert kaum mehr als der Schimmer eines wissenschaftlichen Nachweises.[39]

Zusammenfassung

Auch wenn die Forschungsarbeiten kein völlig einheitliches Bild ergeben und die Studien zum Teil zu widersprüchlichen Ergebnissen führen, kann man doch einige allgemeine Ergebnisse zusammenfassen. Eine hohe Begabung für Fähigkeitsbereiche, die von der rechten Hemisphäre gesteuert werden, ist mit einer stärker entwickelten rechten Hirnhälfte verbunden. Folglich ist eine anomale Hirndominanz bei Personen mit derartigen Begabungen wahrscheinlich. Sie neigen im Vergleich zur allgemeinen Bevölkerung überdurchschnittlich häufig zur Nicht-

Rechtshändigkeit und wahrscheinlich auch zu einer bilateralen Sprachrepräsentation.

Bei Personen mit derartiger Hirnstruktur treten häufig nicht nur besondere Begabungen, sondern auch zwei allgemeine Arten von Störungen auf: erstens sprachbezogene Lernstörungen wie Dyslexie und zweitens – zumindest bei den mathematisch Begabten – Immunschwächen wie Asthma und Allergien, die in der Kindheit einsetzen. All diese Ergebnisse stehen in Einklang mit der von Geschwind und Galaburda aufgestellten Theorie, daß das Testosteron das Wachstum in einigen Hirnregionen hemmt, während es gleichzeitig die Entwicklung in anderen Bereichen fördert.

Es ist durchaus möglich, daß dieses Modell letztlich modifiziert oder vielleicht sogar verworfen wird, wenn wir mehr über das menschliche Gehirn erfahren haben. Neue Erkenntnisse sind insbesondere von Studien zu erwarten, die bildgebende Verfahren einsetzen, um die Hirnaktivität bei Hochbegabten zu messen. Aber nur eine Theorie, die entweder erklären kann, wie mathematische, bildnerische und musikalische Begabungen mit Nicht-Rechtshändigkeit, Immunschwächen und sprachbezogene Lerndefiziten zusammenhängen, oder die eindeutig nachweisen kann, daß kein derartiger Zusammenhang besteht, wird die Theorie von Geschwind und Galabura ersetzen können.[40]

Savants: Extremfälle einer Superioritätspathologie?

Viele Wissenschaftler haben versucht, die biologischen Ursachen des Savant-Syndroms zu erklären, aber die meisten Bemühungen sind rein spekulativer Art und stützen sich auf spärliche Nachweise. Nach einem Erklärungsansatz haben Savants einfach durch Zufall eine Begabung in einem und eine Retardierung in allen anderen Bereichen geerbt. Dieser Auffassung zufolge werden sowohl die Fähigkeit als auch das Defizit vererbt, und zwar unabhängig voneinander. Aber wenn diese Erklärung zutreffend wäre, müßte man Savants finden, die Familienangehörige mit dem gleichen Talent oder der gleichen Retardierung haben. Das konnte nicht bestätigt werden.

Ebenso wie bei nichtbehinderten hochbegabten Kindern und Erwachsenen hat man auch für das Savant-Syndrom Erklärungsansätze entwickelt, die eher auf Lernprozesse als auf angeborene Begabungen zielen. So konnte zum Beispiel ein hart arbeitender, durchschnittlicher Schüler, der ein intensives Training erhielt, genauso gute Leistungen bei kalendarischen Berechnungen erzielen wie ein Savant. Auf Nachweise wie diese stützt sich die Argumentation, daß Savants ihr hohes Niveau erreichen, weil sie sich unzählige Stunden obsessiv mit ihrer Domäne beschäftigen. Aber weder der genetische noch der lernorientierte Ansatz liefern eine Erklärung dafür, warum man Savants nur in ganz bestimmten Domänen findet, warum ihre Fähigkeiten starrer und eingeschränkter sind als die von anderen hochbegabten Personen und warum musikalische Savants häufig blind sind.[41]

Vielversprechender scheint ein Ansatz, der sich auf die Geschwind-Galaburda-Hypothese von der Superioritätspathologie stützt. Savants sind wie extremere Varianten von nicht-pathologischen Hochbegabten mit ganz bestimmten Fähigkeits- und Defizitmustern. Sie haben häufig eine hochentwickelte linke Hemisphäre, hohe visuell-räumliche Fähigkeiten und schwere Defizite in der linkshemisphärischen Sprachfunktion.

Das Modell von Geschwind-Galabura könnte sogar die Rechenbegabung einiger Savants erklären, die von der linken Hemisphäre gesteuert wird. Geschwind wies darauf hin, daß Entwicklungsverzögerungen in einigen Teilen der linken Hemisphäre (infolge des Testosterons) nicht nur zur Stimulierung der rechten Hirnhälfte führen könnten, sondern auch zu einer Stimulierung von unbeteiligten Regionen der linken Hirnhälfte (also beispielsweise von Hirnregionen, die für das Rechnen zuständig sind). Möglich ist auch, daß die Savant-Rechenkünstler rechtshemisphärische, visuell-räumliche Strategien benutzen, weil sie einigen Beschreibungen zufolge die Zahlen *sehen*, wenn sie rechnen. Auch die Hyperlexie einiger Savants würde mit diesem Modell übereinstimmen. Das Lesen ist zwar eine linkshemisphärische, sprachliche Fähigkeit, aber Personen mit Hyperlexie nehmen Buchstaben eher als visuell-räumliche Muster wahr denn als bedeutungsvolle sprachliche Symbole.[42]

Da der Anteil von Nicht-Rechtshändern unter Autisten überdurchschnittlich hoch ist, haben wahrscheinlich auch Savants eine Neigung zur Nicht-Rechtshändigkeit. Das würde in Übereinstimmung mit den Voraussagen des Geschwind-Galabura-Modells stehen. Falls sich herausstellen sollte, daß Savants nicht nur eine Tendenz zur Nicht-Rechtshändigkeit haben, sondern auch zu Störungen des Immunsystems neigen, wäre dies ein weiterer Beleg für die Validität dieses Erklärungsmodells.[43]

Bis jetzt gibt es kaum direkte Untersuchungsergebnisse aus der Hirnforschung, die diese Theorie bestätigen. Von den vier bekannten Autopsien, die bislang bei Savants durchgeführt wurden, ergab nur eine konkrete Hinweise auf irgendeine Form von linksseitiger Schädigung. Aber Autopsien sind ungenaue Maßstäbe, wenn man nicht genau weiß, wonach man eigentlich sucht. Röntgenaufnahmen von Savant-Gehirnen haben deutlichere Hinweise auf linksseitige Schädigungen geliefert. Der Savant-Musiker Leslie Lemke litt offenbar unter einer linksseitigen Schädigung ebenso wie J. L., ebenfalls ein Savant-Musiker. Und einiges spricht dafür, daß die linke Hemisphäre bei Autisten beeinträchtigt ist. Bei einer Studie mit siebzehn Autisten, einschließlich einiger Savants, hat man zum Beispiel festgestellt, daß fünfzehn der Probanden linksseitige Anomalien aufwiesen. Dringend erforderlich sind aber vor allem Studien, die sich mit der Frage befassen, wie sich die wenigen Ausnahmefälle der Savants von der Mehrheit der retardierten und autistischen Personen ohne Savant-Syndrom unterscheiden.[44]

Nach Darold Treffert, einem Savant-Experten, paßt die Tatsache, daß so viele Savants Frühgeburten waren, zur These der linksseitigen Hirnschädigung und der anschließenden Kompensation durch die rechte Hemisphäre. Gegen Ende einer normal verlaufenden Schwangerschaft kommt es zu einem massiven Zellsterben, dem sogenannten Pruning, im fötalen Gehirn. Wenn die linke Hirnhälfte bereits vor dem Pruning in irgendeiner Form geschädigt wird, kann eine große Anzahl von ungebundenen, rechtshemisphärischen Nervenzellen die Aufgaben der verlorenen Zellen übernehmen. Wenn die Schädigung jedoch erst nach der Geburt eintritt, stehen weniger überzählige Nervenzellen zur Verfügung, die einspringen könnten. Das würde erklären, warum das Savant-Syndrom häufiger angeboren als erworben ist: Eine linkshemisphärische Hirnschädigung nach der Geburt würde kein derart starkes kompensatorisches Wachstum in der rechten Hemisphäre auslösen. Bei einer Frühgeburt wäre es hingegen möglich, daß noch kein Pruning stattgefunden hat. Wenn es also zu einer postnatalen Schädigung kommt (zum Beispiel durch zu hohe Sauerstoffgaben, die zu Hirnschädigungen führen), steht immer noch eine große Anzahl von ungebundenen rechtshemisphärischen Nervenzellen zur Verfügung. Man weiß heute, daß die Verabreichung von Sauerstoff bei Frühgeburten zur Erblindung führt. Mit dieser Argumentation könnte man die Triade von Frühgeburt, Savantismus und Blindheit bei Savant-Musikern erklären.[45]

Treffert vermutet, daß auch das phänomenale Gedächtnis, die emotionale Distanz und die äußerst konzentrierte, eng begrenzte Aufmerksamkeit von Savants durch eine Hirnschädigung bedingt sind. Nach Ansicht von Treffert führt eine Verletzung des Kortex, der an einem bewußten, bedeutungsvollen Erinnerungsvermögen beteiligt ist, zu jener Art von »High fidelity«-Gedächtnis, das kennzeichnend für Savants ist. Wir können uns am besten an Dinge erinnern, mit denen wir irgendetwas assoziieren oder die eine Bedeutung, insbesondere eine emotionale Bedeutung für uns haben. Wenn die kortikale Basis des Erinnerungsvermögens geschädigt wird, so Trefferts Mußmaßung, könnte das Gedächtnis auf eine primitivere Stufe zurückfallen, die vom kortiko-striatalen System vermittelt wird. Diese Art von Gedächtnis ist unbewußt, nicht kognitiv und automatisch. In ihrer extremen Form mag diese Darstellung des Savant-Gedächtnisses nicht haltbar sein, aber sie enthält zweifellos einen wahren Kern. Das Savant-Gedächtnis *ist* automatischer und bedeutungs-loser als das Gedächtnis von Wunderkindern.[46]

Die beste Erklärung, die wir bislang für das Savant-Syndrom haben, ist also, daß es durch Schädigungen bestimmter Hirnregionen verursacht wird. Diese Schädigungen führen zu einer Überkompensation durch bestimmte andere Hirnregionen, einschließlich des Wechsels zu einer eng begrenzten, mechanischen Gedächtnisform, die nicht vom Kortex gesteuert wird. Diese frühen Hirnschädigungen können zweifellos vielfältige Ursachen haben, angefangen bei einem Testosteronüberschuß zu einem bestimmten Zeitpunkt der Schwangerschaft über Sauerstoffmangel bei der Geburt bis hin zu übermäßigen Sauerstoffgaben an Frühgeburten. Außerdem erklärt das Modell, warum es so viel mehr männliche als weibliche Savants gibt, da das fötale männliche Gehirn sich langsamer entwickelt und daher anfälliger für Verletzungen ist (und einer größeren Menge Testosteron ausgesetzt wird). Das Modell liefert auch eine Erklärung dafür, weshalb man Savants nur in ganz bestimmten Domänen findet. Es sind Domänen, die entweder durch die rechte Hemisphäre (Zeichnen, Musik) vermittelt werden oder durch linkshemisphärische Regionen, die an die hintere Sprachregion angrenzen (Rechnen).

Ist Begabung erblich?

Früher dachte man, daß die Vererbbarkeit eines Merkmals hinlänglich bewiesen sei, wenn man zeigen konnte, daß es in der Familiengeschichte gehäuft vorkam. In einem der ersten Bücher zum Thema Hochbegabung *(Hereditary Genius: An Inquiry into Its Laws and Consequences)* untersuchte Francis Galton 100 berühmte historische Persönlichkeiten männlichen Geschlechts wie Darwin, Bach oder Newton, ebenso wie ihre männlichen Geschwister und männlichen Nachkommen. Er stellte fest, daß 23 Prozent der Brüder und 36 Prozent der Söhne dieser herausragenden Männer ebenfalls außergewöhnliche Bedeutung erlangt hatten. Das war eine wesentlich höhere Rate als in der allgemeinen Bevölkerung, für die Galton eine Rate von 1 zu 400 geschätzt hatte. Galton folgerte, daß die Genialität in der Familie lag und daher erblich sein müßte. Auch Terman wies darauf hin, daß die nächsten Verwandten der von ihm untersuchten Kinder ebenfalls überlegene intellektuelle Fähigkeiten besaßen, und schloß daraus, daß Hochbegabung etwas Angeborenes sei.[47]

Aber die Schlußfolgerungen von Galton und Terman sind nicht haltbar, weil Familienmitglieder nicht nur von den gleichen Genen, sondern auch von gleichen Umwelteinflüssen geprägt werden. In jüngerer Zeit haben Verhaltensgenetiker versucht, die Auswirkungen von Genen und Umwelteinflüssen zu entflechten. Die Wissenschaftler verglichen eineiige und zweieiige Zwillinge im Hinblick auf die Konkordanz einer bestimmten Fähigkeit, das heißt auf den Grad der Übereinstimmung, den *beide* Zwillinge bei einem bestimmten Merkmal aufweisen. Eine höhere Konkordanzrate bei eineiigen Zwillingen gilt als Indiz für einen genetischen Einfluß auf die untersuchte Fähigkeit, weil bei eineiigen Zwillingen alle Gene identisch sind, während bei zweieiigen Zwillingen ebenso wie bei normalen Geschwistern nur die Hälfte des Erbguts übereinstimmt. Mit Hilfe des sogenannten »Heritabilitäts-(Erblichkeits-)-Koeffizienten« wird ermittelt, in welchem Grad genetische Unterschiede in einer Gruppe mit Unterschieden in einer bestimmten Fähigkeit bei den Mitgliedern dieser Gruppe korrelieren.

Aber eine größere Ähnlichkeit bei eineiigen Zwillingen als bei zweieiigen könnte auch auf Umweltfaktoren zurückzuführen sein, denn eineiige Zwillinge schaffen sich selbst vielleicht eine ähnlichere Umwelt, einfach weil sie sich selbst als identisch wahrnehmen. Eine bessere Methode besteht darin, daß man die Konkordanz eines Merkmals von eineiigen Zwillingen, die getrennt voneinander aufwachsen, mit der Konkordanz bei gemeinsam aufwachsenden Adoptivkindern vergleicht. In diesem Fall kann man genetisch identische Geschwister aus verschiedenen Umwelten mit genetisch nicht verwandten Kindern aus derselben Umwelt vergleichen. Nach demselben Muster kann man auch die Konkordanzraten zwischen Adoptivkindern und ihren Adoptiv- bzw. leiblich verwandten Familien untersuchen.

Durch Zwillingsstudien haben wir viel über die Erblichkeit des IQ gelernt, aber wenig über die Erblichkeit spezifischer Begabungen in Musik, bildender Kunst, Mathematik oder Sprache. Vergleichsstudien zwischen eineiigen und zweieiigen Zwillingen deuten allerdings darauf hin, daß bei einer musikalischen Begabung eine genetische Komponente mitspielt. Trotzdem wissen wir weit mehr über die Vererbbarkeit des IQ. An den meisten IQ-Studien waren nur allgemeine Populationen beteiligt, keine Population mit hohem IQ. Was wir über die Vererbbarkeit eines hohen IQ sagen können, muß also zu einem großen Teil aus den Ergebnissen über die Erblichkeit eines durchschnittlichen IQ extrapoliert werden.[48]

Die meisten Studien haben gezeigt, daß der IQ in hohem Maße (wenn auch nie zu 100 Prozent) erblich ist. Die durchschnittliche Korrelation zwischen dem IQ eineiiger Zwillinge ist zum Beispiel .86, bei zweieiigen Zwillingen dagegen nur .60. Wenn eineiige Zwillinge getrennt voneinander aufwachsen, liegt die Korrelation immer noch bei .75 oder .78. Bei speziellen Fähigkeiten wie dem verbalen Denken, dem räumlichen Vorstellungsvermögen oder dem visuellen Gedächtnis ergibt sich ebenfalls ein hoher Erblichkeits-Koeffizient. Da statistische Korrelationen nur zwischen -1. 0 (eine perfekte inverse Korrelation) und + 1. 0 (eine perfekte positive Korrelation) schwanken können, sind diese Korrelationen bemerkenswert hoch.[49]

Überraschenderweise nehmen die Erblichkeitskoeffizienten für den IQ mit zunehmendem Alter und wachsender Erfahrung nicht ab – im Gegenteil. Die Auswirkungen der Umwelt auf den IQ werden mit den Jahren schwächer, während die genetischen Auswirkungen stärker werden. Die Umwelteinflüsse, denen ein Kind ausgesetzt ist, beeinflussen den IQ des Kindes, solange es jung ist und zu Hause lebt, verlieren aber offenbar an Bedeutung, wenn es erwachsen wird, die Familie verläßt und eine Umwelt wählt, die zu seinen angeborenen Fähigkeiten paßt.[50]

Es gibt auch Hinweise darauf, daß ein *hoher* IQ genetisch beeinflußt wird. Robert Plomin und Lee Ann Thompson verglichen eineiige und zweieiige Zwillinge, die sie anhand eines einzigen Kriteriums aus einer größeren Gruppe von Zwillingen ausgewählt hatten: Mindestens ein Mitglied jedes Paares mußte einen hohen IQ haben, der mindestens 1,25 Standardabweichungen über dem Mittelwert aller Zwillinge lag. Bei den eineiigen Zwillingen war die Wahrscheinlichkeit, daß beide einen hohen IQ hatten, wesentlich größer (62 Prozent) als bei den zweieiigen Zwillingen (25 Prozent), was darauf hindeutet, daß ein hoher IQ genetisch beeinflußt ist.[51]

Außerdem verglichen diese Wissenschaftler die IQ-Verteilung bei drei verschiedenen Gruppen: bei Personen, die einen eineiigen Zwilling mit hohem IQ hatten, bei Personen, die einen zweieiigen Zwilling mit hohem IQ hatten, und bei allen Zwillingen der ursprünglichen Probandengruppe. Der IQ von Personen, die einen *eineiigen* Zwilling mit hohem IQ hatten, war höher als bei Personen, die einen *zweieiigen* Zwilling mit hohem IQ hatten.

Nach dem sogenannten »Emergenesis«-Prinzip könnten auch einige Merkmale, die nicht gehäuft in einer Familie auftreten, erblich sein. Nach diesem Prinzip werden Merkmale als »Genpaket« weitergegeben, aber nur dann, wenn das *gesamte* Paket vererbt wird. Ein Teil des Paketes führt nicht zu einem Teil der Fähigkeit. Diese These widerspricht den Standardmodellen der Verhaltensgenetik, wonach genetische Merkmale per definitionem in der Familie liegen müssen. Nach dem Standardmodell müßte die Konkordanzrate bei zweieiigen Zwillingen etwa halb so groß sein wie bei eineiigen. Aber einige Merkmale sind mit diesem Modell einfach nicht vereinbar. Dazu gehören Stimmklang (während eineiige Zwillinge identische Stimmen haben, sind sich die Stimmen von zweieiigen Zwillingen häufig nicht einmal ähnlich), ferner Schizophrenie und bipolare affektive Psychosen (in beiden Fällen ist die Konkordanzrate bei eineiigen Zwillingen nicht nur doppelt so hoch wie bei zweieiigen, sondern erheblich höher) und besondere Merkmale des persönlichen Verhaltens (eineiige, nicht aber zweieiige Zwillinge, die getrennt aufwachsen, sind hoch konkordant in solchen Eigenschaften wie Humor, Ängstlichkeit und Vorsicht).[52]

Die meisten Merkmale werden durch die gemeinschaftliche Aktivität vieler Gene festgelegt. Jedes Gen leistet einen kleinen Beitrag zum Endprodukt. Gene, die in dieser additiven Manier arbeiten, liegen entweder auf unterschiedlichen Chromosomen oder weit voneinander entfernt auf demselben Chromosom, so daß sie nicht aneinanderhaften, wenn das Chromosom sich teilt und an den Nachwuchs weitergegeben wird. Die Körpergröße ist ein Beispiel für ein solches Merkmal. Eineiige Zwillinge sind nahezu gleich groß (die vorgeburtliche Ernährung kann zu geringfügigen Unterschieden führen); bei zweieiigen Zwillingen ist eine gleiche Körpergröße etwa halb so häufig wie bei eineiigen.

Aber einige Merkmale lassen sich als »emergent« beschreiben, für sie gilt ein »Alles-oder-Nichts«-Prinzip. Diese Merkmale entstehen nicht durch die gemeinschaftliche Aktivität vieler Gene, ihr Auftauchen ist vielmehr von einer spezifischen Genkonfiguration (oder einem Genpaket) abhängig. Bei zweieiigen Zwillingen oder anderen Geschwistern ist es unwahrscheinlich, daß sie alle das gesamte Paket erhalten, weil jeder nur die Hälfte des elterlichen Chromosoms mitbekommt, das dieses Paket enthält. Dagegen teilen eineiige Zwillinge 100 Prozent ihrer Gene. Wenn also ein Zwilling das Paket erhält, bekommt der andere es auch.

Dieses Emergenesis-Prinzip könnte extrem seltene Merkmale erklären, die sich qualitativ von der Norm unterscheiden. Das Genie, einschließlich des Savant-Genies, könnte ein solches »Merkmal« sein. Ein Kind, das nur die Hälfte des richtigen genetischen Genie-Cocktails erhält, wird sich nicht zu einem *halben* Genie entwickeln. Einige der von Galton beschriebenen Genies – Newton, Beethoven, Michelangelo – hatten keine genialen Verwandten und schienen aus dem Nichts zu kommen. Vielleicht passen auch Wunderkinder und Savants in dieses Schema. Wenn das so ist, dann müßte man das Modell von Geschwind und Galaburda, das auf pränatale nichtgenetische Einflüsse abhebt, revidieren.[53]

Wenn sich Genie- oder Wunderkind-Merkmale nicht durch die Familie ziehen, sind Adoptionsstudien, bei denen man Konkordanzraten von Kindern und ihren leiblichen im Gegensatz zu ihren Adoptiveltern vergleicht, ein ungeeignetes Mittel zum Nachweis genetischer Einflüsse. Die genetische Übertragung dieser Merkmale läßt sich *ausschließlich* durch den Vergleich von eineiigen und zweieiigen Zwillingen ermitteln, was eine wesentlich schwierigere Methode ist. Schwieriger ist sie, weil es weit weniger eineiige Zwillinge als Adoptivkinder gibt. Da auch Wunderkinder relativ selten sind, ist die Zahl von Wunderkindern, die auch noch einen Zwilling haben, verschwindend gering.

Falls dieses Modell auf Wunderkinder zutrifft, würde man bei einer Gruppe von extrem Hochbegabten keine hohe Familienähnlichkeit bei kognitiven Fähigkeiten erwarten. Zu genau diesem Ergebnis kamen Benbow und ihre Mitarbeiter, die feststellten, daß extrem hochbegabte Jugendliche erheblich höhere Punktwerte erzielten als ihre Eltern. Vielleicht kann man mit der Emergenesis-These sowohl die von Benbow festgestellte geringe Familienähnlichkeit als auch die von Plomin und Thompson festgestellte hohe Familienähnlichkeit erklären. Wenn es sich bei den Jugendlichen in Benbows Studie um Wunderkinder handelte und wenn dieses Phänomen ein emergentes genetisches Merkmal ist, dann würde man eine geringe familiäre Ähnlichkeit vorhersagen. Wenn die Probanden mit hohem IQ aus der Studie von Plomin und Thompson einfach Personen mit leicht erhöhtem IQ waren, dann würde man eine hohe familiäre Ähnlichkeit prognostizieren, weil ein hoher IQ kein emergentes genetisches Merkmal ist.

Die Verhaltensgenetik forscht heute noch in eine weitere Richtung. Genetiker wie Plomin versuchen, die DNA-Marker (die aus Blut oder Speichel gewonnen werden) für einzelne Merkmale zu ermitteln. Diese Methode ist bisher für die Erforschung von Krankheiten eingesetzt worden, wird aber jetzt auch für die Begabungsforschung genutzt. Plomin prophezeit, daß wir eines Tages in der Lage sein werden, die DNA-Marker von Personen mit extrem hohem IQ zu identifizieren.[54]

Die Problematik von genetischen Modellen

Die Behauptungen, wonach ein hoher IQ zum Teil genetischen Ursprungs ist, sind auf starke Widerstände gestoßen. Einige Kritiker halten die IQ-Messungen für einen unfairen, elitären Maßstab. Andere kritisieren die Zwillings-Methodik und weisen darauf hin, daß eineiige Zwillinge, die getrennt voneinander aufwachsen, häufig von gleichartigen Familien adoptiert werden. So hat zum Beispiel Stephen Ceci einige Daten über eineiige Zwillinge nochmals analysiert, wobei er die Zwillingspaare danach unterschied, ob sie in einer ähnlichen Umwelt aufwuchsen (beide Zwillinge wurden von einer Familie adoptiert, die entweder in einer städtischen oder ländlichen Umwelt lebte) oder ob sie in einer verschiedenartigen Umwelt erzogen wurden (ein Zwilling kam in eine ländliche, der andere in eine städtische Familienumwelt). Wenn die Zwillinge unter ungleichen Umweltbedingungen aufwuchsen, betrugen die IQ-Konkordanzraten nur noch .27. Daß man getrennt aufwachsende Zwillinge untersucht, reicht also möglicherweise nicht aus, um Genetik und Umwelt so klar auseinanderzuhalten, wie man gehofft hat.[55]

Ceci führt ein weiteres wichtiges Argument an: Was vererbt wird, ist unter Umständen nicht der IQ, sondern irgendein anderer Faktor, wie zum Beispiel das Temperament, das dann mit der Umwelt interagiert und den IQ beeinflußt. Angenommen, ein Kind wird mit einem übermäßigem Aktivitäts- oder Angstlevel geboren, der es ihm unmöglich macht, sich in der Schule zu konzentrieren. Bei diesem Kind wird vielleicht schließlich ein niedriger IQ-Wert gemessen, weil es nicht in der Lage war, sich zu konzentrieren und Informationen aufzunehmen. Aber was vererbt wurde, war nicht der IQ, sondern das Temperament. Es besteht also nicht zwangsläufig eine direkte Verbindung zwischen der tatsächlichen Erbanlage und dem schließlich gemessenen IQ.[56]

Darüber hinaus verfallen wir auch zu leicht in eine kausale und lineare Sprache, wenn wir Schlußfolgerungen aus verhaltensgenetischen Forschungsergebnissen ziehen. Die Erblichkeit sagt uns nur etwas über den zu einem bestimmten Zeitpunkt gemessenen Grad, in dem genetische *Unterschiede* in einer Probandengruppe mit Unterschieden bei einem bestimmten Merkmal korrelieren. Wenn sich für die Erblichkeit des IQ ein Wert von .50 ergibt, bedeutet das nur, daß 50 Prozent der IQ-Unterschiede in einer Gruppe mit den genetischen Unterschieden in dieser Gruppe korrelieren. Diese Zahl sagt nichts über jedes einzelne Individuum aus, weil sie ein Gruppenmaß ist. Sie bedeutet auch nicht, daß der IQ der Personen zu 50 Prozent auf die Gene und zu 50 Prozent auf die Umwelt zurückzuführen ist. Wir können Gene und Umwelt nicht in dieser additiven Form voneinander trennen, weil der Entwicklungsverlauf immer durch die *gemeinsame* Aktivität von Genen und Umwelt bestimmt wird. Gene sind Teil des Entwicklungssystems und daher empfänglich für alle möglichen Einflüsse im Verlauf der Entwicklung. Man sollte allerdings bedenken, daß diese Kritik auch für die Art und Weise gilt, wie wir häufig über Ergebnisse sprechen, die wir als Folge interagierender Faktoren sehen. Wenn wir zum Beispiel der Ansicht sind, daß das Zusammenspiel von Ausbildung und ethnischer Zugehörigkeit theoretische Vorhersagen über das spätere Einkommen erlaubt, verfallen wir sehr leicht in eine additive Sprache und reden davon, zu welchem konkreten Einkommen jede Variable führen wird. Wir sollten auf unsere Sprache achten, aber nicht die wissenschaftlichen Ergebnisse über Bord werfen.[57]

Die hohe Erblichkeit eines bestimmten Merkmals bedeutet nicht, daß dieses Merkmal nicht modifiziert werden kann. Niemand hat je nachgewiesen, daß eine Eigenschaft so stark genetisch bestimmt ist, daß sie unempfänglich für eine umweltbedingte Förderung oder Deprivation ist. So ist die Körpergröße zwar erblich, wird aber von der Ernährung beeinflußt. Dennoch sind das Ausmaß und die Art einer möglichen Umweltmodifizierung durch angeborene Begabungsunterschiede begrenzt. Denken Sie an Charles, den Jungen, der zahllose Eisenbahnzüge zeichnete. Weil er von vornherein wenig angeborenes Talent hatte, konnte das Training nicht zu Quantensprüngen im Leistungsvermögen führen.[58]

Die Einwände gegen die Verhaltensgenetik laufen auf eine Kritik der Sprache hinaus, in der wir über die Ergebnisse reden. Wir sollten nicht den Schluß ziehen, daß ein bestimmter Prozentsatz unserer Fähigkeiten durch die Gene festgelegt wird und der Rest durch die Umwelt. Wir dürfen Gene und Umwelt nicht als getrennt operierende, additive Faktoren betrachten. Und wir sollten nicht vergessen, daß die Erblichkeit uns nur etwas über das Ausmaß sagt, in dem Unterschiede zwischen Menschen mit Unterschieden in ihren Genen zusammenhängen. Trotzdem gibt es eine so große Zahl von überaus sorgfältig konzipierten Zwillingsstudien, die eine relativ hohe Erblichkeit der Intelligenz und sogar Persönlichkeit belegen, daß es töricht wäre, diese Studien einfach zu ignorieren und zu behaupten, Gene hätten keinerlei Einfluß auf die Intelligenz oder die Persönlichkeit. Eines der bemerkenswertesten Ergebnisse ist, daß die Vererbbarkeit der Intelligenz mit dem Lebensalter zunimmt, ein Ergebnis, das sich nur schwer mit Umwelteinflüssen erklären läßt.

Wenn die Intelligenz eine genetische Komponente umfaßt, dann ist es wahrscheinlich (aber bisher nicht erwiesen), daß auch andere Formen der Begabung eine genetische Komponente umfassen. Und wenn das so ist, dann ist es wahrscheinlich, daß hochbegabte Kinder kein normales Gehirn haben.

Psychologen würden nie behaupten, daß eine Retardierung durch zu wenig Training oder mangelnde Disziplin verursacht wird. Niemand bestreitet die biologische Grundlage der Retardierung (mit Ausnahme jener Fälle, die durch eine extreme Deprivation bedingt sind). Aber wenn es eine biologisch bedingte Verzögerung der Entwicklung gibt, warum dann keine biologisch bedingte Beschleunigung?

Die meisten in diesem Kapitel vorgestellten Forschungsergebnisse deuten darauf hin, daß es neurologische und genetische Unterschiede zwischen hochbegabten und durchschnittlich begabten Menschen gibt ebenso wie zwischen verschiedenen Gruppen von Hochbegabten. Ein Skeptiker wird vielleicht einwenden, daß diese Unterschiede nicht angeboren sind, sondern daraus resultieren, wie der einzelne seinen Verstand benutzt. Aber die Hinweise auf eine hirnphysiologische Grundlage der Begabung und die Nachweise für eine genetische Komponente des IQ legen die Vermutung nahe, daß alle Formen der Begabung irgendeine biologische Basis haben. Es ist äußerst unwahrscheinlich, daß gezielte Übung, in welchem Ausmaß auch immer, einen durchschnittlich begabten Menschen auf ein Niveau bringen wird, das Wunderkinder oder Savants so mühelos erreichen. Im Hinblick auf die Ursprünge der Begabung kommt also der populärpsychologische Mythos der Realität näher als die Auffassung der Psychologen.

VII.
Hochbegabung und Familie

Einige Leute meinen, hochbegabte Kinder würden von übertrieben ehrgeizigen Eltern angetrieben und unter Druck gesetzt. Wenn Kinder zu früh zu Höchstleistungen angespornt werden, können sie nach allgemeiner Überzeugung nur als verbitterte, gleichgültige, depressive Adoleszenten enden, die jegliches Leistungsinteresse verloren haben. Eltern sollten ihre Sprößlinge tunlichst nicht überfordern und sie wie normale Kinder spielen lassen.

Aber in dieser Einstellung kommt nur zum Ausdruck, daß unsere Gesellschaft geringe Erwartungen in ihre Kinder setzt und sich mit einem mäßigen Leistungsniveau zufriedengibt. In einigen nicht industrialisierten Gesellschaften wird noch heute von Kindern erwartet, daß sie sich von klein auf mit Erwachsenenaktivitäten beschäftigen. Und in Japan stellt man weit höhere intellektuelle Anforderungen an Kinder als in den USA.[1]

Hochbegabte Kinder verlieren manchmal das Interesse an ihrer Begabungsdomäne, aber nur selten, weil sie sich schlicht überfordert fühlen. Die Unzufriedenheit ist eher das Ergebnis eines extremen Drucks *in Verbindung* mit mehreren anderen Faktoren – zum Beispiel wenn die Eltern zusätzlich ihr hochbegabtes Kind aus egoistischen Motiven ausbeuten, ihm ihren Willen aufzwingen oder ihm keinerlei emotionale Zuwendung geben.

Sechs allgemeine Feststellungen

Für die familiäre Umwelt von hochbegabten Kindern sind folgende allgemeine Feststellungen kennzeichnend:

1. Hochbegabte Kinder nehmen eine »Sonderstellung« in der Familie ein: Sie sind häufig entweder Erstgeborene oder Einzelkinder.[2]
2. Die Kinder wachsen in einer anregenden Umwelt auf.
3. Das Kind ist der Mittelpunkt der Familie: Die Eltern tun alles, damit ihr Kind sehr früh in der Domäne unterrichtet wird, für die es eine besondere Begabung verrät.
4. Die Eltern sind ehrgeizig und zielstrebig: Sie stellen hohe Anforderungen an

sich selbst und an ihre Kinder, und sie legen großen Wert auf Leistung. Wenn die Eltern jedoch zu stark engagiert sind, zu viel Zwang ausüben und die Leistungen des Kindes mehr lieben als das Kind selbst, besteht die Gefahr, daß das hochbegabte Kind »aussteigt«.
5. Gleichzeitig gewähren die Eltern dem Kind ein hohes Maß an Unabhängigkeit.
6. Am förderlichsten für die Talententfaltung ist eine familiäre Umwelt, die aus einer Mischung von Stimulierung und hohen Erwartungen einerseits und emotionaler Zuwendung und Unterstützung andererseits besteht.

Mit Ausnahme des Erstgeborenenstatus läßt keine dieser Generalisierungen den definitiven Schluß zu, daß Hochbegabung und große Leistungen durch bestimmte Familienmerkmale *verursacht* oder auch nur *beeinflußt* werden. Es bleibt weiterhin möglich, daß angeborene Merkmale des Kindes bestimmte Familienmerkmale (zum Beispiel eine anregende oder kindzentrierte Umwelt) hervorrufen oder daß bestimmte Merkmale der Eltern (zum Beispiel Zielstrebigkeit) eher erblich als umweltbedingt sind.

Sonderstellung in der Familie

Hochbegabte Kinder ebenso wie berühmte erwachsene Persönlichkeiten nehmen eine Sonderstellung in ihren Familien ein. Wie bereits erwähnt, sind sie typischerweise entweder Erstgeborene oder Einzelkinder. Das wurde so häufig nachgewiesen, daß es mittlerweile allgemein anerkannt ist.[3]

Der Zusammenhang zwischen kindlicher Hochbegabung ebenso wie erwachsenem Genie und einer Sonderstellung in der Familie ist nur durch einen umweltbezogenen, nicht durch einen genetischen Vorteil erklärbar. Es gibt keinen plausiblen genetischen Grund, weshalb Erstgeborene regelmäßig im Vorteil gegenüber später geborenen Kindern sein sollten. Eine mögliche Erklärung für den Vorteil von Erstgeborenen ist die Motivation. Erstgeborene stehen in den ersten Lebensjahren im Mittelpunkt der Aufmerksamkeit, aber das ändert sich, wenn Geschwister geboren werden. Sie fühlen sich also möglicherweise zu hohen Leistungen angespornt, um die verlorene Vorrangstellung zurückzuerobern.

Aber was ist mit den Einzelkindern, die ihre Sonderstellung nicht verlieren? Die motiviationsbezogene Erklärung hilft uns hier nicht weiter. Eine genetische Erklärung ist vorstellbar: Eltern, die sich entscheiden, nur ein Kind zu bekommen, sind vielleicht selbst außergewöhnlich begabt und ziehen es deshalb vor, mehr Zeit in ihren Beruf als in die Kindererziehung zu investieren. Es gibt jedoch einen Umwelteinfluß, der erklären könnte, warum *beide*, Erstgeborene ebenso wie Einzelkinder, im Vorteil sind. Einzelkinder erhalten im Vergleich zu später geborenen Geschwistern in den ersten Lebensjahren wesentlich mehr Anregungen durch die Eltern. Später geborene Geschwister verbringen mehr Zeit in Gesellschaft von anderen Kindern. Eine größere Stimulation durch Erwachsene könnte zu einem Vorteil im kognitiven Bereich führen.[4]

Eine bereichernde Umwelt

Hochbegabte Kinder wachsen normalerweise in einer »bereichernden«, das heißt in einer interessanten, abwechslungsreichen und stimulierenden Umwelt auf. Sie leben in Häusern, die voll mit Büchern sind, und man liest ihnen sehr bald vor. Sie werden in Museen und Konzerte geführt. Ihre Eltern reden nicht herablassend mit ihnen, sondern verwickeln sie von klein auf in ernsthafte Gespräche.[5]

David Feldman und Lynn Goldsmith haben die gezielten Anstrengungen der Eltern eines Wunderkindes beschrieben, um die Umwelt ihres Kindes so stimulierend und abwechslungsreich wie möglich zu gestalten. Die Eltern sorgten dafür, daß Adam schon als Säugling durch helle Farben, interessante Formen, lebhafte Bilder, musikalische und andere Laute sowie durch jede Menge zwischenmenschlicher Interaktion angeregt wurde. Die Stimulierung fand immer unter der Aufsicht von mindestens einem Elternteil statt, damit sie auf Adams Reaktionen eingehen und die Anregungen entsprechend abwandeln konnten. Nachdem Adam dem Säuglingsalter entwachsen war, nahm die Stimulierung andere Formen an. Die Eltern diskutierten mit ihrem Sohn über abstrakte Begriffe und stellten ihm interessante Fragen und Denkübungen. Wenn Adam mit seinen Eltern Fiona und Nathaniel im Wald spazierenging, wurde daraus eine naturwissenschaftliche Unterrichtsstunde:

> Als wir zum erstenmal mit Adam, Fiona und Nathaniel im Naturschutzgebiet in der Nähe unseres Hauses spazierengingen, drangen wir im Verlauf einer Stunde kaum mehr als 100 m in den Wald hinein. Fiona entdeckte eine größere Gruppe von besonders interessanten Farnen. Also blieben wir alle stehen, um die Gewächse genau zu inspizieren, und die drei Konantoviches begannen eine ausgedehnte Diskussion über die Fortpflanzung bestimmter Pflanzenarten. Zwei Schritte weiter stieß dann Nathaniel auf irgendein in Verwesung befindliches Etwas, woraufhin er und Adam darüber spekulierten, wann der Zerfallsprozeß eingesetzt hatte, welche Arten von chemischen Reaktionen man entdecken würde und wann der Vorgang abgeschlossen sein würde. Als nächstes entdeckte Adam eine interessante Vogelart und be-

schrieb ihre Nestbaugewohnheiten. Fast jede Wahrnehmung lieferte Stoff für eine lebhafte und interessante Diskussion.[6]

Das Bildungsniveau der Eltern ist ein wichtiger Faktor in der Entwicklung der kindlichen Begabung, wahrscheinlich weil Eltern mit guter Schulbildung die Mittel und den Wunsch haben, eine bereichernde Umwelt für ihr Kind zu schaffen. Ein hoher Bildungsstand der Eltern ist allerdings keine notwendige Voraussetzung. So sind die Eltern von musikalisch begabten Kindern zwar in der Regel Akademiker, aber wichtiger scheint, daß die meisten Kinder, bei denen man eine musikalische Begabung diagnostiziert, regelmäßigen Unterricht erhalten und sich mit klassischer Musik beschäftigen. Es ist zweifellos möglich, daß musikalisch begabte Kinder, die keine formale Ausbildung erhalten und sich an »alternativen« musikalischen Aktivitäten, wie zum Beispiel Rockbands, beteiligen, aus weniger gebildeten Familien stammen. Diese Kinder und ihre Familien sind bislang nicht untersucht worden. Auch die Familien von Kindern mit außergewöhnlichen bildnerischen Fähigkeiten sind nicht notwendigerweise hoch gebildet. Die Eltern der von Benjamin Bloom untersuchten Bildhauer hatten einen ganz unterschiedlichen Bildungsstand und stammten aus allen sozioökonomischen Schichten. Trotzdem boten diese Eltern ihrem hochbegabten Kind fast immer jene Form der Anregung, die es für die Entwicklung seines Talents brauchte: Sie kauften die erforderlichen Materialien, gaben dem Kind Platz zum Arbeiten und führten es ins Museum.[7]

Eine Begabung kann sich sicher auch in Familien entfalten, in denen das Geld knapp ist, solange die Eltern Bildung als einen hohen Wert betrachten. Man hat festgestellt, daß wirtschaftlich benachteiligte Eltern von hochbegabten Kindern aufgeschlossen und stimulierend sind und ihren Kindern Gelegenheiten zum Lesen, zum Spielen und zu Gesprächen bieten. Ein schlagendes Beispiel ist das hohe Leistungsniveau von Kindern aus wirtschaftlich schwachen Einwandererfamilien, die erst vor relativ kurzer Zeit aus Vietnam oder Kambodscha in die USA gekommen sind. Der schwarze Psychiater James Comer berichtet, daß er und seine Geschwister in ärmlichen Verhältnissen aufwuchsen und seine Eltern nur eine geringe Schulbildung hatten. Aber Maggie Comer, seine Mutter, legte so großen Wert auf Bildung, daß sie ihre Kinder unermüdlich zum Lesen, zum Lernen und zu hohen schulischen Leistungen ansporrnte. Das Ergebnis sind lauter Erfolgsstories.

Entscheidend sind also jene kulturellen Wertvorstellungen, die eine gute Ausbildung zur Priorität erheben. Diese Werte sind nur lose an ein hohes Bildungsniveau und an die oberen sozialen Schichten geknüpft. Es gibt arme und ungebildete Eltern, die großen Wert auf Bildung und Leistung legen, so wie es auch viele gut verdienende Familien gibt, die wenig in die Ausbildung ihrer Kinder investieren, keine Anregungen bieten und ihren Sprößlingen erlauben, die meiste Zeit vor dem Fernseher oder im Einkaufszentrum zu verbringen.

Natürlich haben einkommensschwache Familien weniger Möglichkeiten als gutverdienende, ihren Kindern eine abwechslungsreiche Umwelt zu bieten. Das ist wahrscheinlich der Grund, weshalb in Förderprogrammen der Anteil von Kindern aus der Mittelschicht und gehobenen Mittelschicht immer überdurchschnittlich hoch ist. Und es gibt zweifellos sehr viele Kinder, deren Hochbegabung nicht erkannt wird, weil sie aus einem sozial benachteiligten Milieu stammen. Einige Psychologen bemühen sich um die Entwicklung alternativer Methoden zur IQ-Messung, damit man sozial benachteiligte Kinder mit intellektueller Hochbegabung besser identifizieren kann.[8]

Es besteht also ein starker Zusammenhang zwischen Hochbegabung und einer fördernden familiären Umwelt. Eine anregende Umwelt spielt auch eine Rolle bei der Förderung normaler Entwicklungsstadien, während eine monotone Umwelt die Entwicklung hemmt. Bei Kindern, die mit wenig sozialer und verbaler Interaktion in Waisenhäusern aufwachsen, ist die Entwicklung verlangsamt. Wenn sie jedoch aus diesen Institutionen herausgeholt werden und in eine anregende Umwelt kommen, holen sie die Rückstände schnell auf.[9]

Dennoch könnten *extrem hohe* Fähigkeiten genetisch weitergegeben werden und absolut nichts mit der anregenden Umwelt zu tun haben, die gebildete Eltern schaffen. Hochbefähigte Eltern vererben möglicherweise ihre außergewöhnlichen Fähigkeiten und sorgen nur deshalb für reiche Anregungen, weil sie selbst außergewöhnlich sind. Oder vielleicht brauchen hochbefähigte Kinder mehr Stimulation und machen deshalb von sich aus mehr anregende Umwelteinflüsse ausfindig. Hochbegabte Kinder stellen höhere Ansprüche an ihre Eltern im Hinblick auf außerschulische Aktivitäten wie Extraunterricht, Vereine und Hobbys. Über Adam wurde berichtet, daß er »unersättliche intellektuelle Ansprüche« an seine Eltern stellte. Die Psychologinnen Sandra Scarr und Kathleen McCartney haben darauf hingewiesen, daß es nicht notwendigerweise die Umwelt ist, die auf das Kind einwirkt; vielleicht sind es eher die genetischen Merkmale des Kindes, die dazu führen, daß es bestimmte Umwelteinflüsse auswählt.[10]

Sogar wenn hochbegabte Kinder nicht ständig nach neuen Anregungen verlangen, schaffen die Eltern solcher Kinder vielleicht *als Reaktion auf* das besondere Talent, das sie schon früh bemerken, eine fördernde Umwelt. Vielleicht interagieren die Eltern einfach auf einer höheren sozialen und verbalen Ebene mit dem Kind, wenn sie erkennen, daß es diese Interaktion versteht.[11]

Aller Wahrscheinlichkeit nach werden Kinder, die als hochbegabt diagnostiziert werden, normalerweise in Familien hineingeboren, die sich bereits durch eine anregende Umwelt auszeichnen. Aber aufgrund ihrer angeborenen Fähigkeiten suchen diese Kinder von sich aus nach noch stärkeren Anreizen. Und wenn die Eltern einmal erkannt haben, daß sie ein hochbegabtes Kind haben, reagieren sie darauf, indem sie eine ohnehin schon fruchtbare Umwelt noch anregender gestalten. Verglichen mit der Umwelt von normal begabten Kindern (oder Kindern, deren Begabung unbemerkt bleibt) wird also die Umwelt von Kindern, deren Hochbegabung erkannt wird, im Lauf der Zeit immer weiter bereichert. Und diese Bereicherung stimuliert wahrscheinlich die Entwicklung der bereits vorhandenen Begabung.[12]

Das Kind als Familienmittelpunkt

Familien mit hochbegabten Kindern sind in unserer Gesellschaft außergewöhnlich kindzentriert. Das als hochbegabt wahrgenommene Kind wird normalerweise als etwas Besonderes betrachtet, und die ganze Familie konzentriert ihre Energien auf dieses Talent. Die Familie Menuhin hat angeblich in jeder Generation ein besonders begabtes Kind ausgewählt und dann alle Hebel in Bewegung gesetzt, um diese Begabung zu fördern. Im 20. Jahrhundert fiel die Wahl auf den Geiger Yehudi. Wie es hieß, unterstützte Yehudis Mutter ihren Sohn noch mit weit über Neunzig aktiv in seiner Karriere. Die Menuhins, die man vor Yehudi ausgewählt hatte, waren zu Religionsgelehrten geworden.[13]

Familien mit hochbegabten Kindern konzentrieren sich in zweierlei Form auf die Förderung des Kindes: Entweder verwenden die Eltern oder ein Elternteil sehr viel Zeit darauf, das Kind selbst zu unterrichten, oder die Eltern bringen Opfer, damit das Kind nur die allerbesten Lehrer erhält. In beiden Fällen dreht sich das gesamte Familienleben um die Bedürfnisse des Kindes. Die Eltern kanalisieren ihre Interessen in den Begabungsbereich des Kindes und nehmen besonders regen Anteil an seinen Fortschritten.[14]

Der Vater von Yehudi Menuhin gab seinen Beruf als Lehrer auf und widmete sich der Karriere seiner Kinder. Die Väter von Mozart und Picasso verschrieben sich der Aufgabe, die außergewöhnlichen Talente ihrer Söhne zu fördern. Der Vater von Yani, selbst Künstler, gab die Malerei schließlich auf, damit Yani nicht durch seinen Stil beeinflußt wurde. Der Vater von drei weiblichen Schachwundern der Familie Polgar unterrichtete seine Töchter im Schachspiel; die Töchter zitierten den Talmud, der besagt, daß jüdische Eltern die ersten Lehrer ihrer Kinder sein sollten. Manchmal sind die Anforderungen an die familiären Ressourcen so hoch, daß nur eines der Kinder gefördert werden kann, auch wenn mehrere eine außergewöhnliche Begabung zeigen. Falls es sich um einen Jungen und ein Mädchen handelt, wird leider allzu häufig nur der Junge unterstützt.[15]

Besonders stark ist diese Konzentration auf das Kind, wenn sein Talent in einer Domäne liegt, die mit öffentlichen Auftritten verbunden ist wie Sport oder auch Musik und Schach. In diesen Familien wird das Kind für einen öffentlichen Auftritt aufgebaut: für eine Sportveranstaltung, ein Konzert, einen Schachwettbewerb. Blooms künftige Pianisten, Schwimmer und Tennisspieler stammten aus Familien, in denen das Kind weit stärker im Mittelpunkt stand als in den Familien der Bildhauer, Neurologen und Mathematiker. Die Eltern der Musiker und Sportler (normalerweise die Mutter) chauffierten ihre Kinder häufig über große Entfernungen zu Unterrichtsstunden und sportlichen Veranstaltungen. Die Eltern saßen bei ihren Kindern, wenn diese am Klavier übten. Manchmal wechselten die Familien sogar den Wohnort, um in der Nähe der besten Lehrer zu leben. Auch Familien, die kaum Geld hatten, waren zu solchen Opfern bereit.

Ein anschauliches Beispiel für eine Familie, in der sich alles um das hochbegabte Kind dreht, ist die Geschichte des Eislaufwunders Tara Lipinski. Mit zwölf wurde Tara die jüngste Olympiasiegerin aller Zeiten. Ihr ganzes Leben war darauf ausgerichtet, daß sie mit fünfzehn an der nächsten Winterolympiade teilnehmen konnte. Vermutlich hatte Tara ein angeborenes sportliches Talent. Aber sie wäre sicher nie zu einem Wunderkind geworden, wenn ihre Familie nicht so große Opfer gebracht hätte, um ihr das entsprechende Training zu ermöglichen.

Die Opfer waren finanzieller, sozialer und schulischer Art. Tara mußte fünfmal am Tag je eine Dreiviertelstunde trainieren und häufig zu Wettbewerben reisen. Sie erhielt jeden Morgen zwei Stunden Schulunterricht durch einen Privatlehrer, weil ihr anspruchsvoller Trainingsplan keine Zeit für einen normalen Schulbesuch ließ. Die Mutter zog mit ihr nach Maryland, damit Tara am Elite-Zentrum der Universität von Delaware trainieren konnte, während der Vater in Houston blieb, wo er seinem Beruf nachging. Als die Kosten für das Eislaufen schwindelerregende Höhen erreichten (Trainerstunden, Eislaufzeit, Reisen und Eislaufkostüme, außerdem Kosten für den Lebensunterhalt – alles in allem etwa fünfzigtausend Dollar im Jahr), wechselte der Vater die Arbeitsstelle, und die Familie refinanzierte ihre Hypotheken.

Obwohl Taras Eltern ungern getrennt lebten, waren sie felsenfest überzeugt, daß das höhere Ziel ihre Opfer lohnte. »Ich würde alles für meine Tochter tun«, erklärte die Mutter. »Das Eislaufen ist ihre Leidenschaft. Und wir sehen, daß es etwas bringt. Ich kann nicht verlangen, daß sie einfach aufhört. Ich würde mir den Rest meines Lebens Vorwürfe machen und dauernd denken: ›Was wäre wenn ... Was wäre wenn?‹« Der Vater äußerte sich nicht minder opferbereit: »Ich möchte für mein Kind alles tun, was in meiner Macht steht.«[16]

Auch Kinder mit außergewöhnlichen intellektuellen und bildnerischen Fähigkeiten stammen normalerweise aus kindzentrierten Familien. Das Talent von intellektuell begabten Kinder wird mitunter zu einem öffentlichen Ereignis, wenn die Eltern sie in Talkshows vorführen und von der Presse als Wunderkinder feiern lassen. Wie Musiker- und Sportlerfamilien wechseln auch solche Eltern unter Umständen den Wohnort, damit ihre Kinder die besten Schulen besuchen oder sehr früh aufs College gehen können. Die Familie von Michael Kearney (Kapitel 2) zog zum Beispiel nach Alabama um, damit der Sechsjährige dort in Begleitung seiner Mutter das College besuchen konnte. Sogar jene intellektuell hochbegabten Kinder, die von ihren Eltern nicht öffentlich zur Schau gestellt werden, stammen in der Regel aus Familien, die sehr stark auf das Kind konzentriert sind. In Wales verbrachte die Mutter von vier Wunderkindern jede wache Stunde damit, die Entwicklung ihrer Kinder ganz gezielt zu fördern.[17]

Als kleiner Junge war Adam (das oben erwähnte Kind auf dem Waldspaziergang) fast immer in der Obhut eines oder beider Elternteile. Die Wißbegierde ihres Sohnes zu befriedigen, hatte für die Eltern höchste Priorität. Als er in die Schule kam, versuchten die Eltern, auch diese Umwelt aktiv zu gestalten. Das zeigen die Auszüge aus dem folgenden Brief, den die Mutter an den Direktor von Adams erster Schule schickte. Sie schrieb über ihren viereinhalbjährigen Sohn:

> Adam wird jeden Lernstoff mühelos bewältigen, wenn der Inhalt interessant und relevant für die Erweiterung seiner Kenntnisse ist... Was er braucht, sind bestens ausgebildete, hochprofessionelle Lehrer und kompetente Mentoren, die in der Lage sind, ihn in jedem Fachgebiet mit dem Abstrakten und dem Konkreten, den Ursprüngen und der Geschichte, dem Möglichen und dem Bekannten, der Theorie und der Praxis vertraut zu machen... Ich glaube nicht, daß Adam noch etwas über die Sitten und Gebräuche der Eskimos lernen muß. Ich halte es für sinnvoller, daß er Zugang zu Anthropologen, interkulturellen Psychologen, Ökonomen, Politikwissenschaftlern und Historikern, Geographen, Volkskundlern und Psychiatern erhält... damit er das Wesen der menschlichen Gemeinschaft erfragen, erforschen, analysieren und vielleicht schließlich begreifen kann... Ihn in die starren Grenzen einer gewöhnlichen Unterrichtserfahrung einzuschließen, wird seinen Bedürfnissen nicht gerecht.[18]

Es ist nicht überraschend, daß kein Lehrer oder Mentor je in der Lage war, sich so intensiv um Adam zu kümmern, wie seine Eltern es forderten. Nur sie selbst konnten das leisten. Wie die Väter von John Stuart Mill und Thomas Edison sind auch in unserer Gesellschaft viele Eltern von intellektuell begabten Kindern überzeugt, daß sie ihre Sprößlinge besser erziehen und ausbilden können als die Schulen. Und so kehren viele dem herkömmlichen Bildungssystem den Rücken und ziehen es vor, ihre Kinder zu Hause zu unterrichten.

Es gibt einige Berichte über eine ähnliche Kindzentriertheit in den Familien von Kindern, deren Hochbegabung im Bereich der bildenden Kunst liegt. Wie gesagt, widmete sich der Vater von Picasso hingebungsvoll der künstlerischen Entwicklung seines Sohnes. Auch der Vater von Wang Yani hat sich ganz dem Talent seiner Tochter verschrieben. Aber in beiden Fällen war auch der Vater bereits Maler. In den meisten Familien solcher hochbegabter Kinder sind die Eltern selbst keine bildenden Künstler. Diese Familien richten nicht ihre gesamte Zeit und Energie an den künstlerischen Bestrebungen des Kindes aus. Sie lassen ihm einfach genügend Zeit und Raum, damit es seine künstlerischen Interessen selbständig verfolgen kann. Dadurch geben sie dem Kind das Gefühl, daß solche Bestrebungen etwas Lohnendes sind.[19]

Die Tatsache, daß die Eltern enorm viel Zeit mit ihrem hochbegabten Kind verbringen und dadurch die Entwicklung des Talents fördern, bedeutet nicht, daß die Eltern die außerordentliche Begabung *erzeugen*. Die Begabung ist zuerst da. Die Eltern bemerken Anzeichen von Außergewöhnlichkeit an ihrem Kind und reagieren darauf, indem sie sich der Förderung dieser Außergewöhnlichkeit widmen.

Vorbild sein und hohe Anforderungen stellen

Kinder vollbringen so gut wie nie Höchstleistungen, wenn nicht mindestens ein Elternteil (oder Elternersatz) den Wert harter Arbeit beispielhaft vorlebt und auch das Kind zu fleißigen Bemühungen anhält. Zumindest in unserer Gesellschaft ist es meistens die Mutter, die das Kind anspornt. (Soweit ich in Erfahrung bringen konnte, spielen in China beide Elternteile eine gleich große Rolle.) Eine biographische Studie über herausragende Erwachsene ergab, daß die Mutter bei 25 Prozent der Probanden als treibende Kraft gewirkt hatte, der Vater dagegen nur bei 5 Prozent. Diese ambitionierten Mütter waren außerdem fest davon überzeugt, daß ihre Kinder Erfolg haben würden, und vermittelten diese Überzeugung an ihren Nachwuchs. Der starke Einfluß der Mutter zeigt sich auch in den Berichten von hochbegabten schwarzen Schülern, die in das Meyerhoff-Förderprogramm der Universität von Michigan in Baltimore County aufgenommen werden. Diese Schüler kommen genauso häufig aus Akademiker- wie aus Arbeiterfamilien. Aber sie alle stammen aus Familien, die eng zusammenhalten und großen Wert auf Leistung legen. Die meisten Schüler berichten, daß sie einen Großteil ihres Erfolgs den hohen Erwartungen und dem unerschütterlichen Vertrauen ihrer Mütter verdanken.[20]

Eltern von Kindern, die als hochbegabt diagnostiziert werden, leben nach dem Motto: Erst die Arbeit, dann das Vergnügen. Sie mißbilligen, wenn man seine Zeit verschwendet, schlampig arbeitet oder Verantwortung scheut. Sie leben diese Werte vor, indem sie selbst hart arbeiten und ihre Freizeit aktiv gestalten. Die Eltern der von Benjamin Bloom untersuchten Persönlichkeiten verbrachten ihre Freizeit damit, daß sie tischlerten, im Garten arbeiteten, schneiderten, Sport trieben, Bücher lasen, ein Instrument spielten oder Fotos entwickelten. Sie surften nicht durch die Fernsehkanäle. Kinder aus solchen Familien durften nicht gelangweilt, faul oder passiv wirken. Sie lernten, daß Müßiggang auf Ablehnung stieß. Der Vater von Tara offenbarte seine Wertvorstellungen, als er erklärte, die wichtigste Lehre für seine Tochter sei, daß harte Arbeit sich auszahle. Taras Mutter machte ihrer Tochter klar, daß sie beim Training jeden Tag ihr Bestes geben, aber auch lauter Einsen bei den Prüfungen machen mußte, die sie über einen Fernlehrgang bei einer Schule in Houston absolvierte. Der Vater von Josh Waitzkin erklärte, daß Josh wahrscheinlich nicht so hart an seinem Schachspiel gearbeitet hätte, wenn er ihn nicht ständig dazu angetrieben hätte. Er wies auch darauf hin, daß hinter jedem großen Schachspieler mindestens ein Elternteil steht, der den Sprößling ermutigt, tadelt und zum Gewinnen anspornt. Hochbegabte »Versager«, die weniger leisten als erwartet, stammen häufig aus Familien, in denen schon die Großeltern keine hohen Anforderungen stellten.[21]

Man muß praktizieren, was man predigt. Eltern, die ihre Kinder zu Höchstleistungen antreiben, aber selbst nicht hart arbeiten, haben erheblich weniger Einfluß auf den Erfolg ihrer Kinder als andere Eltern, die hohe Ansprüche an ihre Kinder stellen, aber auch selbst sehr viel leisten. Man muß allerdings bedenken, daß dies auch genetisch bedingt sein könnte: Hart arbeitende Eltern haben vielleicht hohe Befähigungen zu vererben.

Aber Eltern müssen nicht nur selbst etwas leisten, sondern auch Zeit für ihre Kinder haben. Nobelpreisträger haben vermutlich relativ wenig Zeit für ihre Kinder. Die effizientesten Eltern sind wahrscheinlich solche, die nicht ganz so berühmt werden – die zwar erfolgreich sind, aber nicht die allerhöchsten Gipfel erreichen. Auch Eltern, die sehr leistungsorientiert sind, aber selbst nicht die Möglichkeit hatten, ihr Potential zu entfalten, haben häufig sehr leistungsstarke Kinder, weil sie ihre gesamte Energie in die Förderung ihres Nachwuchses investieren.[22]

Hochbegabte Kinder wachsen zwar in Familien mit hohen Leistungsanforderungen auf, aber wie stark das Kind von den Eltern gesteuert wird, hängt offenbar mit der Art der Begabung zusammen. Die Steuerung durch die Eltern ist besonders stark, wenn das Kind über außergewöhnliche Fähigkeiten in einer Domäne verfügt, die mit öffentlichen Auftritten verbunden ist, wie Musik oder

Sport; sie ist am geringsten, wenn das Kind eine besondere Begabung für die bildende Kunst hat, und liegt irgendwo in der Mitte, wenn das Kind eine intellektuelle Hochbegabung zeigt.

Dieser Unterschied zeigt sich zum Beispiel bei den von Bloom untersuchten Familien. Nehmen wir die Familien der künftigen Pianisten. Diese Eltern hatten fast immer selbst mit Musik zu tun, entweder aktiv (sie spielten selbst ein Instrument) oder passiv (sie besuchten Konzerte, hörten zu Hause Musik). Mit Ausnahme von zwei Fällen waren es die Eltern, nicht die Kinder, die für die ersten Klavierstunden sorgten. Und die Eltern waren sehr stark am täglichen Klavierspiel der Kinder beteiligt. Ein Drittel war beim Unterricht anwesend und machte sich Notizen, um später kontrollieren zu können, ob das Kind die Anweisungen richtig befolgte. Und etwa die Hälfte der Eltern beaufsichtigte das Kind beim Üben. Die große Bedeutung, die dem Üben beigemessen wurde, und die aktive Rolle der Eltern offenbaren sich in dem Bericht einer Mutter: »Wir haben regelmäßig Ferien gemacht, aber immer dafür gesorgt, daß nie eine Unterrichts- oder Übungsstunde ausfiel.« Diese Eltern ließen ihren Kindern keine Nachlässigkeiten durchgehen, zollten ihnen aber auch viel Anerkennung, wenn sie fleißig übten.[23]

Die Eltern der von Bloom untersuchten Bildhauer waren da wesentlich freiheitlicher gesinnt. Erstens waren sie bis auf eine Ausnahme nicht selbst Künstler. Etwa die Hälfte der Eltern hatte ein so großes Interesse an bildender Kunst, daß sie regelmäßig ins Museum gingen. Ein Viertel wußte wenig über Kunst, sah darin aber eine lohnende Aktivität, und ein weiteres Viertel hatte keinerlei Beziehung zu dieser Domäne. Auch diese Eltern lenkten ihre Kinder in gewisser Weise, aber sie taten es in anderer Form als die Musikereltern, die ihre Kinder zu Klavierstunden anmeldeten. Sie übermittelten ihren Kindern die Botschaft, daß es wichtig ist, an etwas zu arbeiten, das einem Freude macht, und dabei sein Bestes zu geben. Selbstverwirklichung, nicht intellektuelle Leistung, war der zentrale Wert (diese Eltern kümmerten sich kaum um die Schulleistungen ihrer Kinder). Als die Kinder allmählich zum Ausdruck brachten, daß sie Freude daran hatten, mit ihren Händen zu arbeiten, Bilder zu zeichnen oder andere Kunstwerke zu schaffen, fanden sie Unterstützung bei ihren Eltern. Die Hälfte der Eltern sorgte dafür, daß die Kinder speziellen Kunstunterricht erhielten, und die andere Hälfte stellte den künstlerischen Bestrebungen der Kinder zumindest keinerlei Hindernisse in den Weg. Aber die Eltern nahmen sich nicht zusätzliche Zeit, um die Kinder zum Arbeiten anzuhalten: Es gab keine häuslichen Übungsstunden in bildender Kunst. Die Kinder wurden nicht darauf getrimmt, Preise bei Kunstausstellungen zu gewinnen. Sie erhielten einfach die Erlaubnis und die Ermutigung, sich künstlerisch zu betätigen, sooft sie Lust hatten.

Die Familien der intellektuell begabten Kinder in Blooms Studie nahmen eine

Mittelstellung zwischen den lenkenden Musikereltern und den selbstverwirklichungsorientierten Künstlereltern ein. Die Eltern der späteren Mathematiker legten großen Wert auf Fleiß und gute schulische Leistungen. Anders als in den Familien der künftigen Bildhauer, bei denen die Selbstverwirklichung im Vordergrund stand, legten diese Eltern mehr Wert auf schulische Leistungen. Aber genauso wie die Bildhauer-Eltern versuchten sie nicht, ihre Kinder zu steuern. Wenn die Kinder sich mit mathematischen Leistungen hervortaten, waren die Eltern erfreut und machten deutlich, daß sie die Mathematik für eine wertvolle geistige Beschäftigung hielten. Andere Studien über Familien von intellektuell begabten Kindern sind zu ähnlichen Ergebnissen gekommen: Diese Eltern lenken ihre Kinder nicht in bestimmte Domänen, sondern vermitteln vielmehr die Freude am Lernen, an geistigen Herausforderungen und an guten Leistungen.

Diese familiären Unterschiede scheinen einleuchtend. Um Höchstleistungen in einer Domäne zu vollbringen, die mit öffentlichen Auftritten verbunden ist, muß man sich einem strengen und frühzeitigen Training unterwerfen. Trotz ihrer unstillbaren Wißbegierde würden vielleicht nicht mal besonders hochbegabte Kinder diese Tortur freiwillig auf sich nehmen. Wie an früherer Stelle erwähnt, hatten nur wenige der zwanzig Pianisten, die von Bloom untersucht wurden, von sich aus mit dem Klavierspiel begonnen. Die Tatsache, daß Eltern von bildnerisch begabten Kindern kaum steuernd eingreifen, hängt vermutlich damit zusammen, daß der Beruf des bildenden Künstlers in unserer Kultur wenig Ansehen genießt. Vielleicht teilen diese Eltern auch bestimmte Persönlichkeitsmerkmale mit ihren relativ undisziplinierten Künstlerkindern. Familien, die sich sehr stark engagieren, solange die Kinder klein sind, wie zum Beispiel die Familien von Musikern und Sportlern, stehen vor dem Problem, daß sie irgendwann loslassen und ihren Kindern größere Unabhängigkeit gewähren müssen. Vielen fällt dieses Loslassen sehr schwer.[24]

Der große Einfluß von elterlichen Erwartungen gilt für alle sozioökonomischen Schichten. Studien über sozial benachteiligte Jugendliche, die aufgrund ihrer Testergebnisse im sprachlichen und mathematischen Teil des SAT als intellektuell hochbegabt diagnostiziert wurden, haben gezeigt, daß die Familie ausnahmslos eine entscheidende Rolle spielte. Alle Familien, ob Eltern oder Großeltern, wachten mit Argusaugen über die schulischen Leistungen der Kinder und haben sie nicht nur ermutigt, sondern angetrieben: Sie machten den Kindern unmißverständlich deutlich, daß sie sich anstrengen und »etwas Besseres« werden sollten als die Eltern. Fast alle schwarzen Teenager, die wegen ihrer hohen naturwissenschaftlichen Begabung für das Meyerhoff-Förderprogramm ausgewählt wurden, hatten einen Elternteil, der felsenfest von ihrer hohen Leistungsfähigkeit überzeugt war. Wie gesagt, ist das meistens die Mutter.[25]

Man könnte bezweifeln, daß die hohen Erwartungen der Eltern eine ursächliche Rolle spielen. Vielleicht haben talentierte, zielstrebige Menschen auch talentierte, hochmotivierte Kinder, und zwar nicht weil die Eltern hohe Erwartungen in ihre Kinder setzen oder gute Rollenmodelle abgeben, sondern weil sie ihre Begabung und Energie vererben. Keine einzige Studie über Hochbegabung und Familie hatte ordentliche Kontrollgruppen. Folglich ist nicht bekannt, wie stark sich Erwartungen und elterlicher Druck bei Kindern auswirken, die nach dem Zufallsprinzip ausgewählt werden. Die Ergebnisse der an früherer Stelle beschriebenen Adoptionsstudien, die eine genetische Komponente des IQ belegen, würden für die Hypothese sprechen, daß Druck allein nicht ausreicht; eine rein genetische Erklärung bleibt theoretisch möglich.

Aber Vergleiche zwischen verschiedenen Kulturen bieten so etwas Ähnliches wie Kontrollgruppen, und diese Studien stützen die umweltbezogene Auffassung, daß hohe elterliche Erwartungen von entscheidender Bedeutung für kindliche Höchstleistungen sind. Aufschlußreich ist zum Beispiel ein Vergleich zwischen dem schulischen Leistungsniveau von amerikanischen und japanischen Kindern. In der ersten Klasse sind die Leistungen im Fach Mathematik bei beiden Gruppen nahezu identisch. In der fünften Klasse gibt es dann praktisch keine Übereinstimmungen mehr. Die japanischen Schüler sind ihren amerikanischen Altersgenossen weit voraus. Es gibt keinen Grund zu der Annahme, daß die überlegene Leistung der Japaner auf eine höhere Begabung zurückzuführen ist, denn in der ersten Klasse gab es erhebliche Übereinstimmungen bei den Testergebnissen. Ungarn bietet ein weiteres interessantes Beispiel: Hier können alle Kinder in der Regel ein halbes Jahr nach ihrer Einschulung lesen und wesentlich besser rechnen als amerikanische Kinder im selben Alter. Dafür muß es eine Erklärung innerhalb der Kultur geben. Japanische und ungarische Eltern (und Lehrer) setzen weit höhere Erwartungen in ihre Kinder als amerikanische. Wenn eine Gesellschaft großen Wert auf Leistung in einer bestimmten Domäne legt und hohe Ansprüche stellt, erreichen die Kinder ein überdurchschnittliches Niveau. Dieses Phänomen zeigt sich auch am Leistungsniveau von asiatischen Einwanderern in den USA, an den zeichnerischen Leistungen von durchschnittlichen chinesischen Schulkindern und an dem virtuosen Geigenspiel japanischer Kinder, die nach der Suzuki-Methode unterrichtet werden. Die extrem niedrigen Leistungserwartungen, die amerikanische Eltern an ihre Kinder richten, führen im Vergleich zu anderen Kulturen zu einem erschreckend niedrigen Leistungsniveau.[26]

Unabhängigkeit gewähren

Eltern von hochbegabten, erfolgreichen Kindern erwarten ein hohes Leistungsniveau und kontrollieren die Kinder, um sicherzugehen, daß sie kontinuierliche Fortschritte machen. Aber diese Eltern sind selten streng, dominierend und autoritär. Sie schätzen und fördern die Selbständigkeit ihrer Kinder und erwarten, daß die Kinder eigenständige Entscheidungen treffen und sogar gewisse Risiken eingehen.

Der Wunsch nach Leistung ist offenbar nicht das Ergebnis äußeren Drucks, sondern entsteht, wenn Kinder die Möglichkeit erhalten, Herausforderungen eigenständig zu meistern. Wenn Kinder nicht die Freiheit haben, ihre eigenen Interessen zu verfolgen, hören sie auf, sich anzustrengen, sobald sie dem elterlichen Druck entfliehen können.[27]

Extrem großen Wert auf die Erziehung zur Selbständigkeit legen in unserer Gesellschaft vor allem die Eltern von Kindern mit einer Begabung in den bildenden Künsten. Wie bereits erwähnt, gaben die Eltern aus Blooms Studie ihren Kindern Material, Raum und emotionale Unterstützung, stellten es den Kindern jedoch völlig frei, wann und wie sie künstlerisch tätig sein wollten.

Eltern, die ihren Kindern Autonomie gewähren, aber dennoch klare Maßstäbe setzen, sind als autoritativ im Gegensatz zu autoritär beschrieben worden. Autoritäre Eltern sind streng und diktatorisch; autoritative Eltern vermitteln klare moralische Werte, respektieren aber die Unabhängigkeit ihrer Kinder und tolerieren anfängliche Fehler. Studien mit normal begabten Kindern haben gezeigt, daß, gemessen am Erfolg der Kinder, autoritative Eltern mehr erreichen als autoritäre oder permissive Eltern.[28]

Auch hier könnte man wieder nach Ursache und Wirkung fragen. Ermutigen die Eltern ihr Kind zur Selbständigkeit, weil sie seine hohe Befähigung erkennen, oder ist das Kind zu großen Leistungen fähig, weil seine Selbständigkeit gefördert wird, bzw. nicht dazu fähig, weil diese nicht gefördert wird? Ein Experiment, bei dem man Kinder mit gleich hoher Begabung nach dem Zufallsprinzip auf diese unterschiedlichen Erziehungsmethoden verteilen würde, könnte diese Frage klären, ebenso wie Untersuchungen des Leistungsniveaus in anderen Gesellschaften, in denen Kinder nicht zur Selbständigkeit erzogen werden.

Obgleich die Wahrscheinlichkeit hoch ist, daß Eltern, die eine Hochbegabung bei ihrem Kind erkennen, dem Kind mehr Unabhängigkeit gewähren, scheint es doch genauso wahrscheinlich, daß die Förderung der Selbständigkeit in Verbindung mit hohen Erwartungen zu einer intrinsischen Leistungsmotivation führt. Dominanz der Erwachsenen löst häufig Rebellion, Groll und Unzufriedenheit beim Kind aus.

Ansporn und hohe Anforderungen, Harmonie und emotionale Zuwendung

Familien von hochbegabten Kindern werden normalerweise als leuchtende Beispiele für Harmonie, Liebe und Geborgenheit beschrieben. Sie halten besser zusammen und sind weniger von Konflikten belastet als Familien normal begabter Kinder. (Wie in Kapitel 10 näher erläutert, gilt diese Generalisierung nicht für die Untergruppe hochbegabter Kinder, die als Erwachsene kreative Veränderungen in ihren Domänen bewirken.) Die meisten der »Überflieger« in Blooms Studie kamen aus Familien, die zumindest während der Kindheit der Befragten intakt geblieben waren. Auch andere Forscher haben gezeigt, daß die Scheidungsrate bei Eltern von hochbegabten Kindern unter dem Durchschnitt liegt. Eine neuere Studie kommt allerdings zu dem Schluß, daß Eltern hochbegabter Kinder sich genauso oft scheiden lassen wie andere Elternpaare. Dieses Ergebnis ist wahrscheinlich auf den allgemeinen Anstieg der Scheidungsrate zurückzuführen, ein Trend, der sich unheilvoll auswirken könnte, wenn der Familienzusammenhalt kausal mit der Talententfaltung verbunden ist.[29]

Vielleicht hängt es mit dem harmonischeren Familienleben zusammen, daß hochbegabte Kinder eine positivere Beziehung zu ihren Eltern haben als Kinder in Kontrollgruppen. Und in mindestens einer Studie wurde nachgewiesen, daß Kinder mit extrem hohem IQ wesentlich freundlichere Gefühle gegenüber ihrer Familie hatten als gegenüber der Schule. Diese Kinder rebellieren in der Regel nicht gegen ihre Eltern, sondern neigen eher dazu, deren Wertvorstellungen zu übernehmen. Andere Studien haben gezeigt, daß hochbegabte Kinder, die ihr Potential ausschöpfen, häufig aus liebevollen Elternhäuseren stammen, während Kinder, die hinter den Erwartungen zurückbleiben, häufig abweisende, feindselige Eltern haben.[30]

Wenn familiäre Wärme mit Ansporn und hohen Erwartungen kombiniert wird, hat man optimale Bedingungen für die Talententfaltung geschaffen. Wie wichtig diese Mischung ist, hat Cszikszentmihalyi in einer Langzeitstudie über Teenager mit herausragenden Begabungen in Mathematik, Naturwissenschaften, bildender Kunst, Musik und Sport nachgewiesen.[31]

Die von ihm untersuchten Familien zerfielen in vier verschiedene Gruppen. »Differenzierte« Familien boten ihren Kindern sehr viele Anregungen, aber wenig emotionale Unterstützung. »Integrierte« Familien boten emotionale Unterstützung, aber wenig Anreize. »Komplexe« Familien boten sowohl Anregung als auch Unterstützung, während »einfache« Familien weder das eine noch das andere zur Verfügung stellten. Diese vier Familientypen wurden nicht anhand weiterer Kriterien wie sozio-ökonomischer Schicht, Familiengröße, Familienstand, ethnischer Zugehörigkeit oder religiösem Hintergrund differenziert; sie wurden auch nicht nach Merkmalen der Kinder wie Geschlecht, Begabungsbereich (bildende Kunst, Musik, Mathematik, Naturwissenschaften, Sport) oder der im PSAT-Test gemessenen Intelligenz differenziert.

Im Vergleich mit den drei anderen Gruppen von Jugendlichen hatten es die Teenager aus den komplexen Familien am besten getroffen. Gemessen an ihren Stimmungen, die sie eine Woche lang achtmal täglich beschrieben, waren sie die glücklichsten von allen untersuchten Teenagern. Sie berichteten von einem höheren Grad an Aufmerksamkeit und Zielstrebigkeit. Sie erlebten häufiger *flow*-Zustände, wenn sie einer produktiven Tätigkeit nachgingen, und sie waren öfter mit herausfordernden Aktivitäten beschäftigt, die besondere Fähigkeiten verlangten. Sie verbrachten mehr Zeit mit Lernen und mit Hausaufgaben und bis auf eine aufschlußreiche Ausnahme vollbrachten sie bessere Leistungen in ihrem jeweiligen Begabungsbereich.

Diese Ausnahme war der Sport. Hier erzielten die Teenager aus den differenzierten Familien die besten Ergebnisse. Hohe Anforderungen ohne starke emotionale Unterstützung führen bei Sportlern offenbar zu höheren Leistungen als die Mischung aus hohen Anforderungen und starker emotionaler Zuwendung. Vielleicht hängt es damit zusammen, daß eine gewisse Aggressivität bei sportlichen Wettkämpfen zusätzliche Kraft verleiht.

Auch die Messung des subjektiven Erlebens in der häuslichen Umwelt ergab, daß die Teenager aus komplexen Familien häufiger über *flow*-Erlebnisse und hohe Energiezustände berichteten. Sie zogen die Interaktion mit der Familie dem Fernsehen vor, auch wenn sie genausoviel Zeit vor dem Fernseher verbrachten wie die anderen Teenagergruppen. Ihren Selbsteinschätzungen zufolge waren sie die zufriedensten der untersuchten Teenager. Sie hatten das Gefühl, ihren persönlichen Anforderungen gerecht zu werden und wichtige Ziele zu verfolgen. Nach Ansicht der Lehrer konnten sich Jugendliche aus komplexen Familien besser konzentrieren als andere aus einfachen Familien. Außerdem sagten die Lehrer über die Adoleszenten aus komplexen Familien, daß sie ihre Fähigkeiten im Gegensatz zu den Jugendlichen aus einfachen Familien besser ausschöpften und unabhängiger und origineller seien. Teenager, die sich von ihrem Begabungsbereich abwandten, beurteilten ihre Eltern als entweder zu aufdringlich (d. h. zu differenziert) oder als zu desinteressiert (d. h. zu einfach). Diese Jugendlichen hatten ihre intrinsische Lernmotivation verloren.

Diese Ergebnisse sind korrelativ. Aber angenommen, die Komplexität der Familie führt zu diesen Merkmalen bei den Teenagern, wie lassen sich diese Ergebnisse erklären? Laut Csikszentmihalyi bewirkt die Integration der Familie positive Gefühle und einen hohen Energielevel, während die Differenzierung der Familie die Bereitschaft erzeugt, sich großen Herausforderungen zu stellen. Kinder aus komplexen Familien gaben an, daß ihre Eltern hohe Erwartungen hätten, aber ihnen auch sehr viel Freiheit ließen. Sie beschrieben genau die Art von autoritativen Familien, die von Bloom untersucht wurden – Eltern, die ihre Kinder vor Herausforderungen stellten, aber ihnen auch emotionale Unterstützung gewährten.

Wenn Eltern zu viel Druck ausüben

In dem häufig zitierten Buch *Das Gehetzte Kind* übt der Psychologe David Elkind scharfe Kritik an der zu frühen Überforderung von Kindern. Genau die entgegengesetzte Position vertritt der Psychologe William Damon, der argumentiert, daß amerikanische Eltern viel zu niedrige Erwartungen haben und ihre Kinder unterfordern.[32]

Obwohl ich wie Damon der Ansicht bin, daß wir höhere Anforderungen an alle Kinder stellen sollten, ist es zweifellos auch zutreffend, daß Kinder gleichgültig, deprimiert und verbittert werden können, wenn überkritische, überehrgeizige Eltern zu viel Druck ausüben und nicht das »ganze Kind«, sondern nur seine Begabungen lieben. Hochbegabte Kinder, die mit Leistungsverweigerungen auf den übertriebenen Druck der Eltern reagieren, tauchen natürlich in solchen retrospektiven Studien wie der von Bloom nicht auf. Diese rückblickenden Untersuchungen belegen zwar, daß Höchstleistungen in der Regel mit hohen elterlichen Anforderungen und Erwartungen verbunden sind, aber sie können uns nicht angeben, ob ein zu starker Druck die Begabung lähmt und schließlich erstickt. Darüber können nur prospektive Studien Aufschluß geben.

Tatsächlich haben viele berühmte Erwachsene berichtet, daß sie ein Leben lang unter den Folgen einer extremen Überforderung durch die Eltern gelitten haben. John Ruskin hatte eine dominierende Mutter und litt als Erwachsener unter Nervenzusammenbrüchen, obwohl man auch anmerken muß, daß affektive Störungen familiär gehäuft auftraten. Der Vater von John Stuart Mill trieb seinen Sohn erbarmungslos zu Höchstleistungen an; Ferien verstießen gegen das Gebot regelmäßiger Arbeit und waren daher tabu. Mill verfiel als Zwanzigjähriger in eine schwere Depression. (Allerdings lagen affektive Störungen auch bei ihm in der Familie.) Der Mathematiker und Begründer der Kybernetik, Norbert Wiener, wurde von seinem Vater in allen Lebensbereichen mit eiserner Hand geführt; der Vater gewährte ihm keinerlei Freiheit und duldete keine »trivialen« Interessen. Wiener kam mit elf Jahren aufs College, machte seinen Abschluß mit vierzehn und promovierte mit achtzehn in Harvard. Aber als junger Erwachsener litt er häufig unter Depressionen und fühlte sich sein Leben lang benachteiligt. In seiner

Autobiographie beschreibt Wiener mit bitteren Worten, wie bevormundet er sich durch seinen Vater fühlte:

> Algebra fiel mir nie schwer, obwohl meines Vaters Lehrmethode nicht gerade dem Seelenfrieden förderlich war. Der leichte Plauderton, in dem der Unterricht begann, dauerte genau, bis ich den ersten Fehler machte, dann verwandelte sich der zärtliche und liebevolle Vater in einen Rachegott.

Musikalische Wunderkinder werden häufig überfordert, wenn die Eltern sich im öffentlichen Ruhm des Kindes sonnen und es von einer Veranstaltung zur nächsten schleppen. Einige Musikschulen sind der Auffassung, daß man auch Wunderkinder nicht zu früh ins Rampenlicht zerren sollte. Als schädlich kann es sich auch erweisen, ein Wunderkind zu ständiger Arbeit anzutreiben. Yeou-Cheng Ma, die ältere Schwester von Yo-Yo Ma, mußte täglich acht Stunden Geige üben. »Ich habe meine Kindheit gegen eine gute linke Hand eingetauscht«, sagte sie.[33]

Adragon De Mello ist ein zeitgenössisches Beispiel für ein intellektuell hochbegabtes Kind, das schließlich »ausstieg«, weil es von seinem Vater gnadenlos angetrieben und aus egoistischen Motiven ausgebeutet wurde. Der Vater von Adragon sagte zu ihm, daß er klüger sei als seine Lehrer, und sorgte dafür, daß er bei MENSA, der Gesellschaft für Menschen mit hohem IQ, aufgenommen wurde. Er unterrichtete seinen Sohn in höherer Mathematik, hielt ihn jede wache Minute zum Lernen an und schrieb ihn als Achtjährigen für einen Collegekurs in Mathematik ein. Als Neunjähriger beherrschte Adragon die höhere Analysis und schrieb Drehbücher. Er übersprang mehrere Klassen und absolvierte das College innerhalb von drei Jahren. Als Elfjähriger hatte er seinen Collegeabschluß im Hauptfach Mathematik in der Tasche.

Die Mutter von Adragon trennte sich schließlich von ihrem Mann und erhielt das Sorgerecht für den zwölfjährigen Sohn. Sie versuchte, das genaue Gegenteil von dem zu tun, was der Vater versucht hatte. Sie wollte ihrem Sohn die Kindheit geben, die er nie gehabt hatte. Also meldete sie ihn bei der Little League an und schickte ihn trotz seines Collegeabschlusses auf die örtliche Junior High-School. Adragon hatte, wahrscheinlich als Reaktion auf den übermäßigen Druck des Vaters, das Interesse an schulischen Aktivitäten verloren. Seine schulischen Leistungen sanken auf ein durchschnittliches Niveau. Er ersetzte die Einstein-Poster in seinem Zimmer durch Bilder von Baseballspielern und von Comicfiguren. Er verschwieg seine ungewöhnliche Vergangenheit und versuchte, so zu sein wie alle anderen. »Wenn ich die Zeit zurückdrehen könnte, würde ich es tun«, erklärte er. »Ich würde gern noch mal von vorn anfangen und ein ganz normales Leben führen.«[34]

Adragons Beziehung zu seinem Vater erinnert an den berühmten und traurigen Fall von William James Sidis. Als Sohn des Psychologen Boris Sidis wurde William James 1898 geboren. Der Vater war ein leidenschaftlicher Verfechter der Idee, daß das Gehirn in den ersten Lebensjahren am lernfähigsten ist. Er erprobte seine Theorien an seinem Sohn, den er nach dem bedeutenden Psychologen William James benannte (der Boris' Methoden sehr wahrscheinlich mißbilligt hätte). Boris Sidis war ein Kollege von Norbert Wieners Vater, und beide wußten von den pädagogischen Experimenten des jeweils anderen.[35]

Boris Sidis trieb seinen Sohn gnadenlos zu Höchstleistungen an. Er mißbilligte alle nichtintellektuellen Interessen und verurteilte triviale Freizeitvergnügungen wie Sport, Spiel oder Naturerkundungen. Als sein Sohn zwei Jahre alt war, brachte Sidis ihm das Lesen und Buchstabieren bei. Mit drei konnte William fließend in Englisch und Französisch tippen. Mit fünf schrieb er einen Aufsatz über Anatomie und war außerdem zu einem Kalenderrechner geworden. Wie ein autistischer Savant konnte er angeben, auf welchen Wochentag ein beliebiges Datum in den letzten zehntausend Jahren gefallen war. Er wurde wie alle anderen Kinder mit sechs Jahren eingeschult und beherrschte bereits nach einem halben Jahr den gesamten Lehrstoff von sieben Schuljahren. Mit acht erfand das mathematische Wunderkind eine neue Logarithmentafel. Mit zehn beherrschte er sechs Sprachen. Der Vater ließ es zu, daß sein Sohn unablässig von den Medien verfolgt wurde, wahrscheinlich, um seine eigene Publicity-Sucht zu befriedigen.

Mit elf hielt William James Sidis, ein nervöser Junge in Samtknickerbockern, einen Vortrag über »Vierdimensionale Körper« vor Mathematikprofessoren und -studenten in Harvard, wo er als Student eingeschrieben war. Ein Mathematikprofessor vom Massachusetts Institute of Technology, Daniel Comstock, war so beeindruckt von dem Vortrag, daß er Sidis eine einzigartige Karriere als Mathematiker voraussagte. Anscheinend auf dem besten Wege, die Prophezeiung wahr zu machen, absolvierte der fünfzehnjährige William James sein Mathematikexamen *summa cum laude*.

Doch nach diesem brillanten Start ging es stetig bergab. Nach einem Jahr an der Graduate School verlor Sidis jegliches Interesse an der Mathematik, begann ein Jurastudium, verlor auch daran das Interesse und arbeitete schließlich in monotonen Bürojobs, bei denen man weder nachdenken noch Verantwortung tragen mußte. In seiner Freizeit vergnügte er sich mit obsessiven Hobbys, die an ein autistisches Verhalten erinnerten. Mit achtundzwanzig schrieb er ein Buch über die verschiedenen Arten von Fahrkarten, die Straßenbahnschaffner an ihre Fahrgäste ausgeben. Er konnte präzise angeben, welche Umsteigefahrkarten man lösen mußte, um irgendeine beliebige Straße in den Vereinigten Staaten mit der Straßenbahn zu erreichen.

Dieses zwanghafte und fast autistisch anmutende Interesse war sicher ein merkwürdiges und trauriges Ende für ein derart großes mathematisches Talent. Sidis wollte mit Mathematik nichts mehr zu tun haben. Ein Artikel, der 1937 im *New Yorker* erschien, zitierte ihn mit den Worten: »Der bloße Anblick einer mathematischen Formel bereitet mir körperliches Unbehagen. Ich möchte nichts anderes tun, als eine Additionsmaschine benutzen, aber sie (die Journalisten) lassen mich nicht in Ruhe.« [36]

Sidis war voll Bitterkeit gegenüber seinem Vater, der ihn ständig angetrieben, aus egoistischen Motiven ausgebeutet und emotional vernachlässigt hatte. Er lebte in einer Pension, und sein Hauswirt sagte in dem eben erwähnten Artikel, man spüre bei ihm »eine Art chronische Verbitterung, wie bei sehr vielen Bewohnern von möblierten Zimmern«. Der Artikel beschrieb ihn auch als einen Menschen, der »ironischerweise großes Vergnügen daraus zieht, ein Leben wandelnder Regellosigkeit zu führen, nachdem er in seiner Kindheit skrupellos bevormundet wurde.« Als man Sidis auf Cromstocks Prognose ansprach, wies er lächelnd darauf hin, daß er am 1. April geboren sei und die Leute erfolgreich an der Nase herumgeführt hätte. Er starb vereinsamt, im Alter von sechsundvierzig Jahren, an einer Hirnblutung.[37]

Die Väter von Adragon und Sidis sind Beispiele für »Schöpfer-Eltern«, die ihre Kinder zu Höchstleistungen hetzen, um eigene Bedürfnisse zu befriedigen. Solche Eltern glauben, daß sie die Begabung ihres Kindes erschaffen hätten, und stellen es in den Medien zur Schau, um auf sich selbst aufmerksam zu machen. Die Väter von Wiener und Mill hielten die Frühbegabung ihrer Kinder für ihr persönliches Verdienst. Adragons Vater beschrieb seinen Sohn vielsagend als »meine größte Leistung«.[38]

Kinder von Schöpfer-Eltern unterdrücken in aller Regel ihre eigene Persönlichkeit und werden so, wie die Eltern sie haben wollen. Auf einer gewissen Ebene spüren diese Kinder vermutlich, daß sie die Liebe ihrer Eltern nur bekommen, wenn sie erfolgreich sind. Der Vater von Josh Waitzkin wollte seinen Sohn unbedingt bei Schachmeisterschaften siegen sehen, und Josh wußte ganz genau, daß der Weg zum Herzen seines Vaters über den Siegertitel führte. Manche Eltern von künstlerisch begabten Kindern unterstützen ihren Nachwuchs nur dann, wenn es ihren eigenen Bedürfnissen entspricht, und nicht, wenn es bedeutet, daß die Kinder vielleicht kein ordentliches Auskommen haben werden. Die Psychoanalytikerin Alice Miller hat solche hochleistungsorientierten Eltern sehr anschaulich in ihrem Buch *Das Drama des begabten Kindes* beschrieben. Die Kinder von Schöpfer-Eltern müssen sich um die Wünsche ihrer bedürftigen Eltern kümmern.[39]

Hochbegabte Kinder von derart anspruchsvollen Eltern klagen häufig, daß sie sich unterdrückt und niedergeschlagen fühlen. Es ist jedoch möglich, daß diese Depressionen nicht immer eine Folge von belastenden Umweltbedingungen sind, sondern zur Persönlichkeit gehören und mit der Kreativität zusammenhängen. Auf die Beziehung zwischen Depression und Kreativität werde ich in Kapitel 10 noch ausführlicher eingehen.

Einige Eltern setzen ihre Kinder zu stark unter Druck und wirken dadurch destruktiv, aber ich habe auch noch eine andere, subtilere Form der Destruktivität beobachtet: Manche Eltern haben immer etwas an der schulischen Ausbildung ihres hochbegabten Kindes auszusetzen, auch wenn es den besten, anspruchsvollsten Hochbegabtenunterricht bekommt, den das Land zu bieten hat. Ich habe erlebt, wie solche Eltern ihre Kinder von einer Schule zur anderen schleppen und sie dann schließlich zu Hause unterrichten. Auf mich wirken diese Eltern wie besessen von der Idee, daß alle Methoden bei ihren Sprößlingen versagen. Auf diese Weise können sie ihre Kinder als brillante Opfer sehen und sich selbst als Retter.

Wenn man über den Zusammenhang von Familie und Begabung nachdenkt, geht man häufig davon aus, daß die Beziehung einseitig sei und die Eltern über das Schicksal des hochbegabten Kindes entscheiden. Aber die Beziehung ist keine Einbahnstraße, weil ein hochbegabtes Kind die Struktur der Familie tiefgreifend verändert. Ein hochbegabtes Kind zieht wie ein behindertes oder geistig zurückgebliebenes Kind die Aufmerksamkeit der ganzen Familie auf sich und mobilisiert ihre Ressourcen. Ein Elternteil oder auch beide betrachten das Kind als etwas Besonderes, was häufig Ressentiments bei den Geschwistern auslöst. Die Eltern setzen außergewöhnlich hohe Erwartungen in das Kind, nicht nur, weil sie selbst hohe Ansprüche haben, sondern auch, weil sie die Begabung ihres Kindes erkennen. Sie investieren eine Menge Energie, weil sie dafür sorgen wollen, daß sich diese Erwartungen erfüllen. Familienmerkmale, die die Entwicklung des Kindes wesentlich beeinflussen können, werden also zumindest teilweise durch das begabte Kind selbst ausgelöst. Das Kind ist also nicht nur ein Produkt der Familie: Die Familie ist zum Teil auch ein Produkt des Kindes.[40]

XXXXX Da sich einige Kinder von ihrem Talentbereich abwenden, wenn sie zu stark unter Druck gesetzt werden, ist der Mythos entstanden, daß alle Eltern von hochbegabten Kindern von einem destruktiven Ehrgeiz besessen seien. Das Sprichwort »Early ripe, early rot« (Früh gereift, früh verrottet) bringt zum Ausdruck, daß bei Kindern, die zu früh zu Höchstleistungen gedrängt werden, ein späteres Scheitern vorprogrammiert ist. Aber große Leistungen, ganz gleich in welcher Domäne, sind nur möglich, wenn ein Erwachsener hohe Maßstäbe setzt und diese Leistungsbereitschaft selbst vorlebt. Was dazu führt, daß einige Kinder das Interesse an ihrer Begabung verlieren, sind nicht hohe Erwartungen, sondern eher extremer Druck, Gängelung, Ausbeutung und emotionale Deprivation.

Auch wenn wir die Merkmale von Familien hochbegabter Kinder beschreiben können, sollten wir nicht den Schluß ziehen, daß die Begabung des Kindes durch diese familiären Merkmale *erzeugt* wird. Wir wissen nicht, wie viele Kinder in aufgeschlossenen, stimulierenden, kindzentrierten Familien aufwachsen und nie etwas Großes leisten, weil man für die meisten Studien erfolgreiche Kinder auswählt und dann im nachhinein auf die Familie zurückblickt. Wir alle kennen solche Beispiele. Die hier beschriebenen Familienmerkmale können eine außergewöhnliche Begabung lebendig halten und fördern oder sie im Keim ersticken. Aber die Familie kann nicht aus sich heraus eine außergewöhnliche Begabung schaffen.

VIII.

Anders als die anderen: Das Gefühlsleben des hochbegabten Kindes

Die zwölfjährige Hillary lebt in einer kleinen ländlichen Gemeinde in Maine und ist intellektuell hochbegabt. Sie hat keine Geschwister. In sozialer und emotionaler Hinsicht ist ihre Geschichte typisch für intellektuell ebenso wie für künstlerisch hochbegabte Kinder.

Da Hillary eine erstklassige Schülerin war, die nur die besten Noten nach Hause brachte, wurde sie in der dritten Klasse für ein Begabtenprogramm an ihrer örtlichen Public School ausgewählt. Schüler, die sich für dieses Förderprogramm qualifiziert hatten, wurden jede Woche für mehrere Stunden aus ihrem normalen Klassenverband herausgenommen; in dieser Zeit erhielten sie einen besonders anspruchsvollen Unterricht und beschäftigten sich mit bestimmten Projektarbeiten wie literarischem Schreiben oder Theaterspiel. Mit elf nahm Hillary an einem Test teil, in dem festgestellt werden sollte, ob sie die Aufnahmekriterien für das Center for Talented Youth (CTY) erfüllte. Das CTY ist ein Sommerprogramm ähnlich dem SMPY, aber nicht auf Kinder mit mathematischen Begabungen beschränkt. Nur wer bei einem standardisierten Schulleistungstest bereits einen Prozentrangplatz von 97 oder mehr erreicht hat, darf überhaupt an dem Aufnahmetest teilnehmen. Hillary gehörte zu den besten 10 Prozent der zehntausend Spitzenschüler, die sich für eine Teilnahme an dem Test qualifiziert hatten, und im verbalen Testteil erzielte sie die höchsten Punktwerte von ganz Maine. In diesem Sommer besuchte Hillary ein sechswöchiges Kursprogramm am CTY. Als sie im folgenden Jahr an standardisierten Schultests teilnahm, erreichte sie im landesweiten Vergleich einen Prozentrangplatz von 99, und zwar in allen Fächern: Lesen, Sprache, Mathematik, Sozialkunde und Naturwissenschaft.

Wie alle intellektuell hochbegabten Kinder ist Hillary eine Leseratte. Sie liest mit Leidenschaft Bücher für Erwachsene. Als sie sich für Freuds Ansichten über Frauen zu interessieren begann, lieh sie sich Bücher *von* Freud, nicht *über* Freud aus. Als sie entdeckte, daß sie teilweise jüdischer Abstammung war, verschlang sie Bücher über jüdische Geschichte. Sie ist ein begeisterter Fan der Fernsehserie *Night Court* (*Harrys wunderbares Strafgericht)* und liest jeden Artikel, den sie über den Staatsanwalt dieser Serie finden kann. Als ich sie kennenlernte, las sie gerade sechs Bücher parallel (Romane und Sachbücher), einschließlich der Biographien von verschiedenen Schauspielern. Hillary genießt es, mehrere Dinge auf einmal zu tun. Sie kann nicht nur viele verschiedene Bücher gleichzeitig im Kopf behalten, sondern läßt normalerweise auch noch den Fernseher laufen, während sie liest oder Hausaufgaben erledigt. Weder das Lesen noch die Hausarbeiten scheinen darunter zu leiden.

Hillarys größte Begabung liegt wahrscheinlich im sprachlichen Bereich, und ihre Interessen spiegeln diese Begabung wider. Sie möchte Regisseurin und Schauspielerin werden. Sie studiert Videofilme von Musicals, geht so oft sie kann ins Theater, kommentiert bei jedem Stück kritisch die Regie und die schauspielerische Darbietung und kennt sich im Stil und Ansatz zahlreicher Regisseure genauestens aus. Der Wunsch, Regisseurin zu werden, ist ungewöhnlich für ein so junges Mädchen. Aber die klare Vorstellung, die Hillary von ihrer künftigen Laufbahn hat (auch wenn sie vielleicht am Ende doch eine andere Richtung einschlägt), ist typisch für Adoleszenten mit außergewöhnlichen Begabungen, ob im künstlerischen oder intellektuellen Bereich. Diese Jugendlichen sind sich ihrer Fähigkeiten und Interessen sehr bewußt, und sie sind außerordentlich zielorientiert.

Hillary ist eine Nonkonformisten. Das wurde schon früh deutlich, als sie sich standhaft weigerte, wie andere Mädchen mit Puppen zu spielen. Als Teenager hat sie kein Interesse an Jungen oder Kleidung und empfindet eine gewisse Verachtung für die Mainstream-Kultur. Sie verabscheut das materialistische Denken und gibt ungern Geld aus. Mit zwölf wurde sie Vegetarierin und sieht sich selbst voll Stolz als Tomboy und Feministin. Sie kritisiert die Moral der Gesellschaft und reagiert besonders sensibel auf jede ungerechte, diskriminierende Behandlung von Mädchen. Als sie bei einem Theaterstück mitwirkte, zählte sie, wie viele Zeilen die Jungen und die Mädchen zu sprechen hatten, und teilte dem Regisseur mit, daß die Jungen ungerechterweise mehr Text hatten.

Wie man es von einem Mädchen mit derart unabhängigen Ansichten und Wertvorstellungen erwarten würde, betrachtet Hillary auch ihre Lehrer sehr kritisch. Als Sechsjährige hörte sie in der Sonntagsschule, daß Jesus sich um alle Menschen kümmere, daß aber diejenigen, die den Worten der Bibel nicht gehorchten, in die Hölle kämen. Sie kam äußerst aufgebracht nach Hause und erklärte, daß man den »Lehrer auf den Mond schießen« könnte, weil er lauter »Märchen«, wie sie es nannte, verbreitete. In der dritten Klasse, während einer Unterrichtsstunde über den Unterschied zwischen Tatsachen und Meinungen, bezweifelte sie die Behauptung ihres Lehrers, daß es eine *Meinungssache* sei, ob George Washington einen Kirschbaum gepflanzt hätte. Hillary argumentierte durchaus logisch, daß dies als Tatsache gelten müßte, weil mehrere Indizien dafür sprächen. Sie beharrte darauf, daß bei einer Aussage wie: »George Washington hat einen Kirschbaum gepflanzt« immerhin die *Möglichkeit* eines Nachweises bestünde, anders als bei solchen Behauptungen wie: »Rot ist schöner als Blau«, was zweifellos eine Ansichtssache sei. Hillary rang mit der Unterscheidung zwischen einer wahren und falschen Tatsachenbehauptung einerseits und einer subjektiven Meinung andererseits. Diese Feinheiten gingen über den Horizont des Lehrers, der darauf verwies, daß die Kirschbaumsache laut Lehrbuch eine Meinung war und damit basta. Hillary, alles andere als eingeschüchtert, verlor den Respekt vor diesem Lehrer, der ihr nur eine Zwei gab. Sie erklärte mir, daß dieser Typ einfach einen Haß auf sie gehabt hätte, weil sie nicht klein beigeben wollte.

Sogar im CTY-Sommerprogramm widersprach sie ihren Lehrern. Hillary hatte den Eindruck, daß ihre Schauspiellehrerin nicht bereit war, alternative Shakespeare-Interpretationen zuzulassen. »Woher *wissen* die Kritiker, was Shakespeare gemeint hat?«, fragte sie herausfordernd. »Vielleicht hat er genau das gemeint, was er geschrieben hat.« Aber die Schauspiellehrerin reagierte genauso wie der Lehrer in der dritten Klasse. Sie erklärte, daß die Interpretation, die sie, die Lehrerin, vertrete, die allgemein anerkannte Expertenmeinung und folglich richtig sei. Hillarys unabhängiges Denken brachte sogar die Lehrerin in einem Förderprogramm zur Verzweiflung, von dem man eigentlich erwartet hätte, daß es die Schüler zur Kritik an Autoritäten ermutigt. »Sie erzählen uns dauernd, wie großartig wir sind«, berichtete Hillary über ihre Lehrer beim CTY, »damit wir alle im nächsten Sommer wiederkommen.« Die Ansprüche, die sie an sich selbst stellte, waren noch weit höher als die eines extrem wettbewerbsorientierten Sommerprogramms.

Hillarys Nonkonformismus und ihre starke Persönlichkeit machten sie zur geborenen Anführerin. Sie hatte großen Einfluß in ihrer örtlichen Schule, und im CTY-Programm wurde sie zur Gruppensprecherin und zur Regisseurin gewählt. Hillary hat eindeutig Spaß daran, Verantwortung zu tragen.

Bewunderung ist jedoch nicht dasselbe wie Freundschaft. Da Hillary sich so stark von den meisten ihrer Altersgenossen unterscheidet, hat sie keine richtigen Freunde. In der kleinen ländlichen Schule, die sie besucht, gibt es keinen Mitschüler, der ihr auch nur annähernd gleicht. Hillary ist sich ihrer Andersartigkeit genau bewußt. Sie ist stolz darauf, daß sie sich für »Forschungsprojekte« interessiert und Studien über Atzeken, die Ukraine, Ameisen oder Astronomie betreibt, während ihre Mitschülerinnen, wie sie meint, nur Jungen und Klamotten im Kopf haben. In sozialer Hinsicht war das Hochbegabtenprogramm an ihrer Schule wenig hilfreich: Hillary bezeichnete die anderen Teilnehmer, als brave »Langweiler«. Sie teilten nicht Hillarys Leidenschaft fürs Lernen.

Hillary ist gern »anders«, und es macht ihr nichts aus, daß sie häufig allein ist.

Diese Haltung ist typisch. Hochbegabte Jugendliche sind häufiger allein als andere Teenager. Obwohl auch sie glücklicher sind, wenn sie Gesellschaft haben (wie die meisten Menschen), leiden sie weniger unter der Einsamkeit als andere. Hillary hätte gern eine seelenverwandte Freundin an ihrer Schule, aber außer beim CTY-Sommerprogramm hat sie nie Kameraden gefunden, die ihr ähnlich waren. Die wichtigste und einflußreichste Erfahrung dieses Sommers war, daß Hillary, wie sie es selbst ausdrückte, »andere komische Kinder« kennenlernte.

Hillary ist sehr energisch und zielstrebig: Sie hat eine klare Vorstellung von sich selbst. Sie ist unabhängig, willensstark und nonkonformistisch. Sie verbringt sehr viel Zeit allein und hat keine echte Freundin, der sie sich anvertrauen könnte. Dieses soziale und persönliche Profil ist typisch für alle Kinder mit außergewöhnlichen Begabungen – ob in intellektuellen Bereichen, in Musik, Sport oder Schach.

Ein neuer Mythos ersetzt den alten

Terman war, wie gesagt, sehr stolz darauf, daß er den Mythos vom »Eierkopf« zerstört und der Welt bewiesen hatte, daß Kinder mit hohem IQ alles andere als unbeholfene, kurzsichtige Streber waren, die keine Freunde hatten und von allen herumgeschubst und gehänselt wurden. Terman war felsenfest davon überzeugt, daß seine Probanden ihren Altersgenossen nicht nur in kognitiver, sondern auch in sozialer und emotionaler Hinsicht weit überlegen waren. Die Eltern und Lehrer in Termans Studie bewerteten bei den Kindern bestimmte Eigenschaften wie Führungsfähigkeit, Popularität, Freiheit von Eitelkeit und Egoismus, Mitgefühl, Freundlichkeit, Vorliebe für große Gruppen, soziale Anpassungsfähigkeit, emotionale Stabilität, gesunder Menschenverstand, Ehrlichkeit und Verläßlichkeit.

Aber Termans These von der glänzenden psychischen Gesundheit und Anpassungsfähigkeit des hochbegabten Kindes ist in dieser extremen Form nicht haltbar. Leta Hollingsworth, eine Vorreiterin auf dem Gebiet der Hochbegabtenerziehung, hat die besonderen sozialen und emotionalen Probleme beschrieben, denen Kinder mit extrem hohem IQ ausgesetzt sind. Auch wenn die meisten dieser Kinder sozial und emotional gut angepaßt sind, hat eine zahlenstarke Minderheit durchaus mit sozialen und emotionalen Problemen zu kämpfen, die mit den Folgen der Hochbegabung zusammenhängen. Die größten Probleme haben Kinder mit extremer Hochbegabung. Schätzungen zufolge haben etwa 20 bis 25 Prozent der hochbegabten Kinder soziale und emotionale Schwierigkeiten, ein etwa doppelt so hoher Anteil wie in der allgemeinen Schülerpopulation.[1]

Das ist ein ziemlich hoher und durchaus besorgniserregender Prozentsatz.

Dennoch hält sich bis heute hartnäckig der Mythos von der glänzenden psychischen Gesundheit des hochbegabten Kindes. In den meisten Lehrbüchern über Hochbegabung ist Termans Einfluß immer noch deutlich spürbar, und man liest nach wie vor, daß hochbegabte Kinder beliebt, gut angepaßt und selbstbewußt seien. Auch wenn Terman die Anpassungsfähigkeit seiner Probanden nachwies, muß man bedenken, daß er eine handverlesene Gruppe untersuchte – Kinder, die von ihren Klassenlehrern als potentielle Probanden nominiert wurden. Traurige, verträumte oder aufsässige Schüler wurden von den Lehrern möglicherweise nicht als hochbegabt betrachtet. Man muß auch bedenken, daß die Erziehungswissenschaftler, die dieses positive Bild zeichnen, sehr häufig mit Kindern zusammenarbeiten, die für Begabtenprogramme ausgewählt wurden, und nicht mit hochbegabten Versagern, die resignieren oder Verhaltensauffälligkeiten im Klassenzimmer entwickeln.[2]

Alle Kinder mit extremer Hochbegabung stehen vor bestimmten sozialen und emotionalen Problemen, die schlicht daraus resultieren, daß ihre Entwicklung nicht synchron mit der ihrer Gleichaltrigengruppe verläuft. Diese Kinder haben ein anderes Persönlichkeitsprofil als durchschnittliche Kinder, und ihr emotionales und soziales Leben unterscheidet sich in vielerlei Hinsicht von der Norm. Auch wenn diese Kinder oder Jugendlichen keineswegs alle »gestört« sind, werden die extrem Hochbegabten unter ihnen mit sozialen Problemen konfrontiert, die sehr schmerzlich sein können.

Die richtige Persönlichkeitsstruktur für Spitzenleistungen

Die Persönlichkeitsstruktur und das soziale und emotionale Erleben des hochbegabten Kindes unterscheiden sich in drei besonders auffälligen Punkten von der Norm. Der erste Unterschied betrifft die Arbeit: Hochbegabte Kinder haben aufgrund ihrer leidenschaftlichen Wißbegierde eine hohe Arbeitsmotivation. Sie genießen Herausforderungen und haben spätestens in der Adoleszenz eine genaue Vorstellung davon entwickelt, wer sie sind und welchen Beruf sie als Erwachsene ergreifen wollen. Zweitens unterscheiden sie sich in ihren Wertvorstellungen: Hochbegabte Kinder sind extrem unabhängig und nonkonformistisch. Der dritte Unterschied betrifft die Beziehungen zu Gleichaltrigen: Hochbegabte Kinder sind häufig introvertierter und einsamer als normale Kinder, weil sie wenig Gemeinsamkeiten mit Gleichaltrigen haben, aber auch weil sie das Alleinsein brauchen, um ihr Talent zu entfalten. Diese Merkmale des Denkens und Fühlens laufen auf ein subjektives Erleben hinaus, das einerseits mehr Freude und Erfüllung bietet, aber andererseits auch mehr Leid, Isolation und Streß bedeutet.

Arbeit

Motivation und Freude an schwierigen Aufgaben

Das Schachwunder Josh Waitzkin, dessen Geschichte in dem Buch und gleichnamigen Kinofilm *Searching for Bobby Fisher* beschrieben wird, paukte mit sechs Jahren nicht minder eifrig für das Schachspiel als ein Collegestudent für sein Abschlußexamen. Der Vater von Michael Kearney sagte über seinen Sohn, daß er eine unstillbare »Lernwut« hätte. Wenn der Vater am späten Nachmittag von der Arbeit kam, wartete Michael bereits ungeduldig mit seinen Mathebüchern an der Tür, weil er zusammen mit dem Vater rechnen wollte. Die von David Feldman und Lynn Goldsmith beschriebenen Wunderkinder zeichneten sich alle durch einen leidenschaftlichen Ehrgeiz in ihrem Begabungsbereich aus.[3]

Wir haben bereits gesehen, daß hochbegabte Kinder außergewöhnlich leistungsmotiviert sind und daß sie mit großer Ausdauer arbeiten. Verglichen mit durchschnittlichen Kindern sind sie auch wesentlich häufiger intrinsisch als extrinsisch motiviert: Sie arbeiten, weil es ihnen Freude macht, nicht weil sie dazu angehalten werden. »Es gab in meinem Leben keinen einzigen Moment, in dem ich keine Lust zum Rechnen hatte«, erklärte Aleksandr Khazanov, der Gewinner des Westinghouse-Talentwettbewerbs von 1995.[4]

Die meisten hochbegabten Kinder sind der Überzeugung, daß Arbeit sich auszahlt. Obwohl sie ihre Leistungen auf ihr Talent zurückführen könnten, tun sie es nicht, wahrscheinlich weil sie alle sehr fleißig arbeiten. Hochbegabte Kinder sind wesentlich häufiger als durchschnittliche Kinder der Ansicht, daß ihr Erfolg das Ergebnis harter Arbeit und Anstrengung ist und nichts mit Glück oder Vererbung zu tun hat. Kinder, die weniger leisten als erwartet, schreiben ihren Mißerfolg dagegen eher äußeren Einflüssen, wie zum Beispiel dem Schicksal zu. Das ist nicht überraschend: Wir alle neigen dazu, unsere Erfolge auf unsere gezielten Bemühungen zurückzuführen und unsere Mißerfolge auf widrige Umstände zu schieben.[5]

Wenn hochbegabte Kinder fleißig sind, so nicht zuletzt, weil es ihnen einfach Spaß macht. Mihaly Cszikszentmihalyi hat in einer bahnbrechenden Studie die subjektiven Erlebnisse von begabten Individuen systematisch gesammelt. Adoleszenten mit hohem Fähigkeits- und Leistungsniveau in fünf Domänen – Mathematik, Naturwissenschaft, Malerei, Musik und Sport – wurden mit Hilfe einer ungewöhnlichen Methode untersucht. Jeder Schüler trug eine Woche lang einen elektronischen Pieper bei sich, der in unregelmäßigen Abständen ein Signal gab. Jedesmal wenn das Signal ertönte, füllten die Schüler einen Selbstbericht in Form eines Fragebogens aus und beschrieben in allen Einzelheiten, was sie gerade taten, dachten und fühlten. Diese sogenannte Experience Sampling Method (ESM) ist sicher ein wesentlich präziseres Meßinstrument als retrospektive Interviews, weil das ESM-Verfahren die Menschen mitten im Erleben erfaßt und sie zu einer unmittelbaren Selbsteinschätzung auffordert.

Die Selbstberichte der hochbegabten Jugendlichen zeigten, daß sie gern in ihrem Talentbereich arbeiteten. Viele berichteten, daß die Arbeit in ihrer Domäne ihnen mehr Freude mache als jede andere Aktivität. Am glücklichsten waren diese Jugendlichen, wenn sie vor Aufgaben standen, die so schwierig waren, daß sie die meisten Menschen beängstigen oder entmutigen würden. Die Adoleszenten erlebten *flow* bei den Aktivitäten, die ihr Talent förderten: Wenn sie in ihrem Begabungsbereich tätig waren, berichteten sie, daß die Tätigkeit ihre ganze Aufmerksamkeit in Anspruch nahm, daß sie sich mühelos konzentrieren konnten und alles um sich herum vergaßen – genau jene Merkmale, die kennzeichnend für den *flow*-Zustand sind.

Flow-Erlebnisse sind entscheidend für die Talententwicklung. Im *flow*-Zustand meistert man Herausforderungen, die weder zu leicht noch zu schwer sind, sondern genau zu den eigenen Fähigkeiten passen. Mit jeder gemeisterten Herausforderung wächst die Fähigkeit zur Bewältigung noch höherer Anforderungen. Laut Cszikszentmihalyi zeichnen sich Personen, die *flow*-Zustände erreichen, durch eine große Neugier, Leistungsbereitschaft und Ausdauer, durch Empfänglichkeit für neue Erfahrungen und eine hochsensible Sinneswahrnehmung aus. Die hochbegabten Jugendlichen in seiner Studie entsprachen genau diesem Profil.

Die von Cszikszentmihalyi untersuchten Teenager hatten nicht nur Freude an der Arbeit, sondern verbrachten auch sehr viel Zeit damit. Sie widmeten der Arbeit in ihrem Talentbereich durchschnittlich 13 Prozent ihrer Wachzeit, was etwa 13 Stunden pro Woche und mehr als zwei Stunden pro Tag entspricht. Wer zwei Stunden am Tag, sieben Tage die Woche für Aktivitäten verwendet, die der Verbesserung seines Könnens dienen, investiert tatsächlich eine Menge Zeit und erreicht ein hohes Leistungsniveau. (Der Anteil beläuft sich auf 728 Stunden pro Jahr, was 91 Arbeitstagen à acht Stunden entspricht.) Außerdem verbrachten diese Teenager mehr Zeit als normale Jugendliche mit *strukturierten* Aktivitäten. Während ihre durchschnittlich begabten Altersgenossen Spaß am gemeinsamen »Herumhängen« hatten, verbrachten diese Teenager zwar auch einen Großteil ihrer Freizeit mit ihnen, beschäftigten sich aber mit Aktivitäten, die einen Bezug zu ihrem Talentbereich hatten – zum Beispiel mit Lernen, Computerprogrammierung, Briefmarkensammeln oder einfach mit »Denken«. Wer seine Zeit mit strukturierten Freizeitaktivitäten verbringt, wird aller Wahrscheinlichkeit nach höhere Fertigkeiten entwickeln als einer, der seine Zeit mit passiven, unstrukturierten Tätigkeiten verbringt.

Hohe Anforderungen stellen
Als Hillary noch ganz klein war, fühlte sie sich magisch angezogen von einem Gefäß, in dem ihre Großmutter herrenlose Knöpfe aufbewahrte. Hillary sortierte die Knöpfe nach Größe, Material und Farbe in getrennte Haufen. Sie zeigte ein starkes Bedürfnis nach Ordnung und Präzision. Sie wollte diese Knöpfe unbedingt sortieren und hörte erst auf, wenn der letzte Knopf auf dem richtigen Haufen lag. Mit den Worten ihres Großvaters: »Wenn sie sich für eine Sache interessiert, richtet sie nicht ihr Augenmerk, sondern einen Laserstrahl darauf.« Es ist bekannt, daß hochbegabte Kinder zum Perfektionismus neigen. Der Begriff *Perfektionismus* hat einen negativen Beigeschmack. Er impliziert, daß eine Person nie zufrieden mit ihrer Arbeit ist oder sogar gelähmt von der Angst, keine absolute Vollkommenheit zu erreichen. Aber Perfektionismus kann auch etwas Positives sein, wenn er bedeutet, daß man hohe Anforderungen an sich stellt, weil hohe Anforderungen am Ende zu hohen Leistungen führen.[6]

Selbsteinschätzung bei der Arbeit
Der einzige Bereich, in dem Hochbegabte konsequent eine hohe Selbsteinschätzung zeigen, ist der Bereich Schule und Arbeit. Die meisten Studien kommen zu dem Ergebnis, daß Kinder mit hohem IQ ein positives intellektuelles Selbstkonzept haben, auch wenn die talentierten Jugendlichen in Cszikszentmihalyis Studie nur durchschnittliche Werte beim intellektuellen Selbstkonzept erreichten. Csikszentmihalyis Probanden hatten jedoch alle, unabhängig von ihrer Begabungsdomäne, ein ausgeprägtes Identitätsgefühl und eine erheblich klarere Vorstellung von ihrem späteren Beruf als eine Kontrollgruppe mit durchschnittlich begabten Teenagern. Dieses Vertrauen in die eigenen Fähigkeiten erwächst wahrscheinlich zu gleichen Teilen aus einem unterstützenden Elternhaus und der sich wiederholenden Erfahrung, daß das eigene Urteil häufig richtig ist, wenn andere, einschließlich Lehrer, sich irren.[7]

Jungen schätzen ihre intellektuellen Fähigkeiten höher ein als Mädchen, vielleicht weil es für Mädchen in unserer Gesellschaft mehr Konflikte bringt, wenn sie leistungsorientiert sind. Die naturwissenschaftlich begabten Jungen in Csikszentmihalyis Studie hatten ein überdurchschnittliches Vertrauen in ihre schulischen und intellektuellen Fähigkeiten, während die diesbezügliche Selbsteinschätzung der Mädchen im untersten Normbereich lag. Nach einer weiteren Studie hatten intellektuell hochbegabte Jungen eine höhere intellektuelle Selbsteinschätzung als normal begabte Jungen, während die Selbsteinschätzung der hochbegabten Mädchen sich nicht von der ihrer durchschnittlich begabten Mitschülerinnen unterschied.[8]

Csikszentmihalyi deckte auch einige interessante Unterschiede zwischen unterschiedlichen Begabungsformen auf. Der auffälligste Gegensatz bestand zwischen männlichen Naturwissenschaftlern und allen anderen Gruppen. Die männlichen Naturwissenschaftler hatten, wie gesagt, eine hohe Selbsteinschätzung im Hinblick auf ihre Fähigkeiten, während alle anderen Gruppen näher beim Durchschnitt lagen; eine Ausnahme bildeten die männlichen Musiker, Künstler und Mathematiker, die ein leicht unterdurchschnittliches Vertrauen in ihre Fähigkeiten zum Ausdruck brachten. Möglicherweise fühlen sich Männer mit künstlerischer Begabung unsicherer, weil sie in Bereichen tätig sind, die als »unmännlich« gelten, und Männer mit mathematischer Begabung fühlen sich vielleicht unsicher, weil sie häufig als »Sonderlinge« gelten, obgleich ich annehme, daß dieses Vorurteil auch die Naturwissenschaftler treffen müßte.

Eine positive und selbstbewußte Einschätzung der eigenen Fähigkeiten ist eindeutig mit einem hohen Leistungsniveau verbunden, so wie eine schlechte Meinung vom eigenen Können mit einem niedrigen Leistungsniveau verknüpft ist. Hochbegabte »Versager« haben erwartungsgemäß ein niedriges intellektuelles Selbstkonzept ebenso wie hochbegabte Kinder, bei denen man Lernbehinderungen diagnostiziert hat.[9]

Nun könnte man denken, daß ein Mensch, der großes Vertrauen in die eigenen Fähigkeiten hat, wahrscheinlich hart arbeitet und deshalb ein hohes Leistungsniveau erreicht. In diesem Fall könnten wir das Leistungsniveau mühelos anheben: Wir müßten nur dafür sorgen, daß unsere Kinder mehr Selbstvertrauen entwikkeln. Das ist leider genau das, was unsere Schulen tun. Die Lehrer halten es für ihre wichtigste Aufgabe, die Selbstachtung ihrer jungen Schüler zu fördern, und loben daher praktisch jede Arbeit als herausragende Leistung. Aber Kinder wissen, daß ein undifferenziertes Lob nichts bedeutet. Wenn jede Leistung die gleiche Anerkennung erhält, welche Motivation sollte das Kind haben, nach Spitzenleistungen zu streben? Die übertriebene Konzentration auf die Selbstachtung in unseren Schulen kann sich auch als destruktiv erweisen.[10]

Wahrscheinlich verhält es sich genau andersherum – exzellente Leistungen führen vermutlich zum Vertrauen in die eigenen Fähigkeiten. In diesem Fall können wir hohe Befähigungen am besten fördern, wenn wir hohe Leistungsmaßstäbe anlegen. Dann werden Schüler, die ihre Fähigkeiten verbessern, Selbstvertrauen entwickeln, was wiederum ihre Arbeitsmotivation lebendig halten wird. Als der sechsjährige Peter B. (Kapitel 4) aufgefordert wurde, eine Zeichnung für einen Wettbewerb einzureichen, weigerte er sich, weil die Bilder nicht zurückgeschickt werden sollten. Er sagte zu seinem Lehrer, er brauche niemanden, der seine Zeichnung bewertet, weil sie in seinem Herzen schon gewonnen habe, und das sei ihm genug.

Unabhängiges Denken und eigene Wertvorstellungen

Hochbegabte Kinder, ganz gleich aus welchem Bereich, sind normalerweise unabhängige, selbstbestimmte, eigenwillige, dominierende Nonkonformisten (nach der Einschätzung von Eltern wie auch von Lehrern). Diese Kinder sind keine passiven Musterschüler. Der Umgang mit ihnen ist schwierig, weil sie immer selbst Regie führen wollen. Aber genau diese Eigenschaft macht ihre Gesellschaft auch wieder besonders interessant und anregend.

Autonomie, Willenskraft und Nonkonformismus
Vertrauen in die eigenen Fähigkeiten fördert ein unabhängiges Denken. Hillary ist stolz auf ihre Unabhängigkeit, vor allem auf ihre unabhängigen Wertvorstellungen, die sich von denen der allgemeinen Mode abheben. Hochbegabte Kinder aus allen Bereichen halten sich nicht an die Norm, sondern folgen offenbar ihren ganz eigenen Vorstellungen. Sie sind streitlustig, sie sind »nicht froh, wenn sie einen Dummen finden«, und sie machen andere häufig auf ihre Fehler aufmerksam, auch wenn es sich bei diesen anderen um ihre Lehrer handelt. Das hochbegabte Kind weist Kritik zurück, wenn es die Kritik als unsinnig betrachtet, und übt auch Kritik an seinen Lehrern, wenn es sich selbst für fähiger hält.[11]

Denken Sie daran, wie Hillary mit ihrem Lehrer über das Wesen von Tatsachen im Gegensatz zu Meinungen stritt und wie sie über die Märchen schimpfte, die man ihr in der Sonntagsschule auftischen wollte. Josh Waitzkin weigerte sich anfangs, den üblichen Schachunterricht zu nehmen, weil er sich seine Strategien selbst ausdenken wollte. Jacob (Kapitel 4) legte sich dauernd mit seinem Gitarrenlehrer an, weil er »auf seine Art« Gitarre spielen wollte. Zur Zeit nimmt Jacob keinen Unterricht mehr. In der Schule weigerte er sich beharrlich, irgendeine Anweisung zu befolgen, die ihm unsinnig erschien. Auch Peter B. war nicht bereit, sich dem Lehrplan zu unterwerfen. Er bestand darauf, weiterhin dekorative Buchstaben zu malen, anstatt die Standardschreibweise zu übernehmen, und verstrickte sich in einen unaufhörlichen Machtkampf mit seinem Lehrer. »Peter will das Sagen haben«, erklärte der Psychologe, der den Draw-a-Person-Test mit ihm durchführte. Kinder wie diese sind keine pflegeleichten Schüler. Sie weigern sich, Aufgaben zu erledigen, die sie langweilig finden, was häufig damit endet, daß man ihnen die Diagnose der Hyperaktiviät oder der Konzentrationsstörung anhängt.

Vielleicht hängt es mit der Ablehnung von Mainstream-Werten zusammen, daß diese Kinder auch geschlechtsspezifische Stereotypen ablehnen. Als Hillary ein kleines Mädchen war, wollte sie auf keinen Fall mit Puppen spielen. Später in der Adoleszenz lehnte sie es ab, sich wie andere Mädchen für Jungen und Klamotten zu begeistern. Die begabten weiblichen Teenager in der Studie von Csikszentmihalyi erzielten hohe Punktwerte bei der Leistungsmotivation und der Dominanz, zwei Eigenschaften, die in der Regel mit Männern assoziiert werden, und sie lehnten traditionell weibliche Wertvorstellungen wie »Nettigkeit« ab. Bei den begabten Jungen wurden hohe Punktwerte bei Sensibilität und ästhetischen Werten gemessen, zwei Merkmale, die herkömmlicherweise mit Frauen assoziiert werden, und die Jungen lehnten das stereotype männliche Merkmal »körperlicher Mut« ab. Da hochbegabte Kinder und Adoleszenten ihren eigenen Eingebungen folgen, übernehmen sie auch Eigenschaften, die normalerweise mit dem jeweils anderen Geschlecht assoziiert werden, und sind daher weniger durch Geschlechtsstereotypen geprägt.[12]

Wer als Kind oder Teenager in unserer Gesellschaft hart arbeiten möchte, braucht sehr viel Widerstandskraft gegen gesellschaftliche Normen. Das unabhängige Denken von hochbegabten Kindern erlaubt ihnen, sich über herrschende Normen hinwegzusetzen und an der Entwicklung ihres Talents zu arbeiten. Während andere untätig herumhängen, bleiben sie im Atelier, setzen sich ans Klavier oder vor den Computer. Nur wer dem Urteil anderer relativ gleichgültig gegenübersteht, wie Peter B., oder stolz auf seine Andersartigkeit ist, wie Hillary, ist dazu in der Lage.

Hochentwickeltes moralisches Denken

Hillary wurde mit zwölf zur Vegetarierin, weil sie das Töten von Tieren zutiefst unmoralisch fand. Für sie selbst schließt das ein, daß sie auch das Lebensrecht von Insekten respektiert. Diese intensive Beschäftigung mit moralischen Fragen ist bei Kindern mit hohem IQ sehr verbreitet, vermutlich weil diese Kinder bestimmte Probleme gründlich analysieren und logische Schlußfolgerungen ziehen. Kinder mit extrem hohem IQ machen sich sehr ernsthafte Gedanken über alle möglichen ethischen und politischen Probleme – Ungerechtigkeit, Gewalt, Abtreibung, Waffengesetze, Atomkriege, Umweltverschmutzung, Tierschutz usw. Sie argumentieren auch auf einer höheren moralischen Stufe als ihre Peers.[13]

Die hochentwickelte moralische Urteilsfähigkeit von intellektuell begabten Kindern bildet einen wesentlichen Bestandteil ihres unabhängigen Denkens und ihres Nonkonformismus. Systematische Messungen zeigen deutlich, wie fortgeschritten die Kinder in dieser Beziehung sind. Die Erforschung des moralischen Denkens als Teil der kognitiven Entwicklung wurde von dem Schweizer Entwicklungspsychologen Jean Piaget begründet und in den USA von dem Psychologen Lawrence Kohlberg fortgeführt. Kohlberg stellte Kindern Fragen zur Moral und bat sie, zu bewerten, was getan werden sollte, und ihre Antwort zu begründen. Das bekannteste Beispiel für eine solche hypothetische Konfliktsituation handelt von einem Mann, dessen Frau todkrank ist: Ein teures Medikament könnte ihr das Leben retten, aber der Mann hat nicht genug Geld. Der Apotheker will ihm das Medikament nur geben, wenn er den vollen Preis zahlt. Sollte der Mann das Medikament stehlen?[14]

Wie Menschen ihre Antworten begründen, sagt viel über ihr moralisches Denken aus. Kohlberg stellte fest, daß kleine Kinder auf einer »präkonventionellen« Ebene argumentieren: Sie sind egozentrisch, denken nicht in höheren abstrakten Begriffen und gehorchen nur, um Strafe zu vermeiden. Später argumentieren sie auf einer »konventionellen« Ebene: Sie rechtfertigen Handlungen auf der Basis dessen, was die Gemeinschaft für das Richtige hält. Einige wenige gelangen über diese konventionelle Stufe hinaus und argumentieren auf einer »postkonventionellen« Ebene, wo Antworten mit universellen ethischen Prinzipien, wie zum Beispiel mit dem menschlichen Leben als oberstem Wert, begründet werden. Wer diese Stufe erreicht, redet eher darüber, wie die Gesellschaft strukturiert *sein sollte* als darüber, wie sie strukturiert *ist.*

Kinder mit überdurchschnittlich hohem IQ beurteilen Moralfragen auf einer höheren Stufe als Kinder mit normalem IQ. Weniger als 10 Prozent der durchschnittlichen Erwachsenen gelangen in ihren moralischen Wertungen je über die konventionelle Stufe hinaus. Man hat jedoch nachgewiesen, daß einige Grundschüler mit hohem IQ auf der postkonventionellen Ebene denken. Das moralische Denken dieser Kinder läuft also häufig auf einer Stufe ab, die nur wenige Erwachsene jemals erreichen.[15]

Wir wissen nichts über die Stufen des moralischen Denkens bei Kindern, deren besondere Begabung im Bereich der Musik oder der bildenden Kunst liegt. Aber da bekannt ist, daß auch diese Kinder zum Nonkonformismus neigen, könnte es gut sein, daß sie ebenso wie intellektuell begabte Kinder auf einer postkonventionellen Ebene denken. Andererseits ist es auch möglich, daß hohe Punktwerte bei einem Test des moralischen Urteilens eher auf hochentwickelte Fähigkeiten im verbalen und abstrakten Denken zurückzuführen sind. Wenn das der Fall ist, wäre voraussehbar, daß Kinder mit hohem IQ gut abschneiden (weil bei IQ-Tests die Kinder mit den besten abstrakten und verbalen Denkfähigkeiten ausgewählt werden), künstlerisch begabte Kinder dagegen nicht.

Ein hochentwickeltes moralisches Denken ist nicht dasselbe wie Mitgefühl oder aktives moralisches Handeln. Die Psychologen Anne Colby und William Damon haben Personen untersucht, die sich selbstlos für hohe moralische Ziele einsetzen. Viele dieser Personen erreichten beim Kohlberg-Test des moralischen Denkens keinen besonders hohen Punktwert. Ein hochentwickeltes moralisches Denken entspricht auch nicht notwendigerweise einem bestimmten Moralkodex. Lehrbücher über Hochbegabung beschreiben die moralische Sensibilität des hochbegabten Kindes häufig so, als wäre sie ein Synonym für Freundlichkeit, Pazifismus und Umweltbewußtsein. Aber es gibt keinen Grund zu der Annahme, daß ein Interesse an ethischen und moralischen Fragen automatisch in solche »liberalen« moralischen Wertvorstellungen übersetzt wird. Kürzlich las ich einen Zeitungsartikel über eine örtliche MENSA-Gruppe, die heftig kritisiert wurde, weil sie hartherzig für die Tötung von alten und kranken Menschen plädierte. Das Interesse an moralischen Fragen kann sowohl zur Befürwortung als auch zur Ablehnung jedes beliebigen Standpunktes führen. Die große Anziehungskraft von ethischen Fragestellungen mag von einem hohen IQ abhängen, aber der *Inhalt* der Moralvorstellungen wird wahrscheinlich wesentlich stärker von den Wertvorstellungen der Familie geprägt.[16]

Der zwölfjährige Sohn einer Bekannten von mir hat einen extrem hohen IQ und liefert ein gutes Beispiel dafür, daß das Interesse an moralischen Fragen, der Inhalt moralischer Ansichten und der Grad des Mitgefühls völlig verschiedene Dinge sein können. Der Junge interessierte sich seit einigen Jahren für Politik und hatte sich intensiv mit sozialen und ethischen Fragen auseinandergesetzt. Seine Ansichten lassen sich am besten als extrem individualistisch beschreiben. Nach Aussage des Vaters war der Junge nie besonders mitleidig. Die Formen, die seine politischen Ansichten annahmen, waren offenbar zum Teil von dem Bedürfnis bestimmt, anders zu sein als die anderen. Er besuchte eine sehr liberale, progressive Schule für hochbegabte Kinder. Eltern, die ihre Kinder auf progressive Schulen schicken, haben in der Regel liberale Ansichten, und die meisten Schüler teilten die Wertvorstellungen ihrer Eltern. In dieser Umwelt als selbsternannter Vorkämpfer eines individualistischen Selbstverantwortungsprinzips aufzutreten, war eine Möglichkeit, Unabhängigkeit und Nonkonformismus zu demonstrieren. Aber letztlich vertritt natürlich auch ein Befürworter der individuellen Gedanken- und Handlungsfreiheit eine bestimmte moralische und politische Ideologie, genauso wie Anhänger des Liberalismus oder Sozialismus.

Das Interesse für soziale und moralische Themen, verbunden mit der Fähigkeit zum analytischen und schlußfolgernden Denken, kann zu Angst und Pessimismus führen. In einer Studie wurden Kinder befragt, ob sie einen Atomkrieg für möglich hielten. Die pessimistischen Kinder hatten einen durchschnittlichen IQ von 142, während die optimistischen Kinder einen durchschnittlichen IQ von 120 hatten. In einer weiteren Studie erklärten 80 Prozent der Kinder und Adoleszenten mit hohem IQ, daß sie sich größere Sorgen um Weltprobleme wie Krieg und Hunger machten als ihre Peers. Und natürlich besteht bei Kindern mit hohem IQ eine höhere Wahrscheinlichkeit, daß sie von den großen Problemen unserer Zeit wissen, weil sie eifrigere Zeitungsleser sind als ihre Peers. Ein Kind (Peter S., den ich im nächsten Kapitel beschreiben werde) machte sich so große

Sorgen um die Umwelt, daß seine Eltern ihm alle Nachrichten über Umweltverschmutzungen vorenthalten mußten.[17]

Lust und Frust der Einsamkeit

Intellektuell hochbegabte Kinder mögen ein hochentwickeltes moralisches Urteilsvermögen haben, aber bei Tests des zwischenmenschlichen Sensibilität erzielen sie keine überdurchschnittlichen Wertungen. Sie verfügen auch nicht über besonders hochentwickelte soziale Fähigkeiten. Tatsächlich könnte eine hohe Stufe des moralischen Denkens zu eher unterentwickelten sozialen Fähigkeiten beitragen. Wenn Kinder auf der postkonventionellen Stufe argumentieren, fühlen sie sich ihren Peers, die auf einer niedrigeren Stufe argumentieren und ganz anders denken als sie selbst, häufig überlegen und entfremdet. Der soziale Bereich bereitet hochbegabten Kindern, einschließlich der künstlerisch begabten, die größten Probleme. Sie sind häufig allein und einsam. Sie leiden allerdings weniger unter dem Alleinsein als andere Kinder. Das ist ein Glück, denn die Einsamkeit ist eine notwendige Voraussetzung der Talententwicklung.[18]

Introversion

Hillary verbringt viel Zeit allein, und obwohl sie sich eine seelenverwandte Freundin wünscht, macht es ihr nichts aus, allein zu sein. Diese ambivalente Haltung gegenüber der Einsamkeit ist typisch für Hochbegabte. Sie sind gern in Gesellschaft von Peers, mit denen sie etwas gemeinsam haben, aber ihr Bedürfnis nach Gellschaft ist nicht so groß, daß sie einfach mit irgendwelchen x-beliebigen Leuten zusammensein möchten. Obwohl sie sich Freunde wünschen, wissen sie doch auch, wie man mit dem Alleinsein umgeht und ihm positive Seiten abgewinnt, weil sie die einsame Aktivität des Arbeitens genießen.

Der eingeführte psychologische Terminus für die Fähigkeit, das Alleinsein ertragen zu können, lautet *Introversion* im Gegensatz zur *Extraversion.* Introvertierte Menschen schöpfen ihre Kraft aus sich selbst, sie brauchen wenig Stimulierung von außen und gehen geselligen Veranstaltungen daher häufig aus dem Weg. Sie schließen nicht leicht Freundschaft, verbringen viel Zeit allein, und ihre Wertvorstellungen weichen häufig von den gesellschaftlichen Normen ab. Extravertierte Personen sind das genaue Gegenteil. Da sie ihre Energie durch andere Menschen gewinnen, suchen sie die Gesellschaft anderer und schließen leicht Freundschaft.[19]

Zu den Introvertierten zählen nicht nur die intellektuell hochbegabten Kinder. Csikszentmihalyi kam zu dem Ergebnis, daß die Schüler mit Begabungen in Mathematik, Naturwissenschaften, Musik, bildender Kunst und Sport alle wesentlich mehr Zeit allein verbrachten als die normal begabten Teenager der Kontrollgruppe. Der Einsatz des elektronischen Piepers ergab, daß diese Teenager etwa fünf Stunden mehr pro Woche allein waren als durchschnittliche Adoleszenten.

Einige hochbegabte Kinder wenden sich sicherlich nach innen, weil sie wegen ihrer Andersartigkeit ausgeschlossen werden. Aber alle hochbegabten Kinder sind auch deshalb introvertiert, weil sie mit der Einsamkeit umgehen können, weil sie das Alleinsein genießen und vor allem, weil sie es brauchen, um ihr Talent zu entwickeln.[20]

Erhöhte Sensibilität

Vielen Beschreibungen zufolge sind hochbegabte Kinder bereits als Säuglinge überaus sensibel und äußerst lebhaft. Das bedeutet zum einen, daß sie extrem aufmerksam sind. Elvis Presley erweckte den Eindruck einer unablässigen Wachsamkeit, die man einmal mit der erhöhten Sensibilität eines Schriftstellers verglichen hat. Denken Sie an den Großvater von Hillary, der von seiner Enkelin sagte, daß sie einen Laserstrahl auf alles richtete, was ihre Aufmerksamkeit erregte. Hochbegabte Kinder reagieren angeblich auch extrem sensibel auf Stimulierungen, ob sensorisch oder emotional. Albert Schweitzer fiel fast in Ohnmacht, als er zum erstenmal den Klang von Blasinstrumenten hörte. Rahela (Kapitel 3) konnte es nicht ertragen, irgend etwas Beängstigendes oder Trauriges anzuschauen oder zu lesen. Sogar *Chalotte's Web*, ein Lieblingsbuch unzähliger Kinder im gleichen Alter, war der fünfjährigen Rahela zu traurig. *Pu der Bär* legte sie beiseite, weil sie es nicht ertragen konnte, daß Winnie in der Erdhöhle des Kaninchens feststeckte. Weil sie Zurschaustellungen von Gefühlen fürchtete, schaute sie sich nur wenige Fernsehsendungen für Kinder an. Auch bei plötzlichem Lärm zeigte sie eine Überreaktion. Ihre Mutter erinnert sich, daß sie einmal ganz begeistert sagte: »Oh, schau, es schneit!« und erstaunt bemerkte, daß Rahela bei dem aufgeregten Klang ihrer Stimme heftig zusammenzuckte.[21]

Diese Beschreibungen stimmen mit den Beobachtungen der Psychoanalytikerin Phyllis Greenacre überein. Sie hat herausragende Erwachsene untersucht, die von intensiven Tagträumen in der Kindheit berichteten. Eine außergewöhnlich starke sensorische Reaktion auf die Umwelt ist möglicherweise kennzeichnend für viele Menschen mit besonderen Befähigungen gleich welcher Art. Das würde zu der Tatsache passen, daß solche Menschen introvertiert sind: Introversion und Schüchternheit gehen oft Hand in Hand mit intensiven sensorischen Reaktionen. Der Entwicklungspsychologe Jerome Kagan hat festgestellt, daß gehemmte Kinder aufgeregter und physiologisch empfindlicher auf Drohungen reagieren als nicht gehemmte Kinder.[22]

Einsamkeit
Die Mehrheit der hochbegabten Kinder, insbesondere jene mit leicht erhöhtem IQ, hat nur mit den ganz normalen sozialen Problemen der Kindheit zu kämpfen. Aber für die meisten extrem hochbegabten Kinder, einschließlich der künstlerisch begabten, ist es schwer, Beziehungen zu anderen Kindern wie zum Beispiel Mitschülern herzustellen, weil sie sich so stark von den anderen unterscheiden. Der zeichnerisch begabte Peter B. (Kapitel 4) hatte große Schwierigkeiten, sich in die Klasse einzufügen, und seine Lehrerin beschrieb ihn gegenüber seinen Eltern immer wieder als »anders« und »einmalig«, obwohl sie nicht genau sagen konnte, worin diese Andersartigkeit eigentlich bestand. Die beiden musikalisch begabten Kinder Jacob und Stephen (Kapitel 4) hatten beide Schwierigkeiten, Kontakte zu anderen Kindern zu knüpfen, weil ihre Interessen so fokussiert und so ganz anders waren als die der Gleichaltrigen. Musikalisch begabte Kinder in England hatten das Gefühl, daß sie ihre musikalischen Interessen verbergen müßten, um nicht gehänselt zu werden. Ein Junge berichtete, daß die anderen ihn als »Hirnie« verspotteten, weil er Klavier spielte: Es war ihm schrecklich peinlich, daß er zu Hause blieb und Klavier übte, während seine Kameraden miteinander spielten. Nur Kinder, die spezielle Musikschulen besuchten, fühlten sich von ihren Mitschülern verstanden. Norbert Wiener beschreibt in seiner Autobiographie sehr anschaulich, wie schmerzlich er den ständigen Spagat zwischen der Welt der Erwachsenen und der Welt seiner Alterskameraden empfand. Viele berühmte Erwachsene berichten, daß sie als Kinder extrem einsam waren.[23]

Die Mutter eines der Kinder aus Termans Studie schrieb über ihren Sohn:

> Ich habe alles versucht, damit er rausgeht und mit anderen Jungen spielt, aber ich war nicht sehr erfolgreich. Er hat ein paar Freunde, aber ihm liegt nicht viel an Gesellschaft. Er beschäftigt sich lieber allein zu Hause mit seinen Büchern oder mit dem Radio, das er zusammengebaut hat.

Sogar Terman räumte ein, daß Kinder mit extrem hohem IQ vor schwerwiegenden sozialen Problemen stehen. Von den Probanden, die bei den IQ-Tests Werte von 170 oder mehr erreichten, hieß es, sie hätten »eines der schwierigsten Probleme sozialer Anpassung zu bewältigen, vor denen ein Mensch überhaupt stehen kann«. Im Alter von 14 Jahren wurden 60 Prozent der Jungen mit derart hohem IQ und 73 Prozent der Mädchen von ihren Lehrern als einsam und kontaktarm beschrieben. Es ist auffällig, daß die Mädchen größere soziale Probleme hatten als die Jungen; wahrscheinlich war ein kluges Mädchen in der damaligen Adoleszentenkultur weniger akzeptabel als ein schlauer Junge. Die Lehrer hatten den Eindruck, daß diese Kinder von sich aus das Alleinsein suchten und nicht, weil sie von der Gruppe ausgeschlossen wurden. Aber wenn ein Kind keine Gleichaltrigen findet, die ihm ähnlich sind, wählt es vielleicht die Einsamkeit, sehnt sich aber trotzdem nach seelenverwandten Freunden. Interessanterweise ergab die Folgestudie im Erwachsenenalter, daß diese Probanden keine sozialen Schwierigkeiten mehr hatten.[24]

Termans erfolgreichste Probanden (*Erfolg* bedeutete beruflicher Erfolg) hatten eine größere Anzahl von positiven sozialen Beziehungen als diejenigen Probanden, die im Erwachsenenleben weniger erfolgreich waren. Aber als junge Adoleszenten hatten die besonders erfolgreichen Probanden über größere soziale Probleme berichtet: Verglichen mit den Jugendlichen, die später keine glänzende Karriere machten, empfanden sie die Unterschiede zu ihren Mitschülern als größer, sie fühlten sich sozial und körperlich stärker benachteiligt, häufiger von sozialen Aktivitäten ausgeschlossen und fanden es schwerer, Freundschaften zu schließen.[25]

Die sozialen Probleme der Probanden mit extrem hohem IQ bzw. der Probanden, denen aus irgendeinem Grund der größte Erfolg beschieden war, traten also vor allem in der Adoleszenz auf. Vermutlich haben diese Personen als Erwachsene ihre Umwelt selbst ausgewählt und konnten deshalb Menschen finden, die ihnen ähnlich waren.

Auch Hollingworth stellte fest, daß Kinder mit einem IQ von über 160 große soziale Schwierigkeiten hatten. Weniger hochbegabte Kinder mit IQ-Werten zwischen 125 und 155 erwiesen sich als emotional ausgeglichen. Sie hatten einen »sozial optimalen« IQ, wie Hollingworth es nannte, und schlossen leicht Freundschaften. Die Kinder mit einem IQ von über 160 litten dagegen normalerweise unter ihrer sozialen Isolierung. Sie waren isoliert, so Hollingworth, weil sie den Intellekt eines Erwachsenen, aber den Körper und die Emotionen eines Kindes hatten.[26]

Viele neuere Studien haben das Bild vom sozial isolierten hochbegabten Kind bestätigt. Die Kinder werden als introvertiert, herrschsüchtig und unbeliebt beschrieben, sie werden häufig gehänselt, sind ängstlich, deprimiert und unsicher. Die Probleme, die hochbegabte Kinder mit ihren Peers haben, bilden einen scharfen Kontrast zu ihren familiären Beziehungen, die, wie wir gesehen haben, außerordentlich positiv sind.[27]

Hochbegabten Kindern fällt es schwer, Kontakte mit Gleichaltrigen zu knüpfen, weil sie so wenig mit ihnen gemeinsam haben. Zum einen unterscheiden sie sich durch ihre extreme Sensibilität und ihren Eifer. Außerdem haben sie schon in früher Kindheit ganz andere Interessen und Hobbys und sogar andere Präferenzen beim Spielen. Von Hillarys Abneigung gegen Puppen war schon die Rede. Die Kinder in Termans Studie hatten Spaß an Schach und Puzzles, während ihre

Alterskameraden am liebsten Ratespiele oder Mutter und Kind spielten. Terman berichtete von einer siebenjährigen Probandin, die Gibbons *Decline and Fall of the Roman Empire* las. Dieses Mädchen hat zweifellos über Themen gesprochen, die den Horizont ihrer Mitschüler bei weitem überstiegen, und dabei die Wortwahl und den Satzbau einer Erwachsenen benutzt. Wie hätte sie irgendwelche positiven Beziehungen zu normalen Siebenjährigen herstellen können?[28]

Es ist nicht überraschend, daß hochbegabte Kinder meistens ältere Freunde haben. Sie suchen den Kontakt mit Kindern, die ihrem geistigen, nicht ihrem chronologischen Entwicklungsstand entsprechen. Diese Lösung ist allerdings nicht optimal, weil ältere Kinder solche Hochbegabten häufig sonderbar finden. Schließlich sind sie trotz ihrer geistigen Reife in ihrer körperlichen, sozialen und emotionalen Entwicklung noch weit zurück. Außerdem sind ältere Kinder nicht unbedingt das geistige Gegenstück zu jüngeren hochbegabten Kindern, weil sich hochbegabte Kinder nicht einfach nur schneller, sondern auch anders entwickeln als normal und auf andere Weise denken. Ältere Kinder verfolgen ihre Interessen häufig nicht mit derselben Leidenschaft wie das hochbegabte Kind und teilen auch nicht seine Lust an Herausforderungen. [29]

Hochbegabte Kinder wissen sehr genau, daß sie sich von ihren Peers unterscheiden: Sie berichten, daß sie sich selbst anders fühlen und von der Umwelt auch als anders wahrgenommen werden. Die meisten erklären allerdings wie Hillary, daß sie stolz darauf sind, sich von den anderen zu unterscheiden. Warum sollten sie auch sein wollen wie alle anderen, wenn sie die herrschenden Wertvorstellungen ihrer Gesellschaft ablehnen? Der Psychoanalytiker Anthony Storr beschreibt in einem Buch mit dem Titel *Solitude*, warum kreative Menschen das Alleinsein brauchen. Die Einsamkeit ist schmerzlich, aber sie hält auch Belohnungen bereit.[30]

Geringes Vertrauen in die eigenen sozialen Fähigkeiten

Auch wenn hochbegabte Kinder in gewisser Hinsicht stolz auf ihre Andersartigkeit sind (was ein guter Abwehrmechanismus sein könnte), haben diejenigen, die diese Unterschiede als besonders groß empfinden, auch die wenigsten Freunde und das geringste Selbstvertrauen im Hinblick auf ihre Sozialkontakte. Die Psychologin Miraca Gross untersuchte die Selbsteinschätzung bei einer kleinen Gruppe von Kindern mit extrem hohem IQ. Die Durchführung der Coopersmith Self-Esteem Scale ergab bei sieben von zwölf Kindern unterdurchschnittliche Werte in dem Testbereich, der das Selbstvertrauen in bezug auf Peerbeziehungen mißt. Diese Kinder berichteten, daß sie bei Gleichaltrigen nicht beliebt seien, sie hatten den Eindruck, daß die anderen Kinder ständig auf ihnen herumhackten und ihre Vorschläge ignorierten. Bei einigen der Probanden wurden mittlere bis hohe Grade von Depression gemessen. Depressionen können zu einem Verlust der Motivation führen. Einige Studien haben sogar eine erhöhte Suizidneigung bei Hochbegabten nachgewiesen. Als Grund geben die Kinder an, daß sie mit Mißerfolgen nicht umgehen können.[31]

Bei den Peer-Beurteilungen der Popularität ergibt sich ein etwas anderes Bild als bei Selbst- oder Lehrereinschätzungen. Hier erhalten die Kinder mit hohem IQ positive Bewertungen. Vielleicht beziehen sich die positiven Peer-Ratings größtenteils auf mäßig hochbegabte Kinder und nicht so sehr auf Kinder, die eine extreme Hochbegabung haben und die sich deshalb auch extrem von anderen unterscheiden. Auf jeden Fall ist auffällig, daß hochbegabte Kinder sich weniger beliebt fühlen, als man aufgrund der Peer-Bewertungen vermuten würde. Möglicherweise sind sie kritischer oder stellen höhere Ansprüche daran, was Freundschaft und Intimität bedeuten; vielleicht wissen sie auch, daß sie nur wenige echte Gemeinsamkeiten mit ihren Freunden haben. Außerdem sind Selbstberichte vermutlich der beste Maßstab für die eigenen Sozialkontakte. Wenn ein Kind mit anderen spielt, kann es nach außen hin beliebt wirken, obwohl es in Wirklichkeit nicht übermäßg gemocht wird. Wiener sagte: »Ich habe sehr viel mit anderen Jungen gespielt, aber ich war ihnen nicht besonders willkommen.«[32]

Auch hochbegabte Adoleszenten, ob künstlerisch oder intellektuell begabt, haben wenig Vertrauen in ihre sozialen Fähigkeiten und in ihre potentielle sexuelle Anziehungskraft. Kinder mit hohem IQ haben ein weniger positives Körperbild als ihre durchschnittlich begabten Peers. Und mit Ausnahme der bildnerisch begabten Mädchen haben talentierte Adoleszenten eine konservativere Einstellung zur Sexualität als durchschnittliche Teenager. Csikszentmihalyi stellte in seiner Studie fest, daß die Mädchen, die eine außergewöhnliche Begabung im Bereich der bildenden Kunst besaßen, eine freizügige Einstellung gegenüber der Sexualität hatten, verbunden mit einer negativen Haltung gegenüber der Familie. Sie waren die rebellischste der von Csikszentmihalyi untersuchten Gruppen. Sie lehnten familiäre Bindungen ab und bestanden auf ihrer sexuellen Freiheit. Maler gelten allgemein als unkonventioneller als Musiker, aber warum die Mädchen dieser Begabtengruppe rebellischer waren als die Jungen, ist nicht klar.[33]

Vielleicht sind talentierte Adoleszenten konservativer in ihren sexuellen Ansichten, weil sie das Gefühl haben, anders zu sein als die anderen, und daher weniger Vertrauen in ihre sexuelle Anziehungskraft haben. Aber ihre konservative Einstellung könnte auch damit zusammenhängen, daß sie die Einsamkeit brauchen, um ihr Talent zu entwickeln. Vielleicht müssen sie sich vor amourösen Verwicklungen schützen, damit sie genügend Energie für die Arbeit haben. Falls dies so ist, wäre die konservative Haltung zur Sexualität eine Form der Sublimierung, bei der die sexuelle Energie in die Arbeit kanalisiert wird. Das würde mit der

Freudschen Auffassung übereinstimmen, daß kreative Werke entstehen, weil verbotene sexuelle Energien in produktive, sozial anerkannte Aktivitäten umgeleitet werden.[34]

Es ist bemerkenswert, daß diese talentierten Kinder und Jugendlichen offensichtlich nicht deshalb Probleme haben, weil sie unter irgendwelchen inhärenten sozialen oder emotionalen Defiziten leiden, sondern weil sie sich so stark von anderen Kindern unterscheiden. Sie sind »asynchron«. Wenn sie mehr Kontakt zu anderen Hochbegabten hätten, würden vermutlich auch die sozialen Probleme verschwinden.

Führt schon das Etikett »hochbegabt« zu Problemen?
Kinder, die als hochbegabt etikettiert werden, haben mehr soziale Probleme als Kinder, die nicht mit dieser Bezeichnung versehen werden. Die englische Psychologin Joan Freeman hat Kinder mit hohem IQ untersucht, deren Eltern der *National Association for Gifted Children* beigetreten waren, und sie mit gleich begabten Kindern verglichen, deren Eltern dieser Organisation nicht angehörten. Wer Mitglied in solchen Gruppen wird, redet vermutlich offen über die Hochbegabung seines Kindes. Diese Eltern bekannten anderen gegenüber häufiger, daß ihre Kinder keine Freunde hätten. Andere Studien haben ebenfalls ergeben, daß Kinder, die als hochbegabt eingestuft werden, weniger gut angepaßt sind als hochbegabte Kinder, die nicht auf diese Weise kategorisiert werden. Möglicherweise wird das Kind durch dieses Etikett dazu gedrängt, sich wie ein hochbegabtes Kind zu verhalten, und in dem Gefühl bestärkt, anders zu sein als die anderen. Aber es gibt keinen Beleg dafür, daß die Etikettierung selbst die Probleme verursacht. Vielleicht sind Kinder, die als hochbegabt bezeichnet werden, von vornherein »eigenartiger«. Oder vielleicht neigen Eltern, die über die Hochbegabung ihrer Kinder reden, auch häufiger dazu, ihre Kinder zu sehr unter Druck zu setzen. Es könnte sein, daß es eher der Leistungsdruck durch die Eltern als das Etikett als solches ist, das die Probleme verursacht.[35]

Versagen, um »normal« zu sein

Intellektuell hochbegabte Kinder erbringen häufig schlechtere schulische Leistungen als erwartet, und zwar nicht nur, weil sie unterfordert sind, sondern auch, weil sie unter ihrem Niveau arbeiten, um soziale Akzeptanz zu erringen. Obgleich fast alle amerikanischen Schulkinder aufgrund unseres laschen und langweiligen Schulsystems unter ihren eigenen Möglichkeiten bleiben, ist die Kluft zwischen Befähigung und erbrachter Leistung bei extrem hochbegabten Kindern wahrscheinlich am größten, weil sie nicht nur noch stärker unterfordert werden als die übrigen, sondern sich auch mit dem Konflikt zwischen Spitzenleistung und persönlicher Akzeptanz auseinandersetzen müssen.[36]

Es ist alarmierend, daß weit mehr Mädchen als Jungen bereits im vierten Schuljahr »ihr Licht unter den Scheffel stellen«, ihr Wissen verbergen und zu Versagern werden. Das hängt offenbar damit zusammen, daß hochbegabte Mädchen wesentlich mehr soziale Probleme haben als Jungen. Eine Studie hat zum Beispiel ergeben, daß intellektuell hochbegabte Jungen *beliebter* waren als normal begabte Jungen, während hochbegabte Mädchen *unbeliebter* waren als die normal begabten. Tatsächlich genossen die hochbegabten Jungen die höchste Popularität von allen vier Gruppen und die hochbegabten Mädchen die geringste Popularität. Die hochbegabten Jungen wurden für lustig, klug und kreativ gehalten, während die hochbegabten Mädchen als launisch, melancholisch, egozentrisch, überheblich und herrschsüchtig beschrieben wurden. Was bei einem Jungen als Führungsqualität betrachtet wird, gilt bei einem Mädchen als Herrschsucht. Vielleicht liegt es daran, daß die Merkmale der Unabhängigkeit und Spitzenleistung, die charakteristisch für Hochbegabte sind, weit stärker gegen das weibliche Rollenklischee verstoßen als gegen das männliche. Diese geschlechtsspezifischen Unterschiede in der Beliebtheit passen zu den Ergebnissen von Csikszentmihalyi, der feststellte, daß die naturwissenschaftlich begabten Jungen ein überdurchschnittliches Vertrauen in die eigenen Fähigkeiten zeigten, während es bei den naturwissenschaftlich begabten Mädchen im unteren Normbereich rangierte.[37]

Bei hochbegabten Mädchen ist also die Gefahr groß, daß sie insbesondere in der Adoleszenz das Gefühl entwickeln, sie müßten ihre Befähigung verbergen. Nach Miraca Gross geraten alle hochbegabten Kinder in den Konflikt zwischen Spitzenleistung einerseits und dem Wunsch nach Nähe und Akzeptanz in der Peergruppe andererseits. Wenn sie Höchstleistungen anstreben, verlieren sie die Vertrautheit mit ihren Peers. Aber wenn sie danach streben, müssen sie ihr Licht unter den Scheffel stellen, um sich anzupassen, und folglich auf Höchstleistungen verzichten. Mädchen entscheiden sich offenbar häufiger als Jungen für die Vertrautheit statt für die Spitzenleistung. Schülerinnen mit hohen Notendurchschnitten haben häufiger Depressionen, eine niedrigere Selbsteinschätzung und mehr psychosomatische Beschwerden als Jungen mit gleich hohem Notendurchschnitt.

Der Konflikt zwischen Vertrautheit und Spitzenleistung wird auch von Kindern aus Minderheitengruppen, in denen herausragende Schulleistungen als »uncool« gelten, sehr deutlich empfunden. »Ich habe immer die anderen Kinder antworten lassen… und mich zurückgehalten. So konnte ich ernsthaften Auseinandersetzungen über die Schule oder meine Zensuren immer ganz gut aus dem Weg gehen«, erklärte ein herausragender schwarzer Schüler in einer Studie, die in der *Harvard Educational Review* veröffentlicht wurde. Nach Ansicht des Anthropologen John Ogbu ist die Tendenz, die eigene Klugheit zu verbergen, kennzeichnend für Minoritäten, die unfreiwillig in die Vereinigten Staaten gekommen sind (zum Beispiel Afroamerikaner) im Gegensatz zu den freiwilligen Einwanderern (zum Beispiel Kubaner oder Juden, die vor Hitler geflohen sind). Freiwillige Immigranten kommen in die USA, weil sie überzeugt sind, daß es ihnen und ihren Kindern dort besser gehen wird. Deshalb sind sie bestrebt, die kulturellen Wertvorstellungen zu übernehmen. Angehörige von Minderheiten, die zur Einwanderung gezwungen wurden, lehnen die dominante Kultur ab und definieren sich über den Gegensatz zu dieser Kultur.[38]

Der Mythos vom populären, gut angepaßten hochbegabten Kind ist also in der Tat nichts anderes als ein Mythos. Trotz ungewöhnlich starker und positiver familiärer Beziehungen haben viele extrem hochbegabte Kinder das Gefühl, anders zu sein als die anderen, und betrachten ihre Hochbegabung als soziale Barriere. Wie drei der von Gross untersuchten Kinder mit einem IQ von über 200 übereinstimmend erklärten: »Es ist ganz schön hart, so zu sein wie ich.«

Der Tauschhandel: Talententfaltung gegen Sozialisation

Hochbegabte sind sozial isoliert, weil sie wenige Menschen finden, die ihnen gleichen. Aber es gibt auch noch einen weiteren, positiveren Grund. Hochbegabte Kinder, wie die von Csikszentmihalyi untersuchten, verbringen weniger Zeit mit Freunden, weil sie mehr Zeit auf die Entwicklung ihres Talents verwenden müssen. Da sie unzählige Stunden am Klavier, mit naturwissenschaftlichen Experimenten oder beim Malen verbringen, haben sie weniger Zeit für Sozialkontakte und auch ein geringeres Bedürfnis nach Gesellschaft. Ob diese einsame Arbeit dazu dient, Intimität abzuwehren, oder ob sie es einfach schwieriger macht, Nähe und Vertrautheit herzustellen, ist unklar.[39]

Klar ist jedoch, daß hochbegabte Kinder in allen Domänen weniger unter der Einsamkeit leiden als durchschnittliche Kinder. Gewiß, viele Kinder mit extrem hohem IQ klagen über extreme Einsamkeit, und die Teenager in der Studie von Csikszentmihalyi berichteten von einer insgesamt weniger positiven Erfahrungsqualität: Sie waren sehr oft allein, und Einsamkeit kann schmerzlich sein. Dennoch konnten diese Jugendlichen das Alleinsein besser ertragen als durchschnittliche Teenager. Der Vater von Josh Waitzkin bemerkte, daß Josh hin- und hergerissen war, weil er einerseits mit den anderen Kindern spielen und andererseits Schach lernen wollte: »An vielen Nachmittagen sitzt Josh vor dem Schachbrett und versucht, die kleinen Jungen, die unten auf dem Bürgersteig Fahrrad fahren, zu ignorieren.« Wenn die Einsamkeit und die harte Arbeit für Josh genauso schwer zu ertragen gewesen wären wie für durchschnittliche Kinder, hätte er den Konflikt gelöst, indem er weniger Zeit am Schachbrett verbracht hätte.[40]

Die sozialen und emotionalen Probleme, mit denen hochbegabte Kinder zu kämpfen haben, werden nicht durch ihre Hochbegabung verursacht, sondern resultieren daraus, daß sie sich so stark von anderen Menschen unterscheiden. Diese Kinder nehmen Dinge anders wahr, und sie haben andere Interessen und Wertvorstellungen. Durch die Asynchronie zwischen ihrer Hochbegabung und ihrer durchschnittlichen emotionalen Entwicklung und altersentsprechenden Größe geraten sie in einen tiefgreifenden Konflikt zwischen Freundschaft und Spitzenleistung. Wenn sie sich für die Freundschaft entscheiden, laufen sie Gefahr, ihre Leistungsmotivation zu verlieren, und wenden sich unter Umständen von ihrem Talentbereich ab. Wenn sie sich für Spitzenleistungen entscheiden, müssen sie Einsamkeit und soziale Isolation in Kauf nehmen. Nur wer bereit und fähig ist, die Spitzenleistung zu wählen, hat die Chance, den Weg vom hochbegabten Kind zum herausragenden Erwachsenen erfolgreich zu bewältigen.

Obwohl hochbegabte Kinder unter der Isolation leiden, bietet die Einsamkeit auch Belohnungen. Durch die unzähligen Stunden, die sie allein verbringen, ob freiwillig oder unfreiwillig, erwerben sie Fertigkeiten und Kenntnisse, die sie nie erlangen könnten, wenn sie ihre Zeit mit Freunden verbrächten.

IX.

Die Schulen: Wo sie versagen, wo sie helfen könnten

Der Bürgermeister einer Stadt, die im Begriff steht, alle Mittel für die Begabtenförderung zu streichen, wurde kürzlich mit den Worten zitiert: »Ich halte nichts von der Idee, daß es mehr und weniger begabte Kinder gibt. Ich glaube, daß alle Schüler lernen können und wollen. Wir wollen kein Sondersystem für Kinder, die für klüger *gehalten werden* (Hervorhebung von mir).«[1]

In vielen Städten und Bundesstaaten werden Programme zur Hochbegabtenförderung im Namen des Egalitarismus abgeschafft. Gegen spezielle Unterrichtsmaßnahmen für das hochbegabte Kind wird häufig ins Feld geführt, daß *alle* Kinder begabt seien. Diese Ansicht hat sich herausgebildet, seit man die Intelligenz nicht mehr allein über den IQ definiert und erkannt hat, daß es kindliche Begabungen gibt, die von IQ-Tests nicht erfaßt werden. Lehrer und Verwaltungsbeamte argumentieren, daß alle Kinder Stärken hätten und daß Schulen die Stärken jedes einzelnen fördern müssen. Diese breit gestreute Förderung ist ein wertvolles Ziel, das alle Lehrer zweifellos anstreben sollten. Aber die Tatsache, daß alle Kinder relative Stärken haben, bedeutet nicht, daß alle gleich begabt sind. Unsere Kultur wird zunehmend von einer egalitären, anti-elitären Ideologie beherrscht, auch wenn wir von echter Gleichheit weit entfernt sind.[2]

Diese egalitäre Ideologie bestärkt unsere zutiefst ambivalente Haltung gegenüber herausragenden intellektuellen Leistungen. Es stört uns nicht, wenn jemand in Bereichen wie bildender Kunst, Musik, Sport oder Schach als Star gefeiert wird, weil es nicht als Schande gilt, keine besonderen Talente in diesen Domänen zu haben. Aber wenn einige Kinder wegen ihres herausragenden Intellekts gerühmt werden, stört uns das sehr wohl, weil diese Einordnung impliziert, daß es Kinder mit geringerer intellektueller Begabung gibt.[3]

Die Begabtenförderung ist nicht nur in Mißkredit geraten – die begrenzten Mittel, die überhaupt noch zur Verfügung stehen, werden in die Förderung von leicht hochbegabten Kindern investiert. Die extremen Formen der Hochbegabung, die ich in diesem Buch beschrieben habe, bleiben von den existierenden Förderprogrammen praktisch unberührt.

Alle Eltern und Kinder, die ich untersucht habe, gerieten in eine Art Krise, als die Kinder ins schulfähige Alter kamen. Jedes Kind hatte bestimmte Fähigkeiten und Bedürfnisse, auf die normale Schulen nicht vorbereitet waren. Unterschiedliche Familien wählten unterschiedliche Lösungen. Die Eltern des universell hochbegabten Michael Kearney (Kapitel 2) entschieden sich für eine radikal beschleunigte Schulausbildung: Michael übersprang mehrere Klassen und machte als Zehnjähriger seinen Collegeabschluß. Die Mutter des universell hochbegabten David (Kapitel 2) arbeitete gemeinsam mit den Lehrern ein individuelles Lernprogramm aus und beließ ihren Sohn im normalen Klassenverband mit gleichaltrigen Kindern. Die Eltern der sprachlich hochbegabten Rahela (Kapitel 3) schickten ihre Tochter auf eine Privatschule, weil sie der Ansicht waren, daß man hier besser auf Rahelas Bedürfnisse eingehen könnte als in einer normalen Public School. Die Eltern des mathematisch hochbegabten KyLee (Kapitel 3) hatten keine andere Wahl, als ihn in einer herkömmlichen Public School anzumelden. Aber sie baten die Lehrer um einen speziellen Förderunterricht in Mathematik, und die Schule erklärte sich glücklicherweise damit einverstanden. Außerdem ergänzten die Eltern die Ausbildung ihres Sohnes, indem sie ihm zu Hause umfangreiche Lektüre und Rechenspiele für den Computer zur Verfügung stellten.

Die Eltern des musikalisch begabten Jacob und des zeichnerisch begabten Peter B. (Kapitel 4) standen vor anderen Problemen. Sie rechneten nicht damit, daß die Schulen auf die besonderen künstlerischen Begabungen ihrer Kinder eingehen würden. Daß eine solche Hoffnung in der Tat unbegründet wäre, bekamen Peters Eltern sogar schriftlich bestätigt: Nachdem Peter am Goodenough Draw-a-Person-Test teilgenommen und extrem hohe Punktwerte erreicht hatte, erhielten sie einen Bericht, in dem stand: »Leider wird sich dieses Kind trotz einer außergewöhnlichen zeichnerischen Begabung nicht für ein Hochbegabtenprogramm qualifizieren können. Den Eltern wird empfohlen, sich entweder über die Jackson University um einen geeigneten Kunstunterricht zu bemühen oder die Dienste eines Kunstpädagogen in Anspruch zu nehmen, der das außergewöhnliche Talent des Jungen fördern kann.« (Der Goodenough Draw-a-Person-Test wurde ursprünglich als IQ-Test konzipiert, aber dieser Gutachter erkannte anscheinend, daß das Verfahren kein besonders guter Indikator für den IQ ist). Trotz dieser Empfehlung erhielt Peter, wie die meisten zeichnerisch begabten Kinder, keine privaten Kunststunden. Er zeichnete einfach zu Hause und erhielt dabei eine Menge elterlicher Unterstützung (obwohl er sich im Moment, wo ich dies schreibe, gerade für einen Atelierkursus angemeldet hat, der von einem Maler geleitet wird). Jacobs Eltern beschritten den Weg, der typisch für musikalisch begabte Kinder ist, und suchten einen privaten Musiklehrer.

Hier noch zwei weitere, etwas extremere, aber nicht ungewöhnliche Schulgeschichten. Beide endeten damit, daß das Kind aus dem Schulsystem herausgenommen wurde. Erster Fall: Der neunjährige Alex war nicht besonders erfolgreich in der Schule. Der Mutter zufolge hatte die Lehrerin den Verdacht, daß er geistig zurückgeblieben sei und veranlaßte einen Test. Das war 1984. Zur Überraschung der Lehrerin erreichte Alex einen Punktwert von 158 beim Stanford-Binet. Die Schulpsychologin bescheinigte ihm »die allerhöchste Stufe intellektueller Befähigung« und empfahl, daß er spezielle Fortgeschrittenenkurse mit anderen hochbegabten Kindern besuchen sollte. Aber nach Angaben seiner Mutter war die einzige Förderung, die Alex in der staatlichen Grundschule erhielt, daß er einmal pro Woche mit sechs anderen als hochbegabt diagnostizierten Kindern »zusammen spielen« durfte. Die meisten Kinder, die für dieses »Pull out-Programm« ausgewählt wurden, waren wahrscheinlich nur leicht überdurchschnittlich begabt und nicht extrem hochbegabt, denn extreme Hochbegabungen sind relativ selten.

Im weiteren Verlauf seiner Schulkarriere an der Junior und Senior High-School störte Alex häufig den Unterricht und war bei den meisten Lehrern nicht sonderlich beliebt. Sie waren hauptsächlich daran interessiert, ihn zu einem »ordentlichen Schüler« zu machen. Schließlich nahm die Mutter ihn von der Schule und schrieb ihn für einen Fernlehrgang ein, dessen Abschluß zum Collegebesuch berechtigte. »Ich habe ihn aus dem System herausgenommen, das keinen Platz für ihn hatte«, erklärt sie, »und alles übrige hat er selbst getan.« Heute ist Alex ein junger Erwachsener und arbeitet als äußerst erfolgreicher und innovativer Designer für Computergrafik.

Zeiter Fall: Peter S. war ein Kind wie David und Michael Kearney – mit extremer intellektueller Hochbegabung im sprachlichen ebenso wie im mathematischen Bereich. Sein Profil war typisch für solche Kinder: Mit drei Jahren konnte er lesen und war ganz wild aufs Rechnen (einschließlich Algebra). Mit vier stürzte er sich auf ein Anatomiestudium, indem er die Collegelehrbücher seiner Mutter las; dann wandte er sich anderen speziellen Interessen zu, und mit sieben las er zehn Bücher gleichzeitig. Julia, der Mutter von Peter S., und dem Krankenhauspersonal war schon kurz nach der Geburt aufgefallen, daß Peter eine erstaunliche Lebhaftigkeit an den Tag legte. Die Eltern (die als Kinder ebenfalls extrem frühbegabt waren) hatten sofort erkannt, daß ihr Sohn besonders aufgeweckt war. Aber da er ihr erstes Kind war, erkannten sie nicht, *wie* außergewöhnlich er war, auch nicht, als sie entdeckten, daß er mit drei Jahren lesen konnte.

Die Familie von Peter S. lebte im ländlichen Arkansas auf einer Farm. Als Peter drei Jahre alt war, ging seine Mutter mit ihm zur örtlichen Grundschule und fragte, ob es irgendein Programm gebe, für das sie ihn anmelden könne. Der Schuldirektor riet ihr, Peter in eine Kindertagesstätte zu bringen. »Aber er interessiert sich für Algebra«, protestierte Julia. Sie erklärte, daß ihr Sohn sie kürzlich gefragt hätte, wie man Gleichungen löst, »wenn man die Zahlen nicht kennt«, und demnach offenbar den Begriff Variablen verstanden hatte. Aber der Direktor erwies sich als wenig hilfsbereit, sogar als feindselig. Peters Mutter erinnert sich, daß er sinngemäß etwas sagte wie: »Ihr Sohn ist seinem Alter voraus. Kein Grund zur Besorgnis. Wenn er später in den Kindergarten kommt, kriegt er alles in den Griff.«

Julia überredete den Direktor, ihr den Lehrplan des Kindergartens zu geben, damit sie ihren Sohn zu Hause damit vertraut machen könnte. Bald brauchte sie den Lehrplan für die erste Klasse. Im Alter zwischen drei und vier Jahren meisterte Peter S. den Lehrstoff des Kindergartens und der ersten drei Schulklassen. Mit vier, so Julia, fing er an, riesige Verständnissprünge zu machen. Er war definitiv kein Kind, das mit fünf Jahren vom örtlichen Kindergarten profitieren würde. Aber der Schulleiter war anderer Ansicht. Er drängte sie, ihren Sohn im Kindergarten anzumelden. Er meinte, das Kind sollte sich an Gleichaltrige gewöhnen und lernen, mit ihnen umzugehen. Er drängte darauf, daß Peter der Norm angepaßt wurde.

Wenn Julia nachgegeben hätte, wäre ihr Sohn vermutlich für ein ähnliches Pull out-Programm ausgewählt worden wie Alex: Nach der dritten Klasse hätte er alle zwei Wochen für 25 Minuten mit anderen »hochbegabten« Kindern seiner Schule interagiert. Es hat sicherlich gewisse Vorteile, wenn intellektuell frühentwickelte Kinder mit anderen Kindern zusammenkommen, die ihnen gleichen, auch wenn sie sich nur einmal wöchentlich für kurze Zeit sehen. Aber Peter S. war so extrem hochbegabt, daß er mit den anderen Teilnehmern des Förderprogramms kaum mehr Gemeinsamkeiten gehabt hätte als mit den Kindern in seiner normalen Klasse. Kinder mit einer leichten intellektuellen Hochbegabung haben ganz andere Interessen und Neigungen als extrem hochbegabte Kinder wie Peter S. Wie hätte außerdem ein so kurzer Spezialunterricht, wie anregend und angereichert auch immer, die übrige Zeit aufwiegen sollen, in der Peter S. gezwungen gewesen wäre, auf einem Niveau zu lernen, dem er um Jahre voraus war, und sich Wissen anzueignen, das er schon als Dreijähriger beherrschte?[4]

Diese ganze Problematik war der Mutter von Peter S. bewußt. Ihr fiel auch auf, daß Peter deprimiert wirkte, wenn er auch nur einen einzigen Tag ohne irgendeine geistige Herausforderung verbrachte. Ihr war klar, daß die jüngere Schwester von Peter später vor ähnlichen Schwierigkeiten stehen würde. Also beschloß sie, beide Kinder vom dritten Lebensjahr an zu Hause zu unterrichten. (Es folgten noch zwei weitere frühbegabte Kinder, die zur Zeit, da ich an diesem Buch schreibe, noch zu jung für den häuslichen Unterricht sind). Die Lebensumstände machten dieses Arrangement möglich. Der Vater arbeitete zu Hause, da die Familie als Selbstversorger auf einer kleinen Farm lebte, und stand seiner Frau mit Rat und Unterstützung zur Seite.

Julia stellte einen Lehrplan zusammen, wobei sie sich zum Teil auf ihre Phantasie und zum Teil auf den offiziellen Lehrplan für die staatlichen Grundschulen von Arkansas stützte. Ihr Unterrichtsprogramm enthielt einen von der Stanford University entwickelten Mathematikkurs für hochbegabte Kinder, ferner die Fächer kreatives Schreiben, Literatur, Zeitgeschichte, Geographie, Latein und Geige. Anläßlich einer Unterrichtseinheit über die Bürgerrechte stellte sie für Peter eine Auswahl anspruchsvoller Literatur zusammen: *Roots* von Alex Haley, *Black Like Me* von Richard Wright, *Tom Sawyer* von Mark Twain und *Wer die Nachtigall stört* von Harper Lee. Außerdem las der Vater den Kindern eine Woche lang allabendlich aus George Orwells *Farm der Tiere* vor.[5]

Für Julia bot der häusliche Unterricht die Möglichkeit, den Lehrstoff an das Lerntempo der Kinder anzupassen und sie bis an die Grenzen ihrer Leistungsfähigkeit zu fordern. Mit fünf war Peter in Mathematik auf dem Stand eines Viertkläßlers, in Englisch auf dem Stand eines Neuntkläßlers und in Anatomie auf dem Stand eines Elftkläßlers. Die Kinder sollten das Lernen nicht für etwas halten, das einem mühelos in den Schoß fällt, eine Überzeugung, die sie nach Ansicht der Mutter in einer normalen Schule entwickelt hätten.

Julia erklärte mir, daß zwei Stunden häuslicher Unterricht etwa einem ganzen Schultag in einer staatlichen Schule entsprächen, wenn man all die üblichen Pausen für Mittagessen, Erholung, Sport usw. berücksichtigt. Folglich unterrichtete sie ihre Kinder nur dreimal pro Woche etwa vier Stunden lang. Aber das Arrangement erlaubte ihr ein hohes Maß an Flexibilität. So hielt sie den Unterricht häufig in den Abendstunden ab, weil das die Lieblingszeit der Kinder war. (Wie Michael Kearney und seine Schwester brauchten auch Peter S. und seine Schwester wenig Schlaf und waren extrem aktiv.) Manchmal wollten sie zwölf Stunden am Tag arbeiten, und Julia gab ihren Wünschen nach. Wenn sie an anderen Tagen überhaupt keine Lust zum Lernen hatten, ließ Julia sie spielen. Beide mochten nicht gern auf Stühlen sitzen, also wurden sie auch nicht dazu gezwungen.

Diese »Privatschule« bot eine äußerst kind-zentrierte, personalisierte, progressive und stimulierende Ausbildung. Richtig gehandhabt, kann ein derartiger häuslicher Unterricht die beste aller möglichen Schulen sein, und Peter S. und seine Schwester hatten das Glück, daß sie zumindest die Gesellschaft des jeweils anderen hatten, auch wenn soziale Erfahrungen mit Peers fehlten. Auf die Frage, warum sie ihre Kinder nicht wie die Eltern von Michael Kearney auf eine normale Schule schickte und mehrere Klassen überspringen ließ, antwortete Julia, sie sehe keinen Vorteil darin, die Kinder durch die Schule zu hetzen. Sie hielt eine solide und breite Ausbildungsgrundlage für ein besseres Ziel als ein rasch erworbenes Abschlußzeugnis. Außerdem meinte sie, daß diese Akzeleration »die kindliche Fähigkeit zum Staunen« zerstören könnte. Vielleicht hatte sie recht.

Ein Streit mit moralischen Untertönen

Befürworter der Hochbegabtenförderung sind sich uneins, ob man die Ausbildung von hochbegabten Kindern »anreichern« oder »beschleunigen« sollte. Sie streiten auch darüber, ob die Kinder in Sonderklassen mit gleichaltrigen und gleichbegabten Kindern gehen sollten oder ob sie Klassen überspringen und zusammen mit älteren Kindern unterrichtet werden sollten. Aber diese interne Expertendebatte ist nichts im Vergleich zu der hitzigen Kontroverse zwischen den Befürwortern und den Gegnern der Hochbegabtenerziehung. Jede Fraktion ist felsenfest überzeugt, vor allem moralisch im Recht zu sein. Jede Seite glaubt, daß sie die Interessen *aller* Kinder im Auge habe, während sich die jeweils andere Seite nur für die Interessen einer Minderheit stark mache. Dieser Streit ist nicht auf die USA beschränkt, sondern findet in fast allen modernen Industrienationen statt.

Gruppierung nach Fähigkeiten: Was dagegen spricht

Gegen eine Hochbegabtenförderung in Form von Leistungsgruppen wird eingewendet, daß die Kinder, die in den unteren Leistungsgruppen zurückbleiben, als Versager abgestempelt werden. Man befürchtet, daß die Kinder leiden, wenn sie die Führung durch die leistungsstärksten Mitschüler verlieren. Die Gegner dieses Ansatzes argumentieren, daß diese Kinder normalerweise die am schlechtesten ausgebildeten Lehrer erhalten. Die Lehrer haben keine Lust, diese Schüler zu unterrichten, und werden demoralisiert. Die niedrige Erwartungshaltung, mit der sie den Kindern begegnen, wird von den Schülern übernommen, weil sie der unteren Leistungsgruppe angehören, und entwickelt sich zur self-fulfilling prophecy.

Die Zusammenfassung von hochbegabten Kindern in speziellen Gruppen wird nicht nur als nachteilig für die Ausgeschlossenen betrachtet, sondern auch als schädlich für die Kinder, die für die Begabtengruppen ausgewählt werden. Wenn man Spitzenschüler von den übrigen trennt und in einer gesonderten Klasse zusammenbringt, so die Argumentation, führt das unweigerlich zur Arroganz und zum Elitedenken. Der Schaden, den die Hochbegabtenerziehung bei den normal Begabten anrichte, wiege weit schwerer als jeder potentielle Vorteil für das hochbegabte Kind.

Die Gruppierung nach Fähigkeiten wird nicht nur für schädlich, sondern auch für überflüssig gehalten. Hochbegabte Kinder sind angeblich in der Lage, sich selbst ihr Lerntempo vorzugeben und sich eigene Herausforderungen zu schaffen, auch wenn sie eine normale Klasse besuchen. Ferner wird argumentiert, daß hochbegabte Kinder ihren schwächeren Mitschülern helfen könnten, indem sie ihnen etwas von ihrem eigenen Wissen vermitteln und als Vorbild fungieren. Das sei sowohl in intellektueller Hinsicht von Nutzen (Wer andere unterrichtet, festigt sein eigenes Wissen) als auch in sozialer Hinsicht (Hochbegabte Kinder lernen den Umgang mit ganz unterschiedlich befähigten Mitschülern).

Kritiker werfen der Einteilung in Leistungsgruppen auch vor, daß sie rassistisch und sozial diskriminierend ist, da zum Beispiel die Begabtenprogramme in den USA einen überproportionalen Anteil von Asiaten, gefolgt von Weißen haben, während Schwarze und Hispanos unterrepräsentiert sind. Eine 1991 durchgeführte Untersuchung des amerikanischen Bildungsministeriums kam zu dem Ergebnis, daß Kinder aus Familien, die zum obersten sozioökonomischen Viertel der Bevölkerung gehören, fünfmal so häufig an Begabtenprogrammen teilnehmen wie Kinder aus dem untersten Viertel. Diese Zahlen, so der schwerste Vorwurf, seien der Beweis für rassistische Zulassungskriterien. Fast genauso schwer wiegt der ebenfalls auf diesen Statistiken basierende Vorwurf, daß Begabtenprogramme rassistische Haltungen zur Folge hätten. Auf jeden Fall zeigen diese Zahlen, daß unsere Tests Leistungen bewerten, die durch sozioökonomische und kulturelle Faktoren beeinflußt werden, und nicht das reine und häufig unentwickelte Potential ermitteln. Eine jüngere Studie hat ergeben, daß sich bei Anwendung des Ravens Progressive Matrices-Test, bei dem nonverbale, räumliche Fähigkeiten gemessen und »Benachteiligungen« berücksichtigt werden, der Anteil von Kindern aus Minderheitengruppen erhöht. Man muß jedoch bedenken, daß Kinder mit hoher sprachlicher Begabung ohne besondere Fähigkeiten im räumlichen Denken bei diesem Test wahrscheinlich unentdeckt bleiben.[6]

Gruppierung nach Fähigkeiten: Was dafür spricht

Zu den Befürwortern einer Einteilung in Leistungsgruppen gehören normalerweise Wissenschaftler, die sich auf die Hochbegabtenerziehung spezialisiert haben, sowie Lehrer und Eltern von Hochbegabten. Wer Leistungsgruppen abschaffen will, so ihre Argumentation, beugt sich einer grob vereinfachenden, egalitären politischen Ideologie. Die Abschaffung von Leistungsgruppen wird zur Folge haben, daß die Anforderungen auf das unterste Niveau gesenkt werden, und die daraus resultierende Ausbildung wird völlig an den Bedürfnissen von hochbegabten Kindern vorbeigehen. Die Befürworter räumen ein, daß Angehörige von Minderheiten (mit der Ausnahme von Asiaten) in Begabtenprogrammen unterrepräsentiert sind. Aber sie sehen darin ein soziales Problem, das die zweifellos bestehende Benachteiligung von gesellschaftlichen Minderheiten widerspiegelt. In Wahrheit wird die Abschaffung der Begabtenförderung gerade Kinder aus Minderheitengruppen besonders hart treffen, weil diese Kinder nur allzu oft die schlechtesten Schulen des Landes besuchen (weil Schulen über die lokalen Einkommensteuern finanziert werden). Diese Schulen haben die geringsten Ressourcen für extracurriculare Aktivitäten und das niedrigste Niveau intellektueller Leistung. Außerdem verfügen Eltern von hochbegabten Kindern aus gesellschaftlichen Mehrheitengruppen normalerweise über die finanziellen Mittel, um Alternativen auszuwählen, während Eltern von hochbegabten Kindern aus Minderheitengruppen häufig auf das Angebot der Public Schools angewiesen sind.

Akzeleration: Argumente dagegen

Wenn unter Hochbegabtenförderung eher Akzeleration als Gruppierung nach Fähigkeiten verstanden wird, weicht der Vorwurf des Elitedenkens und der Ungerechtigkeit einer anderen Kritik. Wenn Eltern die Ausbildung ihres Kindes beschleunigen wollen, indem sie es frühzeitig einschulen oder Klassen überspringen lassen, gelten sie als überehrgeizige Sklaventreiber, die sich nicht scheuen, ihre Sprößlinge für einen vorzeitigen Collegeabschluß um eine normale Kindheit zu bringen. Schulleiter sind überzeugt, daß Kinder, die vorangetrieben werden, sich nicht einfügen und keine Freunde finden können, wenn sie mit älteren (und größeren) Kindern zusammen sind. Als ein australischer Vater um beschleunigte Ausbildung für seine extrem hochbegabten Kinder bat, weigerte sich der Direktor und führte als Begründung unter anderem an: »Ihre Kinder brauchen die Sozialisation mit Gleichaltrigen ... Wie sollen sie Freundschaften schließen, wenn sie nicht mal richtig Fußball spielen können?« Und: »Den anderen Kindern in der Klasse würde es nicht gefallen« (vermutlich weil sie ein jüngeres und kleineres Kind nicht akzeptieren würden).[7]

Diese Äußerungen erinnern an die Haltung des Direktors, den die Mutter von Peter S. aufsuchte. In ihnen spiegelt sich die Überzeugung wider, daß die Schule in erster Linie der Sozialisation, nicht dem Lernen dient und daß ein intellektuell frühreifes Kind unabhängig von seinen Interessen und Fähigkeiten immer noch am glücklichsten ist, wenn es mit gleichaltrigen Kindern interagiert.

Akzeleration: Argumente dafür

Im Gegensatz dazu argumentieren die Befürworter der Akzeleration, daß man keineswegs irgendwelche Kindheitsparadiese rettet, wohl aber die Lernmotivation zerstört, wenn man ein Kind, das intellektuell auf dem Stand des sechsten Schuljahres ist, in die zweite Klasse steckt. Die Verfechter der Akzeleration, auch einer radikalen Akzeleration, vertreten die Ansicht, daß Kameraden auf dem gleichen geistigen Entwicklungsstand wesentlich wichtiger für das Kind sind als Mitschüler im gleichen Geburtsjahrgang. Sie bestreiten die These, daß hochbegabte Kinder, die Klassen überspringen, keine Freundschaften mit ihren älteren Mitschülern schließen könnten. Die größten Anpassungschwierigkeiten hätten vielmehr die Kinder, die *nicht* akzeleriert würden. Ohne Akzeleration könne das extrem hochbegabte Kind keine Freundschaften schließen, weil die Unterschiede zu den Mitschülern zu groß seien. Warum, so die Befürworter, sollten das Alter und die Körpergröße wichtigere Einteilungskriterien sein als die Leistungsfähigkeit?

Wie es hochbegabten Kindern an unseren Schulen ergeht

Es gibt vier gute Gründe, die »im Prinzip« für eine Sondererziehung von Hochbegabten sprechen:

- Amerikanische Schulen stellen geringe Anforderungen.
- Niedrige Anforderungen führen zum Versagen.
- Intellektuell (ebenso wie künstlerisch) hochbegabte Kinder sind häufig der Ansicht, daß die Schule einen geringen oder gar keinen Einfluß auf die Entwicklung ihres Talents hat.
- Hochbegabte Kinder aus Minderheitengruppen werden durch eine unzureichende schulische Förderung am stärksten benachteiligt.

Die niedrigen Anforderungen in amerikanischen Schulen

Amerikanische Schulen setzen vergleichsweise geringe Erwartungen in ihre Schüler. Wenn Ausländer in die USA kommen und ihre Kinder auf die hiesigen Schulen schicken, sind sie normalerweise schockiert, wie gering die schulischen Anforderungen im Vergleich zu ihren Heimatländern sind. Das Niveau amerikanischer Schulbücher ist in den letzten zwanzig Jahren stark gesunken (um zwei Notenpunkte). Die Verlage scheuen sich, Lehrbücher zu veröffentlichen, die auf das beste Drittel der Schüler ausgerichtet sind, weil sie wissen, daß sich solche Bücher nicht verkaufen. Wenn sich unsere Schüler fürs College bewerben, nehmen sie an Eignungs- und Leistungstests in Fragebogen-Form teil, während europäische Schüler lange Aufsätze über schwierige Themen verfassen müssen.[8]

Kein Wunder, daß amerikanische Schüler im Vergleich mit Kindern aus den meisten anderen Industrienationen schlecht abschneiden. Ein im Jahr 1993 veröffentlichter Bericht des Bildungsministers Richard Riley präsentierte einige alarmierende Vergleichsdaten. Eine neuere internationale Studie kam zum Beispiel zu dem Ergebnis, daß 40 Prozent der koreanischen Schüler ein Verständnis für mathematische Gedankengänge zeigten, im Vergleich zu 9 Prozent der amerikanischen Schüler. Ein ähnliches Muster ergab sich bei den Naturwissenschaften: 33 Prozent der koreanischen Schüler, 31 Prozent der Schüler in Britisch-Kolumbien und 7 Prozent der US-amerikanischen Schüler waren in der Lage, naturwissenschaftliche Grundtatsachen bei Problemlösungen anzuwenden.[9]

Geringe Anforderungen sind für alle Schüler schädlich, aber sie sind besonders schlecht für die fähigsten Schüler. Laut Riley-Bericht erklären amerikanische Schüler, die im obersten Drei- bis Fünf-Prozentbereich der IQ-Spanne liegen, daß sie weniger als eine Stunde pro Tag lernen. Der Bericht weist auch darauf hin, daß verglichen mit den Spitzenschülern in anderen Staaten die besten US-Schüler einen weniger strengen Stundenplan haben und weniger anspruchsvolle Bücher lesen. Insofern ist es nicht überraschend, wenn hochbegabte amerikanische Schüler im Vergleich mit hochbegabten Kindern aus anderen Ländern schlecht dastehen. Die besten 10 Prozent der amerikanischen Schüler schnitten in Mathematik schlechter ab als die 10 Prozent der besten Schüler aus Japan, Taiwan und China. Außerdem wurde festgestellt, daß die Eltern der besten amerikanischen Schüler niedrigere Anforderungen an ihre Kinder stellten als japanische Eltern: Amerikanische Eltern waren mit den Fähigkeiten und den Leistungen ihrer Kinder wesentlich zufriedener als japanische Eltern.[10]

Ein starkes Argument für die Begabtenerziehung ist also, daß die Schüler mit den größten intellektuellen Fähigkeiten in unserem Land die am stärksten unterforderte Gruppe sind und daß sie weit unter dem Niveau von ähnlich begabten Schülern aus anderen Ländern bleiben. Die Ergebnisse der Vergleichsstudien zeigen, daß wir *alle* Kinder, nicht nur die hochbegabten, vor größere Herausforderungen stellen müssen. Diese beiden Ziele stehen nicht im Widerspruch zueinander.

Fehlende Herausforderungen, Versagen und geringe Selbsteinschätzung

Der Mangel an Herausforderungen in unseren Schulen bedeutet, daß die Kinder ihr Potential nicht ausschöpfen können. Sie werden zu Versagern. Auch wenn wahrscheinlich alle Schulkinder unter ihren eigentlichen Fähigkeiten bleiben, ist die Lücke zwischen Potential und Leistung bei den Hochbegabten zwangsläufig am größten. Laut Riley-Bericht beherrschen hochbegabte Kinder etwa 30 bis 50 Prozent des Grundschul-Lehrstoffs, bevor sie überhaupt in die Schule kommen. Da diese Kinder bereits lesen, schreiben und rechnen können und da der Unterricht in den ersten Schuljahren größtenteils aus Lesen, Schreiben und Rechnen besteht, können diese Kinder nicht viel Neues lernen und sind folglich unterfordert.[11]

Die Pädagogin Leta Hollingworth schätzt, daß hochbegabte Kinder sehr viel Zeit mit der Schule verschwenden und daß extrem hochbegabte Kinder sogar die gesamte Zeit vergeuden, die sie in der Schule absitzen. Sie stellt fest:

> Wenn das hochbegabte Kind die Schule unerkannt durchläuft, dem Marschtempo unterworfen, das von den Fähigkeiten des Durchschnitts vorgegeben wird, hat es wenig zu tun. Es übt sich täglich im Müßiggang und Tagträumen. Es wird nie vor echte Herausforderungen gestellt und gewinnt den Eindruck, daß man ohne Anstrengungen durchs Leben kommt. Kinder mit einem IQ von bis zu 140 können die normale Schulroutine relativ gut aushalten. Sie sind meistens etwas jünger als ihre Mitschüler, weil sie ein oder zwei Klassen übersprungen haben, und bekommen ohne besondere Mühe exzellente Zensuren. Aber Kinder, deren IQ diese Grenze überschreitet, leiden unter extremer Langeweile, wenn sie gezwungen sind, im gleichen oder im fast gleichen Tempo wie die große Mehrheit voranzuschreiten. Kinder mit einem IQ von über 180 werden der Schule mit Gleichgültigkeit oder mit ausgesprochener Verachtung begegnen, weil sie dort nichts anzufangen wissen.[12]

In diesem Zusammenhang ist interessant, daß die Probanden in Termans Studie einen Durchschnitts-IQ von 150 hatten, was erklären könnte, warum diese Kinder keine ausgeprägte Abneigung gegen die Schule empfanden!

Intellektuell begabte Kinder entwickeln sich prächtig, solange sie eine Kindertagesstätte oder eine kindergartenähnliche Vorschule besuchen. Die Probleme, von denen Hollingworth spricht, beginnen meist mit dem Eintritt in den eigentlichen Kindergarten, und besonders groß sind die Probleme beim extrem hochbegabten Kind. Plötzlich wird von ihm erwartet, daß es Dinge lernt, die ihm längst geläufig sind. Der Junge, der zu Hause Romane liest, wird vielleicht aufgefordert, alle Bilder von Gegenständen einzukreisen, die mit dem Buchstaben *B* beginnen. Das Mädchen, das sich zu Hause mit Computerrechenspielen beschäftigt, soll plötzlich von 1 bis 10 zählen. Die gefügigsten Kinder tun, was von ihnen erwartet wird. Aber sehr häufig reagieren sie mit Langeweile, Enttäuschung oder Rückzug und bekommen den Unwillen der Lehrer zu spüren. Viele Lehrer, die nicht gelernt haben, wie man Zeichen von Hochbegabung erkennt, betrachten solche Schüler einfach als Problemfälle und berichten den Eltern, ihr Kind sei faul, gebe sich keine Mühe und könne nicht stillsitzen. Solche Kinder werden dann häufig an den Schulpsychologen überwiesen, der testen soll, ob sie hyperaktiv sind, eine Lernbehinderung haben oder unter Konzentrationsstörungen leiden. Die Tendenz, diese Kinder zu pathologisieren, ist leider sehr stark. Kaum einer kommt auf den Gedanken, daß sie ruhelos und unaufmerksam sein könnten, weil sie sich langweilen.

Nach Ansicht von Sylvia Rimm, einer führenden Wissenschaftlerin in der Erforschung des Versagens-Syndroms, ist die Gefahr der Minderleistung bei hochbegabten Kindern größer als bei anderen, weil die Diskrepanz zwischen Kind und Schule beim hochbegabten Schüler am gravierendsten ist. Die Kinder machen die Erfahrung, daß sie sich nicht anstrengen müssen, um erfolgreich zu sein, und diese Lektion führt nach Rimm zu dem geringen Selbstwertgefühl, das typisch für hochbegabte Versager ist. Weil diese Kinder mühelos zum Erfolg kommen, investieren sie wenig Anstrengung in die Schule. Wenn der Lehrplan in höheren Schulklassen etwas anspruchsvoller wird, bleiben die Kinder weiterhin nachlässig, und ihre Leistungen sinken. Sie vermitteln zunehmend das Bild von langsamen und nicht von hochbegabten Schülern, was ihr Selbstwertgefühl noch weiter sinken läßt.[13]

Ist die Schule unwichtig?

Da das schulische Angebot und die Bedürfnisse von hochbegabten Kindern so weit auseinanderklaffen, ist es nicht überraschend, daß diese Schüler häufig wenig Gutes über ihre Schulerfahrungen zu berichten wissen. In einer Studie über 400 berühmte Persönlichkeiten, die bedeutende Leistungen in den unterschiedlichsten Lebensbereichen vollbracht hatten, wurde festgestellt, daß drei Fünftel dieser Personen entweder erfolglos oder unglücklich in der Schule gewesen waren. Von den Gewinnern des MacArthur Award, eine Auszeichnung für kreative Leistungen, hatten nur wenige etwas Positives über ihre voruniversitäre Ausbildung zu sagen, es sei denn, sie hatten an speziellen Begabtenprogrammen teilgenommen. Anekdotische Berichte bestätigen dies. Pablo Picasso, Charles Darwin, Mark Twain, Edvard Grieg, Stephen Vincent Benét, Oliver Goldsmith und William Butler Yeats empfanden alle eine tiefe Abneigung gegen die Schule. Dasselbe gilt für Winston Churchill, der beinahe aus der britischen Eliteschule Harrow entfernt worden wäre. Ein Lehrer von Oliver Goldsmith bezeichnete diesen als »den dümmsten Jungen, der je gelebt hat«. Häufig erkennen diese Kinder, daß sie mehr wissen als ihre Lehrer, und die Lehrer halten solche Schüler häufig für störrisch, arrogant, unaufmerksam und faul.[14]

Vielleicht waren einige dieser berühmten Persönlichkeiten schlechte Schüler, weil ihre Talente nicht im schulischen Bereich lagen. Das könnte zum Beispiel auf Picasso zutreffen. Aber die meisten waren nicht deshalb schlecht in der Schule, weil es ihnen an Fähigkeiten mangelte, sondern weil sie die Schule langweilig fanden und folglich das Interesse verloren. Yeats hat die mangelnde Übereinstimmung zwischen seinem Denken und der Schule beschrieben: »Da ich es schwierig fand, mich auf eine Sache zu konzentrieren, die weniger interessant war als meine eigenen Gedanken, war ich ein schwieriger Schüler.« Wie an früherer Stelle erwähnt, sind fast alle hochbegabten Kinder willensstarke Nonkonformisten. Nonkonformismus und Eigensinnigkeit (verbunden mit einer Yeatsschen Portion Arroganz und Egozentrik) führen in der Regel zu Konflikten mit den Lehrern. So war es auch bei Jacob, Peter B. und Alex. Solche Kinder bilden sich häufig außerhalb der Schule aus. Sie lesen viel, sie besuchen außerschulische Mathematikclubs oder arbeiten bei der Schülerzeitung mit. Diese Erfahrungen können sich als weit lehrreicher erweisen als der normale Unterricht. »Ich habe außerhalb der Schule immer mehr gelernt als in der Schule«, erklärte ein Mac-Arthur-Preisträger. Dieser Kommentar erinnert an Darwin, der sagte: »Ich nehme an, daß ich mir alle wirklich wichtigen Dinge selbst beigebracht habe.«[15]

Wenn hochbegabte Schüler darüber sprechen, was die Entwicklung ihrer Fähigkeiten am meisten gefördert hat, erwähnen sie weit häufiger ihre Familien als die Schule oder ihre Lehrer. David Feldman und Lynn Goldsmith haben ein literarisches Wunderkind beschrieben, das von seinem Vater, der als Journalist arbeitete, weit mehr über Sprache lernte als von seinem Englischlehrer. Australische Kinder mit hohem IQ, die von Miraca Gross untersucht wurden, hielten von ihren Familien wesentlich mehr als von ihrer Schule. Etwa die Hälfte der von Benjamin Bloom befragten Mathematiker hatte kaum etwas Gutes über die Schule zu berichten. Sie alle waren ausgezeichnete Schüler gewesen, hatten soweit möglich an speziellen Leistungskursen teilgenommen, und einige hatten mehrere Klassen übersprungen. Aber sie wußten häufig mehr als ihre Lehrer, und in der Grundschule war ihre Begabung häufig unentdeckt geblieben. Im Idealfall erkannten die Lehrer ihre Fähigkeit, konnten aber nicht auf diesem Niveau unterrichten und schickten die Kinder einfach in die Bibliothek, damit sie sich selbst weiterbildeten. Eine zufällig ausgewählte Personengruppe würde ihre Schulerfahrungen vielleicht ähnlich negativ beschreiben, aber es scheint doch besonders bedenklich, wenn dieses Urteil von Menschen gefällt wird, deren besondere Begabungen eigentlich von der Schule hätten gefördert werden sollen.

Hier einige repräsentative Zitate von Blooms Mathematikern:

Die Schule ... hat eigentlich in meinem Leben keine große Rolle gespielt ... auch nicht für meine Wünsche oder Erwartungen. Ich bin einfach hingegangen, aber sie war unwichtig.

Nachdem ich einmal angefangen hatte, eigenständige Studien zu betreiben, habe ich in der Schule nichts mehr über Mathematik gelernt. Ich hatte einige anregende Lehrer, aber sie waren alle klug genug, um zu erkennen, daß ich unabhängig war und daß sie mir am besten helfen konnten, indem sie mir die Bücher gaben und mich allein lernen ließen.

Wahrscheinlich habe ich nie viel Gutes von den Lehrern erwartet. Mir war irgendwie klar, daß von ihnen keine Hilfe zu erwarten war. Als ich dreizehn war, wollte ich mir selbst die höhere Analysis beibringen, und keiner, der an meiner Schule unterrichtete, kannte sich damit aus.

Ich bin während des Mathematikunterrichts eingeschlafen. Damals wurde in gemischten Gruppen unterrichtet. Alle saßen im selben Klassenraum, alle beschäftigten sich mit denselben Themen, und der langsamste Schüler gab das Tempo vor.

Die schulische Ausbildung hat den Intellekt dieser Schüler erst angeregt, als sie aufs College kamen. Dort trafen sie zum erstenmal auf Mitschüler, die ihnen ähnlich waren, und dachten erstmals über die Mathematik als mögliche Berufslaufbahn nach. Wie die Mathematiker erklärten auch die von Bloom befragten Neurologen, der größte Teil ihrer wissenschaftlichen Ausbildung habe außerhalb der Schule und durch eigene Initiative stattgefunden. Die Schule war langweilig für sie und hat ihre wissenschaftlichen Neigungen weder bestärkt noch ermutigt.[16]

Dieselbe Schlußfolgerung läßt sich aus der oben beschriebenen Studie von Csikszentmihalyi ziehen, der die Erfahrungen von High-School-Schülern mit besonderen Begabungen in Mathematik, Naturwissenschaften, Musik, bildender Kunst und Sport untersuchte. Wenn diese Schüler während des Unterrichts elektronisch angepiept wurden, berichteten sie in drei Viertel der Fälle, daß sie keinen Spaß an ihrer derzeitigen Tätigkeit hätten. Die begabten Schüler beurteilten ihre Lehrer wesentlich kritischer als die Mitglieder der Kontrollgruppe.

Es ist natürlich möglich, daß intellektuell hochbegabte Kinder, die das Glück haben, eine ungewöhnlich anregende staatliche oder private Schule zu besuchen, günstigere Urteile fällen. Aber in der Regel wird die Schule bestenfalls als irrelevante und schlimmstenfalls als negative intellektuelle (und soziale) Erfahrung beschrieben. Wenn hochbegabte Kinder von Mitschülern umgeben sind, die ihre Interessen und Fähigkeiten nicht teilen, bewerten sie ihre eigenen Begabungen häufig als etwas Negatives und passen sich der Norm an.[17]

Die Art der Ausbildung, die diese Kinder brauchen, übersteigt die Möglichkeiten normaler Schulen. Häufig werden sie außerhalb der Schule von einem Mentor unterrichtet. Viele jugendliche Preisträger des Westinghouse-Talentwettbewerbs betrieben ihre naturwissenschaftlichen Forschungen außerhalb des Schulgebäudes, in einem Krankenhaus oder Universitätslabor. Bei den meisten übernahm ein Professor oder Laborleiter die Rolle eines Mentors. Und viele Teilnehmer von Sommerkursen (wie sie zum Beispiel vom Center for Talented Youth veranstaltet werden) berichten, daß sie dort Mentoren fanden, die wichtig für ihre weitere Entwicklung waren.[18]

Schulen haben die Aufgabe, intellektuelle Fähigkeiten zu fördern, deshalb ist es besonders beunruhigend, wenn gerade Schüler mit den höchsten intellektuellen Fähigkeiten das Gefühl haben, daß sie in der Schule wenig lernen. Auch Schüler mit besonderen Begabungen im Bereich der bildenden Kunst berichten von deprimierenden schulischen Erfahrungen, was nicht ganz so überraschend, wenn auch nicht minder entmutigend ist. Die von Bloom beschriebenen Bildhauer fanden den schulischen Kunstunterricht völlig nutzlos, und viele machten sich darüber lustig. Keiner hatte einen echten Bildhauer zum Lehrer. Kunst galt an den Schulen als etwas Nebensächliches, nicht als ernsthafte Berufsmöglichkeit. Erst als sie nach Abschluß der High-School professionellen Unterricht nahmen, hatten die späteren Bildhauer das Gefühl, eine gute Ausbildung zu erhalten.

Kinder mit außergewöhnlichen Begabungen im Bereich der bildenden Kunst haben so gut wie nie etwas Positives über die Kunstlehrer an ihren Schulen zu sagen, aber sie berichten häufig von erwachsenen Künstlern, die als Mentoren fungierten. Wie die jugendlichen Preisträger der Westinghouse Science Talent Search finden auch künftige Maler oder Bildhauer ihre Lehrer außerhalb des Klassenzimmers. Joel, ein hochbegabter Junge, der von Constance Milbrath untersucht wurde, erwähnte die Kunstlehrer an seiner Schule mit keiner Silbe, aber er sprach sehr viel von einem bildenden Künstler, einem Freund der Familie, der ihm viel über Kunst beigebracht hatte. Der Vater von Wang Yani ließ seine Tochter nicht am schulischen Kunstunterricht teilnehmen, weil er, wie gesagt, der Ansicht war, die chinesische Schablonenmalerei sei schädlich für eine künstlerische Begabung. Yanis Vater behauptet, er habe seiner Tochter keinen systematischen Unterricht gegeben. Dennoch ist es sehr wahrscheinlich, daß sie zumindest indirekt von ihm lernte, während er ihre künstlerische Entwicklung überwachte.

Schulen in unserem Land haben ein minimales Kunstprogramm. Sie versuchen nicht, Kinder mit Begabungen im Bereich der bildenden Kunst zu diagnostizieren, und sie wüßten auch gar nicht, was sie mit solchen Kindern anfangen sollten. Denken Sie an die Empfehlung, die der Schulpsychologe aussprach, als er das außergewöhnliche Zeichentalent von Peter B. entdeckte: Sucht irgendwo nach einem guten Kunstunterricht oder einem kompetenten Kunstpädagogen; in der Schule werdet ihr weder das eine noch das andere finden.

Wenn man bei Schulkindern nach außergewöhnlichen bildnerischen Fähigkeiten suchen würde, könnte man zweifellos fündig werden. Anfang des 20. Jahrhunderts forderte der Münchner Kunstpädagoge Georg Kerschensteiner 50 000 Schulkinder auf, Bilder aus dem Gedächtnis und nach Beobachtung zu zeichnen. Er entdeckte eine Gruppe von Kindern mit außergewöhnlicher Begabung, die fast alle aus wirtschaftlich schwachen Familien stammten. Diese Kinder, deren zeichnerisches Talent von ihren Schulen nicht bemerkt worden war, nahmen daraufhin an speziellen Kunstkursen teil, in denen sie ihre Fähigkeiten entfalten konnten. Die Universität von Indiana richtete kürzlich ein Sommerprogramm für Kinder ein, die eine besondere Begabung im Bereich der bildenden Kunst zeigen: Fast alle ausgewählten Kinder erklärten, daß der Kunstunterricht an ihren Schulen unzulänglich sei.[19]

Die meisten dieser hochbegabten Kinder finden leider nicht den Weg in die wenigen existierenden Unterrichtsprogramme, die ihren Fähigkeiten angemessen sind. Da die bildende Kunst in unserer Kultur wenig zählt, wird ihr auch von den Schulen kein großer Wert beigemessen. Es bleibt also den Familien überlassen, ein solches Talent zu fördern. Aber auch die Eltern ergreifen meist nicht von sich aus spezielle Fördermaßnahmen, und zwar aus denselben Gründen wie die Schulen – weil die bildende Kunst in unserer Gesellschaft wenig Ansehen genießt.

Auch musikalisch begabte Kinder berichten häufig von negativen Erfahrungen mit dem schulischen Musikunterricht. Reynard, ein Juilliard-Schüler, der eine Ausbildung zum Konzertcellisten macht, erzählte mir, daß er »Null« von den Musiklehrern an seiner Schule gelernt hätte – und das, obwohl er aus einer wohlhabenden Universitätsgemeinde stammt, die sich damit rühmt, einige der besten Schulen des Landes zu haben. Im Gegensatz zu Kindern mit außergewöhnlichen bildnerischen Fähigkeiten erhalten die musikalisch talentierten normalerweise einen systematischen Musikunterricht außerhalb der Schule. Private Musiklehrer spielen eine ungeheuer wichtige Rolle in der Formung des musikalischen Talents. Wenn ein außerschulischer Unterricht in der bildenden Kunst genauso verbreitet wäre, würden vielleicht auch spätere Maler oder Bildhauer erklären, daß die Kunstlehrer von entscheidender Bedeutung für ihre Entwicklung waren.

Begabtenprogramme und sozial benachteiligte Kinder

Der Behauptung, Begabtenprogramme seien diskriminierend, weil bestimmte Minderheitengruppen unterrepräsentiert sind, läßt sich entgegenhalten, daß diese Programme gerade für hochbegabte Kinder aus sozial benachteiligten Gruppen *besonders wichtig* sind. In Vorstadtschulen ohne Begabtenprogramme haben Schüler, die größere Herausforderungen suchen, häufig die Möglichkeit, in Mathematikvereine oder Schachklubs zu gehen. Musikalisch begabte Kinder können im Schulorchester mitspielen. Sogar wenn die Schulen keine anregenden Aktivitäten außerhalb des Lehrplans anbieten, haben die Eltern häufig den Wunsch und die Mittel, ihren Kindern anregende Erfahrungen wie Reisen, Museumsbesuche, Bücher und Konzerte zu ermöglichen. Ganz anders die Situation von Kindern, die aus sozial benachteiligten Familien stammen und ländliche oder innerstädtische Schulen besuchen. Diese Schulen sind die ärmsten des Landes und bieten daher kaum anregende Aktivitäten außerhalb des regulären Unterrichts an. Außerdem haben die Kinder meist keine wohlhabenden, gebildeten Eltern, die über die Zeit und die Ressourcen verfügen, um das fehlende schulische Angebot zu ersetzen.

Auch wenn die Wahrscheinlichkeit von hohen schulischen Leistungen bei Kindern von weniger gebildeten Eltern geringer ist, kann man diese Schüler fördern, wenn man ihnen Sonderaufgaben stellt. Die Abschaffung der Begabtenprogramme in den staatlichen Schulen wird den Exodus von öffentlichen in private Schulen nur noch weiter verstärken: Wohlhabende Eltern werden ihre hochbegabten Kinder auf Privatschulen schicken, während die hochbegabten Kinder aus weniger gut gestellten Familien vermutlich nicht entdeckt und sicherlich nicht gefördert werden. Eine der wichtigsten staatlichen Aktionen im Hinblick auf die Hochbegabtenerziehung war der Javits Act von 1987, der das Auffinden und die Förderung von hochbegabten Kindern aus Minderheitengruppen zum Ziel hatte. Die Abschaffung der Begabtenförderung würde diese Kinder weit stärker benachteiligen als Kinder aus wohlhabenden Familien.[20]

Es gibt einen weiteren Grund, weshalb Begabtenprogramme unter Umständen gerade für Kinder aus Minderheitengruppen – zumindest aus einigen Minderheitengruppen – besonders wichtig sind. In unserer Gesellschaft steht Klugheit nicht besonders hoch im Kurs. Hochbegabte Schüler stellen ihr Licht häufig unter den Scheffel, um akzeptiert zu werden und nicht als »Streber« dazustehen. Dieses Problem ist in einigen Minderheitengruppen besonders stark ausgeprägt. Während zum Beispiel Asiaten großen Wert auf intellektuelle Leistungen legen, gelten gute Schulleistungen bei schwarzen Schülern häufig als kriecherische Anpassung an die Wertvorstellungen der Weißen. Durch die Abschaffung von Begabtenprogrammen hätten hochbegabte Schüler aus bestimmten Minderheitengruppen keinen Kontakt mehr zu anderen besonders befähigten Kindern, mit denen sie sich identifizieren könnten. Zu den vielleicht wichtigsten Erfolgen der Förderprogramme für schwarze Schüler mit mathematischer und naturwissenschaftlicher Begabung gehörte, daß diese Schüler zum erstenmal in ihrem Leben das Gefühl hatten, sie könnten klug und trotzdem »cool« sein.[21]

Eine Variante dieses Arguments gilt für Mädchen mit mathematischer oder naturwissenschaftlicher Begabung. Solche Schülerinnen zeichnen sich durch herausragende Leistungen in einem Bereich aus, der nach allgemeiner Ansicht besser zu Jungen paßt. Wenn wir die Begabtenerziehung für diese Mädchen streichen, werden sie keine Mitschülerin kennenlernen, mit der sie sich identifizieren können, und unter Umständen den Mut verlieren, ihre Fähigkeiten zu entwickeln.[22]

Derzeit bestehende Möglichkeiten für intellektuell hochbegabte Kinder

Hochbegabte Kinder in den USA haben derzeit viele unterschiedliche Optionen. Die meisten Förderangebote zielen auf Kinder mit leichter Hochbegabung, sind jedoch der Mehrheit der dafür qualifizierten Kinder nicht zugänglich und außerdem von rücksichtsloser Streichung bedroht. Es gibt keinen landesweiten Konsens darüber, welche Art von Ausbildung hochbegabte Kinder erhalten sollten. Viel hängt also vom Schulbezirk des Kindes und von der Entscheidung der Eltern ab. Es hat immer private Schulen gegeben, die einen Leistungs- oder sogar IQ-Test von ihren Bewerbern verlangen. Das staatliche Bildungswesen bietet spezielle Grundschulen und weiterführende Schulen für Hochbegabte, ferner Schulen für besondere Begabungsformen (bildende Kunst, Naturwissenschaft) sowie Begabtenklassen innerhalb von regulären Schulen und sogenannte Pull-out-Programme, bei denen hochbegabte Kinder für zwei oder drei Stunden wöchentlich aus dem normalen Unterricht herausgenommen werden. Private Intensivkurse, wie das CTY-Sommerprogramm, bieten hochbegabten Schülern die Möglichkeit, den Lehrstoff eines Schuljahres innerhalb weniger Wochen aufzunehmen.

Bis zur Mitte des 19. Jahrhunderts wurden hochbegabte Kinder aus reichen Familien zu Hause von Privatlehrern unterrichtet oder besuchten Privatschulen, an denen sie mehrere Klassen überspringen durften. In der ersten Hälfte des 20. Jahrhunderts gab es einige wenige Privatschulen für Hochbegabte, aber die übliche Praxis war die Akzeleration, nicht die Gruppierung nach Fähigkeiten. Nachdem die Sowjets 1957 den *Sputnik* ins All geschickt hatten, bemühte man sich verstärkt um die Einrichtung von systematischen Begabtenprogrammen und um den gemeinsamen Unterricht von ähnlich begabten Kindern gleichen Alters. Die Gruppierung nach Fähigkeiten ersetzte also zunehmend den Akzelerationsansatz. Heute wird jedoch nur noch ein kleiner Anteil unserer hochbegabten Kinder (was per definitionem auch die leicht überdurchschnittlich begabten Kinder miteinschließt) in speziellen Begabtenklassen zusammengefaßt. Die Befürworter einer Hochbegabtenförderung waren immer der Überzeugung, daß nicht nur die extrem Hochbegabten, sondern auch die leicht überdurchschnittlich Begabten eine spezielle Förderung brauchen (deshalb sind die Grenzwerte für Hochbegabtenprogramme in der Regel bei einem IQ von etwa 130 angesiedelt worden).[23]

Im Jahr 1972 hat das amerikanische Bildungsministerium einen Bericht über die schulische Situation von hochbegabten und talentierten Kindern herausgebracht, inoffiziell als Marland-Report bezeichnet, nach dem damaligen Bildungsbeauftragten Sidney Marland. Diesem Bericht zufolge erhielten nur 4 Prozent der (nach weitgefaßter Definition) hochbegabten Kinder irgendeine spezielle Förderung. Die Hälfte der befragten Schulinspektoren erklärte, daß kein hochbegabtes Kind in ihren Schulsystemen sei. (Was wahrscheinlich zutreffend gewesen wäre, wenn sie *extrem* hochbegabte Kinder gemeint hätten. Aber der Marland-Report ist nicht auf diese Gruppe beschränkt.) Der Bericht besagte, daß hochbegabte Kinder aufgrund der großen Diskrepanz zwischen ihren Fähigkeiten und dem schulischen Angebot die am stärksten benachteiligte und »retardierte« Schülergruppe sei. Marland plädierte dafür, die Hochbegabung zu einer nationalen Priorität im Bildungswesen zu machen. Er schlug auch eine erweiterte Definition von *Hochbegabung* vor, die künstlerische Fähigkeiten, Kreativität, Führungsfähigkeiten und Sport miteinschließen sollte.

Als Reaktion auf diesen Bericht richtete der Kongreß das »Office of the Gifted and Talented« als Unterabteilung des Bildungsministeriums ein. Die Behörde hatte jedoch zu wenig Machtbefugnisse und konnte nur beratend tätig sein. Die Schulen legten Lippenbekenntnisse zur erweiterten Definition der *Hochbegabung* ab, führten aber weiterhin Programme durch, deren einziges Aufnahmekriterium der IQ oder die schulische Leistung blieb.

1981 wurde das Office of the Gifted and Talented abgeschafft. Von da an standen die Hochbegabten unter der Kuratel des Council for Exceptional Children. Hochbegabte Kinder sollten genauso wie behinderte Kinder besonders gefördert werden. Aber als kürzlich eine Mutter den Staat Connecticut verklagte, weil ihr hochbegabtes Kind keinen Spezialunterricht erhielt, entschied das Gericht, daß nur behinderte Kinder rechtlichen Anspruch auf eine besondere schulische Förderung hätten. Die Sonderförderung für Hochbegabte, so das Urteil, sei eine Kann-Vorschrift.[24]

Heute erkennt nur etwa ein Fünftel der Bundesstaaten an, daß hochbegabte Kinder denselben rechtlichen Anspruch auf Sondererziehung haben wie behinderte Kinder (Education for all Handicapped Children Act, Public Law 94–112). Dieses Gesetz schreibt vor, daß alle besonders zu fördernden Schüler einen auf ihre Fähigkeiten zugeschnittenen Unterricht, sogenannte Invidualized Education Programms (IEP), erhalten müssen. Diese Programme werden (wie das für David entwickelte) von Eltern, Lehrern, Schulpsychologen und anderen Experten gemeinsam erarbeitet. Die IEPs sind theoretisch eine hervorragende Sache, denn jedes Kind erhält eine maßgeschneiderte Erziehung. In der Praxis sind sie allerdings sehr schwierig durchzuführen.[25]

Der Javits Act führte zur Gründung des staatlich geförderten National Research Center on the Gifted and Talented, das unter der Leitung von Joseph Renzulli an der Universität von Connecticut arbeitet. Dieses Zentrum hat spezielle Programme für die Hochbegabtenerziehung entwickelt, die landesweit an mehr als 200 Schulen erprobt werden.

1993, mehr als zwanzig Jahre nach dem Marland-Report, wurde der Bericht des Bildungsministers Richard Riley veröffentlicht. Auch der Riley-Report beklagt die Situation der Hochbegabtenerziehung in den USA. Nach diesem Bericht bieten etwa zwei Drittel aller staatlichen Schulen irgendeine Art von Begabtenprogramm an. Aber 1990 flossen kümmerliche zwei Cent pro 100 Dollar Fördermittel, die für das gesamte Schulwesen vom Kindergarten bis zur High-School ausgegeben werden, in Begabtenprogramme. Und die typische Begabtenförderung besteht aus einem faden Pull-out-Programm, bei dem die Kinder lediglich für wenige Stunden pro Woche für ein erweitertes Unterrichtsangebot aus ihrem normalen Klassenverband herausgenommen werden. Die Gesamtheit unserer Hochbegabtenprogramme erreicht nach Schätzung des Riley-Reports nur einen winzigen Bruchteil der (wiederum nach breiter Definition) hochbegabten Schülerpopulation. In Musik und bildender Kunst ist die Situation sogar noch schlimmer: In diesen Fächern erhalten die Kinder günstigstenfalls eine einzige Unterrichtseinheit pro Woche; viele Grundschulen sind gezwungen, Kunstlehrer einzusparen. Die wenigen vorhandenen Lehrer müssen zumeist an mehreren Schulen unterrichten und haben gar nicht die Möglichkeit, individuell auf die Schüler einzugehen.[26]

Tatsächlich stellen wir retardierten Kindern weit mehr Angebote zur Verfügung als hochbegabten Kindern. Schüler, deren IQ zwei Standardabweichungen unter dem Durchschnitt liegt, erhalten eine spezielle Förderung, während Kinder, deren IQ zwei Standardabweichungen darüber liegt (also bei 130), normalerweise keinen Spezialunterricht erhalten. Bei drei Standardabweichungen unter dem Durchschnitt kommen die Kinder für einige Stunden täglich oder ganztätig in ein Sonderprogramm; bei vier Standardabweichungen erhalten sie eine spezielle Betreuuung und werden in Sonderschulen unterrichtet. Dagegen kann es einem Kind, dessen IQ drei oder vier Standardabweichungen über dem Durchschnitt liegt (also zwischen 145 und 160), sehr leicht passieren, daß es keinerlei spezielle Fördermaßnahmen erhält.[27]

Die Versorgung der Hochbegabten wird in den einzelnen amerikanischen Bundesstaaten unterschiedlich gehandhabt, aber überall gelten Hochbegabtenprogramme als Luxus und fallen bei Geldknappheit als erstes dem Rotstift zum Opfer. Außerdem stehen sie, wie gesagt, unter Dauerbeschuß, weil sie angeblich undemokratisch, elitär und rassistisch sind. Folglich wird die Hochbegabtenförderung heute aus finanziellen und ideologischen Gründen zusammengestrichen. Derzeit haben nur diejenigen Bundesstaaten, die sowohl die entsprechenden gesetzlichen Bestimmungen als auch finanzielle Mittel haben, ständige oder wachsende Programme; alle übrigen Staaten sind dabei, diese Programme zu kappen. Wo es kein staatliches Mandat gibt, werden die Entscheidungen auf lokaler Ebene, von einzelnen Schulleitern, getroffen, normalerweise in Reaktion auf elterlichen Druck. Schulen in ländlichen Regionen haben im allgemeinen die geringsten Angebote für hochbegabte Kinder.[28]

Aufgrund des Klischees von der zu früh zerstörten Kindheit gibt es zudem einen Trend gegen einen frühen Eintritt in den Kindergarten und gegen jede Art von beschleunigtem Schulbesuch. Eltern, die der Ansicht sind, daß ihr Kind einige Klassen überspringen sollte, müssen darum kämpfen und ziehen häufig den kürzeren. Wo ein beschleunigter Schulbesuch erlaubt ist, beschränkt sich diese Erlaubnis normalerweise auf das einmalige Überspringen einer Klasse. Es hat sich jedoch gezeigt, daß dieses einmalige Überspringen für extrem hochbegabte Kinder wenig Nutzen bringt, weshalb diese Kinder auch die größten Schwierigkeiten in der Schule haben.[29]

Obwohl Programme, die offiziell als Begabtenförderung deklariert sind, heute vielerorts gestrichen werden, teilen die meisten Grundschullehrer die Kinder de facto in bestimmte Leistungsgruppen, zum Beispiel beim Lesen, ein. Und in weiterführenden Schulen, wo die Schüler ihre Kurse wählen können, ist es normalerweise möglich, zwischen anspruchsvollen und weniger anspruchsvollen Kursen zu wählen. Aber auch diese inoffizielle Praxis wird heftig kritisiert, und einige Gemeinden planen, die Honors Classes auf High-School-Ebene abzuschaffen.[30]

Dieser kurze geschichtliche Abriß macht deutlich, daß man der Begabtenförderung in den USA zutiefst ambivalent gegenübersteht, hin- und hergerissen zwischen dem Streben nach Spitzenleistung und nach Gleichheit. Alle anderen Länder zeigen eine ähnlich ambivalente Haltung. Einige haben die Frage zugunsten der Begabtenprogramme entschieden, während andere die entgegengesetzte Richtung eingeschlagen haben. So gibt es in Japan zwar in der Grundschule keine Einteilung nach Leistungsgruppen, aber vier unterschiedliche Stufen von weiterführenden Schulen, und die Zulassung ist von leistungsorientierten Prüfungen abhängig. Im Gegensatz dazu lehnen Australien und die skandinavischen Länder für alle Schulstufen eine spezielle Hochbegabtenerziehung ab.[31]

Ist die Hochbegabtenerziehung von Nutzen?

Wie man mit der Hochbegabtenerziehung umgeht, hängt weit mehr von politischen Idealen und Weltanschauungen ab als von wissenschaftlichen Erkenntnissen, obwohl umfangreiche Forschungsarbeiten über die Auswirkungen verschiedener Formen der Hochbegabtenerziehung vorliegen. Im Jahr 1991 sind mehr als 300 Studien über die Auswirkungen der Akzeleration veröffentlicht worden und über 750 Studien über die Auswirkungen der Differenzierung nach Leistung. Die Gruppierung nach Fähigkeiten kann bedeuten, daß man alle Schüler in unterschiedliche Leistungsgruppen einteilt (auch als »Tracking« oder »Streaming« bezeichnet) oder daß man nur die leistungsstärksten Kinder in einer Gruppe zusammenfaßt (auch als Hochbegabtenausbildung bezeichnet), und es kann bedeuten, daß man die Einteilung nach Leistungsgruppen in allen Fächern oder nur in einzelnen Fächern vornimmt. Unter Akzeleration versteht man, daß hochbegabte Schüler entweder Klassen überspringen oder »Schnellkurse« in bestimmten Fächern absolvieren. Bei Fortgeschrittenenkursen sind diese Grenzen zwischen dem Akzelerationsansatz und der Gruppierung fließend, weil hier normalerweise nicht nur der Stoff schneller vermittelt wird, sondern meistens auch Schüler mit ähnlichen Fähigkeiten gemeinsam unterrichtet werden. Es ist wichtig, daß man diese Unterschiede im Gedächtnis behält, wenn man Forschungsarbeiten auswertet, die sich mit den Auswirkungen der Hochbegabtenförderung befassen.

Die zahlreichen Studien kommen zum Teil zu widersprüchlichen Ergebnissen, und jeder kann eine Studie finden, die seine spezielle Position untermauert, oder auf Fallbeispiele von hochbegabten Kindern verweisen, die durch die Teilnahme an einem bestimmten Begabtenprogramm nachweislich gefördert oder durch den Ausschluß benachteiligt wurden. Dennoch kann man sagen, daß spezielle Fördermaßnahmen im großen und ganzen notwendig und vorteilhaft für hochbegabte Kinder sind. Eine Ausnahme bildet die generelle Einteilung in Leistungsgruppen (also getrennte Klassen für durchschnittlich, unterdurchschnittlich und überdurchschnittlich begabte sowie leicht hochbegabte Schüler). Hier deuten die Forschungsergebnisse darauf hin, daß dieser Ansatz nur dann von Vorteil ist, wenn die Einteilung nach bestimmten Themengebieten erfolgt und wenn sie differenzierte Unterrichts- und Lehrpläne für jede Stufe enthält. Aber die Vorteile einer generellen Einteilung in Leistungsgruppen sind weit weniger offensichtlich und wesentlich geringer als die Vorteile einer Sondererziehung für die Hochbegabten.[32]

Die Gruppierung nach Fähigkeiten

Aus Untersuchungen geht hervor, daß zumindest noch vor einigen Jahrzehnten die Mehrheit der Lehrer irgendeine Form der Einteilung in Leistungsgruppen befürwortete. Zu den schärfsten und am häufigsten zitierten Kritikern einer derartigen Gruppierung nach Fähigkeiten gehört heute die Pädagogin Jeannie Oakes, die argumentiert hat, daß diese Differenzierung ungerecht und schädlich für diejenigen Kinder sei, die von den oberen Leistungsgruppen ausgeschlossen werden. Sie kam zu dem Ergebnis, daß sich diese Schüler diskriminiert und von Lehrern und Mitschülern als Versager abgestempelt fühlten. Außerdem erhielten sie, wie Oakes mitteilt, langweiligen Unterricht, sie lernten wenig und verloren an Selbstvertrauen. Oakes stützt ihre Schlußfolgerungen auf Fallstudien aus fünfundzwanzig Junior und Senior High-Schools. Das mag wie eine solide Forschungsgrundlage aussehen, aber da Hunderte von Untersuchungen über die Gruppierung nach Fähigkeiten durchgeführt wurden, muß jede Schlußfolgerung auf den vorliegenden Gesamtergebnissen aufbauen.[33]

Die beste Möglichkeit, Hunderte von Studien möglichst systematisch auszuwerten, ist eine statistische Methode, die sogenannte Meta-Analyse, bei der viele Studien zu einer Gesamtstudie zusammengefaßt werden. Dabei ist es sehr wichtig, daß man vergleicht, wie Schüler mit bestimmten Fähigkeitsgraden in einer heterogenen Gruppe im Gegensatz zu einer Leistungsgruppe abschneiden. Oakes hat zwar nachgewiesen, daß Schüler in unteren Leistungsgruppen wenig lernten, aber es ist wichtig, daß man noch einen Schritt weitergeht und untersucht, ob dieselben Schüler *mehr* lernen würden, wenn sie nicht von den leistungsstärkeren Schülern getrennt wären.

Spezialklassen für intellektuell hochbegabte Schüler

Die Psychologen James und Chen-Li Kulik von der Universität von Michigan haben Meta-Analysen von Studien durchgeführt, die sich mit unterschiedlichen Hochbegabtenprogrammen befassen. Alle Förderprogramme hatten Aufnahmekriterien, die sowohl leicht überdurchschnittlich als auch extrem hochbegabte Kinder zuließen. Die Meta-Analyse hat gezeigt, daß hochbegabte Kinder, die in Sonderklassen unterrichtet werden, etwas besser abschneiden als gleich begabte Kinder, die in gemischten Klassen verbleiben. Der positive Effekt ist offenbar nicht besonders groß. In der Regel kommen die Studien zu dem Ergebnis, daß nur eine kleine Mehrheit der Kinder in Begabtenklassen (63 Prozent) bessere Leistungen erzielten als die hochbegabten Kinder in gemischten Klassen. Man muß allerdings bedenken, daß sich alle Studien auf eine Definition von *Hochbegabung* stützten, die leicht überdurchschnittliche Befähigungen miteinschließt. Sie geben keinen Aufschluß darüber, wie sich eine getrennte Erziehung auf die spezielle Gruppe der extrem Hochbegabten auswirkt.

Nach den Ergebnissen dieser Studien führt die Einrichtung von Sonderklassen nicht dazu, daß die Kinder arrogant werden. Sie verlieren auch nicht an Selbstvertrauen, weil sie plötzlich nichts Besonderes mehr sind. Die Studien sagen allerdings nichts darüber aus, ob es sich möglicherweise negativ auf die durchschnittlichen Schüler auswirkt, wenn sie die Führung durch die leistungsstärksten Schüler verlieren. Zwei angesehene Erziehungswissenschaftler haben darauf hingewiesen, daß sich leistungsschwache Schüler ohne die Anleitung von leistungsstarken Peers zu »führungslosen Ansammlungen von entmutigten und entfremdeten Schülern« entwickeln. Falls das tatsächlich zutreffen sollte, müßten wir die Einrichtung von Sonderklassen auf extrem hochbegabte Kinder beschränken, vor allem in Anbetracht des relativ geringen Vorteils, den die Kuliks in ihrer Meta-Analyse nachgewiesen haben.[34 35]

Ein erweitertes Unterrichtsangebot (Enrichment) durch Pull-out-Programme

Die häufigste Form der Einteilung in Leistungsgruppen auf Grundschulebene sind die Pull-out-Programme, bei denen hochbegabte Kinder regelmäßig für bestimmte Förderphasen aus dem normalen Klassenverband herausgenommen werden. Die Förderklassen folgen in der Regel einem kind-zentrierten, individualisierten Ansatz: Die Kinder arbeiten entweder selbständig oder in kleinen Gruppen an interessanten Fragestellungen, führen Experimente durch und anderes mehr.

Für die tiefgreifenden Probleme von extrem hochbegabten Kindern sind Pull-out-Programme keine große Hilfe. Die Zusammenkünfte finden nur ein oder zweimal pro Woche statt. In der übrigen Zeit erhält das Kind keine differenzierte Anleitung. Die Aktivitäten, mit denen sich das Kind beschäftigt, haben häufig keinen Bezug zu seinen spezifischen Begabungen. Die wöchentlichen Sitzungen bieten wenig Kontinuität, und die Schüler haben nicht die Möglichkeit, ein Thema systematisch zu erforschen. Allzu häufig bestehen diese Programme aus Spielen, Filmen, Wanderungen und unzusammenhängenden Projekten.

Einige informelle Studien über Pull-out-Programme bestätigen diese Einwände. Die Kinder können sich selten daran erinnern, was sie in diesem Förderunterricht getan haben. Eine Umfrage an Schulen, die Pull-out-Programme durchführen, ergab, daß nur 16 Prozent der Programme für wichtig gehalten wurden. Bei einer anderen Erhebung erklärten viele Schulen, ihre Pull-out-Programme seien zu oberflächlich, zu kurz und zu unsystematisch. Hier sei an die Mutter von Alex erinnert, die ich zu Beginn dieses Kapitels zitiert habe: Das Pull-out-Programm für ihren Sohn erschöpfte sich darin, daß eine kleine Kindergruppe einmal pro Woche miteinander spielte. Es mag sein, daß die Mutter aus ihrem Ärger heraus ein wenig übertrieben hat, aber ich habe dieses Urteil so oft von Eltern und hochbegabten Kindern gehört, daß es nicht völlig aus der Luft gegriffen sein kann.[36]

Hochbegabte Kinder in Pull-out-Programmen zeigen im Vergleich zu ähnlich begabten Kontrollgruppen, die *nicht* an solchen Programmen teilnehmen, Leistungssteigerungen bei standardisierten Tests. Aber in allen Studien über diese Fördermaßnahme waren die Verbesserungen minimal. Außerdem würde vermutlich jedes andere Kind auch von solchen erweiterten Unterrichtsangeboten profitieren. Keine bislang vorliegende Studie konnte das Gegenteil beweisen. Darüber hinaus waren die Schüler, die an diesen Studien teilnahmen, normalerweise nicht nach dem Zufallsprinzip auf Pull-out-Gruppen und reguläre Klassen verteilt. Nur bei einer Zufallsauswahl könnten wir sicher sein, daß die Leistungsverbesserungen der Kinder auf das Förderprogramm und nicht auf vorher existierende Unterschiede zwischen den Gruppen zurückzuführen sind. Der Psychologe Joseph Renzulli setzt sich dafür ein, daß die besten Bestandteile dieser erweiterten Unterrichtsangebote – zum Beispiel ein aktives, projektorientiertes Lernen – in den normalen Schulunterricht für alle Kinder integriert werden.[37]

Die Einteilung aller Schüler in Leistungsgruppen

Im Jahr 1919 wurde in Detroit eine Form der Differenzierung nach Leistung eingeführt, die heutzutage brutal anmutet, obwohl sie in einigen Schulbezirken immer noch gängige Praxis ist. Vom ersten Schuljahr an wurden die Kinder nach ihren IQ-Werten in drei verschiedene Klassen eingeteilt. Ziel dieser Bemühung war, die Unterschiede zwischen den Schülern zu verringern und dadurch die Arbeit des Lehrers zu erleichtern. Der Lehrplan für die drei Gruppen war offiziell gleich.[38]

Die von den Kuliks durchgeführte Meta-Analyse der Studien, die sich mit der generellen Einteilung in Leistungsgruppen befassen, ergab einen positiven, aber sehr geringen Effekt bei den oberen Leistungsgruppen. Bei Schülern der mittleren und unteren Leistungsgruppen wurden keinerlei Auswirkungen festgestellt. Dieses Ergebnis läßt darauf schließen, daß die schulische Leistung der schwächeren Schüler nicht unter der Gruppenbildung leidet, und widerspricht damit der von Oakes und anderen Wissenschaftlern vertretenen Ansicht. Aber das Ergebnis liefert auch keine Belege dafür, daß dieser Ansatz das Leistungsniveau der besonders Begabten substantiell verbessert. Die Meta-Analyse kommt also zu dem gleichen Ergebnis wie bei den Sonderklassen: Die Hochbegabten profitieren zwar, aber die Vorteile sind sehr gering.[39]

Bei der Meta-Analyse von Studien, die sich mit Leistungsgruppen an weiterführenden Schulen befaßten, werteten die Kuliks zunächst 13 Untersuchungen aus, bei denen gleich befähigte Schüler nach dem Zufallsprinzip auf nach Leistung differenzierte und auf heterogene Klassen verteilt waren, und analysierten dann 38 weitere Studien, bei denen die Schüler nach anderen Kriterien verteilt waren (zum Beispiel Auswahl durch den Lehrer und Selbstauswahl). Alles in allem bot die Einteilung in Leistungsgruppen nur sehr geringe Vorteile. Außerdem wurden Vorteile nur in solchen Studien festgestellt, bei denen die Schüler nicht nach dem Zufallsprinzip ausgewählt waren. Es ist also durchaus möglich, daß hochbefähigte Schüler in Leistungsgruppen etwas besser abschneiden, weil sie von vornherein die begabtesten Schüler sind, was man aus der Tatsache schließen könnte, daß irgend jemand entschieden hat, sie in die obere Leistungsgruppe einzuteilen. Nur Studien, in denen gleich befähigte Schüler nach dem Zufallsprinzip auf Leistungsgruppen im Gegensatz zu undifferenzierten Gruppen verteilt sind, können Aufschluß darüber geben, ob die Einteilung in Leistungsgruppen als solche eine Rolle spielt.[40]

Wenn Differenzierung nach Leistung bedeutet, daß die Schüler anspruchsvollere Fortgeschrittenenkurse belegen können, wie es häufig an weiterführenden Schulen der Fall ist, ergibt sich ein etwas günstigeres Bild. Die Schüler in den oberen Leistungsgruppen machen im Laufe eines Jahres erheblich größere Fortschritte als die Schüler in den unteren Leistungsgruppen. Aber das ist kaum überraschend, denn bei Schülern der oberen Leistungsgruppen ist es wesentlich wahrscheinlicher, daß sie anspruchsvollere wissenschaftliche Kurse wählen (zum Beispiel eher Französisch als Werken) und insgesamt eine größere Anzahl von intellektuellen Fächern belegen.[41]

Eines der stärksten Argumente gegen eine Einteilung in Leistungsgruppen ist, daß das Selbstwertgefühl der schwächeren Schüler darunter leidet. Die Meta-Analyse der Kuliks zeigt jedoch, daß die Selbsteinschätzung der Schüler in den unteren Leistungsgruppen leicht anstieg, während sie bei den Schülern in den oberen Leistungsgruppen ein wenig sank. Das könnte damit zusammenhängen, daß die Kinder in den unteren Leistungsgruppen sich nicht mehr mit den leistungsstärkeren Schülern vergleichen müssen, während die Kinder in den oberen Leistungsgruppen plötzlich mit genauso leistungsfähigen Mitschülern konfrontiert sind.

Hollingworth wies darauf hin, daß viele Schüler, die auf eine Spezialschule für Hochbegabte kamen, zum erstenmal die Erfahrung machten, daß ihre Mitschüler vergleichbare Leistungen brachten oder sogar besser waren als sie selbst. »Der tägliche Kontakt mit einer großen Anzahl gleich Begabter fördert keineswegs eine überhebliche, sondern eher eine selbstkritische Haltung.« Das könnte eine gute Sache sein.[42]

Leistungsgruppen innerhalb einer Klasse

Im Grundschulbereich bedeutet die Einteilung in Leistungsgruppen normalerweise, daß Kinder *innerhalb einer Klasse* nach ihren Leistungsfähigkeiten differenziert werden. Die unterschiedlichen Fähigkeitsgruppen erhalten in der Regel auch unterschiedliche Anleitungen. Die Auswirkungen auf Schüler aller Leistungsstufen sind günstig, aber sehr gering. Das gilt für den Grundschulbereich ebenso wie für weiterführende Schulen.[43]

Klassenübergreifende Leistungsgruppen

Ein häufig vorgetragener Einwand gegen die Gruppierung nach Fähigkeiten ist, daß die Lehrer mit einer niedrigen Erwartungshaltung an die Schüler der unteren Gruppen herangehen und daß diese niedrige Erwartung zur self-fulfilling prophecy wird. Um dieses Problem zu vermeiden, greift man gelegentlich zur Lösung einer klassenübergreifenden Einteilung in Leistungsgruppen. In diesem Fall unterrichtet der Lehrer zum Beispiel eine Gruppe von leistungsstarken jüngeren Schülern zusammen mit einer Gruppe von leistungsschwächeren älteren Schülern. Trotzdem könnten auch die Teilnehmer solcher Gruppen vom Lehrer als stark oder schwach abgestempelt werden, weil er das Alter und die Fähigkeit der Schüler ganz genau kennt.

Diese Form der Gruppeneinteilung wurde erstmals in den späten fünfziger Jahren als sogenannter Joplin-Plan für den Leseunterricht eingeführt. Eine Meta-Analyse von fünfzehn Studien (vom Kindergarten bis zur zwölften Klasse) ergab einen geringen positiven Effekt für alle Themengebiete, bei denen diese Form der Einteilung angewendet wurde. In zwei Studien wurde untersucht, wie sich der Ansatz bei unterschiedlichen Fähigkeitsgraden auswirkte. Diese Studien kamen zu einem überraschenden Ergebnis: Die Schüler, die am meisten von dieser Einteilung profitierten, waren die leistungsschwachen. Auch dieses Ergebnis widerspricht der Auffassung, daß die Einteiligung in Leistungsgruppen die Kinder in den unteren Gruppen benachteiligt und daher abgeschafft werden sollte.[44]

Akzeleration

Kinder mit extremer intellektueller Hochbegabung dürfen manchmal ein oder zwei Klassen überspringen, was als gemäßigte Akzeleration bezeichnet wird. Unter einer radikalen Akzeleration versteht man, daß die Kinder viele Klassen überspringen, einen vorzeitigen High-School-Abschluß machen und sehr frühzeitig mit einem Studium beginnen. Die Meta-Analysen der Kuliks haben gezeigt, daß Kinder mit leichter intellektueller Hochbegabung eindeutig profitieren, wenn sie ein oder zwei Jahre überspringen. Aber wie an früherer Stelle ausgeführt, hat diese milde Akzeleration wenig Wert für Kinder, die ihren Alterskameraden um fünf oder sechs Jahre voraus sind.[45]

Terman war überzeugt, daß man jedes Kind, das beim Schuleintritt mit sechseinhalb Jahren den geistigen Entwicklungsstand eines Zehnjährigen hat, vor Ende des ersten Schuljahres auf den Stand der 4. Klasse bringen könnte. Er plädierte dafür, daß solche Kinder mehrere Klassen überspringen und mit sechzehn ans College gehen sollten, lehnte aber eine noch radikalere Akzeleration ab. In dem Bericht, den Terman nach Abschluß der Testverfahren an die Eltern seiner Probanden schickte, stellte er fest: »Wenn die Schulleistungen des Kindes dem Niveau seiner Klassenstufe um zwei Jahre voraus sind, ist eine Extraförderung in der Regel wünschenswert... Dennoch sollten vermutlich nur wenige Kinder, wie intelligent auch immer, vor dem 11. oder 12. Lebensjahr auf die High-School kommen oder vor dem 15. und 16. Lebensjahr ans College gehen. Eine schnellere Förderung könnte sich nachteilig auf die soziale Entwicklung auswirken.«[46]

Als Terman die akzelerierten und nichtakzelerierten Kinder in seiner Probandengruppe verglich, fand er einen Zusammenhang zwischen frühem Eintritt ins College und späterem beruflichen Erfolg. Natürlich läßt eine solche Korrelation nicht den Schluß zu, daß die Akzeleration ursächlich für den größten beruflichen Erfolg war, denn es könnte sein, daß die begabtesten Kinder auch diejenigen waren, die akzeleriert wurden. Aber der Vergleich zeigt, daß eine gewisse Akzeleration keine Nachteile bringt. Tatsächlich gibt es keine Belege dafür, daß die Akzeleration irgendwelche negativen Auswirkungen auf die kognitive, soziale oder emotionale Entwicklung hat. Das ist zweifellos ein wichtiges Ergebnis.[47]

Es gibt allerdings keine Langzeitstudien über die Auswirkungen einer *radikalen* Akzeleration. Hier liegen lediglich Fallstudien vor. Gross hat zum Beispiel Fälle beschrieben, in denen extrem hochbegabte Kinder gar nicht oder nur leicht akzeleriert wurden und unter Langeweile, Enttäuschung und sozialer Isolierung litten.[48]

Akzeleration bedeutet nicht notwendig das Überspringen von Klassen. Es kann auch bedeuten, daß ein Kind frühzeitig in den Kindergarten kommt oder an Fortgeschrittenenkursen teilnimmt, daß es vorgezogene Aufnahmeprüfungen ablegt, Collegekurse belegt oder an Sommer-Intensivkursen teilnimmt, wie sie zum Beispiel vom SMPY oder CTY angeboten werden. Aber die Grenzen zwischen der Gruppierung nach Fähigkeiten und der Akzeleration sind heute fließend, weil sich die Schüler durch die Wahl von Fortgeschrittenenkursen selbst mit ähnlich begabten Peers zusammentun.

Sowohl CTY als auch SMPY ermitteln hochbegabte Kinder im Alter zwischen elf und dreizehn Jahren und bieten außerschulische »Schnellkurse« in bestimmten Begabungsbereichen an. Um sich für diese Programme zu qualifizieren, müssen die Schüler vor dem 13. Lebensjahr einen Punktwert beim SAT erreichen, der dem eines durchschnittlichen Collegeanwärters entspricht. Für die Teilnahme an einem Mathematikprogramm müssen die Schüler zum Beispiel einen Punktwert von mindestens 500 im mathematischen Teil des SAT oder eine Gesamtpunktzahl von 930 beim mathematischen und sprachlichen Teil erreichen. Wer diese Anforderungen erfüllt, ist extrem und nicht nur leicht hochbegabt. Die aufgenommenen Kinder nehmen an intensiven Sommerkursen teil, in denen der Lehrstoff eines ganzen Schuljahres innerhalb von drei Wochen vermittelt wird. Dieser Ansatz, der von Julian Sternberg an der Johns Hopkins University begründet wurde, ist von vielen Universitäten in den USA und sogar in China übernommen worden.[49]

Man hat Schüler, die für diese Kurse ausgewählt wurden, untersucht und mit anderen Schülern verglichen, die sich ebenfalls qualifiziert hatten, aber aus irgendwelchen Gründen nicht teilgenommen haben. Die Ergebnisse waren gut. SMPY-Schüler, deren Ausbildung durch einen vorzeitigen Schuleintritt, das Überspringen von Klassen, die Teilnahme an Collegekursen während der High-School-Zeit oder durch Sommer-Schnellkurse akzeleriert wurde, erzielten im College bessere Leistungen als qualifizierte Probanden, die sich gegen eine Akzeleration entschieden hatten.[50]

Auch die Untersuchungen von Stanley und seinen Mitarbeitern haben gezeigt, daß Schüler, die mehrere Klassen überspringen und irgendwann zwischen siebzehn und neunzehn vom College graduieren, keine Probleme mit dem Studium und auch keine sozialen und emotionalen Anpassungschwierigkeiten haben. Die nichtakzelerierten Schüler erlitten allerdings keine Nachteile und waren ebenfalls erfolgreich. Die Studie ist also eher ein Beweis dafür, daß eine Akzeleration nicht schädlich ist, als dafür, daß eine ausbleibende Akzeleration Nachteile bringt.[51]

Möglicherweise wirkt sich die Form der Akzeleration, die von solchen Sommerprogrammen wie dem CTY oder SMPY geboten wird, vor allem in sozialer und nicht in erster Linie in kognitiver Hinsicht aus. Teilnehmer berichten häufig, die wichtigste Erfahrung bei diesen Programmen habe darin bestanden, andere gleichbefähigte Kinder kennenzulernen und zu entdecken, daß Intelligenz keine Schande ist. Hier einige Zitate:

> Ich habe hier mehr Freunde gefunden als in der Schule, jedenfalls mehr richtige, echte Freunde.

> Es ist eine tiefgreifende soziale Erfahrung, wenn du plötzlich entdeckst, daß es noch andere Menschen gibt, die so sind wie du.

> Wir haben einen Ort gefunden, an dem wir wir selbst sein können und keine Angst haben müssen, abseits zu stehen oder unsere Meinung zu sagen… [Zuhause]… ist es schwer, Leute kennenzulernen, mit denen ich so viele Gemeinsamkeiten habe, daß sich eine echte Freundschaft entwickeln kann.[52]

Von allen Formen der Begabtenförderung hat die Akzeleration in ihren verschiedenen Formen erwiesenermaßen die positivsten Effekte, auch wenn wir wenig darüber wissen, wie es sich auswirkt, wenn ein Kind mehr als ein oder zwei Klassen überspringt. Während Schüler an weiterführenden Schulen ihre Ausbildung beschleunigen können, indem sie Fortgeschrittenenkurse wählen, wird Grundschülern die Akzeleration in der Regel untersagt. Schulleiter gestatten den Kindern nur äußerst widerstrebend, eine Klasse zu überspringen, weil sie soziale und emotionale Nachteile für das Kind befürchten. Aber das Überspringen von Klassen ist, zumindest in der milden Form, in vielerlei Hinsicht eine gute Methode: Man vermeidet die Vorwürfe des Elitarismus und Separatismus, die mit der Gruppierung nach Fähigkeiten verbunden sind, es kostet nichts und es ist unter Umständen die einzige Möglichkeit, wenn das hochbegabte Kind ein Einzelfall an der Schule ist.[53]

Andere Lösungen

Neben der klasseninternen und jahrgangsübergreifenden Einteilung in Leistungsgruppen, den Pull-out-Programmen und der Akzeleration gibt es noch weitere Lösungen für hochbegabte Kinder. Eine extreme Methode, die ich selbst nur für eine Notlösung halte, ist der häusliche Unterricht, den ich zu Beginn dieses Kapitels beschrieben habe. In den USA werden zur Zeit etwa eine Million Kinder zu Hause unterrichtet, und die Zahl steigt weiter an. Diese Möglichkeit steht natürlich nur Eltern offen, die dazu (kognitiv, emotional und ökonomisch) in der Lage sind. Viele Wunderkinder wurden von ihren Eltern ausgebildet, und für extrem hochbegabte Kinder aus privilegierten Familien wird dies sicherlich immer eine Option bleiben. Für mich ist es deshalb nur eine Notlösung, weil die Kinder keine Erfahrungen mit Peers sammeln können.[54]

Eine weitere extreme Lösung ist die Gründung von völlig separaten Sonderschulen für Hochbegabte. Die an früherer Stelle erwähnte Nueva School in Kalifornien gehört zu den wenigen US-amerikanischen Schulen, die ausschließlich auf die Bedürfnisse intellektuell hochbegabter Kinder ausgerichtet sind. Die meisten Schüler werden im Kindergartenalter aufgenommen und müssen einen Punktwert von 125 oder mehr bei einem IQ-Test erreichen. Bewerber müssen außerdem eine bestimmte Probezeit im Klassenzimmer verbringen, wo man ihr Verhalten eine Zeitlang beobachtet, um kreative ebenso wie hochbegabte Kinder auszuwählen. Als ich diese Schule besuchte, ist mir aufgefallen, wie begeistert die Schüler in kleinen Gruppen an anspruchsvollen Aufgaben arbeiteten. Aufgefallen ist mir auch das hohe Maß an ganz individueller Anleitung. Ein Schüler mit einer außergewöhnlichen Begabung im Verfassen literarischer Texte erhielt zum Beispiel eine Sonderaufgabe. Er sollte in die Bibliothek gehen und nach Beispielen für einen guten und schlechten Stil suchen und dann feststellen, durch welche Eigenheiten von Wortwahl und Satzbau diese Stilunterschiede entstehen.

Es hat immer spezielle Schulen für Hochbegabte gegeben. Viele Privatschulen sind de facto Hochbegabtenschulen, da sie Leistungs- oder IQ-Tests verlangen. Die Illinois Math and Science Academy gehört zu den wenigen staatlichen Schulen (Internats- und Regelschulen), die für Hochbegabte, normalerweise auf High-School-Ebene, vorbehalten sind und sich vornehmlich auf mathematische und naturwissenschaftliche Begabungen beschränken. Die 1990 gegründete California Academy of Math and Science will hochbegabte Schüler aus benachteiligten Gruppen ausfindig machen, und tatsächlich gehören fast 90 Prozent der Schüler einer gesellschaftlichen Minorität an.[55]

Die Unterrichtseinheiten an diesen Schulen sind häufig länger als in Regelschulen (zum Teil doppelt so lang), und die Schüler werden zu selbständigen Forschungsprojekten ermutigt. Zahlreiche Preisträger des Westinghouse Science Talent Search stammen von diesen Schulen, und viele Schüler schlagen später eine wissenschaftliche Laufbahn ein.[56]

Durch die großen Erfolge ihrer Absolventen wirken diese Schulen wie ideale Orte für hochbegabte Kinder. Es ist natürlich möglich, daß diese Kinder überall erfolgreich gewesen wären. Bisher liegen keine Studien über Schüler vor, die nach dem Zufallsprinzip auf Spezial- im Gegensatz zu Regelschulen verteilt und dann in ihrer Entwicklung verglichen wurden. Solche Studien sind auch nicht zu erwarten, weil Familien und Schulen wahrscheinlich wenig von derartigen Zufallsverteilungen halten. Dennoch wäre es wohl ein törichter Rückschluß, daß diese Kinder in normalen Schulen genauso gut gefahren wären wie in den Spezialschulen, weil es bedeuten würde, daß es keinerlei Vorteile bringt, wenn man einen anspruchsvollen Unterricht und extrem hochbegabte Mitschüler hat.

Eine weitere Lösung wäre, Klassen zusammenzustellen, die nicht nach Jahrgängen getrennt sind und in denen Schüler aller Stufen ihr Lerntempo selbst bestimmen können. Diese Lösung ist in der Praxis wenig verbreitet, wahrscheinlich aufgrund der gewaltigen Anforderungen, die ein solcher Unterricht an die Lehrer stellt.[57]

Eine andere, weniger extreme Lösung ist der individualisierte Unterricht für hochbegabte Kinder innerhalb eines regulären Klassenverbandes. Damit läßt sich das Problem umgehen, daß hochbegabte Kinder zu gesonderten Elitegruppen zusammengefaßt werden. Manchmal werden für diese Kinder individuelle Lernprogramme, die sogenannten IEPs, zusammengestellt, wie im Fall von David. (Diese Lösung ist für *behinderte* Kinder, die im normalen Klassenverband bleiben können, in den USA gesetzlich vorgeschrieben.) Dieser Ansatz kann sich als ziemlich arbeitsintensiv erweisen: In Davids Fall wurde das Programm gemeinsam vom Klassenlehrer, einem Berater, einem Spezialisten für Hochbegabtenerziehung, einem sogenannten »Ressourcenlehrer« in Mathematik und Davids Mutter erarbeitet. Der flexible Plan, der ständig aktualisiert wurde, bot David zum Beispiel die Möglichkeit, zwei oder dreimal pro Woche auf seinem Fähigkeitsniveau mit seinem Mathematiktutor zu arbeiten oder Aufsätze nach einem wissenschaftlichen Lehrbuch zu schreiben, während seine Mitschüler Buchstabieren lernten. Er durfte sich mit eigenen Projekten beschäftigen, wenn die anderen Kinder einen Lehrstoff durchnahmen, den er bereits beherrschte, und er konnte in die Bibliothek oder zum Experten für Hochbegabte gehen, wenn er eine Auskunft über ein bestimmtes Thema suchte. Obwohl die Schule vorgeschlagen hatte, daß David ein Jahr überspringen sollte, entschieden sich Davids Eltern dagegen. David war bereits das jüngste Kind seiner Klasse, er war klein für sein Alter, und in seiner emotionalen und sozialen Entwicklung war er seinem Alter keineswegs voraus. Bei einem Kind, das als Erstkläßler auf dem Niveau eines Sechstkläßlers las, hätte zudem ein einmaliges Überspringen wenig dazu beigetragen, den Abstand zu den Mitschülern zu verringern.

In der Regel wird ein individualisierter Unterricht für ein außergewöhnlich hochbegabtes Kind meist ohne formales IEP durchgeführt: der Lehrer versucht einfach, den wenigen hochbegabten Kindern in der Klasse schwierigere Aufgaben zu stellen. Die hochbegabten Schüler erhalten vielleicht besondere Forschungsprojekte oder einen Mentor. Sie dürfen Lernstoff überspringen, den sie bereits beherrschen. Je flexibler diese Projekte sind, desto mehr können die Kinder ihr Lerntempo selbst bestimmen. Diese Lösung ist, wenn sie gut umgesetzt wird, wesentlich besser, als wenn hochbegabte Kinder die meiste Zeit am gleichen Unterricht teilnehmen wie alle anderen und dann ein oder zweimal pro Woche zu einem Fachspezialisten geschickt werden.

Ein Problem bei allen individualisierten Unterrichtsformen ist allerdings, daß diesen Schülern die Anregung durch andere gleichbegabte Kinder fehlt. Außerdem ist es schwierig, den individualisierten Unterricht wirklich effektiv zu gestalten. Der Lehrer muß ein einzelnes Kind ganz anders unterrichten als die übrigen Schüler oder ersatzweise einen Tutor oder Ressourcenlehrer finden. In Anbetracht der schwierigen Bedingungen, unter denen Lehrer arbeiten müssen (große

Klassen, Schüler mit sehr unterschiedlicher Herkunft und mit zahlreichen Lern- und Verhaltensstörungen) ist der individualisierte Unterricht in den meisten Fällen nicht die beste Lösung.

Zudem sind Lehrer nicht sehr erfolgreich, wenn sie einen differenzierten Unterricht in einer gemischten Klasse abhalten sollen. Auch wenn der Lehrer anspruchsvollere Projektarbeiten oder schwierigere Arbeitsbögen an die Schüler verteilt, die er für die fähigsten hält, gibt er selbst keine anregenden Hinweise: Er überreicht den besten Schülern einfach schwierigere Materialien und erwartet, daß sie die Probleme eigenständig lösen. Eine großangelegte Erhebung bei Lehrern von dritten und vierten Klassen ergab, daß nur die Hälfte in irgendeiner Form für den Unterricht von hochbegabten Kindern ausgebildet war. Die Lehrer gaben an, daß sie den Lehrplan für hochbegabte Kinder nur geringfügig abwandelten. Als sie bei der Interaktion mit durchschnittlich und überdurchschnittlich befähigten Schülern beobachtet wurden, nahmen sie größtenteils überhaupt keine Differenzierung vor. Die hochbegabten Schüler wirkten häufig gelangweilt, unaufmerksam und desinteressiert. Meta-Analysen haben ergeben, daß die positiven Auswirkungen sogar dann gering sind, wenn die Schüler tatsächlich auf sie zugeschnittene Instruktionen erhalten, die ihren Fähigkeiten entsprechen. Bei Lehrern, die für den Unterricht hochbegabter Kinder ausgebildet sind, hat sich allerdings gezeigt, daß sie den Lehrplan effektiver abwandeln und besser auf die Bedürfnisse hochbegabter Schüler eingehen.[58]

Die reizvollste Lösung im Hinblick auf unsere egalitären Wertvorstellungen besteht darin, daß man eine kooperative Lernumwelt schafft, in der Kinder mit ganz unterschiedlichen Fähigkeitsgraden zusammen lernen (auch wenn dies nicht unbedingt die gerechteste oder effektivste Lösung für hochbegabte Kinder ist). Bei diesem Ansatz arbeiten Schüler in kleinen gemischten Gruppen an Problemlösungen. Bei richtiger Handhabung kann das kooperative Lernen sehr effektiv sein. Befürworter dieser Methode behaupten, daß hochbegabte Kinder sehr gut in solchen Gruppen lernen können und nicht unbedingt den Kontakt mit ähnlich begabten Kindern brauchen. Aber in der Praxis sieht das normalerweise so aus, daß die besten Schüler zu Lehrern der weniger guten Schüler werden. Auch das ist nicht unbedingt abzulehnen, denn um etwas erklären zu können, muß man es gründlich verstanden haben. Aber extrem begabte Kinder sind nicht ganz von selbst gute Lehrer: Sie können häufig nicht nachvollziehen, daß ein anderer eine simple Rechenaufgabe nicht versteht, weil sie selbst die Antwort glasklar vor sich *sehen*. Wenn hochbegabte Kinder außerdem dauernd damit beschäftigt sind, ihren Mitschülern etwas beizubringen, was sie selbst längst beherrschen, und keine echten Herausforderungen meistern müssen, wird die Schule zu einem Ort, an dem sie ihr Potential nicht ausschöpfen. Wir wissen nicht, welche Vor- und Nachteile das kooperative Lernen tatsächlich bringt, weil kaum Vergleichsstudien über hochbegabte Kinder in gemischten und einheitlichen Fähigkeitsgruppen vorliegen.[59]

Außerdem kann man nicht als selbstverständlich voraussetzen, daß hochbegabte Kinder in einer kooperativen Lernumwelt als Rollenmodelle wirken und ihre Mitschüler zu höheren Leistungen anspornen. Damit das geschehen könnte, müßten die weniger befähigten Kinder die Überzeugung haben, daß sie sich ändern können und daß sie sich nicht allzu sehr von den besseren Schülern unterscheiden. Zudem müßte man dafür sorgen, daß das hochbegabte Kind weiterhin auf einem hohen Leistungsniveau bleibt und nicht aufgrund der fehlenden Anreize zum Versager wird.

Die Besten unterrichten und die Leistung aller steigern

Wenn Lehrer auf einem hohen Niveau unterrichten, wachsen alle Schüler über sich hinaus, um die Herausforderung zu meistern. Das jedenfalls ist der Leitgedanke des Erziehungswissenschaftlers Hank Levin von der Stanford University. Er gründete das Accelerated Schools Project in Reaktion auf die negativen Auswirkungen, die traditionelle Fördermaßnahmen für sehr schlechte Schüler haben. Seiner Ansicht nach verschlimmert man die schulische Situation für leistungsschwache Schüler, wenn man sie in weniger anspruchsvolle Kurse steckt oder durch leichtere Aufgabenstellungen in einer regulären Klasse fördern will. Dieser verbreitete Ansatz bewirkt das Gegenteil des beabsichtigten Effekts: Die Schüler entwickeln eine geringe Erwartungshaltung, weil die Lehrer keine große Erwartungshaltung haben. Die Kluft zwischen diesen Schülern und den anderen wird vergrößert.

In Levins akzelerierten Schulen herrscht ein schnelles Unterrichtstempo und ein hohes Niveau für alle Schüler. In einer innerstädtischen Schule in Los Angeles hören Schüler der sechsten Klasse, die bei standardisierten Tests unterdurchschnittlich abgeschnitten haben, Rossinis *Barbier von Sevilla* und bereiten eine Aufführung der Oper vor, sie üben die Rechtschreibung anhand von Gedichten und diskutieren über den ersten Zusatzartikel der Verfassung. Diese Schulen behandeln leistungsschwache Kinder genauso wie hochbegabte Schüler, indem sie die Ausbildung eher beschleunigen als verlangsamen. Vergleichsstudien über leistungsschwache Kinder in traditionellen Förderklassen und in akzelerierten Klassen haben gezeigt, daß die Kinder in dem akzelerierten Unterricht bessere Leistungen erbringen – ein eindrucksvoller Beleg dafür, daß das Niveau steigt und die Kluft zwischen guten und schlechten Schülern verringert wird, wenn wir höhere Anforderungen an alle stellen.[60]

Einige Empfehlungen

Wir verschwenden die wenigen Ressourcen, die für die Hochbegabtenerziehung zur Verfügung stehen, für die Förderung von leicht hochbegabten Kinder. Wir würden weit besser fahren, wenn wir das Unterrichtsniveau für alle Schüler anheben würden und unsere Ressourcen für die extrem hochbegabten Kinder verwenden, die ich in diesem Buch beschrieben habe.

Die meisten Kinder, die sich für Begabtenprogramme qualifizieren, sind leicht hochbegabt, da per definitionem nur sehr wenige Kinder extreme Hochbegabungen haben. Kinder mit leicht überdurchschnittlichen Befähigungen bräuchten keine Sonderprogramme, wenn wir höhere Anforderungen an alle Kinder stellen würden. Einige Lehrer und ganze Schulen haben das eindrucksvoll bewiesen. Wenn Lehrer zum Beispiel Unterrichtsmaterialien, die für Begabtenprogramme konzipiert sind, in einer regulären Klasse anwenden, blühen alle Schüler auf. Ich habe das selbst erlebt, als die Lehrerin meines Sohnes mit ihren Viert- und Fünftkläßlern *Macbeth* aufführte, und dazu eine Fassung verwendete, die aus dem California Gifted and Talented Education Program stammte. Alle Schüler bekamen eine Rolle, alle lernten ihren Text im Englisch der Shakespeare-Zeit, und alle fühlten sich stark beansprucht und angeregt.

Genau diese Ansicht vertrat kürzlich auch Albert Shanker, der Vorsitzende des amerikanischen Lehrerverbandes, in seiner wöchentlichen Kolumne in der *New York Times*. Er beschrieb eine High-School in New York, die alle unteren Leistungsgruppen abschaffte und die Schüler, die vorher daran teilgenommen hatten, in die anspruchsvolleren »Regents«-Gruppen integrierte (in denen sich die besten Schüler auf das anspruchsvolle Regents-Examen vorbereiten). Die Lehrer wurden nicht darüber informiert, welche Schüler sich ursprünglich nicht für die Regents-Kurse qualifiziert hatten, und an alle Schüler wurden hohe Anforderungen gestellt. Überraschenderweise bestand ein höherer Prozentsatz von Schülern das Regents-Examen, nachdem man diese Veränderung vorgenommen hatte.[61]

Es wird nicht leicht sein, das Unterrichtsniveau in den Vereinigten Staaten signifikant zu erhöhen. Ein Faktor, der einem hohen Niveau entgegenwirkt, ist unser völlig dezentrales Schulsystem. Entscheidungen werden größtenteils auf lokaler und nicht auf Landesebene getroffen. Außerdem haben wir eine extrem multikulturelle Schülerpopulation, und viele Leute sind der Ansicht, daß man nicht alle Kinder nach demselben Lehrplan unterrichten kann. Und schließlich ist unsere Gesellschaft anti-intellektuell eingestellt und von einem unangebrachten und falschen Egalitarismus geleitet. Ich sage falsch, weil man niemandem gerecht wird, am wenigsten den Hochbegabten, wenn man ein anspruchsvolles Niveau ablehnt und alle Kinder auf eine mittelmäßige geistige Kost setzt.

Wenn wir unsere Anforderungen und Erwartungen generell anheben, werden alle Schüler bessere Leistungen bringen, wie die zitierten Beispiele und internationalen Vergleiche zeigen. Außerdem wären Kinder mit leichter Hochbegabung nicht mehr unterfordert und brauchten keine Sonderprogramme mehr. Für die echten Extremfälle, die außergewöhnlich hochbegabten Kinder, wären allerdings immer noch spezielle Maßnahmen nötig. Diese Kinder sind es, die wir heraussuchen sollten und in die wir die Ressourcen investieren müssen, die für die Hochbegabtenförderung zur Verfügung stehen.

Anstatt von *Begabtenprogrammen* würde ich den präziseren Ausdruck *Fortgeschrittenenklassen* vorziehen. Und statt uns nach einer Punktzahl (mit willkürlich festgesetztem Grenzwert) zu richten, die vorhersagen soll, was der Schüler erreichen könnte, sollten wir vielleicht lieber die tatsächlich erbrachte Leistung zum Kriterium machen. Kein Tauchlehrer benutzt einen Test mit willkürlichem Grenzwert, um zu entscheiden, wer in die Mannschaft kommt. Der Trainer beobachtet vielmehr die Kandidaten beim Tauchen und fällt ein qualitatives Urteil darüber, ob der Schüler ein hohes Leistungsniveau erreicht hat und vielversprechend wirkt. Wenn es darum geht, wer ins Schulorchester aufgenommen wird oder wer eine Rolle in einem Theaterstück bekommt, lassen wir die Bewerber vorspielen oder vorsprechen und treffen qualitative, gut fundierte Entscheidungen. Warum nicht Kriterien benutzen wie im Sport oder in der Kunst? Programme für Hochbegabte haben der Kritik der Psychologen bislang wenig Aufmerksamkeit geschenkt: Psychologen weisen seit langem darauf hin, daß IQ-Tests von begrenztem Wert sind ebenso wie standardisierte Tests im allgemeinen, weil sie eher die Testeignung als die Denk- und Verständnisfähigkeit messen.[62]

Einige werden einwenden, daß wir die hochbegabten Versager, jene Kinder, die kein hohes Leistungsniveau erreichen, aber über das Potential verfügen, ohne Tests nicht entdecken können. Aber wenn der Unterricht von vornherein anspruchsvoller wäre, hätten wir weniger Versager. Und ein kluger Grundschullehrer, der genau hinschaut, erkennt den Unterschied zwischen Kindern mit echten Lernschwierigkeiten und gelangweilten Kindern sehr genau. Ein sicheres Anzeichen für ein an sich hochbegabtes Kind, das unter seinen schulischen Leistungsmöglichkeiten bleibt, ist ein hohes Leistungsniveau außerhalb der Schule. Diese Kinder lesen zum Beispiel zu Hause sehr viel oder haben viele ungewöhnliche Interessen. Wenn wir diese Kinder erst in der High-School heraussuchen, kann sich das als wesentlich schwieriger erweisen, weil die Entfremdung von der Schule bereits zu fest verwurzelten Verhaltensmustern geführt hat. Diese Kinder müssen so früh wie möglich erkannt werden, am besten in den ersten Schuljahren.[63]

Manche Leute haben vielleicht auch die Sorge, daß sozial benachteiligte Kinder, die ein hohes Potential haben, aber nie zum Lernen angehalten wurden, unentdeckt bleiben, wenn wir die Leistung zum Kriterium machen. Aber wenn unsere Schulen hohe Erwartungen in diese Kinder setzen und ihnen anspruchsvolle Aufgaben stellen würden, könnte man die Begabung erkennen. Bei einem Programm an einer innerstädtischen Schule in New York City experimentiert man zur Zeit mit dem Einsatz von Mappen, in denen Schülerarbeiten gesammelt werden, und beobachtet außerdem die Aufmerksamkeitsspanne der Kinder über einen längeren Zeitraum.[64]

Die Leistung sollte nicht nur als Aufnahme-, sondern auch als Ausschlußkriterium gelten. Wenn Schüler in Fortgeschrittenenklassen schlechte Leistungen erbringen, sollten sie nicht mehr daran teilnehmen. Die Kinder sollten sich bewußt sein, daß die Aufnahme in eine Fortgeschrittenenklasse nicht nur eine Art lobendes Schulterklopfen darstellt, sondern bedeutet, daß größere Anstrengungen von ihnen erwartet werden. Wer dazu nicht bereit oder fähig ist, sollte nicht in dieser Klasse bleiben. Das setzt natürlich voraus, daß Lehrer und Administratoren den Mut haben, sich gegen die erzürnten Eltern durchzusetzen, deren Kinder ausgeschlossen werden.

Außerdem sollten Schüler, die in den Genuß besonderer Ausbildungsmittel kommen, auch ein besonderes Verantwortungsgefühl zeigen und sich für irgendeine Form von gemeinnütziger Tätigkeit engagieren. Das gehört zum Beispiel zu den Grundsätzen der israelischen Arts and Science Academy, einer Internats-High-School in Jerusalem für extrem hochbegabte (jüdische und arabische) Schüler. Hier müssen alle Schüler an Projekten teilnehmen, die dem Allgemeinwohl dienen.

Außerdem denke ich, daß die Auswahl von hochbegabten Kindern domänenspezifisch erfolgen sollte. Ziel der Auslese sollte also sein, daß entsprechend begabte Schüler Fortgeschrittenenunterricht in – zum Beispiel – Mathematik oder Literatur erhalten, aber nicht unbedingt in allen Fächern. In Fächern, in denen der Schüler keine außergewöhnlichen Fähigkeiten hat, kann er am normalen Unterricht teilnehmen.

Was die Frage betrifft, *wie* man man diese Kinder unterrichten sollte, müssen wir weit drastischere Maßnahmen ergreifen als heute üblich. Es reicht nicht aus, die Schüler für einige Stunden in der Woche aus dem normalen Klassenverband herauszunehmen und sie an einem erweiterten Unterrichtsangebot teilnehmen zu lassen. Es gibt allerdings keine Patentrezepte. Für extrem hochbegabte Kinder ist es vorteilhaft, wenn man sie in ihren speziellen Begabungsbereichen nach Fähigkeiten gruppiert. Ein anspruchsvollerer Unterricht für eine Gruppe von Kindern, die etwa im gleichen Alter sind, ist meiner Ansicht nach einem radikalen Überspringen von Klassen vorzuziehen, weil das Kind bei einer solchen radikalen Akzeleration um die Anerkennung von wesentlich älteren Mitschülern ringen muß und dadurch vor großen sozialen Problemen steht.

Wenn wir den extrem hochbegabten Kindern keinen Fortgeschrittenenunterricht in der Schule anbieten können, ob durch Gruppierung nach Fähigkeiten oder durch das Überspringen von Klassen, könnten wir zumindest einige Anleihen beim osteuropäischen und asiatischen System machen und das Angebot an anregenden, außercurricularen Aktivitäten in Naturwissenschaft, Mathematik, bildender Kunst und Musik erweitern. Empfehlenswert wären zum Beispiel schulische Ganztagsprogramme, in denen die Kinder nachmittags eine Aktivität wählen könnten, deren Schwierigkeitsgrad ihren Fähigkeiten angemessen ist.

Alle Entscheidungen im Hinblick auf die Schulerziehung von intellektuell begabten Kindern erfordern Kompromisse. Radikale Akzeleration bedeutet, daß das Kind keinen Umgang mit Gleichaltrigen hat, was ganz eigene Probleme in sich birgt. Außerdem bedeutet die Einteilung in Leistungsgruppen, daß dem Kind der Kontakt mit einer gemischten Gruppe fehlt, was wieder andere Probleme nach sich zieht. Aber wenn wir den Fortgeschrittenenunterricht für unsere begabtesten Kinder völlig streichen, verschwenden wir ihr Potential. Wir sollten Kinder mit extremen intellektuellen Begabungen genauso behandeln wie Kinder mit extremen musikalischen Begabungen – wir sollten ihnen einen anspruchsvollen Unterricht auf hohem Niveau mit angemessenem Schwierigkeitsgrad bieten.

X.

Was wird aus hochbegabten Kindern, wenn sie erwachsen sind?

Eitan, das zeichnende Wunderkind, das schon in frühester Kindheit so atemberaubende Bilder schuf, ist heute in den Zwanzigern und hat seine Leidenschaft für die Kunst verloren. Derzeit will er Computergrafiker werden, ein Beruf, der nur indirekt mit seinem zeichnerischen Talent zusammenhängt. Das mathematische Wunderkind William James Sidis haßte als Erwachsener die Mathematik und arbeitete bis zu seinem frühen, einsamen Tod in einem niederen Bürojob. Von den mehr als siebzig musikalischen Wunderkindern, die in den zwanziger und dreißiger Jahren in San Francisco zu Ruhm und Ehren gelangten, wurden nur sechs (einschließlich Yehudi Menuhin und Leon Fleischer) zu bekannten Solisten. Wir wissen nicht, wie es mit den anderen weiterging, aber wahrscheinlich sind einige Orchestermusiker oder Musiklehrer geworden, während andere die Musik ganz aufgaben.[1]

In scharfem Kontrast zu diesen Lebensläufen stehen die Karrieren von Wunderkindern wie Yo-Yo Ma, Norbert Wiener, Jean Piaget oder Pablo Picasso, um nur einige zu nennen, die als Erwachsene erstaunliche kreative Leistungen in ihrem Fach erbrachten. Zwei junge Geiger unserer Tage, Midori und Sarah Chang, zeigen vielversprechende Ansätze für eine große Karriere als erwachsene Musiker. Und das malende Wunderkind Wang Yani, inzwischen fast dem Teenageralter entwachsen, verrät keinerlei Anzeichen eines schwindenden Interesses an der bildenden Kunst und wird vielleicht einmal eine bedeutende Malerin werden, auch wenn es noch zu früh ist, um ein abschließendes Urteil zu fällen.

Wir hören mehr von den Picassos, Midoris und Yo-Yo Mas dieser Welt als von den Eitans und den Williams. Deshalb erliegen wir leicht dem Trugschluß, daß Wunderkinder normalerweise in ihren gewählten Domänen bleiben und ihr Leben lang Großartiges leisten.

Der Mythos, daß Wunderkinder eine glänzende Karriere vor sich haben, wird dadurch bestätigt, daß die Geschichte voll von berühmten und kreativen Persönlichkeiten ist, die schon in der Kindheit außergewöhnliche Fähigkeiten zeigten. Wir vergessen leicht, daß man diesen Befund nicht einfach umkehren kann – außergewöhnliche Kinder entwickeln sich nicht zwangsläufig zu herausragenden

Erwachsenen. Die meisten Begabungen entfalten sich lebenslang nicht. Viele hochbegabte Kinder sind als Erwachsene »ausgebrannt«. Zu den größten Schwierigkeiten bei der Erforschung der Zusammenhänge zwischen kindlicher Hochbegabung und erwachsener Kreativität gehört, daß wir kaum etwas über die vielen hochbegabten Kinder wissen, die irgendwann nicht mehr an ihren Fähigkeiten arbeiteten.

Um die Sache weiter zu komplizieren, werden die Begriffe »hochbegabt« und »kreativ« häufig als Synonyme verwendet, obwohl eine klare Unterscheidung nötig wäre. Hochbegabung und Kreativität sind nicht dasselbe, ebensowenig wie Intelligenz und Kreativität. Wie ich ausgeführt habe, ist ein hochbegabtes Kind mit der ungewöhnlichen Fähigkeit ausgestattet, eine bestimmte Domäne (oder mehrere Domänen) besonders schnell zu erlernen. Das Wunderkind ist lediglich eine besondere Variante des hochbegabten Kindes, weil es schon früh das Leistungsniveau eines Erwachsenen erreichen kann. Diese Kinder zeigen häufig das, was ich als »kleine« Kreativität bezeichnet habe. Sie entdecken eigenständig die Regeln und die Methoden ihrer Domäne, mit einem Minimum an Hilfestellung durch Erwachsene, und sie finden häufig ungewöhnliche Lösungstrategien für Probleme. Aber obwohl Kinder in diesem Sinne kreativ sein können, sind sie selten zur »großen« Kreativität fähig. Damit meine ich, daß eine Person eine Domäne erweitert, verändert oder sogar revolutioniert. Wenn ein Fachgebiet von Kindern verändert wird, dann nur, weil ein Erwachsener, der eine Beziehung zu dieser Domäne hat, etwas Wertvolles an der kindlichen Leistung entdeckt und davon beeinflußt wird. Das war zum Beispiel der Fall, als Maler des 20. Jahrhunderts von der Kunst beeinflußt wurden, die Kinder und andere »Außenseiter« wie Naturvölker oder Schizophrene geschaffen hatten.[2]

Im Hinblick auf das Verhältnis zwischen einer kindlichen Hochbegabung bzw. einem Wunderkindphänomen und einer vollkommen entfalteten erwachsenen Kreativität sind zum Beispiel die folgenden vier Möglichkeiten denkbar.[3]

Hochbegabte Kinder, die »aussteigen«. Da sind zunächst solche hochbegabten Kinder wie Eitan oder William James Sidis, die das Interesse an ihrer außergewöhnlichen Begabung verlieren und entweder als verbitterte, ausgebrannte Erwachsene enden (wie Sidis) oder sich einfach anderen Interessengebieten zuwenden (wie Eitan). Es gibt zwar zahlreiche veröffentlichte Berichte über solche »Versager« aus allen Bereichen – Mathematik, Schach, literarisches Schreiben, bildende Kunst, Sport usw. –, aber es gibt zweifellos unzählige weitere Fälle, die in Vergessenheit geraten sind. Wenn wir solche Wunderkinder als »Versager« bezeichnen, wird deutlich, daß sie unserer Ansicht nach eine gewisse Verpflichtung gegenüber sich selbst und der Welt haben, an bestimmten Fähigkeiten festzuhalten, mit denen sie uns ursprünglich in Erstaunen versetzten.[4]

Hinterher ist es immer leicht, Erklärungen dafür zu finden, weshalb ein vielversprechendes Talentwunder gescheitert ist. Wenn Kinder das Interesse an ihrer Begabung verlieren, dann kann es nur daran liegen, daß man sie zu unbarmherzig angetrieben oder zu wenig ermutigt oder ihre wahren Interessen unterdrückt hat. Aber wer hätte voraussehen können, daß Wiener einmal die Kybernetik begründen würde, während Sidis in einem unbedeutenden Bürojob enden und seiner Abneigung gegen die Mathematik Ausdruck verleihen würde? Beide litten unter der Überforderung durch ihre Väter, die in Harvard lehrten und miteinander befreundet waren. Und wer hätte vorhersagen können, daß Erwin Nyiregyhazi die Musik an den Nagel hängen und erst fünfzig Jahre später, am Ende seines Lebens, zu ihr zuruckkehren würde, während Yo-Yo Ma zum größten Cellisten seiner Zeit aufsteigen würde? Beide hatten einen glänzenden Start und genauso ehrgeizige Eltern. Ob ein Wunderkind zu einem schöpferischen Erwachsenen heranreift, hängt einfach von zu vielen zusammenwirkenden Faktoren ab, als daß wir vorhersagen können, welches später unsterblichen Ruhm erlangen wird und welches nicht.

Hochbegabte Kinder, die zu Experten aufsteigen. Dann sind da die hochbegabten Kinder, die ihre Domäne als Erwachsene weder aufgeben noch kreativ gestalten. Sie entwickeln sich vielmehr zu Experten in ihrem Begabungsbereich. Expertentum ist keine Kreativität. Experten arbeiten auf einem hohen Niveau innerhalb einer anerkannten Domäne, aber sie verändern die Domäne nicht. Zu dieser Gruppe gehören zum Beispiel musikalisch begabte Kinder, die zum Konzertmeister in einem Orchester aufsteigen, oder Kinder mit hohem IQ, die später als erfolgreiche Rechtsanwälte, Ärzte oder Professoren arbeiten. Die meisten der von Lewis Terman untersuchten Kinder fallen eindeutig in diese Kategorie. Diese Kinder unterscheiden sich als Erwachsene vielleicht kaum von ähnlich erfolgreichen Personen, die in ihrer Kindheit nicht als hochbegabt diagnostiziert wurden.[5]

Nur ganz wenige Menschen erhalten überhaupt die Chance, eine Wissensdomäne zu revolutionieren. Sie müssen zur Welt kommen, wenn der Zeitgeist günstig ist – wenn eine bestimmte Domäne reif für genau die Art von Veränderung ist, die dem kreativen Individuum vorschwebt. Außerdem ist eine Domäne nicht unbegrenzt wandlungsfähig und kann daher nur eine begrenzte Anzahl von Neuerern verkraften. Ob jemand zu einem kreativen Erwachsenen heranreift, hängt also nicht nur von den Merkmalen des betreffenden Individuums, sondern auch von historischen und kulturellen Faktoren ab.

Diese winzige Minderheit, die eine Wissensdomäne revolutioniert, würde ich in zwei weitere Gruppen unterteilen:

Hochbegabte Kinder, die zu kreativen Persönlichkeiten heranwachsen. Einige hochbegabte Kinder oder Wunderkinder entwickeln sich zu schöpferischen Erwachsenen, die bleibende Veränderungen in ihrer Domäne bewirken – wie zum Beispiel Mozart oder Picasso. Wer diesen Weg einschlägt, muß einen schwierigen Übergang vollziehen und sich vom Experten in einer anerkannten Domäne zum kreativen Neuerer wandeln, der die Grundlagen seiner Domäne erschüttert, sie neu gestaltet und für alle Zeiten verändert. Dieser Entwicklungsweg erfordert nicht nur eine extrem frühe Befähigung, sondern auch eine rebellische Persönlichkeit und das Bedürfnis, an den bestehenden Verhältnissen zu rütteln.

Die Spätentwickler. Und schließlich sind da die Spätentwickler – Kinder, die in keiner klar definierten Domäne als hochbegabt erkannt werden, sondern als junge Erwachsene einen Bereich entdecken, zu dem sie etwas beitragen können, und dann eine echte Kreativität auf diesem Gebiet entwickeln. Darwin war ein solcher Spätentwickler ebenso wie die Komponisten Igor Strawinsky und Anton Bruckner. Spätentwickler sind als Kinder sicher nicht durchschnittlich – sie zeigen ungewöhnliche Interessen und eine große Wißbegierde –, aber niemand würde ihnen aufgrund ihrer Kindheitseigenschaften eine glänzende Karriere prophezeien. Sie entdecken ihre Domäne häufig im College, wo sie zum erstenmal damit in Berührung kommen. Dann wachsen sie über sich selbst hinaus und wirken ganz wie Wunderkinder, die ihre Domäne in der Kindheit entdeckt haben. Für viele Spätzünder ist es typisch, daß sie ihr Fach praktisch allein meistern – sie weigern sich, die Anforderungen des College-Lehrplans zu erfüllen oder hängen das Studium ganz an den Nagel wie Bill Gates, der Gründer von Microsoft, Edwin Land, der Gründer von Polaroid, oder der Futurist und Erfinder Buckminster Fuller.

Wir können die Verbindung zwischen Kindheitsbegabung und erwachsener Kreativität auf zweierlei Weise erforschen. Wir können zum einen bei den schöpferischen Erwachsenen ansetzen. Wenn wir die Eigenschaften des Erwachsenen untersuchen und berücksichtigen, was wir über seine Kindheit wissen, können wir einige kognitive Merkmale und Persönlichkeitsfaktoren ermitteln, die vermutlich mit der Kreativität im Erwachsenenalter zusammenhängen. Eine offensichtliche Schwäche dieses retrospektiven Ansatzes besteht darin, daß er uns nichts über Personen angeben kann, die als Kinder außergewöhnlich begabt sind, sich aber nicht zu kreativen Persönlichkeiten entwickeln.[6]

Die andere Möglichkeit sind Langzeitstudien über hochbegabte Kinder. Dieser Ansatz ist schwieriger und zeitaufwendiger, und bisher liegen nur wenige solcher Studien vor. Diese Untersuchungen sind sehr nützlich, weil sie Aufschluß über die charakteristischen Merkmale geben, die ein kreatives Wirken im Erwachsenenleben fördern oder verhindern.[7]

Man hat noch nie nachgewiesen, daß ein einzelner Faktor notwendig oder ausreichend für eine spätere Kreativität ist. Außerdem sind so viele Faktoren beteiligt, die auf vielfältige und bislang unbekannte Weise zusammenwirken, daß es unmöglich ist, die künftige Entwicklung eines bestimmten hochbegabten Kindes vorherzusagen, so wie es auch unmöglich ist, die künftigen Interessen oder die Berufswahl eines Kindes mit Sicherheit vorherzusagen. Dennoch ist das Unternehmen nicht völlig hoffnungslos. Wir können mit einiger Sicherheit sagen, welche Faktoren *typischerweise* eine wichtige Rolle spielen, wenn ein hochbegabtes Kind den Sprung zum kreativen Erwachsenen schafft. Mit gleicher Sicherheit können wir sagen, welche Faktoren für sich genommen eine geringe oder gar keine Rolle spielen. So wissen wir heute, daß von einem bestimmten Punkt an höhere Fähigkeitsgrade weniger bedeutsam sind als Persönlichkeits- und Motivationsfaktoren.[8]

Besteht ein Zusammenhang zwischen hohem IQ in der Kindheit und kreativen Leistungen im Erwachsenenalter?

Wenn man die Lebensläufe der Terman-Probanden verfolgt, wird deutlich, daß hohe Intelligenz allein kein Prädiktor für eine spätere Kreativität ist. Bei genauerer Betrachtung der Terman-Probanden zeigt sich außerdem ein interessanter Zusammenhang zwischen Kreativität und Streß. Es scheint, daß ein bestimmtes Ausmaß an Streß in der Kindheit die Kreativität fördert, obwohl sich nicht mit Sicherheit sagen läßt, ob Streß ein Auslöser für die Kreativität ist oder einfach ein häufiges Merkmal von Menschen, die zufällig auch kreativ sind. Vielleicht waren Termans Probanden in der Kindheit zu geringen Streßbelastungen ausgesetzt, um sich zu außergewöhnlich kreativen Erwachsenen zu entwickeln.

Beulah Farris, heute Anfang Achtzig, gehörte zur ursprünglichen Probandengruppe von Terman. Sie hatte den Kindergarten übersprungen, weil sie schon mit drei Jahren lesen konnte. Die Schule durchlief sie im Sauseschritt und machte als Zwanzigjährige, nach dreijährigem Studium, ihr Abschlußexamen in Stanford. Als Kind hatte sie eine außergewöhnliche mathematische Begabung gezeigt, und nahm später trotz der Proteste ihres Mannes eine Anstellung als Buchhalterin in einer Bank an. Sie liebte es, mit Zahlen umzugehen, sie hin- und herzuschieben, bis alles zusammenpaßte. Als ich sie kennenlernte, war sie verwitwet und Rentnerin, aber immer noch das reinste Energiebündel. Ihr Leben lang hat sie leidenschaftlich gern und viel gelesen. Wie sie mir erzählte, liest sie derzeit ein Buch pro Tag. Sie ist auch sehr reiselustig und geht am liebsten auf Fotosafaris. Vor jeder Reise liest sie alles über die Geographie, Geschichte und Kultur der Länder, die sie besuchen will. Sie hat gerade ihre Autobiographie fertiggestellt.

In ihrer mentalen und physischen Energie glich Beulah Farris einem anderen

Terman-Probanden, den ich kennenlernte: Russell Robinson. Als ich zum Interview in seinem Haus eintraf, bemerkte ich ein Puzzle mit dreitausend Teilen, an dem der pensionierte Ingenieur gemeinsam mit seiner Frau arbeitete. Russell erzählte mir, es habe ihm sein Leben lang viel Selbstvertrauen gegeben, daß sein IQ hoch genug gewesen war, um in Termans Gruppe aufgenommen zu werden. Das Wissen gab ihm Kraft, wenn er bei seiner Arbeit als Forschungsingenieur schwierige Probleme in Angriff nahm.

Die verblüffende geistige Energie, die ich bei Beulah Farris und Russell Robinson erlebte, war typisch für alle Terman-Probanden in diesem Alter. Verglichen mit durchschnittlichen Senioren verbringen die Terman-Probanden wesentlich mehr Zeit mit Lesen, Reisen, körperlichen Aktivitäten und ehrenamtlichen Tätigkeiten. Aber obwohl die Probanden ihr ganzes Leben lang einen hohen Energielevel bewahrten, entwickelten sich die meisten nicht zu besonders kreativen oder herausragenden Persönlichkeiten.[9]

Kreative Erwachsene zeichnen sich eher durch ihre außergewöhnliche Persönlichkeit und Motivation aus als durch einen besonders hohen IQ. Gewiß, die meisten kreativen Menschen sind von überdurchschnittlicher Intelligenz. Und in mehreren Studien ist nachgewiesen worden, daß Kreativität ein gewisses Mindestmaß an intellektueller Befähigung voraussetzt. Aber oberhalb eines IQ-Werts von etwa 120 gibt es keinen Zusammenhang zwischen IQ und kreativer Leistung.[10]

Da Intelligenz und Kreativität domänenspezifisch sind, scheint es sinnvoller, nach der Beziehung zwischen einer hohen Befähigung in einem bestimmten Bereich und der Kreativität in diesem Bereich zu fragen. Bei einem Erfinder würde man keinen hohen verbalen IQ erwarten, was Untersuchungen tatsächlich bestätigen (manche Erfinder haben einen verbalen IQ von 60). Wenn wir die Frage in dieser domänenspezifischen Form stellen, ist die Antwort die gleiche: Ein Mindestmaß von Kompetenz ist notwendig, aber von eine bestimmten Punkt an sind Persönlichkeitsfaktoren bessere Indizien für ein kreatives Wirken als Fähigkeitsgrade.[11]

Die Terman-Studie zeigt, daß ein hoher IQ in der Kindheit im typischen Fall zum Erfolg, vielleicht sogar in einigen Fällen zum Expertentum führt, aber nicht notwendigerweise zu nennenswerten kreativen Leistungen. Die »Termiten« wuchsen im großen und ganzen zu gesunden, stabilen und glücklichen Erwachsenen heran. Die meisten wurden angesehene Akademiker – Ärzte, Rechtsanwälte, Professoren, Ingenieure und Geschäftsleute. Dieses Ergebnis hätte man genausogut aufgrund ihrer Herkunft aus gebildeten Mittelschichtsfamilien voraussagen können wie aufgrund ihres hohen IQ. Von den Frauen war weniger als die Hälfte berufstätig, was jedoch zweifellos gesellschaftlich bedingt war. Ein

Vergleich zwischen den sechsundzwanzig Termiten, die einen IQ von über 180 hatten, und sechsundzwanzig zufällig ausgewählten Probanden ergab keine signifikanten Unterschiede in den erreichten Leistungen. Keines der Terman-Kinder entpuppte sich als kreatives Genie. Zwei künftige Nobelpreisträger, William Schockley, der das Transistorradio erfand, und Luis Alvarez, der Entdecker der Elementarteilchenresonanz, wurden als Kinder sogar aus der Studie ausgeschlossen, weil sie beim IQ-Test zu schlecht abgeschnitten hatten! Als die Terman-Probanden gefragt wurden, was für sie das Wichtigste im Leben sei, nannten sie Familie, Freunde, staatsbürgerliche Pflichten und moralische Werte – genau die Dinge, die schöpferische Menschen für ihre Arbeit opfern.[12]

Doch auch wenn keiner von Termans Probanden den Ruf eines Genies erworben hat, wäre es ungerecht, alle rundweg für unkreativ zu erklären. Zumindest einer wurde Filmregisseur, und aus einer Stichprobe von vierzig weiblichen Probanden ging die Hälfte im Erwachsenenleben ungewöhnlich kreativen Hobbys nach. Diese Frauen waren auch als Kinder kreativ gewesen – sie hatten Theater gespielt, für die Literaturzeitung ihrer Schule geschrieben oder einen künstlerischen Beruf angestrebt.[13]

Terman rechnete damit, daß seine Probanden große kreative Leistungen vollbringen würden, aber er mußte feststellen, daß die Kreativität noch von anderen Faktoren als einem hohen IQ abhängt. Wie wir noch sehen werden, spielen die richtige Persönlichkeit und Motivation eine größere Rolle als der »richtige« IQ-Wert. Außerdem deuten zahlreiche Indizien darauf hin, daß kreative Erwachsene in der Kindheit starkem Streß ausgesetzt waren, ein Punkt, auf den ich weiter unten noch ausführlicher eingehen werde. Die meisten Termiten standen in ihrem Leben offenbar nicht unter starker Anspannung oder Belastung. Bei den am besten angepaßten und beliebtesten Kindern in Termans Studie war die Wahrscheinlichkeit, daß sie ihre intellektuellen Fähigkeiten als Erwachsene bewahrten, geringer als bei den weniger Beliebten. Möglicherweise ist eine zu starke Anpassung der Kreativität abträglich.[14]

Zu ganz ähnlichen Ergebnissen kam eine Studie über den Entwicklungsweg von Kindern, die zwischen 1948 und 1960 die Hunter College Elementary School in New York City besucht hatten. Diese Schule wurde 1941 für Kinder mit hohem IQ gegründet. Beim Stanford-Binet erreichten die Kinder im Durchschnitt einen Wert von 157, also etwa die gleiche Punktzahl wie die Terman-Probanden. Genauso wie die Termiten arbeiteten auch die Absolventen dieser Schule später sehr erfolgreich in akademischen Berufen. Sie wurden Ärzte, Rechtsanwälte, Professoren, Zahnärzte, Journalisten und Geschäftsleute. Wie die Termiten zeigten sie nicht die Leidenschaft und Rücksichtslosigkeit, die charakterisch für kreative Menschen sind. Einer erklärte zum Beispiel: »Ich wollte wirklich gern Filme machen, Drehbücher schreiben, aber ich war nicht bereit, mich mit der notwendigen Rücksichtslosigkeit durchzuboxen.« Sie wollten in erster Linie Freude am Leben haben, und wie die Terman-Probanden maßen sie der Familie einen wesentlich höheren Stellenwert bei, als kreative Menschen es normalerweise tun. Der einzige Unterschied zwischen den Terman- und Hunter-Ergebnissen bestand darin, daß die Frauen in der Hunter-Studie, die in einer Zeit aufwuchsen, als sich die Rolle der Frau radikal veränderte, später häufig berufstätig waren, während die Terman-Probandinnen überwiegend Hausfrauen wurden.[15]

Der eigentliche Grund, weshalb ein hoher IQ in der Kindheit keine Vorhersagen über die künftige Kreativität erlaubt, liegt sicher darin, daß Intelligenz und Kreativität zwei grundverschiedene Dinge sind. Eine domänenspezifische Intelligenz bedeutet wie eine domänenspezifische Begabung, daß eine Person die Fähigkeit hat, auf einem hohen Niveau in dieser Domäne zu arbeiten, aber zur Kreativität gehört, daß man ganz neue Fragen stellt und die Domäne verändert. Ein Mensch kann hochintelligent sein, aber trotzdem starr, unkreativ und ohne die leiseste Spur jener zielstrebigen Leidenschaft, die kreative Menschen antreibt. Nehmen wir das oft zitierte Beispiel von Marilyn Jarvik (geborene vos Savant), die mit dem höchsten je gemessenen IQ von 228 ins Guiness-Buch der Rekorde eingegangen ist. Heute schreibt sie eine Kolumne mit dem Titel »Frag Marilyn« für eine Sonntagszeitung und antwortet Lesern, die sie mit kniffligen Fragen austricksen wollen. Sie mag schnell sein, sie mag klug sein, aber niemand würde sie als besonders schöpferisch im Sinne einer großen Kreativität bezeichnen.[16]

Kreativitätstests sind nicht viel besser als IQ-Tests, wenn es darum geht, die spätere Kreativität vorherzusagen. Kreativitätstests messen in der Regel das divergente Denken oder was wir vielleicht umgangssprachlich als »Cleverness« bezeichnen würden – die Fähigkeit, neue Gedankenverbindungen herzustellen, alltägliche Gegenstände auf ungewöhnliche Weise zu benutzen und anderes. Die Testergebnisse beim divergenten Denken haben eine gewisse Vorhersagekraft für kreative Leistungen im Erwachsenenleben. Aber sie korrelieren nicht sehr hoch mit »echten« kreativen Tätigkeiten – wie dem Schreiben von Gedichten, dem Entwickeln neuer Lösungsansätze für mathematische Probleme, dem Komponieren von Musikstücken.[17]

Der IQ ist nicht nur kein Indiz für die Kreativität im Erwachsenenleben, sondern erlaubt auch keine zuverlässigen Vorhersagen über schulische Leistungen. Noch schlechter ist die Prognosequalität des IQ für Erfolg und Leistung im Erwachsenenleben. Wir wissen, daß IQ-Tests ein eng begrenztes Spektrum der Intelligenz messen – verbale und numerische Fähigkeiten, aber zum Beispiel nicht künstlerische oder sportliche Begabungen. Außerdem geben IQ-Tests keinerlei Aufschluß über andere Fähigkeiten, die für ein Vorankommen in der Welt zweifellos von großer Bedeutung sind, wie Menschenkenntnis, Selbsteinschätzung, »praktische« Intelligenz (also die Lösung handfester Probleme im wirklichen Leben) und Flexibilität. Wer Zweifel an dieser Behauptung hegt und meint, ein hoher IQ sei eine ausreichende Voraussetzung für ein erfolgreiches Leben, sollte sich einmal auf der Tagung einer Elite-IQ-Gesellschaft wie MENSA, der Four Sigma Society oder der Mega Society umschauen. Die Mitglieder von solchen Organisationen sind häufig arbeitslose Außenseiter, die nicht die Möglichkeit haben, irgendeinem Berufsverband beizutreten. Der hohe IQ ist die einzige Grundlage ihres Selbstwertgefühls.[18]

IQ-Tests gestatten auch keine Vorhersage über die künftige Berufswahl eines Menschen, da sie allgemeine Fähigkeiten messen. Messungen von domänenspezifischen Befähigungen in der Kindheit und Adoleszenz erlauben bestimmte Prognosen über den späteren Beruf, auch wenn sie uns nichts über das Ausmaß der kreativen Beiträge angeben, die jemand in späteren Jahren zu einer Domäne leisten wird. Es besteht ein Zusammenhang zwischen hohen Punktwerten im mathematischen Testteil des SAT in der frühen Adoleszenz und bedeutenden mathematischen und naturwissenschaftlichen Leistungen im Erwachsenenleben. Und die in der Adoleszenz bevorzugten Hobbys wie Computerprogrammierung, wissenschaftliches Experimentieren, Mathematik oder Komponieren haben oft einen Bezug zum späteren Beruf. Eine Studie ist zu dem Ergebnis gekommen, daß Erwachsene, deren Berufswahl aus den Hobbys der Adoleszenz erwächst, ein höheres Leistungsniveau erreichen, als Personen, deren berufliche Tätigkeit keinen Bezug zu ihren früheren Interessen hat.[19]

Werden aus Wunderkindern kreative Erwachsene?

Da Kindheitsfähigkeiten und -hobbys in bestimmten Domänen zuverlässigere Vorhersagen über die spätere Berufswahl erlauben als der allgemeine IQ, könnte man denken, daß die künftige Entwicklung von Wunderkindern vorhersagbar sein müßte, also von Kindern, die anscheinend ein angeborenes Talent für eine bestimmte Domäne haben und so begabt sind, daß sie das Niveau eines Erwachsenen erreichen. Es ist eine reizvolle Vision, daß Wunderkinder in ihrer Domäne bleiben und als Erwachsene große kreative Leistungen vollbringen.

Wenn wir bei den schöpferischen Erwachsenen ansetzen und fragen, ob sie früher Wunderkinder in ihren Domänen waren, sind die Antworten gemischt. Einige waren Wunderkinder, andere nicht.

Eine von dem Psychologen Dean Keith Simonton durchgeführte Studie über klassische Komponisten zeigte, daß die größten Komponisten (gemessen an ihrer

Produktivität und ihrem Ruhm) überdurchschnittlich häufig Wunderkinder waren. Diese größten (und vermutlich auch kreativsten) Komponisten begannen vor ihrem 10. Lebensjahr mit dem Komponieren, während die weniger bedeutenden normalerweise erst gegen Ende der Adoleszenz damit anfingen. Nachdem sie mit dem formalen Unterricht begonnen hatten, benötigten die Großen im Durchschnitt drei Jahre weniger, bis sie ihre erste Komposition vollendeten. Und sie brauchten auch etwa drei Jahre weniger von der ersten Komposition bis zu ihrem ersten Meisterwerk. Auch andere Studien haben einen Zusammenhang zwischen sehr früher Begabung und überragenden Leistungen im Erwachsenenleben bestätigt. Wunderkinder benötigen weniger Zeit, um große Werke hervorzubringen, und erlangen im allgemeinen größeren Ruhm.[20]

Es gibt allerdings auch Studien, die eine ganz andere Geschichte erzählen. Viele schöpferische Erwachsene haben ihren Weg nicht als Wunderkinder begonnen. Der klinische Psychologe Victor Goertzel hat 317 herausragende Persönlichkeiten des 20. Jahrhunderts untersucht, von denen zwei Drittel nicht einmal als frühbegabt, geschweige denn als Wunderkinder beschrieben wurden. Von den 100 kreativen Erwachsenen, die von Csikszentmihalyi untersucht wurden, waren viele keine Wunderkinder. Und von den sieben schöpferischen Persönlichkeiten, die von dem Psychologen Howard Gardner untersucht wurden, war nur Picasso ein Wunderkind. Igor Strawinsky hat erst als Zwanzigjähriger ernsthaft mit dem Komponieren begonnen. Martha Graham wandte sich erst mit Zwanzig dem Tanz zu. Einstein war ein schlechter Schüler, er wurde zunächst vom Züricher Polytechnikum abgelehnt und fand nach seiner Promotion in Physik keine Anstellung als Lehrer. T. S. Eliot und Sigmund Freud waren gute Schüler, aber beide brauchten viele Jahre, bis sie ihre jeweilige Domäne gefunden hatten. Freud wechselte bis zum dreißigsten Lebensjahr ständig seine Interessengebiete und fing erst als Vierzigjähriger mit den Forschungen an, die schließlich zur Psychoanalyse führen sollten. Mahatma Gandhi war ein unauffälliges Kind und fand seine Berufung als politischer Führer erst mit Anfang Dreißig.[21]

Vielleicht ist es in einigen Domänen wichtiger als in anderen, ein Wunderkind zu sein. Wunderkinder tauchen am häufigsten in streng methodischen, klar strukturierten Domänen wie Musik und Schach auf. Hier findet man auch am häufigsten herausragende Erwachsene, die als Wunderkinder an den Start gingen. In der Literatur und in den bildenden Künsten sind berühmte Meister in der Regel keine Wunderkinder gewesen. Und in weniger fest strukturierten Domänen, zu denen Kinder normalerweise keinen Zugang haben, wie Recht oder Medizin, gibt es so gut wie keine Wunderkinder. Der Psychologe Jean Piaget war ein wissenschaftliches Wunderkind, und veröffentlichte als Elfjähriger einen Aufsatz über ein biologisches Thema. Aber ich würde ihn nicht als Ausnahme betrachten, weil die außergewöhnliche Fähigkeit, durch die er sich als Kind hervortat, in einer subtilen Naturbeobachtung lag. Die Natur ist eine Domäne, die Kindern normalerweise offensteht, und viele Kinder zeichnen sich durch eine scharfe Beobachtungsgabe und ein genaues Unterscheidungsvermögen in diesem Bereich aus. Das Interesse an der Klassifikation unterschiedlicher Auto- oder Turnschuhmarken ist vielleicht eine moderne Variante dieser Fähigkeit.[22]

Das bedeutet nicht, daß erwachsene Persönlichkeiten, die große kreative Leistungen in einer »Nicht-Wunderkind«-Domäne vollbringen, als Kinder nicht außergewöhnlich waren. Das waren sie in der Regel schon, und wenn man weiß, wie und wonach man suchen muß, kann man es normalerweise auch entdecken. Die 100 kreativen Erwachsenen, die von Csikszentmihalyi beschrieben wurden, zeigten von klein auf eine immense Neugier. Die sieben schöpferischen Persönlichkeiten, die von Gardner untersucht wurden, haben schon in ihrer Kindheit systematisch gearbeitet und verfügten eindeutig über ungewöhnliche Fähigkeiten. Aber sie entdeckten ihre Domänen erst als junge Erwachsene, häufig nach einem Aha-Erlebnis, bei dem sie durch Zufall auf etwas stießen, das ihre Liebe zur Domäne weckte. Die junge Martha Graham besuchte eine Vorstellung der Solo-Tänzerin Ruth Saint-Denis und war hingerissen: »Von diesem Augenblick an war mein Schicksal besiegelt«, erinnerte sie sich später. »Ich konnte es nicht erwarten. Ich mußte lernen, so zu tanzen wie diese Göttin.« Bruckner begann erst mit Ende Dreißig, nachdem er die Musik Richard Wagners gehört hatte, eigene Symphonien zu komponieren.[23]

Ein Wunderkind zu sein ist weder eine notwendige noch eine ausreichende Voraussetzung für eine außergewöhnliche Kreativität im Erwachsenenalter, nicht einmal in solchen Domänen wie Musik oder Schach, wo man die meisten Wunderkinder findet. Die Liste von gescheiterten Wunderkindern oder von Wunderkindern, die zu erfolgreichen, aber nicht zu außergewöhnlichen Erwachsenen wurden, ist lang.

David Feldman und Lynn Goldsmith haben die Entwicklung von sechs Wunderkindern verfolgt. Nur eines entschied sich für einen Beruf, der eine direkte Beziehung zu seiner Begabung hatte. Dieses Kind, ein Geigenwunder, war mit siebenundzwanzig ein weltberühmter Solist. Das literarische Wunderkind arbeitete später als Journalist für eine Musikzeitschrift. Sein Beruf hat also einen Bezug zu seinem frühen literarischen Können, aber die Tätigkeit hat bislang noch nicht zu einem kreativen Durchbruch geführt. Adam, das in Kapitel 7 erwähnte Wunderkind mit einer vielseitigen Begabung für Musik, Mathematik und Sprache, ging sehr früh auf ein normales College und erbrachte dort sehr unterschiedliche Leistungen. Zur Zeit plant er ein weiterführendes Studium als Komponist. Das mathematische Wunderkind ging mit dreizehn ans College, graduierte in Englisch,

Physik und Astronomie und nahm eine Tätigkeit am Goddard Space Center auf. Die beiden Schachwunder gaben das Schachspielen im Alter von zehn bzw. elf Jahren auf. Einer war ein schlechter Schüler; der andere studierte Jura.[24]

Wunderkinder setzen uns mit ihren Fähigkeiten in Erstaunen. Aber jedes Wunderkind wird irgendwann zu einem Ex-Wunderkind. Wenn Frühbegabung und technisches Können das Einzige sind, wodurch sie sich sich auszeichnen, sind Wunderkinder als Erwachsene nichts Besonderes mehr. Die Spätentwickler haben sie eingeholt.

Um kreative Werke zu schaffen, müssen Wunderkinder sich selbst verändern. Sie müssen lernen, die reine Virtuosität in etwas Abstrakteres, Bedeutungsvolleres und Originelleres zu verwandeln. Malende Wunderkinder müssen über reine Zeichentechniken hinauswachsen und etwas mit ihren Bildern zum Ausdruck bringen. Peggy Somerville, ein Mädchen mit einer außergewöhnlichen zeichnerischen Begabung, konnte nie etwas anderes zeichnen als als perfekte impressionistische Landschaftsbilder. Was bei einem Kind erstaunlich gewirkt hatte, war bei einer Erwachsenen nichts Besonderes mehr. Mathematiker müssen neue Fragen stellen oder ungewöhnliche Lösungen für alte Problemstellungen finden. Ein Schachmeister muß neue Strategien entwickeln, damit er den anderen Schachspielern, die seine Taktiken studieren, immer einen Schritt voraus ist. Musikalische Wunderkinder, die die Welt mit ihrer technischen Virtuosität in Erstaunen versetzen, geraten in Vergessenheit, wenn sie als Erwachsene ohne Ausdruck und eigene Interpretation spielen. Die Violinistin Sarah Chang scheint diesen notwendigen Wandel bereits als Zwölfjährige vollzogen zu haben. Von ihr wird berichtet, daß sie »jedes dargebotene Stück durch ihre leidenschaftliche Musikalität neu erschafft«.

Es ist diese notwendige Überwindung der reinen Virtuosität, an der viele Wunderkinder scheitern. Jeanne Bamberger beschreibt die verbreitete Identitätskrise bei adoleszenten musikalischen Wunderkindern, die erkennen, daß sie jetzt ihre *eigenen* Interpretationen entwickeln sollen. Wie Bamberger ausführt, stehen diese Kinder vor einem Wendepunkt, wenn sie ihr ursprüngliches und intuitives Musikverständnis, das auf der Phrasierung und einem körperlichen Gespür für ihre Instrumente basiert, mit einer bewußteren, methodischeren Art von Verständnis verbinden müssen. An diesem Punkt ihrer Entwicklung fangen sie auch an, darüber nachzudenken, ob sie für ihre Eltern, für ihre Lehrer oder für sich selbst spielen.

Wenn alles zu glatt und reibungslos verläuft, gelingt es musikalischen Wunderkindern vielleicht nie, den Übergang vom Experten zum schöpferischen Gestalter zu vollziehen. Fehlschläge erweisen sich häufig als Motor der Kreativität. Schöpferische Menschen dürfen sich durch wiederholte Fehlschläge nicht entmutigen lassen, sondern müssen lernen, sie als Ansporn zu immer größeren Leistungen zu sehen.[25]

Es gibt vielleicht noch einen weiteren wichtigen Faktor, der die künftige Entwicklung des Wunderkindes beeinflußt. Wenn die Fertigkeiten eines Wunderkindes mit den Fertigkeiten übereinstimmen, die von kreativen Erwachsenen in dieser Domäne geschätzt werden, erhöhen sich vermutlich die Erfolgsaussichten. Zeichnende Wunderkinder tun sich normalerweise durch ihre Fähigkeit zu außergewöhnlich realistischen Darstellungen hervor. Aber der Realismus in den bildenden Künsten wird nur von bestimmten Kulturen in bestimmten Epochen hoch geschätzt. Vielleicht verlor Eitan sein Interesse an der Malerei, weil seine Bilder in der Welt der erwachsenen Künstler damals wenig galten. Varda, ein anderes israelisches Talentwunder im gleichen Alter wie Eitan, zeichnete als Kind in einem eher expressiven, weniger realistischen Stil und hat sich später für den Beruf der Malerin entschieden. Beim Schach sind die Wertvorstellungen stärker festgelegt. Was beim Schach als etwas Gutes gilt, ändert sich nicht von Generation zu Generation. Wunderkinder im Schach verfügen über dieselben Fähigkeiten, die auch von erwachsenen Schachmeistern geschätzt werden. Vielleicht ist deshalb im Schach die Wahrscheinlichkeit höher als in der bildenden Kunst oder in der Musik, daß die Wunderkinder an ihrer Domäne festhalten. Aber es gibt kaum Belege für diese Spekulation, weil nur wenige Langzeitstudien über die Entwicklung von Wunderkindern vorliegen.[26]

Persönlichkeitsmerkmale, die für eine spätere Kreativität sprechen

Bei denen, die den Sprung zum schöpferischen Erwachsenen schaffen, erweisen sich bestimmte Persönlichkeitsmerkmale als wesentlich wichtiger als ein hoher allgemeiner IQ oder eine hohe und sogar überragende domänenspezifische Befähigung. Kennzeichend für die kreative Persönlichkeit sind Energie, Konzentrationsfähigkeit, souveränes Auftreten, Unabhängigkeit und Risikobereitschaft. Kreative Menschen haben in der Kindheit unter starkem Streß gestanden und leiden häufig unter psychischen Erkrankungen. Dieses Bild der schöpferischen Persönlichkeit deutet darauf hin, daß außergewöhnlich befähigte Kinder, bei denen nicht mindestens einer dieser Faktoren vorhanden ist, wenig Aussicht haben, im Erwachsenenleben große kreative Leistungen zu erbringen.

Motivation und Energie

Kreative Menschen sind Workaholics. Die kreativsten Menschen sind meist auch die produktivsten. Die Psychologin Anne Roe hat berühmte Wissenschaftler untersucht und festgestellt, daß sie sechzig bis siebzig Stunden pro Woche arbeiteten. Picasso schuf über 20000 Bilder. Freud veröffentlichte 330 Bücher und Aufsätze. Edison meldete 1093 Patente an.[27]

Schöpferische Menschen müssen auch bei auftretenden Schwierigkeiten an ihrem Ziel festhalten und die zahlreichen Hindernisse überwinden, die einer kreativen Neuerung im Wege stehen. Diese Ausdauer ist notwendig, weil es ein Phänomen gibt, das Kreativitätsforscher als »Zehn-Jahres-Regel« bezeichnen – vor jedem großen Durchbruch liegen etwa zehn Jahre harter Arbeit. Sogar Mozart hat sein erstes Meisterwerk erst geschaffen, nachdem er etwa zehn Jahre lang komponiert hatte. Die Bereitschaft sich abzurackern, Rückschläge zu tolerieren und trotz einiger Niederlagen weiterzumachen, ist von entscheidender Wichtigkeit. Howard Gruber, der die Entstehungsgeschichte von Darwins Theorie untersuchte, hat darauf hingewiesen, daß große Errungenschaften von der hingebungsvollen und ausdauernden Beschäftigung mit einem Thema abhängen und daß sich diese Eigenschaft nicht durch standardisierte Intelligenz- oder Leistungstests messen läßt.[28]

Langzeitstudien kommen zu demselben Ergebnis. Die Motivation und Energie in der Kindheit erlauben zuverlässigere Prognosen über ein erfolgreiches, wenn nicht kreatives Erwachsenenleben, als der IQ oder eine mehr domänenspezifische Fähigkeit. Wie gesagt, ergab ein Vergleich zwischen den sechsundzwanzig Termiten mit einem IQ von über 180 und sechsundzwanzig zufällig ausgewählten Probanden keine signifikanten Unterschiede im Erfolg. Als man die besonders erfolgreichen Probanden mit den weniger erfolgreichen verglich (zum Beispiel Rechtsanwälte und Verkäufer), stellte sich heraus, daß die IQ-Werte lediglich um sieben Punkte voneinander abwichen: Der Durchschnitts-IQ der erfolgreicheren Probanden lag bei 157, der durchschnittliche IQ der weniger erfolgreichen bei 150. Worin die beiden Gruppen sich jedoch stark unterschieden, war die in der Kindheit gemessene Motivation. Die erfolgreichere Gruppe war als ausdauernder, zielstrebiger und lebhafter bewertet worden und hatte mehr außerschulische Aktivitäten gezeigt. Zu dem gleichen Ergebnis kam Csikszentmihalyi, als er die begabten Adoleszenten, die nach Ende der High-School in ihrer Domäne geblieben waren, mit jenen verglich, die sich von ihrem Talentbereich abgewandt hatten: Die weiterhin engagierten Jugendlichen hatten früher eine höhere Leistungsmotivation und eine größere Ausdauer gezeigt. Die enorme Energie der Kinder, die ich in den vorangehenden Kapiteln beschrieben habe, läßt hoffen, daß sie einmal zu den Glücklichen gehören könnten, die Großes vollbringen. Aber nur die Zeit kann Aufschluß darüber geben, ob diese Kindheitsenergie auch in der Adoleszenz anhält, wenn ein disziplinierteres und gründlicheres Arbeiten erforderlich wird. Außerdem kommt, wie gesagt, mit der Adoleszenz auch die schwere, schmerzliche Entscheidung zwischen Freundschaften und Spitzenleistung.[29]

Die Art von intensiver, konzentrierter Energie, die kennzeichnend für kreative Menschen ist, hat auch ihren Preis. Kreative Persönlichkeiten müssen bereit sein, Bequemlichkeit, Entspannung und persönliche Beziehungen für ihre Arbeit zu opfern. Sie sind häufig rücksichtslos und destruktiv im Hinblick auf persönliche Bindungen. Im Gegensatz dazu zeigten die erfolgreichen, aber nicht kreativen Terman-Probanden die Tendenz, persönliche Bindungen und Bürgerpflichten sehr hoch einzuschätzen.[30]

Auch wenn eine starke Motivation unbestreitbar eine notwendige Voraussetzung erwachsener Kreativität ist, können wir nicht angeben, wo die Ursache dieses Antriebs liegt. Es ist unwahrscheinlich, daß ein so starker Antrieb ohne entsprechend hohe Befähigung auftritt, weil Menschen (mit Ausnahme von Glücksspielern) sich nicht hartnäckig und ausdauernd mit etwas beschäftigen, worin sie erfolglos sind. Aber warum einige Menschen mit hoher Befähigung auch eine hohe Motivation haben und andere nicht, ist eine ungelöste Frage. Ob dieser Antrieb eine angeborene Eigenschaft ist oder ob er durch Rollenmodelle hervorgerufen wird, ist unklar. Die erfolgreichsten Probanden in Termans Studie hatten zwar häufiger beruflich erfolgreiche Väter und eine lange familiäre Bildungstradition als die weniger erfolgreichen, dennoch läßt sich nicht ausschließen, daß dem Erfolg des Elternteils ebenso wie dem des Kindes ein angeborener Antrieb oder Energielevel zugrunde liegt.

Aufmerksamkeit, Interesse und *flow*

Verbunden mit der Motivation ist die Fähigkeit zu einer ungeteilten, konzentrierten Aufmerksamkeit. Schöpferische Erwachsene zeigen bei ihrer Arbeit ein Höchstmaß an Konzentration. In der Studie von Csikszentmihalyi hatten diejenigen Adoleszenten, die sich am besten auf die Arbeit an ihrem Talent konzentrieren konnten, vor Abschluß der High-School die größten Fortschritte in ihrer Domäne gemacht. Diejenigen Jugendlichen, die sich leicht von den üblichen Zerstreuungen der Adoleszenz ablenken ließen, konnten ihr Talent weniger gut entwickeln.[31]

Konzentrationsfähigkeit entsteht auch durch die Freude am Tun. Kreative Erwachsene unterscheiden nicht zwischen Arbeit und Spiel; dasselbe gilt für die in diesem Buch beschriebenen Kinder. Jacob spielte Gitarre, Peter B. zeichnete,

David las, und Michael Kearney löste Rechenaufgaben – nicht weil man sie dazu aufforderte, sondern weil es nichts gab, was sie lieber getan hätten.[32]

Aber nur wem es auf Dauer gelingt, Arbeit und Spiel zu verbinden, der wird sich zu einem schöpferischen Erwachsenen entwickeln. Die Adoleszenten in der Studie von Csikszentmihalyi, die sich nach eigenem Bekunden fröhlich, stark, aufgeregt, flexibel und erfolgreich fühlten, wenn sie in ihrem Talentbereich arbeiteten, waren diejenigen, die ihr Engagement bewahrten und an ihrer Domäne festhielten. Diese Jugendlichen berichteten von *flow*-Erlebnissen bei der Arbeit: Sie waren, wie sie sagten, so stark auf die Tätigkeit konzentriert, daß sie alles um sich herum vergaßen. Die Fähigkeit der Adoleszenten, diesen *flow*-Zustand bei der Arbeit aufrechtzuerhalten, erlaubte wesentlich zuverlässigere Prognosen über ein bleibendes Engagement als die intellektuelle Befähigung, die familiäre Unterstützung oder andere Persönlichkeitsfaktoren.[33]

Dominanz, Selbstvertrauen und Tolerierung von Wettbewerb

Kreative Menschen sind starke, dominierende Persönlichkeiten mit unerschütterlichem Selbstvertrauen. Sie müssen an sich selbst glauben, weil sie nur so den Angriffen standhalten können, die unweigerlich kommen, wenn man herrschende Überzeugungen in Frage stellt. Sie setzen sich selbst hohe Ziele und glauben, daß sie alles erreichen können, was sie wollen.[34]

Wer Erfolg und Anerkennung erringen will, muß Konkurrenz ertragen können – vielleicht sogar Spaß daran haben. Und er muß ein ziemlich dickes Fell haben, damit er sich erfolgreich verkaufen kann: Der Maler muß die Galeriebesitzer dazu bringen, seine Werke auszustellen. Der Musiker muß die Agenten von seinen Fähigkeiten überzeugen. William James Sidis und Erwin Nyiregyhazi wurden beide von ihren Eltern isoliert und übermäßig behütet. Deshalb konnten sie vielleicht nicht diese Art von Durchsetzungsvermögen und praktischen sozialen Fähigkeiten erwerben, die man braucht, um die Hüter des Expertenfeldes von seiner Kreativität zu überzeugen.[35]

Unabhängigkeit und Introversion

Schöpferische Menschen sind unabhängig und unangepaßt. Gesellschaftliche Normen einzuhalten hat für sie keine Priorität. Jedem gefallen zu wollen, kann keine Priorität haben, wenn man eine anerkannte Tradition in Frage stellen will.[36]

Kennzeichnend für die kreative Persönlichkeit ist neben der Unabhängigkeit die Introversion und die Fähigkeit, ein hohes Maß an Einsamkeit zu ertragen.

Charles Dickens schlug Einladungen aus, weil er es vorzog, allein zu Haus zu bleiben und zu schreiben. »Das ist der Preis«, erklärte er, »den man fürs Bücherschreiben zahlen muß. Wer sich einer Kunst verschreibt, muß bereit sein, sich ihr mit Haut und Haaren auszuliefern.« Wie weiter oben ausgeführt, sind Unabhängigkeit, Introversion und die Fähigkeit, das Alleinsein zu ertragen, auch kennzeichnend für hochbegabte Kinder. Csikszentmihalyi stellte fest, daß sich Adoleszenten, die das Alleinsein nicht ertragen konnten, trotz hoher Befähigung am Ende der High-School-Zeit von ihrem Talentbereich abwandten. Andererseits haben einige Forscher darauf hingewiesen, daß kreative Menschen *sowohl* zur Introversion *als auch* zur Extraversion neigen und in der Lage sind, nach Belieben zwischen diesen beiden Zuständen hin- und herzuwechseln.[37]

Risikobereitschaft und der Wunsch, drastische Veränderungen vorzunehmen

Kreative Personen müssen bereit sein, Niederlagen in Kauf zu nehmen, weil alles Neue anfangs auf Widerstände stoßen wird. Außerdem sind die erfolgreichsten kreativen Persönlichkeiten zugleich diejenigen, mit deren Namen die meisten Fehlschläge verbunden sind. Wie Simonton nachgewiesen hat, ist es bei den Künstlern, die die meisten Werke schaffen, am wahrscheinlichsten, daß sie ein Meisterwerk hervorbringen, aber sie landen auch die schlimmsten Flops. Da schöpferische Menschen sehr viel Selbstvertrauen haben, sind sie nicht gleich am Boden zerstört, wenn ein Kritiker ihr Stück verreißt oder ihre Komposition nicht zur Kenntnis nimmt.[38]

Das vielleicht Allerwichtigste ist das Bedürfnis, irgend etwas in Ordnung zu bringen, den Status quo aufzuheben und drastische Veränderungen in einer etablierten Domäne vorzunehmen. Kreative Menschen unterwerfen sich nicht der herrschenden Meinung. Sie sind oppositionell und unzufrieden. Und wem es gelingt, überlieferte Grundsätze zu erschüttern, muß eine so gute und wichtige Vision haben, daß sie schließlich akzeptiert wird.[39]

Eine interessante Rolle spielt in diesem Zusammenhang die Stellung in der Geschwisterreihe. Erstgeborene neigen dazu, sich mit ihren Eltern und dadurch mit dem Status quo zu identifizieren. Sie entwickeln sich häufig zu erfolgreichen, leistungsstarken Erwachsenen mit konservativer Grundhaltung. Jüngere Geschwister identifizieren sich weniger mit den Eltern und sind rebellischer, vielleicht weil sie eifersüchtig auf die Privilegien der Erstgeborenen sind. Diese rebellische, antiautoritäre Tendenz bei Spätergeborenen könnte erklären, weshalb man so viele jüngere Geschwister in Domänen findet, in denen man ein gewisses Maß an Nonkonformismus erwartet. Das scheint zum Beispiel für die Literatur zu gelten: Dostojewski, T. S. Eliot, Mark Twain und Wordsworth, um nur einige zu nennen, waren jüngere Geschwister. Bei Nachgeborenen ist es auch wahrscheinlicher, daß sie sich zu politischen Revolutionären entwickeln oder revolutionäre Wissenschaftstheorien wie Darwins Evolutionstheorie unterstützen. 83 Prozent von Darwins Anhängern hatten ältere Geschwister, wie auch Darwin selbst. Da hochbegabte Kinder überdurchschnittlich häufig Erstgeborene sind, ist es nicht überraschend, daß die meisten zwar erfolgreich werden, sich aber nicht als kreative Revolutionäre entpuppen.[40]

Geschlecht

Männer haben als Erwachsene eine höhere Erfolgschance als Frauen. Leider gilt das auch heute noch für alle Domänen. Die gesellschaftlichen Ursachen dieser Ungleichheit sind so offenkundig, daß ich sie hier nicht nochmals aufzählen muß. Bei intellektuell hochbegabten Mädchen ist die Wahrscheinlichkeit geringer, daß sie ihr Potential ausschöpfen; das zeigt sich zum Beispiel daran, daß die Anzahl der Mädchen in schulischen Begabtenprogrammen mit steigendem Alter drastisch zurückgeht. Vom Kindergarten bis zur dritten Klasse machen Mädchen etwa die Hälfte der Population in diesen Programmen aus, aber in der Junior High-School beträgt ihr Anteil nur noch knapp 30 Prozent. Mädchen zeigen ein geringeres Selbstvertrauen und geringere Karriereambitionen als Jungen mit gleicher Befähigung. Die Ambitionen von intelligenten Mädchen nehmen in der High-School ab, obwohl sie meist bessere Zensuren haben als die Jungen. Und Mädchen neigen eher dazu, ihre Fähigkeiten zu verbergen, damit sie soziale Akzeptanz finden.[41]

Insofern ist es nicht überraschend, daß mehr hochbegabte Jungen als Mädchen sich zu kreativen Erwachsenen entwickeln. Wenn Frauen trotz allem bedeutende kreative Leistungen vollbringen, übernehmen sie häufig einen traditionell männlichen Lebensstil. Bei berühmten Frauen ist die Wahrscheinlichkeit, daß sie unverheiratet sind, viermal so hoch wie bei genauso prominenten Männern. Und die Frauen, die tatsächlich heiraten, bleiben dreimal so häufig kinderlos wie die verheirateten Männer. Es ist es zweifellos extrem schwierig, Zeit für kreative Leistungen zu finden, wenn man zusätzlich noch den Job einer Ehefrau und Mutter bewältigen muß (der leider immer noch wesentlich zeitaufwendiger ist als der Job eines Ehemanns und Vaters).[42]

Die Wahrscheinlichkeit, daß hochbegabte Mädchen zu kreativen Erwachsenen werden, ist auch höher, wenn sie keine Brüder haben. Wenn ein Sohn vorhanden ist, drängt er das Mädchen leicht in den Hintergrund und erhält die gesamte elterliche Aufmerksamkeit. Die Schwestern von Mozart, Mendelssohn und Yo-Yo

Ma waren vielleicht genauso begabt wie ihre Brüder, aber die Eltern haben all ihre Ressourcen in die Söhne investiert.[43]

Familienfaktoren, die für eine spätere Kreativität sprechen

»Alle glücklichen Familien sind einander ähnlich, jede unglückliche Familie aber ist auf ihre Art unglücklich«, bemerkt Tolstoi in *Anna Karenina.* »Der Haß des einen oder anderen Elternteils kann einen Iwan den Schrecklichen oder einen Hemingway hervorbringen«, erklärte Gore Vidal , »doch die behütende Liebe von zwei hingebungsvollen Eltern kann einen Künstler vollständig vernichten.« Retrospektive Familiendarstellungen von außergewöhnlich kreativen Erwachsenen bilden einen scharfen Kontrast zu dem positiven Bild, das Csikszentmihalyi, Bloom und andere von den wohlwollenden Familien hochbegabter Kinder zeichnen. Eine kreative Persönlichkeit wächst anscheinend in einer erheblich weniger kind-zentrierten und unterstützenden, dafür aber sehr viel streßintensiveren Familie auf als das hochbegabte Kind, das später keine außergewöhnliche Kreativität entwickelt. [44]

Drei Viertel der kreativen Persönlichkeiten, die von den Goertzels untersucht wurden, hatten in der frühen Kindheit irgendeine Form von extremem Streß erlebt – Armut, Tod eines Elternteils, Scheidung oder Entfremdung der Eltern, Feindseligkeit, Gewalttätigkeit oder Alkoholismus der Eltern, beruflicher Abstieg oder Bankrott des Vaters. Sie kamen aus atypischen Familien, die häufig anfällig für Depressionen oder drastische Stimmungsumschwünge waren. In einer späteren Studie über herausragende Persönlichkeiten des 20. Jahrhunderts stellten die Goertzels fest, daß 85 Prozent aus streßbelasteten Familien stammten.[45]

Besonders bestürzend ist, wie häufig kreative Persönlichkeiten schon in der Kindheit vom Tod eines Elternteils getroffen werden. Tolstoi, Dante, Michelangelo, Raffael, Johann Sebastian Bach, Richard Wagner und Charlie Chaplin, um nur einige zu nennen, verloren schon in der ersten Dekade ihres Lebens einen Elternteil. Cox stellte in seiner Studie über kreative Persönlichkeiten fest, daß über ein Fünftel einen Elternteil oder sogar beide in der Kindheit verloren hatte. Bei bedeutenden kreativen Personen ist der frühe Tod der Eltern mehr als dreimal so häufig wie in der Durchschnittsbevölkerung, wo 8 bis 10 Prozent davon betroffen sind. Die einzigen anderen Gruppen, bei denen dieser Verlust ähnlich häufig auftritt, sind Straftäter und depressive oder selbstmordgefährdete Patienten.[46]

Vergleicht man die typische Familie von schöpferischen Menschen mit dem Familientypus, den Csikszentmihalyi als optimal für die Talententfaltung beschrieben hat, ergibt sich ein aufschlußreicher Unterschied. Die typische Familie in den Studien der Goertzels entspricht dem, was Csikszentmihalyi als »differenzierte« Familie bezeichnete – hohe intellektuelle Stimulation, niedrige emotionale Unterstützung. Dagegen war die »integrierte« Familie, die intellektuelle Anregung und Energie mit emotionaler Unterstützung kombiniert, eindeutig in der Minderheit.[47]

Ein familiäres Trauma war bei den von den Goertzels untersuchten herausragenden Persönlichkeiten des 20. Jahrhunderts eher charakteristisch für die künftigen Schriftsteller, Maler, Musiker und Schauspieler als für die künftigen Wissenschaftler, Mediziner und politischen Anführer. 89 Prozent der Romanciers und Dramatiker, 83 Prozent der Dichter und 70 Prozent der Maler hatten ein schwieriges Familienleben, während dies nur für 56 Prozent der Wissenschaftler zutraf. Derselbe Unterschied fand sich auch bei einem Vergleich zwischen Nobelpreisträgern in Physik und in Literatur. Die Literaten stammten weit häufiger aus einer unstabilen Familienumwelt. Die Nobelpreisträger für Literatur hatten in der Kindheit auch achtmal so häufig einen Elternteil verloren als die Wissenschaftler. Dieser Befund paßt zu der landläufigen Überzeugung, daß Künstler stärker leiden und sensibler sind als Wissenschaftler. Es steht auch im Einklang mit der Erkenntnis, auf die ich weiter unten noch ausführlicher eingehen werde, daß nämlich Künstler anfälliger für psychische Erkrankungen sind als Wissenschaftler. Diese Ergebnisse stammen natürlich aus Studien über Künstler und Wissenschaftler aus der westlichen Welt des 20. Jahrhunderts, und es ist durchaus zweifelhaft, ob man in anderen Gesellschaften oder in anderen Epochen zu den gleichen Ergebnissen gekommen wäre.[48]

Vielleicht trägt die Streßerfahrung in der Kindheit tatsächlich in gewisser Weise dazu bei, die Kreativität zu fördern, auch wenn die Belastung vermutlich häufiger zerstörerisch als fördernd wirkt. Es gibt viele denkbare Erklärungen für einen Zusammenhang zwischen Kindheitsstreß und erwachsener Kreativität.

Streß könnte ein begabtes Kind dazu veranlassen, in eine obsessive, einsame Beschäftigung mit seinem Talent zu flüchten. Hindernisse und Schwierigkeiten erteilen dem Kind vielleicht Lektionen in Ausdauer und Flexibilität, zwei notwendige Voraussetzungen für eine spätere Kreativität. Durch ein traumatisches Erlebnis fühlt sich das Kind möglicherweise von Anfang an als Außenseiter und entwickelt deshalb eine stärkere Bereitschaft, ein Außenseiter *zu sein*. Eine als unberechenbar wahrgenommene Umwelt bewirkt vielleicht eine starke Leistungsorientierung, weil das Kind hofft, dadurch mehr Kontrolle über sein Schicksal zu erlangen. Ein Gefühl der Deprivation könnte dazu führen, daß das Kind besonders kreativ wird, um auf diese Weise positive Anerkennung von der Welt zu erhalten. Aber es ist unmöglich, definitive Schlußfolgerungen über Ursache und Wirkung zu ziehen. Kreative Individuen und ihre Eltern könnten auch genetische Merkmale gemeinsam haben, die sowohl zu Streß als auch zur Kreativität führen. Dann würde nicht das Trauma die Kreativität auslösen, sondern Kreativität und Trauma könnten durch irgendeinen unabhängigen Vererbungsfaktor begünstigt werden.[49]

Der Zusammenhang zwischen frühem Tod der Eltern und späterer Kreativität hat möglicherweise andere Gründe. Kinder, die einen Elternteil verloren haben, lernen mit der Einsamkeit umzugehen, was eine Voraussetzung für kreatives Schaffen ist. Außerdem muß das Kind nicht mit dem lebenden Elternteil in Konkurrenz treten oder ihn vielleicht sogar übertrumpfen. Das Kind hat die Möglichkeit, mehr zu erreichen als der Vater oder die Mutter. Jean-Paul Sartre beschrieb den Tod seines Vaters als »das große Ereignis meines Lebens: er ... gab mir die Freiheit.« Andererseits kann der Tod eines Elternteils auch dazu führen, daß das Kind sich besonders stark verpflichtet fühlt, irgendeiner imaginären Projektion elterlicher Ansprüche gerecht zu werden.[50]

Der Tod eines Elternteils könnte auch eine Art Kompensation auslösen – den Wunsch, das verlorene Objekt durch ein selbstgeschaffenes Objekt, ob Kunstwerk oder wissenschaftliche Theorie, zu ersetzen. Das Entsetzen über die Leere, die der Tod hinterläßt, könnte ein Kind dazu veranlassen, sich eine Traumwelt zu erschaffen und ganz darin aufzugehen. Das Bedürfnis, die Leere und das verlorene Objekt durch eine selbstgeschaffene Idealwelt zu ersetzen, ist vielleicht so stark, daß das Indivuum nicht allzu kritisch ist. Zuviel Selbstzensur ist neuen Entdeckungen abträglich.

Eine genetische Erklärung ist ebenfalls denkbar. Menschen mit einem hohen Maß an Energie und Kreativität entscheiden sich vielleicht erst spät im Leben für Kinder, wodurch sich das Risiko erhöht, daß sie sterben, bevor ihre Kinder erwachsen sind. Vielleicht vererben solche Eltern ihren Kindern die Anlage zur Energie und Kreativität.

Eine kühnere Hypothese, für die es jedoch mehr und mehr Indizien gibt, lautet, daß Streß und Kreativität durch den vermittelnden Faktor der Psychopathologie miteinander verbunden sind. Streßintensive Familien sind möglicherweise anfällig für verschiedene Formen psychischer Erkrankungen, die ihrerseits wieder häufig mit der Kreativität verknüpft sind. Streßerzeugende Eltern könnten die Neigung zu psychischen Störungen entweder genetisch an ihre Kinder weitergeben oder sie durch Traumata hervorrufen. Eine Fülle von Studien bestätigt eine starke Verbindung zwischen bestimmten Arten der Psychopathologie und der Kreativität, insbesondere der künstlerischen Kreativität. Eine Untersuchung von amerikanischen Schriftstellern ergab zum Beispiel, daß bei 80 Prozent irgendeine Form von affektiver Störung diagnostiziert worden war (zum Beispiel Depressionen, Manie) und daß über die Hälfte unter bipolaren Störungen litt, also sowohl depressive als auch manische Zustände erlebte. In einer Studie über britische Maler und Schriftsteller wurde festgestellt, daß 38 Prozent wegen affektiver Störungen behandelt worden waren, was ein sehr hoher Prozentsatz ist, wenn man berücksichtigt, daß sich nur jeder dritte, der unter Affektstörungen leidet, überhaupt in Behandlung begibt.[51]

Aber was liegt dieser Verbindung zwischen Kreativität und affektiver Störung zugrunde? Wer unter affektiven Störungen leidet, wird vielleicht kreativ, weil es eine therapeutische Wirkung hat. Und die Erfahrung des Leidens kann zum Gegenstand künstlerischer Werke werden. Außerdem können Affektstörungen, insbesondere eine leichte Manie, die sogenannte Hypomanie, ungewöhnliche Denkprozesse auslösen, die mit kreativen Episoden verbunden sind: eine geschärfte und fokussierte Wahrnehmung, neue Assoziationen, besonders reichhaltige Kategorisierungen (die Wahrnehmung von Gemeinsamkeiten zwischen Dingen, die normalerweise als unterschiedlich angesehen werden), eine schnellere Auffassungsgabe und nicht zuletzt jene Art von Antrieb, die typisch für kreative Menschen ist.[52]

Kein Zweifel, die meisten Menschen, die unter affektiven Störungen leiden, entwickeln sich nicht zu außergewöhnlich kreativen Persönlichkeiten. Und die meisten kreativen Persönlichkeiten leiden nicht unter affektiven Störungen. Aber die relative Häufigkeit solcher psychischen Beeinträchtigungen bei schöpferisch Tätigen deutet darauf hin, daß die Neigung zu Affektstörungen die Kreativität fördert, natürlich immer vorausgesetzt, es kommt eine hohe Befähigung für eine bestimmte Domäne hinzu. Aber neben dieser Mischung muß auch ein hohes Maß an Ichstärke und Selbstvertrauen vorhanden sein. Der unerschütterliche Glaube an die eigene Vision bewahrt die kreative Persönlichkeit vor der Desintegration.

Glück

Die Rolle des Zufalls für die Entwicklung erwachsener Kreativität sollte nicht unterschätzt werden. Viele Faktoren, die eine künftige Kreativität beeinflussen, sind vom Individuum nicht steuerbar. Die Stellung in der Geschwisterabfolge, das Geschlecht, bestimmte Aha-Erlebnisse und die Art der Familie, in die man hineingeboren wird – all das sind Faktoren, die man als glückliche oder unglückliche Zufälle bezeichnen könnte. So manch brillanter Philosoph mit einem Doktortitel ist Taxifahrer, weil die Philosophenstellen an den Universitäten dünn gesät sind. Das hochbegabte Kind muß über Fähigkeiten verfügen, die zu den Bedürfnissen seiner Domäne passen. Wenn die Übereinstimmung zwischen Fähigkeiten und Domäne zu gering ist, wird die Begabung vielleicht nie erkannt oder erst Jahrhunderte später. Außerdem muß das Kind zu einem Erwachsenen heranreifen, dem es gelingt, die manchmal unberechenbaren Hüter der Domäne – Universitäten, Verlage, Museumskuratorien, Musikstudios usw. – von seinen außergewöhnlichen Fähigkeiten zu überzeugen.[53]

Es wäre schön, wenn ich dieses Buch mit einer Liste von Faktoren beenden könnte, anhand derer sich vorhersagen ließe, ob ein hochbegabtes Kind das Interesse an seiner Begabung verlieren wird, sich zu einem Experten entwickelt oder seine Domäne von Grund auf erneuern wird. Aber das ist unmöglich und wird vielleicht niemals möglich sein. Wir können nicht mal vorhersagen, wie sich ganz normale Menschen entwickeln werden, wie sollten wir da in der Lage sein, die künftige Entwicklung atypischer Individuen vorauszusagen? Eine frühe Hochbegabung erlaubt keine zuverlässige Prognose über die Leistungen im Erwachsenenleben, weil so viele unterschiedliche Faktoren zusammenwirken – Familie, Bildungsmöglichkeiten, Persönlichkeit und Glück. Wir werden nie wissen, wie viele hochbegabte Kinder ihre Talente nie entfalten, weil sie nicht die richtige Art von Familie, Bildung, Aha-Erlebnis oder Persönlichkeit hatten. Die Merkmale, die ich beschrieben habe, sind weder notwendige noch ausreichende Voraussetzungen für eine außergewöhnliche Kreativität im Erwachsenenleben. Alles was wir sagen können, ist, daß diese Charakteristika häufig mit der Kreativität im Erwachsenenalter verbunden sind, und wir können Mußmaßungen über die Gründe anstellen. Trotzdem will ich die folgende Vorhersage über die Faktoren wagen, die aller Wahrscheinlichkeit nach zu einem der vier eingangs beschriebenen Entwicklungsverläufe führen.

- Die Wahrscheinlichkeit, daß sich hochbegabte Kinder zu Experten entwickeln, ist besonders hoch, wenn die Kinder über ein hohes Maß an Energie verfügen, wenn sie sich sehr gut konzentrieren können und *flow* bei ihrer Arbeit erleben, ferner wenn sie in Familien aufwachsen, die Stimulation mit emotionaler Unterstützung verbinden, und wenn sie das Glück haben, auf inspirierende Lehrer, Mentoren und Rollenmodelle zu treffen.
- Auch jene hochbegabten Kinder, bei denen die Wahrscheinlichkeit am höchsten ist, daß sie einer Domäne später ihren kreativen Stempel aufdrücken, zeichnen sich durch ein hohes Maß an Energie, Konzentrationsfähigkeit und *flow* sowie durch inspirierende Mentoren und Rollenmodelle aus. Aber in zwei anderen Punkten werden sie sich voraussichtlich unterscheiden. Sie neigen zum Nonkonformismus, und sie sind bereit, Risiken einzugehen und mit anerkannten Traditionen zu brechen. Sie stammen häufiger als die künftigen Experten aus Familien mit hoher Streßbelastung. (Auch wenn Streß ein Faktor

ist, der die Kreativität möglicherweise fördert, ist er sicherlich nicht ausreichend und ganz gewiß nicht erstrebenswert!) Die Wahrscheinlichkeit einer affektiven Störung ist ebenfalls hoch. Außerdem muß das Individuum zum richtigen Zeitpunkt geboren werden: Die Domäne muß reif für die Art von Veränderungen sein, die dem einzelnen vorschweben, und es darf nicht zu viele andere Anwärter geben, die ihm bei der Revolutionierung der Domäne zuvorkommen könnten.

- Die Gefahr eines »Burnout« bei hochbegabten Kindern ist besonders groß, wenn die Eltern ihr Kind extrem überfordern und emotional zu stark an seiner Entwicklung beteiligt sind. Diese Eltern unterscheiden sich von anderen, die die Kreativität ihrer Kinder fördern. Eltern von künftigen schöpferischen Erwachsenen verursachen Streß im Leben ihrer Kinder, aber sie sind nicht übertrieben involviert. Sie verfolgen vielmehr ihre eigenen Interessen, und sie ermutigen ihre Kinder zur Selbständigkeit. Wie schwierig solche Vorhersagen sind, zeigt sich jedoch an Beispielen wie dem von John Stuart Mill und William Sidis. Beide wurden von ihren Vätern extrem unter Druck gesetzt, aber Mills blieb seiner Begabung treu, während Sidis schließlich »ausstieg«.[54]
- Jene Kinder, die nicht für eine bestimmte Domäne »geboren sind«, entdecken ihre Berufung häufig als junge Erwachsene durch ein Aha-Erlebnis, das wie ein Auslöser wirkt. Sie machen eine einschneidende Erfahrung, die ihr Leben völlig verändert und dazu führt, daß eine Begabung entdeckt und Selbstzweifel zerstreut werden.

Es wird immer Ausnahmen von der Regel geben, wenn man versucht, etwas so Komplexes wie die individuelle Lebensgestaltung vorherzusagen. Aber je mehr wir über die Faktoren in Erfahrung bringen, die in aller Regel mit der Entfaltung eines Talents verbunden sind – ob diese Entfaltung nun zum Expertentum oder zu einer revolutionären Kreativität führt –, desto besser können wir das Talent fördern und ein Kind wie Sidis vor dem Ausbrennen bewahren.

XI.
Wir trennen Mythos und Realität

Welche Erkenntnisse haben wir jetzt über die Hochbegabung und ihre Mythen gewonnen? Ich habe zu Beginn dieses Buches neun fragwürdige Annahmen zum Thema Hochbegabung vorgestellt. Anstelle dieser Mythen möchte ich zum Schluß die folgenden Ergebnisse anbieten:

Erster Mythos: Universelle Hochbegabung

Mythos: Intellektuell hochbegabte Kinder haben eine umfassende geistige Kapazität, die sie für alle Schulfächer gleich begabt macht.

Realität: Es gibt kaum Kinder, die in sämtlichen schulischen Fächern gleich begabt sind. Vielmehr sind Begabungen meistens klar begrenzt und domänenspezifisch. Ungleichmäßige Fähigkeitsprofile sind weitaus häufiger als gleichmäßige. Die meisten Kinder mit hohem IQ zeigen entweder im mathematischen oder im sprachlichen Bereich deutlich höhere Befähigungen. Kinder mit hoher Sprachbegabung sind häufig recht gut in Mathematik, weil sie verbale Strategien zu Hilfe nehmen, aber verbale Fähigkeiten ohne räumliches Vorstellungsvermögen setzen den mathematischen Möglichkeiten enge Grenzen. Manche Kinder sind auch in einem einzigen wissenschaftlichen Bereich hochbegabt, während sie in anderen tatsächlich lernbehindert sind.

Zweiter Mythos: Talentiert, aber nicht hochbegabt

Mythos: Hochbegabt sind Kinder mit außergewöhnlichen Befähigungen in intellektuellen Bereichen. Kinder mit außergewöhnlichen Fähigkeiten in Musik oder bildender Kunst sind talentiert.

Realität: Es gibt keinen Grund, weshalb man Kinder mit intellektueller Befähigung als »hochbegabt« und Kinder mit künstlerischer Befähigung als »talentiert« bezeichnen sollte. Auch wenn ihre außerordentlichen Fähigkeiten in unterschiedlichen Domänen liegen, gleichen sich die Kinder in ihrer Frühbegabung, Divergenz und Energie. Für alle hochbegabten Kinder gelten dieselben allgemeinen Feststellungen: Ihre außergewöhnlichen Fähigkeiten sind zum Teil angeboren; ihre Fähigkeiten entwickeln sich als Ergebnis von gleichartigen familiären Einflüssen; sie brauchen die gleiche Förderung; und sie geraten leicht in die soziale Isolation, weil sie introvertiert sind und sich stark von anderen Kindern unterscheiden. Die Trennung in hochbegabte und talentierte Kinder ist eine irreführende Klassifikation.

Dritter Mythos: Außergewöhnlicher IQ

Mythos: Jede Hochbegabung, ganz gleich in welcher Domäne, ist von einem hohen IQ abhängig.

Realität: Kinder können in Musik oder bildender Kunst extrem begabt sein, ohne einen außergewöhnlich hohen allgemeinen IQ zu haben. Musikalisch begabte Kinder zeigen allerdings in schulischen Bereichen häufig bessere Leistungen als Kinder mit außergewöhnlichen Fähigkeiten in der Domäne der bildenden Kunst. Die Ursachen sind unbekannt, aber es ist denkbar, daß musikalisch begabte Kinder durch das Lernen von Notentexten leichteren Zugang zu sprachlichen und numerischen Zeichensystemen haben und auch vom täglichen disziplinierten Üben profitieren. Der beste Beweis dafür, daß Begabungen unabhängig von IQ-Werten auftreten können, sind die Savants – Personen mit extrem niedrigem IQ, die dennoch ein erstaunlich hohes Leistungsniveau in einigen gut strukturierten, formalen Domänen erreichen, so insbesondere im Rechnen, im Klavierspiel, im realistischen Zeichnen und im Schach.

Vierter und Fünfter Mythos: Vererbung oder Umwelt

Populärpsychologischer Mythos: Begabung ist etwas durch und durch Angeborenes.

Mythos der Fachpsychologen: Begabung ist einzig und allein das Ergebnis harter Arbeit.

Realität: Ganz gleich, wie früh sie anfangen und wie hart sie arbeiten, werden die meisten Kinder nie im selben Tempo lernen und auch nicht so große Fortschritte machen wie Kinder, die mit außergewöhnlichen Fähigkeiten geboren werden. Das heißt nicht, daß Fleiß und Training irrelevant für die Talententfaltung sind. Hochbegabte Kinder (und Savants) investieren enorme Anstrengungen in ihre Domäne und erwerben dadurch weit mehr Erfahrung als die meisten Kinder, und diese Erfahrung ist entscheidend für die Entwicklung ihres Talents. Aber hochbegabte Kinder und Savants erreichen ihr hohes Niveau nicht einfach dadurch, daß sie ungeheuer fleißig sind und diszipliniert üben. Es ist vielmehr die angeborene Begabung, die diese Kinder dazu treibt, unermüdlich zu arbeiten. Ihre Motivation und das damit verbundene exzessive Üben sind eine *Folge* ihrer außergewöhnlichen Begabung, nicht deren Ursache. Viele Indizien sprechen für die These, daß hochbegabte Kinder und Savants mit atypischer Hirnstruktur geboren werden und daß hohe Begabungen bis zu einem gewissen Grad durch die Gene und durch hormonelle Einflüsse in der Schwangerschaft bedingt sind.

Auch durchschnittlich begabte Kinder können in Ausnahmefällen an die Disziplin extrem harter Arbeit gewöhnt werden und erreichen dann ebenfalls ein sehr hohes Leistungsniveau. Aber diese Kinder vollbringen ihre Spitzenleistungen nicht ohne umfangreiche Hilfestellung und Anleitung durch Erwachsene, und sie erreichen nie das Niveau von Kindern, die von sich aus zu einer bestimmten Domäne neigen. Bei hochbegabten Kindern verbindet sich die besondere Befähigung für eine bestimmte Domäne auf ideale Weise mit dem zwanghaften Bedürfnis zur Meisterung dieser Domäne. Hochbegabte Kinder brauchen ebenso wie Savants nur ein Minimum an Anleitung, entdecken eigenständig die Gesetzmäßigkeiten einer Domäne, gehen häufig auf ungewöhnliche Weise an ihr Fachgebiet heran und erfinden idiosynkratische Lösungsansätze für Probleme.

Sechster Mythos: Eltern als treibende Kraft

Mythos: Hochbegabte Kinder sind das Produkt von ehrgeizigen Eltern, die ihre Kinder ständig zu Höchstleistungen antreiben. Wenn Eltern ihre Kinder zu sehr unter Druck setzen, versagen die Kinder schließlich.

Realität: Kein Kind, ganz gleich wie begabt, kann seine außergewöhnlichen Fähigkeiten ohne die Unterstützung von Eltern oder anderen Bezugspersonen entfalten. Es braucht Ermutigung, Anregung und Ansporn. Aber Eltern sind nicht in der Lage, eine Begabung aus dem Nichts zu erschaffen. Normalerweise sind es die Kinder, die ihre Eltern antreiben und klar signalisieren, daß sie eine anregende Umwelt brauchen. Die Eltern versuchen, diese Bedürfnisse zu erfüllen.

Eltern können jedoch durchaus eine vorhandene Begabung zerstören. Wenn sie die Begabung des Kindes zur Befriedigung eigener unerfüllter Wünsche mißbrauchen und sich mehr für die Leistungen ihres Kindes als für seine Gefühle interessieren, werden sie wahrscheinlich einen verbitterten Aussteiger heranziehen.

Siebter Mythos: Strotzend vor psychischer Gesundheit

Mythos: Hochbegabte Kinder sind besser angepaßt, beliebter und zufriedener als durchschnittlich begabte Kinder.

Realität: Extrem hochbegabte Kinder haben ganz andere Interessen als ihre Peers und werden von ihren Mitschülern für Sonderlinge gehalten. Sie sind extrem eifrig, sie sind introvertiert, und sie sind gern allein. Das Alleinsein bietet reiche Belohnungen, weil nur einer, der viel Zeit in seine Begabung investiert, außergewöhnliche Fertigkeiten und Kenntnisse erwerben kann. Wenn man unter »gut angepaßt« versteht, daß man sich einfügt und genauso ist wie die anderen, dann trifft das auf diese Kinder gewiß nicht zu. Sie unterscheiden sich von anderen Kindern, und sie wissen es. Wenn sie keine Gleichgesinnten finden, die ihre leidenschaftliche Lern- und Wißbegierde teilen, werden sie isoliert, einsam und entmutigt. Es besteht auch die Gefahr, daß sie entweder arrogant werden und geringschätzig auf die anderen herabschauen oder daß sie sich zu Versagern mit geringem Selbstvertrauen entwickeln.

Achter Mythos: Alle Kinder sind begabt

Mythos: Alle Kinder sind begabt, deshalb gibt es keine spezielle Gruppe von Kindern, die eine angereicherte oder akzelerierte Schulausbildung braucht.

Realität: Alle Kinder haben zwar relative Stärken und Schwächen, aber einige Kinder haben extreme Stärken in einem oder mehreren Bereichen. Kinder mit extremer Hochbegabung haben genauso wie retardierte oder behinderte Kinder spezielle Ausbildungsbedürfnisse.

Die Überzeugung, daß alle Kinder begabt sind und folglich kein Kind derart außergewöhnliche Fähigkeiten hat, daß es einen speziellen Unterricht braucht, führt zur Diskriminierung von Hochbegabten. Musikalisch begabte Kinder erhalten normalerweise einen Musikunterricht, der ihren Bedürfnissen und Fähigkeiten entspricht. Aber da unser Schulsystem nicht den Anspruch erhebt, solche Kinder zu fördern, erhalten sie diese Ausbildung außerhalb der Schulen. Auch Kinder mit außergewöhnlichen bildnerischen Fähigkeiten finden in der Schule keine Unterstützung. Der von den Regelschulen angebotene Kunstunterricht spielt eine geringe oder gar keine Rolle in der Entwicklung vielversprechender Maler oder Bildhauer. Hochbegabte Kinder in diesem Bereich bilden sich normalerweise selbst aus und erhalten in der frühen Kindheit praktisch keine regelrechte Kunsterziehung. Das ist sehr bedauerlich, weil eine Begabung in bildender Kunst genauso viel Anregung und Training braucht wie eine musikalische Begabung. Kinder mit außergewöhnlichen Fähigkeiten in körperlich-kinästhetischen Domänen bekommen in der Regel ein außerschulisches Training: Sie erhalten einen intensiven Einzel- oder Gruppenunterricht von einem speziell ausgebildeten Trainer, der sie in Leichtathletik, Eislaufen, Schwimmen, Tennis oder Ballett voranbringt.

Dieses Glück ist intellektuell hochbegabten Kindern nicht beschieden. Sie werden im Grunde wie die Kinder mit Begabungen in der bildenden Kunst behandelt. Sie erhalten kaum eine spezielle schulische Förderung, und man unterstellt, daß sie sich selbst weiterbilden können. Entweder erhalten sie eine Ausbildung, die sich in keiner Weise von der durchschnittlicher Kinder unterscheidet, oder sie werden minimal gefördert. Das bedeutet normalerweise, daß sie den Klassenverband ein- oder zweimal pro Woche verlassen, um an einem Förderkurs mit erweitertem Unterrichtsangebot teilzunehmen. Dort werden sie dann vielleicht im kreativen und kritischen Denken geschult oder arbeiten an Projekten, die manchmal einen Bezug zu ihrer Begabung haben, manchmal auch nicht. Das typische Kriterium für die Zulassung zu solchen Programmen ist ein leicht überdurchschnittlicher IQ von etwa 130. Dieser Grenzwert ist normalerweise auch die Aufnahmebedingung für ganztägige Begabtenklassen oder für Sonderschulen für Hochbegabte.

Das bedeutet eigentlich nichts anderes, als daß wir die Ressourcen, die für die Begabtenförderung an unseren Schulen zur Verfügung stehen, in erster Linie für die leicht überdurchschnittlich begabten Kinder verwenden. Wenn wir die Anforderungen für alle Kinder erhöhen und unsere Schulen dem europäischen und japanischen Niveau angleichen würden, wären die leicht überdurchschnittlich begabten Kinder nicht länger unterfordert. Bei den Kindern, die selbst dann noch unterfordert wären, würde es ausreichen, wenn man sie eine Klasse überspringen ließe oder ihnen einen Mentor zuteilen würde.

Selbst dann wird es noch einige Schüler geben, die eine Sonderförderung brauchen – jene selten anzutreffenden Kinder mit »gravierender« Hochbegabung, die ihrem Jahrgang um fünf oder sechs Klassenstufen voraus sind. Diese Kinder werden heute auch von den besten Programmen, Klassen und Schulen für Hochbegabte schlecht bedient, und wären auch dann noch unterfordert, wenn wir das Niveau für alle Schüler anheben würden. Es bestehen himmelweite Unterschiede zwischen einem Kind mit einem IQ von 180 und einem Kind mit einem IQ von 130, und wir sollten sie nicht so behandeln, als wären sie eine einheitliche Gruppe mit identischen Ausbildungsbedürfnissen. Die Ressourcen für die Begabtenförderung wären weit besser genutzt, wenn wir sie gezielt für diese extrem hochbegabten Kinder einsetzen würden. Dann könnten mehr dieser Kinder ihr Potential ausschöpfen und Freunde finden, die ihnen gleichen.

Kinder mit extremen sprachlichen oder mathematischen Fähigkeiten haben die gleichen Bedürfnisse wie Kinder mit extremen musikalischen oder bildnerischen Fähigkeiten. Sie hungern nach Anregungen und Herausforderungen. Wenn wir die Ressourcen, die wir in die Förderung leichter Hochbegabungen investieren, ausschließlich für diese Kinder verwenden würden, könnten weit mehr dieser Kinder ihr Talent entfalten und später zu Experten oder kreativen Gestaltern ihrer jeweiligen Domäne werden.

Neunter Mythos: Hochbegabte Kinder entwickeln sich zu berühmten Persönlichkeiten

Mythos: Hochbegabte Kinder, vor allem Wunderkinder, entwickeln sich zu bedeutenden und kreativen Erwachsenen.

Realität: Viele hochbegabte Kinder, auch Wunderkinder, werden nicht zu bedeutenden Erwachsenen, und viele bedeutende Erwachsene waren keine Wunderkinder. Hochbegabte Kinder sind zweifellos kreativ in dem Sinn, daß sie eigenständig Entdeckungen in ihrer Domäne machen und neue Lösungsansätze für Probleme entwickeln. Aber sie können nicht in dem Sinne kreativ sein, daß sie ihre Domäne revolutionieren. Niemand verwandelt eine Domäne ohne jahrelange harte Arbeit (das Minimum liegt offenbar bei etwa zehn Jahren), insofern ist es kein Wunder, daß Kinder dazu nicht in der Lage sind.

Aber die meisten hochbegabten Kinder verwandeln ihre Domänen auch als Erwachsene nicht. Die meisten gelangen nie über jene Stufe der Frühbegabung und Virtuosität hinaus, die sie zu außergewöhnlichen Kindern machte. Einige bleiben ihrer Begabung treu und werden zu fachkundigen Experten, die innerhalb einer etablierten Domäne arbeiten. Einige wenden sich neuen Interessengebieten zu, wo sie Kompetenz, aber keine Brillanz zeigen. Einige, normalerweise jene, die von ihren Eltern zu Schaustücken gemacht wurden, wollen später nichts mehr mit ihren früheren Begabungsbereichen zu tun haben.

Nur wenige werden zu echten Erneuerern, die ihre Domäne von Grund auf verändern und bleibende Spuren hinterlassen. Die künftigen kreativen Gestalter unterscheiden sich von den künftigen Experten. Aber worin sie sich unterscheiden, ist die Persönlichkeit, nicht der Grad der Befähigung. Sie zeichnen sich durch eine tiefe Unzufriedenheit aus, die von klein auf durch ein streßerfülltes Familienleben genährt wurde. Sie sind die Nonkonformisten, die risikofreudigen Abenteurer, diejenigen, die die Welt verändern und den Status quo aufheben wollen. Manchmal sind es auch diejenigen, die unter psychischen Störungen leiden – die Depressiven, die Manischen, die Manisch-Depressiven. Ob ihre affektiven Störungen durch Umwelteinflüsse wie eine traumatische Kindheit oder den Verlust eines Elternteils verursacht werden oder auch von Eltern vererbt werden, deren eigene psychische Befindlichkeit kindliche Traumata auslöst, ist nicht geklärt, aber es scheint einleuchtend, daß sowohl umweltbedingte als auch genetische Ursachen beteiligt sind.

Hochbegabte Kinder entwickeln sich nicht einfach nur schneller als normale Kinder, sondern auch anders. Sie unterscheiden sich von einem durchschnittlichen Kind, das ein diszipliniertes Arbeiten gelernt hat, weil sie nur wenig strukturierte Unterstützung brauchen, weil sie eigenständige Entdeckungen machen und neue Wahrnehmungsweisen entwickeln und weil sie von einer leidenschaftlichen Wißbegierde erfüllt sind. Hochbegabte Kinder, vor allem jene Extremfälle, die wir als Wunderkinder bezeichnen, haben viel mehr Ähnlichkeiten mit Savants als mit hart arbeitenden, aber ansonsten durchschnittlichen Kindern. Aber wir können bislang nur darüber spekulieren, inwiefern das Gehirn hochbegabter Kinder und Savants von der Norm abweicht. Mit Hilfe der neuen bildgebenden Techniken, die ständig weiterentwickelt werden, sind wir vielleicht eines Tages in der Lage, die hirnphysiologischen Grundlagen der Hochbegabung zu erklären.

Die Psychologie sollte Theorien entwickeln, die sowohl der Entwicklung des Typischen als auch der des Atypischen Rechnung tragen. Wir sollten keine völlig getrennten Lern- und Entwicklungstheorien für durchschnittliche, retardierte, autistische, lernbehinderte und hochbegabte Kinder aufstellen. Viel zu viele Wissenschaftler beschäftigen sich hingebungsvoll mit einer dieser Populationen, was zur Folge hat, daß wir gesonderte Erklärungen für jede einzelne Gruppe bekommen. Letzten Endes muß die Psychologie in der Lage sein, die unterschiedlichsten Formen der geistigen und intellektuellen Entwicklung zu erklären. Wir brauchen umfassende Entwicklungstheorien, aber diese Theorien müssen auch spezifische Populationen, ob pathologisch, hochbegabt oder beides, miteinschließen.

Anmerkungen

I.
Neun Mythen über Hochbegabung

1. Zu näheren Ausführungen über die Angst vor Hochbegabten siehe Anastasi und Foley (1941) sowie Zigler und Farber (1985).
2. Die von Colby und Damon (1992), Gardner (1995; dt. 1997) und Simonton (1994) durchgeführten Studien über (jeweils) Moral, Führungsqualitäten und Berühmtheit stellen Ausnahmen dar. Jackson (1993) erörtert die Frage, warum das Thema Hochbegabung nicht in die Mainstream-Psychologie aufgenommen wurde. Mehr zur Hochbegabung als Privileg und nicht als Problem bei Zigler und Farber (1985).
3. Zur Kritik an der Hochbegabung als einem elitären Konstrukt siehe Margolin (1994).
4. Zu Belegen für die Zehn-Jahres-Regel der Meisterschaft und Kreativität siehe Gardner (1993a; dt. 1996) und Simonton (1994).
5. Eine Darstellung von *flow*-Zuständen gibt Csikszentmihalyi (1990; dt. 1992). Zu anderen Definitionen von *Hochbegabung* siehe Sternberg und Davidson (1986). Renzulli definierte Hochbegabung als die Kombination von überdurchschnittlicher Befähigung, Kreativität und Aufgabenorientierung. Sternberg (1991) versteht darunter den überlegenen Zugang zu grundlegenden intellektuellen Strategien und die Fähigkeit, sie anzuwenden. Das U. S. Office of Education definierte hochbegabte Kinder als fähig zu hohen Leistungen in den Bereichen allgemeine intellektuelle Fähigkeiten, spezifische intellektuelle Eignung, kreatives oder produktives Denken, bildende und darstellende Künste und psychomotorische Fähigkeiten (Marland, 1971).
6. Feldman und Goldsmith (1991) definieren ein *Wunderkind* als Kind, das schon im Alter von zehn Jahren oder früher das Leistungsniveau eines Erwachsenen erreicht.
7. Eine Darstellung der Domänen, in denen man Wunderkinder findet bzw. nicht findet, geben Feldman und Goldsmith (1991) sowie Csikszentmihalyi, Rathunde und Whalen (1993). Piaget veröffentlichte als Elfjähriger einen Aufsatz über Biologie. Zur Erörterung von Darwins Kindheitsinteressen siehe

Bowlby (1990). Zu näheren Ausführungen über die frühe naturwissenschaftliche Begabung von E. O. Wilson siehe Wilson (1994). Eine allgemeine Darstellung der Hochbegabung in der Biologie findet sich bei Gardner (1996).

8. Romero (1994) beschreibt das Begabungsverständnis der Pueblo-Indianer. Weitere interkulturelle Aspekte der Begabungsauffassung besprechen Callahn und McIntire (1994). Tannenbaum (1994) beschäftigt sich mit der Frage, inwieweit die Domänen, in denen man hochbegabte Kinder findet, auf eine bestimmte Kultur beschränkt sind.
9. Gagné (1995) unterscheidet zwischen Hochbegabung als Ausgangspunkt und Talent als Endpunkt. Ich vertrete den Standpunkt, daß alle frühentwikkelten Fähigkeiten entweder als Hochbegabung oder als Talent bezeichnet werden sollten.
10. Das Zitat stammt von dem britischen Psychologen Hans J. Eysenck, in Eysenck und Barrett (1993, S. 115). Kritik an den Bemühungen, die Hochbegabung über den IQ zu definieren, äußern Gardner (1983, dt. 1991; 1993b), Getzels und Jackson (1962), sowie Sternberg (1981, 1982, 1985, 1986, 1991, 1993).
11. Das Zitat über Eltern, die Wunderkinder heranzüchten, stammt von Howe (1990, S. 138).
12. Terman, zitiert nach Subotnik und Arnold (1993, S. 17–18).
13. Mehr zu diesem Begabungskonzept als soziales Konstrukt zur Stützung eines elitären Denkens bei Margolin (1994).
14. Zur Diskriminierung von hochbegabten Kinder siehe Silverman (1993c).
15. Zur empirischen Unterscheidung zwischen hohem IQ und Kreativität bei Kindern siehe Getzels und Jackson (1962).

II.
Universelle Hochbegabung: Die Kinder hinter dem Mythos

1. Zur Auffassung, daß kein Kind ohne umfangreiche Hilfestellung lesen lernt, siehe Howe (1990). Dort heißt es: »Bei Kindern, die außergewöhnlich früh und vor Erreichung des schulfähigen Alters lesen können, führt eine genauere Untersuchung der Umstände fast immer zu dem Ergebnis, daß das Kind erhebliche Hilfestellung von Erwachsenen oder älteren Kindern erhalten hat, die bereit waren, dem jungen Schüler sehr viel Zeit zu widmen.« (S. 79). Eine ähnliche Position vertritt Fowler (1990). Zu Studien über frühes Lesen siehe Crain-Thoreson und Dale (1992), Jackson (1992), Jackson, Do-

naldson und Cleland (1988), Jackson, Donaldson und Mills (1993) sowie Mills und Jackson (1990).

2. Doman, G. (1964; dt. 1968). Gruber (1981) weist nach, daß kreative Erwachsene mit vielen Projekten gleichzeitig beschäftigt sind; er sagt über kreative Menschen, daß sie in ein »Netzwerk an Unternehmungen« verwikkelt sind, also an vielen miteinander verwobenen Themen arbeiten.
3. Mehr zu Eltern, die an die übernatürlichen Fähigkeiten ihrer Wunderkinder glauben, bei Feldman und Goldsmith (1991).
4. Von einem ähnlichen Beispiel berichten Goertzel und Goertzel (1962). Sie zitieren eine Mutter, die über ihren Sohn sagt: »Er ist derjenige, der alle Menschen in seiner Umgebung standig auf Trab halt, weil er nach Antworten sucht.« (S. 285)
5. Zu den Zitaten von Michael und seinem Vater siehe Castro und Grant (1994, S. 100).
6. Es gibt zahlreiche Berichte über solche besonders frühreifen Wunderkinder wie Michael. Feldman und Goldsmith (1991) beschrieben den Fall von Adam, der mit drei Monaten in vollständigen Sätzen sprach, mit sechs Monaten komplexe Gespräche führte, mit achtzehn Monaten klassische Kinderbücher las und als Dreijähriger über Logarithmen nachdachte. Gross (1993a) stellte mehrere Kinder vor, die vor dem sechsten Monat mit dem Sprechen anfingen. Howe (1990) und Radford (1990) beschrieben berühmte Wunderkinder wie J. S. Mill, der als Dreijähriger Griechisch lernte. Hollingworth (1942) berichtete von Kindern mit einem IQ von über 180, die ähnlich früh solche außergewöhnlichen Fähigkeiten zeigten.
7. Termans Studie erschien in mehreren Bänden, die ich hier in der Reihenfolge ihres Erscheinens aufführe: Terman (1925), Burks, Jensen und Terman (1930), Terman und Oden (1947, 1959), Holahan und Sears (1995). Der zweite Band von Cox (1926) befaßt sich mit einer Auswahl von berühmten historischen Persönlichkeiten.
8. Zur Künstlichkeit der Aufgabenstellungen im Stanford-Binet-Test siehe Gardner (1983; dt. 1991).
9. Statistiken über die Prozentzahlen von Kindern, die verschiedene Punktwerte bei IQ-Tests erzielten, finden sich bei Gross (1993b), Marland (1971), Sattler (1982) und Simonton (1994). Zum Durchschnitts-IQ von promovierten Akademikern siehe Simonton (1994).
10. Terman und Oden (1947) berichteten über das Lesevermögen der von ihnen untersuchten Kinder, die einen IQ von 170 oder mehr hatten. Sie stellten fest, daß fast 43 Prozent dieser Kinder mit fünf Jahren lesen konnten, im Gegensatz zu lediglich 18 Prozent in der Gesamtgruppe. 13 Prozent der Kinder mit

einem IQ von 170 und mehr konnten vor dem vierten Lebensjahr lesen. Hollingworth (1942) kam zu dem Ergebnis, daß zwölf Kinder mit einem IQ von 180 oder darüber ausnahmslos vor der Einschulung lesen konnten: Vier Kinder konnten mit zwei Jahren lesen, drei mit drei Jahren und drei mit vier Jahren. Der Zusammenhang zwischen frühem Lesen und hohem IQ ist von zahlreichen anderen Wissenschaftlern bestätigt worden, so u. a. von Freeman (1979), Gross (1993a,b) und Terrassier (1985). Bei einer in Frankreich durchgeführten Studie von Leroy-Boussion (1971, zitiert in Terrassier [1985]) bot man Kindern die Möglichkeit, lesen zu lernen, gab ihnen aber nur die Hälfte der üblichen Anleitungen. Nur Kindern mit einem IQ von 130 oder mehr gelang es, auf diese Weise lesen zu lernen. Jackson (1992) beschreibt Beispielfälle von Kindern, die früh lesen konnten, aber nur einen durchschnittlichen IQ hatten.

11. Ceci (1990a) erörtert, inwiefern in der Terman-Studie IQ und soziale Schicht vermengt wurden.
12. Die neuere Längsschnittstudie über Kinder mit hohem IQ, die nicht auf Lehrernominierungen basiert, stammt von Gottfried, Gottfried, Bathurst und Guerin (1994). Die IQ-Tests sind so konzipiert, daß sie kein Geschlecht begünstigen. Man würde also erwarten, daß die Zahl der von den IQ-Tests ermittelten Jungen und Mädchen gleich ist.
13. Whitmore (1986) beschreibt, wie widerstrebend Lehrer in Betracht ziehen, daß Kinder mit einer Lernbehinderung hochbegabt sein könnten. Getzels und Jackson (1962) stellten fest, daß Kinder, die hohe Punktwerte in Kreativitätstests, aber nur durchschnittliche IQ-Werte erreichten, genauso gute schulische Leistungen erbrachten wie Kinder, die sehr gut bei IQ-Tests, aber nur durchschnittlich bei Kreativitätstests abgeschnitten hatten. Trotz gleicher schulischer Leistung dieser beiden Gruppen zogen die Lehrer die Kinder mit hohem IQ vor. Die Lehrer hatten vielleicht den Eindruck, daß die Kinder mit dem höheren IQ fleißiger waren und weniger Unruhe stifteten. Ceci (1990a) machte darauf aufmerksam, daß die Lehrernominierungen in der Terman-Studie möglicherweise durch ein schichtenspezifisches Vorurteil und einen Halo-Effekt beeinflußt waren.
14. Zu Studien, die nachweisen, daß Eltern eine gute Spürnase für einen hohen IQ haben, siehe Ciha, Harris, Hoffman und Potter (1974), Robinson und Robinson (1992) und Silverman (1993c). Kaufmann und Sexton (1983) stellten fest, daß 83 Prozent von 98 Elternpaaren die Begabung ihres Kindes vor der Einschulung erkannt hatten. Lewis und Louis (1991) und Roedell (1989) berichteten, daß Zeichen von besonderer Lebhaftigkeit und Reaktionsfähigkeit ebenso wie frühentwickelte Fähigkeiten im Hinblick auf

Sprachvermögen, Gedächtnis und abstraktes Denken am häufigsten von den Eltern bemerkt werden.

15. Die hier aufgezählten Charakteristika werden in einem Großteil der Fachliteratur über Kinder mit hohem IQ erörtert. Siehe dazu zum Beispiel Albert (1971, 1975), Cox (1926), Freeman (1991), Gross (1993a), Hildreth (1966), Hollingworth (1926, 1931, 1942), Kincaid (1969), Lehman (1953), Lewis und Louis (1991), Ochse (1990), Piirto (1994), Raskin (1936), Robinson (1993a), Roe (1952), Roeper (1982, 1990), Silverman (1993c), Subotnik, Kassan, Summers und Wasser (1993), Terman (1925) und Zixiu (1985).
16. Die Studie, die einen Zusammenhang zwischen dem Gedächtnis im Säuglingsalter und späterem IQ nachweist, wurde von Fagan und McGrath (1981) durchgeführt. Siehe auch Bornstein und Sigman (1986) und Lewis (1975) zu weiteren Begabungsanzeichen im Säuglingsalter.
17. Mehr zu Studien, die eine Beziehung zwischen einer Präferenz für neue Eindrücke im Säuglingsalter und späterem IQ untersuchen, bei Lewis und Brooks-Gunn (1981).
18. Zu Nachweisen für eine frühreife körperliche Entwicklung siehe Gross (1993a) und Kincaid (1969).
19. Zum *flow*-Begriff siehe Csikszentmihalyi (1990; dt. 1992). Kanevsky (1992) beschreibt ausführlich, wie Kinder mit hohem IQ bei dem Spiel »Der Turm von Hanoi« vorgehen und das Problem lösen.
20. Mehr zur »Metakognition« (also zur Bewußtheit von eingesetzten Strategien) und zu abweichenden Denkprozessen von Kindern mit hohem IQ bei Kanevsky (1992), Rogers (1986), Shore und Kanevsky (1993) sowie Sternberg (1981, 1986).
21. Die Diskrepanz zwischen Handschrift und anderen Fähigkeiten von hochbegabten Kindern beschreibt Terrassier (1985).
22. Alexander, Carr und Schwanenflugel (1995) erörtern den metaphysischen Diskurs, den diese Kinder führen. Hollingworth (1942) verwies auf Goethe, der mit neun Jahren seine eigene Religion erfand.
23. Greenacre (1956). Zu mystischen, hypomanischen Zuständen bei kreativen Persönlichkeiten siehe Jamison (1993, 1995).
24. Benbow, Zonderman und Stanley (1983) haben nachgewiesen, daß Kinder mit hohem IQ häufig einen höheren IQ haben als ihre Eltern.
25. Eine frühe Erörterung und Kritik an der Tatsache, daß Begabungen primär durch IQ-Tests gemessen werden, finden sich bei Getzels und Jackson (1962). Zu einer neueren Darstellung derselben Thematik siehe Feldhusen und Jarwan (1993). Sattler (1982) wies darauf hin, daß die meisten Begab-

tenprogramme einen Grenzwert von 130 haben, wodurch die oberen 2 bis 3 Prozent der Schülerpopulation ermittelt werden.

26. Ford (1994) und Frasier (1993) erläutern, weshalb bestimmte Gruppen durch IQ-Tests benachteiligt sein könnten. Zur Verhaltensbeobachtung als einer besseren Methode zur Feststellung von hochbegabten Kindern aus Minderheitengruppen siehe Borland und Wright (1994).
27. Feldman und Goldsmith (1991) testeten das logische Denken, das räumliche Vorstellungsvermögen, das Rollenverhalten und das moralische Urteil bei mehreren Wunderkindern mit Hilfe von Piagetschen Testverfahren. Sie stellten fest, daß die Wunderkinder die gleichen Ergebnisse erzielten wie normal begabte Kinder im gleichen Alter. Dieses Ergebnis ist als Nachweis dafür herangezogen worden, daß die Hochbegabung extrem domänenspezifisch ist. Für ein multidimensionales Konzept der Hochbegabung und gegen eine Gleichsetzung von Hochbegabung und allgemeiner Intelligenz plädieren u. a. Feldhusen (1986, 1989), Feldman und Goldsmith (1991), Gagné (1995), Gardner (1983; dt. 1991), Heller (1991) Marland (1971), Piirto (1994, 1995) sowie Treffinger und Renzulli (1986). Gardner (1983; dt. 1991) und Sternberg (1985, 1991) legen ausführlich dar, daß IQ-Tests nur ein eng begrenztes Fähigkeitsspektrum messen.
28. Mehr zu neuen Tests der intellektuellen Hochbegabung bei Mönks (1992), Renzulli (1978), Sternberg (1985) sowie Sternberg und Davidson (1986). Zu dem Ergebnis, daß Kinder mit durchschnittlichem IQ, die aufgrund anderer Eigenschaften ausgewählt wurden, in einem Hochbegabtenprogramm auf vielen Gebieten genauso gut abschnitten wie Kinder mit hohem IQ, siehe Hunsaker et al. (1995). Ford (1994) und Frasier (1993) stellen alternative Verfahren zum IQ-Test vor, mit denen hochbegabte Kinder aus Minderheitengruppen besser ermittelt werden können.

III.
Ungleich begabt, sogar lernbehindert

1. Norbert Wiener und William James Sidis sind häufig zitierte Beispiele für mathematische Wunderkinder. Howe (1990), Feldman und Goldsmith (1991) sowie Radford (1990) haben mathematische und literarische Wunderkinder beschrieben. Howe (1990, S. 142) berichtete über Winifred Sackville Stoner und Nika Turbina, die Gedichte schrieben, und über Daisy Ashford, die eine Novelle verfaßte. Feldman und Goldsmith (1991) untersuchten Randy Mc-

Daniel, ebenfalls ein literarisches Wunderkind, das mit drei Jahren erste Erzählungen schrieb und mit sechs Jahren Gedichte, Kurzgeschichten und Bühnenstücke sowie gut recherchierte Aufsätze verfaßte.

2. Feldhusen, VanTassel-Baska und Seeley (1989, Kap. 6) erörtern den Konflikt zwischen dem hochbegabten Kind, das Rechenaufgaben auf seine ganz eigene Weise löst, und den Anforderungen der Schule.
3. Zu diesem Lösungsansatz eines hochbegabten Kindes siehe ebd.
4. Kruteskii (1976) hat beschrieben, wie mathematisch begabte Kinder alltägliche Erfahrungen in Rechenaufgaben verwandeln. Piirto (1994) stellt Kinder vor, die von Zahlen fasziniert sind. Edward Teller wird von Blumberg und Panos (1990) beschrieben. Radford (1990) erörtert verschiedene Formen früher mathematischer Interessen, die auf eine spätere Laufbahn als Mathematiker hindeuten.
5. Dieses Zitat stammt vom Center for Talented Youth, Study of Exceptional Talent, newsletter Nr. 33, Sept./Okt. 1994, S. 5.
6. Die beiden Zitate sind aus Terman (1925, S. 339 und S. 636). Zum geringen Interesse an bildender Kunst und Musik siehe Terman (1925, S. 369, Tabelle 139). Hollingworth (1926) erkannte, daß Kinder mit extrem hohem IQ auf einigen Gebieten Schwächen zeigten, und stellte fest, daß die von ihr untersuchten Kinder mit einem IQ von über 180 häufig Schwierigkeiten in einem bestimmten Schulfach hatten.
7. Mehr zu unausgewogenen Fähigkeitsprofilen von intellektuell begabten Kindern bei Benbow und Minor (1990), Mueller, Dash, Matheson und Short (1984) sowie Silver und Clampit (1990). Lewis (1985) beschrieb Kinder mit großen Diskrepanzen zwischen verbalen und räumlichen Subtests. Zum Ergebnis, daß Erwachsene mit hohem IQ niedrigere Korrelationen zwischen Subfähigkeiten aufweisen, siehe Detterman (1991, 1993) und Detterman und Daniel (1989). Zum Ergebnis, daß Kinder mit einem IQ von 120 oder mehr starke verbale Leistungsdiskrepanzen aufwiesen, siehe Wilkinson (1993). Zur Erörterung der Möglichkeit, daß die Subfähigkeiten bei Personen mit niedrigem IQ an eine bestimmte Grenze stoßen, siehe Detterman (1991).
8. Die Studie über mehr als 1000 hochbegabte Individuen wird in Achter, Lubinski und Benbow (1996) beschrieben. Eine ausführliche Darstellung des SMPY-Programms wie auch der Diskrepanzen zwischen verbalen und mathematischen Punktwerten findet sich bei Stanley (1988). Mehr zur retrospektiven Mathematikstudie bei Bloom (1985).
9. Die Studie über Kinder mit frühentwickelten verbalen Fähigkeiten wurde von Benbow und Minor (1990) durchgeführt. Siehe auch Benbow, Stanley, Kirk und Zonderman (1983) zu den Ergebnissen, daß mathematisch begabte

Kinder häufig schwach im verbalen Bereich sind, während verbal begabte Kinder normalerweise auch in Mathematik gut sind. Zur Erörterung der Frage, weshalb der allgemeine IQ nicht zum Aufnahmekriterium für Spezialklassen gemacht werden sollte, siehe Stanley und Benbow (1986).

10. Zu weiteren Einzelheiten über hochbegabte und lernbehinderte Kinder siehe Baum (1984), Baum und Owen (1988), Boodoo et al. (1989), Feiring und Taft (1985), Feldhusen und Jarwan (1993), Fox, Brody und Tobin (1983), Hemmings (1985), Reis, Neu und McGuire (1995), Schiff, Kaufman und Kaufman (1981), Whitmore (1981) und Yewchuk (1985). Einige Informationen über Hochbegabung und Konzentrationsstörungen finden sich in Durden und Tangherlini (1993). Zum Thema Versagen von hochbegabten Kindern (Underachievement) siehe Butler-Por (1993) und Whitmore (1980). Die geschätzte Zahl der hochbegabten lernbehinderten Schüler stammt von Davis und Rimm (1985). Die geschätzte Zahl der Kinder mit hohem IQ, die unter Lesestörungen leiden, findet sich bei Fox (1983). Zu vertiefenden Ausführungen über Schulprobleme von hochbegabten Kindern mit Lernbehinderungen siehe Reis, Neu und McGuire (1995).
11. Mehr zu dem Argument, daß man zur Mathematik ein gutes räumliches Vorstellungsvermögen braucht, bei Gardner (1983; dt. 1991) und Krutetskii (1976). Mehr zu Studien, die einen Zusammenhang zwischen hohen mathematischen und räumlichen Fähigkeiten zeigen, bei Benbow und Minor (1990), Benbow, Stanley, Kirk und Zonderman (1983) und Hermelin und O'Connor (1986a). Mehr zu dem Punkt, daß dies vor allem für die Kinder mit der höchsten mathematischen Begabung gilt, bei Benbow, Stanley, Kirk und Zonderman (1983). Zum Nachweis, daß Collegestudenten mit Hauptfach Mathematik und Naturwissenschaften über hohe Fähigkeiten im räumlichen Denken verfügen, siehe Casey und Brabeck (1989), Casey, Winner, Brabeck und Sullivan (1990) sowie D'Amico und Kimura (1987).
12. Zur Beziehung zwischen Scores im mathematischen Teil des SAT, im sprachlichen Teil des SAT und im Ravens-Matrices-Test siehe Stanley (1988).
13. Krutestskii (1976) beschrieb diese drei Gruppen von Kindern mit mathematischen Begabungen.
14. Mehr zu Methoden und Hypothesen der Informationsverarbeitung bei Gardner (1985; dt. 1989).
15. Dark und Benbow (1991) führten die Studie durch, in der das Arbeitsgedächtnis von verbal begabten Schülern mit dem von mathematisch begabten Schülern verglichen wurde. Zu ähnlichen Ergebnissen kamen Puckett und Kausler (1984), die feststellten, daß die gemessene Merkfähigkeit für Ziffern ein Indiz für mathematische Fähigkeiten am College ist und die Merkfähig-

keit für Wörter und Buchstaben ein Indiz für die verbale Leistungsfähigkeit im College. Siehe auch Palmer, McLeod, Hunt und Davidson (1985), die zeigten, daß der Grad des Lesevermögens mit dem Leistungsniveau korreliert, das bei Aufgaben mit Wörtern, nicht aber bei Aufgaben mit Buchstaben erreicht wird.

16. Die von Roe (1952) untersuchten Wissenschaftler gaben an, mit visuellen Vorstellungen zu arbeiten. Hermelin und O'Connor (1986a) zeigten, daß mathematisch hochbegabte Kinder ein besseres Gedächtnis für Muster hatten als Kontrollgruppen, die sich aus Kindern mit entsprechend hohem verbalen IQ zusammensetzten. Casey, Winner, Brabeck und Sullivan (1990) wiesen nach, daß diejenigen Collegestudenten, sich am besten an ein komplexes Muster erinnern konnten, Fächer studierten, die umfangreiche mathematische Kenntnisse erforderten.
17. Die Studie über das Wiederauffinden von semantischen Informationen wurde von Dark und Benbow (1991) durchgeführt. Zu den Wissenschaftlern, die ebenfalls gezeigt haben, daß der schnellere Zugriff auf verbale Informationen im Langzeitgedächtnis mit großen verbalen Fähigkeiten korreliert, gehören Hunt, Frost und Lunneborg (1973) sowie Hunt, Lunneborg und Lewis (1975).
18. Mehr zu der These, daß Priming-Effekte bei guten Lesern geringer sind, bei Carr (1981) und bei Fichler und Goodman (1988).
19. Chase und Ericsson (1982) sowie Chi (1978) haben das Gedächtnis von Schachexperten beschrieben. Feldman (1980) und Gardner (1983; dt. 1991) führen aus, weshalb starke Fähigkeiten in einem bestimmten Bereich kein Indiz für große Fähigkeiten in anderen Bereichen sind.
20. Auch Dark und Benbow (1991) haben darauf hingewiesen, daß mathematisch begabte Kinder die sprachlich begabten übertreffen, wenn es darum geht, Informationen im Arbeitsgedächtnis kontinuierlich zu aktualisieren, und zwar unabhängig davon, ob es sich um sprachliche oder numerische Informationen handelt. Sie forderten mathematisch und verbal begabte Kinder auf, sich Kombinationen von Buchstaben, Zahlen oder räumlichen Positionen auf einem Gitter zu merken. Die Probanden mit dem mathematischen Talent übertrafen die sprachlich begabten, auch wenn es sich bei den Stimuli um Buchstaben handelte. Dieses Ergebnis steht im Einklang mit der These, daß die Fähigkeit, lange Argumentationsketten zu handhaben, den Kern der mathematischen Begabung bildet (Gardner 1983; dt. 1991). Dark und Benbow haben bei dieser Aufgabe jedoch keine Wörter verwendet, und gerade im Hinblick auf Wörter hatten die verbal begabten Kinder bei der ersten Aufgabe herausragende Ergebnisse erzielt. Nur wenn man die Probanden auch

aufgefordert hätte, sich Kombinationen aus Wörtern und Buchstaben zu merken, und die mathematische Gruppe immer noch besser abgeschnitten hätte, würde ich die Folgerung von Dark und Benbow für gesichert halten.

21. Mehr zu geschlechtsspezifischen Unterschieden in der Mathematik bei Benbow (1988) und bei Benbow und Stanley (1980b, 1983a). Zu Nachweisen, daß die geschlechtsspezifischen Unterschiede bestehen bleiben und Vorhersagen über die späteren Leistungen in Mathematik und Naturwissenschaften erlauben, siehe Benbow und Stanley (1982). Mehr zur Bedeutung des räumlichen Vorstellungsvermögens für die geschlechtsspezifischen Unterschiede in der Mathematik bei Burnett, Lane und Dratt (1979) sowie bei Casey, Nuttal, Pezaris und Benbow (1995).
22. Über den höheren Frauenanteil bei Gruppen asiatischer Herkunft berichtet Benbow (1988). Zu der These, daß asiatische Eltern mehr Gewicht auf das visuell-räumliche Denken legen als andere Gruppen, siehe Storfer (1990).
23. Zu dem Argument, daß domänenspezifische Leistungstests sinnvoller sind als Tests, die den allgemeinen IQ oder Unterbereiche des IQ messen, siehe Stanley (1995).

IV.
Kinder mit künstlerischer Hochbegabung

1. Zur Entwicklung von Hochbegabungen im Bereich der bildenden Kunst siehe Cane (1951), Gardner (1980), Goldsmith (1992), Golomb (1992a, 1992b, 1995), Golomb und Hass (1995), Gordon (1987), Milbrath (1987, 1995, in Vorbereitung), Paine (1987), Pariser (1987, 1991), Richardson (1991; dt. 1991), Vasari (1979), Wilson und Wilson (1976), Winner und Martino (1993), Zhensun und Low (1991) und Zimmerman (1992). Zur Entwicklung musikalischer Hochbegabungen siehe Bamberger (1982, 1986), Feldman und Goldsmith (1991) und Shuter-Dyson (1982, 1986).
2. Mehr zum späten Erlernen von Farbbezeichnungen bei Soja (1994).
3. Eitan wurde von Golomb (1992a, 1995) untersucht.
4. Milbrath (1995) hat das Kind beschrieben, das Dinosaurier mit wissenschaftlicher Genauigkeit zeichnete.
5. Richardson (1991; dt. 1991) berichtet, daß Picasso ungewöhnliche Ausgangspunkte für seine Zeichnungen wählte.
6. Eine Studie über die Perspektivetechniken, die von normal begabten und hochbegabten Zeichnern angewendet werden, wurde von Milbrath durch-

geführt (1995). Sie stellte fest, daß die Verkürzungstechnik in 50 Prozent der Bilder von hochbegabten Kinder zwischen sieben und acht Jahren verwendet wurde. Bei der Gruppe mit normal begabten Kinder wurde eine vergleichbare Prozentzahl nur von Dreizehn- und Vierzehnjährigen erreicht, also sechs Jahre später.

7. Mehr zu der Behauptung, daß hochbegabte Kinder keine intellektuelle Strategie benutzen, sondern eher von der figuralen Wahrnehmung ausgehen und daß die Perspektive zunächst lokal begrenzt ist, bei Milbrath (1987, 1995). Willats (1977) untersuchte die Entwicklung der perspektivischen Darstellung bei normal begabten Kindern und stellte fest, daß sie sich erst spät herausbildet.
8. Die Vergleichsstudie über die unterschiedlichen Blickwinkel, aus denen hochbegabte und normal begabte Zeichner ihre Motive darstellen, stammt von Milbrath (1995).
9. Eine Studie über die Bildkomposition bei hochbegabten Kindern wurde von Milbrath durchgeführt (in Vorbereitung). Arnheim (1974; dt. 1978) beschreibt unterschiedliche Formen der Bildsymmetrie.
10. Zum Realismus in den Kindheitsbildern von Künstlern siehe Gordon (1987). Die von Bloom untersuchten Bildhauer (1985) zeichneten als Kinder ebenfalls realistisch. Der hochentwickelte Realismus von Millais wurde von Paine (1987) beschrieben; der Realismus von Landseers von Goldsmith und Feldman (1991); der von Seargent von Cox (1992); dasselbe bei Klee, Picasso und Toulouse-Lautrec von Pariser (1987, 1991).
11. Die drei Zitate von Picasso stammen aus Richardson (1991, S. 29, 45, 29; dt. 1991, S. 40, 57 u. 41).
12. Die beiden malenden Kinder, die nicht in einem realistischen Stil zeichneten, werden in Golomb (1992a) und Golomb und Hass (1995) beschrieben. Von ähnlichen Fällen berichten Hurwitz (1983), Kerschensteiner (1905) sowie Lark-Horowitz, Lewis und Luca (1973).
13. Gombrich (1960; dt. 1977) beschreibt die mit der Renaissance einsetzende Entwicklung der Perspektive in der abendländischen Kunst.
14. Yani wurde von Goldsmith (1992), Goldsmith und Feldman (1989) sowie von Zhensun und Low (1991) beschrieben.
15. Gardner (1980) berichtet von dem Fall, in dem ein Kind Cartoons zeichnete, weil es einer realistischen Darstellung ausweichen wollte. Milbrath (1995) beschreibt dagegen ein Kind, das den Cartoon-Stil genauso gut beherrschte wie den realistischen Stil.
16. Goldsmith und Feldman (1989) verweisen auf den auffälligen Kontrast zwischen Yanis Bildern und ihrer Kalligraphie. Manuel (1919) stellte keinen Zu-

sammenhang zwischen Handschrift und Zeichnen bei Kindern aus der westlichen Welt fest.

17. Das Zitat stammt von Wilson und Wilson (1976, S. 46).
18. Walters und Gardner (1986) haben solche Aha-Erlebnisse beschrieben, durch die hochbegabte Kinder in eine Domäne gedrängt werden.
19. Diese Einblicke in Jacobs Gitarrenspiel verdanke ich Bill Eldridge, dem Lehrer von Jacob.
20. Ich danke Nina Grimaldi, der Klavierlehrerin von Stephen, und Judy Ross, seiner Theorielehrerin, die mir diese Einblicke in Stephens Fähigkeiten gewährten.
21. Zu der These, daß sich eine musikalische Begabung früh bemerkbar macht, siehe Scott und Moffet (1977) sowie Shuter-Dyson (1986). Die Anekdoten über Mozart finden sich bei Schonberg (1970; dt. 1990). Die Studie über die 47 Musiker stammt von Shuter-Dyson und Gabriel (1981), ebenso wie die Feststellung, daß die meisten berühmten Geiger Wunderkinder waren. Sloboda (1985) hat jedoch einige Gegenbeispiele von berühmten Konzertpianisten beschrieben, die in früher Kindheit nicht als musikalisch begabt erkannt wurden. Zur Anekdote über Lorin Hollander siehe Winn (1979).
22. Radford (1990), Miller (1989), Scott und Moffett (1977) sowie Sosniak (1985) weisen darauf hin, daß eine starke Reaktion auf Musik das früheste Anzeichen ist. Sloboda (1985) erläutert, warum das bloße auditive Unterscheidungsvermögen noch kein Anzeichen einer musikalischen Begabung ist.
23. Nach Judd (1988) ist das musikalische Gedächtnis das wichtigste Indiz für eine musikalische Begabung.
24. Zum typischen Alter, in dem Kinder zu singen anfangen, siehe Sloboda (1985). Zum frühzeitigen Singen von hochbegabten Kindern siehe Shuter-Dyson (1982). Revesz (1925) untersuchte das ungarische Wunderkind Erwin Nyiregyhazi und verwies auch auf die Frühentwicklung von Händel.
25. Mehr zu der Frage, ab wann Kinder korrekt singen können, bei Gardner, Davidson und McKernon (1981) sowie bei Sloboda (1985). Zum korrekten Singen von musikalisch begabten Kindern siehe Revesz (1925).
26. Mehr über die Fähigkeit von musikalisch begabten Kindern zur Wiedergabe von Liedern findet sich bei Miller (1989). Schonberg (1970; dt. 1990) beschrieb die frühen Fähigkeiten von Mozart. Richet (1900) studierte den Fall Pepito Areola. Winn (1979) hat über Rubinstein berichtet. Henson (1977) führte das Beispiel Mozart an, der Allegris *Miserere* im Gedächtnis behielt. Bamberger (persönliches Gespräch) hat die Schüler beobachtet, die zum Zeitvertreib den Stil berühmter Musiker imitierten.
27. Alle Angaben über Erwin Nyiregyhazi stammen von Revesz (1925).

28. Bamberger (1986) berichtet, daß musikalisch begabte Kinder angeben, sie könnten ein Stück nicht nachspielen, wenn sie zu viel darüber nachdächten.
29. Die Häufigkeit des absoluten Gehörs in der allgemeinen Bevölkerung wurde von Bachem geschätzt (1955). Winn (1979) beschrieb Lorin Hollander. Über das absolute Gehör von Mozart berichten Winn (1979) und Schonberg (1970; dt. 1990).
30. Mehr zu Komponisten, die über das absolute Gehör verfügten oder nicht darüber verfügten, bei Slominsky (1988) und Sacks (1995a). Walters, Krechevsky und Gardner (1985) stellten fest, daß nicht alle musikalisch begabten Kinder das absolute Gehör hatten.
31. Sergent und Roche (1973) kamen zu dem Ergebnis, daß ein Zusammenhang zwischen frühzeitig einsetzendem Musikunterricht und absolutem Gehör bestand. Takehuchi und Hulse (1993) stellten fest, daß sich das absolute Gehör bei normal begabten Kindern im Alter zwischen drei und fünf trainieren läßt.
32. Von den Problemen, die mit einem absolutem Gehör verbunden sein können, berichtete mir die Princeton-Studentin Merritt Schader, die am Konservatorium von San Francisco studiert hatte. Sacks (1995a) wies darauf hin, daß ein perfektes Gehör die Freude an der Musik trüben und die Darbietung beeinträchtigen kann.
33. Walters, Krechevsky und Gardner (1985) berichteten, daß eine musikalische Begabung nicht unbedingt mit der Fähigkeit verbunden ist, vom Blatt zu spielen. Mozarts diesbezügliche Fähigkeiten wurden von Scott und Moffett (1977) beschrieben. Daß Glenn Gould früher Noten als Wörter lesen konnte, wurde in dem Film *Thirty-two Short Films About Glenn Gould* berichtet.
34. Sloboda (1985) diskutiert die Entwicklung des Singens bei normal begabten Kindern. Zur nachlassenden Erfindungsgabe im Zeichnen siehe Gardner (1980) und Winner (1982).
35. Der Musiker, der Melodien aus dem Radio aufgriff, wird in Walters, Krechevsky und Gardner beschrieben (1985). Über Areola berichtete Richet (1900). Mozarts Improvisationstalent wurde von Scott und Moffett (1977) sowie Schonberg (1970; dt. 1990) beschrieben.
36. Revesz (1925) hat darauf hingewiesen, daß man nur selten sehr junge Kinder findet, die eine Begabung zum Komponieren haben.
37. Über Komponisten, die vor dem zehnten Lebensjahr mit dem Komponieren begonnen haben, berichten Schwartz (1984), Revesz (1925) und Radford (1990).
38. Bamberger (1986).

39. Bamberger (1982) beschreibt die Midlife-Crisis bei musikalischen Wunderkindern.
40. Milbrath (1987) verglich den Wechsel vom figural-intuitiven zum formaltheoretischen Verständnis in Musik und bildender Kunst.

V.
Mythos IQ

1. Mehr zu Berichten über Kinder mit hohem IQ, aber ohne besondere zeichnerische Befähigung bei Holland (1961), Hollingworth (1926, 1942), Lewerenz (1928), Wallach und Wing (1969) und Welsh (1975). Die Terman-Probanden mit Spezialfähigkeiten werden in Terman (1925, S. 47) beschrieben.
2. Csikszentmihalyi, Rathunde und Whalen (1993) führten die Untersuchung über die Teenager mit unterschiedlichen Begabungen durch. Getzels und Csikszentmihalyi (1976) stellten fest, daß Kunststudenten ästhetische Werte noch höher einstuften als Theologiestudenten die Religion.
3. Milbrath (1995) bespricht den Fall von Joel. Frith (1980) und Phillips (1987) berichten, daß Künstler Schwierigkeiten mit dem Schreiben haben.
4. Gardner (1983; dt. 1991) legt dar, daß visuell-räumliche Fähigkeiten unabhängig von anderen Intelligenzformen bestehen können.
5. Milbrath (1995) beschreibt ein weiteres zeichnerisch begabtes Kind, das ebenfalls Formen in Mustern erkannte, und verweist auf Temkin (1987), der über diese Fähigkeiten bei Max Ernst und Paul Klee berichtet.
6. Zu Nachweisen, daß Kinder mit zeichnerischer Begabung sehr gut verborgene Formen und unvollständige Figuren erkennen können, daß sie mühelos Bilder speichern und abrufen können und daß diese Fähigkeiten unabhängig vom IQ bestehen, siehe O'Connor und Hermelin (1983) sowie Hermelin und O'Connor (1986a).
7. Vasari (1979; dt. 1989) schilderte das visuelle Gedächtnis von Michelangelo. Morelock und Feldman (1993) haben die Fähigkeiten von Yani erörtert. Richardson (1991; dt. 1991) beschrieb das visuelle Gedächtnis von Picasso. Rosenblatt und Winner (1988) stellten fest, daß begabte Zeichner ein herausragendes Gedächtnis für Bilder haben.
8. Das Gedächtnis für Bilder wurden in einer Studie von Rosenblatt und Winner (1988) getestet. Das Gedächtnis für persische Schriftzeichen wurde in einer Studie von Hermelin und O'Connor (1986a) getestet.
9. Korrelationen zwischen musikalischer Befähigung und IQ werden von Shu-

ter-Dyson besprochen (1982). Radford (1990) hat auf die intellektuelle Frühreife von Erwin Nyiregyhazi und die Latein-Übersetzungen von Mendelssohn hingewiesen. Über den IQ der Terman-Probanden mit Spezialfähigkeiten berichtet Terman (1925, S. 47).

10. Csikszentmihalyi, Rathunde und Whalen (1993).
11. Radford (1990) berichtete über den IQ der Schüler von der Yehudi Menuhin School. Shuter-Dyson (1986) beschrieb das Beispiel des Jungen, der diese Schule besuchte und einen Musikpreis gewann, obwohl er den niedrigsten IQ hatte.
12. Zum schulischen Leistungsniveau von Adoleszenten mit außergewöhnlichen Fähigkeiten in Sport, Musik und bildender Kunst siehe Csikszentmihalyi, Rathunde und Whalen (1993, S. 67–68).
13. Zur These, daß Musiker, Maler und Schriftsteller ein phänomenales visuelles und auditives Gedächtnis haben, siehe Waterhouse (1988). Zu den Ergebnissen, daß musikalisch begabte Kinder bei Tests des visuell-räumlichen Wahrnehmungvermögens besonders gut abschneiden, siehe Barrett und Barker (1973), Hassler (1990), Hassler, Birbaumer und Feil (1985, 1987) sowie Karma (1979). Hassler (1990) verglich die räumlichen Fähigkeiten von Musikern und Malern. Die Ergebnisse, die eine Beziehung zwischen Musikunterricht und räumlichen Fähigkeiten zeigen, wurden auf der Tagung der American Psychological Association vorgestellt: siehe Rauscher, Shaw, Levine, Ky und Wright (1994). Der Zusammenhang zwischen Mozart-Hören und räumlichem Denkvermögen wird ausführlich beschrieben von Rauscher, Shaw und Ky (1993, 1995). Die Ergebnisse von Rauscher und seinen Mitarbeitern sind so überraschend, daß sie in einer unabhängigen Studie repliziert werden sollten, bevor man sie allgemein anerkennt.
14. Die Bezeichnung »Idiots savants« wurde 1887 von dem britischen Psychologen Dr. J. Langdon Down geprägt, besser bekannt als Entdecker des Down-Syndroms, einer genetischen Anomalie, die zur Retardierung führt. Nähere Erläuterungen zum Savant-Syndrom finden sich bei Howe (1990) und Treffert (1989). Treffert (1989) benutzte den Ausdruck »Savant-Syndrom« und berichtete, daß der IQ von Savants zwischen 40 und 70 schwankt. Treffert (1989) weist darauf hin, daß weniger als 100 Fälle dokumentiert sind.
15. Zu allgemeinen Darstellungen des Autismus siehe Frith (1989; dt. 1992), Gillberg und Coleman (1992), Happé (1995), Kanner (1944), Rimland (1964) und Wing (1976).

    Etwa 10 Prozent der Autisten zeigen Symptome des Savant-Syndroms (Rimland [1978]), aber nur 0,06 Prozent der retardierten Personen (Hill

[1978]). Bei diesen 0,06 Prozent handelt es sich um eine sehr niedrige Schätzung, weil sie sich auf die Population in Anstalten bezieht und deshalb viele Personen mit einem IQ von unter 40, d. h. dem unteren Grenzwert des Savantismus, miteinschließt. Da Retardierung ein weit häufigeres Phänomen ist als der Autismus, gibt es mehr retardierte Savants als autistische Savants. Man schätzt, daß ein frühkindlicher Autismus in etwa 4 bis 10 Fällen von 10000 auftritt (Happé [1995]). Selfe (1995) hat die These aufgestellt, daß alle Savants quasi-autistische Symptome aufweisen.

Eine kleine Minderheit von Savants findet sich auch unter Kindern, die in der späten Kindheit oder frühen Adoleszenz eine Schizophrenie entwickeln, und unter Kindern, deren Gehirn vor der Geburt, während der Geburt oder in der Kindheit durch eine Verletzung oder Krankheit geschädigt wird. Obgleich das Savant-Syndrom also normalerweise angeboren ist, kann es auch erworben werden. Zum erworbenen Savant-Syndrom siehe Treffert (1989).

16. Mehr zu den hochentwickelten räumlichen Fähigkeiten von Autisten bei Frith und Hermelin (1969). Shah und Frith (1983) haben nachgewiesen, daß Autisten versteckte Figuren sehr gut erkennen können; sie beschreiben auch die Art und Weise, wie Autisten Puzzles zusammensetzen.
17. Zu dem Savant, der Fremdsprachen erlernte, siehe Smith und Tsimpli (1995). Die Hyperlexie, also die Fähigkeit, auf der Satz- und Textebene zu lesen, ohne den Sinn zu verstehen, wird als Form des Savantismus betrachtet. Aber ich konzentriere mich hier ausschließlich auf wunderkindähnliche Savants, deren Fertigkeiten auch bei einem normalen Erwachsenen außergewöhnlich wären. Personen mit Hyperlexie verfügen über Fertigkeiten, die nur im Vergleich zu ihren Defiziten in allen anderen Bereichen außergewöhnlich sind.
18. Beschreibungen von Nadia geben Park (1978) und Selfe (1977, 1983, 1985, 1995). Selfe (1995) hat darauf hingewiesen, daß alle ihr bekannten Savant-Zeichner autistisch waren oder autistische Symptome zeigten. Obwohl die meisten Savants sehr realistisch zeichnen, arbeiten einige in einem expressionistischen Stil, wie zum Beispiel an der Zeichnung von Cathy in Abbildung 5.2 deutlich wird (siehe Buck, Kardeman und Goldstein [1985]).
19. Rimland (1964) hat herausragende Gedächtnisleistungen von autistischen Kindern beschrieben. Siehe auch Happé (1995) und Frith (1989; dt. 1992).
20. Selfe (1983) hat Nadia mit vier anderen autistischen Künstlern verglichen und Gemeinsamkeiten festgestellt. Auch Morgan (1987) hat einen autistischen Künstler mit schlechter grobmotorischer Koordination beschrieben. Das Bild von der 15jährigen Autistin, die eine Verkürzungstechnik anwendet, findet sich bei Park (1978).

21. Park (1978) bestreitet, daß Nadias zeichnerisches Talent durch die Sprachentwicklung zerstört wurde. Sie weist darauf hin, daß ihre eigene Tochter, ebenfalls eine zeichnerisch begabte Autistin, trotz wachsender Sprachfähigkeit weiterhin zeichnete.
22. Wiltshire (1987, 1991). Zu weiteren Ausführungen über Wiltshire siehe Sacks (1993, dt. 1997; 1995b, dt. 1997).
23. Auch Morgan (1987) beschreibt ein Kind mit einer Vorliebe für Zeichengeräte, die eine feine Linienführung ermöglichen.
24. Die Studie über den japanischen Savant stammt von Morishima und Brown (1977).
25. Park (1978) und Selfe (1983) vertraten die Ansicht, daß Savants mehr am Prozeß als am Produkt interessiert sind und gleichgültig auf Lob reagieren.
26. Selfe (1983) hat darauf hingewiesen, daß alle fünf autistischen Künstler, die sie untersuchte, in der Lage waren, zunächst völlig unverbundene Details über das Blatt zu verteilen, die sie dann später zu einer vollendeten Gesamtkomposition mit perfekt verbundenen Linien zusammenführten. Auch Wiltshire beherrschte diese Fähigkeit.
27. Die Studie über E. C. wurde von Mottron und Belleville durchgeführt (1993).
28. O'Connor und Hermelin (1987) verglichen Savants und retardierte Personen, die einen etwa gleich hohen IQ hatten, beim Draw-a-Person-Test.
29. Treffert (1989) hat darauf hingewiesen, daß das Gedächtnis von Savants manchmal als »eidetisch« beschrieben wird, daß jedoch der Begriff *mechanisches Gedächtnis* die Sache besser trifft. Eidetische Bilder sind lebendige visuelle Eindrücke, die nur kurze Zeit anhalten; ein fotografisches Gedächtnis erlaubt den korrekten Abruf von (nicht notwendig visuellen) Informationen, lange nach dem eigentlichen Erleben. Eine gewisse Form von lebendigem, detailliertem, fotografischem Gedächtnis, das automatisch, d. h. ohne bewußte Anstrengung arbeitet, ist für alle Savants charakteristisch.

    O'Connor und Hermelin (1983) haben gezeigt, daß nichtbehinderte hochbegabte Kinder besser in der Lage waren, unvollständige Bilder zu erkennen, als durchschnittlich begabte Kinder. Zum Nachweis, daß auch Savants herausragende Fähigkeiten bei dieser Aufgabe zeigen, siehe O'Connor und Hermelin (1987). O'Connor und Hermelin (1987) haben außerdem demonstriert, daß Savants sogar noch verblüffendere Leistungen zeigen, wenn es darum geht, ein Bild aus dem Gedächtnis zu reproduzieren (im Gegensatz zum reinen Wiedererkennen). Sie verfügen offenbar neben ihrem überlegenen visuellen Gedächtnis über eine hervorragende motorische Steuerungsfähigkeit.

30. Down (1887) benutzte den Ausdruck »verbale Adhäsion«. Cain (1970) verwendete die Formulierung »Gedächtnis ohne Verstand«. Rimland (1964) stellte fest, daß Savants den physikalischen Merkmalen eines Reizes mehr Beachtung schenken als seiner Bedeutung. Down (1887) berichtete über den Savant, der *The Decline and Fall of the Roman Empire* auswendig lernte. Selfe (1995) beschrieb das Gedächtnis von Nadia.
31. Zu Nachweisen, daß Kinder abstrakte Muster wirklichkeitsgetreuer kopieren als gegenständliche Motive, siehe Phillips, Hobbs und Pratt (1978). Zu Nachweisen, daß Menschen realistischer zeichnen können, wenn die Vorlagen auf den Kopf gestellt werden, siehe Edwards (1979; dt. 1982).
32. Selfe (1977) führte Nadias Können ursprünglich auf eine Beeinträchtigung des begrifflichen Denkens zurück. Auch Arnheim (1980) und Pariser (1981) erörtern diese Möglichkeit. Selfe (1995) zweifelt inzwischen an der Richtigkeit dieser These.
33. Arnheim (1974; dt. 1978) erörterte die These, daß die Schemata von Kindern Generalisierungen zum Ausdruck bringen.
34. Zur Studie, in der Savants gebeten wurden, gegenständliche und abstrakte Bilder zu reproduzieren, siehe O'Connor und Hermelin (1987).
35. Pring und Hermelin (1993) führten die Studie durch, in der getestet wurde, wie gut sich Savants und hochbegabte Kinder an Bilder erinnern konnten, die entweder durch ihre Form oder ihre Kategorie verbunden waren.
36. Sacks (1985, S. 20/dt. 1996, S. 296–297).
37. Ich bin Constance Milbrath zu Dank verpflichtet, die mich darauf aufmerksam machte, daß die Zeichnungen von Savants nicht witzig sind und keine Geschichten erzählen.
38. Rimland und Hill (1984) haben festgestellt, daß die meisten Savants in der Musik entdeckt werden. Miller (1989) hat eine umfassende Untersuchung über Savant-Musiker vorgelegt. Er weist darauf hin, daß sich unser Verständnis von Savant-Musikern ausschließlich auf Savants der westlichen Welt stützt.
39. Zu weiteren Informationen über Wiltshire siehe Sacks (1993/94, 1995b; dt. 1997).
40. Das Kind, das eine ganze Oper aufmerksam verfolgte, aber bei der *Sesamstraße* nicht stillsitzen konnte, wird von Rimland (1978) beschrieben. Bei Miller (1989) findet sich das Beispiel von dem Kind, das überempfindlich auf laute Geräusche reagierte, aber fasziniert von Musik war. Laut Schonberg (1970; dt. 1990) litt Mozart körperlich unter lauten Geräuschen.
41. Rimland und Fein (1988) beschreiben die Präzision, mit der Savant-Musiker einmal gehörte Melodien wiedergeben können.

42. Miller (1989) hat darauf hingewiesen, daß das Klavier das bevorzugte Instrument von Savants ist, weil es sich durch eine Eins-zu-eins-Wiedergabe und einen linearen Aufbau auszeichnet.
43. Savants haben die extremste Form von perfektem Gehör: Sie erkennen jeden Ton auf jedem beliebigen Instrument. Man bezeichnet das mitunter als »erweitertes absolutes Gehör«. Zur Häufigkeit des perfekten Gehörs in autistischen Populationen siehe Rimland und Fein (1988).
44. Miller (1989) und Treffert (1989) beschreiben das gemeinsame Auftreten von Blindheit, Retardierung und Frühbegabung bei Savant-Musikern.
45. Zu weiteren Ausführungen über Blind Tom siehe Miller (1989) und Treffert (1989).
46. Simonton wies mich in einem persönlichen Gespräch darauf hin, daß es enorme Diskrepanzen zwischen den angegebenen Zahlen der Stücke gibt, die Blind Tom angeblich auswendig konnte; die meisten Quellen nennen allerdings eine Zahl zwischen 500 und 700.
47. Simonton machte mich in einem persönlichen Gespräch darauf aufmerksam, daß die Angaben von Toms Besitzer mit Vorsicht zu genießen sind, weil er Tom aus Profitgier ausbeutete und möglicherweise zu Übertreibungen neigte.
48. Den Fall des Savant-Musikers N. P. beschreiben Sloboda, Hermelin und O'Connor (1985).
49. Zu weiteren Nachweisen, daß sich Savant-Musiker beim Verarbeiten und Erinnern von musikalischen Eindrücken an musikalischen Strukturen wie Tonleiter und Rhythmus orientieren, siehe Charness, Clifton und MacDonald (1988).
50. Die Untersuchung über komponierende Savants wurde von Hermelin, O'Connor und Lee (1987) durchgeführt.
51. Miller (1989) untersuchte den Savant-Musiker L. L. und bemerkte, daß er komponieren konnte.
52. Judd (1988) beschrieb den Stil von musikalischen Savants als bar jeden Gefühls. Scheerer, Rothmann und Goldstein (1945) charakterisierten Savants als pathologisch konkret. Mehr zu der These, daß Savant-Musiker ohne Gefühl spielen, bei Viscott (1970) und Miller (1989).
53. Nach Ansicht von Miller (1989) haben Savant-Musiker eine vollständige oder intakte musikalische Fähigkeit, während Savants mit außergewöhnlicher rechnerischer Begabung oder mit Hyperlexie nur über Teilfähigkeiten verfügen. Mitchell (1907) hat nichtbehinderte Rechenkünstler beschrieben. Auch die Hyperlexie ist eine Teilfähigkeit: Personen mit Hyperlexie können gedruckte Buchstaben dekodieren, aber sie können dem Gelesenen keine Be-

deutung auf der Satz- oder Textebene verleihen. Kalenderrechner wurden erstmals von Down (1887) beschrieben, später dann von Binet (1894).

54. Scripture (1891) beschrieb den Savant mit rechnerischer Begabung, der die Wörter des Theaterstücks zählte.
55. Treffert (1989) erörterte den Fall von Fuller.
56. Scripture (1891) beschrieb Savant-Rechenkünstler, die sich jede Ziffer in einer langen Zahlenreihe merken konnten.
57. Hermelin und O'Connor (1990b) haben Savant-Rechner untersucht. Horowitz, Kestenbaum, Person und Jarvik (1965) behaupten, daß sich die Zahlenkünstler auf ein rein mechanisches Gedächtnis stützen. Ericsson und Faivre (1988) haben die Anzahl der Bits berechnet, die erforderlich sind, um zwei beliebige dreistellige Zahlen miteinander zu multiplizieren. Die Vergleichsstudie über einen Savant-Rechenkünstler und einen Psychologen mit Hochschulabschluß in Mathematik wurde von Hermelin und O'Connor (1990b) durchgeführt. Die beiden Probanden wurde unter anderem gebeten, mit Primzahlen zu rechnen. Der Savant rechnete schneller und präziser, aber beide machten die gleiche Art von Fehlern. Eine Follow-up-Studie von Anderson, O'Connor und Hermelin (ohne Jahr) erbrachte die gleichen Ergebnisse.
58. Die Zwillinge wurden von Horowitz, Kestenbaum, Person und Jarvik (1965) beschrieben.
59. Hermelin und O'Connor (1986a) stellten fest, daß es Kalenderrechnern schwerer fällt, weiter zurückliegende Tage zu berechnen. Sie haben auch nachgewiesen, daß sich Savants an kalendarische Gesetzmäßigkeiten oder Regeln halten.
60. Hamblin (1966) zitierte die Zwillinge.

VI.
Vererbung und Hochbegabung

1. Zu weiteren Ausführungen über diese Streitfrage siehe Ericsson und Faivre (1988), Ericsson, Krampe und Tesch-Romer (1993), Howe (1990), Howe, Davidson, Moore und Sloboda (1995), Sloboda (1996), Sloboda, Davidson und Howe (1994) und Sloboda, Davidson, Howe und Moore (in Vorbereitung). Suzuki wird in Herman zitiert (1981, S. 36). Eine ausführliche Darstellung des Behaviorismus und seines Niedergangs infolge der kognitionswissenschaftlichen Revolution findet sich bei Gardner (1985; dt. 1989).

2. Bloom (1985). Zu Josh Waitzkin siehe Waitzkin (1984; dt. 1994). Musiklehrer behaupten, sie würden ein begabtes Kind mühelos erkennen: Diese Schüler lernen schnell, berichtigen ihre Fehler selbst und haben Vertrauen in ihre Fähigkeiten; siehe dazu Walters, Krechevsky und Gardner (1985).
3. Ericsson, Krampe und Tesch-Romer (1993). Ähnliche Thesen haben auch der britische Psychologe John Sloboda und seine Mitarbeiter in einer Studie, dem sogenannten Leverhulme Project, aufgestellt; siehe dazu Howe, Davidson, Moore und Sloboda (1995), Sloboda und Howe (1991), Sloboda, Davidson und Howe (1994) sowie Sloboda, Davidson, Howe und Moore (im Druck). Die Eltern von Musikern erklärten in dieser Studie, daß sie keine frühen Anzeichen von Musikalität bei ihren Kindern wahrgenommen hätten. Diese Kinder waren allerdings nicht so extrem begabt wie die von Bloom untersuchten. Außerdem hatten die erfolgreichsten Probanden von Sloboda bereits im Alter von 18 Monaten erste Melodien wiedererkannt, sechs Monate früher als normal. Nach Ansicht Slobodas könnte dies jedoch ganz einfach daran liegen, daß diese Gruppe schon in frühester Kindheit stärkeren musikalischen Einflüssen ausgesetzt war.
4. Gruber (mündliche Mitteilung).
5. Charles wurde von Hildreth (1941) untersucht. Ich danke Rudolf Arnheim und Claire Golomb, die mich darauf aufmerksam machten, daß Hildreths Studie ein anschauliches Beispiel dafür liefert, zu welchen Ergebnissen harte Arbeit ohne besondere Begabung führen kann.
6. Mehr zur chinesischen Methode des Zeichenunterrichts bei Gardner (1989) und Winner (1989).
7. Mehr zur Suzuki-Methode bei Suzuki (1969).
8. Schlaug, Jancke, Huang und Steinmetz (1995). Die hirnanatomischen Besonderheiten bei Personen mit absolutem Gehör stehen im Einklang mit den von Schlaug et al. (1995) beschriebenen Autopsiebefunden bei einem Musiker, der keine Melodien hören konnte und bei dem man eine Schädigung im linken Schläfenlappen feststellte. Sie stehen auch im Einklang mit Scheibels Bericht (1988) über das konservierte Gehirn eines Musikers mit absolutem Gehör, dessen auditive Hirnregion fast doppelt so groß war wie normal. Die Anzahl der Nervenzellen in der auditiven Region war laut Scheibel nicht erhöht, aber sie waren weniger dicht angeordnet als normal.

   Der linke Temporal- oder Schläfenlappen ist, wie gesagt, bei den meisten Menschen etwas größer als der rechte und wurde mit der Sprachdominanz in Verbindung gebracht (Geschwind und Levitsky, 1968). Sacks (1995a) hat darauf hingewiesen, daß wir MRI's von spezifischen Populationen mit absolutem Gehör brauchen, um herauszufinden, ob sie alle genauso wie die Musiker mit absolutem Gehör einen erheblich vergrößerten Schläfenlappen aufweisen.

Diese Ergebnisse scheinen im ersten Moment im Widerspruch zu der Erkenntnis zu stehen, daß beim Musikhören die rechte Hemisphäre aktiviert wird, wie Zatorre, Evans, Meyer und Gjedde (1992) berichten. Aber während musikalisch ungeschulte Menschen bei der Verarbeitung von Musik vor allem die rechte Hemisphäre aktivieren, ist bei Musikern auch die linke Hemisphäre beteiligt, wie Bever und Chiarello (1974) nachgewiesen haben. Das hängt vermutlich damit zusammen, daß musikalisch geschulte oder begabte Personen (was schwer zu trennen ist) analytischer vorgehen, wenn sie Musik hören. Zu einer Kritik an dieser Auffassung siehe Zatorre (1984).

9. Altman (1991) beschreibt die russische Studie, über die CBS in der Sendung *60 Minutes* berichtete.
10. Zur Untersuchung von Einsteins Gehirn siehe Diamond, Scheibel, Murphy und Harvey (1985). Zur Funktion des Parietallappens siehe Mesulam (1981), zur Funktion der Gliazellen siehe Thompson (1985, S. 45–47). Das wenige, was wir über ihre Funktion wissen, deutet darauf hin, daß diese Zellen dazu beitragen, den zellulären Abfall zu entsorgen, und auch eine Rolle bei der Myelinisation (Markscheidenbildung) spielen, ein Prozeß, der die Erregungsleitung radikal beschleunigt. Für einen Zusammenhang zwischen erhöhtem Gliazellenanteil und außergewöhnlichen Fähigkeiten spricht die Tatsache, daß der prozentuale Anteil der Neuronen um so geringer wird, je höher man auf der phylogenetischen Stufenleiter der Säugetiere von der Maus zum Menschen nach oben steigt (Bass, Hess, Pope und Thalheimer, 1971)
11. Zu Forschungsergebnissen, die belegen, daß Tiere in einer stimulierenden Umwelt eine größere Anzahl von Neuronen entwickeln, siehe Diamond (1988). Zur Untersuchung über Hirnstrukturen von Geigern siehe Elbert et al. (1995). Einen Überblick über die neuen bildgebenden Verfahren in der Hirnforschung gibt Raichle (1994). Zu Forschungsarbeiten über Musik, Sprache und Gehirn siehe Zatorre, Evans, Meyer und Gjedde (1992). Zu Forschungsergebnissen über bildliches Denken und Gehirn siehe Kosslyn und Koenig (1992).
12. Jerison (1982) untersuchte die Hirnmasse bei verschiedenen Spezies. Er berichtete von einer Korrelation von .995 zwischen der Hirngröße des Tieres und dem Ausmaß der kortikalen Oberfläche. Die Studien, die einen Zusammenhang zwischen Hirngröße und IQ bei Menschen ergeben haben, wurden von Willerman, Schultz, Rutledge und Bigler (1991) sowie Yeo, Turkheimer, Raz und Bigler (1987) durchgeführt; der Nachweis konnte allerdings nur bei

Männern erbracht werden. Willerman et al. (1991) berichteten über eine Korrelation von .51 zwischen Gehirngröße und IQ bei Collegestudenten mit durchschnittlichem bzw. hohem IQ (130 und darüber). Das bedeutet, daß die Gehirngröße 26 Prozent der IQ-Varianz voraussagte. Die deutlichsten Größenunterschiede zwischen den Gehirnen von Studenten mit durchschnittlichem und hohem IQ wurden in Kortexregionen festgestellt, die an höheren mentalen Prozessen beteiligt waren, zum Beispiel in der Region, die bei Einstein eine erhöhte Anzahl von Gliazellen aufwies. Yeo et al. (1987) stellten einen Zusammenhang zwischen Art des IQ-Wertes und Hirnhälfte fest. Je höher der verbale IQ im Verhältnis zum Handlungs-IQ war, desto größer war die linke Hemisphäre (die bei den meisten Menschen für die Sprache zuständig ist) im Verhältnis zur rechten Hemisphäre.

13. Zu dem Künstler mit vergrößerter visueller Hirnregion siehe Scheibel (1988).
14. Scheibel (1988) untersuchte die Länge und Komplexität der Dendriten.
15. Galton (1883).
16. Weitere Studien haben nach dem gleichen Muster die »Inspektionszeit« gemessen. Dazu wird ein Reiz kurze Zeit auf einem Bildschirm gezeigt, und die Testperson muß ein Urteil darüber fällen, zum Beispiel welche von zwei Linien länger ist. Je höher der IQ, desto kürzer die erforderliche Inspektionszeit für eine richtige Beurteilung.

    Die gleichen Kritikpunkte, die gegen Reaktionszeitmessungen angeführt werden, gelten auch für die Messungen der Inspektionszeit. Die Aufgabe ist komplexer, als sie scheint. Wie man bei diesem Test abschneidet, hängt nicht nur von der Geschwindigkeit der Reizverarbeitung ab, sondern kann von vielerlei Faktoren beeinflußt sein, zum Beispiel von der individuellen Anpassungsfähigkeit an sensorische Reize, von der Auswahl der Strategien u. ä. Insofern handelt es sich nicht um eine rein biologische Messung der neuronalen Intelligenz.

    Zu Studien, die Messungen der Reaktions- und Inspektionszeit als Nachweis dafür anführen, daß die Intelligenz von der Geschwindigkeit der neuronalen Erregungsleistung abhängt, siehe Eysenck (1967), Jensen (1993) und Nettelbeck (1987). Zur These, daß diese Grundlage der Intelligenz festgelegt und erblich sei, siehe Eysenck (1988). Zur Kritik an Studien der Inspektionszeit/Reaktionszeit siehe Anderson (1992) und Ceci (1990a, b).
17. Der Glukosestoffwechsel während nonverbaler Denkoperationen wurde von Haier, Siegel, Neuchterlein et al. (1988), Haier, Siegel, MacLachlan et al. (1992) sowie von Haier, Siegel, Tang et al. (1992) untersucht. Mit Hilfe von bildgebenden Verfahren wurde die Hirntätigkeit der Probanden aufge-

zeichnet, während sie den Ravens Advanced Progressive Matrices Test durchführten, eine schwierige Aufgabe, die ein nonverbales Denken erfordert. Man könnte von der Annahme ausgehen, daß das Gehirn eines Hochbegabten mehr Glukose verbraucht, weil es mehr leistet. Aber das Gegenteil war der Fall. Die Probanden mit den höchsten Punktwerten verbrauchten weniger Glukose, während sie den Test machten. Also arbeitet das Gehirn dieser Menschen offenbar effizienter. Zum selben Ergebnis bei verbalen Tests siehe Berent et al. (1988) und Parks et al. (1988). Die größere Effizienz könnte demnach ein nicht lokalisierbarer, allgemeiner Fähigkeitsaspekt sein.

18. Trotz statistisch signifikanter Ergebnisse erklärt die Korrelation zwischen Fähigkeit und Glukoseverbrauch nur etwa ein Viertel der Varianz.
19. Merkwürdigerweise zeigten Personen mit höherem verbalem IQ nach dem Tetris-Training den stärksten Anstieg des Glukoseverbrauchs. Das ist rätselhaft, weil Tetris keine Aufgabe ist, die man verbal lösen kann. Das Beispiel zeigt, wie schwierig es ist, die Ergebnisse der neuen bildgebenden Verfahren zu deuten.
20. Diamond (1988) hat festgestellt, daß Ratten, die in einer anregenden Umwelt aufwuchsen, einen niedrigeren Glukoseverbrauch hatten. Andere Messungen haben außerdem einen gewissen Zusammenhang zwischen IQ und Effizienz ergeben. So kann man zum Beispiel Hirnwellen messen (sogenannte »evoked potentials«), die durch einen bestimmten Reiz, zum Beispiel einen Lichtblitz, ausgelöst werden. Studien haben gezeigt, daß eine starke positive Beziehung zwischen IQ und Beständigkeit der Hirnwellenreaktion bei einfachen sensorischen Stimuli besteht. Es könnte also sein, daß die Neuronen bei Menschen mit hohem IQ beständiger und damit effizienter auf sensorische Informationen reagieren. Die Beziehung zwischen IQ und Hirnwellenreaktion wurde von Blinkhorn und Hendrickson (1982) sowie von Hendrickson und Hendrickson (1980) nachgewiesen und von Haier et al. (1983) bestätigt.

    Man hat diese »wachgerufenen Potentiale« auch bei Personen gemessen, die aufgefordert wurden, auf ein wiederkehrendes Klicken zu achten. Wenn das Klicken in regelmäßigen Abständen und nicht willkürlich erfolgte, verringerte sich die Reaktion der wachgerufenen Potentiale bei den Probanden mit höherem IQ, bei den Probanden mit niedrigerem IQ hingegen nicht. Daraus folgerte man, daß Personen mit höherem IQ besser in der Lage waren, vorhersehbare Ereignisse zu ignorieren.

    Sowohl Ceci (1990a, b) als auch Anderson (1992) haben Kritik an Studien geübt, die wachgerufene Potentiale für direkte Messungen der Intelligenz benutzen. Anderson hat darauf hingewiesen, daß wachgerufene Potentiale von der Schädeldicke oder bestimmten Eigenschaften der Rückenmarksflüssigkeit abhängen. Bevor wir nicht wissen, welche Zusammenhänge zwischen Hirnwellen und Neuronen und zwischen Hirnwellen und kognitiven Prozessen bestehen, kann eine Korrelation zwischen EEG und IQ keinerlei Aufschluß darüber geben, welche Beziehung zwischen Neuronen und kognitiven Prozessen besteht. Anderson folgert, daß es zwar eindeutig eine gewisse Korrelation zwischen verschiedenen Formen von niedrigstufigen neuronalen Prozessen und IQ gibt, daß aber nicht klar ist, wie man diese Beziehung deuten soll. Nach Ceci kann man die Intelligenz nicht auf irgendeine niederrangige physiologische Eigenschaft des Gehirns reduzieren, völlig losgelöst von der Motivation, dem Training, der Erziehung oder auch der Testangst.

21. Mehr zur Geschwind-Galaburda-Theorie bei Geschwind (1984) sowie Geschwind und Galaburda (1987).
22. Zur Bedeutung der rechten Hemisphäre für Mathematik, Musik und bildender Kunst siehe Gardner (1975, 1983; dt. 1991), Gervais (1982) und Zatorre, Evans, Meyer und Gjedde (1992). Krutetskii (1976) legt dar, daß zur Mathematik ein gutes räumliches Vorstellungsvermögen gehört und deshalb wahrscheinlich die rechte Hirnhälfte beteiligt ist. Zu Nachweisen, daß die Mathematik sowohl von links- als auch von rechtshemisphärischen Fähigkeiten abhängt, siehe Gardner (1983; dt. 1991). Eine Übersicht über die zahlreichen Ergebnisse, die eine direkte Beteiligung der linken hinteren Hemisphäre an der Sprache belegen, bietet Gardner (1975).
23. Da eine anomale Dominanz gleichbedeutend mit einem eher symmetrisch strukturierten Gehirn ist, kann man nicht angeben, welche Hemisphäre schließlich über die Händigkeit bestimmt. Deshalb sind Personen mit anomaler Dominanz manchmal rechtshändig und manchmal nichtrechtshändig. Geschwind und Galaburda (1987) schätzten, daß nur bei etwa einem Drittel der Personen mit anomaler Dominanz der Hirnaufbau umgekehrt ist, so daß die Sprache rechts und die visuell-räumlichen Fähigkeiten links liegen. Zu weiteren Ausführungen über die Beziehung zwischen anomaler Dominanz und Händigkeit siehe Bryden, Hecaen, DeAgostini und Monzon-Montes (1981) sowie Satz, Achenbach und Fennell (1967).

    Testosteron ist nur einer der Faktoren, die nach den Erkenntnissen von Geschwind über die Händigkeit entscheiden. Beschreibungen von frühen linksseitigen Hirnschädigungen als Ursache der Nicht-Rechtshändigkeit geben Bakan (1971) und Satz (1973). Mehr zum genetischen Einfluß auf die Händigkeit bei Annett (1985) sowie Levy und Nagylaki (1972).
24. Siehe Geschwind und Behan (1982) zu dem Argument, daß das Testosteron die Entwicklung des Immunsystems beeinflußt. In Tierexperimenten ist

ebenfalls nachgewiesen worden, daß das Testosteron Auswirkungen auf das Immunsystem hat. Wenn man Mäusen in utero Testosteron verabreicht, leiden die jungen Mäuse unter Immunstörungen (McCruden und Stimson [1991]). Tierexperimente haben auch gezeigt, daß eine intakte linke Hemisphäre wichtig für ein intaktes Immunsystem ist. Eine Läsion der linken Hirnhälfte bei Mäusen schädigt ihr Immunsystem, eine Läsion der rechten Hemisphäre hingegen nicht (Renoux [1988]).

25. Siehe Geschwind und Galaburda (1987) zu den Faktoren, die den Testosteronspiegel beeinflussen. Zu weiteren Ausführungen über geschlechtsspezifische Unterschiede in der Mathematik siehe Benbow (1988) sowie Benbow und Stanley (1980b, 1983a). Zum Thema Geschlechtsunterschiede und Händigkeit siehe Oldfield (1971), Porac und Coren (1981) und Geschwind und Galaburda (1987). Zum Thema Geschlechtsunterschiede und Lernstörungen siehe Geschwind und Galaburda (1987). Bakan (1991) wies die Beziehung zwischen Streß, Rauchen und erhöhtem Testosteronspiegel nach.
26. Zu einer kritischen Bewertung der Theorie von Geschwind-Galaburda siehe die gesamte Ausgabe von *Brain and Cognition, 26*(2), 1994. Zu weiteren Kritiken an der Geschwind-Hypothese und zur Erörterung der widersprüchlichen Studienbefunde siehe McManus und Bryden (1991), Pennington et al. (1987), Satz und Soper (1986) und Van Strien, Bouma und Bakker (1987).
27. O'Boyle und Benbow (1990) haben gezeigt, daß intellektuell begabte Adoleszenten die rechte Hirnhälfte bei der Wahrnehmung von Gesichtern stärker aktivierten als durchschnittlich befähigte Probanden. O'Boyle, Alexander und Benbow (1991) stellten fest, daß die rechte Hemisphäre von mathematisch begabten Adoleszenten eine erhöhte elektrische Aktivität aufwies.
28. Annett und Kilshaw (1982) belegten, daß die Linkshändigkeit bei Mathematikern gehäuft auftritt. Smith, Meyers und Klein (1989) berichteten, daß Collegestudenten, die sich selbst als mathematisch befähigt einschätzen, überdurchschnittlich häufig nicht-rechtshändig waren. McNamara, Flannery, Obler und Schachter (1994) führten die Studie durch, in der 20 Prozent der Personen, die sich selbst als mathematisch begabt beschrieben, nichtrechtshändig waren. Benbow (1986) berichtete von der erhöhten Rate der Nicht-Rechtshändigkeit bei intellektuell frühreifen Jugendlichen.
29. Zu Nachweisen, daß mathematische Berechnungen von der linken Hemisphäre gesteuert werden, siehe Zolog (1983) und Inouye, Shinosaki, Iyama und Matsumoto (1993). Zu Nachweisen, daß das begriffliche Denken in der Mathematik von der rechten Hirnhälfte gesteuert wird, siehe Gardner (1983; dt. 1991).

30. Mebert und Michel (1980) führten die Studie durch, in der nachgewiesen wurde, daß 21 Prozent der Kunststudenten Linkshänder waren. Auch Peterson (1979) hat festgestellt, daß Erwachsene, die Kunst studieren, überdurchschnittlich häufig nicht-rechtshändig sind. Smith, Meyers und Kline (1989) haben außerdem gezeigt, daß Nicht-Rechtshänder sich selbst häufig als zeichnerisch begabt einschätzen. Rosenblatt und Winner (1988) berichteten, daß die Linkshändigkeit bei Kindern mit zeichnerischer Begabung gehäuft auftritt. Peterson und Lansky (1974) berichteten über die erhöhte Zahl von Nicht-Rechtshändern unter herausragenden männlichen Schachspielern.
31. Die Studie, die berichtete, daß 11 Prozent der musikalisch begabten Personen nicht-rechtshändig waren, wurde von McNamara, Flannery, Obler und Schachter (1994) durchgeführt. Oldfield (1969) fand keine Beziehung zwischen musikalischer Fähigkeit und Händigkeit. Andere Studien haben lediglich eine Beziehung zu einer schwachen Linkshändigkeit festgestellt, ein Ergebnis, das den Vorhersagen des Geschwind-Galaburda-Modells widerspricht: Byrne (1974) stellte einen überproportionalen Anteil von Beidhändern unter Schülern eines Konservatoriums fest, aber das schloß sowohl eine leichte Rechtshändigkeit als auch eine leichte Linkshändigkeit mit ein; Deutsch (1980) stellte fest, daß in einer Gruppe von zufällig ausgewählten Collegestudenten diejenigen mit leichter Linkshändigkeit ein besseres Gedächtnis für Tonhöhen hatten als alle anderen Händigkeitstypen. Für weitere Studien über die Händigkeit bei Musikern siehe Hassler (1990), Hassler und Birbaumer (1988), Hassler und Gupta (1993) und Peterson (1979). Eine Verbindung von Musik und Händigkeit ist in so vielen Studien nachgewiesen worden, daß eine Verbindung hinlänglich belegt ist.
32. Zu Nachweisen, daß linkshändige Kinder mit außergewöhnlichen bildnerischen Fähigkeiten nicht höher begabt sind als rechtshändige Kinder in dieser Begabungsdomäne, siehe Rosenblatt und Winner (1988).
33. Einen Überblick über Studien, die sich mit der Frage befassen, ob Nicht-Rechtshänder über höhere räumliche Fähigkeiten verfügen, geben Annett (1985) sowie Porac und Coren (1981). Nach Ansicht von Mebert und Michel (1980) könnten die widersprüchlichen Ergebnisse über die räumlichen Fähigkeiten von Linkshändern darauf zurückzuführen sein, daß Linkshänder eine gemischte Gruppe im Hinblick auf die Dominanz sind. Zum Thema Rechtshänder mit anomaler Dominanz siehe Casey und Brabeck (1989).
34. O'Boyle, Gill, Benbow und Alexander (1994) führten die Studie über das Fingertippen durch. Eine frühere Studie von O'Boyle und Benbow (1990) zeigte, daß nicht nur mathematisch, sondern auch verbal begabte Adoleszenten die rechte Hirnhälfte bei der Sprachverarbeitung genauso aktivieren wie

die linke. Es könnte allerdings sein, daß die verbal begabten Schüler in dieser Studie auch mathematisch begabt waren.

Es gibt einige Hinweise darauf, daß eine musikalische Begabung auch mit gewissen rechtshemisphärischen Sprachregionen verbunden ist. Einige Studien haben gezeigt, daß Musiker die rechte Hemisphäre bei der Sprachverarbeitung häufiger aktivieren als Nichtmusiker (Gordon [1970, 1978, 1980] und Hassler und Birbaumer [1988]). Aber das Bild wird durch Geschlechtsunterschiede kompliziert. Hassler (1990) stellte fest, daß Musikerinnen und Malerinnen eine stärkere Sprachlateralisierung aufwiesen als männliche Musiker und Maler (und sogar als eine Kontrollgruppe). Bei unmusikalischen Personen ist es dagegen genau umgekehrt – hier zeigen Frauen eine stärkere bilaterale Aktivität als Männer.

35. Zu Nachweisen, daß Kinder mit Dyslexie bei IQ-Subtests, in denen räumliche Fähigkeiten gemessen werden, besser abschneiden als bei Subtests, in denen sequentielle Fähigkeiten gemessen werden, siehe Naidoo (1972), Rugel (1974) und Smith et al. (1977). Siehe auch Gordon und Harness (1977), die eine Testserie entwickelten, um rechts- und linkshemisphärische Prozesse bei lernbehinderten Kindern zu messen. Sie stellten fest, daß 97 Prozent der lernbehinderten Kinder überdurchschnittlich bei Tests der linken Hemisphäre und unterdurchschnittlich bei Tests der rechten Hemisphäre abschnitten. Für weitere anekdotische Berichte über visuell-räumliche Begabungen bei Kinder mit Dyslexie oder Autismus siehe Galaburda und Kemper (1979), Rimland (1964, 1978a, b) und Sano (1918).

36. Colangelo et al. (1993) haben nachgewiesen, daß Erfinder schlecht in verbalen, aber nicht in mathematischen Schulfächern waren. Hassler (1990) zeigte, daß Künstler schlecht bei einem Test der Sprachfestigkeit abschnitten. Winner, Casey, DaSilva und Hayes (1991) berichteten von den Kunststudenten, die nach eigenen Angaben Schwierigkeiten mit dem Lesen hatten. Winner und Casey (1993) berichteten über die Rechtschreibschwierigkeiten von Kunststudenten. Bei nicht phonetisch begründeten Fehlern klingt das Wort falsch, wenn man es ausspricht (zum Beispiel »Phyzicker« für »Physiker«), während es bei phonetisch begründeten Fehlern richtig klingt, wenn man es ausspricht (zum Beispiel »Füsiker«). Diese Tendenz zu nicht phonetisch begründeten Fehlern wurde sogar festgestellt, wenn die SAT-Leistung ausgeglichen war, was beweist, daß die Lese- und Rechtschreibschwierigkeiten dieser Schüler unabhängig von den Fähigkeiten bestanden, die vom SAT gemessen wurden. Zur Erörterung unterschiedlicher Rechtschreibschwierigkeiten und ihrer Beziehung zu Leseproblemen siehe Frith (1980) und Phillips (1987).

37. Die Verbindung zwischen musikalischer Begabung und Lernstörungen wurde von McNamar et al. (1994) nachgewiesen.
38. Zur Dyslexie aus Sicht der Evolution siehe Geschwind und Galaburda (1987).
39. Geschwind und Behan (1982) stellten fest, daß extreme Linkshänder 2,7mal so häufig von Allergien berichteten wie extreme Rechtshänder. Der Zusammenhang zwischen Autoimmunstörungen und anomaler Dominanz ist außerdem durch zahlreiche Studien belegt, in denen nachgewiesen wurde, daß die Wahrscheinlichkeit von auftretenden Allergien bei Nicht-Rechtshändern größer ist als bei Rechtshändern: siehe dazu Coren (1994), Hassler und Birbaumer (1988), Hassler und Gupta (1993), Martino und Winner (1995), McKeever und Rich (1990), Searleman und Fugagli (1987) sowie Smith (1987). Hassler und Gupta (1993) zeigten, daß Personen mit anomaler Dominanz (die man aus der Beteiligung der rechten Hemisphäre an der Sprachverarbeitung folgerte) erhöhte Immunoglobulin-E-Werte aufwiesen, ein Indiz, daß sie aufgrund allergischer Reaktionen ein Übermaß an Antikörpern hatten.

    Die Verbindung konnte jedoch nur für einige Immunstörungen bestätigt werden (Allergien, Asthma, Colitis), für andere von Geschwind vorausgesagte Immunstörungen wie Myasthenia gravis und Arthritis hingegen nicht. Die Gründe sind nicht klar, und dieses Ergebnis steht im Widerspruch zum Modell von Geschwind-Galaburda.

    In einigen Studien ist es nicht gelungen, Störungen des Immunsystems bei Linkshändern nachzuweisen. Siehe Bishop (1986), Salcedo, Spiegler, Gibson und Magilvay (1985), und Van Strien, Bouma und Bakker (1987). Zu einer Studie, die keine Verbindung zwischen Störungen des Immunsystems, anomaler Sprachdominanz und räumlicher Fähigkeit nachweisen konnte, siehe Rich und McKeever (1990).

    Benbow (1986) berichtete über Immunstörungen bei mathematisch ebenso wie bei sprachlich begabten Jugendlichen. Der frühere Bericht über Immunstörungen bei Kindern mit hohem IQ stammt von Hildreth (1966).

    Zu weiteren Studien, die einen Zusammenhang zwischen gestörtem Immunsystem und Begabung belegen, siehe Temple (1990), der eine erhöhte Anfälligkeit für Immunstörungen bei Akademikern in mathematischen Bereichen feststellte. Kolata (1983) berichtet über Immunstörungen bei Personen mit mathematischer Begabung.

    Es gibt einige Anzeichen, aber keine wissenschaftlichen Nachweise für eine Verbindung zwischen Immunstörungen und musikalischer Begabung. McNamara et al. (1994) berichteten, daß Frauen mit Begabungen in unterschiedlichen Bereichen wie zum Beispiel Mathematik, Musik und bildende Kunst, nach eigenen Angaben überdurchschnittlich häufig unter Immunstörungen litten. Hassler und Birbaumer (1988) stellten eine erhöhte Rate von Immunstörungen bei Musikern fest, aber in dieser Studie wurden Händigkeit und musikalische Befähigung nicht voneinander getrennt. Linkshändige Musiker wurden also mit Nicht-Musikern verglichen, die überwiegend rechtshändig waren. Insofern kann man nicht sagen, ob das verstärkte Auftreten von Immunstörungen auf die Händigkeit oder auf die musikalische Befähigung zurückzuführen ist. Außerdem fanden Hassler und Gupta (1993) keine erhöhte Rate von Immunstörungen bei Musikern.

40. Hier einige Hauptkritikpunkte, die gegen die Theorie von Geschwind/Galaburda vorgebracht werden:

Vage Definition der anomalen Dominanz: Die anomale Dominanz wird vage definiert als jedes Muster, das vom Standard abweicht. Es wird nicht näher spezifiziert, bei welchem Grad der Abweichung ein Hirnaufbau als anomal zu bezeichnen ist. Meistens wird die anomale Dominanz über das unzulängliche Kriterium der Händigkeit bestimmt, und gelegentlich auch, indem man feststellt, ob Sprache und visuell-räumliche Fähigkeiten bilateral aufgeteilt sind. Beides sind keine klaren und eindeutigen Anzeichen für eine anomale Dominanz. Es wäre besser, wenn man die anomale Dominanz ausschließlich anatomisch definieren würde, als ein Gehirn, bei dem der linke Schläfenlappen gleich groß oder kleiner ist als der rechte. Aber das ist natürlich wesentlich schwieriger festzustellen als die Händigkeit einer Person.

Ist der Einfluß des Testosterons nachgewiesen worden? Bryden, McManus und Bulman-Fleming (1994) haben festgestellt, daß es keinen Beweis für die von Geschwind und Galaburda postulierte Wirkung des Testosterons gibt. Die wenigen direkten Studien, bei denen man sowohl die Händigkeit (bei Kindern) als auch das Testosteron in utero gemessen hat (im Mutterleib), haben die theoretischen Annahmen nicht bestätigt. Siehe zum Beispiel Grimshaw, Bryden und Finegan (1993).

Die Testosteron-These muß zweifellos durch direkte Tests überprüft werden, in denen die Menge des pränatalen Testosterons zu unterschiedlichen Zeitpunkten verändert und gemessen wird. Bis jetzt basieren die meisten Belege für eine Bewertung der Testosteron-These auf Korrelationen zwischen Faktoren, von denen man annimmt, daß sie vom Testosteron beeinflußt werden. Mit anderen Worten, man nimmt solche Tatsachen wie die, daß Männer häufiger rechtshändig sind, über ein besseres räumliches Vorstellungsvermögen verfügen und häufiger unter Dyslexie oder Stottern leiden, um die Testosteron-These zu stützen, aber das sind sehr indirekte und daher wenig überzeugende Nachweise. Einen Überblick über die Art von indirekten Nachweisen, die zur Untermauerung der Testosteron-These benutzt wurden, bietet Halpern (1992).

Es gibt allerdings einige wenige direkte Nachweise, die die Geschwind-Galaburda-These zum Testosteron tatsächlich untermauern. Bei Personen mit bestimmten Störungen, die auf ungewöhnlich niedrige pränatale Hormonmengen zurückgeführt werden, hat sich zum Beispiel gezeigt, daß sie in bezug auf die Hirndominanz und das Niveau von verbalen und räumlichen Fähigkeiten genau die Tendenzen aufweisen, die vom Geschwind-Galaburda-Modell vorhergesagt werden (siehe dazu Halpern [1994]). Außerdem gibt es Nachweise aus Tierversuchen, die die Wirkungsweise des pränatalen Testosterons belegen. Wir wissen auch von Bakan (1991), daß Rauchen und Streß in der Schwangerschaft zu einer erhöhten Testosteronausschüttung führen und mit einer erhöhten Häufigkeit von Nicht-Rechtshändigkeit verbunden sind.

Da es so schwierig ist, die Theorie direkt zu überprüfen, haben einige Forscher untersucht, wie sich das Testosteron auf die kognitiven Fähigkeiten von Erwachsenen auswirkt. Kimura (1985) wies nach, daß Frauen mit erhöhtem Testosteronspiegel bei Tests zum räumlichen Vorstellungsvermögen besser abschneiden als Frauen mit niedrigerem Testosteronspiegel, ebenso wie Frauen, die einen maskulinen Körperbau haben. Für Männer gilt jedoch genau das Gegenteil, was darauf hindeutet, daß es einen optimalen Testosteronspiegel für ein gutes räumliches Vorstellungsvermögen gibt. Casey und Brabeck (1989) haben festgestellt, daß eine Untergruppe von Collegestudentinnen, die in ihrer Kindheit »halbe Jungen« (»Tomboys«) waren, ebenfalls überlegene räumliche Fähigkeiten zeigten. Diese Untergruppe bestand aus Frauen, die Mathematik und Naturwissenschaften studierten und sich auf die visuell-räumlichen Bereiche ihres Fachs spezialisiert hatten. Sie waren rechtshändig, hatten aber nicht-rechtshändige Verwandte. Die Neigung zum Tomboytum könnte zum Teil auf das Testosteron zurückzuführen sein, aber das ist im Moment reine Spekulation. Zu weiteren Studien über räumliches Vorstellungsvermögen und Körperbau siehe Broverman, Klaiber, Kobayaski und Vogel (1968) und Peterson (1976).

Sind die anderen vorhergesagten Beziehungen nachgewiesen? Einige andere Zusammenhänge, die von der Theorie vorhergesagt werden, sind zum Teil bestätigt worden. Coren (1994) hat zum Beispiel einen auffälligen Zusammenhang zwischen Sprachproblemen und Nicht-Rechtshändigkeit nachgewiesen. Es gibt inzwischen auch recht viele Belege für eine Verbindung zwischen Nicht-Rechtshändigkeit und Störungen des Immunsystems (siehe Kaplan und Crawford [1994]), und zwischen sprachbezogenen Lernbehinderungen und Immunstörungen (siehe Annett und Turner [1974]). Zu anderen Studien, die theoretisch vorhergesagte Beziehungen bestätigen, siehe Casey und Brabeck (1989), Martino und Winner (1995), Schachter, Ransil und Geschwind (1987), Smith, Meyers und Kline (1989) und Winner und Casey (1993).

Ist die Theorie ausreichend überprüft worden? Weil die Geschwind-Galaburda-Theorie so viele unterschiedliche Beziehungen vorhersagt und weil viele Faktoren, die laut Theorievorhersage gemeinsam auftreten, extrem selten sind, ist es sehr schwierig (wenn auch nicht unmöglich), das Modell zu überprüfen. Ein Problem besteht darin, daß jeder einzelne Faktor auf viele unterschiedliche Arten gemessen werden kann. Da viele der zu überprüfenden Bedingungen so selten sind (Störungen des Immunsystems, Lernbehinderungen, Hochbegabung, Nicht-Rechshändigkeit), braucht man tatsächlich Studien mit Tausenden von Probanden, um statistisch signifikante Ergebnisse in der vorhergesagten Richtung vorlegen zu können (siehe Coren [1994] zu dieser Auffassung). Die Nachweise, die das Modell bestätigen, sind alles andere als eindeutig und widerspruchsfrei, und die Theorie ist trotz der Fülle der durchgeführten Studien noch nicht ausreichend überprüft worden.

41. Zu der Auffassung, daß Savants ihre außergewöhnlichen Begabungen und ihre Defizite geerbt haben, siehe Duckett (1976) und Rife und Snyder (1931). Zur Lernthese siehe Ericsson und Faivre (1988).
42. Treffert (1989) hat das Savant-Syndrom im Rahmen der von Geschwind/Galaburda postulierten Hypothese der Superioritätspathologie erörtert. Zum Thema Hyperlexie und visuell-räumliche Fähigkeiten siehe Lewis (1985) und Sacks (1993/1994; dt. 1997). Eine ausführliche Darstellung der Sprachschwierigkeiten von Savants geben Steel, Gorman und Flexman (1984) und Treffert (1989).
43. Zu Linkshändigkeit und Autismus siehe Lewin, Kohen und Matthew (1993). Zu Forschungsergebnissen über Linkshändigkeit und Hyperlexie siehe Aram und Healey (1988) und Healey, Aram, Horwitz und Kessler (1982).
44. Zu Autopsiebefunden bei Savants siehe Treffert (1989). Selfe (1977) berichtete, daß Nadia rechtshemisphärische Anomalien zeigte, gab aber keine Einzelheiten an. Treffert (1989) schrieb über Leslie Lemke. Der Savant-Musiker J. L. wurde von Charness, Clifton und MacDonald (1988) beschrieben. Zu linkshemisphärischen Anomalien bei Autisten siehe Hauser, Delong und Rosman (1975). Zu den widersprüchlichen Forschungsergebnissen über die Lokalisation der Hirnschädigungen bei Autisten siehe Happé (1995).

45. Eine ausführliche Darstellung des Pruning geben Hamburger und Oppenheim (1982).
46. Treffert (1989) stützt sich bei seiner Beschreibung der beiden unterschiedlichen Gedächtnisformen auf die Arbeiten von Mishkin und Petri (1984).
47. Nach Galton (1869) wird Genie vererbt. Zu Galtons Thesen siehe Simonton (1994) und Thompson und Plomin (1993). Oden (1968) berichtete, daß die Kinder der Terman-Probanden einen Durchschnitts-IQ von 133 hatten.
48. Zur musikalischen Begabung bei Zwillingen siehe die Studie von Coon und Carey (1989).
49. Zu Zwillingsstudien, in denen die Erblichkeit der allgemeinen Intelligenz untersucht wird, siehe Bouchard und McGue (1981), Bouchard et al. (1990) und Pedersen, Plomin, Nesselroade und McClearn (1992). Zu Studien über die Vererbbarkeit von spezifischen Eigenschaften siehe Benbow, Zonderman und Stanley (1983), Cardon, Fulkner, De Fries und Plomin (1992), DeFries, Plomin, Vanderberg und Kuse (1981), McGee (1979), Rice, Fulkner und DeFries (1986) und Rose, Miller, Dumont-Driscoll und Evans (1979).
50. Scarr und Weinberg (1978) haben nachgewiesen, daß die Konkordanzraten zwischen adoptierten (genetisch unverbundenen) Geschwistern von .32 in der Kindheit auf –.03 im Erwachsenenalter fallen, was die abnehmende Bedeutung der Umwelteinflüsse zeigt. Zu weiteren Studien, die mit diesem Ergebnis übereinstimmen, siehe Loehlin, Horn und Willerman (1989), Rice, Fulkner und DeFries (1986) und Teasdale und Owen (1984).

    Zu dem Argument, daß Menschen ihre Umwelt auswählen und daß diese Auswahl von genetischen Merkmalen geleitet wird, siehe Scarr und McCartney (1983)
51. Siehe Thompson und Plomin (1993). Mehr zu Studien, die den IQ von Kindern und Eltern in der allgemeinen Bevölkerung vergleichen, bei Plomin und DeFries (1980) sowie bei Scarr und Weinberg (1978).
52. Der Begriff »Emergenesis« wurde von Lykken, McGue, Tellengen und Bouchard (1992) eingeführt. Verblüffende Unterschiede zwischen eineiigen und zweieiigen Zwillingen wurden von Bouchard und seinen Mitarbeitern in der Minnesota Study of Twins Reared Apart aufgedeckt (Bouchard et al. [1990]).
53. Simonton (1994) wies darauf hin, daß einige der von Galton beschriebenen Genies zum Emergenesis-Modell passen.
54. Benbow, Zonderman und Stanley (1983). Zu Plomins Zukunftsvorhersagen für die Verhaltensgenetik siehe Plomin und Thompson (1993), und Plomin, Owen und McGuffin (1994).
55. Zur Kritik an IQ-Messungen siehe Gould (1981; dt. 1986) und Kamin

(1974; dt. 1979). Ceci (1990a) führte eine nochmalige Analyse der Zwillingsstudien durch, um zu zeigen, daß die Umwelt stärkere Auswirkungen hat als bislang angenommen.

56. Siehe Ceci (1990a, b) zu der These, daß möglicherweise nicht der IQ, sondern das Temperament vererbt wird.
57. Zu diesen Kritikpunkten an Erblichkeitsstudien siehe Ceci (1990a) und Lerner (1991, 1992).
58. Zu der Auffassung, daß Vererbbarkeit nicht Unveränderlichkeit bedeutet, siehe Scarr-Salapatek (1971).

VII.
Hochbegabung und Familie

1. Zu den geringen Anforderungen in den USA siehe Damon (1995). Zu Vergleichen mit höheren Anforderungen in Asien siehe Stevenson, Lee und Stigler (1986) sowie Stevenson und Stigler (1992). Zu nicht industrialisierten Gesellschaften siehe Whiting und Whiting (1975).
2. Die Anhänger revolutionärer Theorien, ob intellektueller oder politischer Art, sind häufig nachgeborene Geschwister wie Sulloway (1990) gezeigt hat. Siehe dazu auch Kapitel 10.
3. Albert (1980a) benutzte den Ausdruck »Sonderstellungen« (»special positions«), um die Positionen der hochbegabten Kinder als entweder Erstgeborene oder Einzelkinder zu beschreiben. Zu Forschungsergebnissen, die zeigen, daß hochbegabte Kinder und berühmte Erwachsene überdurchschnittlich häufig Erstgeborene sind, siehe Barbe (1956), Cox (1977), Ellis (1926), Feldman und Goldsmith (1991), Freeman (1979), Galton (1874), Goertzel, Goertzel und Goertzel (1978), Gottfried, Gottfried, Bathurst und Guerin (1994), Roe (1952), Sheldon (1954) und Terman (1925).
4. Adler (1938) nahm an, daß Erstgeborene versuchen, die verlorene Vorrangstellung zurückzuerobern. Zajonc (1986) stellte das Konfluenzmodell vor, wonach Erstgeborene mehr Anreize durch Erwachsene erhalten.
5. Gottfried, Gottfried, Bathurst und Guerin (1994) wiesen nach, daß die häusliche Umwelt von Kindern mit hohem IQ vom Säuglingsalter an besonders anregend ist. Freeman (1979) verglich englische Kinder mit hohem und mit niedrigem IQ und stellte fest, daß erstere in häuslichen Umgebungen aufwuchsen, in denen es mehr Bücher gab und in denen die Eltern früher begannen vorzulesen. Die von Cox, Daniel und Boston (1985) durchgeführte Stu-

die über MacArthur-Preisträger zeigt, daß die Eltern von intellektuell hochbegabten Kinder ihrem Nachwuchs geistige Anregung bieten. Ein Beispiel für die anspruchsvollere verbale Ebene, auf der Kinder mit hohem IQ und ihre Eltern interagieren, gibt Moss (1990).

6. Feldman und Goldsmith (1991), S. 100.
7. Die hochbegabten Kinder, die von Bloom (1985), Csikszentmihalyi, Rathunde und Whalen (1993), Feldman und Goldsmith (1991) und Terman (1925) untersucht wurden, stammten ausnahmslos aus Familien mit hoher Schulbildung. Tomlinson-Keasey und Little (1990) zeigten, daß in der Terman-Auswahl der Bildungsstand der Eltern die zuverlässigste Prognose über das Bildungsniveau und den beruflichen Erfolg der Kinder erlaubte. Die Vorhersagekraft des elterlichen Bildungsniveaus gilt genauso für durchschnittlich begabte Kinder: Wie Jencks (1972; dt. 1973) zeigte, sind Ausbildung und Beruf des Vaters die stärksten Determinanten für die spätere sozioökonomische Stellung des Kindes. Vielleicht beeinflußt der väterliche Bildungsstand den Erfolg des Kindes, weil gebildete Väter eine anregende Umwelt schaffen. Aber vielleicht trägt die Bildung des Vaters auch nur deshalb zum Erfolg des Kindes bei, weil unsere Schulen und Berufsberater höhere Erwartungen an Kinder aus Akademikerfamilien als an Kinder aus Arbeiterfamilien haben.

In der Studie von Csikszentmihalyi über außergewöhnlich begabte Jugendliche hatten 80 Prozent der Eltern zumindest einen College-Abschluß. Der Unterschied zwischen dem elterlichen Bildungsgrad bei den besonders begabten Jugendlichen im Gegensatz zu der durchschnittlich begabten Kontrollgruppe war vor allem bei den Müttern besonders ausgeprägt. Während nur ein Drittel der Mütter von durchschnittlich begabten Probanden einen College-Abschluß hatte, waren es bei den Müttern der begabten Probanden 82 Prozent.

Diese Ergebnisse werden von zahlreichen Studien bestätigt. Benbow und Stanley (1980a) stellten das folgende hohe Bildungsprofil bei Eltern fest, deren Kinder von der Study for Mathematically Precocious Youth als mathematisch hochbegabt erkannt wurden: 66 Prozent der Väter und 24 Prozent der Mütter waren Collegeabsolventen; und 45 Prozent der Väter hatten einen höheren akademischen Grad erworben.

In einer Studie über die Familien von Wissenschaftlern, die den Nobelpreis gewonnen hatten, stellte Berry (1981) fest, daß die Mehrheit aus Akademiker- oder Unternehmerfamilien stammten; 40 Prozent dieser Wissenschaftler hatten einen Vater, der entweder ein Universitätsamt bekleidete oder einen Doktortitel besaß. Roe (1952) kam zu dem Ergebnis, daß in ihrer Studie die

Hälfte der berühmten männlichen Wissenschaftler einen Akademiker zum Vater hatte – ein achtzehnmal höherer Anteil als in der Durchschnittsbevölkerung. Über das hohe Bildungsniveau von Eltern, deren Kinder einen hohen IQ haben, berichten auch Barbe (1956), Gottfried, Gottfried, Bathurst und Guerin (1994), Hollingworth (1942), Kincaid (1969) und Sheldon (1954). Kinder mit hohem IQ haben auch häufig hochgebildete Großeltern, wie Galton (1896) und Gross (1993a, b) nachgewiesen haben.

8. Freeman (1991) und Radford (1990) haben nachgewiesen, daß Familien mit niedrigem sozioökonomischen Status, deren Kinder als hochbegabt eingestuft werden, eine anregende Umwelt anbieten. Cox, Daniel und Boston (1985) beschrieben MacArthur-Preisträger aus Einwandererfamilien: Die Eltern hatten selbst keine gute Schulbildung, betrachteten Bildung aber als einen hohen Wert. Comers Lebenslauf findet sich in Comer (1988). Frasier (1993) erörtert die Probleme, die bei der Bewertung von hochbegabten Kindern aus wirtschaftlich schwachen Verhältnissen auftreten. Zu Nachweisen, daß Kinder aus der Mittelschicht und oberen Mittelschicht überproportional häufig als hochbegabt erkannt werden, siehe Astin (1964), der dies für die National Merit Scholars nachwies, sowie Benbow und Stanley (1980a), die dies bei Teilnehmern des SMPY-Programms feststellten.
9. Auswirkungen zu geringer Anreize auf die menschliche Entwicklung sind von Clarke und Clarke (1976) sowie von Kagan und Klein (1973) dokumentiert.
10. Nach Simonton (1994) ist es denkbar, daß hohe Befähigungen vererbt werden und keinen Bezug zu der anregenden Umwelt haben, die Eltern von hochbegabten Kindern schaffen. Gottfried, Gottfried, Bathurst und Guerin (1994) haben gezeigt, daß Kinder mit hohem IQ nach mehr außerschulischen Aktivitäten verlangen. Adams unersättliche Forderungen werden von Feldman und Goldsmith (1991) beschrieben. Das Argument, daß Kinder ihre Umgebung selbst auswählen, wurde von Scarr und McCartney (1983) vorgetragen.
11. Alle Eltern der in diesem Buch beschriebenen Kinder bemerkten Anzeichen hoher Befähigung, als ihre Kinder im Säuglingsalter waren, ebenso wie die Eltern der von Feldman und Goldsmith (1991) beschriebenen Wunderkinder. Gottfried, Gottfried, Bathurst und Guerin (1994) berichten, daß auch Eltern von Kindern mit hohem IQ die Begabung ihrer Kinder bereits bemerkten, als diese noch Säuglinge waren.
12. Gottfried, Gottfried, Bathurst und Guerin (1994) wiesen nach, daß die Umwelt von Kindern mit hohem IQ zwar bereits im Säuglingsalter anregend war, die Anregung aber mit den Jahren noch verstärkt wurde.

13. Kind-zentrierte Familien von hochbegabten Kindern werden von Bloom (1985), Csikszentmihalyi, Rathunde und Whalen (1993), Feldman und Goldsmith (1991), Gross (1993a) und Olszewski, Kulieke und Buescher (1987) beschrieben. Feldman und Goldsmith (1991, S. 216) berichteten von der Familiengeschichte der Menuhins.
14. Eine Studie über Kinder mit extrem hohem IQ ergab, daß 87 Prozent einen umfangreichen häuslichen Unterricht durch einen oder beide Elternteile erhalten hatten, normalerweise von der Mutter. Freeman (1979) stellte fest, daß die Eltern ihrer hochbegabten Probanden großen Anteil am Lernprozeß ihrer Kinder nahmen und mit ihnen arbeiteten.
15. Howe (1990) berichtete über die Familie Menuhin und die Familie Polgar. Bloom (1985) wies darauf hin, daß jede Familie nur Raum für ein herausragendes Kind hat. Yo-Yo Ma und seine Schwester waren beide musikalische Wunderkinder, aber nur Yo-Yo wurde zu einem professionellen Musiker aufgebaut. Zu weiblichen Wunderkindern siehe Goldsmith (1987).
16. Den Fall von Tara Lipinski beschreibt Longman (1994).
17. Diese walisische Mutter von vier Wunderkindern wurde von Deakin (1972) beschrieben.
18. Feldman und Goldsmith (1991, S. 112f.).
19. Richardson (1991; dt. 1991) und Gardner (1993a; dt. 1996) beschrieben Picassos Vater; Goldsmith (1992) beschrieb den Vater von Yani. Die Eltern der bildenden Künstler, die von Bloom (1985) und Csikszentmihalyi, Rathunde und Whalen (1993) untersucht wurden, haben die künstlerische Entwicklung ihrer Kinder ohne Ausnahme stark gefördert.
20. Zu Nachweisen, daß in nahezu allen Fällen ein Elternteil oder Elternersatz auf harte Arbeit drängt und diesen Wert beispielhaft vorlebt, siehe Bloom (1985), Csikszentmihalyi, Rathunde und Whalen (1993), Feldman und Goldsmith (1991) und Gardner (1993a; dt. 1996). Goertzel und Goertzel (1962) stellten fest, daß die Mütter als treibende Kraft wirkten, ihren Kindern aber auch ein großes Vertrauen in die eigene Leistungsfähigkeit vermittelten. Die aus China stammende Jin Li betreibt heute Kreativitätsstudien an der Harvard Graduate School of Education und ist außerdem die Mutter von Ky Lee, den ich in Kapitel 3 beschrieben habe; sie erzählte mir in einem persönlichen Gespräch, daß in China beide Eltern ein gleich wichtige Rolle spielen. Natürlich gibt es auch berühmte Beispiele für ehrgeizige Väter – man denke nur an die Väter von J. S. Mill, William James Sidis oder Yo-Yo Ma. Zur Bedeutung der Mutter im Meyerhoff-Programm siehe Ames (1990).
21. Waitzkin (1984, S. 122/dt. 1994, S. 149). Zum Zusammenhang zwischen hohen elterlichen Erwartungen und hoher Leistungsmotivation bei Kindern

siehe Chamrad und Robinson (1986), McClelland, Atkinson, Clark und Lowell (1953), Nichols (1964) und Olszewski, Kulieke und Buescher (1987). Colangelo und Dettman (1983) wiesen auf die unterschiedlichen Anforderungen hin, die Eltern von leistungsstarken und leistungsschwachen hochbegabten Kindern stellen.

22. Zur Bedeutung der Vorbildrolle in Verbindung mit hohen Erwartungen siehe Freeman (1979). Die Behauptung, daß relativ erfolgreiche Eltern, die aber nicht die allerhöchsten Gipfel erreichen, effektivere Eltern sind als die absoluten Überflieger, ist meine eigene Spekulation.
23. Bloom (1985, S. 74).
24. Zur Wertschätzung intellektueller Aktivitäten in Familien von intellektuell begabten Kindern siehe die Studien von Cox, Daniel und Boston (1985) und Roe (1952). Goldsmith (im Druck) führt aus, wie wichtig es ist, daß Eltern ihre Kinder zunächst lenken und später loslassen.
25. Van Tassel-Baska (1989b) untersuchte die Bedeutung der Familie für sozial benachteiligte hochbegabte Adoleszenten. Zur Rolle der Familie für die Erfahrungen der Meyerhoff-Schüler siehe Ames (1990) und Marriott (1992). Clark (1983) stellte fest, daß elterliche Ideale eine wichtige Rolle bei der Leistung schwarzer Kinder spielten.
26. Stevenson und Stigler (1992) verglichen die Leistungen japanischer und amerikanischer Schüler. Zum Leistungsniveau in Ungarn siehe Csapo (1995). Damon (1995) erörterte die destruktive Wirkung von niedrigen elterlichen Erwartungen in den USA. Es gibt eine Kehrseite, die häufig in Gesellschaften mit sehr hohen Anforderungen auftritt, obwohl das nicht zwangsläufig der Fall sein muß. In solchen Gesellschaften werden die Kinder sehr früh auf eine feste, vorgegebene Leistungsschiene gebracht, die entweder zur Universität führt oder nicht. Insofern bewahren wir vielleicht letzten Endes genauso viele Begabungen wie diese rigideren Gesellschaften. Ich danke Dean Keith Simonton, der mich auf diesen Punkt aufmerksam machte. Aber nichts spricht dagegen, daß wir hohe Erwartungen haben und unseren Kindern trotzdem die Wege offen halten und ihnen eine zweite Chance gewähren.
27. Zahlreiche Studien haben gezeigt, daß Eltern von hochbegabten Kindern ihrem Nachwuchs die Freiheit lassen, eigene Entscheidungen zu treffen; einen Überblick geben Colangelo und Dettman (1983). Dweck und Elliott (1983) und Henderson und Dweck (1990) haben nachgewiesen, daß die Leistungsmotivation steigt, wenn Kinder die Chance haben, Herausforderungen eigenständig zu meistern. Feldman und Goldsmith (1991) wiesen nach, daß die Eltern der von ihnen untersuchten Wunderkinder eher aufgeschlossen als

kontrollierend waren. Terman und Oden (1947) berichteten, daß die Eltern der Terman-Probanden ihre Kinder zur Eigeninitiative und Unabhängigkeit ermutigten. Karnes, Schwedel und Steinberg (1984) stellten fest, daß Eltern von Vorschulkindern mit hohem IQ ihre Kinder stärker zur Selbständigkeit ermutigten als die Eltern von Kindern mit niedrigerem IQ. Piper und Naumann (1974) zeigten, daß Mütter von Zwei- und Dreijährigen mit hohem IQ ihren Kindern mehr Unabhängigkeit und Entscheidungsfreiheit ließen als die eher autoritären und gängelnden Mütter von Kindern mit durchschnittlichem IQ. Weissler und Landau (1992) wiesen nach, daß Väter in Familien ohne intellektuell begabte Kinder autoritärer waren als Väter in Familien mit einem intellektuell begabten Kind. Ähnliche Ergebnisse finden sich bei Freeburg und Payne (1967) und Geppert und Kuster (1983). Getzels und Jackson (1962) stellten fest, daß Eltern von Kindern mit hohem IQ, aber geringer Kreativität häufig wenig Eigenständigkeit gewähren. Sie drängen ihre Kinder zur Anpassung und zu gutem Benehmen. Eltern von Kindern, die kreativ sind (gemessen an den Ergebnissen von schriftlichen Kreativitätstests), aber nur einen durchschnittlichen IQ haben, sind dagegen eher permissiv. Sie drängen ihre Kinder nicht zur Anpassung und gewähren ihnen ein größeres Maß an Autonomie.

28. Baumrind (1971) benutzte den Ausdruck »autoritative« Eltern und wies nach, wie erfolgreich dieser Erziehungsstil ist. Eine Korrelation zwischen extremem elterlichem Druck und Versagen ist von Fine (1977) und Karnes et al. (1961) nachgewiesen worden.
29. Cornell (1984), Freeman (1979) und Gottfried et al. (1994) zeigten, daß in Familien von Hochbegabten ein größerer Zusammenhalt herrscht. Über die niedrigere Scheidungsrate berichtete Barbe (1956). Die neuere Studie, die keine Unterschiede in der Scheidungsrate feststellte, stammt von Gottfried, Gottfried, Bathurst und Guerin (1994).
30. Albert (1971, 1980a, b) und Robinson und Noble (1991) wiesen die positiven Beziehungen zwischen hochbegabten Kindern und ihren Eltern nach. Gross (1993a) stellte fest, daß von 17 Kindern mit sehr hohem IQ fünf den maximalen Punktwert bei der »familienbezogenen Selbstachtung« erzielten, sieben erreichten überdurchschnittliche Punktwerte. Keiner hatte niedrige Werte. Diese Ergebnisse heben sich deutlich von den niedrigen Punktwerten ab, die bei der »schulbezogenen Selbstachtung« erreicht wurden, wie in Kapitel 8 erläutert. Karnes et al. (1961) wiesen nach, daß eine Korrelation zwischen Leistungsniveau und liebevollen Eltern besteht.
31. Csikszentmihalyi, Rathunde und Whalen (1993).
32. Elkind (1981; dt. 1991) und Damon (1995).

33. Zur Beziehung zwischen Wiener und seinem Vater siehe Wiener (1953, S. 71–72; 1956, S. 18/dt. 1962, S. 7–22, S. 309–310). Howe (1990) beschrieb, wie Ruskin, Mill und Wiener von ihren Eltern unter Druck gesetzt wurden. Zu affektiven Störungen bei berühmten Persönlichkeiten siehe Jamison (1993). Das Zitat von Wiener stammt aus Wiener (1956, S. 67/dt. 1962, S. 14). Zu den Musikpädagogen, die nichts von öffentlichen Auftritten sehr junger Kinder halten, gehört Gary Graffman, der Leiter des Curtis Institute of Music in Philadelphia. Der Cellist Mstislaw Rostropowitsch hat diese Ansicht offenbar geteilt. Siehe Hoffman (1993) für weitere Ausführungen zu dieser Thematik. Das Zitat von Yeou-Cheng Ma findet sich in Hoffman (1993, S. 38).
34. Zu Adragon de Mello siehe Cone (1994). Das Zitat findet sich auf Seite 19.
35. Montour (1977) und Manley (1937) erörterten den Fall von Sidis. Montour (1977) wies darauf hin, daß das Problem bei Sidis nicht die Akzeleration, sondern die emotionale Deprivation war.
36. Das Zitat über die Additionsmaschine findet sich in Manley (1937, S. 26).
37. Die Zitate über die Verbitterung und über die Flucht vor der Verantwortung bei Manley (1937, S. 25 und 26).
38. Montour (1977) prägte den Ausdruck »Schöpfer«-Eltern und wies darauf hin, daß die Väter von Norbert Wiener und J. S. Mill den Erfolg ihrer Söhne als ihr persönliches Verdienst betrachteten, weil sie ihre Söhne unterrichtet hatten.
39. Miller (1981). McGuffog (1985) beschrieb die Probleme von hochbegabten Kindern, die von ihren Eltern überfordert werden. Fabri (1964) erörterte den Fall eines zeichnerisch begabten Jungen, dessen Eltern seine außergewöhnliche Begabung nicht mehr förderten, als er beschloß, Maler zu werden. Goldsmith (im Druck) erläutert, wie wichtig es ist, daß die emotionalen Bedürfnisse des hochbegabten Kindes erfüllt werden.
40. Zum Einfluß der Hochbegabung auf die Familie siehe Albert und Runco (1986) und Silverman (1993a).

VIII.
Anders als die anderen: Das Gefühlsleben des hochbegabten Kindes

1. Hollingworth (1942). Zur Notwendigkeit klinischer Interventionen siehe Delisle (1986) und Silverman (1993a, b). Die geschätzte Rate von 20 bis 25 Prozent stammt von Janos und Robinson (1985).

2. Zu weiteren Studien, in denen hochbegabte Kinder wie in Termans Studie als gut angepaßt dargestellt werden, siehe Brody und Benbow (1986), Gallagher und Crowder (1957), Galluci (1988), Mönks und Van Boxtel (1985) [in Holland], und Subotnik, Karp und Morgan (1989). Einen Überblick über soziale und emotionale Aspekte der Hochbegabung geben Janos und Robinson (1985). Zur Behauptung, daß hochbegabte Kinder beliebt und selbstbewußt seien, siehe zum Beispiel Mayseless (1993, S. 135).
3. Waitzkin (1984; dt. 1994); Feldman und Goldsmith (1991).
4. Zur Leistungsmotivation und Ausdauer von hochbegabten Kindern siehe die Studien von Bloom (1985), Bogle und Buckhalt (1987), Csikszentmihalyi, Rathunde und Whalen (1993), Janos und Robinson (1985) und Renzulli (1978). Stevenson, Chen und Lee (1993) wiesen nach, daß leistungsstarke Kinder in Taiwan, China, Japan und den USA stärker intrinsisch motiviert waren als Kinder, die durchschnittliche Leistungen erzielten. Das Zitat über den Westinghouse-Finalisten bei Belluck (1995, S. B8).
5. Daß intellektuell begabte Kinder ihren Erfolg für ein Ergebnis harter Arbeit halten, zeigen Studien, die ein Meßverfahren namens »Locus of Control« einsetzen; damit wird ermittelt, ob eine Person glaubt, daß sie von inneren und nicht von äußeren Faktoren geprägt wird. Anstrengung ist ein innerer Faktor, Glück ein äußerer. Hochbegabte Kinder (einschließlich der von Terman untersuchten) glauben eher an ein inneres als ein äußeres Einflußzentrum. Siehe zum Beispiel Brody und Benbow (1986), Davis und Connell (1985), Lucito (1964) und Milgram und Milgram (1976).
6. Zum Perfektionismus von Hochbegabten siehe zum Beispiel die Ausführungen von Hollingworth (1926), Kerr (1991), Robinson und Noble (1991), Roeper (1990) und Silverman (1993c).
7. Zu Nachweisen für die positive intellektuelle Selbsteinschätzung von intellektuell begabten Kindern siehe zum Beispiel Gross (1993a) sowie Hoge und Renzulli (1993).
8. Csikszentmihalyi, Rathunde und Whalen (1993). Die Studie, die geschlechtsspezifische Unterschiede bei intellektuell begabten Kindern feststellte, stammt von Kelly und Colangelo (1984).
9. Zur niedrigen intellektuellen Selbsteinschätzung von hochbegabten Versagern siehe Butler-Por (1987) und Kanoy, Johnson und Kanoy (1980). Zur niedrigen intellektuellen Selbsteinschätzung von hochbegabten Kindern mit Lernbehinderungen siehe Waldron, Saphire und Rosenblum (1987).
10. Zur Überbewertung der Selbsteinschätzung in unseren Schulen und zu den schädlichen Auswirkungen siehe Damon (1995).

11. Hollingworth (1942) hob hervor, daß Kinder mit extrem hohem IQ manchmal sehr kritisch mit anderen umgehen.
12. Nachweise für die Unabhängigkeit, die Dominanz und den Nonkonformismus von intellektuell hochbegabten Kindern bieten die Studien von Feldhusen und Hoover (1986), Freeman (1979), Haier und Denham (1976), Hogan (1980), Hogan et al. (1977), Janos und Robinson (1985), Lucito (1964), Olszewski-Kubilius, Kulieke und Krasney (1988), Silverman (1993a, c), Terman (1925), Viernstein und Hogan (1975) und Viernstein, McGinn und Hogan (1977). Csikszentmihalyi, Rathunde und Whalen (1993) stellten fest, daß hochbegabte Adoleszenten hohe Puntkwerte bei der Dominanz erreichten.
13. Zu den anspruchsvollen moralischen und philosophischen Interessen von Kindern mit hohem IQ siehe Carroll (1940), Hollingworth (1942) und Silverman (1993c, 1994).
14. Piaget (1932; dt. 1983); Kohlberg (1963; 1964; 1969, dt. 1974).
15. Zum Nachweis einer positiven Beziehung zwischen dem IQ und der Entwicklungsstufe des moralischen Denkens siehe die Studien von Arbuthnot (1973), Boehm (1962), Grant, Weiner und Ruchton (1976), Gross (1993b), Hallahan und Kauffman (1982), Janos und Robinson (1985), Kohlberg (1964), Maccoby (1980) und Thorndike (1940). Auch das Niveau der sozialen Problemlösung und des sozialen Denkens korreliert mit dem IQ; einen Überblick geben Janos und Robinson (1985).
16. Siehe Colby und Damon (1992) zu der Studie über Erwachsene, die sich selbstlos für hohe moralische Ziele engagieren. Daß Kinder mit hohem IQ moralisch sensibler sind als durchschnittliche Kinder, behauptet zum Beispiel Silverman (1994).
17. Freeman (1991, 1994) stellte fest, daß Kinder mit höherem IQ pessimistischer im Hinblick auf einen Atomkrieg waren. Galbraith (1985) berichtete von den Kindern, die sich Sorgen um globale Probleme machen. Zu weiteren Nachweisen für die pessimistische Weltsicht von Kindern mit hohem IQ siehe die Studien von George und Gallagher (1978), Landau (1976) und Torrance (1983). Zu der Erkenntnis, daß Kinder mit hohem IQ eifrigere Zeitungsleser sind als durchschnittliche Kinder, siehe Clark und Hankins (1985) und Freeman (1979).
18. Ritchie, Bernard und Shertzer (1982) zeigten, daß der IQ kein Indiz für das zwischenmenschliche Einfühlungsvermögen ist; Silverman beschrieb die wenig entwickelten sozialen Fähigkeiten während eines Vortrages, den er im September 1994 in Oakland, Kalifornien, hielt; er sprach dort vor einer Elterngruppe, die sich um die Förderung hochbegabter Kinder bemüht und von Annemarie Roeper geleitet wird.

19. Bei formalen Messungen der Introversion im Vergleich zur Extraversion, die mit Hilfe von Selbstberichten und einem schriftlichen Test, dem sogenannten Myers-Briggs Type Indicator, durchgeführt werden, erzielen Kinder mit hohem IQ extrem hohe Punktwerte bei der Introversion. Der Myers-Briggs-Type Indicator ist beschrieben bei Myers (1987), und der Test ist abgedruckt in Myers (1962). Einen Überblick über die Introversion/Extraversion-Dimension und ihre Beziehung zur Hochbegabung gibt Eysenck (1993).

    Linda Silverman (1993b), Leiterin des Gifted Child Development Center in Denver, ist der Ansicht, daß die Introversion mit steigendem IQ zunimmt. Sie berichtet, daß etwa 75 Prozent der von ihr betreuten Kinder mit einem IQ von über 160 introvertiert sind, im Gegensatz zu etwa 50 Prozent der leicht hochbegabten Kinder (deren IQ unter 160, aber immer noch im Bereich der Hochbegabung liegt). Die Schätzung stimmt mit den Ergebnissen einer großangelegten Studie überein, bei der die Hälfte der Schüler als introvertiert klassifiziert wurde. Diese Prozentzahlen heben sich deutlich von der Norm in den USA ab, wo etwa 75 Prozent der Bevölkerung extravertiert sind. Die extrem IQ-Begabten sind also quasi das Spiegelbild der Norm. Zu weiteren Nachweisen für die Korrelation von IQ-Begabung und Introversion siehe die Studien von Albert (1978) und Janos und Robinson (1985). Gallagher (1990) wies nach, daß die Hälfte der 1725 Schüler in ihrer Studie introvertiert waren.
20. Silverman (1993a, b) machte darauf aufmerksam, daß hochbegabte Kinder mitunter ausgegrenzt werden. Csikszentmihalyi, Rathunde und Whalen (1993) wiesen darauf hin, daß hochbegabte Kinder das Alleinsein genießen und die Einsamkeit brauchen, um ihr Talent zu entwickeln.
21. Mehr zur Hypersensibilität von hochbegabten Kindern bei Cruickshank (1963), Dabrowski (1964), Dabrowski und Piechowski (1977), Gallagher (1985), McGuffog (1985), Piechowski (1979, 1995), Piechowski und Colangelo (1984), Robinson (1993a, b) und Silverman (1983). Zur Behauptung über Elvis Presley siehe Wrights (1994) Besprechung der Biographie von Guralnick (1994). Die Angabe über Albert Schweitzer findet sich bei Goertzel und Goertzel (1962).
22. Greenacre (1956). Der britische Psychologe Hans J. Eysenck, der Skalen zur Messung der Introversion im Gegensatz zur Extraversion entwickelte, wies darauf hin, daß Introvertierte besonders sensibel auf Reize reagieren. Der polnische Psychiater Kazimierz Dabrowski bezeichnete diese Eigenschaft als »Übererregbarkeit«. Über die Beziehung zwischen extremer Hemmung oder Schüchternheit und Intensität der sensorischen Reaktion berichtete Kagan (1994).

23. Zu Nachweisen für die soziale Isolation von Hochbegabten mit hohem IQ siehe Austin und Draper (1981), Barbe und Renzulli (1975), Brody und Benbow (1986), Freeman (1979), Gallagher (1985), Khatena (1982), Laycock (1979), Newland (1976), Powell und Haden (1984) und Silverman und Kearney (1989). Csikszentmihalyi, Rathunde und Whalen (1993) berichteten, daß Teenager mit außergewöhnlicher Begabung in bildender Kunst und Musik zum Teil vor den gleichen Problemen stehen. Die musikalisch begabten Kinder in England wurden von Howe und Sloboda (1992) beschrieben. Zu Wieners Autobiographie siehe Wiener (1953; dt. 1962). Zu berühmten Erwachsenen, die über Einsamkeit in der Kindheit berichten, siehe die Studien von Albert (1980a), Goertzel und Goertzel (1962), Ochse (1990) und Radford (1990) u. a.
24. Die Äußerung der Mutter ist unveröffentlicht. Termans Bericht über die sozialen Probleme der Höchstbegabten findet sich in Burks, Jensen und Terman (1930). Das Zitat von Terman stammt aus Gross (1993a, S. 242).
25. Die Feststellung, daß die erfolgreichsten Erwachsenen aus Termans Studie in der Adoleszenz Probleme hatten, bei Oden (1968).
26. Die tiefgreifenden Probleme von Kindern mit hohem IQ wurden von Hollingworth (1926, 1942) beschrieben.
27. Zur sozialen Entfremdung der extrem Hochbegabten siehe die Berichte von Freeman (1994), Gross (1993a), Mönks und Ferguson (1983), Roedell (1984) und Schneider (1987). Siehe auch eine Studie von Janos, Marwood und Robinson (1985), in der die Wissenschaftler berichteten, daß Kinder mit einem durchschnittlichen IQ von 168 seltener sehr gute Freunde hatten und seltener mit Freunden spielten als leicht hochbegabte Kinder, deren IQ zwischen 120 und 140 lag. Mayseless (1993) zeigte, daß hochbegabte Adoleszenten im Vergleich zu einer Kontrollgruppe über eine geringere Vertrautheit mit gleichgeschlechtlichen Freunden berichteten. Zu den erfreulichen Familienbeziehungen in Begabtenpopulationen siehe Bloom (1985), Getzels und Jackson (1961) und Sheldon (1954).
28. Die Studie von Gross (1993a) über Kinder mit extrem hohem IQ bestätigte das Ergebnis, daß diese Kinder ungewöhnlich anspruchsvolle Spielinteressen haben. Das Kind, das Gibbon las, wurde von Terman und Oden (1947) beschrieben.
29. Nachweise dafür, daß Kinder mit hohem IQ ältere Freunde vorziehen, finden sich bei Gross (1989, 1993a), Hollingworth (1931), Janos, Marwood und Robinson (1985), Robinson und Noble (1991), Silverman (1993a, b) und Terman (1925).
30. Cross, Coleman und Stewart (1992) berichteten, daß Hochbegabte als »an-

ders« wahrgenommen werden und sich darüber im klaren sind. Freeman (1994) führte aus, daß die meisten stolz auf ihre Andersartigkeit sind. Zu den Belohnungen der Einsamkeit siehe Storr (1988).

31. Siehe Gross (1993a). Zum Suizid siehe Delisle (1986) und Farrell (1989).
32. Über positive Peer-Ratings berichten Robinson und Noble (1991) sowie Schneider, Ledingham, Crombie und Clegg (1986). Wieners Bemerkung findet sich in Wiener (1956, S. 19). Janos, Marwood und Robinson (1985) erläutern, inwiefern das Gefühl, anders zu sein, damit zusammenhängt, daß die Kinder weniger Freunde und eine niedrige Selbsteinschätzung haben.
33. Über das geringe soziale und sexuelle Selbstvertrauen bei talentierten Adoleszenten berichten Whalen und Csikszentmihalyi (1989). Das weniger positive Körperbild bei IQ-Begabten wurde von Milgram und Milgram (1976) beschrieben. Die Einstellung zur Sexualität wird von Csikszentmihalyi, Rathunde und Whalen (1993) erörtert.
34. Mehr zum Freudschen Modell der Sublimierung als einem Abwehrmechanismus bei kreativen Künstlern und Wissenschaftlern bei Freud (1957, 1959, 1961).
35. Freeman (1994). Siehe auch die Studien von Cornell (1989) und Cornell und Grossberg (1989). Für die Annahme, daß die als hochbegabt etikettierten Kinder in Freemans (1994) Studie von vornherein schwieriger waren, spricht der Umstand, daß die Eltern dieser Kinder häufiger über eine schlechte körperliche Konstitution und Asthma bei ihren Kindern berichteten als die Eltern der nicht auf diese Weise klassifizierten Kinder. Der IQ war zwar in beiden Gruppen gleich, aber möglicherweise waren die Kinder, deren Eltern der Organisation angehörten, eigenartiger, kreativer oder rebellischer, und vielleicht haben diese Eigenschaften die Eltern dazu veranlaßt, ihre Kinder als hochbegabt zu bezeichnen und der Organisation beizutreten.
36. Daß intellektuell begabte Kinder ihre Leistungsmöglichkeiten nicht ausschöpfen, zeigt zum Beispiel eine Studie von Painter (1976), der feststellte, daß von 160 britischen Kindern, deren IQ's von leicht hochbegabt (123) bis extrem hochbegabt (212) reichten, über 60 Prozent Leistungen erbrachten, die mehr als vier Jahre unter ihrem ermittelten Leistungsvermögen lagen. Gross (1989) erörtert den Konflikt zwischen Intimität und Spitzenleistung.
37. Die Vergleichsstudie über die Popularität von hochbegabten und normal begabten Jungen und Mädchen wurde von Luftig und Nichols (1991) durchgeführt. Silverman (1993a) wies darauf hin, daß Dominanz bei hochbegabten Jungen als Führungsfähigkeit, bei Mädchen dagegen als Herrschsucht betrachtet wird.
38. Gross (1989, 1993a) erörterte den Konflikt zwischen Spitzenleistung und In-

timität. Zu Nachweisen, daß Mädchen eher zum Versagen neigen als Jungen, weil sie »normal« wirken wollen, siehe die Studien von Robinson und Noble (1991), Silverman (1993a, b) und Tannenbaum (1983). Zu dem Ergebnis, daß Mädchen mit erstklassigen Zensuren mehr Krankheitssymptome aufweisen als Jungen, kamen Locksley und Douvan (1980). Mathematisch und naturwissenschaftlich hochbegabte schwarze Schüler, die für das Meyerhoff-Stipendienprogramm der Universität von Maryland ausgewählt wurden, berichteten, daß sie an der High-School auf Feindseligkeit bei ihren schwarzen Peers gestoßen waren und daß man sie als »Streber« beschimpft hatte. Im Meyerhoff-Programm sind sie mit anderen schwarzen Schülern zusammen, die ihre Wißbegierde teilen, und werden jetzt nicht mehr für ihren Lerneifer gehänselt. Weitere Informationen über das Meyerhoff-Programm finden sich bei Fordham und Ogbu (1986) und Ogbu (1988). Siehe auch Fordham (1988), der feststellte, daß schwarze Adoleszenten, die gut in der Schule sind, in dem Ruf stehen, sich wie »Weiße« zu verhalten. Lindstrom und Van Sant (1986) und Passow (1982) machten die gleiche Beobachtung.

39. Storr (1988) beschreibt die Bedeutung der Einsamkeit für die Kreativität.
40. Das Zitat von Josh Waitzkin ist aus *Searching for Bobby Fischer*, S. 19 (dt.: S. 12–13).

IX.
Die Schulen: Wo sie versagen, wo sie helfen könnten

1. Kenneth Reeves, Bürgermeister von Cambridge, Massachusetts, zitiert nach Bloom (1993, S. 25). Wie Bloom ausführt, werden in Massachusetts keine speziellen Maßnahmen zur Hochbegabtenförderung verlangt, während sie in etwas mehr als der Hälfte aller Bundesstaaten gesetzlich vorgeschrieben sind.
2. Zu Intelligenzdefinitionen, die über den reinen IQ hinausgehen, siehe Gardner (1983; dt. 1991) und Sternberg (1985). Zur Behauptung, daß alle Kinder begabt seien, siehe Feldhusen (1992b). Zu Gegenargumenten siehe Gagné (1995).
3. Die ambivalente Haltung der Amerikaner gegenüber dem Intellekt wurde vor langer Zeit von Toqueville (1899) erkannt und beschrieben. Die Problematik wird im »Riley-Report« (Riley [1993]) des Bildungsministeriums erörtert. Zur feindseligen Haltung von Schulen und Schulpsychologen gegenüber Hochbegabten siehe Singal (1991).

4. Hollingworth (1942) beschrieb den auffälligen Unterschied zwischen leicht und extrem hochbegabten Kindern.
5. Bei dem Stanford Mathematik-Programm handelt es sich um ein Computerprogramm mit dem Titel Educational Program for Gifted Youth (EPGY).
6. Zur Kritik an einer Differenzierung nach Leistung siehe Good und Brophy (1993), Margolin (1994), National Education Association (1968), Oakes (1985) und Slavin (1989/1990, 1990). Zu Statistiken über den überproportionalen Anteil von Weißen, Asiaten und Angehörigen der oberen Mittelschicht in Begabtenprogrammen und dem unterproportionalen Anteil von Schwarzen, Latinos und Kindern aus wirtschaftlichen schwachen Familien siehe Margolin (1994), Riley (1993), U. S. Department of Education (1991) und VanTassel-Baska (1991). Laut Riley-Report nehmen 17,6 Prozent Asiaten, 9 Prozent Weiße, 7,9 Prozent Schwarze, 6,7 Prozent Latinos und 2,1 Prozent Indianer an Begabtenprogrammen teil. Die neuere Studie, die den Ravens Standard Progressive Matrices-Test einsetzte, wurde von Saccuzzo und Johnson (1995) durchgeführt.
7. Die Zitate von australischen Schulräten stammen aus Gross (1993a, S. 281).
8. Zur Reaktion eines Ausländers auf amerikanische Schulen siehe Toom (1993). Reis (1994) dokumentierte das sinkende Niveau von Schulbüchern in den letzten zwanzig Jahren. Kirst (1982) wies darauf hin, daß Verlage sich weigern, allzu anspruchsvolle Schulbücher herauszubringen.
9. Riley (1993) faßte die Ergebnisse internationaler Studien zusammen. Siehe auch Stevenson, Chen und Lee (1993), Stevenson, Lee und Stigler (1986) und Stevenson und Stigler (1992) zu Vergleichen zwischen amerikanischen Schülern und Schülern aus anderen Staaten.
10. Die Vergleichsstudie über die 10 Prozent der Spitzenschüler in den USA, Japan, Taiwan und China wurde von Stevenson, Chen und Lee (1993) durchgeführt. Riley (1993) berichtet über ähnlich beunruhigende Ergebnisse bei internationalen Vergleichen. In Biologie belegten die amerikanischen Top-Schüler den untersten Rang bei einem Vergleich zwischen zwölf Ländern. Bei einem Vergleich von Spitzenschülern in Mathematik und Naturwissenschaften aus neunzehn Ländern landeten amerikanische Schüler im Alter zwischen neun und zwölf Jahren ebenfalls auf einem der untersten Ränge. Bei einer weiteren Mathematikstudie, die von der International Association of Education Achievement geleitet wurde, schnitten die besten amerikanischen Schüler schlechter ab als die Spitzenschüler aus zehn anderen Ländern; außerdem haben durchschnittliche japanische Schüler ein höheres Leistungsniveau als die besten 5 Prozent der amerikanischen Schüler. Das höchste mathematische Leistungsniveau, auf dem Schüler Daten interpretieren müssen,

erreichten nur 1 Prozent der amerikanischen Schüler im Gegensatz zu 5 Prozent der Schüler aus Korea, dem Land mit der höchsten Punktwertung (siehe Riley [1993]).

11. Van Tassel-Baska (1991) verweist auf zahlreiche Studien, die zeigen, daß etwa die Hälfte der U. S.-amerikanischen Schüler mit einem IQ im obersten 5-Prozent-Bereich Versager sind, die ihr Potential nicht ausnutzen. Siehe auch Reis (1994).
12. Das Zitat ist aus Hollingworth (1931, S. 5).
13. Rimm (1986) hat auf die Beziehung zwischen geringer Herausforderung und geringer Selbsteinschätzung hingewiesen und nachgewiesen, daß Versager eine geringere Selbsteinschätzung haben. Siehe auch Davis und Rimm (1985), Kanoy, Johnson und Kanoy (1980) und Whitmore (1980).
14. Goertzel und Goertzel (1962) untersuchten die 400 berühmten Erwachsenen. Zur Studie über die MacArthur-Preisträger siehe Cox, Daniel und Boston (1985). Hildreth (1966) führte Beispiele von berühmten Persönlichkeiten auf, die eine Abneigung gegen die Schule hatten und zitierte den Lehrer von Goldsmith (S. 94).
15. Yeats, zitiert nach Hildreth (1966, S. 94). Der MacArthur-Preisträger Robert Root-Bernstein wird bei Cox, Daniel und Boston (1985, S. 23) zitiert. Darwin wird bei Gruber (1981, S. 71) zitiert.
16. Feldman und Goldsmith (1991) untersuchten das literarische Wunderkind. Gross (1993a) stellte fest, daß Kinder mit hohem IQ die Beziehung zu ihren Eltern wesentlich positiver bewerteten als ihre Beziehung zur Schule. Die Zitate von Mathematikern finden sich bei Bloom (1985, S. 291 ff., 302 u. 308).
17. Csikszentmihalyi, Rathunde und Whalen (1993). Siehe Coleman (1960) zu den negativen Auswirkungen einer Peer-Kultur, die intellektuelle Interessen abwertet.
18. Subotnik (1988a, b) wies darauf hin, daß Schüler, die Auszeichnungen gewannen oder zu den Halbfinalisten oder Finalisten der Westingshouse-Talentsuche gehörten, wichtige Mentoren außerhalb der Schule hatten. Zukkerman (1977) stellte fest, daß etwa die Hälfte der von ihr untersuchten Nobelpreisträger einen anderen Nobelpreisträger als Mentor hatten. Die große Bedeutung von Mentoren im CTY-Programm wird von Durden und Tangherlini (1993) erörtert.
19. Die Kerschensteiner-Studie wird ausführlich von Stern (1911) behandelt. Zum Summer Arts Institute der Universität von Indiana siehe Clark und Zimmerman (1995). Clark und Zimmerman (1995) versuchen derzeit, zeichnerisch begabte Kinder aus ländlichen Minderheitengruppen herauszusuchen und zu fördern. Einige Kunstpädagogen setzen sich heute für syste-

matische Messungen zur Ermittlung zeichnerischer Begabungen ein. Clark (1993) entwickelte zum Beispiel den Clark Drawing Abilities Test. Meiner Ansicht nach ist es meist so offensichtlich, wenn ein Kind zeichnerisch begabt ist, daß wir keine standardisierten Testverfahren brauchen.

20. Benbow, Arjmand und Walberg (1991) weisen darauf hin, daß Versager aus Familien mit niedrigem Bildungsniveau, ihre Leistungen verbessern, wenn man ihnen einen anspruchsvolleren Unterricht angedeihen läßt.
21. Zu der Behauptung, daß schwarze Schüler gute Schulleistungen hin und wieder für eine Wertvorstellung der Weißen halten, siehe Fordham und Ogbu (1986) und Ogbu (1988). Schüler, die am Meyerhoff-Förderprogramm für wissenschaftlich und technisch begabte Schwarze teilnehmen, erklären, daß ihre Peers an der High-School feindselig auf ihre guten Leistungen reagierten. Siehe dazu Ames (1990) und Marriott (1992).
22. Benbow, Arjmand und Walberg (1991) zeigten, daß Fortgeschrittenenkurse in Mathematik und Naturwissenschaften für Mädchen wichtiger sind als für Jungen. Die Teilnahme erhöht die Wahrscheinlichkeit, daß die Mädchen später ein naturwissenschaftliches Studium absolvieren.
23. Einen historischen Überblick über die Hochbegabtenerziehung geben Tannenbaum (1993) und Whitmore (1980). Statistiken über die Zahl der Kinder in Begabtenprogrammen in unterschiedlichen Jahren wurden vom National Center for Educational Studies (1992) zusammengestellt und werden in Margolin (1994) zitiert. Zu den Schulen für Hochbegabte, die um die Jahrhundertwende gegründet wurden, gehören die Horace Mann School, die Speyer School, die Hunter College School und die State of Iowa Experimental School.
24. Über den Connecticut-Prozeß berichtet Diegmueller (1994, S. 8).
25. Zur Einbeziehung von Hochbegabten in das Behindertengesetz, das eine Förderung durch IEPs vorschreibt, und zu den Schwierigkeiten bei der Umsetzung von IEPs siehe Passow und Rudnitski (1993).
26. Die geschätzte Zahl von 2 Cent pro 100 Dollar findet sich bei Riley (1993).
27. Zu diesen IQ-Vergleichen siehe Silverman (1993c).
28. Purcell (1993) berichtete, daß nur US-Staaten, die sowohl über entsprechende Vorschriften als auch über die finanziellen Mittel verfügen, ihre diesbezüglichen Maßnahmen nicht zurückschrauben. Fetterman (1988) erläutert die Begabtenerziehung in Kalifornien anhand einer Fallstudie und belegt, daß die Ausgaben für die Begabtenerziehung in diesem Staat immer weiter zurückgehen.
29. Zu der Auffassung, daß Kinder nicht zu früh überfordert werden sollten, siehe Elkind (1981; dt. 1991). Gross (1993a) stellte fest, daß das einmalige

Überspringen einer Klasse für extrem hochbegabte Kinder wenig Wirkung hatte. Terman und Oden (1947) sprachen sich für das Überspringen von Klassen aus und empfahlen für extrem hochbegabte Kinder ein mehrmaliges Überspringen.

30. Slavin (1989/1990) berichtete, daß die meisten Lehrer, die in der Elementarstufe unterrichten, irgendeine Form von Gruppierung nach Fähigkeiten vornehmen. Er zitierte in diesem Zusammenhang die National Education Association Research Division (1968) und Wilson und Schmits (1978).

31. Eine Übersicht über die Optionen für hochbegabte Kinder in den USA geben Cox, Daniel und Boston (1985) und Shore, Cornell, Robinson und Ward (1991). Zu internationalen Vergleichen der Hochbegabtenerziehung siehe Fetterman (1988) und Gallagher (1985). Am extremen Ende des Egalitarismus stehen die skandinavischen Länder, wo es keine speziellen Fördermaßnahmen für intellektuell begabte Kinder gibt und wo solchen Kindern empfohlen wird, Privatunterricht zu nehmen (Urban und Sekowski [1993]). Australien steht der Hochbegabtenerziehung ebenfalls ablehnend gegenüber, und die von Miraca Gross untersuchten extrem hochbegabten Kinder litten unter dieser Situation. In Japan geht man je nach Schulstufe unterschiedlich vor (siehe Stevenson, Chen und Lee [1993] und Wu und Cho [1993]). Auf Grundschulebene gibt es in Japan nicht die Möglichkeit, Klassen zu überspringen, es gibt auch keine Spezialklassen oder Sonderkurse für Hochbegabte und keinerlei Gruppierung nach Fähigkeiten. Obwohl es deutliche Leistungsunterschiede in dieser Schulstufe gibt, ist der Begriff *hochbegabt* tabu, und man ist allgemein der Ansicht, daß Leistungsunterschiede durch unterschiedliche Anstrengungen, nicht durch angeborene Fähigkeiten verursacht werden. In der Sekundarstufe wird dann sehr genau differenziert: Es gibt vier Stufen von weiterführenden Schulen, und um in die oberste Stufe aufgenommen zu werden, müssen die Schüler sehr hohe Punktwerte bei äußerst wettbewerbsorientierten Prüfungen erzielen. Aber auch hier gilt wieder, zumindest explizit, die Überzeugung, daß die Schüler, die den Sprung an die besten Schulen schaffen, in den niedrigeren Klassenstufen fleißiger gearbeitet haben und jetzt die Früchte ihrer Bemühungen ernten. Japan strebt also nach Egalitarismus in den ersten Schuljahren, rückt aber bei den weiterführenden Schulen von dieser Einstellung ab und bemüht sich dann um die Schaffung einer hochgebildeten Eliteschicht.

In sozialistischen Zeiten trafen die Sowjetunion und andere osteuropäische Staaten (Polen, Ungarn, Tschechoslowakei) keine speziellen Vorkehrungen für intellektuell hochbegabte Kinder, obwohl es immer Spezialausbildungen für Kinder mit außergewöhnlichen Begabungen in bildender Kunst,

Musik und Sport gab (Urban und Sekowski [1993]). Kinder mit Begabungen für Ballett, Akrobatik oder Leichtathletik wurden sorgfältig ausgewählt und auf internationale Wettbewerbe geschickt. Diese Staaten hatten nicht nur Spezialschulen, um solche Kinder zu trainieren, sondern auch ein umfangreiches extracurriculares System, in dem sich die Kinder nach dem Schulunterricht auf einen künstlerischen, sportlichen oder geisteswissenschaftlichen Bereich konzentrieren konnten. Seit dem Ende dieser Ära werden spezielle Fördermaßnahmen für intellektuell begabte Kinder wieder wohlwollender betrachtet, wie auch im heutigen China.

China, das Lippenbekenntnisse zu den egalitären Idealen des Maoismus ablegt, verfügt über spezielle Programme für Hochbegabte (Zixiu [1993]) und hat keinerlei Bedenken, hochbegabte Kinder zu fördern, ja sogar anzutreiben (Jin Li, persönliches Gespräch). England, Deutschland und die Niederlande bieten gewisse Fördermaßnahmen für Hochbegabte an, sowohl in Form der Akzeleration als auch in Form der Gruppierung nach Fähigkeiten, stehen der Förderung aber zutiefst skeptisch gegenüber.

32. Rogers (1991) berichtete über die Anzahl der Studien, die bis 1991 über die Gruppierung nach Leistung und über die Akzeleration durchgeführt wurden. Einen Überblick über Hochbegabtenprogramme geben Cox, Daniel und Boston (1985).
33. Ein Bericht der National Education Association von 1968 zeigte, daß die Mehrheit der Lehrer eine Differenzierung nach Leistung bevorzugte. Oakes (1985).
34. Kulik und Kulik (1991, 1992) führten eine Meta-Analyse der 25 Studien über Spezialklassen für Hochbegabte durch und gelangten zu diesen Ergebnissen. In einer früheren Meta-Analyse von 14 Studien, in denen nur normale und Hochbegabtenklassen der Sekundarstufe verglichen wurden, stellten Kulik und Kulik (1982) fest, daß die Schüler in diesen Begabtenklassen im Durchschnitt bessere Leistungen erbrachten als in normalen Klassen. Die Kuliks fanden keine Hinweise dafür, daß die Selbsteinschätzung der hochbegabten Kinder in den Sonderklassen abnahm; Hoge und Renzulli (1993) stellten hingegen einen gewissen Rückgang im Selbstwertgefühl fest. Die Auswirkungen einer Gruppierung nach Fähigkeiten sind also noch nicht schlüssig nachgewiesen worden. Das Zitat über die führungslosen Ansammlungen stammt von Good und Brophy (1993, S. 269). Sie beschreiben die negativen Auswirkungen, die es für die leistungsschwächeren Schüler hat, wenn die besten Schüler aus dem Klassenverband entfernt werden und keine Führungsposition mehr unter den Peers übernehmen können.
35. Wenn man zu wenige Kinder hat, um eine ganze Klasse aus Hochbegabten

zu bilden, greift man mitunter zur Methode der sogenannten Cluster-Gruppierung (siehe Weinbrenner und Devlin [1993] für eine genauere Beschreibung). Angenommen, acht hochbegabte Kinder, die sich auf dem Stand der fünften Klasse befinden, besuchen eine Schule mit drei fünften Klassen. Cluster-Gruppierung würde bedeuten, daß man alle acht Kinder in einer Klasse zusammenfaßt. Dadurch soll ein einzelner Lehrer die Möglichkeit erhalten, den Lehrplan für diese Schüler abzuändern, anstatt daß alle Lehrer der fünften Klassenstufe Änderungen für drei oder vier solcher Schüler vornehmen müssen. Das ist eine Variante der Gruppierung nach Fähigkeiten, aber sie betrifft nur die Gruppe der extrem Hochbegabten. Eine wiederum von Kulik und Kulik (1991) durchgeführte Meta-Analyse (von nur vier Studien) ergab einen durch und durch positiven Effekt: Die auf diese Weise gruppierten Kinder erbrachten in allen schulischen Bereichen bessere Leistungen als Kinder, die über verschiedene Klassen verteilt waren. Der gemessene Effekt war beachtlich.

36. Laut Riley (1993) bestehen 72 Prozent der Fördermaßnahmen an Grundschulen aus einem einzelnen Pull-out-Programm. Auch Cox, Daniel und Boston (1985) stellten fest, daß dies die häufigste Form der Begabtenerziehung auf der Elementarstufe ist. Eines der gebräuchlichsten Pull-out-Programme ist das »Enrichment Triad Model« von Renzulli (Renzulli [1977] und Renzulli und Reis [1985]). Bei diesem Programm arbeiten die Schüler allein oder in kleinen Gruppen an der Erforschung bestimmter Problemstellungen, an der Durchführung von Experimenten oder an kreativen Aufgaben.

    Renzulli (1986a) hat sich für Pull-out-Programme eingesetzt, weil er überzeugt ist, daß sie der Langeweile des hochbegabten Kindes entgegenwirken, übt aber auch scharfe Kritik an der häufig oberflächlichen Handhabung dieses erweiterten Unterrichtsangebots. Davis und Rimm (1985) haben kritisiert, daß diese Programme nur aus »Spielen« bestehen.

    Fetterman (1988) stellte fest, daß sich Kinder in Pull-out-Programmen nur selten daran erinnern können, was sie während dieser Sitzungen eigentlich getan haben. Cox, Daniel und Boston (1985) führten die Erhebung durch, bei der nur 16 Prozent der Schulen ihre Pull-out-Programme für sehr wichtig hielten. Zu der Umfrage, bei der viele Schulen ihre eigenen Pull-out-Programme kritisierten, siehe Gallagher et al. (1983). Siehe auch Gagné (1995), der den Pull-out-Programmen vorwirft, daß sie nur minimale Förderung bieten, weil das erweiterte Unterrichtsangebot nicht auf domänenspezifische Begabungen zugeschnitten ist.

37. Zu den Auswirkungen von Pull-out-Programmen siehe die Studien von Delcourt, Loyd, Cornell und Goldberg (1994), Treffinger, Callahan und Baughn

(1991) und Vaughan, Feldhusen und Asher (1991). Renzulli (1994) bemüht sich, die besten Elemente dieser Förderprogramme zu ermitteln und sie auf den gesamten Unterricht zu übertragen.

38. Jere Brophy wies mich mündlich darauf hin, daß zweifelhaft sei, ob die Instruktionen wirklich für alle Gruppen gleich waren, wie die Kuliks behaupten.
39. Kulik und Kulik (1992). Slavin (1987, 1990) stellten fest, daß eine derartige Einteilung in Leistungsgruppen für keinen Befähigungsgrad von Vorteil ist.
40. Die mangelnde Aussagekraft solcher Studien wird deutlich, wenn man die Tabelle 1 von Kulik und Kulik genauer betrachtet (1982).
41. Slavin (1990) verweist auf Studien, die zeigen, daß die Schüler in den oberen Leistungsgruppen schnellere Fortschritte machen als Schüler in den unteren Leistungsgruppen, aber er macht auch darauf aufmerksam, daß bei diesen Studien die Teilnahme an oberen Leistungsgruppen zugleich implizierte, daß die Schüler anspruchsvollere Fortgeschrittenenkurse wählten. Insofern wird bei diesen Untersuchungen die Gruppierung nach Fähigkeiten mit Niveau und Art der Instruktion vermengt.
42. Über die Selbsteinschätzung berichten Kulik und Kulik (1992). Das Zitat stammt von Hollingworth (1931, S. 445). Nur wenige Studien haben die Selbsteinschätzung gemessen, weitere Studien sind dringend erforderlich.
43. Kulik und Kulik (1992) führten eine Meta-Analyse zur klasseninternen Gruppierung nach Fähigkeiten durch und berichteten über positive Auswirkungen auf der Elementar- und Sekundarstufe. Slavin (1987) führte eine »Synthese der besten Beweise« über Studien durch, die sich mit der Einteilung in Leistungsgruppen beim Lesen und Rechnen in Grundschulen befassen. Er stellte fest, daß Kinder aller mathematischen Befähigungsgrade von mathematischen Leistungsgruppen profitierten, fand aber keine positive Bestätigung für eine klasseninterne Differenzierung beim Lesen, obwohl es eine weit verbreitete Praxis ist.
44. Kulik und Kulik (1992) führten die Meta-Analyse der klassenübergreifenden Gruppierung durch. Auch Slavin (1987) stellte in seiner Beweissynthese fest, daß eine jahrgangsübergreifende Differenzierung nach Fähigkeiten vorteilhaft beim Leseunterricht in Grundschulen war; er berichtete außerdem von einer Studie, die ergab, daß dieses Verfahren auch in Mathematik vorteilhaft war.
45. Eine Meta-Analyse von elf Studien, in denen akzelerierte hochbegabte Schüler mit nichtakzelerierten Schülern desselben Alters verglichen wurden, zeigte, daß die akzelerierten Kinder ein höheres Leistungsniveau erreichten (Kulik und Kulik [1984, 1992]). Etwa 81 Prozent der akzelerierten Schüler waren

den nichtakzelerierten um etwa ein Jahr voraus, ein starker Effekt. Die Meta-Analyse von zwölf Studien, in denen akzelerierte und nichtakzelerierte Schüler der gleichen Klassenstufe (nicht aber Altersstufe) verglichen wurden, ergab, daß die akzelerierten genauso gute Leistungen erbrachten wie ihre älteren Mitschüler (Kulik und Kulik [1984, 1992]). Auch das ist ein beeindruckendes Ergebnis. Es bedeutet zum Beispiel, daß ein hochbegabter Siebenjähriger, der eine Klasse überspringt, genauso gute Leistungen erbringt wie ein hochbegabter Achtjähriger, der in seiner Klasse bleibt. Hier ist jedoch ein Wort zur Vorsicht geboten: Diese Meta-Analysen basierten auf einer bunten Mischung von Studien, in denen die Akzeleration sowohl das Überspringen von Klassen als auch die Teilnahme an Fortgeschrittenenkursen miteinschloß.

In einigen der von den Kuliks untersuchten Studien hatte man mit Hilfe von schriftlichen Selbstberichten soziale Aspekte wie Anpassung, Popularität und Einstellung zur Schule gemessen. Diese Studien ergaben keine klaren Trends in eine positive oder negative Richtung. In Anbetracht der geringen Anzahl der Studien und der groben Meßverfahren sollten wir uns besser an die Ergebnisse von Fallstudien halten, wie sie zum Beispiel von Miraca Gross (1993a) vorgelegt wurden. Die von Gross untersuchten Kinder mit extremer Hochbegabung, denen ein beschleunigter High-School Besuch erlaubt wurde, hatten eine höhere Selbsteinschätzung als die nichtakzelerierten Schüler. Einer der begabtesten Schüler in ihrer Studie, dem man eine Akzeleration (und auch jede andere Form von speziellem Unterricht) verwehrte, hatte die niedrigste Selbsteinschätzung, war frustriert und sozial isoliert.

46. Terman und Oden (1947) plädierten für das Überspringen von Klassen. Der Bericht, den Terman an die Eltern schickte, ist unveröffentlicht und befindet sich im Terman-Archiv an der Stanford University.
47. Terman und Oden verglichen die Probanden, die vorzeitig und die nicht vorzeitig ans College gingen.
48. Gross (1993a).
49. Tangherlini und Durden (1993) beschreiben die Aufnahmekriterien für die SMPY- und CTY-Programme. Zur landesweiten Anwendung dieser Programme an Universitäten siehe Gallagher et al. (1983). Zum Einsatz solcher Programme in China siehe Stanley, Huang und Zu (1986).
50. Swiatnik und Benbow (1991a, b) führten eine zehnjährige Langzeitstudie über Teilnehmer der SMPY-Akzeleration durch. Zu weiteren Nachweisen, daß die Akzeleration vorteilhaft, nicht schädlich wirkt, siehe Benbow (1983), Daurio (1979), Feldhusen (1989), Janos, Robinson und Lunneborg (1989), Robinson (1983) Rogers (1991) und VanTassel-Baska (1989a).

Diese Ergebnisse wurden von Benbow und Arjmand (1990) sowie von

Benbow, Arjmand und Walberg (1991) bestätigt, die den positiven Effekt von Sommerkursen in Mathematik und Naturwissenschaften nachwiesen. Bei Schülern, die an solchen Intensivkursen teilnehmen, ist die Wahrscheinlichkeit höher, daß sie in der Mathematik und in den Naturwissenschaften bleiben und ein hohes Leistungsniveau in diesen Fächern erreichen, als bei gleich begabten Schülern, die nicht an diesen Kursen oder anderen Akzelerationsmaßnahmen teilnehmen.

51. Zu Nachweisen, daß akzelerierte Schüler bessere Leistungen erbringen als nichtakzelerierte Schüler, siehe Benbow (1991), Stanley und Benbow (1983), Swiatek (1992) und Swiatek und Benbow (1991a, b). Eine vor kurzem von Lubinski und Benbow begonnene Follow-Up-Studie über Schüler, die vor zwanzig Jahren am SMPY-Programm teilgenommen haben, wird sicher weitere wichtige Aufschlüsse über die Entwicklung von akzelerierten Schülern bringen.

52. Diese Zitate finden sich bei Enerson (1993, S. 173). Einige Colleges haben Programme eingeführt, in denen High-School-Schüler an ganztägigen Collegekursen teilnehmen können, aber weiterhin mit anderen gleich begabten High-School-Schülern zusammen sind. Ein solches Programm bietet zum Beispiel das 1966 gegründete Simon's Rock Early Entrance College, ein Teil des Bard College; hier werden Schüler mit und ohne High-School-Abschluß aufgenommen, die ein oder zwei Jahre jünger sind als normale Collegeanfänger. Weitere Beispiele sind die Clarkson School, ein einjähriges Programm an der Clarkson University, sowie die Texas Academy of Mathematics and Science, ein zweijähriges Programm an der University of North Texas.

53. VanTassel-Baska (1989a, S. 15) weist darauf hin, daß die Vorteile der Akzeleration zwar eindeutig nachgewiesen sind, die Möglichkeit aber selten angeboten wird. Siehe Feldhusen und Kennedy (1989), die unterschiedliche Formen von Fortgeschrittenenkursen an U. S.-amerikanischen High-Schools beschreiben.

54. Zu Statistiken über den Hausunterricht siehe Kearney (1989). Zu historischen Persönlichkeiten, die zu Hause unterrichtet wurden, siehe Robinson und Noble (1991).

55. Weitere staatliche Schulen für Hochbegabte sind die Bronx High-School of Science, die Brooklyn's Midwood High-School, die Hunter College Campus School, die Stuyvesant High-School (alle vier in New York City), die North Carolina School of Science and Mathematics und die Texas Acacemy of Math and Science. Zu den Schulen, die sich auf bildende Kunst und Musik spezialisiert haben, gehören die LaGuardia High-School of Music and Performing Arts in New York, die High-School for the Performing and Visual

Arts in Houston und die North Carolina School of the Arts. Eine umfassendere Übersicht findet sich bei Cox, Daniel und Boston (1985).

56. Siehe Berger (1994), der beschreibt, mit welchen Methoden diese Schulen ihre Schüler zu wissenschaftlichen *Tätigkeiten* anregen. In einem Zeitraum von 50 Jahren sind 65 Prozent der Absolventen der Bronx High-School of Science zu Wissenschaftlern geworden (Pyrt, Maharov und Feng [1993]).
57. Nicht nach Jahrgängen getrennte Klassen werden von Goodlad und Anderson (1987) beschrieben. Zu einer Übersicht über solche Klassen siehe Pavan (1973). Rogers (1991) kam bei einer Beweissynthese zu dem Ergebnis, daß dieser Ansatz einen positiven Effekt auf die intellektuelle Leistung hat.
58. Zu der Frage, wie Lehrer hochbegabte Kinder in normalen Klassenverbänden erfolgreich unterrichten können, siehe die Erörterung von Willis (1995). Slavin gehört zu den führenden Erziehungswissenschaftlern, die heute dafür eintreten, daß hochbegabte Kinder im normalen Klassenverband bleiben und der Lehrer die Möglichkeit erhält, auf unterschiedlichen Niveaus in derselben Klasse zu unterrichten. Die Studie über die Lehrer der dritten und vierten Klassenstufe wurde von Westberg et al. (1993) durchgeführt. Bangert, Kulik und Kulik (1983) führten eine Meta-Analyse von Studien durch, die den individualisierten Unterricht in den Klassenstufen sechs bis zwölf untersuchten. Hartley (1978) nahm eine Meta-Analyse von Studien vor, die den individualisierten Mathematikunterricht auf Elementar- und Sekundarstufe untersuchten. Zu dem Ergebnis, daß Lehrer mit systematischer Ausbildung in der Hochbegabtenerziehung mehr Veränderungen vornehmen, siehe Brown et al. (1995).
59. Slavin (1987, 1990) zeigte, daß ein kooperatives Lernen unter bestimmten Bedingungen effektiver ist als traditionelle Formen des Lernens. Aber, wie Robinson ausführt, gibt es keine wissenschaftlichen Nachweise dafür, daß hochbegabte Kinder vom kooperativen Lernen in regulären Klassenverbänden profitieren. Dazu wären Studien erforderlich, wie Slavin (1987) betont, in denen hochbegabte Kinder beim kooperativen Lernen in einer heterogenen Klasse mit Kindern verglichen werden, die in Leistungsgruppen zusammengefaßt sind. Bislang liegen keine derartigen Studien vor.
60. Zu weiteren Informationen über Levins Schulen siehe Levin (1987a, 1987b, 1994). Zur Effektivität des akzelerierten Lernens bei leistungsschwachen Schülern siehe die Forschungsnachweise von Peterson (1989) sowie von Knight und Stallings (im Druck). Zu der akzelerierten Schule in Los Angeles siehe Stout (1992).
61. Shanker (1995).
62. Laut Riley (1993) erklärten 73 Prozent der U. S.-Schulbezirke in einer lan-

desweiten Erhebung, daß sie Marlands (multidimensionale) Definition von Hochbegabung übernommen hätten. Aber fast alle erklärten auch, daß sie die Aufnahme in Begabtenprogramme von entweder IQ-Werten oder Lehrerbeurteilungen der allgemeinen Intelligenz abhängig machten und die anderen Begabungsdimensionen der Marland-Definition ignorierten. Zu den Kritikern des IQ-Kriteriums gehören Gardner (1983, dt. 1991; 1993b) und Sternberg (1985, 1991).

63. Butler-Por (1993) stellte fest, daß hochbegabte Versager außerhalb der Schule ein hohes Leistungsniveau zeigen.
64. Zum Einsatz von Sammelmappen in dem New Yorker Projekt siehe Borland und Wright (1994) und Wright und Borland (1993).

X.
Was wird aus hochbegabten Kindern, wenn sie erwachsen sind?

1. Goldsmith (im Druck) beschreibt die musikalischen Wunderkinder in San Francisco. Zur geringen Zahl von talentierten Kunststudenten, die zu erfolgreichen Künstlern werden, siehe die Studie von Getzels (1979).
2. Auch Csikszentmihalyi (1996; dt. 1997), Gardner (1993b) und Zuckerman (1977) definieren die Kreativität in ähnlichem Sinn als Transformierung einer Domäne.
3. Drei dieser möglichen Beziehungen beschreibt Gardner (1993c).
4. Zu Berichten über Wunderkinder, die sich von ihrem Talentbereich abwandten, siehe Goldsmith (im Druck).
5. Terman (1925).
6. Zu Beispielen für diesen retrospektiven Ansatz siehe Cox (1926), Galton (1874), Goertzel und Goertzel (1962), Goertzel, Goertzel und Goertzel (1978) und Roe (1952).
7. Zu Beispielen für diesen Langzeitansatz siehe Goldsmith (im Druck), Perleth und Heller (1994), Subotnik und Arnold (1993, 1994), Subotnik, Kassan, Summers und Wasser (1993) und natürlich die Terman-Studien.
8. Zur Schwierigkeit von Vorhersagen siehe Feldman und Goldsmith (1991), Goldsmith und Feldman (1989), Howe (1990), Simonton (1994) und Trost (1993).
9. Holahan und Sears (1995) beschreiben die Terman-Probanden in fortgeschrittenem Alter und vergleichen sie mit durchschnittlichen Senioren.

10. Zu Studien, die keine Korrelation zwischen IQ und Kreativität oberhalb eines IQ von 120 ergaben, siehe Barron (1968), Bloom (1963), Cox (1926), Drevdahl (1956), Getzels und Jackson (1962), Helson und Crutchfield (1970), Ochse (1990), Roe (1952), Simonton (1994) und Torrance (1962).
11. Piirto (1994) wies darauf hin, daß einige der vom Berkeley's Institute for Personality Assessment Research (IPAR) untersuchten Erfinder nicht mehr als einen Punktwert von 60 beim verbalen IQ erreichten, im Gegensatz zu einigen Schriftstellern, die Punktwerte von 160 erzielten.
12. Feldman (1984) verglich die 26 »Termiten« mit einem IQ von über 180 mit den 26 zufällig ausgewählten Probanden. Ceci (1990a) wies darauf hin, daß man den Erfolg von Termans Probanden über ihre sozioökonomische Herkunft vorhersagen konnte. Willis und Olszewski (1988) stellten fest, daß das Einkommen wichtiger für den intellektuellen Erfolg war als die ethnische Zugehörigkeit.
13. Die Studie über kreative Frauen in Termans Studie wurde von Vaillant und Vaillant (1990) durchgeführt.
14. Zur Entwicklung der Terman-Probanden im Erwachsenenalter siehe Terman und Oden (1959). Die Studie, die zeigt, daß die am besten angepaßten Termiten ihre intellektuellen Fähigkeiten nicht bewahrten, wurde von Tomlinson-Keasey und Little (1990) durchgeführt.
15. Subotnik, Kassan, Summers und Wasser (1993) untersuchten die Absolventen der Hunter College Elementary School. Das Zitat ist auf S. 86.
16. Gallagher und Crowder (1957) wiesen nach, daß Kinder mit hohem IQ häufig wenig kreativ sind und daß sie in den mittleren Schuljahren intellektuell starr werden. Getzels und Jackson (1962) zeigten, daß IQ und Kreativität unabhängig voneinander bestehen. Der IQ-Wert von Marilyn Jarvik findet sich in McFarlan (1989, S. 26).
17. Torrance (1972, 1992) berichtet allerdings von einer Korrelation (zwischen .46 und .58) zwischen Punktwerten bei den Torrance Tests of Creative Thinking in der High-School und kreativen Leistungen im Erwachsenenalter. Zur mangelnden Validität von Kreativitätstests siehe Baer (1991) und Piirto (1994).
18. Zum IQ als schlechtem Leistungsprädiktor siehe die Forschungsnachweise von McClelland (1973) und Wallach (1976). Zum Nachweis, daß der IQ den schulischen Erfolg nur unzuverlässig voraussagt, siehe Duncan, Featherman und Duncan (1973). Zu den Fähigkeiten, die von IQ-Tests nicht erfaßt werden, siehe Gardner (1983; dt. 1991). Zur Unabhängigkeit des IQ von der praktischen und sozialen Intelligenz siehe Sternberg und Wagner (1986). Zu weiteren Ausführungen über Unverbundenheit von IQ und Ich-Elastizität

(definiert als Offenheit für neue Erfahrungen, Streßbewältigung und Flexibilität) siehe Block und Kremen (1995). Simonton (1994) machte die Beobachtung, daß Mitglieder von IQ-Organisationen häufig gesellschaftliche Außenseiter sind; ich machte dieselbe Beobachtung, als ich 1994 eine MENSA-Tagung besuchte.

19. Benbow (1992) beschrieb die Beziehung zwischen hohen Punktwerten beim mathematischen Teil des SAT und späteren mathematisch/naturwissenschaftlichen Leistungen, stellte aber auch fest, daß viele Personen, insbesondere Frauen, den mathematischen Bereich verlassen. Milgram und Hong (1993) wiesen die Verbindung zwischen Interessen der Adoleszenz und späteren Berufen nach: bei 35 Prozent der 48 untersuchten Probanden entsprach die Berufswahl den früheren Interessen. Eine weitere Längsschnittstudie zeigte, daß domänenspezifische Tests bessere Prognosen über spätere Leistungen erlauben als IQ-Tests; siehe dazu Heller (1991).
20. Simonton (1991) untersuchte 120 klassische Komponisten, die unterschiedlich berühmt waren. Zu Nachweisen, daß die Leistungen im Erwachsenenalter um so bedeutender sind, je früher die Begabung sich entwickelt, siehe auch Cox (1926) sowie Shuter-Dyson und Gabriel (1981).
21. Zu der Studie über 100 kreative Persönlichkeiten siehe Csikszentmihalyi (1996; dt. 1997). Zur Studie über Freud, Eliot, Einstein, Gandhi, Graham, Strawinsky u. a. siehe Gardner (1993a; dt. 1996). Daß Personen, die als Erwachsene herausragende (nicht unbedingt kreative) Leistungen vollbringen, keine Wunderkinder waren, zeigen u. a. Bloom (1985) und Sloboda (1985).
22. Zu frühen Hinweisen auf eine naturwissenschaftliche Intelligenz siehe Gardner (1993a; dt. 1996).
23. Csikszentmihalyi (1996; dt. 1997). Zur Bedeutung von Schlüsselerlebnissen für Kinder, die nicht in eine bestimmte Domäne »hineingeboren« werden, siehe Simonton (1994) sowie Walters und Gardner (1986). Martha Graham wird zitiert von Gardner (1993a, S. 269/dt. 1996, S. 324). Zum Aha-Erlebnis von Bruckner siehe Simonton (1994).
24. Goldsmith (1987, im Druck) beschreibt die Entscheidungen, die diese Wunderkinder als Erwachsene trafen.
25. Mehr zum notwendigen Selbstwandel von Wunderkindern bei Gardner (1993c) und Goldsmith (im Druck). Zu Peggy Sommerville siehe Dinnage (1993). Zu Sarah Chang siehe Hoffman (1993). Bamberger (1982) erörterte die Identitätskrise bei musikalischen Wunderkindern. Gardner und Wolf (1988) stellten die These auf, daß der einzelne irgendeine Form des Scheiterns oder einer, wie sie es nannten, »fruchtbaren Asynchronie« erleben muß, damit er später kreative Leistungen vollbringen kann.

26. Golomb und Hass (1995) untersuchten Varda.
27. Die enorme Produktivität von Picasso, Freud, Edison und vielen anderen ist von Simonton (1994) dokumentiert worden. Er hat darauf hingewiesen, daß etwa 50 Prozent der kreativen Durchbrüche in einer Domäne von etwa 10 Prozent der darin tätigen Menschen bewirkt werden.
28. Über die Zehn-Jahres-Regel berichten Ericsson, Krampe und Tesch-Romer (1993), Gardner (1993a; dt. 1996), Hayes (1989) und Simon und Chase (1973). Gardner (1993a; dt. 1996) weist außerdem darauf hin, daß alle nachfolgenden Durchbrüche in Abständen von etwa zehn Jahren erfolgen. Nach Ansicht von Simonton (1994) brauchen Wunderkinder vielleicht nicht ganz zehn Jahre für ihr erstes Meisterwerk, aber sogar sie brauchen immer noch mehrere Jahre. Zur Studie über Darwin siehe Gruber (1981).
29. Zum Vergleich zwischen erfolgreichen und weniger erfolgreichen Termiten siehe Terman und Oden (1959, S. 148), und Oden (1968). Csikszentmihalyi, Rathunde und Whalen (1993) verglichen Adoleszenten, die sich nach wie vor mit Naturwissenschaft, bildender Kunst, Musik und Sport beschäftigten, mit Adoleszenten, die sich von ihren Begabungsbereichen abwandten.
30. Die sieben schöpferischen Persönlichkeiten von Gardner (1993a; dt. 1996) gingen im Hinblick auf ihre Arbeit einen, wie er es nannte, »faustischen Pakt« ein und tauschten ihre persönlichen Beziehungen gegen die Unsterblichkeit ein.
31. Rathunde und Csikszentmihalyi (1993) wiesen nach, wie bedeutsam eine ungeteilte Aufmerksamkeit für Vorhersagen über den späteren Erfolg ist.
32. Csikszentmihalyi (1996; dt. 1997) untersuchte 100 berühmte Persönlichkeiten, die ihr Leben lang kreativ blieben. Er stellte fest, daß für diese Menschen die Arbeit eine Form des Spiels war.
33. Siehe Csikszentmihalyi, Rathunde und Whalen (1993). Während *flow* in allen fünf Domänen ein Indiz für das Engagement war, variierte die relative Bedeutung der unmittelbaren im Gegensatz zur verzögerten Freude je nach Domäne. Teenager mit mathematischer und naturwissenschaftlicher Begabung fühlten sich durch ihre Arbeit weniger gefesselt und aufgeregt als Teenager mit Begabungen in bildender Kunst, Musik oder Sport, vielleicht weil die Sinne bei einer Beschäftigung mit Mathematik und Naturwissenschaften weniger beteiligt sind. Die Mathematiker und Naturwissenschaftler waren jedoch der Ansicht, daß sie später für ihre Arbeit belohnt würden, weil Karrieren in diesen Domänen angesehener und besser bezahlt sind als Laufbahnen in bildender Kunst, Musik oder Sport. Sie wußten sehr genau, daß in diesen Domänen nur ganz wenige »groß rauskommen« können. Csikszentmihalyi spekulierte, daß die Fähigkeit, Freude und *flow* bei der Arbeit zu er-

leben, in der Mathematik und in den Naturwissenschaften ein besseres Indiz für ein langfristiges Engagement ist, während die Fähigkeit, die momentane Freude an der Arbeit mit einem künftigen Handlungsplan zu verbinden, ein besseres Indiz für ein langfristiges Engagement in bildender Kunst, Musik und Sport ist.

34. Cattell (1965; dt. 1973) wies die Dominanz bei Wissenschaftlern nach. Die Überzeugung, daß man alles erreichen kann, was man will, wird häufig als »Selbst-Effektivität« bezeichnet (Taylor, Locke, Lee und Gist [1984]). Barron (1958) und MacKinnon (1965) stellten fest, daß kreative Personen, die in verschiedenen Domänen tätig waren und am Berkeley's Institute for Personality Assessment Research untersucht wurden, ohne Ausnahme hohe Punktwerte bei den Merkmalen Ich-Stärke und Selbstvertrauen erreichten. Zu weiteren Nachweisen für das hohe Selbstvertrauen und die geringen Selbstzweifel von kreativen Menschen siehe Gardner (1993a; dt. 1996).
35. Zu den sozialen Fähigkeiten, die man braucht, um die Experten zu überzeugen, siehe Getzels und Csikszentmihalyi (1976).
36. Cattell (1963; 1965, dt. 1973) wies nach, daß Schriftsteller, Künstler und Naturwissenschaftler unabhängig sind, eher »radikal« als konservativ denken und ein geringes »Gruppen-Überich« haben (das heißt, geringes Interesse an Gruppennormen). Siehe auch Crutchfield (1962) und Helson und Crutchfield (1970) zu Nachweisen für Unabhängigkeit und Nonkonformismus bei kreativen Menschen.
37. Zur Introversion bei schöpferischen Persönlichkeiten siehe Cattell (1963). Das Dickens-Zitat stammt aus Simonton (1994, S. 269). Storr (1998) beschrieb die Bedeutung der Einsamkeit für kreative Menschen. Laut Kay Jamison (persönliches Gespräch) sind kreative Personen sowohl introvertiert als auch extravertiert. Csikszentmihalyi (1996; dt. 1997) stellte fest, daß sich kreative Personen durch gegensätzliche Zustände auszeichnen.
38. Simonton (1994) wies nach, daß das Verhältnis von großen Werken und Fehlschlägen bei den produktiveren und den weniger produktiven Künstlern gleich ist. Daraus folgt, daß die produktivsten kreativen Personen sowohl die größte Zahl an Meisterwerken als auch die größte Zahl an Flops hervorbringen.
39. MacKinnon (1962) zeigte, daß sich kreative Architekten, Mathematiker und Naturwissenschaftler von den nur kompetenten nicht nur in der Befähigung, sondern auch in der Persönlichkeit unterschieden: Die Kreativen waren widerspenstig und unzufrieden, während die bloß Kompetenten passiv und zufrieden waren. Siehe auch Albert und Runco (1986).
40. Simonton wies auf die relativ große Zahl von nachgeborenen Geschwistern

unter Schriftstellern und politischen Revolutionären hin. Sulloway (1990) belegte die Verbindung zwischen der Stellung in der Geschwisterfolge und der Befürwortung von revolutionären Wissenschaftstheorien.

41. Zum sinkenden Mädchenanteil in Begabtenprogrammen siehe Silverman (1986). Das geringere Selbstvertrauen von hochbefähigten Mädchen beschreiben Subotnik und Arnold (1993). Reis und Callahn (1989) zeigen, daß die Ambitionen von klugen Mädchen in der High-School abnehmen, was ihrer Ansicht nach darauf zurückzuführen ist, daß die Mädchen weniger Aufmerksamkeit erhalten. Nach Noble (1989) berichten hochbegabte Akademikerinnen, daß sie ihre Fähigkeiten verborgen hatten, um dazuzugehören.
42. Zu dem Ergebnis, daß berühmte Frauen seltener heiraten und seltener Kinder haben als berühmte Männer, siehe Simonton (1994).
43. Helson (1980, 1990) hat nachgewiesen, daß Frauen, die ohne Brüder aufwachsen, häufiger zu berühmten Mathematikerinnen werden.
44. Tolstoi (o. J., S. 5). Vidal, zitiert nach Ochse (1990, S. 34). Berichte über die hohen Grade von Streß und Traumata in Familien von künftigen kreativen Menschen finden sich in Albert (1971, 1978, 1980a, b), Cox (1926), Goertzel und Goertzel (1962), Goertzel, Goertzel und Goertzel (1978), Howe (1990), McCurdy (1960), Ochse (1990), Olszewski, Kulieke und Buescher (1987), Radford (1990), Roe (1952), Simonton (1994), Walberg, Rasher und Hase (1978) und Weisberg und Springer (1961). Zur fehlenden Nähe in Familien von kreativen Kindern siehe Weisberg und Springer (1961).
45. Goertzel und Goertzel (1962) und Goertzel, Goertzel und Goertzel (1978). Siehe auch Ludwig (1995).
46. Diese Personen werden von Simonton (1994) zitiert, der eine lange Liste von berühmten Persönlichkeiten zusammenstellte, die schon in der Kindheit ein Elternteil verloren. Zur Häufigkeit dieses Verlustes bei kreativen Personen siehe die Studien von Cox (1926), Csikszentmihalyi (1996; dt. 1997), Eisenstadt (1978), Goertzel, Goertzel und Goertzel (1978), Goertzel und Goertzel (1962), Roe (1952), Silverman (1994), Simonton (1994) und Walberg, Rasher und Parkerson (1980). Albert (1980a) gibt für den frühen Tod eines Elternteils eine Grundrate von 8 Prozent an. Roe (1952) berichtete, daß 6 Prozent der Collegestudenten vor dem zehnten Lebensjahr ein Elternteil verloren hatten. Von einer niedrigeren Rate berichteten Hathaway und Monachesi (1963), die feststellten, daß 8 von 11329 befragten Adoleszenten ein Elternteil verloren hatten. Zu Vergleichen mit anderen Gruppen, in denen der Verlust eines Elternteils ebenfalls häufig ist, siehe Albert (1980a), Brown (1968), Eisenstadt (1978), Ochse (1990) und Tomlinson-Keasey, Warren und Elliott (1986). Albert (1980a) berichtete über einen Anteil früh verstor-

bener Eltern von 32 Prozent bei Kriminellen und von 27 Prozent bei Psychiatriepatienten. Aber siehe Ludwig (1995), der dieses Ergebnis nicht bestätigt fand und darauf verweist, daß die meisten Studien keine Kontrollgruppe aus demselben historischen Zeitraum hatten.

47. Die Mehrheit der Studien, in denen nachgewiesen wurde, daß Familien von kreativen Menschen streßreich und nicht besonders kind-zentriert sind, sind retrospektiv und berichten über Familien einer früheren Epoche. Da Familien heute generell kind-zentrierter sind als früher, ist es möglich, daß die kreativen Gestalter von morgen in Familien aufwachsen, die eher den typischen Familien von hochbegabten Kindern gleichen.
48. Goertzel, Goertzel und Goertzel (1978). Der Vergleich zwischen den Nobelpreisträgern in Naturwissenschaften und Literatur wurde von Berry (1981) durchgeführt. Simonton (1994) berichtet über ähnliche Zahlen. Man muß allerdings ein methodisches Problem bedenken, das diese Ergebnisse beeinflußt haben könnte: Nobelpreisträger in den Naturwissenschaften stammen in der Regel aus der westlichen Welt, während Literaturnobelpreisträger aus der ganzen Welt kommen.
49. Ochse (1990) und Simonton (1994) stellten einige dieser Überlegungen an, um die Verbindung zwischen Streß in der Kindheit und erwachsener Kreativität zu erklären. Bouchard wies darauf hin, daß es unmöglich ist, kausale Verbindungen aus den erforschten Korrelationen von familiärer Umwelt und Kreativität abzuleiten (siehe Bouchards Ausführungen in Csikszentmihalyi und Csikszentmihalyi [1993, S. 205]).
50. Sartre (1965, S. 12). Zur weiteren Erörterung der Frage, warum der Verlust eines Elternteils zur Kreativität führen könnte, siehe Eisenstadt (1978) und Simonton (1994). Ich danke Mardi Horowitz für seine Erkenntnisse zu diesem Thema (persönliches Gespräch).
51. Die Studie über berühmte amerikanische Schriftsteller wurde von Andreasen (1987) durchgeführt. Die britischen Maler und Schriftsteller wurden von Jamison (1989, 1993) untersucht. Zu weiteren Studien über die Verbindung zwischen affektiven Störungen und Kreativität siehe Arieti (1976), Barron (1969), Ellis (1926), Goertzel, Goertzel und Goertzel (1978), Götz und Götz (1979a, b), Juda (1949), Karlson (1970), Ludwig (1995), MacKinnon (1962), Richards (1994) und Rothenberg (1990). Einen Überblick gibt Simonton (1994). Zu dem Vergleich zwischen kreativen Persönlichkeiten und Führungskräften, und zu dem Ergebnis, daß nur die schöpferisch Tätigen erkranken, siehe Goertzel, Goertzel und Goertzel (1978) und Ludwig (1992). Jamison (1989, 1993) fand keine affektiven Störungen bei Biographen im Gegensatz zu den zweifellos kreativeren Romanciers, Dichtern, Dramati-

kern und Malern. Zum Vergleich zwischen Wissenschaftlern, Künstlern und Schriftstellern siehe Cattell und Butcher (1968). Siehe auch Ludwig (1995) und Eysenck (1995).

52. Siehe Barron (1969) und MacKinnon (1962), die nachweisen, daß affektive Störungen zu ungewöhnlichen und kreativen Denkprozessen führen können; diese Wissenschaftler setzten den Minnesota Multiphasic Personality Inventory ein und stellten fest, daß die kreativen Personen in den Testbereichen ›ungewöhnliche Denkprozesse‹, ›Offenheit für Gefühlsäußerungen‹ und ›Depressionen‹ Punktwerte erreichten, die zwischen denen von durchschnittlichen Menschen und psychotischen Patienten lagen. Götz und Götz (1979a, b) kamen zu dem Ergebnis, daß Künstler überdurchschnittlich hohe Wertungen bei der Psychose-Skala des Eysenck Personality Questionnaire (EPQ) erzielten. Zu den Vorteilen einer Manie siehe Jamison (1989, 1993, 1995) und Richards (1981). Zur Überkategorisierung als Folge manischer Zustände siehe Andreasen und Canter (1974). Siehe auch Isen und Daubman (1984) sowie Isen, Johnson, Mertz und Robinson (1985), die zeigen, daß auch die Herbeiführung von Hochstimmungen zu Überkategorisierungen führt. Richards (1995, in einem persönlichen Gespräch) machte mich darauf aufmerksam, daß hochbegabte Kinder, die sich normalerweise durch starke Antriebskraft, Konzentration und Energie auszeichnen, unter einer leichten Form von Manie leiden könnten. Siehe Jamison (1995) für einen lebendigen Erfahrungsbericht über die Beziehung zwischen Kreativität und Manie.
53. Zur Bereitschaft der Domäne und zur Akzeptanz durch das Feld der Experten siehe Csikszentmihalyi (1988). Zur Bedeutung des Zufalls siehe Tannenbaum (1983, 1994).
54. Goertzel, Goertzel und Goertzel (1978) stellten fest, daß Eltern von kreativen Persönlichkeiten ihre eigenen Interessen verfolgen und ihre Kinder zur Selbständigkeit ermutigen.

Literaturverzeichnis

Achter, J. D., Lubinski, D. & Benbow, C. P. (1996). *Multipotentiality among the intellectually gifted: It was never there in the first place, and already it's vanishing*. Unveröffentlichtes Manuskript.

Adler, A. (1938). *Social interest*. London: Faber & Faber.

Albert, R. S. (1971). Cognitive development and parental loss among the gifted and the creative. *Psychological Reports*, *29*, 19–26.

Albert, R. S. (1975). Toward a behavioral definition of genius. *American Psychologist, 30*, 140–151.

Albert, R. S. (1978). Observations and suggestions regarding giftedness, familial influence and the achievement of eminence. *Gifted Child Quarterly, 28*, 201–211.

Albert, R. S. (1980a). Family positions and the attainment of eminence: A study of special family positions and special family experiences. *Gifted Child Quarterly, 24* (2), 87–95.

Albert, R. S. (1980b). Exceptional creativity and achievement. In: R. S. Albert (Hrsg.), *Genius and eminence: The social psychology of creativity and exceptional achievement* (19–35). New York: Oxford University Press.

Albert, R. S. & Runco, M. A. (1986). The achievement of eminence: A model of exceptional boys and their parents. In: R. J. Sternberg & J. E. Davidson (Hrsg.), *Conceptions of giftedness* (332–357). New York: Cambridge University Press.

Alexander, J. M., Carr, M. & Schwanenflugel, P. J. (1995). Development of metacognition in gifted children: Directions for future research. *Developmental Review, 15*(1), 1–37.

Altman, L. K. (1991, 24. Sept.). Can the brain provide clues to intelligence? *New York Times*.

Ames, M. H. (Herbst 1990). The Meyerhoff scholars: Names you'll hear in Maryland's future. *University of Maryland Baltimore County Review, 9* (2), 3.

Anastasi, A. & Foley, J., Jr. (1941). A survey of the literature on artistic behavior in the abnormal: I. Historical and theoretical background. *Journal of General Psychology, 25*, 111–142.

Anderson, M. (1992). *Intelligence and development: A cognitive theory.* Oxford: Blackwell.

Anderson, M., O'Connor, N. & Hermelin, B. (ohne Jahr). *Intelligence and cognition – A case study of a mentally retarded, savant prime number calculator.* Unveröffentlichtes Manuskript.

Andreasen, N. C. (1987). Creativity and mental illness: Prevalence rates in writers and their first-degree relatives. *American Journal of Psychiatry, 144*, 1288–1292.

Andreasen, N. C. & Canter, A. (1974). The creative writer: Psychiatric symptoms and family history. *Comprehensive Psychiatry, 15*, 123–131.

Annett, M. (1985). *Left, right, hand and brain: The right shift theory.* Hillsdale, NY: Erlbaum.

Annett, M. & Kilshaw, D. (1982). Mathematical ability and lateral asymmetry. *Cortex, 18*, 547–568.

Annett, M. & Turner, A. (1974). Laterality and the growth of intellectual abilities. *British Journal of Educational Psychology, 44*, 37–46.

Aram, D. M. & Healey, J. M. (1988). Hyperlexia: A review of extraordinary word recognition. In: L. K. Obler & D. Fein (Hrsg.), *The exceptional brain* (70–102). New York: Guilford Press.

Arbuthnot, J. (1973). Relationship between maturity of moral judgment and measures of cognitive abilities. *Psychological Reports, 33*, 945–946.

Arieti, S. (1976). *Creativity.* New York: Basic Books.

Arnheim, R. (1974). *Art and visual perception: A psychology of the creative eye. The new version.* Berkeley, CA: University of California Press. (Dt.: *Kunst und Sehen. Eine Psychologie des schöpferischen Auges.* Berlin, New York: de Gruyter 1978.)

Arnheim, R. (1980). The puzzle of Nadia's drawings. *The Arts in Psychotherapy, 7*, 79–85.

Astin, A. (1964). Socioeconomic factors in the achievements and aspirations of the Merit Scholar. *Personnel and Guidance Journal, 42*, 581–586.

Austin, A. B. & Draper, D. C. (1981). Peer Relationships of the academically gifted: A review. *Gifted Child Quarterly, 25* (3), 129–134.

Bachem, A. (1955). Absolute pitch. *Journal of the Acoustical Society of America, 27*(6), 1100.

Baer, J. (1991). Generality of creativity across performance domains. *Creativity Research Journal, 4*(1), 23–39.

Bakan, P. (1971). Handedness and birth order. *Nature, 229*, 195.

Bakan, P. (1991). Handedness and maternal smoking during pregnancy. *International Journal of Neuroscience, 56*, 161–168.

Bamberger, J. (1982). Growing up prodigies: The mid-life crisis. In: D. H. Feldman (Hrsg.), *Developmental approaches to giftedness.* San Francisco, CA: Jossey-Bass, 265–279.

Bamberger, J. (1986). Cognitive issues in the development of musically gifted children. In: R. J. Sternberg & J. Davidson (Hrsg.), *Conceptions of giftedness* (388–413). New York: Cambridge University Press.

Bangert, R. L., Kulik, J. A. & Kulik, C.-L. C. (1983). Individualized systems of instruction in secondary schools. *Review of Educational Research, 53*, 143–158.

Barbe, W. B. (1956). A study of the family background of the gifted. *Journal of Educational Psychology, 47*, 302–309.

Barbe, W. B. & Renzulli, J. (1975). *Psychology and education of the gifted.* New York: Wiley.

Barrett, H. G. & Barbe, H. R. Jr. (1973). Cognitive pattern perception and musical performance. *Perceptual and Motor Skills, 36*, 1187–1193.

Barron, F. (1958). The psychology of imagination. *Scientific American, 199* (3), 151–166.

Barron, F. (1968). *Creativity and personal freedom.* New York: Van Nostrand Reinhold.

Barron, F. (1969). *Creative person and creative process.* New York: Holt, Rinehart & Winston.

Bass, N. H., Hess, A. Pope, A. & Thalheimer, C. (1971). Quantitative cytoarchitectonic distribution of neurons, glia and DNA in rat cerebral cortex. *Journal of Comparative Neurology, 148*, 481–490.

Baum, S. (1984, September). Meeting the needs of learning disabled gifted students, *Roeper Review*, 16–19.

Baum, S. & Owen, S. V. (1988). High ability/learning disabled students: How are they different? *Gifted Child Quarterly, 32* (3), 321–326.

Baumrind, D. (1971). Current practices of parental authority. *Developmental Psychology Monograph 4*(4), 1–103.

Beck, W. (1928). *Self-development in drawing. As interpreted by the genius of Romano Dazzi and other children.* New York: G. P. Putnam's Sons.

Belluck, P. (25. Januar 1995). At 15, Westinghouse finalist grasps »holy Grail« of math. *New York Times*, A1, B8.

Benbow, C. P. (1983). Adolescence of the mathematically precocious. In: C. P. Benbow und J. C. Stanley (Hrsg.), *Academic precocity: Aspects of its development* (9–37). Baltimore, MD: Johns Hopkins University Press.

Benbow, C. P. (1986). Physiological correlates of extreme intellectual precocity. *Neuropsychologia, 24*, 719–725.

Benbow, C. P. (1988). Sex differences in mathematical reasoning ability in intellectually talented preadolescents: Their nature, effects, and possible causes. *Behavioral and Brain Sciences, 11*, 169–232.

Benbow, C. P. (1991). Meeting the needs of gifted students through acceleration:

A neglected resource. In: M. C. Wang, M. C. Reynolds & H. J. Walberg (Hrsg.), *Handbook of special education: Research and practice: Vol. 4. Emerging programs* (23–36). Elmsford, NY:Pergamon Press.

Benbow, C. P. (1992). Academic achievement in mathematics and science of students between ages 13 and 23: Are there differences among students in the top one percent of mathematical ability? *Journal of Educational Psychology, 84(1)*, 51–61.

Benbow, C. P. & Arjmand, O. (1990). Predictors of high academic achievement in mathematics and science by mathematically talented students: A longitudinal study. *Journal of Educational Psychology, 82*, 440–441.

Benbow, C. P., Arjmand, O. & Walberg, H. J. (1991). Educational productivity predictors among mathematically talented students. *Journal of Educational Research, 84(4)*, 215–223.

Benbow, C. P. & Benbow, R. M. (1986). Physiological correlates of extreme intellectual precocity. *Mensa Research Journal, 21*, 54–87.

Benbow, C. P. & Benbow, R. M. (1987). Extreme mathematical talent: A hormonally induced ability? In: D. O. Hossu (Hrsg.), *Duality and unity of the brain*. New York: Macmillan.

Benbow, C. P. & Minor, L. L. (1990). Cognitive profiles of verbally and mathematically precocious students: Implications for identification of the gifted. *Gifted Child Quarterly, 34*, 21–26.

Benbow, C. P. & Stanley, J. C. (1980a). Intellectually talented students: Family profiles. *Gifted Child Quarterly, 24*(3), 119–128.

Benbow, C. P. & Stanley, J. C. (1980b). Sex differences in mathematical ability: Fact or artifact? *Science, 210*, 1261–1264.

Benbow, C. P. & Stanley, J. C. (1982). Consequences in high school and college of sex differences in mathematical reasoning ability: A longitudinal perspective. *American Educational Research Journal, 19*, 598–622.

Benbow, C. P. & Stanley, J. C. (1983a). Sex differences in mathematical reasoning ability: More facts. *Science, 222*, 1029–1031.

Benbow, C. P. & Stanley, J. C. (1983b). *Academic precocity: Aspects of its development*. Baltimore, MD: Johns Hopkins University Press.

Benbow, C. P., Stanley, J. C., Kirk, M. K. & Zonderman, A. B. (1983). Structure of intelligence in intellectually precocious children and in their parents. *Intelligence, 7*, 129–152.

Benbow, C. P., Zonderman, A. B. & Stanley, J. C. (1983). Assortive marriage and familiarity of cognitive abilities in families of extremely gifted students. *Intelligence, 7*, 153–161.

Berent, S., Giordani, B., Lehtinen, S., Markel, D., Penny, J. B., Buchtel, H. A.,

Starosta-Rubinstein, S., Hichwa, R. & Young, A. B. (1988). Positron emission tomographic scan investigations of Huntington's disease: Cerebral metabolic correlates of cognitive function. *Annals of Neurology, 23*, 541–546.

Berger, J. (1994). *The young scientists: America's future and the winning of the Westinghouse*. Reading, MA: Addison-Wesley.

Bergman, J. P. & Escalona, S. (1949). Unusual sensitivities in very young children. *Psychoanalytical Study of Children, 3–4*, 333–352.

Berry, C. (1981). The Nobel scientists and the origins of scientific achievement. *British Journal of Sociology, 32*, 381–391.

Bever, T. & Chiarello, R. (1974). Cerebral dominance in musicians and non-musicians. *Science, 185*, 537–539.

Binet, A. (1894). *Psychologie des grandes calculateurs (et de joueurs d'échecs)*. Paris: Hachette.

Birns, B. & Golden, M. (1972). Prediction of intellectual performance at 3 years from infant tests and personality measures. *Merrill Palmer Quarterly, 18*, 53–58.

Bishop, D. V. M. (1986). Is there a link between handedness and hypersensitivity? *Cortex, 22*, 289–296.

Blinkhorn, S. & Hendrickson, D. (1982). Average evoked responses and psychometric intelligence. *Nature, 295*, 596–597.

Block, J. & Kremen, A. (1995). *IQ and ego-resiliency: The conceptual and empirical connections and separateness*. Unveröffentlichtes Manuskript, University of California, Berkeley.

Bloom, B. (1963). Report on the creativity research by the Examiners' Office of the University of Chicago. In: C. W. Taylor & F. Barron (Hrsg.), *Scientific creativity: Its recognition and development* (251–264). New York: Wiley.

Bloom, B. (1982). The role of gifts and markers in the development of talents. *Exceptional Children, 48*(6), 510–521.

Bloom, B. (Hrsg.). (1985). *Developing talent in young people*. New York: Ballantine Books.

Bloom, J. K. (1. Nov. 1993). Panel recommends Cambridge schools and end tracking. *Boston Globe*, 17, 25.

Blumberg, S. A. & Panos, L. G. (1990). *Edward Teller: Giant of the golden age of physics*. New York: Macmillan.

Boden, M. (1991). *The creative mind: Myths and mechanisms*. New York: BasicBooks. (Dt.: *Die Flügel des Geistes*. Artemis 1992.)

Boehm, L. (1962). The development of conscience: A comparison of American children of different mental and socioeconomic levels. *Child Development, 33*, 575–590.

Bogle, C. E. & Buckhalt, J. A. (1987). Reactions to failure and success among gifted, average, and EMR students. *Gifted Child Quarterly, 31*, 70–74.

Boodoo, G. M., Bradley, C. L., Frontera, R. L., Pitts, J. R. & Wright, L. B. (1989). A survey of procedures used for identifying gifted learning disabled children. *Gifted Child Quarterly, 33* (3), 110–114.

Borland, J. H. & Wright, L. (1994). Identifying young, potentially gifted, economically disadvantaged students. *Gifted Child Quarterly, 38(4)*, 164–171.

Bornstein, M. & Sigman, M. (1986). Continuity in mental development from infancy. *Child Development, 57*, 251–274.

Bouchard, T. J. & McGue, M. (1981). Familial studies of intelligence: A review. *Science, 212*, 1055–1059.

Bouchard, T. J., Lykken, D. T., McGue, M., Segal, N. L. & Tellegen, A. (1990). Sources of human psychological differences: The Minnesota Study of Twins Reared Apart. *Science, 250*, 223–228.

Bowlby, J. (1990). *Charles Darwin: A new life.* New York: Norton.

Brody, L. E. & Benbow, C. P. (1986). Social and emotional adjustment of adolescents extremely talented in verbal or mathematical reasoning. *Journal of Youth and Adolescence, 15*, 1–18.

Broverman, D. M., Klaiber, E. L., Kobayaski, Y. & Vogel, W. (1968). Roles of activation and inhibition in sex differences in cognitive abilities. *Psychological Review, 75*, 23–50.

Brown, F. (1968). Bereavement and lack of a parent in childhood. In: E. Miller (Hrsg.), *Foundations of Child Psychiatry* (435–455). Oxford: Pergamon Press.

Brown, S. W., Archambault, F. X., Jr., Zhang, W. & Westberg, K. L. (Frühjahr 1995). A follow-up study of the interaction effects on the classroom practices survey. University of Connecticut: *The National Research Center on the Gifted and Talented Newsletter*, 6–9.

Bryden, M. P., Hecaen, H. & DeAgostini, M. (1983). Patterns of cerebral organization. *Brain and Language, 20*, 249–262.

Bryden, M. P., McManus, I. C. & Bulman-Fleming, M. B. (1994). Evaluating the empirical support for the Geschwind-Behan-Galaburda Model of Cerebral Lateralization. *Brain and Cognition, 26*, 103–167.

Buck, L. A., Kardeman, E. & Goldstein, F. (1985). Artistic talent in »autistic« adolescents and young adults. *Empirical Studies of the Arts, 3* (1), 81–104.

Bull, B. L. (1985). Eminence and precocity: An examination of the justification of education for the gifted and talented. *Teachers College Record, 87(1)*, 1–19.

Burks, B. S., Jensen, D. W. & Terman, L. M. (1930). *Genetic studies of genius:*

Vol. 3. The promise of youth: Follow-up studies of a thousand gifted children. Stanford, CA: Stanford University Press.

Burnett, S., Lane, D. & Dratt, L. (1979). Spatial visualization and sex differences in quantitative ability. *Intelligence, 3*, 345–354.

Butler-Por, N. (1987). *Underachievers in school: Issues and intervention.* Chichester: Wiley.

Butler-Por, N. (1993). Underachieving gifted students. In: K. A. Heller, F. J. Monks & A. H. Passow (Hrsg.). *International handbook of research and development of giftedness and talent* (649–668). Oxford: Pergamon Press.

Byrne, B. (1974). Handedness and musical ability. *British Journal of Psychology, 65*, 279–281.

Cain, A. C. (1970). Special isolated abilities in severely psychotic young children. *Psychiatry, 33*, 137–149.

Callahan, C. M. & McIntire, J. A. (1994). *Identifying outstanding talent in American Indian and Alaska native students.* Washington, DC: U. S. Department of Education.

Cane, F. (1951). *The artist in each of us.* New York: Pantheon.

Cardon, L. R., Fulkner, D. W., DeFries, J. C. & Plomin, R. (1992). Multivariate genetic analysis of specific cognitive abilities in the Colorado Adoption Project at age seven. *Intelligence, 16*, 338–400.

Carr, T. H. (1981). Building theories of reading ability: On the relation between individual differences in cognitive skills and reading comprehension. *Cognition, 9*, 73–114.

Carroll, H. A. (1940). *Genius in the making.* New York: McGraw-Hill.

Casey, M. B. & Brabeck, M. (1989). Exceptions to the male advantage in a spatial task: Family handedness and college major as factors identifying women who excel. *Neuropsychologia, 27*, 689–696.

Casey, M. B., Nuttal, R., Pezaris, E. & Benbow, C. P. (1995). The influence of spatial ability on gender differences in mathematics college entrance test scores across diverse samples. *Developmental Psychology, 31*(4), 697–705.

Casey, M. B., Winner, E. Brabeck, M. & Sullivan, K. (1990). Visual-spatial abilities in art, math, and science majors. Effects of sex, family handedness, and spatial experience. In: K. Gilhooly, M. Keane, R. Logie & G. Erdos (Hrsg.), *Lines of thinking: Reflections on the psychology of thought.* New York: Wiley.

Castro, P. & Grant, M. (24. Okt. 1994). Small wonder. *Psychology today*, 99–100.

Cattell, R. B. (1963). The personality and motivation of the researcher from measurements of contemporaries and from biography. In: C. W. Taylor & F. Barron (Hrsg.), *Scientific creativity* (119–131). New York: Wiley.

Cattell, R. B. (1965). *The scientific analysis of personality.* Baltimore: Penguin. (Dt.: *Die empirische Erforschung der Persönlichkeit.* Weinheim/Basel: Beltz 1973.)

Cattell, R. B. & Butcher, H. J. (1968). *The prediction of achievement and creativity.* Indianapolis: Bobbs-Merrill.

Ceci, S. J. (1990a). *On intelligence... more or less: A bio-ecological treatise on intellectual development.* Englewood Cliffs, NJ: Prentice Hall.

Ceci, S. J. (1990b). On the relation between microlevel processing efficiency and macrolevel measures of intelligence: Some arguments against current reductionism. *Intelligence, 14*, 141–150.

Center for Talented Youth (1994). Newsletter 33, Sept./Okt., 5. Study of Exceptional Talent, Johns Hopkins University.

Chamrad, D. L. & Robinson, N. M. (1986). Parenting the intellectually gifted preschool child. *Topics in Early Childhood Special Education, 6*, 74–87.

Charness, N., Clifton, J. & MacDonald, L. (1988). Case study of a musical »mono-savant«. A cognitive psychological focus. In: L. K. Obler & D. Fein (Hrsg.), *The exceptional brain: Neuropsychology of talent and special abilities* (277–293). New York: Guilford Press.

Chase, W. G. & Ericsson, K. A. (1982). Skill and working memory. In: G. H. Bower (Hrsg.), *The psychology of learning and motivation* (Vol. 16, 1–58). New York: Academic Press.

Chi, M. (1978). Knowledge structures and memory development. In: R. S. Siegler (Hrsg.), *Children's thinking: What develops?* (73–96). Hillsdale, NY: Erlbaum.

Ciha, T. E., Harris, R., Hoffman, C. & Potter, M. W. (1974). Parents as identifiers of giftedness, ignored but accurate. *Gifted Child Quarterly, 18*, 191–195.

Clark, G. A. (1993). Judging children's drawings as measures of art abilities. *Studies in Art Education, 34*(2), 72–81.

Clark, G. A. & Zimmerman, E. D. (1995). You can't just scribble: Art talent development. *Educational Forum, 59*(4), 400–408.

Clark, R. (1983). *Family life and school achievement. Why poor black children succeed or fail.* Chicago, IL: University of Chicago Press.

Clark, W. H. & Hankins, N. E. (1985). Giftedness and conflict. *Roeper Review, 8*, 50–53.

Clarke, A. M. & Clarke, A. D. B. (Hrsg.). (1976). *Early experience: Myth and evidence.* London: Open Books.

Colangelo, N., Assouline, S., Kerr, B., Huesman, R. & Johnson, D. (1993). Mechanical inventiveness: A three-phase study. In: G. R. Bock & K. Ackrill (Hrsg.), *The origins and development of high ability* (160–174). New York: Wiley.

Colby, A. & Damon, W. (1992). *Some do care: Contemporary lives of moral commitment.* New York: Free Press.

Coleman, J. S. (1960). The adolescent subculture and academic achievement. *American Journal of Sociology, 65*, 337–347.

Comer, J. (1988). *Maggie's American dream: The life and times of a black family.* New York: New American Library.

Cone, T. (30. Okt. 1994). Living backward. *San Jose Mercury News*, West Magazine section, 8–11, 16–19.

Coon, H. & Carey, G. (1989). Genetic and environmental determinants of musical ability in twins. *Behavior Genetics, 19*, 183–193.

Coren, S. (1994). Methodological problems in determining the relationship between handedness and immune system function. *Brain and Cognition, 26*, 168–173.

Cornell, D. G. (1984). *Families of gifted children.* Ann Arbor, MI: UMI Research Press.

Cornell, D. G. (1989). Child adjustment and parent use of the term »gifted«. *Gifted Child Quarterly, 33*, 59–64.

Cornell, D. G. & Grossberg, I. N. (1989). Parent use of the term »gifted«: Correlates with family environment and child adjustment. *Journal for the Education of the Gifted, 12*, 218–230.

Cox, C. (1926). *Genetic studies of genius: Vol. 2. The early mental traits of three-hundred geniuses.* Standford, CA: Stanford University Press.

Cox, J., Daniel, N. & Boston, B. (1985). *Educating able learners: Programs and promising practices.* Austin: University of Texas Press.

Cox, M. (1992). *Children's drawings.* London: Penguin.

Cox, R. L. (1977). Background characteristics of 456 gifted students. *Gifted Child Quarterly, 21*, 261–267.

Crain-Thoreson, C. & Dale, P. S. (1992). Do early talkers become early readers? Linguistic precocity, preschool language, and emergent literacy. *Developmental Psychology, 28*, 421–429.

Cranberg, L. D. & Albert, M. J. (1988). The chess mind. In: L. K. Obler & D. Fein (Hrsg.), *The exceptional brain: Neuropsychology of talent and special abilities* (156–190). New York: Guilford Press.

Cross, T. L., Coleman, L. J. & Stewart, R. A. (1992). The social cognition of gifted adolescents. An Exploration of the stigma of giftedness paradigm. *Roeper Review, 16*(1), 37–40.

Cruickshank, W. (1963). *Psychology of exceptional children and youth.* Englewood Cliffs, NJ: Prentice-Hall.

Crutchfield, R. (1962). Conformity and creative thinking. In: H. E. Gruber,

G. Terrell & M. Wertheimer (Hrsg.), *Contemporary approaches to creative thinking* (120–140). New York: Atherton Press.
Csapo, B. (1995). A comparison of Hungarian and U. S. School performance. Paper presented at Center for Advanced Study in the Behavioral Sciences, Stanford University, Stanford, California.
Csikszentmihalyi, M. (1990). *Flow: The psychology of optimal experience.* New York: Harper & Row. (Dt.: *Flow: Das Geheimnis des Glücks.* Stuttgart: Klett-Cotta 1992.)
Csikszentmihalyi, M.(1996). *Creativity.* New York: Harper & Row. (Dt.: *Kreativität.* Stuttgart: Klett-Cotta 1997.)
Csikszentmihalyi, M. & Csikszentmihalyi, I. S. (1993). Family influences on the development of giftedness. In: G. R. Bock & K. Ackrill (Hrsg.), *The origins and development of high ability* (187–200).
Csikszentmihalyi, M., Rathunde, K. & Whalen, S. (1993). *Talented teenagers: The roots of success and failure.* New York: Cambridge University Press.
Csikszentmihalyi, M., & Robinson, R. E. (1986). Culture, time and the development of talent. In: R. Sternberg & J. E. Davidson (Hrsg.), *Conceptions of giftedness* (264–284). New York: Cambridge University Press.

Dabrowski, K. (1964). *Positive disintegration.* London: Little, Brown.
Dabrowski, K. & Piechowski, M. M. (1977). *Theory of levels of emotional development* (Vol. 1). Oceanside, NY: Dabor Science.
D'Amico, C. & Kimura, D. (1987). *Evidence for subgroups of adextrals based on speech lateralization and cognitive patterns* (Research Bulletin No. 664). Ontario: University of Western Ontario, Department of Psychology.
Damon, W. (1995). *Greater expectations: Overcoming the culture of indulgence in America's homes and schools.* New York: Free Press.
Dark, V. J. & Benbow, C. P. (1990). Enhanced problem translation and short-term memory: Components of mathematical talent. *Journal of Educational Psychology, 82*(3), 420–429.
Dark, V. J. & Benbow, C. P. (1991). Differential enhancement of working memory with mathematical versus verbal precocity. *Journal of Educational Psychology, 83*(1), 48–60.
Daruio, S. P. (1979). Educational enrichment versus acceleration: A review of the literature. In: W. C. George, S. J. Cohn & J. C. Stanley (Hrsg.), *Educating the gifted: Acceleration and enrichment* (13–63). Baltimore: Johns Hopkins University Press.
Davidson, J. E. (1986). The role of insight in giftedness. In: R. J. Sternberg &

J. E. Davidson (Hrsg.). *Conceptions of giftedness* (201–243). New York: Cambridge University Press.

Davis, G. A. & Rimm, S. (1985). *Education of the gifted and talented.* Englewood Cliffs, NJ: Prentice-Hall.

Davis, H. B. & Connell, J. P. (1985). The effect of aptitude and achievement status on the self-system. *Gifted Child Quarterly, 29*(3), 131–136.

Deakin, M. (1972). *The children on the hill.* Indianapolis: Bobbs-Merrill.

DeFries, J., Plomin, R., Vanderberg, S. & Kuse, A. (1981). Parent-offspring resemblance for cognitive abilities in the Colorado Adoption Project. *Intelligence, 5*, 245–277.

Delcourt, M. A. B., Loyd, B. H., Cornell, D. G. & Goldberg, M. D. (1994). *Evaluation of the effects of programming arrangements on student learning outcomes* (Research Monograph No. 94107). University of Connecticut: The National Research Center on the Gifted and Talented.

Delisle, J. R. (1986). Death with honors: Suicide among gifted adolescents. *Journal of Counseling and Development, 64*, 558–560.

Detterman, D. K. (1991). Reply to Dreary and Pagliari: Is g intelligence or stupidity? *Intelligence, 15*, 251–255.

Detterman, D. K. (1993). Giftedness and intelligence: One and the same. In: G. R. Bock & K. Ackrill (Hrsg.), *The origins and development of high ability* (22–31). New York: Wiley.

Detterman, D. K. & Daniel, M. H. (1989). Correlations of mental tests with each other and with cognitive variables are highest for low IQ groups. *Intelligence, 15*, 349–359.

Deutsch, D. (1980). Handedness and memory for tonal pitch. In: J. Herron (Hrsg.), *Neuropsychology of lefthandedness* (263–272). New York: Academic Press.

Diamond, M. (1988). *Enriching heredity: The impact of environment on the anatomy of the Brain.* New York: Free Press.

Diamond, M. C., Scheibel, A. B., Murphy, G. M. Jr., & Harvey, T. (1985). On the brain of a scientist: Albert Einstein. *Experimental Neurology, 88*, 198–206.

Diegmueller, K. (30. März 1994). Gifted programs not a right, Conn. court rules. *Education Week*, 8.

Dinnage, R. (14. Mai 1993). Ability island. *Times Literary Supplement*, 20.

Doman, G. (1964). *How to teach your baby to read.* New York: Random House. (Dt.: *Wie kleine Kinder lesen lernen.* Hyperion 1968).

Down, J. L. (1887). *On some of the mental affections of childhood and youth.* London: Churchill.

Drevdahl, J. E. (1956). Factors of importance for creativity. *Journal of Clinical Psychology, 12*, 21–26.

Duckett, J. (1976). *Idiot savants: Super-specialization in mentally retarded persons*. Unveröffentlichte Dissertation, University of Texas, Austin, Department of Special Education.

Duncan, O. D., Featherman, D. & Duncan, B. (1973). *Socioeconomic background and achievement*. New York: Seminar Press.

Durden, W. G. & Tangherlini, A. E. (1993). *Smart kids: How academic talents are developed and nurtured in America*. Toronto: Hogrefe & Huber.

Dweck, C. S. & Elliott, E. S. (1983). Achievement motivation. In: E. M. Hetherington (Hrsg.), *Handbook of child psychology: Vol. 4. Socialization, personality, and social development* (4. Aufl., 343–391). New York: Wiley.

Edwards, B. (1979). *Drawing on the right side of the brain*. Los Angeles: Tarcher. (Dt.: *Garantiert zeichnen lernen*. Reinbek: Rowohlt 1982.)

Eisenstadt, J. M. (1978). Parental loss and genius. *American Psychologist, 33*, 211–223.

Elbert, T., Pantev, C., Wienbruch, C., Rockstroh, B. & Taub, E. (1995). Increased cortical representation of the fingers of the left hand in string players. *Science, 270*, 305–307.

Elkind, D. (1981). *The hurried child*. Reading, MA: Addison-Wesley. (Dt.: *Das gehetzte Kind*. Hamburg: Kabel 1991).

Ellis, H. (1926). *A study of British genius* (überarb. Ausg.). Boston: Houghton Mifflin.

Enersen, D. L. (1993). Summer residential programs: Academics and beyond. *Gifted Child Quarterly, 37*(4), 169–176.

Ericsson, K. A. & Faivre, I. A. (1988). What's exceptional about exceptional abilities? In: L. K. Obler & D. A. Fein (Hrsg.), *The exceptional brain: Neuropsychology of talent and special abilities* (436–473). New York: Guilford Press.

Ericsson, K. A., Krampe, R. T. & Tesch-Romer, C. (1993). The role of deliberate practice in the acquisition of expert performance. *Psychological Review, 100*(3), 363–406.

Eysenck, H. J. (1967). Intelligence assessment: A theoretical approach and experimental approach. *British Journal of Educational Psychology, 37*, 81–98.

Eysenck, H. J. (1988). *A model for intelligence*. New York: Springer-Verlag.

Eysenck, H. J. (1993). Creativity and personality: Suggestions for a theory. *Psychological Inquiry, 4*, 147–148.

Eysenck, H. J. (1995). *Genius: The natural history of creativity*. New York: Cambridge University Press.

Eysenck, H. J. & Barrett, P. T. (1993). Brain research related to giftedness. In: K. A. Heller, F. J. Mönks & A. H. Passow (Hrsg.), *International handbook of research and development of giftedness and talent* (115–131). Oxford: Pergamon Press.

Fabri, R. (1964). Tribulations of the artistic child (and its parents). *Gifted Child Quarterly, 8*, 64–66.

Fagan, J. F. & McGrath, S. K. (1981). Infant recognition and later intelligence. *Intelligence, 5*, 121–130.

Farrell, D. M. (1989). Suicide among gifted students. *Roeper Review, 11*, 134–139.

Fein, D., Humes, M., Kaplan, E., Lucci, D. E. & Waterhouse, L. (1984). The question of left hemisphere dysfunction in infantile autism. *Psychological Bulletin, 95*, 258–281.

Feiring, C. & Taft, L. T. (1985). The gifted learning disabled child: Not a paradox. *Pediatric Annals, 14* (10), 729–732.

Feldhusen, J. F. (1986). A new conception of giftedness and programming for the gifted. *Illinois Council for the Gifted Journal, 5*, 5–26.

Feldhusen, J. F. (1989). Synthesis of research on gifted youth. *Educational Leadership, 46*, 6–11.

Feldhusen, J. F. (1991). Identification of gifted and talented youth. In: M. C. Wang, M. C. Reynolds & H. J. Walberg (Hrsg.), *Handbook of special education: Research and practice: Vol. 4. Emerging programs* (7–22). Oxford: Pergamon Press.

Feldhusen, J. F. (1992a). Early admission and grade advancement for young gifted learners. *The Gifted Child Today, 15*(92), 45–49.

Feldhusen, J. F. (1992b). *Talent identification and development in education (TIDE)*. Sarasota, FL: Center for Creative Learning.

Feldhusen, J. F. & Hoover, S. M. (1986). A conception of giftedness: Intelligence, self-concept and motivation. *Roeper Review, 8*(3), 140–143.

Feldhusen, J. F. & Jarwan, F. A. (1993). Identification of gifted and talented youth for educational programs. In: K. A. Heller, F. J. Mönks & A. H. Passow (Hrsg.), *International handbook of research and development of giftedness and talent* (233–251). New York: Pergamon Press.

Feldhusen, J. F. & Kennedy, D. M. (1989). Effects of honors classes on secondary students. *Roeper Review, 11*(3), 153–156.

Feldhusen, J. F., VanTassel-Baska, J. L. & Seeley, K. (Hrsg.). (1989). *Excellence in educating the gifted*. Denver: Love.

Feldman, D. H. (1980). *Beyond universals in cognitive development.* Norwood, NJ: Ablex.

Feldman, D. H. (1984). A follow-up study of subjects who scored above 180 (IQ in Terman's »Genetic studies of genius«). *Exceptional Children, 50,* 518–523.

Feldman, D. H. mit Goldsmith, L. T. (1991). *Nature's gambit: Child prodigies and the development of human potential.* New York: Teachers College Press. (Orig.-Arbeit veröffentlicht 1986).

Feldman, R. D. (1982). *Whatever happened to the Quiz Kids? Perils and profits growing up gifted.* Chicago: Chicago Review Press.

Fetterman, D. M. (1988). *Excellence and equality: A qualitatively different perspective on gifted and talented education.* Albany: State University of New York Press.

Fine, M. J. (1977). Facilitating parent-child relationships for creativity. *Gifted Child Quarterly, 21,* 487–500.

Fischler, I. & Goodman, G. O. (1988). Latency of associative activation in memory. *Journal of Experimental Psychology: Human Perception of Performance, 4,* 455–470.

Fisher, K. (April 1990). Interaction with infants is linked to later abilities. *APA Monitor,* 10.

Ford, D. Y. (1994). Desegregation of gifted educational program: The impact of *Brown* on underachieving children of color. *Journal of Negro Education, 63*(3), 358–375.

Fordham, S. M. (1988). Racelessness as a strategy in Black students' school success: Pragmatic strategy or pyrrhic victory? *Harvard Educational Review, 58*(1), 54–84.

Fordham, S. M. & Ogbu, J. U. (1986). Black students' school success: Coping with the burden of »acting white«. *Urban Review, 18,* 176–206.

Fowler, W. (1990). Early stimulation and the development of verbal talents. In: M. J. A. Howe (Hrsg.), *Encouraging the development of exceptional abilities and talents.* Leicester: British Psychological Society.

Fox, L. H. (1983). Gifted students with reading problems: An empirical study. In: L. H. Fox, L. Brody & D. Tobin (Hrsg.), *Learning disabled/gifted children: Identification and programming* (117–140). Baltimore: University Park Press.

Fox, L. H., Brody, L. & Tobin, D. (Hrsg.). (1983). *Learning disabled/gifted children: Identification and programming.* Baltimore: University Park Press.

Frasier, M. M. (1993). Issues, problems and programs in nurturing the disadvantaged and culturally different talented. In: K. A. Heller, F. J. Mönks & A. H. Passow (Hrsg.), *International Handbook of research and development of giftedness and talent* (685–692). Oxford: Pergamon Press.

Freeburg, N. E. & Payne, D. T. (1967). Parental influence on cognitive development in early childhood. *Child Development, 38*, 65–87.

Freeman, J. (1979). *Gifted children: Their identification and development in a social context*. Lancaster: MPT Press Limited.

Freeman, J. (1991). *Gifted children growing up*. Portsmouth, NH: Heinemann Educational; London: Cassell.

Freeman, J. (1993). Parents and families in nurturing giftedness and talent. In: K. A. Heller, F. J. Mönks & A. H. Passow (Hrsg.), *International handbook of research and development of giftedness and talent* (669–684). Oxford: Pergamon Press.

Freeman, J. (1994). Some emotional aspects of being gifted. *Journal for the Education of the Gifted, 17*(2), 180–197.

Freud, S. [1910] (1957). Leonardo da Vinci and a memory of his childhood. In: J. Strachey (Hrsg.), *The standard edition of the complete psychological works of Sigmund Freud* (Vol. 11, 63–137). London: Hogarth Press. (Dt.: Eine Kindheitserinnerung des Leonardo da Vinci. In: *Sigmund Freud Studienausgabe. Bd. X. Bildende Kunst und Literatur.* 87–152. Frankfurt/M.: Fischer 1969.)

Freud, S. [1908] (1959). Creative writers and day-dreaming. In: J. Strachey (Hrsg.), *The standard edition of the complete psychological works of Sigmund Freud* (Vol. 9, 143–153). London: Hogarth Press.(Dt.: Der Dichter und das Phantasieren. In: *Sigmund Freud Studienausgabe. Bd. X. Bildende Kunst und Literatur.* 169–179. Frankfurt/M.: Fischer 1969.)

Freud, S. [1928]. (1961). Dostoevsky and parricide. In: J. Strachey (Hrsg.), *The standard edition of the complete psychological works of Sigmund Freud* (Vol. 21, 177–194). London: Hogarth Press. (Dt.: Dostojewski und die Vatertötung. In: *Sigmund Freud Studienausgabe. Bd. X. Bildende Kunst und Literatur.* 267–286. Frankfurt/M.: Fischer 1969.)

Frith, U. (1980). *Cognitive processes in spelling*. New York: Academic Press.

Frith, U. (1989). *Autism: Explaining the enigma*. Oxford: Blackwell. (Dt.: *Autismus. Ein kognitionswissenschaftliches Puzzle*. Heidelberg/Berlin/New York: Spektrum 1992.)

Frith, U. & Hermelin, B. (1969). The role of visual and motor cues for normal, subnormal, and autistic children. *Journal of Child Psychology and Psychiatry, 10*, 153–163.

Gagné, F. (1991). Toward a differentiated model of giftedness and talent. In: N. Colangelo & G. A. Davis (Hrsg.), *Handbook of gifted education* (65–80). Boston: Allyn & Bacon.

Gagné, F. (1995). Hidden meaning of the »Talent Development« concept. *Educational Forum, 59*(4), 349–362.

Galaburda, A. M. & Kemper, T. L. (1979). Cytoarchitectonic abnormalities in developmental dyslexia: A case study. *Annals of Neurology, 6*, 94.

Galbraith, J. (1985). The eight great gripes of gifted kids: Responding to special needs. *Roeper Review, 8*, 15–18.

Gallagher, J. J. (1985). *Teaching the gifted child* (3. Aufl.). Boston: Allyn & Bacon.

Gallagher, J. J. & Crowder, T. (1957). The adjustment of gifted children in the regular classroom. *Exceptional Children, 23*(7), 306–312, 317–319.

Gallagher, J. J., Weiss, P., Oglesby, K. & Thomas, T. (1983). *The status of gifted/talented education: United States survey of needs, practices and policies*. Los Angeles: Leadership Training Institute.

Gallagher, S. A. (1990). Personality patterns of the gifted. *Understanding Our Gifted, 3*(1), 11–13.

Galluci, N. (1988). Emotional adjustment of gifted children. *Gifted Child Quarterly, 32*, 273–276.

Galton, F. (1869). *Hereditary Genius: An inquiry into its laws and consequences*. London: Macmillan.

Galton, F. (1874). *English men of science: Their nature and nurture*. London Macmillan.

Galton, F. (1883). *Inquiries into human faculty and its development*. London: Macmillan.

Gardner, H. (1975). *The shattered mind: The person after brain damage*. New York: Knopf.

Gardner, H. (1980). *Artful scribbles: The significance of children's drawings*. New York: BasicBooks.

Gardner, H. (1983). *Frames of mind: The theory of multiple intelligences*. New York: BasicBooks. (Dt.: *Abschied vom IQ: Die Rahmen-Theorie der vielfachen Intelligenzen*. Stuttgart: Klett-Cotta 1991.)

Gardner, H. (1985). *The mind's new Science: A history of the cognitive revolution*. New York: BasicBooks. (Dt.: *Dem Denken auf der Spur: der Weg der Kognitionswissenschaft*. Stuttgart: Klett-Cotta 1989.)

Gardner, H. (1989). *To open minds: Chinese clues to the dilemma of contemporary education*. New York: BasicBooks.

Gardner, H. (1993a). *Creating minds: An anatomy of creativity seen through the lives of Freud, Einstein, Picasso, Stravinsky, Eliot, Graham and Gandhi*. New York: BasicBooks. (Dt.: *So genial wie Einstein. Schlüssel zum kreativen Denken*. Stuttgart: Klett-Cotta 1996)

Gardner, H. (1993b). *Multiple intelligences: The theory in practice*. New York: BasicBooks.
Gardner, H. (1995). *Leading minds: An anatomy of leadership*. New York: Basic Books. (Dt.: *Die Zukunft der Vorbilder.* Stuttgart: Klett-Cotta 1997.)
Gardner, H. (1996). Are there additional intelligences? In: J. Kane (Hrsg.), *Education, information, and transformation*. New York: Prentice-Hall.
Gardner, H., Davidson, L. & McKernon, P. (1981). The acquisition of song: A developmental approach. In: *Documentary Report of the Ann Arbor Symposium. Music Educators' National Conference*. Reston, VA.
Gardner, H. & Wolf, C. (1988). The fruits of asynchrony: Creativity from a psychological point of view. *Adolescent Psychiatry, 15*, 106–123.
Gardner, J. (1961). *Excellence: Can we be excellent and equal too?* New York: Harper & Row.
George, P. G. & Gallagher, J. J. (1978). Childrens' thoughts about the future: A comparison of gifted and nongifted students. *Journal for the Education of the Gifted, 2*, 33–42.
Geppert, U. & Kuster, U. (1983). The emergence of »wanting to do it oneself«: A precursor of achievement motivation. *International Journal of Behavioral Development, 6*, 355–365.
Gervais, A. (1982). Complex math for a complex brain. *Science News, 121*, 58.
Geschwind, N. (1984). The biology of cerebral dominance: Implications for cognition. *Cognition, 17*, 193–208.
Geschwind, N. & Behan, P. (1982). Lefthandedness: Association with immune disease, migraine, and developmental learning disorder. *Proceedings of the National Academy of Science, 79*, 5097–5100.
Geschwind, N. & Galaburda, A. M. (1987). *Cerebral lateralization*. Cambridge, MA: MIT Press.
Geschwind, N. & Levitsky, W. (1968). Human brain: Left right asymmetries in temporal speech region. *Science, 161*, 186–187.
Getzels, J. W. (1979). From art student to fine artist: Potential, problem finding and performance. In: A. H. Passow (Hrsg.), *The gifted and talented: Their education and development* (78th Yearbook of the National Society for the Study of Education; 372–387). Chicago: University of Chicago Press.
Getzels, J. W. & Csikszentmihalyi, M. (1976). *The creative vision: A longitudinal study of problem finding in art*. New York: Wiley.
Getzels, J. W. & Jackson, P. (1961). Family environment and cognitive style: A study of the sources of highly intelligent and of highly creative adolescents. *American Sociological Review, 26*(3), 251–360.

Getzels, J. W. & Jackson, P. W. (1962). *Creativity and intelligence: Explorations with gifted students*. New York: Wiley.

Gillberg, C. & Coleman, M. (Hrsg.). (1992). *The biology of the autistic syndromes* (2. Aufl.). London: MacKeith.

Goertzel, V., Goertzel, M. G. & Goertzel, T. G.(1978). *Three hundred eminent personalities*. San Francisco: Jossey-Bass.

Goertzel, V. & Goertzel, M. G. (1962). *Cradles of eminence*. Boston: Little, Brown.

Goldman-Rakic, P. & Rakic, P. (1984). Experimental modification of gyral patterns. In: N. Geschwind & A. M. Galaburda (Hrsg.), *Cerebral dominance: The biological foundations* (179–192). Cambridge, MA: Harvard University Press.

Goldsmith, L. T. (1987). Girl prodigies: Some evidence and some speculations. *Roeper Review, 10*(2), 74–82.

Goldsmith, L. T. (1992). Stylistic development of a Chinese painting prodigy. *Creativity Research Journal, 5*(3), 281–293.

Goldsmith, L. T. (im Druck). *Tracking trajectories of talent: Child prodigies growing up. Proceedings of the Third Annual Esther Katz Rosen Symposium on the Psychological Development of Gifted Children*. University of Kansas, Manhattan, KS.

Goldsmith, L. T. & Feldman, D. H. (1989). Wang Yani: Gifts well given. In: W. C. Ho (Hrsg.), *Yani: the brush of innocence* (51–62). New York: Hudson Hills Press.

Golomb, C. (1992a). Eitan: The early development of a gifted child artist. *Creativity Research Journal, 5*(3), 265–279.

Golomb, C. (1992b). *The child's creation of a pictorial world*. Berkeley: University of California Press.

Golomb, C. (1995). Eitan: the artistic development of a child prodigy. In: C. Golomb (Hrsg.), *The development of gifted child artists: Selected case studies* (171–196). Hillsdale, NY: Erlbaum.

Golomb, C. & Hass, M. (1995). Varda: The development of a young artist. In: C. Golomb (Hrsg.), *The development of gifted child artists: Selected case studies* (71–100). Hillsdale, NY: Erlbaum.

Gombrich, E. H. (1960). *Art and illusion*. London: Phaidon Press. (Dt.: *Kunst und Illusion*. Stuttgart/Zürich: Belser 1977.)

Good, T. L. & Brophy, J. W. (1993). *Looking in classrooms* (6. Aufl.). New York: HarperCollins College.

Goodenough, F. L. & Harris, D. B. (1963). *Children's drawings as measures of intellectual maturity*. New York: Harcourt Brace & World.

Gooldlad, J. I. & Anderson, R. H. (1987). *The nongraded elementary school.* New York: Teachers College Press.

Gordon, A. (1987). Childhood works of artists. *Israel Museum Journal, 6*, 75–82.

Gordon, H. W. (1970). Hemisphere asymmetry in the perception of musical chords. *Cortex, 6*, 387–398.

Gordon, H. W. (1978). Left-hemisphere dominance of rhythmic elements in dichotically presented melodies. *Cortex, 14*, 58–70.

Gordon, H. W. (1980). Degree of ear asymmetry for perception of dichotic chords and for illusory chord localization in musicians of different levels of competence. *Journal of Experimental Psychology: Perception and Performance, 6*, 516–527.

Gordon, H. W. & Harness, B. Z. (1977). A test battery for the diagnosis and treatment of developmental dyslexia. *Journal of Speech and Hearing Disorders, 8*, 1–7.

Gottfried, A. W., Gottfried, A. E., Bathurst, K. & Guerin, D. W. (1994). *Gifted IQ: Early developmental aspects. The Fullerton longitudinal study.* New York: Plenum.

Götz, K. O. & Götz, K. (1979a). Personality characteristics of professional artists. *Perceptual and Motor Skills, 49*, 919–924.

Götz, K. O. & Götz, K. (1979b). Personality characteristics of successful artists. *Perceptual and Motor Skills, 49*, 327–334.

Gould, S. J. (1981). *The mismeasure of man.* New York: Norton. (Dt.: *Der falsch vermessene Mensch.* Frankfurt: Suhrkamp 1986.)

Grant, J. E., Weiner, A. & Ruchton, J. P. (1976). Moral judgment and generosity in children. *Psychological Reports, 39*, 451–454.

Greenacre, P. (1956). Experiences of awe in childhood. *Psychoanalytic Study of the Child, 11*, 9–80.

Grimshaw, G. M., Bryden, M. P. & Finegan, J. K. (1993). Relations between prenatal testosterone and cerebral lateralization at age 10. *Journal of Clinical and Experimental Neuropsychology, 15*, 39–40.

Gross, M. U. M. (1989). The pursuit of excellence or the search for intimacy? The forced-choice dilemma of gifted youth. *Roeper Review, 11*(4), 189–194.

Gross, M. U. M. (1993a). *Exceptionally gifted children.* London: Routledge.

Gross, M. U. M. (1993b). Nurturing the talents of exceptionally gifted individuals. In: K. A. Heller, F. J. Mönks & A. H. Passow (Hrsg.), *International handbook of research and development of giftedness and talent* (473–490). Oxford: Pergamon Press.

Gruber, H. (1981). *Darwin on man.* Chicago: University of Chicago Press.

Guralnick, P. (1994). *Last train to Memphis: The rise of Elvis Presley.* Boston: Little, Brown.

Haier, R. J. & Denham, S. A. (1976). A summary profile of the non-intellectual correlates of mathematical precocity in boys and girls. In: D. P. Keating (Hrsg.), *Intellectual talent: Research and development.* Baltimore: Johns Hopkins University Press.

Haier, R. J., Robinson, D. L., Braden, W. & Williams, D. (1983). Electrical potentials of the cerebral cortex and psychometric intelligence. *Personality and Individual Difference, 4*, 591–599.

Haier, R. J., Siegel, B. V., MacLachlan, A., Soderling, E., Lottenberg, S. & Buchsbaum, M. S. (1992). Regional cerebral glucose metabolic changes after learning a complex visuospatial/motor task: A positron emission tomographic study. *Brain Research, 570*, 134–143.

Haier, R. J., Siegel, B. V., Neuchterlein, K. N., Hazlett, E., Wu, J. C., Paek, J., Browning, H. L. & Buchsbaum, M. S. (1988). Cortical glucose metabolic rate correlates of abstract reasoning and attention studied with positron emission tomography. *Intelligence, 12*, 199–217.

Haier, R. J., Siegel, B. V., Tang, C., Abel, L. & Buchsbaum, M. S. (1992). Intelligence and changes in regional cerebral glucose metabolic rate following learning. *Intelligence, 16*, 415–426.

Hallahan, D. P. & Kauffman, J. (1982). *Exceptional children.* Englewood Cliffs, NJ: Prentice-Hall.

Halpern, D. F. (1992). *Sex differences in cognitive abilities* (2. Aufl.). Hillsdale, NY: Erlbaum.

Halpern, D. F. (1994). Evaluating support for the Geschwind-Behan-Galaburda model: With a rubber ruler and a thumb on the scale. *Brain and Cognition, 26*, 185–190.

Hamblin, D. J. (18. März 1966). They are idiot savants – wizards of the calendar. *Life, 60*, 106–108.

Hamburger, V. & Oppenheim, R. W. (1982). Naturally occurring neuronal death in vertebrates. *Neuroscience Commentaries, 1*, 39–55.

Happé, F. (1995). *Autism: An introduction to the psychological theory.* Cambridge, MA: Harvard University Press.

Hartley, S. S. (1978). Meta-analysis of the effects of individually paced instruction in mathematics. *Dissertation Abstracts International* 38(7-A), 4003. (University Microfilms No. AAD00–06641).

Hassler, M. (1990). Functional cerebral asymmetric and cognitive abilities in musicians, painters, and controls. *Brain and Cognition, 13*, 1–17.

Hassler, M. & Birbaumer, N. (1988). Handedness, musical attributes, and dichaptic and dichotic performance in adolescents: A longitudinal study. *Developmental Neuropsychology, 4*(2), 129–145.

Hassler, M., Birbaumer, N. & Feil, A. (1985). Musical talent and visual-spatial abilities: A longitudinal study. *Psychology of Music, 13*, 99–113.

Hassler, M., Birbaumer, N. & Feil, A. (1987). Musical talent and visual-spatial ability: Onset of puberty. *Psychology of Music, 15*, 141–151.

Hassler, M. & Gupta, D. (1993). Functional brain organization, handedness, and immune vulnerability in musicians and non-musicians. *Neuropsychologia, 31*, 655–660.

Hathaway, S. R. & Monachesi, E. G. (1963). *Adolescent personality and behavior.* Minneapolis: University of Minnesota Press.

Hauser, S. L., Delong, G. R. & Rosman, N. P. (1975). Pneumographic findings in the infantile autism syndrome. *Brain, 98*, 667–688.

Hayes, J. R. (1989). *The complete problem solver* (2. Aufl.). Hillsdale, NY: Erlbaum.

Healey, J. M. (1982). The enigma of hyperlexia. *Reading Research Quarterly, 3*, 319–338.

Healey, J. M., Aram, D. M., Horwitz, S. J. & Kessler, J. W. (1982). A study of hyperlexia. *Brain and Language, 17*, 1–23.

Hécaen, H., De Agostini, M. & Monzon-Montes, A. (1981). Cerebral organization in left-handers. *Brain and Language, 12*, 261–284.

Heller, K. (1991). The nature and development of giftedness: A longitudinal study. *European Journal for High Ability, 2*, 174–188.

Helson, R. (1980). The creative woman mathematician. In: L. H. Fox, L. Brody & D. Tobin (Hrsg.), *Women and the mathematical mystique* (23–54). Baltimore: Johns Hopkins University Press.

Helson, R. (1990). Creativity in women: Outer and inner views over time. In: M. A. Runco & R. S. Albert (Hrsg.), *Theories of creativity* (46–58). Newbury Park, CA: Sage.

Helson, R. & Crutchfield, R. S. (1970). Mathematicians: the creative researchers and the average Ph. D. *Journal of Consulting and Clinical Psychology, 34*, 250–257.

Hemmings, B. C. (1985). The gifted/handicapped: Some basic issues. *Exceptional Child, 32*(1), 57–62.

Henderson, V. L. & Dweck, C. S. (1990). Motivation and achievement. In: S. S. Feldman & G. R. Elliot (Hrsg.), *At the threshold: The developing adolescent.* Cambridge, MA: Harvard University Press.

Hendrickson, D. E. & Hendrickson, A. E. (1980). The biological basis of individual differences in intelligence. *Personality and Individual Differences, 1*, 3–33.
Henson, R. A. (1977). Neurological aspects of musical experience. In: M. Critchley & R. A. Henson (Hrsg.), *Music and the brain: Studies in the neurology of music*. London: William Heinemann Medical Books.
Herman, E. (1981). *Shinichi Suzuki: The man and his philosophy*. Athens, OH: Ability Associates.
Hermelin, B. (1983). The idiot savant: Flawed genius or clever Hans? *Psychological Medicine, 13*, 479–481.
Hermelin, B. & O'Connor, N. (1986a). Spatial representations in mathematically and in artistically gifted children. *British Journal of Educational Psychology, 56*, 150–157.
Hermelin, B. & O'Connor, N. (1986b). Idiot-savant calendrical calculators: Rules and regularities. *Psychological Medicine, 16*, 885–893.
Hermelin, B. & O'Connor, N. (1990a). Art and accuracy: The drawing ability of idiots-savants. *Journal of Child Psychology and Psychiatry, 31*, 217–228.
Hermelin, B. & O'Connor, N. (1990b). Factors and primes: A specific numerical ability. *Psychological Medicine, 20*, 163–169.
Hermelin, B. & O'Connor (im Druck). Aspects of graphic development in normal and savant children. *Journal of Art and Design Education.*
Hermelin, B. & O'Connor, N. & Lee, S. (1987). Musical inventiveness of five idiots-savants. *Psychological Medicine, 1*, 685–694.
Hildreth, G. (1941). *The child mind in evolution*. New York: Kings Crown Press.
Hildreth, G. (1966). *Introduction to the gifted*. New York: McGraw-Hill.
Hill, A. L. (1978). Savants: Mentally retarded individuals with special skills. In: N. R. Ellis (Hrsg.), *International Review of Research in Mental Retardation* (Vol. 9, 277–298). New York: Academic Press.
Hoffman, J. (3. Okt. 1993). After Child's play, what comes next? *New York Times*, C-1, 38–39.
Hogan, R. (1980). The gifted adolescent. In: J. Adelson (Hrsg.), *Handbook of Adolescent Psychology*. New York: Wiley.
Hogan, R., Viernstein, M. C., McGinn, P. V., Bohannon, W. & Daurio, S. P. (1977). Verbal giftedness and sociopolitical intelligence: Terman revisited. *Journal of Youth and Adolescence, 6* (2), 107–116.
Hoge, R. D. & Renzulli, J. S. (1993). Exploring the link between giftedness and self-concept. *Review of Educational Research, 63*(4), 449–465.
Holahan, C. K. & Sears, R. R. (1995). *The gifted group in later maturity*. Stanford: Stanford University Press.

Holland, J. G. (1961). Creative and academic performance among talented adolescents. *Journal of Educational Psychology, 52*, 136–147.
Hollingworth, L. S. (1926). *Gifted children: Their nature and nurture.* New York: Macmillan.
Hollingworth, L. S. (1931). The child of very superior intelligence as a special problem in social adjustment. *Mental Hygiene, 29*, 3–16.
Hollingworth, L. S. (1942). *Children above 180 IQ, Stanford-Binet origin and development.* Yonkers, NY: World Book.
Horowitz, W. A., Kestenbaum, C., Person, E. & Jarvik, L. (1965). Identical twin – »idiots savants« – calendar calculators. *American Journal of Psychiatry, 121*, 1075–1079.
Howe, M. J. A. (1990). *The origins of exceptional abilities.* Oxford: Blackwell.
Howe, M. J. A., Davidson, J. W., Moore, D. G. & Sloboda, J. A. (1995). Are there early signs of musical ability? *Psychology of Music, 23*, 162–176.
Howe, M. J. A. & Sloboda, J. A. (1992). Problems experienced by talented young musicians as a result of the failure of other children to value musical accomplishments. *Gifted Education International, 8*, 16–18.
Hunsaker, S. L., Frasier, M. M., Frank, E., Finley, V. & Klekotka, P. (1995). *Performance of economically disadvantaged students placed in gifted programs through the research-based assessment plan.* University of Connecticut: The National Research Center on the Gifted and Talented.
Hunt, E., Frost, N. & Lunneborg, C. L. (1973). Individual differences in cognition: A new approach to intelligence. In: G. Bower (Hrsg.), *Learning and motivation* (Vol. 7, 87–122). New York: Academic Press.
Hunt, E., Lunneborg, C. & Lewis, J. (1975). What does it mean to be high verbal? *Cognitive Psychology, 7*, 194–227.
Hurwitz, A. (1983). *The gifted and talented in art. A guide to program planning.* Worcester, MA: Davis Publications.

Inouye, T., Shinosaki, K., Iyama, A. & Matsumoto, A. (1993). Localization of activated areas and directional EEG patterns during mental arithmetic. *Electroencephalography and Clinical Neurophysiology, 86*, 224–230.
Isen, A. M. & Daubman, K. A. (1984). The influence of affect on categorization. *Journal of Personality and Social Psychology, 47*, 1206–1217.
Isen, A. M., Johnson, M. M., Mertz, E. & Robinson, G. F. (1985). The influence of positive affect on the unusualness of word associations. *Journal of Personality and Social Psychology, 48*, 1413–1426.

Jackson, N. E. (1992). Precocious reading of English: Origins, structure, and predictive significance. In: P. S. Klein & A. J. Tannenbaum (Hrsg.), *To be young and gifted* (171–203). Norwood, NJ: Ablex.
Jackson, N. E. (1993). Moving into the mainstream? Reflections on the study of giftedness. *Gifted Child Quarterly, 37*(1), 46–50.
Jackson, N. E., Donaldson, G. & Cleland, L. N. (1988). The structure of precocious reading ability. *Journal of Educational Psychology, 80*, 234–243.
Jackson, N. E., Donaldson, G. & Mills, J. R. (1993). Components of reading skill in postkindergarten precocious readers and level-matched second graders. *Journal of Reading Behavior, 25*, 181–208.
Jamison, K. R. (1989). Mood disorders and patterns of creativity in British writers and artists. *Psychiatry, 52*, 125–134.
Jamison, K. R. (1993). *Touched with fire: Manic depressive illness and the artistic temperament.* New York: Free Press.
Jamison, K. R. (1995). *An unquiet mind.* New York: Knopf.
Janos, P. M., Marwood, K. A. & Robinson, N. M. (1985). Friendship patterns in highly intelligent children. *Roeper Review, 8*(1), 46–49.
Janos, P. M. & Robinson, N. M. (1985). Psychosocial development in intellectually gifted children. In: F. D. Horowitz & M. O'Brien (Hrsg.), *The gifted and talented: Developmental perspectives* (149–195). Washington, DC: American Psychological Association.
Janos, P. M., Robinson, N. M. & Lunneborg, C. E. (1989). Markedly early entrance to college: A multi-year comparative study of academic performance and psychological adjustment. *Journal of Higher Education, 60*, 496–518.
Jencks, C. (1972). *Inequality.* New York: Basic Books. (Dt.: *Chancengleichheit.* Reinbek: Rowohlt 1973.)
Jensen, A. (1993). Why is reaction time correlated with psychometric g? *Current Directions in Psychological Science, 2*(2), 53–56.
Jerison, H. (1982). The evolution of biological intelligence. In: R. J. Sternberg (Hrsg.), *The handbook of intelligence* (723–791). New York: Cambridge University Press.
Juda, A. (1949). The relationship between highest mental capacity and psychic abnormalities. *American Journal of Psychiatry, 106*, 296–307.
Judd, T. (1988). The varieties of musical talent. In: L. Obler & D. Fein (Hrsg.), *The exceptional brain: Neuropsychology of talent and special abilities* (127–155). New York: Guilford Press.

Kagan, J. (1994). *Galen's prophecy: Temperament in human nature*. New York: Basic Books.

Kagan, J. & Klein, R. E. (1973). Cross-cultural perspectives on early development. *American Psychologist, 28*, 947–961.

Kamin, L. (1974). *The science and politics of IQ*. Hillsdale, NY: Erlbaum. (Dt.: *Der Intelligenzquotient in Wissenschaft und Politik*. Darmstadt: Steinkopff 1979.)

Kanevsky, L. (1992). The learning game. In: P. S. Klein & A. J. Tannenbaum (Hrsg.), *To be young and gifted* (204–243). Norwood, NJ: Ablex.

Kanner, L. (1944). Early infantile autism. *Journal of Pediatrics, 25*, 200–217.

Kanoy, R. C., Johnson, B. W. & Kanoy, K. W. (1980). Locus of control and self-concept in achieving bright elementary students. *Psychology in the Schools, 17*, 395–399.

Kaplan, B. J. & Crawford, S. G. (1994). The GBG model: Is there more to consider than handedness? *Brain and Cognition, 26*, 291–299.

Karlson, J. I. (1970). Genetic association of giftedness and creativity with schizophrenia. *Hereditas, 66*, 177–182.

Karma, K. (1979). Musical, spatial, and verbal abilities. *Bulletin of Council on Research in Music Education, 75*, 23–32.

Karnes, M. B., McCoy, G. F., Zerback, R. R., Wellersheim, J., Clarizio, H. G., Gostin, L. & Stanley, L. (1961). Factors associated with the underachievement and overachievement of intellectually gifted children. *Exceptional Child, 27*, 167–175.

Karnes, M. B., Schwedel, A. M. & Steinberg, D. (1984). Styles of parenting among parents of young gifted children. *Roeper Review, 6*, 232–235.

Kaufmann, F. A. & Sexton, D. (1983). Some implications for home-school linkages. *Roeper Review, 14*, 154–158.

Kearney, K. (1989). Homeschooling gifted children. *Understanding Our Gifted, 1*(3), 1, 12–13, 15–16.

Kelly, K. R. & Colangelo, N. (1984). Academic and social self-concepts of gifted, general and special students. *Exceptional Children, 50*, 551–554.

Kerschensteiner, G. (1905). *Die Entwicklung der zeichnerischen Begabung*. München: Gerber.

Kerr, B. A. (1991). *A handbook for counseling the gifted and talented*. Alexandria, VA: American Counseling Association.

Khatena, J. (1982). *Educational psychology of the gifted*. New York: Wiley.

Kimura, D. (Nov. 1985). Male brain, female brain: The hidden difference. *Psychology Today*, 50–58.

Kincaid, D. (1969). A study of highly gifted elementary pupils. *Gifted Child Quarterly, 13*, 264–267.

Kirst, M. (1982). How to improve schools without spending more money. *Phi Delta Kappa, 64*, 6–8.

Knight, S. & Stallings, J. (Im Druck). The implementation of the Accelerated School Model in an urban elementary school. In: R. Allington & S. Walmsley (Hrsg.), *No quick fix: Rethinking literacy programs in American elementary schools*. New York: Teachers College Press.

Kohlberg, L. (1963). The development of children's orientations toward a moral order: 1. Sequence in the development of moral thought. *Vita Humana, 6*, 11–33.

Kohlberg, L. (1964). Development of moral character and moral ideology. In: M. Hoffman & L. Hoffman (Hrsg.), *Review of child development research* (383–431). New York: Russell Sage Foundation.

Kohlberg, L. (1969). *Stage and sequence: the cognitive-developmental approach to socialization*. In: D. A. Goslin (Hrsg.), *Handbook of socialization theory and research*. New York: Rand McNally. (Dt.: Stufe und Sequenz: Sozialisation unter dem Aspekt der kognitiven Entwicklung. In: Kohlberg, L. *Zur kognitiven Entwicklung des Kindes*. 3 Aufsätze. Frankfurt a. M.: Suhrkamp 1974.)

Kolata, G. (1983). Math genius may have hormonal basis. *Science, 222*, 1312.

Kosslyn, S. & Koenig, O. (1992). *Wet mind: The new cognitive neuroscience*. New York: Free Press.

Kulik, C.-L., Krutetskii, V. A. & Kulik, J. A. (1984). Effects of accelerated instruction on students. *Review of Educational Research, 54*(3), 409–425.

Kulik, J. A. & Kulik, C.-L. C. (1982). Effects of ability grouping on secondary school students: A meta-analysis of evaluation findings. *American Educational Research Journal, 19*(3), 415–428.

Kulik, J. A. & Kulik, C.-L. C. (1991). Ability grouping and gifted students. In: N. Colangelo & G. Davis (Hrsg.), *Handbook of gifted education* (178–196). Boston, MA: Allyn & Bacon.

Kulik, J. A. & Kulik, C.-L. C. (1992). Meta-analytic findings on grouping programs. *Gifted Child Quarterly, 36*(2), 73–77.

Landau, E. (1976). Children ask questions about the future of mankind. In: J. Gibson & P. Chennels (Hrsg.), *Gifted children looking to their future* (268–275). London: Latimer.

Lark-Horowitz, B., Lewis, H. & Luca, M. (1973). *Understanding children's art for better teaching* (2. Aufl.). Columbus, OH: Merrill.

Laycock, F. (1979). *Gifted children*. Glenview, IL: Scott Foresman.

Lee, M. (1989). When is an object not an object? The effect of meaning upon the copying of line drawings. *British Journal of Psychology, 80*, 15–37.

Lehman, H. C. (1953). *Age and achievement.* Princeton, NJ: Princeton University Press.

Lerner, R. M. (1991). Changing organism-context relations as the basic process of development: A developmental contextual perspective. *Developmental Psychology, 27*, 27–32.

Lerner, R. M. (1992). The demise of the nature-nurture controversy. A review of *Individual development and evolution: The genesis of novel behavior* by G. Gotlieb. *Human Development, 36*, 119–124.

Leroy-Boussion, I. (1971). Maturité mentale et apprentissage de la lecture. *Enfance, 3*.

Levin, H. M. (1987a). Accelerating schools for disadvantaged students. *Educational Leadership, 44*(6), 19–21.

Levin, H. M. (1987b). New schools for the disadvantaged. *Teacher Education Quarterly, 14*(4), 60–83.

Levin, H. M. (1994). The necessary and sufficient conditions for achieving educational equity. In: R. Berne & L. O. Picus (Hrsg.), *Outcome equity in education.* Thousand Oaks, CA: Corwin Press.

Levy, J. & Nagylaki, T. (1972). A model for the genetics of the hand. *Genetics, 72*, 117–128.

Lewerenz, A. S. (1928). I. Q. and the ability in art. *School and Society, 27*, 489–490.

Lewin, J., Kohen, D. & Matthew, G. (1993). Handedness in mental handicap: Investigation into populations of Down's syndrome, epilepsy and autism. *British Journal of Psychiatry, 163*, 674–676.

Lewis, M. (1975). The development of attention and perception in the infant and young child. In: W. M. Cruickshank & D. P. Hallahan (Hrsg.), *Perception and learning disabilities in children.* New York: Syracuse University Press.

Lewis, M. (1985). Gifted or dysfunctional: the child savant. *Pediatric Annals, 14*(19), 733–742.

Lewis, M. & Brooks-Gunn, J. (1981). Attention and intelligence. *Intelligence, 5*, 231–238.

Lewis, M. & Louis, B. (1991). Young gifted children. In: N. Colangelo & G. A. Davis (Hrsg.), *Handbook of gifted education* (365–381). Needham Heights, MA: Allyn & Bacon.

Light, P. (1985). The development of view-specific representation. In: N. Freeman & M. Cox (Hrsg.), *Visual order.* Cambridge: Cambridge University Press.

Lindsley, O. (1965). Can deficiency produce specific superiority: the challenge of the idiot savant. *Exceptional Children, 31*, 225–232.
Lindstrom, R. R. & Van Sant, S. (1986). Special issues in working with gifted minority adolescents. *Journal of Counseling and Development, 64*, 583–586.
Locksley, A. & Douvan, E. (1980). Stress on female and male high school students. In: R. E. Muuss (Hrsg.), *Adolescent behavior and society: A book of readings* (3. Aufl., 275–291). New York: Random House.
Loehlin, J. C., Horn, J. M. & Willerman, L. (1989). Modeling I. Q. change: Evidence from the Texas adoption project. *Child Development, 60*, 993–1004.
Longman, J. (11. Okt. 1994). Sacrifices to keep a prodigy skating. *New York Times*, B-12.
Lubinski, D., Benbow, D. P. & Sanders, C. E. (1993). Reconceptualizing gender differences in achievement among the gifted. In: K. A. Heller, F. J. Mönks & A. H. Passow (Hrsg.), *International handbook of research and development of giftedness and talent* (693–707). Oxford: Pergamon Press.
Lucito, L. J. (1964). Independence-conformity behavior as a function of intellect: Bright and dull children. *Exceptional Children, 30*, 5–13.
Ludwig, A. (1992). Creative achievement and psychopathology: Comparison among professions. *American Journal of Psychotherapy, 46*, 330–356.
Ludwig, A. (1995). *The price of greatness: Resolving the creativity and madness controversy.* New York: Guilford Press.
Luftig, R. L. & Nichols, M. L. (1991). An assessment of the social status and perceived personality and school traits of gifted students by non-gifted peers. *Roeper Review, 13*(3), 148–152.
Lykken, D. T., McGue, M., Tellengen, A. & Bouchard, T. J. (1992). Emergenesis: Genetic traits that may not run in families. *American Psychologist, 47*, 1565–1577.

Maccoby, E. E. (1980). *Social development.* New York: Harcourt.
MacKinnon, D. W. (1962). The nature and nurture of creative talent. *American Psychologist, 17*, 484–495.
MacKinnon, D. W. (1965). *Gifted and talented in art education.* Reston, VA: National Art Education Association.
Madeja, S. S. (1983). *Gifted and talented in art education.* Reston, VA: National Art Education Association.
Manley, J. (14. Aug. 1937). Where are they now? April fool! *New Yorker, 37*, 22–26.
Manuel, H. T. (1919). *Talent in drawing: An experimental study of the use of tests to discover special ability.* Bloomington, IL: Public School Publishing Co.

Margolin, L. (1994). *Goodness personified: The emergence of gifted children.* New York: Aldine de Gruyter.
Marland, S.P., Jr. (1971). *Education of the gifted and talented: Report to the Congress of the United States by the Commissioner of Education.* Washington, DC: U.S. Government Printing Office.
Marriott, M. (18. März 1992). Blacks in science program shatter stereotype. *New York Times*, Metro section.
Martino, G. & Winner, E. (1995). Talents and disorders: The relationship between sex, handedness, and college major. *Brain and Cognition, 29*, 66–84.
Mayseless, O. (1993). Gifted adolescents and intimacy in close samesex friendships. *Journal of Youth and Adolescence, 22*(2), 135–146.
McClelland, D. (1973). Testing for competence rather than for intelligence. *American Psychologist, 28*, 1–14.
McClelland, D.C., Atkinson, J.W., Clark, R.A. & Lowell, E.L. (1953). *The achievement motive.* New York: Appleton-Century.
McCruden, A.B. & Stimson, W.H. (1991). Sex hormones and immune function. In: R. Ader, D.L. Felton & N. Cohen (Hrsg.), *Psychoneuroimmunology* (2. Aufl.). New York: Academic Press.
McCurdy, H.G. (1960). The childhood pattern of genius. *Horizon, 2*, 33–38.
McFarlan, D. (Hrsg.). (1989). *The guiness book of records.* New York: Bantam.
McGee, M.G. (1979). Human spatial abilities: Psychometric studies and environmental, genetic, hormonal, and neurological influences. *Psychological Bulletin, 86*(5), 889–917.
McGuffog, C. (1985). Problems of gifted children. *Pediatric Annals, 14*(1), 719, 723–724, 726.
McKeever, W.F. & Rich, D.A. (1990). Left handedness and immune disorders. *Cortex, 26*, 33–40.
McManus, I.C. & Bryden, M.P. (1991). Geschwind's theory of cerebral lateralization: Developing a formal causal model. *Psychological Bulletin, 110*, 237–253.
McNamara, P., Flannery, K.A., Obler, L.K. & Schachter, S. (1994). Special talents in Geschwind's and Galaburda's theory of cerebral lateralization: An examination in a female population. *International Journal of Neuroscience, 78*, 167–176.
Mebert, C.J. & Michel, G.F. (1980). Handedness in artists. In: J. Herron (Hrsg.), *Neuropsychology of left-handedness* (273–279). New York: Academic Press.
Mesulam, M.M. (1981). A cortical network for directed attention and unilateral neglect. *Annals of Neurology, 10*, 309–325.

Milbrath, C. (1987). Spatial representations of artistically gifted children: A case of universal or domain specific development? *Genetic Epistemologist, 25*, 1–5.
Milbrath, C. (1995). Germinal motifs in the work of a gifted child artist. In: C. Golomb (Hrsg.), *The development of artistically gifted children. Selected case studies.* (101–134). Hillsdale, NY: Erlbaum.
Milbrath, C. (in Vorbereitung). *Patterns of artistic development.* New York: Cambridge University Press.
Milgram, R. M. (Hrsg.). (1989). *Teaching gifted and talented learners in regular classrooms.* Springfield, IL: Thomas.
Milgram, R. M. & Hong, E. (1993). Creative thinking and creative performance in adolescents as predictors of creative attainments in adults: A follow-up study after 18 years. *Roeper Review, 15*(3), 135–139.
Milgram, R. M. & Milgram, N. A. (1976). Personality characteristics of gifted Israeli children. *Journal of Genetic Psychology, 129*, 185–194.
Miller, A. (1981). *Prisoners of Childhood.* New York: Basic Books. (Orig.: *Das Drama des begabten Kindes und die Suche nach dem wahren Selbst.* Frankfurt: Suhrkamp 1979.)
Miller, L. K. (1989). *Musical savants: Exceptional skill in the mentally retarded.* Hillsdale, NY:Erlbaum.
Mills, J. R. & Jackson, N. E. (1990). Predictive significance of early giftedness: The case of precocious reading. *Journal of Educational Psychology, 82*, 410–419.
Mishkin, M. & Petri, H. L. (1984). Memories and habits: Some implications for the analysis of learning and retention. In: L. R. Squire & N. Butters (Hrsg.), *Neuropsychology of memory.* New York: Guilford Press.
Mitchell, F. D. (1907). Mathematical prodigies. *American Journal of Psychology, 18*, 61–143.
Mönks, F. J. (1992). Development of gifted children: The issue of identification and programming. In: F. J. Mönks & W. A. M. Peters (Hrsg.), *Talent for the future* (191–202). Assen/Maastricht: Van Gorcum.
Mönks, F. J. & Ferguson, T. (1983). Gifted adolescents: A developmental perspective. In: J. Freeman (Hrsg.), *The psychology of gifted children.* Chichester: Wiley.
Montour, K. (1977). William J. Sidis, the broken twig. *American Psychologist, 32*, 265–279.
Morelock, M. J. & Feldman, D. H. (1993). Prodigies and savants: What they have to tell us about giftedness and human cognition. In: K. A. Heller, F. J. Mönks & A. H. Passow (Hrsg.), *International handbook of research*

and development of giftedness and talent (161–181). Oxford: Pergamon Press.

Morgan, M. (1987). David Downes: Drawings from 4 to 10 years. In: S. Paine (Hrsg.), *Six children draw* (23–37). New York: Academic Press.

Morishima, A. & Brown, L. F. (1977). A case report on the artistic talent of an autistic idiot savant. *Mental Retardation, 15*, 33–36.

Moss, E. (1990). Social interaction and metacognitive development in gifted preschoolers. *Gifted Child Quarterly, 34*, 16–20.

Mottron, L. & Belleville, S. (1993). A study of perceptual analysis in a high-level autistic subject with exceptional graphic abilities. *Brain and Cognition, 23*, 279–309.

Moulton, R. H. (1915). A twelve-year-old wonder child. *American Magazine, 79*, 56–58.

Mueller, H. H., Dash, U. N., Matheson, D. N. & Short, R. H. (1984). WISC-R subtest patterning of below average, average and above average IQ children: A meta-analysis. *Alberta Journal of Educational Research, 30*, 68–85.

Myers, I. B. (1962). *Manual: The Myers-Briggs Type Indicator.* Palo Alto, CA: Consulting Psychologists Press.

Myers, I. B. (1987). *Introduction to type: A description of the theory and applications of the Myers-Briggs Type Indicator.* Palo Alto, CA: Consulting Psychologists Press.

Naidoo, S. (1972). *Specific dyslexia.* New York: Wiley & Sons.

National Association for Gifted Children (1992). National Association for Gifted Children policy statement on ability grouping. *Gifted Children Quarterly, 36*, 2.

National Commission on Excellence in Education (1983). *A nation at risk.* Washington, DC: U. S. Department of Education.

National Education Association Research Division (1968). *Ability grouping (Research Summary 1953–1968).* Washington, DC: National Educational Association.

Nettelbeck, T. (1987). Inspection time and intelligence. In: P. A. Vernon (Hrsg.), *Speed of information processing and intelligence.* New York: Ablex.

Newland, R. (1976). *The gifted in socioeducational perspective.* New York: Macmillan.

Nichols, R. C. (1964). Parental attitudes of mothers of intelligent adolescents and the creativity of their children. *Child Development, 35*, 1041–1049.

Noble, K. D. (1989). Living out the promise of high potential: Perceptions of 100 gifted women. *Advanced Development, 1*, 57–75.

Oakes, J. (1985). *Keeping track: How schools structure inequality.* New Haven, CT: Yale University Press.
O'Boyle, M. W., Alexander, J. & Benbow, C. P. (1991). Enhanced right hemisphere activation in the mathematically precocious: A preliminary EEG investigation. *Brain and Cognition, 17*, 138–153.
O'Boyle, M. W. & Benbow, C. P. (1990). Enhanced right hemisphere involvement during cognitive processing may relate to intellectual precocity. *Neuropsychologia, 28*, 211–216.
O'Boyle, M. W., Gill, H. S., Benbow, C. P. & Alexander, J. E. (1994). Concurrent finger-tapping in mathematically gifted males: Evidence for enhanced right hemisphere involvement during linguistic processing. *Cortex, 30*, 519–526.
Ochse, R. (1990). *Before the gates of excellence: The determinants of creative genius.* Cambridge: Cambridge University Press.
O'Connor, N. (1989). The performance of the »idiot savant«: Implicit and explicit. British *Journal of Disorders of Communication, 24*, 1–20.
O'Connor, N. & Hermelin, B. (1983). The role of general ability and specific talents in information processing. *British Journal of Developmental Psychology, 1*, 389–403.
O'Connor, N. & Hermelin, B. (1984). Idiot savant calendrical calculators: Maths or memory? *Psychological Medicine, 14*, 801–806.
O'Connor, N. & Hermelin, B. (1987). Visual and graphic abilities of the idiot-savant artist. *Psychological Medicine, 17*, 79–90.
O'Connor, N. & Hermelin, B. (1990). The recognition failure and graphic success of idiot-savant artists. *Journal of Child Psychology and Psychiatry, 31*(2), 203–215.
O'Connor, N. & Hermelin, B. (1991). Talents and preoccupations in idiots-savants. *Psychological Medicine, 21*, 859–964.
Oden, M. H. (1968). The fulfillment of promise: Forty-year follow-up of the Terman gifted group. *Genetic Psychology Monographs, 77*, 3–93.
Ogbu, J. (1988). Cultural diversity and human development. In: D. Slaughter (Hrsg.), *Black children and poverty: A developmental perspective* (New Directions in Child Development No. 42, 11–28). San Francisco: Jossey-Bass.
Oldfield, R. C. (1969). Handedness in musicians. *British Bulletin of Psychology, 60*, 91–99.
Oldfield, R. C. (1971). The assessment and analysis of handedness: The Edinburgh Inventory. *Neuropsychologia, 9*, 97–114.
Olszewski, P. M., Kulieke, M. & Buescher, T. (1987). The influence of the family environment on the development of talent: A literature review. *Journal for the Education of the Gifted, 11*, 6–28.

Olszewski-Kubilius, P., Kulieke, M. J. & Krasney, N. (1988). Personality dimensions of gifted adolescents: A review of the empirical literature. *Gifted Child Quarterly,* 2, 347–352.

Paine, S. (Hrsg.) (1987). *Six children draw.* New York: Academic Press.

Painter, F. (1976). *Gifted children: A research study.* Herts, England: Pullen Publication.

Palmer, J., McLeod, C. M., Hunt, E. & Davidson, J. E. (1985). Information processing correlates of reading. *Journal of Memory and Language, 24,* 59–88.

Pariser, D. (1981). Nadia's drawings: Theorizing about an autistic child's phenomenal ability: *Journal of Studies in Art Education,* 22, 2, 20–31.

Pariser, D. (1987). The juvenile drawings of Klee, Toulouse-Lautrec and Picasso. *Visual Arts Research, 13,* 53–67.

Pariser, D. (1991). Normal and unusual aspects of juvenile artistic development in Klee, Lautrec, and Picasso. *Creativity Research Journal, 4,* 51–65.

Park, C. C. (1978). Review of Nadia: A case of extraordinary drawing ability in an autistic child. *Journal of Autism and Childhood Schizophrenia, 8,* 457–472.

Parks, R. W., Loewenstein, D. A., Dodrill, K. L., Barker, W. W., Yoshii, F., Chang, J. Y., Emran, A., Apicella, A., Sheramata, W. & Duara, R. (1988). Cerebral metabolic effects of a verbal fluency test: A PET scan study. *Journal of Clinical & Experimental Neuropsychology, 10,* 565–575.

Passow, A. H. (1972). The gifted and the disadvantaged. *National Elementary Principal, 51,* 22–36.

Passow, A. H. (Hrsg.) (1979). *The gifted and talented: Their education and development.* Chicago: University of Chicago Press.

Passow, A. H. & Rudnitski, R. A. (Okt. 1993). *State policies regarding education of the gifted as reflected in legislation and regulation.* University of Connecticut: The National Research Center on the Gifted and Talented Collaborative Research Study No. CRS93301.

Pavan, B. N. (1973). Good news: Research on the nongraded elementary school. *Elementary School Journal, 73,* 333–342.

Pedersen, N. L., Plomin, R., Nesselroade, J. R. & McClearn, G. E. (1992). A quantitative genetic analysis of cognitive abilities during the second half of the lifespan. *Psychological Science, 3,* 346–353.

Pennington, B. F., Smith, S. D., Kimberling, W. J., Green, P. A. & Haith, M. M. (1987). Left-handedness and immune disorders in familial dyslexics. *Archives of Neurology, 44,* 634–639.

Perkins, D. N. (1981). *The mind's best work.* Cambridge, MA: Harvard University Press.

Perleth, C. & Heller, K. A. (1994). The Munich longitudinal study of giftedness. In: R. Subotnik & K. D. Arnold (Hrsg.), *Beyond Terman: Contemporary longitudinal studies of giftedness and talent* (11–114). Norwood, NJ: Ablex.

Petersen, A. C. (1976). Physical androgeny and cognitive functioning in adolescence. *Developmental Psychology, 12*, 524–533.

Peterson, J. M. (1979). Left-handedness: Differences between student artists and scientists. *Perceptual and Motor Skills, 48*, 961–962.

Peterson, J. M. (1989). Remediation is no remedy. *Educational Leadership, 46*(6), 24–25.

Peterson, J. M. & Lansky, L. M. (1974). Left-handedness among architects: Some facts and some speculations. *Perceptual and Motor Skills, 38*, 547–550.

Phillips, I. (1987). *Word recognition and spelling strategies in good and poor readers.* Unveröffentlichte Dissertation, Harvard University, Cambridge, MA.

Phillips, W., Hobbs, S. & Pratt, F. (1978). Intellectual realism in children's drawings of cubes. *Cognition, 6*, 15–34.

Piaget, J. (1932). *The moral judgment of the child.* New York: Harcourt, Brace. (Dt.: *Das moralische Urteil beim Kinde.* Stuttgart: Klett-Cotta, 1983.)

Piechowski, M. M. (1979). Developmental potential. In: N. Colangelo & R. T. Saffrann (Hrsg.), *New voices in counseling the gifted* (25–57). Dubuque, Kendall/Hunt.

Piechowski, M. M. (1995). Emotional giftedness: The measure of intrapersonal intelligence. In: N. Colangelo & G. A. Davis (Hrsg.), *The handbook of gifted education* (2. Aufl.). Needham Heights, MA: Allyn & Bacon.

Piechowski, M. M. & Colangelo, N. (1984). Developmental potential of the gifted. *Gifted Child Quarterly, 28*, 80–88.

Piirto, J. (1994). Deeper and broader: The pyramid of talent development in the context of a giftedness construct. *Educational Forum, 59*(4), 363–370.

Piper, L. M. & Naumann, T. F. (1974). Home environment variables and gifted young children: An ecological inquiry. *Child Study Monographes, 1.*

Plomin, R. (1985). Behavioral genetics. In: D. Detterman (Hrsg.), *Current topics in human intelligence* (Vol. 1). Norwood, NJ: Ablex.

Plomin, R. & DeFries, J. C. (1980). Genetics and intelligence: Recent data. *Intelligence, 4*, 15–24.

Plomin, R., Owen, M. & McGuffin, P. (1994). The genetic basis of complex human behaviors. *Science, 264*, 1733–1739.

Plomin, R. & Thompson, L. A. (1993). In: G. R. Bock & K. Ackrill (Hrsg.), *The origins and development of high ability* (67–79). New York: Wiley.

Porac, C. & Coren, S. (1981). *Lateral preferences and human behavior.* New York: Springer-Verlag.

Powell, P. & Haden, T. (1984). The intellectual and psychosocial nature of extreme giftedness. *Roeper Review, 6*(3), 131–133.

Pring, L. & Hermelin, B. (1993). Bottle, tulip and wineglass: Semantic and structural picture processing by savant artists. *Journal of Child Psychology and Psychiatry, 34*(8), 1365–1385.

Puckett, J. M. & Kausler, D. H. (1984). Individual differences and models of memory span: A role for memory search rate. *Journal of Experimental Psychology: Learning, Memory, and Cognition, 10*, 72–82.

Purcell, J. H. (1993, Herbst). A study of the status of programs for high ability students. *National Research Center on the Gifted and Talented Newsletter*, 6–7.

Pyrt, M. C., Masharov, Y. P. & Feng, C. (1993). Programs and strategies for nurturing talents/gifts in science and technology. In: K. A. Heller, F. J. Mönks & A. H. Passow (Hrsg.), *International handbook of research and development of giftedness and talent* (453–472). Oxford: Pergamon Press.

Radford, J. (1990). *Child prodigies and exceptional early achievement*. London: Harvester.

Raichle, M. E. (1994). Visualizing the mind. *Scientific American, 270*(4), 58–64.

Raskin, E. (1936). Comparison of scientific and literary ability: A biographical study of eminent scientists in letters of the nineteenth century. *Journal of Abnormal and Social Psychology, 31*, 20–35.

Rathunde, K. & Csikszentmihalyi, M. (1993). Undivided interest and the growth of talent: A longitudinal study of adolescents. *Journal of Youth and Adolescence, 22*(4), 385–405.

Rauscher, F. H., Shaw, G. L. & Ky, K. N. (1993). Music and spatial task performance. *Nature, 365*, 611.

Rauscher, F. H., Shaw, G. L. & Ky, K. N. (1995). Listening to Mozart enhances spatial-temporal reasoning: Towards a neurophysiological basis. *Neuroscience Letters, 185*, 44–47.

Rauscher, F. H., Shaw, G. L., Levine, L. J., Ky, K. N. & Wright, E. L. (Aug. 1994). *Music and spatial task performance: A causal relationship*. Paper presented at the annual meeting of the American Psychological Association, Los Angeles, CA.

Reis, S. M. (April 1994). How schools are shortchanging the gifted. *MIT Technology Review*, 39–45.

Reis, S. M. & Callahan, C. M. (1989). Gifted females: They've come a long way – or have they? *Journal for the Education of the Gifted, 12*(2), 99–117.

Reis, S. M., Neu, T. W. & McGuire, J. M. (1995). *Talents in two places: Case stu-*

dies of high ability students with learning disabilities who have achieved. University of Connecticut: The National Research Center on the Gifted and Talented Research Monograph No. 95113.

Renoux, G. (1988). The cortex relates the immune system and the activities of the T-cell specific immune potentiator. *International Journal of Neuroscience, 39*, 177–187.

Renzulli, J. S. (1977). *The enrichment triad model.* Mansfield Center, CT: Creative Learning Press.

Renzulli, J. S. (1978). What makes giftedness? Reexamining a definition. *Phi Delta Kappa, 60*, 180–184, 261.

Renzulli, J. S. (1986a). *Systems and models for developing programs for the gifted and talented.* Mansfield Center, CT: Creative Learning Press.

Renzulli, J. S. (1986b). The three-ring conception of giftedness: A developmental model for creative productivity. In: R. J. Sternberg & J. Davidson (Hrsg.), *Conceptions of giftedness* (53–92). New York: Cambridge University Press.

Renzulli, J. S. (1994). *Schools for talent development: A practical plan for total school improvement.* Mansfield Center, CT: Creative Learning Press.

Renzulli, J. S. & Reis, S. M. (1985). *The schoolwide enrichment model.* Mansfield Center, CT: Creative Learning Press.

Revesz, G. (1925). *The psychology of a musical prodigy.* Freeport, NY: Books for Libraries Press. (Nachdruck 1970).

Rice, T., Fulkner, D. W. & DeFries, J. C. (1986). Multivariate path analysis of specific cognitive abilities in the Colorado Adoption Project. *Behavior Genetics, 16*, 107–125.

Rich, D. A. & McKeever, W. F. (1990). An investigation of immune system disorders as a »marker« for anomalous dominance. *Brain and cognition, 12*, 55–72.

Richards, R. (1981). Relationships between creativity and psychopathology: An evaluation and interpretation of the evidence. *Genetic Psychology Monographs, 103*, 261–324.

Richards, R. (1994). Creativity and bipolar mood sings: Why the association? In: M. P. Shaw & M. A. Runco (Hrsg.), *Creativity and affect* (44–72). Norwood, NJ: Ablex.

Richardson, J. (1991). *A Life of Picasso.* New York: Random House.(Dt.: *Picasso: Leben und Werk.* München: Kindler, 1991.)

Richet, G. (1900). Note sur un cas remarquable de précocité musicale. (»Anmerkung zu einem bemerkenswerten Fall musikalischer Frühbegabung«]. IV. Congrès Internationale de Psychologie. *Compte Rendu des Sciences*, 93–99.

Rife, D. C. & Snider, L. H. (1931). Studies in human inheritance VI: A genetic refutation of the principles of »behavioristic« psychology. *Human Biology, 3*, 547–559.

Riley, R. (1993). *National excellence: A case for developing America's talent.* Washington,DC: U. S. Department of Education.

Rimland, B. (1964). *Infantile autism: The syndrome and its implication for a neural theory of behavior.* New York: Appleton-Century Crofts.

Rimland, B. (1978). Inside the mind of the autistic savant. *Psychology Today, 12*(3), 68–80.

Rimland, B. & Fein, D. (1988). Special talents of autistic savants. In: L. Obler & D. Fein (Hrsg.), *The exceptional brain: Neuropsychology of talent and superior abilities* (341–363). New York: Guilford Press.

Rimland, B. & Hill, A (1984). Idiot savants. In: J. Wortis (Hrsg.), *Mental retardation and developmental disabilities* (Vol. 13, 155–169). New York: Guilford Press.

Rimm, S. B. (1986). *Underachievement syndrome: Causes and cures.* Watertown, WI: Apple.

Ritchie, A. C., Bernard, J. M. & Shertzer, B. E. (1982). A comparison of academically talented children and academically average children on interpersonal sensitivity. *Gifted Child Quarterly, 26*(3), 105–109.

Robinson, A. (1990). Point-counterpoint: Cooperation or exploitation? The argument against cooperative learning for talented students. *Journal for the Education of the Gifted, 14*, 9–27.

Robinson, H. B. (1983). A case for radical acceleration: Programs of the Johns Hopkins University and the University of Washington. In: C. P. Benbow & J. C. Stanley (Hrsg.), *Academic precocity: Aspects of its development* (139–159). Baltimore, MD: Johns Hopkins University Press.

Robinson, N. M. (1993a). Identifying and nurturing gifted, very young children. In: K. A. Heller, F. J. Mönks & A. H. Passow (Hrsg.), *International handbook of research and development of giftedness and talent* (507–524). New York: Pergamon Press.

Robinson, N. M. (1993b). *Parenting the very young, gifted child.* University of Connecticut: The National Research Center on the Gifted and Talented Technical Report No. 9307.

Robinson, N. M. & Noble, K. D. (1991). Social-emotional development and adjustment of gifted children. In: M. C. Wang, M. C. Reynolds & H. J. Walberg (Hrsg.), *Handbook of special education: Research and practice: Vol. 4. Emerging programs* (57–76). New York: Pergamon Press.

Robinson, N. M. & Robinson, H. B. (1992). The use of standardized tests with young gifted children. In: P. S. Klein & A. Tannenbaum (Hrsg.), *To be young and gifted* (141–170). Norwood, NJ: Ablex.

Rodgers, B. (1979). *Effects of an enrichment program screening process on the self-concept and other-concept of gifted elementary children.* Unveröffentlichte Dissertation, University of Cincinnati, Cincinnati, OH.

Roe, A. (1952). *The making of a scientist.* New York: Dodd, Mead.

Roedell, W. C. (1984). Vulnerabilities of highly gifted children. *Roeper Review* 6(3), 127–130.

Roedell, W. C. (1989). Early development of gifted children. In: J. VanTassel-Baska & P. Olszewski-Kubilius (Hrsg.), *Patterns of influence on gifted learners: The home, the self, and the school* (13–28). New York: Teachers College Press.

Roeper, A. (1982). How the gifted cope with their emotions. *Roeper Review, 5*(2), 21–24.

Roeper, A. (Juni 1990). Identifying the young gifted child. *Parents' Press, 13,* 22.

Rogers, K. B. (1986). Do the gifted think differently? A review of recent research and its implications for instruction. *Journal for the Education of the Gifted, 10*(1), 17–39.

Rogers, K. B. (1991). Grouping the gifted and talented: Questions and answers. *Roeper Review, 16,* 8–12.

Romero, M. F. (Herbst 1994). Identifying giftedness among Keresan Pueblo Indians: The Keres study. *Journal of American Indian Education,* 35–58.

Rose, R. J., Miller, J. Z., Dumont-Driscoll, M. & Evans, M. M. (1979). Twin family studies of perceptual speed ability. *Behavioral Genetics, 9,* 71–86.

Rosen, B. C. & D'Andrade, R. G. (1959). The psychosocial origin of achievement motivation. *Sociometry, 22,* 185–218.

Rosenblatt, E. & Winner, E. (1988). Is superior visual memory a component of superior drawing ability? In: L. K. Obler & D. Fein (Hrsg.), *The exceptional brain: Neuropsychology of talent and special abilities* (341–363). New York: Guilford Press.

Rothenberg, A. (1990). *Creativity and madness.* Baltimore, MD: Johns Hopkins University Press.

Rugel, R. P. (1974). WISC subject scores of disabled readers: A review with respect to Bannatyne's recategorization. *Journal of Learning Disabilities, 7*(1), 46–65.

Saccuzzo, D. P. & Johnson, N. E. (Winter 1995). Identifying traditionally underrepresented children for gifted programs. University of Connecticut: The National Research Center on the Gifted and Talented Newsletter. 4–5.

Sacks, O. (25. April 1985). The autistic artist. *New York Review of Books*, 17–21. (Dt.: Der autistische Künstler. In: *Der Mann, der seine Frau mit einem Hut verwechselte*, 279–302. Reinbek: Rowohlt 1996.)

Sacks, O. (27. Dez. 1993/3. Jan. 1994). A neurologist's notebook: An anthropologist on Mars. *New Yorker*, 106–125. (Dt.: Eine Anthropologin auf dem Mars. In: *Eine Anthropologin auf dem Mars*. 338–407. Reinbek: Rowohlt 1997.)

Sacks, O. (5. Mai 1995a). Musical ability [Letter]. *Science, 268*, 621.

Sacks, O. (9. Jan. 1995b). A neurologist's notebook: Prodigies. *New Yorker*, 44–65. (Dt.: Wunderkinder. In: *Eine Anthropologin auf dem Mars*. 264–337. Reinbek: Rowohlt 1997.)

Sadker, M. & Sadker, D. (1985). Sexism in the schoolroom of the '80s. *Psychology Today, 19*(3), 54–57.

Salcedo, J. Spiegler, B. J., Gibson, E. G. & Magilvay, D. B. (1985). The autoimmune disease systematic lupus erythematosus is not associated with left-handedness. *Cortex, 21*, 645–647.

Sano, F. (1918). James Henry Pullen, the genius of Earlswood. *Journal of Mental Science, 64*, 251–267.

Sartre, J. P. (1965). *Die Wörter*. Reinbek: Rowohlt.

Sattler, H. N. (1982). *Assessment of children's intelligence*. Philadelphia: Saunders.

Satz, P. (1973). Left handedness and early brain insult: An Explanation. *Neuropsychologia, 11*, 115–117.

Satz, P., Achenbach, K. & Fennell, E. (1967). Correlations between assessed manual laterality and predicted speech laterality in a normal population. *Neuropsychologia, 5*, 295–310.

Satz, P. & Soper, H. V. (1986). Left-handedness, dyslexia, and autoimmune disorders: A critique. *Journal of Clinical and Experimental Neuropsychology, 8*, 453–458.

Scarr, S. & McCartney, K. (1983). How people make their own environments: A theory of genotype-environment effects. *Child Development, 54*, 424–435.

Scarr, S. & Weinberg, R. A. (1978). The influence of »family background« on intellectual attainment. *American Sociological Review, 43*, 674–692.

Scarr-Salapatek, S. (1971). Unknowns in the IQ equation. *Science, 174*, 1223–1228.

Schab, F. (1980). Deceit among the gifted. *Journal for the Education of the Gifted, 3*(3), 129–132.

Schachter, S. C., Ransil, B. J. & Geschwind, N. (1987). Associations of handedness with hair color and learning disabilities. *Neuropsychologia, 25*, 269–276.

Schafer, E. W. P. (1987). Neural adaptability: A biological determinant of g factor intelligence. *Behavioral and Brain Sciences, 10*, 240–241.
Scheerer, M., Rothmann, E. & Goldstein, K. A. (1945). A case of idiot-savant: An experimental study of personality organization. *Psychological Monographs, 58*, 1–16.
Scheibel, A. B. (1988). Dendritic correlates of human cortical function. *Archives Italiennes de Biologie, 126*, 347–357.
Schiff, M. M., Kaufman, A. S. & Kaufman, N. L. (1981). Scatter analysis of WISC-R profile for learning disabled children with superior intelligence. *Journal of Learning Disabilities, 14*, 400–404.
Schlaug, G., Jancke, L., Huang, Y. & Steinmetz, H. (1995). In vivo evidence of structural brain asymmetry in musicians. *Science, 267*, 699–701.
Schneider, B. H. (1987). *The gifted child in peer group perspective*. New York: Springer-Verlag.
Schneider, B. H., Ledingham, J. E., Crombie, G. & Clegg, M. R. (1986). *Social self-concepts of gifted children: Delusions of ungrandeur?* Paper presented at the annual meeting of the American Psychological Association, Washington, DC.
Schonberg, H. C. (1970). *The lives of the great composers*. New York: Norton. (Dt.: *Die großen Komponisten*. Bindlach: Gondrom 1990.)
Schwartz, T. (Dez. 1984). Whiz kids. *New York, 17*, 34–43.
Scott, D. & Moffett, A. (1977). The development of early musical talent in famous composers: A biographical review. In: M. Critchley & R. A. Henson (Hrsg.), *Music and the brain: Studies in neurology of music* (174–201). London: Heinemann Medical Books.
Scripture, E. W. (1891). Arithmetical prodigies. *American Journal of Psychology, 4*, 1–59.
Searleman, A. & Fugagli, A. (1987). Suspected automimmune disorders and left-handedness: Evidence from individuals with diabetes, Chron's disease, and ulcerative colitis,. *Neuropsychologia, 25*, 367–374.
Selfe, L. (1977). *Nadia: A case of extraordinary drawing ability in an autistic child*. London: Academic Press.
Selfe, L. (1983). *Normal and anomalous representational drawing ability in children*. London: Academic Press.
Selfe, L. (1985). *Anomalous drawing development: Some clinical studies*. Cambridge: Cambridge University Press.
Selfe, L. (1995). Nadia reconsidered. In: C. Golomb (Hrsg.), *The development of gifted child artists: Selected case studies* (197–236). Hillsdale, NY: Erlbaum.
Sergent, D. & Roche, S. (1973). Perceptual shifts in the auditory information processing of young children. *Psychology of Music, 1*, 39–48.

Shah, A. & Frith, U. (1983). An islet of ability in autistic children: A research note. *Journal of Child Psychology and Psychiatry, 24*, 613–620.
Shanker, A. (4. Juni 1995). Where we stand: Raising the ceiling – and the floor. *New York Times*, E-7.
Shapiro, B. K., Palmer, F. B., Antell, S. E., Bilker, S., Ross, A. & Capute, A. J. (1989). Giftedness: Can it be predicted in infancy? *Clinical Pediatrics, 28*, 205–209.
Sheldon, P. M. (1954). The families of highly gifted children. *Marriage and Family Living*, 59–60, 67.
Shore, B. M., Cornell, D. G., Robinson, A. & Ward, V. S. (1991). *Recommended practices in gifted education: A critical analysis*. New York: Teachers College Press.
Shore, B. M. & Kanevsky, L. (1993). Thinking processes: Being and becoming. In: K. A. Heller, F. J. Mönks & A. H. Passow (Hrsg.), *International handbook of research and development of giftedness and talent* (133–147). Oxford: Pergamon Press.
Shurkin, J. N. (1992). *Terman's kids: The groundbreaking study of how the gifted grow up*. Boston: Little, Brown.
Shuter-Dyson, R. (1982). Musical ability. In: D. Deutsch (Hrsg.), *The psychology of music* (391–412). San Diego, CA: Academic Press.
Shuter-Dyson, R. (1986). Musical giftedness. In: J. Freeman (Hrsg.), *The psychology of gifted children* (159–183). Chichester: Wiley.
Shuter-Dyson, R. & Gabriel, C. (1981). *The psychology of musical ability* (2. Aufl.). London: Methuen.
Silver, S. J. & Clampit, M. K. (1990). WISC-R profiles of high ability children: Interpretation of verbal-performance discrepancies. *Gifted Child Quarterly, 34*, 76–79.
Silverman, L. K. (1983). Personality development: The pursuit of excellence. *Journal for the Education of the Gifted, 6*(1), 5–19.
Silverman, L. K. (1986). What happens to the gifted girl? In: C. J. Maker (Hrsg.), *Critical issues in gifted education. Vol. 1: Defensible programs for the gifted* (43–89). Rockville, MD: Aspen.
Silverman, L. K. (1993a). Counseling families. In: L. K. Silverman (Hrsg.), *Counseling the gifted and talented* (151–178). Denver: Love.
Silverman, L. K. (1993b). A developmental model for counseling the gifted. In: L. K. Silverman (Hrsg.), *Counseling the gifted and talented* (51–78). Denver: Love.
Silverman, L. K. (1993c). The gifted individual. In: L. K. Silverman (Hrsg.), *Counseling the gifted and talented* (3–28). Denver: Love.

Silverman, L. K. (1994). The moral sensitivity of gifted children and the evolution of society. *Roeper Review, 17*(2), 110–116.
Silverman, L. K. & Kearney, K. (1989). Parents of the extraordinarily gifted. *Advanced Development, 1*, 1–10.
Simon, H. A. & Chase, W. G. (1973). Skill in chess. *American Scientist, 61*, 394–403.
Simonton, D. K. (1991). Emergence and realization of genius: The lives and works of 120 classical composers. *Journal of Personality and Social Psychology, 61*, 829–840.
Simonton, D. K. (1994). *Greatness: Who makes history and why.* New York: Guilford Press.
Singal, D. J. (1991). The other crisis in American education. *Atlantic Monthly, 268*(5), 59–74.
Slavin, R. E. (1987). Ability grouping and student achievement in elementary schools: A best-evidence synthesis. *Review of Educational Research, 57*(3), 293–336.
Slavin, R. E. (Dez. 1989/Jan. 1990). Research on cooperative learning: Consensus and controversy. *Educational Leadership*, 52–54.
Slavin, R. E. (1990). Achievement effects of ability grouping in secondary schools: A best-evidence synthesis. *Review of Educational Research, 60*, 471–499.
Sloboda, J. A. (1985). *The musical mind: The cognitive psychology of music.* Oxford: Clarendon Press.
Sloboda, J. A. (1996). The acquisition of musical performance expertise: Deconstructing the »talent« account of individual differences in musical expressivity. In: K. A. Ericsson (Hrsg.), *The road to excellence: the acquisition of expert performance in the arts and sciences, sports and games.* Hillsdale, NY: Erlbaum.
Sloboda, J. A., Davidson, J. W. & Howe, M. J. A.(1994). Is everyone musical? *Psychologist, 7*(8), 349–354.
Sloboda, J. A., Davidson, J. W., Howe, M. J. A. & Moore, D. G. (im Druck). The role of practice in the development of performing musicians. *British Journal of Psychology.*
Sloboda, J. A., Hermelin, B. & O'Connor, N. (1985). An exceptional musical memory. *Music Perception, 3*, 155–170.
Sloboda, J. A. & Howe, M. J. A. (1991). Biographical precursors of musical excellence: An interview study. *Psychology of Music, 19*, 3–21.
Slominsky, N. (1988). *Perfect pitch.* New York: Oxford University Press.
Smith, B. D., Myers, M. B. & Kline, R. (1989). For better or for worse: Left-han-

dedness, pathology, and talent. *Journal of Clinical and Experimental Neuropsychology, 11*(6), 944–958.
Smith, J. (1987). Left-handedness: Its association with allergic disease. *Neuropsychologia, 25*, 665–674.
Smith, M. D., Coleman, J. M., Dokecki, P. R. & Davis, E. E. (1977). WISC-R scores of learning-disabled children. *Journal of Learning Disabilities, 10*, 437–443.
Smith, N. & Tsimpli, I.-M. (1995). *The mind of a savant: Language, learning and modularity.* Oxford: Blackwell.
Soja, N. N. (1994). Young children's concept of color and its relation to the acquisition of color words. *Child Development, 6*(5), 918–937.
Sosniak, L. A. (1985). Learning to be a concert pianist. In: B. S. Bloom (Hrsg.), *Developing talent in young people* (19–67). New York: Ballantine Books.
Stanley, J. (1988). Some characteristics of SMPY'S »700–800 on SAT-M before age 13 group«: Youths who reason extremely well mathematically. *Gifted Child Quarterly, 32*(1), 205–209.
Stanley, J. C. (April 1995). *Varieties of giftedness.* Invited address, Annual Meeting of the American Educational Research Association, San Francisco.
Stanley, J. C. & Benbow, C. P. (1983). Extremely young college graduates: Evidence of their success. *College and University 58*(4), 361–371.
Stanley, J. C. & Benbow, C. P. (1986). Youths who reason exceptionally well in mathematics. In: R. J. Sternberg & J. E. Davidson (Hrsg.), *Conceptions of giftedness* (361–387). New York: Cambridge University Press.
Stanley, J. C., Huang, J. F. & Zu, X. M. (Sommer 1986). SAT-M scores of highly selected students in Shanghai tested when less than 13 years old. *College Board Review, 140*, 10–13, 28–29.
Steel, J. G., Gorman, R. & Flexman, J. E. (1984). Neuropsychiatric testing in an autistic mathematical idiot-savant: Evidence for non-verbal abstract capacity. *Journal of American Academy of Child Psychiatry, 23*, 704–707.
Stern, W. (1911). The supernormal child. I and II. *Journal of Educational Psychology, 2*, 143–149, 181–190.
Sternberg, R. J. (1981). A componential theory of intellectual giftedness. *Gifted Child Quarterly, 25*(2), 86–93.
Sternberg, R. J. (1982). Lies we live by. *Gifted Child Quarterly, 26*, 157–161.
Sternberg, R. J. (1985). *Beyond I. Q.: A triarchic theory of human intelligence.* New York: Cambridge University Press.
Sternberg, R. J. (1986). A triarchic theory of intellectual giftedness. In: R. J. Sternberg & J. E. Davidson (Hrsg.), *Conceptions of giftedness* (223–243). Cambridge: Cambridge University Press.

Sternberg, R. J. (1991). Giftedness according to the triarchic theory of human intelligence. In: N. Colangelo & G. A. Davis (Hrsg.), *Handbook of gifted education* (45–54). Needham Heights, MA: Allyn & Bacon.

Sternberg, R. J. (1993). Procedures for identifying intellectual potential in the gifted: A perspective on alternative »metaphors of mind«. In: K. A. Heller, F. J. Mönks & A. H. Passow (Hrsg.), *International handbook of research and development of giftedness and talent* (185–207). Oxford: Pergamon Press.

Sternberg, R. J. & Davidson, J. E. (Hrsg.). (1986). *Conceptions of Giftedness.* Cambridge: Cambridge University Press.

Sternberg, R. J. & Wagner, R. K. (Hrsg.). (1986). *Practical intelligence: Nature and origins of competence in the everyday world.* New York: Cambridge University Press.

Stevenson, H. W., Chen, C. & Lee, S. (1993). Motivation and achievement of gifted children in East Asia and the United States. *Journal for the Education of the Gifted, 16*, 223–250.

Stevenson, H. W., Lee, S. Y. & Stigler, J. W. (1986). Mathematics achievement of Chinese, Japanese, and American children. *Science, 231*, 693–699.

Stevenson, H. W. & Stigler, J. W. (1992). *The learning gap: Why our schools are failing and what we can learn from Japanese and Chinese education.* New York: Simon & Schuster.

Storfer, M. C. (1990). *Intelligence and giftedness.* San Francisco: Jossey-Bass.

Storr, A. (1988) *Solitude.* New York: Free Press.

Stout, H. (30. Juli 1992). Remedial curriculum for low achievers is falling from favor. *Wall Street Journal*, A1, A9.

Subotnik, R. (1988a). Adolescent attraction to scientific research questions: Guidance from without and choices from within. *Questioning Exchange: A Multidisciplinary Review,* 2, 61–66.

Subotnik, R. (1988b). The motivation to experiment: A study of gifted adolescents' attitude toward scientific research. *Journal for the Education of the Gifted, 11*, 19–35.

Subotnik, R. & Arnold, K. D. (1993). Longitudinal studies of giftedness: Investigating the fulfillment of promise. In: K. A. Heller, F. J. Mönks & A. H. Passow (Hrsg.), *International handbook of research and development of giftedness and talent* (149–160). Oxford: Pergamon Press.

Subotnik, R. & Arnold, K. D. (Hrsg.). (1994). *Beyond Terman: Contemporary longitudinal studies of giftedness and talent.* Norwood, NJ: Ablex.

Subotnik, R., Karp, D. & Morgan, E. (1989). High IQ children at midlife. An investigation into the generalizability of Terman's genetic studies of genius. *Roeper Review, 11*(3), 139–144.

Subotnik, R., Kassan, L., Summers, E. & Wasser, A. (1993). *Genius revisited: High IQ children grown up*. Norwood, NJ: Ablex.
Sulloway, F. J. (Feb. 1990). *Orthodoxy and innovation in science: Influence of birth order in a multivariate context*. Paper presented at the American Association for the Advancement of Science, New Orleans, LA.
Suzuki, S. (1969). *Nurtured by love*. New York: Exposition Press.
Swiatek, M. A. (1992). A decade of longitudinal research on academic acceleration through the Study of Mathematically Precocious Youth. *Roeper Review, 15*(3), 120–124.
Swiatek, M. A. & Benbow, C. P. (1991a). A ten-year longitudinal follow-up of participants in a fast-paced mathematics course. *Journal for Research in Mathematics Education, 22*(2), 138–150.
Swiatek, M. A. & Benbow, C. P. (1991b). Ten-year longitudinal follow-up of ability-matched accelerated and unaccelerated gifted students. *Journal of Educational Psychology, 83*(4), 528–538.

Takehuchi, A. H. & Hulse, S. H. (1993). Absolute pitch. *Psychological Bulletin, 13*, 345–361.
Tangherlini, A. E. & Durden, W. (1993). Strategies for nurturing verbal talents in youth: The word as discipline and mystery. In: K. A. Heller, F. J. Mönks & A. H. Passow (Hrsg.), *International handbook of research and development of giftedness and talent* (427–442). Oxford: Pergamon Press.
Tannenbaum, A. J. (1983). *Gifted children: Psychological and educational perspectives*. New York: Macmillan.
Tannenbaum, A. J. (1993). History of giftedness and »gifted education« in world perspective. In: K. A. Heller, F. J. Mönks & A. H. Passow (Hrsg.), *International handbook of research and development of giftedness and talent* (3–27). Oxford: Pergamon Press.
Tannenbaum, A. J. (1994). *The meaning and making of giftedness*. Unveröffentl. Manuskript, Teachers College, Columbia University.
Taylor, D. W. (1963). Variables related to creativity and productivity among men in two research laboratories. In: C. W. Taylor u. F. Barron (Hrsg.), *Scientific creativity* (228–250). New York: Wiley.
Taylor, M. S., Locke, E. A., Lee, C. & Gist, M. E. (1984). Type A behavior and faculty research productivity: What are the mechanisms? *Organizational Behavior and Human Performance, 34*, 402–418.
Teasdale, T. W. & Owen, D. R. (1984). Heredity and familial environment in intelligence and educational level: A sibling study. *Nature, 309*, 620–622.

Temkin, A. (1987). Klee and avant-garde 1912–1940. In: C. Lanchner (Hrsg.), *Paul Klee* (13–37). New York: Museum of Modern Art.

Temple, C. M. (1990). Academic discipline, handedness and immune disorders. *Neuropsychologia, 28*, 303–308.

Terman, L. M. (1925). *Genetic studies of genius: Vol. 1. Mental and physical traits of a thousand gifted children.* Stanford, CA: Stanford University Press.

Terman, L. M. & Oden, M. H. (1947). *Genetic studies of genius: Vol. 4. The gifted child grows up.* Stanford, CA: Stanford University Press.

Terman, L. M. & Oden, M. H. (1959). *Genetic studies of genius: Vol. 5. The gifted group at mid-life: Thirty-five years' follow-up of the superior child.* Stanford, CA: Stanford University Press.

Terrassier, J.-C. (1985). Dyssynchrony – uneven development. In: J. Freeman (Hrsg.), *The psychology of gifted children: Perspectives on development and education* (265–274). New York: Wiley.

Thelen, E. & Smith, L. B. (im Druck). *A dynamic systems approach to the development of cognition and action.* Cambridge, MA: MIT Press.

Thomas, B. (1984). Early toy preferences of four-year-old readers and nonreaders. *Child Development, 55*, 24–43.

Thompson, L. A., Detterman, D. K. & Plomin, R. (1993). *Genetic influence on low and high cognitive ability.* Unveröff. Manuskript.

Thompson, L. A. & Plomin, R. (1993). Genetic influence on cognitive ability. In: K. A. Heller, F. J. Mönks & A. H. Passow (Hrsg.), *International handbook of research and development of giftedness and talent* (103–114). Oxford: Pergamon Press.

Thompson, R. F. (1985). *The brain: An introduction to neuroscience.* New York: Freeman.

Thorndike, R. (1940). Performance of gifted children on tests of developmental age. *Journal of Psychology, 9*, 337–343.

Tocqueville, A. de (1899). *Democracy in America.* New York: the Colonial Press. (Dt.: *Über die Demokratie in Amerika.* Zürich: Manesse 1987.)

Tolstoi, L. (o. J.). *Anna Karenina.* München: Droemersche Verlagsanstalt.

Tomlinson-Keasey, C. & Little, T. D. (1990). Predicting educational attainment, occupational achievement, intellectual skill and personal adjustment among gifted men and women. *Journal of Educational Psychology, 82*, 442–455.

Tomlinson-Keasey, C., Warren, L. W. & Elliott, J. E. (1986). Suicide among gifted women: A prospective study. *Journal of Abnormal Psychology, 95*, 123–130.

Toom, S. (Herbst 1993). A Russian teacher in America. *American Educator, 17*(3), 9–13.

Torrance, E. P. (1962). *Guiding creative talent.* Englewood Cliffs, NJ: Prentice-Hall.
Torrance, E. P. (1972). Predictive validity of the Torrance Tests of Creative Thinking. *Journal of Creative Behavior, 6*, 236–252.
Torrance, E. P. (1983). *Future images and characteristics of gifted children around the world.* Paper presented at meeting of the Fifth World Conference on the Gifted, Manila (Philippinen).
Torrance, E. P. (1992). The beyonders in a thirty-year longitudinal study of creative achievement. *Roeper Review, 15*(3), 131–135.
Treffert, D. A. (1989). *Extraordinary people.* New York: Bantam Press.
Treffinger, D. J., Callahan, C. M. & Vaughn, V. L. (1991). Research on enrichment efforts in gifted education. In: M. C. Wang, M. C. Reynolds & H. J. Walberg (Hrsg.), *Handbook of special education: Research and practice: Vol. 4. Emerging programs* (37–55). Oxford: Pergamon Press.
Treffinger, D. J. & Renzulli, J. S. (1986). Giftedness as potential for creative productivity: Transcending IQ scores. *Roeper Review, 8*(3), 150–154.
Trost, G. (1993). Prediction of excellence in school, university, and work. In: K. A. Heller, F. J. Mönks & A. H. Passow (Hrsg.), *International handbook of research and development of giftedness and talent* (325–336). Oxford: Pergamon Press.

Urban, K. K. & Sekowski, A. (1993). Programs and practices for identifying and nurturing giftedness and talent in Europe. In: K. A. Heller, F. J. Mönks & A. H. Passow (Hrsg.), *International handbook of research and development of giftedness and talent* (779–796). Oxford: Pergamon Press.
U. S. Department of Education (1991). *Final report: Gifted and talented education programs for eighth-grade public school students* (National Educational Longitudinal Study No. 88). Washington, DC: U. S. Department of Education, Office of Planning, Budget, and Evaluation.

Vaillant, G. E. & Vaillant, C. O. (1990). Determinants and consequences of creativity in a cohort of gifted women. *Psychology of Women Quarterly, 14*, 607–616.
Van Strien, J. W., Bouma, A. & Bakker, D. (1987). Birth stress, autoimmune diseases, and handedness. *Journal of Clinical and Experimental Neuropsychology, 9*, 775–780.
VanTassel-Baska, J. L. (1989a). Appropriate curriculum for gifted learners. *Educational Leadership, 46*, 13–15.

VanTassel-Baska, J. L. (1989b). Characteristics of the developmental path of eminent and gifted adults. In: J. L. VanTassel-Baska & P. Olszewski-Kubilius (Hrsg.), *Patterns of influence on gifted learners: The home, the self, and the school* (146–162). New York: Teachers College Press.

VanTassel-Baska, J. L. (1991). Research on special populations of gifted learners. In: M. C. Wang, M. C. Reynolds & H. J. Walberg (Hrsg.), *Handbook of special education: Research and practice: Vol. 4. Emerging programs* (77–101). Oxford: Pergamon Press.

VanTassel-Baska, J. L. (1993). Theory and Research on curriculum development for the gifted. In: K. A. Heller, F. J. Mönks & A. H. Passow (Hrsg.), *International handbook of research and development of giftedness and talent* (365–386). Oxford: Pergamon Press.

Vasari, G. (1979). *Artists of the Renaissance*. New York: Viking.

Vaughn, V., Feldhusen, J. F. & Asher, J. W. (1991). Meta-analysis and review of research on pull-out programs in gifted education. *Gifted Child Quarterly, 35*, 92–98.

Viernstein, M. C. & Hogan, R. (1975). Parental personality factors and achievement motivation in talented adolescents. *Journal of Youth and Adolescence, 4*(2), 183–190.

Viernstein, M. C., McGinn, P. V. & Hogan, R. (1977). The personality correlates of differential verbal and mathematical ability in talented adolescents. *Journal of Youth and Adolescence, 6*, 169–178.

Viscott, D. S. (1970). A musical idiot savant: A psychodynamic study, and some speculations on the creative process. *Psychiatry, 33*, 494–515.

Waitzkin, F. (1984). *Searching for Bobby Fischer: The world of chess observed by the father of a chess prodigy*. New York: Random House. (Dt.: *Das Königsspiel. Ein Meister wird geboren*. München: Goldmann 1994.)

Walberg, H. J., Rasher, S. P. & Hase, K. (1978). IQ correlates with high eminence. In: R. S. Albert (Hrsg.), *Genius and eminence: the social psychology of creativity and exceptional achievement* (52–56). New York: Oxford University Press.

Walberg, H. J., Rasher, S. P. & Parkerson, J. (1980). Childhood and eminence. *Journal of Creative Behavior 13*, 225–231.

Waldron, K. A., Saphire, D. G. & Rosenblum, S. A. (1987). Learning disabilities and giftedness: Identification based on self-concept, behavior, and academic patterns. *Journal of Learning Disabilities, 20*, 422–432.

Wallach, M. A. (1976). Tests tell us little about talent. *American Scientist, 64*, 57–63.

Wallach, M. A. & Wing, C. W. (1969). *The talented students: A validation of the creativity-intelligence distinction*. New York: Holt, Rinehart & Winston.
Walters, J. & Gardner, H. (1986). The crystallizing experience: Discovering an intellectual gift. In: R. Sternberg & J. E. Davidson (Hrsg.), *Conceptions of giftedness* (306–331). New York: Cambridge University Press.
Walters, J., Krechevsky, M. & Gardner, H. (1985). Development of musical, mathematical, and scientific talents in normal and gifted children. Harvard University Graduate School of Education: Project Zero Technical Report No. 31.
Waterhouse, L. (1988). Speculations on the neuroanatomical substrate of special talents. In: L. K. Obler & D. Fein (Hrsg.), *The exceptional brain: Neuropsychology of talent and special abilities* (493–512). New York: Guilford Press.
Weinbrenner, S. & Devlin, B. (1993). The practice of cluster grouping: Providing full-time educational services for gifted students. *Gifted Education Press Quarterly*, 7(2), 2–9.
Weintraub, S. & Mesulam, M. M. (1983). Developmental learning disabilities of the right-hemisphere: Emotional, interpersonal and cognitive components. *Archives of Neurology, 40*, 463–468.
Weisberg, P. S. & Springer, K. J. (1961). Environmental factors in creative function. *Archives of General Psychiatry, 5*, 554–564.
Weissler, K. & Landau, E. (1992). Characteristics of families with no, one, or more than one gifted child. *Journal of Psychology, 127*(2), 143–152.
Welsh, G. S. (1975). *Creativity and intelligence: A personality approach*. Chapel Hill: University of North Carolina at Chapel Hill, Institute for Research in Social Science.
Westberg, K. L., Archambault, F. X., Dobyns, S. M. & Salvin, T. J. (1993). The classroom practices observational study. *Journal for the Education of the Gifted, 16*(2), 120–146.
Whalen, S. & Csikszentmihalyi, M. (1989). A comparison of the self-image of talented teenagers with a normal adolescent population. *Journal of Youth and Adolescence, 18*(2), 131–146.
Whiting, B. B. & Whiting, J. W. M. (1975). *Children of six cultures: A psychocultural analysis*. Cambridge, MA: Harvard University Press.
Whitmore, J. R. (1980). *Giftedness, conflict, and underachievement*. Needham Heights, MA: Allyn & Bacon.
Whitmore, J. R. (1981). Gifted children with handicapping conditions: A new frontier. *Exceptional Children, 48*(2), 106–114.
Whitmore, J. R. (1986). Conceptualizing the issue of underserved populations of gifted students. *Journal for the Education of the Gifted, 10*, 141–153.
Wiener, N. (1953). *Ex-prodigy: My childhood and youth*. New York: Simon &

Schuster. (Dt.: Gekürzte Fassung in: *Mathematik – Mein Leben*. Düsseldorf/ Wien: Econ 1962.)

Wiener, N. (1956). *I am a mathematician: The later life of a prodigy*. Cambridge, MA: MIT Press. (Dt.: *Mathematik – Mein Leben*. Düsseldorf/Wien: Econ 1962.)

Wilkinson, S. C. (1993). WISC-R profiles of children with superior intellectual ability. *Gifted Child Quarterly, 37*(2), 84–91.

Willats, J. (1977). How children learn to represent three-dimensional space in drawings. In: G. Butterworth (Hrsg.), *The child's representation of the world*. New York: Plenum Press.

Willerman, L., Schultz, R., Rutledge, A. N. & Bigler, E. D. (1991). *In vivo* brain size and intelligence. *Intelligence, 15*, 223–228.

Willis, G. & Olszewski, P. (1988). *Characteristics of gifted junior-high aged students*. Paper presented at the Annual Meeting of the American Educational Research Association, New Orleans, LA.

Willis, S. (1. Febr. 1995). Mainstreaming the gifted. *Education Update, 37*(2), 4–5.

Wilson, B. & Schmits, D. (1978). What's new in ability grouping? *Phi Delta Kappan, 60*, 535–536.

Wilson, E. O. (1994). *Naturalist*. Washington, DC: Island Press.

Wilson, R. & Wilson, M. (1976). Visual narrative and the artistically gifted. *Gifted Child Quarterly, 20*, 432–447.

Wiltshire, S. (1987). *Drawings*. London: Dent.

Wiltshire, S. (1991). *Floating cities*. London: Michael Joseph.

Wing, L. (Hrsg.). (1976). *Early childhood autism* (2. Aufl.). Oxford: Pergamon Press.

Winn, M. (23. Dez. 1979). The pleasures and perils of being a child prodigy. *New York Times Magazine*, 12–17, 38–45.

Winner, E. (1982). *Invented worlds: The psychology of the arts*. Cambridge, MA: Harvard University Press.

Winner, E. (1989). How can Chinese children draw so well? *Journal of Aesthetic Education, 23*, 41–63.

Winner, E. & Casey, M. B. (1993). Cognitive profiles of artists. In: G. Cupchik & J. Laszlo (Hrsg.), *Emerging visions: Contemporary approaches to the aesthetic process* (154–170). New York: Cambridge University Press.

Winner, E., Casey, M. B., DaSilva, D. & Hayes, R. (1991). Spatial abilities and reading deficits in visual art students. *Empirical Studies of the Arts, 9*(1), 51–63.

Winner, E. & Martino, G. (1993). Giftedness in the visual arts and music. In:

K. A. Heller, F. J. Mönks & A. H. Passow (Hrsg.), *International handbook of research and development of giftedness and talent* (253–281). Oxford: Pergamon Press.

Wright, L. & Borland, J. H. (Mai/Juni 1993). Using early childhood developmental portfolios in the identification and education of young, economically disadvantaged, potentially gifted students. *Roeper Review*, 205–210.

Wright, S. (30. Okt. 1994). Review of *Last train to Memphis. The rise of Elvis Presley. New York Times Book Review*, 1, 18.

Wu, W.-T. & Cho, S. (1993). Programs and practices for identifying and nurturing giftedness and talent in Asia (outside the mainland of China). In: K. A. Heller, F. J. Mönks & A. H. Passow (Hrsg.), *International handbook of research and development of giftedness and talent* (797–808). Oxford: Pergamon Press.

Yeo, R. A., Turkheimer, E., Raz, N. & Bigler, E. D. (1987). Volumetric asymmetries of the human brain: Intellectual correlates. *Brain and Cognition, 193*, 15–23.

Yewchuk, C. R. (1985). Gifted/learning disabled children: An overview. *Gifted Education International, 3*(2), 122–126.

Zajonc, R. B. (1986). The decline and rise of Scholastic Aptitude Test scores: A prediction derived from the confluence model. *American Psychologist, 41*, 863–867.

Zatorre, R. (o. J.). Musical perception and cerebral function: A critical review. *Music Perception*, 2, 196–221.

Zatorre, R. J., Evans, A. C., Meyer, E. & Gjedde, A. (1992). Lateralization of phonetic and pitch discrimination in speech processing. *Science, 256*, 846–849.

Zhensun, A. & Lowe, A. (1991). *A young painter: The life and paintings of Wang Yani – China's extraordinary young artist*. New York: Scholastic.

Zigler, E. & Farber, E. A. (1985). *Commonalities between the intellectual extremes: Giftedness and mental retardation*. Chelsea, MI: Book Crafters.

Zimmerman, E. (1992). Factors influencing the graphic development of a talented young artist. *Creativity Research Journal, 5*(3), 295–311.

Zixiu, Z. (1985). The psychological development of supernormal children. In: J. Freeman (Hrsg.), *The psychology of gifted children* (325–332). Chichester: Wiley.

Zixiu, Z. (1993). Programs and practices for identifying and nurturing giftedness and talent in the People's Republic of China. In: K. A. Heller, F. J. Mönks &

A. H. Passow (Hrsg.), *International handbook of research and development of giftedness and talent* (809–814). Oxford: Pergamon Press.
Zolog, A. (1983). Speech disturbances in parietal lobe lesions. *Neurologie et Psychiatrie, 21* (3), 165–167.
Zuckerman, H. (1977). *Scientific elite.* New York: Free Press.
Zuckerman, H. (1983). The scientific elite: Nobel laureates' mutual influences. In: R. S. Albert (Hrsg.), *Genius and eminence: The social psychology of creativity and exceptional achievement* (241–252). New York: Oxford University Press.

Register

Howard Gardner bei Klett-Cotta:

Abschied vom IQ

Die Rahmentheorie der vielfachen Intelligenzen

Aus dem Amerikanischen von Malte Heim

395 Seiten, gebunden, ISBN 3-608-93158-9

Der IQ hat ausgedient, behauptet Howard Gardner. Jeder Mensch kann sieben oder mehr verschiedene Intelligenzen entwickeln, die mit den Standardtests meistens gar nicht erfaßt werden. Doch erst ihr Zusammenspiel ermöglicht das ›menschlich kompetente Verhalten‹, das zu fördern Aufgabe aller sein müßte.

Der ungeschulte Kopf

Wie Kinder denken

Aus dem Amerikanischen von Malte Heim

371 Seiten, gebunden, ISBN 3-608-95889-4

Kinder haben ihre eigenen Vorstellungen von der Schwerkraft, dem lieben Gott und dem Geld. Die Schule versucht, Wissen zu vermitteln über Physik, Religion und Mathematik. Gardner zeigt, wie diese beiden Wissensarten unabhängig nebeneinander bestehen und in Konflikt geraten.

Dem Denken auf der Spur

464 Seiten, gebunden, ISBN 3-608-93099-X

Aus dem Amerikanischen von Ebba D. von Drolshagen

So genial wie Einstein

Schlüssel zum kreativen Denken

Aus dem Amerikanischen von Ute Spengler

520 Seiten, zahlreiche Abbildungen, gebunden, ISBN 3-608-91677-6

Howard Gardner erforschte die Biographien von Freud, Einstein, Picasso, Strawinsky, T. S. Eliot, Martha Graham und Mahatma Gandhi, deren Kreativität sich auf unterschiedlichen Gebieten entfaltete. Er entdeckte erstaunliche Parallelen, und dank ihrer fand er Antworten auf das Rätsel der Kreativität.

Klett-Cotta

Mihaly Csikszentmihalyi:

Kreativität

Wie Sie das Unmögliche schaffen und Ihre Grenzen überwinden

Aus dem Amerikanischen von Maren Klostermann

620 Seiten, gebunden, ISBN 3-608-91774-8

Csikszentmihaly beantwortet im seinem neuen Buch, wo und wie Kreativität entsteht und wie es Ihnen gelingen kann, Ihre ganz persönliche Kreativität zu fördern und zu entwickeln. Die Grundlage seiner erhellenden Darstellung bilden zahlreiche Interviews mit Kreativen aus allen möglichen Berufen, mit allen möglichen Berufungen. Er hat sie ausführlich nach ihren Lebensgewohnheiten und Lebensgeschichten befragt und ihre Antworten nach Ähnlichkeiten und Auffälligkeiten, nach Mustern und Strukturen untersucht.

Man lernt somit nicht nur die Welt der Kreativen kennen, die sich offen und freimütig allen Fragen stellten. Es wird auch das Geheimnis der Kreativität ein weites Stück gelüftet, so daß alle Leser daraus einen ganz persönlichen Nutzen ziehen können.

»Das Buch, an dessen Ende Ratschläge zur »Förderung der persönlichen Kreativität« stehen, ist geprägt vom Geist positiven Denkens und wissenschaftlicher Verantwortung. Csikszentmihalyi könnte sich selbst als Beispiel für eine kreative Karriere anführen.«

Fritz Gesing / »Die Woche«

Klett-Cotta